Unzufriedene Demokraten

DJI-Jugendsurvey 2

Martina Gille
Winfried Krüger (Hrsg.)

Unzufriedene Demokraten

Politische Orientierungen der 16- bis 29jährigen im vereinigten Deutschland

Leske + Budrich, Opladen 2000

Dieses Buch ist eine Veröffentlichung des Deutschen Jugendinstituts e.V. (DJI).

Das Deutsche Jugendinstitut e.V. (DJI) ist ein zentrales sozialwissenschaftliches Forschungsinstitut auf Bundesebene mit den Fachabteilungen Jugend und Jugendhilfe, Sozialberichterstattung, Jugend und Politik, Geschlechterforschung und Frauenpolitik, Familie und Familienpolitik, Kinder und Kinderbetreuung und dem Forschungsschwerpunkt „Übergänge in Arbeit". Es führt sowohl eigene Forschungsvorhaben als auch Auftragsforschungsprojekte durch. Die Finanzierung erfolgt überwiegend aus Mitteln des Bundesministeriums für Familie, Senioren, Frauen und Jugend und im Rahmen von Projektförderung aus Mitteln des Bundesministeriums für Bildung, Wissenschaft, Forschung und Technologie. Weitere Zuwendungen erhält das DJI von den Bundesländern und Institutionen der Wissenschaftsförderung.

Gedruckt auf säurefreiem und alterungsbeständigem Papier.

Die Deutsche Bibliothek – CIP-Einheitsaufnahme
Ein Titeldatensatz für diese Publikation ist bei der Deutschen Bibliothek erhältlich

ISBN: 3-8100-2558-5

Druck: DruckPartner Rübelmann, Hemsbach
Printed in Germany

Inhalt

Vorwort

Das vorliegende Buch enthält die Ergebnisse der zweiten Welle des Jugendsurveys „Jugend und Politik". Der Jugendsurvey ist eines der großen replikativen Forschungsvorhaben, das im Rahmen der Sozialberichterstattung des Deutschen Jugendinstituts (DJI), München, durchgeführt wird. Diese Sozialberichterstattung wurde eingerichtet, um verläßliche Daten über die Lebenssituation von Familien, Kindern und Jugendlichen zu gewinnen. Das Bundesministerium für Familie, Senioren, Frauen und Jugend unterstützt diese Forschung im Rahmen der Finanzierung des DJI.

Der DJI-Jugendsurvey von 1997 ist eine repräsentative Studie über deutsche Jugendliche und junge Erwachsene im Alter von 16 bis 29 Jahren. Er untersucht zentrale Aspekte zu Stand und Entwicklung des Verhältnisses dieser Altersgruppe zur Politik. Er liefert darüber hinaus Auskünfte über wichtige Merkmale der Lebenslagen und Wertorientierungen. Die Ergebnisse knüpfen inhaltlich und methodisch an die erste Welle des DJI-Jugendsurveys von 1992 an. Diese replikative Anlage der Untersuchung ermöglicht es, Antworten auf Fragen nach der Entwicklung der Teilhabe am sozialen und politischen Prozeß und nach der Verarbeitung des deutsch-deutschen Transformationsprozesses der „Wiedervereinigungsgeneration" zu geben. Die erste Welle des Jugendsurveys umfaßte nur deutsche Befragte. Diese Einschränkung konnte im Rahmen der zweiten Welle dadurch aufgehoben werden, daß etwa zeitgleich in einer parallelen Untersuchung, dem DJI-Ausländersurvey, junge Migranten und Migrantinnen italienischer, griechischer und türkischer Herkunft in vergleichbarer Weise nach ihrem Verhältnis zur Politik befragt wurden (vgl. Weidacher 2000).

An der Konzeption der zweiten Surveywelle waren Dr. Helmut Willems, an der Phase der Texterstellung und Redaktion mit hilfreichen Hinweisen PD Dr. Sibylle Hübner-Funk als die jeweiligen Leiter der Abteilung „Jugend und Politik“ im Deutschen Jugendinstitut beteiligt. Für die Organisation der Daten sowie datentechnische und methodische Fragen war von der Projektgruppe des Jugendsurveys Johann de Rijke verantwortlich. Methodische Beratung, insbesondere bei der Fragebogenentwicklung und -überarbeitung gaben Dr. Jürgen H.P. Hoffmeyer-Zlotnik und Margrit Rexroth vom Zentrum für Umfragen, Methoden und Analysen (ZUMA), Mannheim. Als engagierter Vertreter des Bundesministeriums für Familie, Senioren, Frauen und Jugend nahm Jürgen Fuchs an den Sitzungen des Projekts mit dem wissenschaftlichen Beirat teil. Organisation und Durchführung der Umfrage lagen unter der Leitung von Doris Hess bei *infas* Sozialforschung, Bonn. All diesen Personen sei hier gedankt.

Der Projektgruppe stand ein wissenschaftlicher Beirat zur Seite, dem Prof. Dr. Klaus Allerbeck, Prof. Dr. Martin Baethge, Tino Bargel, Dr. Ursula Birsl, Prof. Dr. Roland Eckert, Prof. Dr. Christel Hopf, Prof. Dr. Manfred Küchler und Prof. Dr. Wolfgang Kühnel angehörten. Einige von ihnen waren auch schon Mitglieder im Beirat für die erste Welle des Surveys. Auch ihnen allen möchten wir an dieser Stelle noch einmal für ihre hilfreichen Anregungen und Ratschläge danken, mit denen sie die einzelnen Projektphasen begleitet haben.

München, im April 2000

Martina Gille
Winfried Krüger

1

Forschungsleitende Perspektiven und Konzept des Jugendsurveys

Juliane Achatz, Wolfgang Gaiser, Martina Gille, Corinna Kleinert, Winfried Krüger, Johann de Rijke

Das Verhältnis der Jugendlichen zur Politik hat die Öffentlichkeit in den letzten Jahren immer wieder beschäftigt. Prominente Themen waren hierbei die allseits beklagte Politikverdrossenheit der Heranwachsenden, aber auch Fragen danach, wie es mit der jungen „Wiedervereinigungsgeneration" bestellt sei, ob sich hier problematische Entwicklungen abzeichneten, die sich beispielsweise in fremdenfeindlicher Gewalt Ausdruck verschafften. Der DJI-Jugendsurvey greift auch solche öffentlichen Debatten auf und versucht, hierauf wissenschaftlich fundierte und empirisch abgestützte Antworten zu geben. Er hat nunmehr zum zweiten Mal die gesellschaftlichen und politischen Orientierungen, die politische Kultur sowie die Lebensverhältnisse von deutschen Jugendlichen und jungen Erwachsenen in den alten und neuen Bundesländern empirisch untersucht. Das spezifische Verhältnis ausländischer Jugendlicher zu den politischen Institutionen und Verfahrensweisen in Deutschland wurde in einer gesonderten Untersuchung mit jungen Migranten verschiedener Nationalität analysiert. Auf der Grundlage der gewonnenen Daten des Jugendsurveys aus den Jahren 1992 und 1997 lassen sich Veränderungen in der ersten Dekade nach dem Mauerfall bei den 16- bis 29jährigen im vereinten Deutschland beschreiben. In den folgenden Abschnitten werden neben Anlage und Konzeption des Surveys die zentralen Perspektiven vorgestellt, die den Analysen dieses Buches zugrunde liegen.

1.1 Forschungsleitende Perspektiven

Jugend und Politik

Politische Beteiligung und soziale Integration der Jugend gelten als wichtige Zukunftsthemen demokratischer Gesellschaften. Im Generationswechsel geht es darum, die Jugend an die Möglichkeiten und Notwendigkeiten sozialer und politischer Partizipation heranzuführen und ihrem Interesse an Teilhabe, Einfluß und Selbstentfaltung einen Gestaltungsraum zu geben. Die Beteiligung der jungen Generation am politischen Meinungsbildungs- und Einflußprozeß ist ein wesentliches Element der Stabilität und Weiterentwicklung einer lebendigen Demokratie. Inwieweit aber für die Jugendlichen und jungen Erwachsenen politische Beteiligungsmöglichkeiten überhaupt eine Rolle spielen, ob sie sich diese aneignen oder neue politische Ausdrucksformen mit eigenen Interessen besetzen, muß vor dem Hintergrund veränderter gesellschaftlicher

Bedingungen und der Einflüsse gesehen werden, die diese auf die Jugendphase ausüben. So hat die tendenzielle Auflösung traditioneller Milieus dazu beigetragen, daß Jugendliche heute weniger als früher in soziostrukturell vorgegebene politische Loyalitäten hineinwachsen. Gleichzeitig hat die Ausdehnung der Jugendphase (die verlängerten Bildungs- und Ausbildungszeiten, der verzögerte Übergang in den Beruf und die spätere Familiengründung) dazu geführt, daß heute ein neues Spannungsverhältnis existiert von Freiräumen einerseits und der Notwendigkeit andererseits, sich auf eine unbestimmte Zukunft vorzubereiten. Zum einen kann das damit verbundene Engagement für persönliche Selbstverwirklichung, Bildung, Beruf und materieller Existenzsicherung zu Prioritätensetzungen und Verknappungen des Zeitbudgets führen, die einer Beteiligung im Kontext der Politik entgegenwirken. Durch die ausgeweiteten Bildungsphasen können zum anderen aber auch Lern- und Erfahrungsräume entstehen, die Basis für neue Formen partizipatorischen Handelns werden. Die politischen Einstellungen der Jugendlichen und ihr Engagement stehen also mit veränderten Lebenslagen, Orientierungen und pluralisierten Jugendkulturen im Zusammenhang und sind infolgedessen keineswegs als stabile Größe anzusehen.

Im DJI-Jugendsurvey wurden Jugendliche und junge Erwachsene deutscher Staatsangehörigkeit im Alter von 16 bis 29 Jahren befragt. Damit wird die für das Thema „Jugend und Politik“ zentrale Altersspanne erfaßt. Sie gilt als Stabilisierungsphase der individuellen politischen Identität: Etwa mit dem 16. Lebensjahr ist die moralisch-kognitive Entwicklung weitgehend abgeschlossen; grundlegende Orientierungen für den Bereich des Politischen, ein Verständnis für politische Vorgänge und ein reflektiertes Selbstbewußtsein als Staatsbürger haben sich mehr oder weniger deutlich herausgebildet (Oerter 1997). In gängigen Definitionen gilt die Jugendphase mit dem Eintritt in das Erwerbsleben als abgeschlossen, die Phase des Rollenexperimentierens als beendet. Mittlerweile trifft dies immer weniger zu, da mit dem Eintritt ins Erwerbsleben heute nicht mehr unbedingt die Festlegung auf eine bestimmte und lebenslang gültige Berufsrolle verbunden ist. Auch wenn dieser Wandel schichtenabhängig unterschiedlich stark ist, verändert eine solche Entwicklung die „Nahtstelle“ zwischen Jugend- und Erwachsenendasein. Diese Dynamik, die das stetige Heranwachsen in den Bereichen Bildung, Beruf und privater Lebensgestaltung mehr und mehr verdrängt, beeinflußt die Entwicklung des politischen Denkens und Handelns junger Menschen.

Jugendliche und junge Erwachsene haben einen spezifischen Zugang zur Politik: Bis zum 18. Lebensjahr besitzen sie nur eingeschränkte Rechte; in den verschiedenen gesellschaftlichen Institutionen verfügen sie kaum über eine Lobby; konventioneller Politik gegenüber sind sie eher desinteressiert. Aktuelle und lebensweltnahe Themen sowie offen zugängliche, flexible Aktivitätsmöglichkeiten finden dagegen in der jungen Generation stärkeren Anklang. Entsprechend wurde im Jugendsurvey die Konzeption des Politischen weit gefaßt. Zum einen wird auf klassische politikwissenschaftliche Konzepte zurückgegriffen, die sich auf politische Grundorientierungen, Strukturen und Prozesse beziehen, wie zum Beispiel politisches Interesse, ideologische Verortungen sowie Vertrauen in Institutionen und politisches Engagement. Zum anderen werden im Sinne eines erweiterten Politikverständnisses solche Einstellungsbereiche aufgenommen, die soziale und politische Orientierungen auch im privaten Lebensbereich oder in weniger institutionalisierten gesellschaftlichen Handlungsfeldern beschreiben. Sie werden im Jugendsurvey über Fragen zu allgemeinen Werthaltungen erfaßt, wie sie beispielsweise im sozialen Engagement, in Gerechtigkeitsvorstellungen, in Einschätzungen der eigenen gesellschaftlichen Macht bzw. Machtlosigkeit, in der Konstruktion des Eigenen und des Fremden sowie in spezifischen Wert- und Geschlechtsrollenorientierungen zum Ausdruck kommen.

Der Blick der Gesellschaft auf „die Jugend"

Unter Jugend wird im allgemeinen die Phase im Lebenslauf verstanden, die den Übergang von der Kindheit zum selbständigen Erwachsensein markiert und vor allem durch Reifungs-, Ausbildungs- und Plazierungsprozesse gekennzeichnet ist. So gesehen ist Jugend ein biographisch-soziales Phänomen. Gleichzeitig jedoch ist Jugend auch eine soziale Kategorie, der vielfältige Bedeutungen unterlegt werden können. Die gesellschaftlichen Institutionen sind an dieser sozialen Konstruktion von Jugend laufend beteiligt, und Jugend wird folglich in ihren möglichen Funktionen für die Gesellschaft thematisiert: als „Garantin der Zukunft", als „Hoffnungsträgerin", als „Motor von Wandel und Innovation" oder aber, wenn sie Erwartungen widerspricht, als Problem. Gegenwärtig erscheint Jugend im gesellschaftlichen Diskurs einerseits als rarer Nachwuchs für hochtechnisierte Arbeitsplätze und Einzahler in die Rentenkassen, andererseits als Integrationsproblem am Arbeitsmarkt und sozialer „Gefahrenherd". Dieser „funktionalisierende Blick" auf Jugend hat oft zur Folge, daß die eigenen Perspektiven und Interessen der Jugendlichen und jungen Erwachsenen verborgen bleiben, da Einstellungen und Handeln von ihnen nur danach bewertet werden, wie funktional bzw. dysfunktional sie für die Gesellschaft sind (Heinz/Hübner-Funk 1997).

In der sozialwissenschaftlichen Jugendforschung wird gelegentlich auch eine andere Perspektive eingenommen: Hier bildet die Jugend selbst den Ausgangspunkt der Analysen, von dem aus die Gesellschaft und das politische System betrachtet werden. Dieser „jugendkulturelle" Blick kann jedoch zu ähnlich problematischen Interpretationen führen wie sein „funktionalistisches" Pendant: Im Extremfall gerät Jugend hier zu einem fremden Phänomen, das unabhängig von gesellschaftlichen Bedingungen und der sozialen Umwelt betrachtet wird.

Auch die vorliegende Untersuchung mußte sich die Frage stellen, welche Position sie gegenüber „der Jugend" einnimmt. Sie greift primär Themen auf, die an der etablierten Politik und deren gesellschaftlichen Bezügen ausgerichtet sind, so zum Beispiel an Fragen nach der Einstellung zur Demokratie, zu politischen Institutionen oder zur politischen Beteiligung, nicht aber an Fragen zu jugendspezifischen Interessen gegenüber „der Politik". Nun sind zwar die Fragestellungen im Jugendsurvey primär gesellschafts- und systembezogen, doch diese Sichtweise muß nicht zwangsläufig auch an die Interpretation der empirischen Daten angelegt werden: So sollten aus Ergebnissen zur geringen Demokratiezufriedenheit junger Menschen nicht nur Rückschlüsse auf einen Legitimationsverlust und eine geringe Unterstützung des politischen Systems gezogen werden, die durch mentale und identifikatorische „Defizite" der Jugend verursacht seien. Umgekehrt ist ebenso nach Defiziten der gesellschaftlichen Umgebung und des politischen Systems zu suchen, die die „Politikverdrossenheit" vieler Jugendlicher verursachen. Wichtiger als eine Entscheidung für einen bestimmten Blick auf Jugend ist die Kontrolle stereotyper Vorannahmen über „die Jugend". Beide Seiten, die jungen Menschen selbst, aber auch die gesellschaftlichen Bedingungen, müssen in die Erklärungen der erfragten Einstellungsmuster und Verhaltensbereitschaften einbezogen werden.

Viele Jugendstudien stellen die Differenzen zwischen Jugendlichen und Erwachsenen heraus, um ein möglichst kontrastreiches Bild „der Jugend" zu zeichnen. Auch in unserer Studie spielen diese Diskrepanzen eine gewisse Rolle. Bei einer solchen Analyseperspektive darf allerdings nicht außer Acht gelassen werden, daß es erhebliche Unterschiede zwischen verschiedenen Gruppen von

Jugendlichen und jungen Erwachsenen gibt, die oftmals – aufgrund der „Entstandardisierung" der Lebensläufe (Berger 1998) – sogar größer sind als die zu Erwachsenen. Auch wenn im DJI-Jugendsurvey danach gefragt wird, wie „jugendspezifisch" die ermittelten Einstellungen sind und inwiefern sich die Jugendlichen und jungen Erwachsenen von den älteren Bevölkerungsgruppen unterscheiden, so gilt doch besonderes Augenmerk denjenigen Unterschieden zwischen den jungen Menschen, die durch bedeutsame Strukturkategorien erzeugt werden: Geschlecht, Bildung, Erwerbssituation, Staatsbürgerschaft und Herkunft aus den neuen oder alten Bundesländern.

Jugend und Politik aus der Perspektive sozialer Ungleichheit

Die auf gesellschaftlichen Strukturkategorien basierende Analyse der „politischen Kultur" der jungen Generation lenkt den Blick auch auf Aspekte sozialer Ungleichheit. Denn die durch die Verortung im System sozialer Ungleichheit bestimmte soziale Lage der jungen Menschen hat großen Einfluß auf die Herausbildung politischer Orientierungen und auf das politische Partizipationsverhalten. So bedingt zum Beispiel das allgemeine und berufsspezifische Qualifikationsniveau eine zentrale Differenzierung der politisch-ideologischen Haltungen und des politischen Handelns. Die sich so im Faktor Bildung/Ausbildung manifestierende vertikale Dimension sozialer Ungleichheit ist hier in mehrfacher Hinsicht von Bedeutung.

Das (Aus-)Bildungsniveau stellt eine wichtige kognitive Ressource dar. Die in unterschiedlichen Bildungsinstitutionen vermittelten Kenntnisse und das Training kognitiver Kompetenzen stehen in engem Zusammenhang mit der Entwicklung von allgemeinen wie politischen Analysefähigkeiten und dem Verständnis der demokratischen Ordnung (Fend 1991). Weiterhin ist das erworbene Qualifikationsniveau in der Regel ein „Platzanweiser" innerhalb des Gefüges gesellschaftlicher Ungleichheit. Bildung und Ausbildung bestimmen in unserer Gesellschaft weitgehend über Berufs- und Einkommenschancen und den damit verbundenen Sozialstatus. Die Ausstattung mit Wissen zählt neben der ökonomischen Situation, der Plazierung in hierarchischen Organisationen und der Zugehörigkeit zu selektiven Assoziationen zu den bedeutsamen strategischen Ressourcen (Kreckel 1992), deren Zusammenwirken soziale Ungleichheiten hervorbringt. Sie eröffnen oder begrenzen Handlungsspielräume zur Verwirklichung von Interessen, Bedürfnissen und Lebensentwürfen. Individualisierungsprozesse haben in modernen Gesellschaften zwar insgesamt die

Handlungsoptionen für die Menschen erweitert; dennoch unterliegen auch die hinzugewonnenen Freiheitsspielräume unterschiedlichen Einschränkungen. Benachteiligungen in der politischen Sphäre erfahren insbesondere die dort relativ schwach repräsentierten Gruppen: Jugendliche, Frauen, alte Menschen, Ausländer sowie Gruppen, die über wenig Bildungskapital verfügen und Bewohner strukturschwacher Regionen sind (Vester 1993).

Die erweiterten Handlungsspielräume haben bisher nicht zu einem Abbau von politischen Ungleichheitsstrukturen geführt. Es gilt nach wie vor die Regel, daß sich besser Gebildete intensiver und erfolgreicher um politischen Einfluß bemühen. Schichtspezifische Orientierungen begünstigen in den mittleren und oberen Statusgruppen sowohl die Motivation wie die Fähigkeit zur Partizipation (Geißler 1994). Dies gilt auch für die neue Partizipationskultur der unkonventionellen Beteiligungsformen. Die Beschäftigung mit Aspekten politischer Ungleichheit darf dabei nicht die „subjektive Seite sozialer Ungleichheit" im Sinne der Wahrnehmung und Deutung der persönlichen Lebenssituation und deren Relevanz für politische Orientierungen außer Acht lassen. Diese Wahrnehmung von Privilegierung, Benachteiligung oder Marginalisierung kann auf der Ebene der politischen Einstellungen und Handlungsorientierungen unterschiedlich zum Ausdruck kommen, etwa als politisches Desinteresse und Apathie oder als Mobilisierung und Protestbereitschaft.

Im Rahmen der vorliegenden Studie über die 16- bis 29jährigen im vereinigten Deutschland läßt sich kein konsistentes Konzept sozialer Ungleichheit verfolgen. Herkömmliche Schicht- und Klassenmodelle, die in erster Linie den Beruf als Grundlage für die Bestimmung der gesellschaftlichen Position verwenden, sind für die beabsichtigten Analysezwecke wenig geeignet, da ein Großteil der Befragten des Jugendsurveys noch über keinen Berufsabschluß verfügt und somit nicht oder nur über „fragwürdige Hilfskonstruktionen" (Hradil 1999: 358) einbezogen werden könnte. In den Analysen wird deshalb in erster Linie auf die Kategorien Bildung und Ausbildung als Indikator für die Ausstattung mit kognitiven und kulturellen Ressourcen zurückgegriffen. Die Beurteilung des Verhältnisses der Jugend zur Politik bliebe jedoch ohne Einbeziehung der horizontalen Dimension sozialer Ungleichheit unvollständig: Die Frage nach der Bedeutung der Geschlechtszugehörigkeit, der historisch bedingten Unterschiede zwischen alten und neuen Bundesländern und auch der ethnischen Zugehörigkeit für das politische Denken und Handeln sind weitere wichtige Differenzierungskategorien.

Es ist zum Beispiel unübersehbar – um auf die ethnische Differenzierungskategorie einzugehen –, daß bei Jugendlichen und jungen Erwachsenen aus Migrantenfamilien im Vergleich zu ihren deutschen Altersgenossen häufig Tatbestände sozialer Ungleichheit mit dem Ergebnis von gravierender sozialer Benachteiligung kumulieren. Die Bildungsarmut, die diese Bevölkerungsgruppe überproportional aufweist (Allmendinger 1999) und das eingeschränkt gewährte Wahlrecht – um nur zwei Konkretisierungen zu nennen – produzieren Ausschlußeffekte vom Arbeitsmarkt, aber auch von politischer Partizipation. Da aus methodischen und inhaltlichen Gründen – wie schon erwähnt – nur junge Deutsche in unserer Untersuchung befragt wurden, ist den politischen Orientierungen von Jugendlichen und jungen Erwachsenen aus Migrantenfamilien ein eigenes Kapitel gewidmet. Es fußt auf Daten einer etwa zeitgleich durchgeführten Studie mit teilweise aus dem DJI-Jugendsurvey und dem DJI-Familiensurvey übernommenen Fragen, so daß Teile ihres Erhebungsinstrumentes identisch sind (vgl. Kapitel 1.2).

Geschlechtsspezifische Zugänge zum Politischen

Besonderes Augenmerk legt der Jugendsurvey auf die Bedeutung der Geschlechtszugehörigkeit für die Teilhabe am öffentlichen und politischen Geschehen. Das Verhältnis von Mädchen und jungen Frauen zur Sphäre des Politischen wird häufig als besonders prekär gekennzeichnet. Empirische Studien stellen immer wieder eine Distanz von Frauen zum konventionellen Politikbereich fest. So äußern sie zum Beispiel ein geringeres politisches Interesse als Männer; in den politischen Parteien und Führungspositionen sind sie zugleich deutlich unterrepräsentiert (Cornelißen 1993, Hoecker 1998). In den letzten drei Jahrzehnten zeigten sich zwar im herkömmlichen politischen Bereich manche Angleichungs- und Aufholprozesse zwischen den Geschlechtern, zum Beispiel hinsichtlich der Wahlbereitschaft und des Wahlverhaltens oder der verstärkten Präsenz von Frauen in etablierten politischen Institutionen. Mit dem Aufkommen der neuen sozialen Bewegungen mit ihren wenig institutionalisierten und unkonventionellen Partizipationsformen übernahmen die Frauen in einigen Bereichen sogar eine Initiativrolle, verwirklichten gleichberechtigte Zugangs- und Beteiligungschancen und konnten sogar teilweise die Männer überholen. Insgesamt bleibt aber ein „Partizipationsgefälle" zugunsten von Männern und zum Nachteil der Frauen bestehen (Molitor 1992). Deutlich wird dies in der Unterrepräsentanz von Frauen in der politischen Öffentlichkeit sowie insbesondere in den Bereichen der etablierten Politik (Lang 1995).

Wenn das Verhältnis Jugendlicher und junger Erwachsener zur Politik untersucht wird, verlangt dies die Berücksichtigung der unterschiedlichen Lebensbedingungen von jungen Frauen und jungen Männern. Deren Verortung und Aufgabenteilung in der Gesellschaft werden durch geschlechterhierarchische Strukturen mitbestimmt. Die Modernisierung der westlichen Gesellschaften ging zwar mit einem erheblichen Wandel der Geschlechterrollen einher, der für die Frauen einen Zuwachs an Handlungsspielräumen bedeutete; aber die Trennung von privaten und öffentlichen Lebensbereichen, ihre Zuordnung zu Frauen- bzw. Männer-Welten und die unterschiedliche gesellschaftliche Bewertung dieser Bereiche blieben weitgehend bestehen. Die Geschlechtszugehörigkeit muß daher nach wie vor als eine soziale Strukturierungskategorie berücksichtigt werden, weil sich daraus sowohl unterschiedliche Lebensentwürfe als auch unterschiedliche Chancen und Möglichkeiten zur Teilhabe an gesellschaftlicher Macht ergeben (Sauer 1995).

Da der öffentliche Raum männlich dominiert ist, wird Politik generell, aber auch traditionelles politisches Engagement in der Vorstellung der Bevölkerung häufig als etwas den Männern Vorbehaltendes verstanden, zumal die Frauen – aufgrund ihrer Doppelfunktion in Beruf und privater Reproduktion – objektiv viel weniger „disponible" Zeit haben. Antworten auf Fragen nach dem Interesse an Politik oder unterschiedlichen Formen politischen Engagements unterliegen im Jugendsurvey somit auch der im öffentlichen Raum vorherrschenden männlichen „Kodierung". Eine größere Distanz von Frauen zur Politik darf also nicht einfach als Defizit der Frauen interpretiert werden, sondern muß auch als Reaktion auf den (Selbst-)Ausschluß von Frauen aus bestimmten gesellschaftlichen Bereichen begriffen werden. Da im Jugendsurvey aus Gründen der Replikation und der Anschlußfähigkeit an politikwissenschaftliche Forschung vor allem die klassischen Instrumente der Partizipationsforschung Anwendung finden, die eher auf die für Männer typischen Partizipationsformen abzielen, müssen bei der Interpretation der Ergebnisse die unterschiedlichen Zugänge von Frauen und Männern zur Politik berücksichtigt werden. Die geringere Beteiligung von jungen Frauen in bestimmten politischen Bereichen bringt also nicht nur deren geringeres Partizipationsinteresse zum Ausdruck, sondern beruht möglicherweise – aus der Perspektive der weiblichen Befragten gesehen – auf der individuellen Vorwegnahme von gesellschaftlichen Ausschlußprozessen. Um spezifische Zugänge von Frauen zur Politik zu erfassen, bezieht der Jugendsurvey ein breites Spektrum an sozialen und politischen Engagementformen ein, die einen ganz unterschiedlichen Grad von Institutionalisierung aufweisen. Nicht-institutionalisierte und unkonventionelle Partizipationsformen erfahren besondere Aufmerksamkeit, da Frauen vor allem in jenen gesellschaftlichen Bereichen sozial und politisch aktiv werden, die weniger durch traditionelle Rollenmuster und hierarchische Strukturen geprägt sind.

Transformationsprozeß und Politik

Der Transformationsprozeß von Ost- und Westdeutschland kann auch zehn Jahre nach dem Fall der Mauer nicht als abgeschlossen angesehen werden. So haben beispielsweise die materiellen Lebensverhältnisse in den neuen Bundesländern immer noch nicht das Niveau Westdeutschlands erreicht. Verbesserungen sind zwar eingetreten, schließen aber nicht alle Lebensbereiche und nicht alle Bevölkerungsgruppen gleichermaßen ein. Auch die sozialen und politischen Orientierungen der Menschen in Ostdeutschland sind zum Teil andere als in der westdeutschen Bevölkerung, was vor dem Hintergrund einer 40jährigen „sozialistischen Kultur" im Prinzip nicht verwundern kann. Daher lassen sich nicht alle Besonderheiten der politischen Orientierungen der ostdeutschen Bevölkerung ohne weiteres aus ihren noch nicht an die Westbedingungen angeglichenen materiellen Lebensverhältnissen erklären. Es wirken nämlich auch die Unterschiede der beiden antagonistischen Staats- und Gesellschaftssysteme nach, die 1990 vereinigt worden sind. So ist für die neuen Bundesländer anzunehmen, daß Phänomene wie das strukturelle Repräsentationsdefizit, die „kalte" Übernahme einer Institutionenordnung, die mangelnde politische Akzeptanz von intermediären politischen Institutionen oder die anhaltende Höherbewertung der privaten gegenüber der öffentlichen Sphäre auf die Nachwirkung von Systemeinflüssen zurückzuführen sind. Empirisch ist es allerdings nicht leicht, die Orientierungsunterschiede zwischen Ost- und Westdeutschen ursächlich nach fortwirkenden Systemeinflüssen einerseits und Reaktionen auf die aktuellen Lebensverhältnisse andererseits zu unterscheiden. Dies zeigt sich beispielhaft an der kontroversen Debatte über die Erziehungseinrichtungen der DDR bezüglich ihrer möglichen Sozialisationseffekte auf die politischen Einstellungen und das politische Verhalten (vgl. Pfeiffer 1999).

Selbstverständlich konnte nicht von einem problemlosen Verlauf des Transformationsprozesses ausgegangen werden. Dennoch war das Ausmaß, mit dem in den 90er Jahren wechselseitige Vorbehalte in beiden Teilen Deutschlands gewachsen sind und die Zufriedenheit mit den Ergebnissen der Vereinigung in Ostdeutschland zurückgegangen ist, nicht erwartet worden. Das relativ langsame Tempo der Angleichung zwischen Ost und West sowie die Diskrepanz zwischen ursprünglichen Erwartungen und der heutigen Realität der Entwicklungen in Ostdeutschland erlauben keine einheitliche Bilanz in Ost und West. Problematisch an der aktuellen Diskussion über Ostdeutschland ist deren Überfrachtung mit westdeutschen Wertungen und Werturteilen. Dabei kommen häufig die tatsächlichen Differenzen zwischen West und Ost ebenso zu kurz wie die subjektiv empfundenen Unterschiede zwischen jungen West- und Ostdeutschen. Angesichts der von Distanz bestimmten gegenseitigen Wahrnehmung und Anerkennung bzw. Diskriminierung finden Urteile, die das erreichte Maß an Angleichung von Ost und West für ausreichend erklären (z.B. Veen 1997), in der wissenschaftlichen Diskussion wie in der öffentlichen Meinung wenig Zustimmung. Die Unsicherheit und Widersprüchlichkeit von Prognosen über den weiteren Verlauf des Transformationsprozesses, der Einschätzungen des gegenwärtigen Standes sowie die lebhafte und kontroverse öffentliche Debatte über das Ost-West-Verhältnis lassen das Thema nicht als erledigt erscheinen. Im Gegenteil, dieser Prozeß mit seinen spezifischen und historisch einmaligen Problemlagen und Übergangsphänomenen erfordert einen Forschungszuschnitt, der das Ost-West-Verhältnis methodisch und thematisch explizit zum Gegenstand nimmt. Dem trägt der Jugendsurvey durch die spezifisch hierauf bezogenen Fragestellungen und sein besonderes Stichprobendesign Rechnung.

Bei der ersten Welle des Surveys (1992) ging es um die zeitlich nahe, unmittelbare Erfahrung der „Wende“ und der anschließenden Vereinigung. In der zweiten Welle (1997) ist das Interesse auf den mit diesen Umbrüchen eingeleiteten Wandel und seine Folgen gerichtet, im engeren Sinne darauf, wie die Veränderungen in den deutsch-deutschen Beziehungen subjektiv wahrgenommen und bewertet werden. Nicht minder wichtig ist die Frage, ob der Wandel von eher integrativen oder eher dissoziativen Momenten bestimmt ist und ob er die Jugendlichen und jungen Erwachsenen in den neuen bzw. alten Bundesländern einander nähergebracht hat, was Selbstverständnis, gegenseitige Wahrnehmung, politische Haltungen und Lebensverhältnisse angeht.

Da sich vor allem in Ostdeutschland die politische und soziale Ordnung durch die Vereinigung gravierend verändert hat, besitzt unsere Analyseperspektive eine komparative West-Ost-Ausrichtung. Unser Forschungsinteresse richtet sich

– analog zur ostdeutschen Sozialforschung (vgl. Schlegel/Förster 1997) – vor allem darauf, herauszufinden, wie und in welchem Maße die junge Bevölkerung im Gebiet der ehemaligen DDR auf die neuen staatlich-gesellschaftlichen Bedingungen reagiert hat. Die Altersgruppe, die in der zweiten Welle des Jugendsurveys befragt worden ist, repräsentiert die Geburtsjahrgänge 1968 bis 1981, also eine Generation, die zur Zeit der „Wende" zwischen acht und 21 Jahre alt war. Die Ereignisse, die den Zusammenbruch der DDR geprägt haben, und die Übernahme des ordnungspolitischen Rahmens der BRD stellen somit – biographisch gesehen – für sie einen anderen, vermutlich weniger gravierenden Einschnitt dar, als dies für die ostdeutschen Erwachsenen der Fall war. In der Altersspanne, der die Befragten angehören, fallen Korrekturen, Modifikationen oder Neuorientierungen noch leichter als in späteren Lebensphasen. Auf jeden Fall mußte diese Altersgruppe – im Unterschied zu den älteren Jahrgängen in der DDR-Bevölkerung – mit der „Wende" nicht die ganze Lebensleistung oder einen bedeutenden Teil davon in Frage gestellt oder abgewertet sehen. Die ostdeutschen Befragten des Jugendsurveys haben daher zwar günstigere Voraussetzungen als ihre Eltern und erst recht ihre Großeltern, sich in die neuen staatlichen und gesellschaftlichen Bedingungen hineinzufinden und diese für sich nutzbar zu machen. Das kann aber nicht heißen, daß die Vereinigung für diese Altersgruppe nicht auch ein „asymmetrischer Prozeß" (Meulemann 1998) der einseitigen Übertragung des ordnungspolitischen Systems und der Sozialverfassung der BRD war, aus dem sich eine Vielzahl ökonomischer und sozialer Folgen ergeben hat. Jedoch wurden die damit einhergehenden Anpassungsleistungen und „strukturellen Kränkungen" (Küchler 1998) von diesen 16- bis 29jährigen vermutlich anders erlebt als von ihren Eltern, und sie haben sich auf Grund dessen möglicherweise anders in ihrem Bewußtsein und ihren Gefühlen niedergeschlagen. Ob jedoch die Wirkungen des Transformationsprozesses in dieser Altersgruppe grundsätzlich ein größeres Vertrauen in die neuen politischen Regelungsmechanismen und den institutionellen Rahmen des westdeutschen Staates hervorgebracht oder eher skeptische Haltungen stabilisiert haben, soll anhand unserer Untersuchung beantwortet werden.

1.2 Datenbasis und methodisches Konzept

Der Jugendsurvey ist als Trendstudie bzw. als replikativer Survey konzipiert: In repräsentativen Wiederholungsbefragungen, die in einem etwa fünfjährigen

Turnus stattfinden, werden Daten über gesellschaftliche und politische Orientierungen und über die Lebensverhältnisse Jugendlicher und junger Erwachsener im Alter von 16 bis 29 Jahren gewonnen. Dadurch wird es möglich, das Verhältnis dieser Altersgruppen zum politischen System und seinen Institutionen und Werten im gesellschaftlichen Wandel darzustellen, Veränderungstendenzen aufzuzeigen und Erklärungsfaktoren herauszuarbeiten. Beim Jugendsurvey handelt es sich um eine repräsentative mündliche Befragung (näheres zur Stichprobe vgl. Anhang A.1).

Die Altersgrenzen sind so weit gefaßt, damit die Vielfalt der Lebensformen und Ausbildungswege, die Jugendliche und junge Erwachsene heute eingehen, angemessen repräsentiert ist. Um Einstellungen und Orientierungen auch in unterschiedlichen Teilgruppen abbilden zu können, ist die Stichprobe größer angelegt als in anderen Jugendstudien, aber auch größer als in Erwachsenenerhebungen üblich. Sie betrug 1992 wie 1997 rund 7.000 Befragte. Dieser Stichprobenumfang schafft die Voraussetzung, auch kleinere Subgruppen wie arbeitslose Jugendliche oder Befragte mit extremen politischen Einstellungen genauer zu beschreiben. In der zweiten Welle wurden 6.919 mündliche Interviews durchgeführt, davon 4.426 in den alten Bundesländern und 2.493 in den neuen Bundesländern. Die Befragung fand im Herbst 1997 statt, sie wurde durch infas Sozialforschung/Bonn durchgeführt (zur ersten Welle vgl. Hoffmann-Lange 1995). Da die jüngeren Altersgruppen gegenüber den älteren in der realisierten Stichprobe überrepräsentiert waren, wurde der Datensatz, wie er den Auswertungen in diesem Buch zugrunde liegt, mit einem Gewicht korrigiert (vgl. Anhang A.1). Ein Schwerpunkt ist der Vergleich der 16- bis 29jährigen in den neuen und den alten Bundesländern. Um einen solchen Vergleich fruchtbar machen zu können, wurden die neuen Bundesländer in der Stichprobe überrepräsentiert, um so ausreichende Fallzahlen für differenzierte Analysen zu gewährleisten – etwa von Untergruppen unterschiedlichen Bildungsniveaus oder jungen Männern und Frauen.

Auch durch die thematische Fokussierung auf das Verhältnis von Jugend und Politik unterscheidet sich der Jugendsurvey von anderen Jugendstudien in Deutschland, die diesen Bereich zwar teilweise prominent dargestellt, aber zumeist nur mit wenigen Indikatoren erfaßt haben. Der DJI-Jugendsurvey zielt darauf ab, Einstellungskonstellationen als Grundorientierungen zu identifizieren, nicht aber ein punktuelles Meinungsklima abzubilden, das gesellschaftlich oder politisch aktuelle Ereignisse zum Gegenstand hat. Der Längsschnittcharakter des Surveys streicht den Aspekt von Stabilität und Wandel heraus und beschränkt sich deshalb nicht auf die Aufzeichnung von Themen, die tagespolitisch wichtig erscheinen oder aus anderen Gründen kurzfristige Aufmerksamkeit erwecken.

Als Instrument der Sozialberichterstattung am Deutschen Jugendinstitut ist der Jugendsurvey längerfristig angelegt. Die Idee der Replikation, verstanden im Sinne wiederholter Datenerhebungen in gleichen Erhebungssituationen und mit weitgehend identischen Fragen, verbindet verschiedene Gesichtspunkte. Der erste Aspekt ergibt sich aus der Logik der Datengewinnung als repräsentativer Stichprobe. Solch eine Erhebung vermag gesellschaftliche Tatbestände wie eine Momentaufnahme zu erfassen. Weitere Erhebungswellen können als stärkere Bestätigung der Befunde angesehen werden; dies betrifft insbesondere die Erfassung komplexer Realitätsbeschreibungen. So bilden Replikationsstudien ein wichtiges Korrektiv zu bloß aktualitätsorientierten Untersuchungen: Erst sie machen deutlich, was nur ein einmaliger Ausschlag und was ein längerfristiger Wandel ist. Daß diese Funktion von empirischen Replikationsuntersuchungen keine größere Reputation in der Öffentlichkeit genießt, die – insbesondere im Bereich von Jugendstudien – meist an dramatischen Veränderungen interessiert ist, dürfte eher diesem Phänomen zuzuschreiben sein, als einer wissenschaftstheoretischen Begründung (Diekmann 1995).

Die Besonderheit einer replikativen Studie beruht auf der Möglichkeit zur Durchführung echter Trendanalysen. Hierbei werden Veränderungen als Wandel und fehlende Veränderungen als Stabilität erfaßt. Trendaussagen sind umso leichter zu treffen, je mehr Daten über verschiedene Zeitpunkte vorliegen, die den Kriterien der Replikation genügen. Im Bereich der Jugendforschung, in dem aufgrund des öffentlichen Interesses vielfältige Studien durchgeführt werden, fehlte ein solches Instrument zur Erfassung von Trends bisher, obwohl dieser Mangel wiederholt konstatiert worden ist (z.B. Hoffmann-Lange 1999). Der DJI-Jugendsurvey schließt diese methodische Lücke. Seine dritte Welle ist deshalb für die Jahre 2001/2002 geplant. Eine replikative Untersuchungsanlage erlaubt darüber hinaus einen Wechsel thematischer Schwerpunkte, indem einzelne Fragebogenteile herausgenommen oder gekürzt werden, andere hingegen erweitert und neue aufgenommen werden. So kann sich in den jeweiligen Studien ein Teil des Befragungsinstrumentariums auf aktuelle Bereiche richten. Für Einzelthemen können ergänzende Fragen aufgenommen werden; dadurch wird der Vorteil der Trendanalyse mit der Erhebung neuer Themen verknüpft, die dann mit den anderen Merkmalen in Beziehung gesetzt und so in einen stringenter interpretierbaren Kontext gestellt werden können. Eine Reihe von Fragen zu politischen und gesellschaftlichen Einstellungen wurden aus Bevölkerungsumfragen übernommen; dadurch ist ein wichtiger Vergleich möglich, der Unterschiede oder Ähnlichkeiten zwischen der Population des Jugendsurveys und der Gesamtbevölkerung festzustellen erlaubt.

In den Stichproben des Jugendsurveys wurden nicht-deutsche Befragte aus forschungspraktischen Gründen nicht erfaßt. Bei dieser Entscheidung spielten vor allem mögliche Sprachprobleme und Schwierigkeiten beim Feldzugang eine Rolle. Auch inhaltliche Gründe sprachen gegen die Einbeziehung der nichtdeutschen Jugendlichen in eine Erhebung dieses Typs: So können Fragen zum politischen System oder zur nationalen Identität nicht umstandslos an Personen gerichtet werden, die keine Staatsbürgerrechte besitzen. Teilweise sind bei dieser Gruppe auch andere Lebensprobleme für die Einstellungen relevant, die mit ihrer Sozialisation und Integration in Deutschland zu tun haben.

Von den Abteilungen „Jugend und Politik" sowie „Sozialberichterstattung" des Deutschen Jugendinstituts wurde daher – in Kooperation mit der Universität Chemnitz im Auftrag der Familienberichtskommission „Sechster Familienbericht" – eine gesonderte Studie konzipiert, die den politischen Orientierungen und der Lebenssituation der in der Bundesrepublik Deutschland ansässigen jungen Migranten gewidmet ist. Ende 1996 bis Anfang 1997 wurden darin rund 2.500 türkische, griechische und italienische junge Erwachsene im Alter von 18 bis 25 Jahren befragt. Der Fragebogen war in Teilen mit dem des Jugendsurveys identisch, so daß die Daten einen Vergleich zwischen dieser Migrantenpopulation und den gleichaltrigen Deutschen erlauben. Ausgewählte Ergebnisse dieses Vergleichs sind in Kapitel 10 im Überblick dargestellt. Die Gesamtergebnisse werden an anderer Stelle eigenständig publiziert (vgl. Weidacher 2000).

1.3 Exkurs: Zeitgeschichtlicher Hintergrund des Jahres 1997

Im Herbst 1997, als die 16- bis 29jährigen Befragten interviewt werden, steht die Bundesrepublik ein Jahr vor der Bundestagswahl, die nach 16 Jahren CDU/CSU/FDP-Regierung unter Helmut Kohl die rot-grüne Koalition unter Gerhard Schröder an die Regierung bringen sollte. Ein politisch vergleichbarer Wechsel hat sich zu diesem Zeitpunkt bereits in zwei Staaten der europäischen Gemeinschaft vollzogen: Im Mai ist die konservative Regierung in Großbritannien durch die Labour Party unter Tony Blair abgelöst worden, und im Juni ist der Sozialist Lionel Jospin Ministerpräsident eines links-grünen Parteienbündnisses in Frankreich geworden. Im Januar hat Bill Clinton seine zweite Amtszeit als Präsident der Vereinigten Staaten angetreten. Wegen der sich dramatisch destabilisierenden Situation in Albanien greifen im März deutsche Soldaten mit eigenem Kommando im Ausland ein – erstmals seit dem Zweiten Weltkrieg –, um in einer Notaktion deutsche und andere nicht-albanische Staatsbürger aus Tirana auszufliegen. Ende Juni fällt Hongkong nach eineinhalb Jahrhunderten britischer Kolonialherrschaft an die Volksrepublik China zurück.

Auch abseits der politischen Sphäre verzeichnen die Chroniken des Jahres 1997 Ereignisse, deren medialer Wert keinesfalls geringer anzusetzen ist, so zum Beispiel den Tod der katholischen Ordensfrau und Friedensnobelpreisträgerin Mutter Teresa am 5. September, dem allerdings von dem spektakulären Unfalltod und den anschließend weltweit im Fernsehen miterlebbaren Begräbnisfeierlichkeiten der britischen Prinzessin Diana die öffentliche Aufmerksamkeit entzogen wird. Im Sport, dem von der Bevölkerung ebenfalls mehr Aufmerksamkeit geschenkt wird als der Politik, liefert das Jahr 1997 mit Jan Ullrich den ersten deutschen Sieger in der Geschichte des Tour-de-France-Radrennens. Der Titel des deutschen Fußballmeisters fällt im Mai zum 14. Mal an die Mannschaft von Bayern München. Auch wenn die Mehrheit der Bevölkerung Interesse an Fußball im Fernsehen bekundet, findet der Erwerb der vorrangigen Übertragungsrechte an den Fußballweltmeisterschaften 2002 und 2006 durch das private Pay-TV kaum Akzeptanz; nur sehr wenige fußballinteressierte TV-Nutzer würden solche gesonderten Gebühren bezahlen wollen (ZDF-Politbarometer November). Angesichts dessen sind die durch den Vertragsabschluß ausgelösten Bemühungen auf höchster politischer Ebene, an dieser Stelle den freien Markt doch zu regulieren, verständlich. Im Sommer rufen extreme Regenfälle in Polen, Tschechien und Deutschland verheerende Überschwemmungen hervor. Durch großangelegte Hilfsaktionen an der Oder können die katastrophalen Folgen des Hochwassers in Deutschland erfolgreich eingegrenzt werden. Die Bundeswehr, die mit über 30.000 Soldaten über mehrere Wochen bedrohte Deichabschnitte sichert, erntet – wie Umfragen erkennen lassen – durch diese medial stark vermittelten Ereignisse eine deutliche Zunahme ihrer Akzeptanz (Emnid 1997).

Die Chroniken, die das Jahr 1997 für Deutschland politisch beurteilen, stellen vor allem heraus, daß es ein Jahr des Stillstands war. Der Politologe Wilhelm Hennis schreibt im September 1997: „Daß das dank einer unwahrscheinlichen Verkettung von Umständen wieder vereinte, potentiell im besten Sinne kraftvolle, sich in Europa friedlich einordnende Deutschland gegenwärtig stagniert, kaum politik-, geschweige denn reformfähig ist, das ist ein kaum abzuweisender oder schönzuredender Eindruck" (Hennis 1998b: 155). „Reformstau" wird zum Wort bzw. zum Unwort des Jahres gekürt. Bundespräsident Herzog kritisiert in einer viel beachteten Rede in Berlin die herrschende „Mutlosigkeit", die „Lähmung", die als „Gefühl über der Gesellschaft" liege, die „unglaubliche mentale Depression", den Verlust der wirtschaftlichen Dynamik, die Pflege sinnloser politischer Rituale, an deren Ende meist die Vertagung der Probleme stehe. Mit der zum geflügelten Satz gewordenen Formulierung „Durch Deutschland muß ein Ruck gehen" fordert er zum „Aufbruch ins 21. Jahrhundert" auf. Der Bundesverband der deutschen Banken rügt gleichermaßen die mangelnde Bereitschaft der Politiker aller Parteien in der BRD zu Reformen (SZ vom 2.9.1997). Der BUND für Umwelt und Naturschutz kritisiert „Stillstand und Ausverkaufsstimmung" in der Umweltpolitik (SZ vom 20.12.1997). Unzufriedenheiten äußern sich in Teilen der Bevölkerung auch als Protest: So zu Beginn des Jahres, im Februar/März, als Pläne Bonns, mit Blick auf die europäische Integration und die Einführung einer gemeinsamen Währung die Förderung des Steinkohlebergbaus in den folgenden Jahren stark zu reduzieren, im Ruhrgebiet zu großen Demonstrationen führen. Sie veranlassen die Bundesregierung schließlich zum Einlenken; das Reduktionsprogramm wird finanziell verringert und zeitlich gestreckt. Im März können „Castor"-Transportbehälter mit deutschem und französischem Atommüll gegen den Widerstand der Bevölkerung nur unter dem Schutz von 30.000 Polizei- und Bundesgrenzschutzbeamten in das Zwischenlager Gorleben im Landkreis Lüchow-Dannenberg geleitet werden. Die Kosten des Transports werden auf rund 100 Millionen DM geschätzt. Im Wintersemester dann protestieren im gesamten Bundesgebiet Studenten – mit erstmals weitgehend über das Internet koordinierten Streiks – gegen überfüllte Seminare und schlechte Studienbedingungen. Ihr Protest bringt keinen Erfolg.

Die Kritik am politischen Stillstand und „Reformstau" zielt in erster Linie auf die erfolglosen Versuche, den Arbeits- und den Lehrstellenmarkt zu beleben. Das dazu zählende, schon seit Beginn der Legislaturperiode für notwendig erachtete CDU/CSU/FDP-Projekt einer großen Steuerreform, das auch eine Reform des Rentensystems einschließen sollte, scheitert nach verschiedenen Anläufen endgültig im Oktober am Widerstand der sozialdemokratischen Mehrheit im Bundesrat. Am Ende des Jahres steht lediglich eine Erhöhung des Mehrwertsteuersatzes, die eine zunächst im Kabinett beschlossene Heraufsetzung des Rentenbeitrags zu vermeiden hilft, sowie ein kleines Rentenreformgesetz, das die stufenweise Reduzierung des Rentenniveaus ab 1999 festlegt. Mit Rücksicht auf den Koalitionspartner FDP beschließt die Regierung außerdem, den Solidaritätsbeitrag ab 1998 um zwei Prozentpunkte zu senken. Die Arbeitslosenquote erreicht mit über 10% im Westen und über 19% im Osten den höchsten Stand seit der deutschen Vereinigung. Laut ZDF-Politbarometer rangiert dementsprechend Arbeitslosigkeit für das Gros der deutschen Bevölkerung an der Spitze der wichtigsten Probleme in Deutschland. Das Verhältnis von Angebot und Nachfrage auf dem Ausbildungsstellenmarkt weist einen negativen Saldo auf: Knapp 50.000 Jugendliche und junge Erwachsene haben zu Beginn des Lehrjahres noch keine Ausbildungsstelle gefunden. Rechnerisch steht nur jedem zweiten dieser Jugendlichen ein bei den Arbeitsämtern gemeldeter freier Platz gegenüber, was im Vergleich zum Vorjahr eine Verschärfung der Situation signalisiert: Die Zahl der unvermittelten Bewerber ist größer und die der offenen Stellen kleiner geworden. Die Gründe hierfür liegen nach Feststellung des Bundesinstituts für Berufsbildung nicht nur in einer Krise des Beschäftigungssystems, sondern auch in dem Rückgang der Zahl von ausbildungsbereiten Unternehmen (Berufsbildungsbericht 1998: 18). Die Verschlechterung ist auch nicht mehr allein das Problem strukturschwacher Regionen, sondern betrifft nahezu alle Bundesländer. Im Osten gibt es 1997 sogar in allen Arbeitsamtsbezirken mehr Bewerber als Berufsausbildungsstellen (Berufsbildungsbericht 1998: 22).

Die aus all den angedeuteten Bedingungen resultierende politische Stimmung in Deutschland spiegelt sich in den Ergebnissen des Politbarometers wider, den monatlichen von der „Forschungsgruppe Wahlen“ für das ZDF durchgeführten Umfragen unter der wahlberechtigten Bevölkerung. Im Verlauf des Jahres wird darin eine große Unzufriedenheit mit der Politik der CDU/FDP-Regierung sichtbar. Die Zufriedenheitswerte liegen so tief wie kaum jemals vorher bei diesem (seit 1977 bestehenden) Instrument der Meinungsbefragung. Deutlich besser werden dagegen die Leistungen der SPD-Opposition beurteilt. Gleichzeitig gibt es aber Anzeichen für eine grundsätzliche „Politikverdrossenheit“: Ein Viertel der Bevölkerung äußert die Auffassung, daß es für sie praktisch keinen Unterschied macht, wer in Bonn regiert, etwa zwei Fünftel glauben, daß es keinen großen Unterschied ausmacht, und lediglich ein Drittel ist davon überzeugt, daß es eine große Bedeutung hat, welche Partei in Bonn an der Regierung ist (ZDF-Politbarometer August 1997). Ungeachtet dessen hält die große Mehrheit der Bevölkerung etwa ein Jahr vor der Bundestagswahl die Zeit reif für einen politischen Machtwechsel. Über zwei Drittel meinen, daß in Bonn andere Parteien an die Regierung kommen sollten. Bei der bekannten Frage „Wenn am nächsten Sonntag Bundestagswahl wäre...“ erhält die SPD mindestens gleich viel oder sogar mehr Wählerzustimmung als die Unionsparteien; SPD und Bündnis 90/Die Grünen stellen zusammen allemal die Mehrheit. Für den Fall, daß keine Partei die absolute Mehrheit erreichte, würde von den Befragten am ehesten eine rot-grüne Bundesregierung befürwortet. Vor die Kanzler-Alternative gestellt zwischen Kohl, der seine neuerliche Kandidatur bereits im Frühjahr bekannt gegeben hatte, und Lafontaine oder Schröder – zwischen denen noch keine Entscheidung gefallen war –, liegt Gerhard Schröder mit großem Abstand an der Spitze der Wählergunst. Das Ergebnis der Bundestagswahl ein Jahr später war in diesen Meinungsbildern somit schon antizipiert.

1.4 Zum Aufbau des Buches

In den vorstehenden Abschnitten sind die forschungsleitenden Perspektiven, der zeitgeschichtliche Hintergrund sowie die Datenbasis des DJI-Jugendsurveys 1997 skizziert worden. Im folgenden soll kurz der Aufbau des Buches dargestellt werden:

Kapitel 2 gibt einen Überblick über Aspekte der sozioökonomischen Situation von Jugendlichen und jungen Erwachsenen sowie über ihre Lebensformen. Im einzelnen liefert es Informationen zum subjektiven Altersverständnis der 16- bis 29jährigen Ost- und Westdeutschen, zu ihrer Teilnahme und Plazierung im Bildungs-, Ausbildungs- und Erwerbssystem, zu Teilhabechancen, die durch die soziale Herkunft bedingt werden, zu ihren finanziellen Verhältnissen und den Quellen ihres Einkommens sowie schließlich Informationen zu ihren privaten Lebensformen, also zu Wohnsituation, Familienstand und Kindern.

In *Kapitel 3* wird die detaillierte Beschreibung von Aspekten sozialer Lage durch zusätzlich darauf bezogene subjektive Einschätzungen (z.B. Gefühlen von Verunsicherung oder Angst vor Arbeitslosigkeit) ergänzt und vertieft. Die Dimension der subjektiven Benachteiligung wird durch Einschätzungen zur Zufriedenheit mit verschiedenen Lebensbereichen erweitert; damit verbunden wird den Fragen nach der relativen Deprivation, den Vorstellungen von sozialer Gerechtigkeit und der Bewertung sozialer Unterschiede nachgegangen.

Der subjektive Aspekt der Vereinigung wird in *Kapitel 4* beschrieben: Wie stark identifizieren sich die 16- bis 29jährigen Deutschen in West und Ost mit ihrem Teil Deutschlands, mit dem jeweils anderen Teil und mit dem vereinigten Deutschland insgesamt? Welches Verhältnis artikulieren sie zu den „anderen" Deutschen? Wie bilanzieren sie die Vereinigung für sich? Anhand dieser unterschiedlichen Facetten von Selbst- und Fremdwahrnehmung werden erste Bilder des Standes der subjektiv-politischen Annäherung der jungen Generation in West und Ost gegen Ende der 90er Jahre gezeichnet.

In *Kapitel 5* werden zentrale Wertvorstellungen sowie Wichtigkeiten bezüglich unterschiedlicher Lebensbereiche dargestellt. Damit zusammenhängend werden Rollenbilder und soziale Orientierungen betrachtet und zu jenen Wertvorstellungen in Beziehung gesetzt. Besonderes Gewicht liegt auf der Analyse von Veränderungen seit 1992 sowie auf der Interpretation geschlechtsspezifischer Differenzen.

Die politischen Orientierungen werden in *Kapitel 6* behandelt. Dabei werden unterschiedliche Aspekte der politischen Kultur thematisiert: Orientierungen und Zuwendungsbereitschaften als „Input" für den politischen Prozeß, Einstellungen zu grundlegenden politischen Ordungsvorstellungen sowie zu Resultaten, also dem „Output" des politischen Systems. Der Blick wird vor allem auf die Veränderungen der Einstellungskonstellationen in Ost wie West zwischen den beiden Untersuchungszeitpunkten gerichtet. Es wird also vor allem der Frage nachgegangen, ob seit 1992 eine Annäherung von West und Ost stattgefunden hat oder ob in den neuen Bundesländern von einer partiell eigenständigen politischen Kultur gesprochen werden kann.

Kapitel 7 stellt die Bandbreite und die Entwicklung politischer Beteiligung bei den 16- bis 29jährigen dar. Die Partizipationsbereitschaften werden unterschieden nach Bereitschaften zu konventionellen, unkonventionell-legalen und unkonventionell-illegalen politischen Aktivitäten, nach der Bewertung von und der Mitarbeit bei informellen Gruppierungen und Initiativen sowie nach der Mitgliedschaft und Aktivität in Vereinen, Verbänden oder Organisationen. In

Verbindung damit werden Bewertungen gewaltförmiger politischer Aktivitäten analysiert und zwei unterschiedliche Typen von Gewaltbilligung festgehalten, die auf differierende Motivationen zu politischen Handlungen verweisen. Ein Exkurs stellt die Akzeptanz der Forderung nach einer Herabsetzung des Wahlalters im Kontext weiterer politischer Orientierungen dar.

In *Kapitel 8* geht es um das Thema der kollektiven politischen Identität junger Menschen. Folgende Fragen sind hier von Interesse: Welche Rolle spielt die Nation als „Identitätsanker" für junge Menschen, welche Rolle der supernationale politische Zusammenschluß der Europäischen Union? In welchem Maße ist das Nationalbewußtsein von Jugendlichen und jungen Erwachsenen eher nationalistisch, in welchem Maße eher verfassungspatriotisch geprägt? Und welche politischen Orientierungen bringen diese Formen des Nationalbewußtseins mit sich?

Kapitel 9 ist den Einstellungen junger Menschen gegenüber Migranten in Deutschland gewidmet. In einem deskriptiven Teil werden fremdenfeindliche Orientierungen und die soziale Distanz gegenüber Migranten analysiert, es wird untersucht, welche Konstruktionen von Fremdheit und Fremden sich bei den jungen Deutschen in West und Ost finden, und es wird dargestellt, welche Bedeutung persönliche Bezüge zu Migranten für die Einstellung ihnen gegenüber haben. Anschließend wird analysiert, welche sozialen Merkmale und welche grundlegenden subjektiven Orientierungen fremdenfeindliche Haltungen bei jungen Erwachsenen beeinflussen.

Kapitel 10 vergleicht anhand ausgewählter Ergebnisse die Einstellungen von deutschen mit ausländischen, in Deutschland lebenden Jugendlichen und jungen Erwachsenen, die in dem oben beschriebenen parallelen DJI-Survey befragt wurden. Im Zentrum stehen dabei das politische Interesse, politische Orientierungen, Institutionenvertrauen sowie Partizipationsbereitschaften. Die Ergebnisse werden vor dem Hintergrund unterschiedlicher rechtlicher Voraussetzungen und sozio-ökonomischer Ressourcenausstattung, aber ähnlicher Lebensumfelder intepretiert.

Schließlich gibt das letzte *Kapitel 11* einen synoptischen Überblick über die wichtigsten Ergebnisse anhand folgender Fragestellungen: Welche Entwicklungstrends zeigen sich im Verhältnis Jugendlicher zur Politik? Ist bei den politischen Einstellungen und Orientierungen im Zeitverlauf eine Annäherung oder ein Auseinanderdriften zwischen West und Ost zu erkennen? Gibt es geschlechtsspezifische Zugänge zur Politik? Welche Bedeutung haben Aspekte sozialer Ungleichheit für die politischen Einstellungen und die Partizipation junger Menschen? Wie jugendspezifisch sind die gesellschaftlichen und politischen Orientierungen der 16- bis 29jährigen Deutschen?

Der *Anhang* gibt ausführliche Informationen zur Stichprobe sowie Erläuterungen zu Tabellen, Datenanalyseverfahren und den verwendeten Datensätzen. Ein *Literaturverzeichnis* beschließt das Buch.

2

Heranwachsen im vereinigten Deutschland: Lebensverhältnisse und private Lebensformen

Juliane Achatz, Winfried Krüger, Manfred Rainer, Johann de Rijke

In den Lebensabschnitt von 16 Jahren bis zum Ende des dritten Lebensjahrzehnts fallen, biographisch gesehen, entscheidende Ereignisse: Hier werden Schullaufbahnen abgeschlossen, Berufsausbildungen aufgenommen und vielfach erfolgt auch schon ein Übergang in den Arbeitsmarkt. Junge Menschen ziehen aus dem Elternhaus aus, gehen eine Partnerbeziehung ein oder gründen sogar eine eigene Familie. Mit all dem sind für sie Weichenstellungen verbunden, die ihre Chancen und ihre soziale Plazierung im späteren Leben maßgeblich beeinflussen.

Der Prozeß des Erwachsenwerdens faßt die Gruppe der 16- bis 29jährigen zwar zusammen, doch die angedeuteten Ereignisse differenzieren sie gleichzeitig in starkem Maße. Dieses Kapitel stellt deshalb Gemeinsamkeiten und Unterschiede in Abhängigkeit von soziodemographischen Merkmalen dar. Das geschieht ausführlicher, als es die Fragestellung nach dem Verhältnis dieser Alterskohorten zur Politik erfordert hätte. Dafür sprechen zwei Gründe: Zum einen soll veranschaulicht werden, wie sehr sich aufgrund der unterschiedlichen Lebenslagen pauschale Annahmen und Aussagen über „die Jugend“ verbieten. Zum anderen soll der Vergleich der Lebensverhältnisse in den neuen und alten Bundesländern sowie deren Entwicklung in den 90er Jahren dazu beitragen, die in den späteren Kapiteln dargestellten politischen Befunde angemessen einordnen zu können. Dieses Kapitel liefert dementsprechend Informationen zum subjektiven Altersverständnis der 16- bis 29jährigen Ost- und Westdeutschen, zu ihrer Teilnahme und Plazierung im Bildungs-, Ausbildungs- und Erwerbssystem, zu Teilhabechancen, die von ihrer sozialen Herkunft mitbestimmt werden, zu ihren finanziellen Verhältnissen, ihren Einkommensquellen und ihren privaten Lebensformen, also der Wohnsituation und dem Familienstand, den die 16- bis 29jährigen jeweils für sich gewählt bzw. erreicht haben. Im unmittelbar anschließenden dritten Kapitel wird die Beschreibung der objektiven Lebenssituation durch Ausführungen zur subjektiven Wahrnehmung und Bewertung der individuellen und gesellschaftlichen Lebensbedingungen ergänzt.

2.1 Jugendlich oder erwachsen?

Die Altersspanne unserer Stichprobe umfaßt einen Lebensabschnitt, in dem gemeinhin der Wechsel vom Status des Jugendlichen zu dem des Erwachsenen stattfindet. Außer der formalen Volljährigkeit fehlt für diesen Wechsel allerdings eine eindeutige gesellschaftliche Normierung. Schulabschluß, Aufnahme und Beendigung einer beruflichen oder universitären Ausbildung, Auszug aus dem Elternhaus, Heirat, Eintritt in den Arbeitsmarkt verbunden mit einem eigenen regelmäßigen Einkommen sind zwar bedeutsame biographische Ereignisse auf dem Weg ins Erwachsenenleben. Sie gelten aber eben nicht mehr generell, weder in ihrer Reihenfolge noch in ihrer spezifischen Bedeutung, als Statuspassagen für den Wechsel ins Erwachsenendasein. Die Ablösung des institutionalisierten Musters einer Normalbiographie durch gesellschaftliche Vorgaben, die den Verlauf der Biographie und ihre Interpretation stärker in die individuelle Verantwortung und Gestaltung verlagert haben, stellt Jugendliche vor unbestimmte Erwartungen. Vor allem müssen deshalb die Jugendlichen selbst in der hier infragestehenden Altersspanne sich darüber klar werden und entscheiden, ob sie sich noch als Jugendliche oder schon als Erwachsene begreifen wollen. Diese „biographische Selbstdefinition", wie Meulemann (1992: 108) diesen Klärungs- und Entscheidungsprozeß nennt, ist „gleichsam das letzte Wort eines inneren Monologs des Heranwachsenden", mit dem er das Urteil der sozialen Umwelt über seine biographische Entwicklung komplettiert.

Tabelle 2.1:
Subjektiver Altersstatus 1992 und 1997 (Spaltenprozent)

	1992		*1997*	
	West	*Ost*	*West*	*Ost*
eher als Jugendlicher	26	35	31	45
eher als Erwachsener	53	47	46	33
mal so mal so	20	17	22	21
kann nicht sagen	2	1	2	1
n	4413	2462	4402	2470

Quelle: DJI-Jugendsurvey 1992, 1997

Im Jugendsurvey wurde die biographische Selbstdefinition mit der Frage danach erhoben, ob sich die Befragten eher als Jugendliche oder eher als Erwachsene fühlen.[1] Nur eine unerheblich kleine Zahl von Befragten – rund 1% – konnte die Frage nicht auf sich beziehen. Für den größten Teil aller Befragten war somit klar zu beantworten, welchen Altersstatus sie sich zuerkennen. Dies wurde sicher auch dadurch erleichtert, daß eine der Antwortvorgaben die diesen Prozeß verständlicherweise begleitende Ambivalenz oder auch Unabgeschlossenheit berücksichtigte. Von dieser Antwortmöglichkeit, daß man sich situativ bedingt einmal als Erwachsener, dann aber wieder auch als Jugendlicher erlebt, haben in Ost und West übereinstimmend rund ein Fünftel aller Befragten Gebrauch gemacht (vgl. Tabelle 2.1). Für alle übrigen, nämlich rund drei Viertel der Befragten, ist die Selbstdefinition eindeutig, allerdings hier mit deutlichen Unterschieden zwischen Ost und West. Ein größerer Teil der Ostdeutschen versteht sich noch als jugendlich – 45% gegenüber 31% – und dementsprechend ein kleinerer Teil als bei den Westdeutschen als erwachsen – 33% gegenüber 46%.

Ein Vergleich mit unserer Untersuchung von 1992, in der diese Frage bereits identisch enthalten war, zeigt, daß sich diese Differenz erhalten hat. Allerdings wird auch eine Verschiebung sichtbar: Sowohl in Ost wie in West billigt sich 1997 ein geringerer Anteil den Status des Erwachsenen zu, dementsprechend steigt der Anteil derer, die sich selbst noch als Jugendliche definieren. Und auch der Anteil der statusambivalenten Befragten hat tendenziell zugenommen. Da in unseren Stichproben die zahlenmäßigen Besetzungen der einzelnen Jahrgänge zu beiden Untersuchungszeitpunkten nur unerheblich voneinander abweichen – und zwar im Osten wie im Westen –, bedeutet diese Verschiebung, daß sich die Selbstdefinition, d.h. das Selbstverständnis von Jugendlichen, was ihren Altersstatus angeht, in dem fraglichen Zeitraum real verändert hat: Jugendliche brauchen mehr Zeit oder gestehen sich mehr Zeit zu, um sich selbst als Erwachsene anzusehen. In Abbildung 2.1 wird dies daran erkennbar, daß die Erwachsenheitskurve 1992 insgesamt etwas steiler verläuft als 1997. Es zeigt sich auch darin, daß sich 1992 schon die Häfte aller 22- bis 23jährigen als erwachsen definiert, während dies 1997 im Westen erst bei den um ein Jahr älteren und im Osten sogar erst bei den um etwa zwei Jahre älteren Befragten passiert. Über die gesamte Altersspanne hinweg verläuft die Erwachsenheitskurve der westdeutschen Befragten oberhalb der der ostdeutschen, d.h. daß die westdeutschen Jugendlichen früher und mit größeren Anteilen in den Erwachsenenstatus überwechseln. Allerdings in beiden Teilen Deutschlands, wie gesagt, langsamer als 1992 und auch deutlich langsamer als dies Stecher (1997: 147 ff.) in einer empirischen Untersuchung aufzeigt, die Anfang 1996 durchgeführt wurde.

Die Verlangsamung des Erwachsenwerdens schlägt sich noch in einem anderen, bemerkenswerten Tatbestand nieder: War 1992 mit 27 Jahren für den Großteil der Befragten, nämlich für mehr als vier Fünftel, nach ihrem eigenen Selbstverständnis der Wechsel in den Erwachsenenstatus vollzogen – ein Ergebnis, das auch Meulemann aus den Daten der Shell-Studie '92 bestätigt (Meulemann

Abbildung 2.1:
Subjektiver Erwachsenenstatus nach Alter 1992 und 1997 (in %)

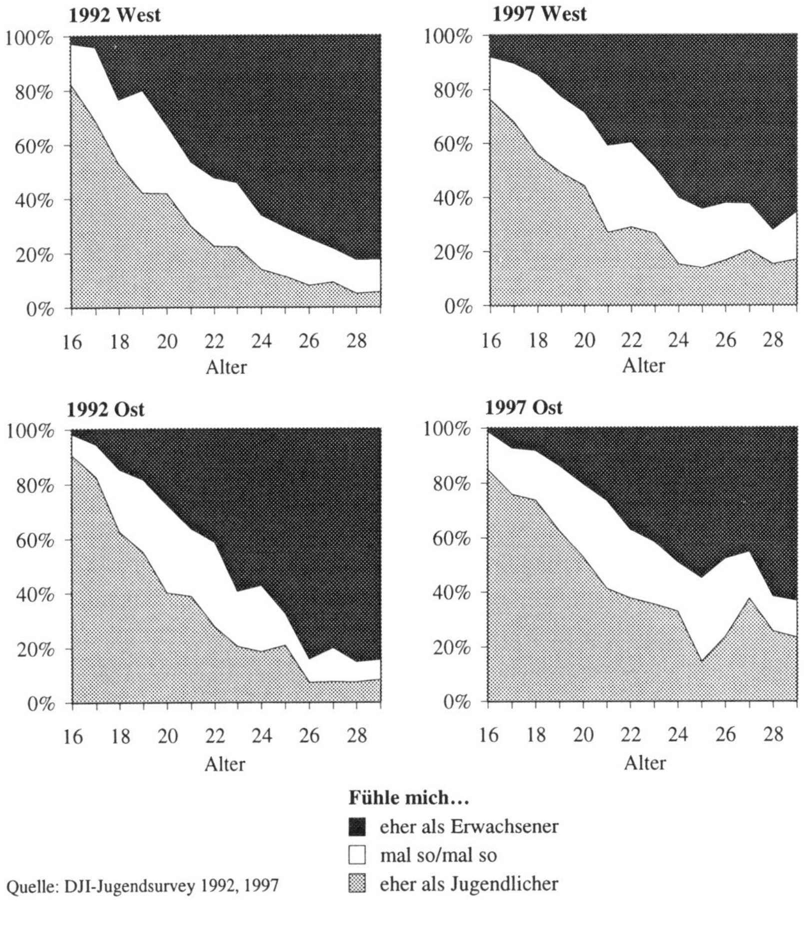

Quelle: DJI-Jugendsurvey 1992, 1997

1992: 111) –, so stellt sich dies 1997 stark verändert dar. Zum Ende des dritten Lebensjahrzehnts ist für rund ein Drittel der Befragten in den alten und neuen Bundesländern der Prozeß des eigenen Erwachsenwerdens noch keineswegs abgeschlossen. Faßt man die letzten drei Altersjahrgänge unserer Stichprobe zusammen, so zeigt sich, daß sich im Westen davon erst rund drei Viertel als erwachsen, noch 18% aber als Jugendliche und 16% als Statusambivalente definieren; im Osten sind es sogar erst 57%, die sich den Erwachsenenstatus zubilligen, während sich 29% noch als Jugendliche und 14% als Statusambivalente definieren. Erhalten bleibt für die gesamte Altersgruppe der 16- bis 29jährigen der Zusammenhang zwischen zunehmendem Alter und zunehmender subjektiver Selbstwahrnehmung als Erwachsener.

In Ergänzung zu den Ergebnissen von Junge, der davon ausgeht, daß „das Lebensalter als Strukturprinzip des Lebensverlaufs zunehmend weniger trägt" (Junge 1995: 224), können wir feststellen, daß der Wechsel in den selbstzuerkannten Erwachsenenstatus noch durchaus entlang des kalendarischen Alters verläuft. Allerdings ist hier von 1992 auf 1997 eine Abschwächung zu beobachten. Zugleich haben sich bemerkenswerterweise für Teilgruppen der Befragten – deutlich zeigt sich dies bei den ältesten, den 27- bis 29jährigen – auch die biographischen Ereignisse, die traditionell als Orientierungsmarken für Statuspassagen hinsichtlich des Alters fungierten, stärker vom Alter gelöst und bestimmen in geringerem Ausmaß als noch 1992 den Wechsel vom Jugend- zum Erwachsenendasein. Angesichts des kurzen Zeitraums von nur fünf Jahren sind diese Veränderungen überraschend. Mangels geeigneter Referenzdaten können wir für ihre Erklärung nur plausible Vermutungen anstellen. So kann man annehmen, daß die Veränderungen im Osten auf eine rapide Übernahme der Jugendlichkeitsorientierung in Westdeutschland zurückgehen. Darüber hinaus mag in Ost und West hinzukommen, daß die erschwerten Bedingungen, sich berufsbiographisch in die Gesellschaft zu integrieren, den Status des „Jugendlichen" und des „Ambivalenten" noch als vorläufig, als Übergang attraktiv erscheinen lassen gegenüber der Endgültigkeit des Erwachsenenstatus. Der „Ernst des Lebens" wird also in einer Art Selbstmanipulation auf der Ebene des Selbstverständnisses abgemildert. Daß dieser Übergang real sehr unterschiedlich aussieht und unter sehr unterschiedlichen Lebensbedingungen von den Jugendlichen und jungen Erwachsenen bewältigt werden muß, das versuchen die folgenden Abschnitte zu zeigen.

2.2 Der sozioökonomische Hintergrund

Die Möglichkeiten von Menschen, Zugang zu allgemein verfügbaren und erstrebenswerten sozialen Gütern und Positionen zu erhalten, sind zu einem großen Teil durch die erworbene Bildung und Ausbildung bestimmt. Die berufliche Stellung, Arbeitsmarktchancen und das Einkommen korrespondieren in hohem Maße mit den formalen Bildungsabschlüssen. Darüber hinaus sind

Lebensumstände abhängig von horizontalen Formen sozialer Ungleichheit wie z.B. geschlechtsspezifischen oder regionalen Disparitäten, deren Bedeutung vor allem in der neueren Literatur betont wird (Kreckel 1992). Die Erfassung solcher ungleichheitsrelevanten Merkmale dient zum einen der Beschreibung der sozioökonomischen Situation der Befragten, die einen Überblick über Zusammensetzung und Lebensvielfalt der Jugendlichen und jungen Erwachsenen gibt. Zum anderen kommt ihnen in einer Studie über „Jugend und Politik" als Einflußgrößen für vorpolitische und politische Einstellungen und Handlungsorientierungen eine besondere Relevanz zu. So war die Bildungsexpansion der Motor für eine Vielzahl von gesellschaftlichen Veränderungen wie der Wertewandel, die Entstehung von neuen Formen politischer Mitwirkung und nicht zuletzt die Pluralisierung von Lebensformen (Hradil 1999). Im Jugendsurvey 1992 (Hoffmann-Lange 1995) und auch in zahlreichen anderen Studien konnte gezeigt werden, daß z.B. Wertorientierungen, das politische Interesse, die Bereitschaft zu politischer Partizipation und auch die privaten Lebensformen nach wie vor eng mit dem Bildungsniveau der Befragten variieren[2].

Die nächsten beiden Abschnitte sind dem sozioökonomischen Hintergrund der Befragten gewidmet. Relevanten Veränderungen zwischen 1992 und 1997 wird dabei eine besondere Aufmerksamkeit geschenkt. Jugendstudien, die wie der DJI-Jugendsurvey junge Menschen mit einer breiten Altersspanne befragen, sind mit einem spezifischen Problem konfrontiert. Die Befragten sind in dieser Lebensphase hinsichtlich ihres Ausbildungs- und Erwerbsstatus in hohem Maße heterogen. Zum großen Teil sind die Befragten noch Schüler, Studenten oder Auszubildende, also wirtschaftlich inaktiv. Erst etwas mehr als ein Drittel ist bereits erwerbstätig (vgl. Tabelle 2.2). Herkömmliche Konzepte der Ungleichheitsforschung wie Klasse und Schicht basieren aber gerade auf der Stellung in der Erwerbssphäre und lassen außerdem nicht-vertikale Ungleichheiten unberücksichtigt. Deshalb sind sie für eine einheitliche Bestimmung der gesellschaftlichen Position in dieser Altersgruppe wenig geeignet. Die gesellschaftliche Stellung könnte für eine große Gruppe allenfalls über die soziale Stellung der Eltern oder, bei Verheirateten oder in einer Partnerschaft Lebenden, über die Stellung eines (Ehe-)Partners erfolgen. Diese Vorgehensweise bleibt unbefriedigend, da die Einstufung der Befragten auf höchst unterschiedlichen Grundlagen erfolgen muß. Aus diesem Grund stützen sich die Darstellung der Lebenssituation der Befragten wie auch die Analysen in den weiteren Kapiteln auf die im folgenden berichteten sozialstrukturellen Einzelmerkmale.

Junge Menschen im Bildungs-, Ausbildungs- und Erwerbssystem

Die Jugendphase ist ein Lebensabschnitt, der von Erwerbsarbeit noch relativ entlastet ist und in dem die Aneignung von Bildungs- und Ausbildungsabschlüssen im Vordergrund steht (Zinnecker 1991). Dies gilt verstärkt seit Mitte der 60er Jahre, als im Zuge der Bildungsexpansion der Besuch weiterführender Schulen deutlich zugenommen und sich damit die Verweildauer im Bildungssystem verlängert hat. „Heute verbringt die Hälfte der nachrückenden Generation schon etwa ein Viertel ihrer Lebenszeit in Bildungseinrichtungen" (Hradil 1999: 144). Die Zusammensetzung der Jugendsurveypopulation nach ihrer Teilnahme am Bildungs-, Ausbildungs- und Erwerbssystem spiegelt die Dominanz der (Aus-)Bildungszeit in dieser Lebensphase wider. Die 16- bis 29jährigen können nach folgenden Teilgruppen unterschieden werden:

- *Schüler,* die überwiegend eine allgemeinbildende Schule oder zu einem geringeren Teil ein Berufsvorbereitungs-, bzw. Berufsgrundbildungsjahr[3] besuchen,
- Jugendliche und junge Erwachsene, die eine *berufliche Ausbildung* (Lehre, Berufsfachschule oder Fachschule),
- oder ein *Studium* an einer Fachhochschule oder Hochschule absolvieren,
- *Vollzeiterwerbstätige* mit einer wöchentlichen Arbeitszeit von mindestens 35 Stunden und *Teilzeiterwerbstätige* mit einer wöchentlichen Arbeitszeit von 15 bis unter 35 Stunden,
- *Arbeitslose,*
- *Hausfrauen / Hausmänner* und Personen in Erziehungsurlaub,
- *Wehr- und Zivildienstleistende* bzw. Personen, die ein Soziales oder Ökologisches Jahr absolvieren, und
- Teilnehmer an einer *Weiterbildung, Umschulung* oder an einem *Förderlehrgang.*

Etwas weniger als die Hälfte der Befragten sind entweder Schüler, Studenten oder absolvieren eine Berufsausbildung (vgl. Tabelle 2.2). Die Erwerbstätigen stellen etwas mehr als ein Drittel. Teilzeitarbeit wird fast ausschließlich von jungen Frauen ausgeübt (13% im Westen und 11% im Osten). Der Rest verteilt sich auf die übrigen Kategorien, die nur gering besetzt sind. Die Zusammensetzung der Befragten nach ihrem Ausbildungs- und Erwerbsstatus unterscheidet sich in beiden Erhebungswellen nur geringfügig (vgl. hierzu Gille u.a.

Tabelle 2.2:
Ausbildungs- und Erwerbsstatus nach Geschlecht (Spaltenprozent)

	West			*Ost*		
	Männer	*Frauen*	*gesamt*	*Männer*	*Frauen*	*gesamt*
Schüler	20	19	20	16	19	18
Studenten	20	16	18	15	14	14
in Berufsausbildung	10	9	10	17	10	14
voll-/teilzeit Erwerbstätige	39	37	38	36	33	35
Arbeitslose	6	6	6	12	15	13
Hausfrauen/ Erziehungsurlaub	0	11	6	0	7	3
Wehr-, Zivildienst/Freiw. Soziales, Ökolog. Jahr	4	0	2	3	1	2
Kurzarbeit/Umschulung	1	1	1	1	1	1
n	2230	2076	4306	1260	1169	2429

Quelle: DJI-Jugendsurvey 1997

1995b: 62). Erwerbstätige bilden 1992 und 1997 in beiden Landesteilen die größte Einzelgruppe. Allerdings sind deren Anteile in den alten und neuen Bundesländern rückläufig. Sie sinken von 45% auf 38% im Westen und von 43% auf 35% im Osten, wobei die 1992 noch vorhandenen geringen Geschlechterunterschiede 1997 keine Rolle mehr spielen. Der Studierendenanteil steigt hingegen an; dieser verdoppelt sich in den neuen Bundesländern von 7% (1992) auf 14% (1997). Eine geringfügige Zunahme zeichnet sich auch in den alten Bundesländern ab von 14% im Jahr 1992 auf 18% im Jahr 1997. Die Zunahme der Studierenden in den neuen Bundesländern ist zum einen durch das verbesserte Bildungsangebot aufgrund des Ausbaus des Schul- und Hochschulsystems[4] begründet. Zum anderen haben sich wohl auch die Bildungsaspirationen der jungen Ostdeutschen verändert (von Below 1997, Engelbrech u.a. 1998). Bei den anderen Subgruppen sind die Anteilswerte annähernd gleichgeblieben. Im Jahr 1992 lag der Anteil der Befragten, die sich ausschließlich Familienpflichten widmen (darunter nur vereinzelt junge Männer), in den alten Bundesländern höher als in den neuen. Seither hat sich der Abstand zwischen den Landesteilen durch eine geringfügige Zunahme im Osten verringert. Unter den jungen Frauen befanden sich im Jahr 1992 im Westen 12% Hausfrauen, im Osten lediglich 4%. Im Jahr 1997 beträgt der Hausfrauenanteil[5] im Westen 11% und im

Osten 7%. Es ist zu vermuten, daß die Umstrukturierungen des Arbeitsmarktes in den neuen Bundesländern und vor allem auch der Abbau von Kinderbetreuungseinrichtungen dazu führen, daß sich junge Mütter aus dem Erwerbsleben zurückziehen, obwohl die Hausfrauenrolle bei den jungen ostdeutschen Frauen keinen Anklang findet (vgl. hierzu Fobe 1997, Möhle 1997). Allerdings lassen die geringen Fallzahlen in dieser Befragtengruppe keine gesicherten Schlußfolgerungen zu. Unverändert ist die stärkere Betroffenheit durch Arbeitslosigkeit[6] im Osten: 1992 sind in den neuen Bundesländern 15% (West 4%) und 1997 13% (West 6%) der Befragten ohne Beschäftigung.

Bildungs- und Ausbildungsniveau

Aufgrund der zunehmenden Komplexität von technischen, gesellschaftlichen und politischen Zusammenhängen wird die Aneignung von Kenntnissen und Wissen in modernen Gesellschaften für Individuen immer wichtiger. Das in verschiedenen Schultypen vermittelte Bildungsniveau hat entscheidenden Einfluß auf die Entwicklung von Fähigkeiten, komplexe Informationen zu durchschauen und zu verarbeiten. Dies gilt nicht zuletzt für die Entwicklung politischer Kompetenz (vgl. Fend 1991, Kapitel 4). Die erworbene Bildung fungiert darüber hinaus als ein „Platzanweiser" in unserer Gesellschaft, da die erreichten Bildungsabschlüsse die Zugangsvoraussetzungen für die weitere Ausbildung und damit die Grundlage für Berufs- und Einkommenschancen und den damit verbundenen Status schaffen. Das Bildungsniveau ist also eine wichtige Stellgröße für die Teilhabe am Erwerbsleben wie auch am gesellschaftlichen und politischen Leben. Die folgenden Ausführungen beschäftigen sich deshalb mit dem Bildungs- und Ausbildungsniveau der ost- und westdeutschen Befragten und möglichen Unterschieden des Bildungsverhaltens im Kontext der Veränderungen der institutionellen Rahmenbedingungen, die aufgrund der Umstrukturierungen des Bildungswesens und der Berufsausbildung in den neuen Bundesländern eintraten.

Nach der Wiedervereinigung wurde das nach dem Einheitsprinzip aufgebaute Bildungssystem der DDR in das föderal-differenzierte und mehrfach gegliederte Schulsystem des Westens überführt (Kornadt 1996). Besonderheiten des alten Schulsystems[7] wurden komplett abgeschafft und nach Übertragung der Bildungshoheit auf die neuen Bundesländer durch Schulformen ersetzt, die zwar länderspezifische Besonderheiten[8] aufweisen, sich jedoch in den Grundzügen nicht von den in den alten Bundesländern vorhandenen Strukturen unterscheiden. Um eine Vergleichbarkeit der in den verschiedenen Schularten erworbenen Bildungsabschlüsse näherungsweise sicherzustellen, stützt sich deren Erfassung im DJI-Jugendsurvey auf die dreistufig angelegte Grundstruktur des deutschen Bildungssystems. Für die Gruppe der Schüler wurde der angestrebte und für alle weiteren Befragten der erreichte Schulabschluß zu Grunde gelegt; auch Schulabschlüsse der ehemaligen DDR wurden diesen drei Stufen zugeordnet.[9]

- *Hauptschulabschluß* einschließlich *Befragte ohne Abschluß,*
- *Mittlere Reife:* hier wurden auch Befragte zugeordnet, die in der ehemaligen DDR die 10. Klasse einer Polytechnischen Oberschule (POS) abgeschlossen haben,
- *Abitur:* diese Kategorie beinhaltet auch Befragte mit Fachabitur und einem Abitur an einer erweiterten Oberschule (EOS) in der ehemaligen DDR.

Die Einführung eines gegliederten Schulsystems zog in den neuen Bundesländern eine rasche Veränderung des Bildungsverhaltens nach sich. Der im Westen schon länger festzustellende Trend zur formalen Höherqualifizierung (Bellenberg/Klemm 1995) macht sich nunmehr auch in den neuen Bundesländern bemerkbar. „So verlor der 10.-Klasse-Abschluß zugunsten des Abiturs an Bedeutung, der Hauptschulabschluß als neuer unterster Pflichtschulabschluß konnte sich jedoch nicht durchsetzen. Er wird weder von Jugendlichen und deren Eltern noch von Betrieben als vollwertiger Schulabschluß angesehen." (Schober 1996: 48) Insgesamt wird die Neugliederung des Schulwesens von großen Teilen der Bevölkerung eher negativ beurteilt (Hauser u.a. 1996).

Die genannten Tendenzen im Bildungsverhalten spiegeln sich auch in den Ergebnissen des Jugendsurveys. Im Vergleich zur ersten Befragung 1992 ist fünf Jahre später eine Verschiebung in den Besetzungszahlen der drei Bildungskategorien festzustellen (vgl. Gille u.a. 1995b: 67). In den *alten Bundesländern* sinkt der Anteilswert für den niedrigsten Bildungsabschluß von 28% (1992) auf 20% (1997). Beim mittleren Bildungsabschluß sind keine nennenswerten Veränderungen erkennbar, der Anteilswert bleibt bei etwa einem Drittel. Der Anteil der Abiturienten steigt dagegen von 39% (1992) auf 49% (1997) an, wobei hier die Zunahme bei den männlichen Befragten etwas höher ausfällt. Zwischen den alten und neuen Bundesländern gab es 1992 gravierende Unterschiede in der Verteilung des Bildungsniveaus. Der niedrigste Bildungsabschluß war in den *neuen Bundesländern* von geringer Bedeutung; ein mittlerer Bildungsabschluß war die Regel und der Anteilswert des höchsten Bildungsabschlusses lag etwa zehn Prozent unter dem Wert in den alten Bundesländern. Die Veränderungen im Jahr 1997 sehen folgendermaßen aus (vgl. Tabelle 2.3): Der Anteilswert des Hauptschulabschlusses ist nach wie vor wesentlich geringer als in den alten Bundesländern (8% im Jahr 1992 und 12% im Jahr 1997); männliche Jugendliche liegen hier etwa fünf Prozentpunkte vor den weiblichen. Beim mittleren Bildungsabschluß gehen die Anteilswerte jedoch deutlich zurück und zwar von 63% im Jahr 1992 auf 52% im Jahr 1997. In der Gruppe der Abiturienten steigt währenddessen der Anteilswert von 29% (1992) auf 36% (1997) an, wobei hier, anders als im Westen, weibliche Befragte etwas stärker vertreten sind. Letzteres läßt auf ein höheres Aspirationsniveau der jungen ostdeutschen Frauen schließen. Allerdings spielen angesichts der schwierigen Situation auf dem Ausbildungsstellenmarkt bei Bildungsentscheidungen sowohl die schlechteren Chancen von Frauen bei der Lehrstellensuche als auch der Wunsch und die Notwendigkeit, die eigenen Möglichkeiten durch eine höhere Ausgangsqualifikation zu verbessern, eine Rolle (Fobe 1997, Schober 1996, 1997).

Das Bildungsverhalten in beiden Landesteilen gleicht sich also an, jedoch gibt es immer noch markante Unterschiede. Die Ergebnisse des DJI-Jugendsurveys

Tabelle 2.3:
*Bildungsniveau nach Geschlecht (Spaltenprozent)**

	West			***Ost***		
	Männer	*Frauen*	*gesamt*	*Männer*	*Frauen*	*gesamt*
ohne Abschluß	2	1	1	3	2	3
Hauptschulabschluß	20	18	19	11	7	9
Hauptschule insgesamt	21	19	20	14	9	12
Mittlere Reife	25	34	30	24	21	22
10. Klasse POS	1	2	1	29	30	30
Mittlere Reife insgesamt	27	36	31	53	51	52
Fachabitur	9	7	8	4	5	5
Abitur, EOS	43	38	41	29	35	31
(Fach-)Abitur insgesamt	52	46	49	33	39	36
n	2249	2096	4345	1264	1176	2440

Quelle: DJI-Jugendsurvey 1997

* Die Variable Bildungsniveau setzt sich zusammen aus angestrebtem und erworbenem Schulabschluß. Unstimmigkeiten ergeben sich aus Rundungsfehlern und bleiben unberücksichtigt.

sind konform mit den Auswirkungen der Neugliederung des Bildungswesens, die sich auf Grundlage der amtlichen Statistik[10] zeigen. Demnach werden im Osten die verbesserten Möglichkeiten zu höherer Bildung verstärkt genutzt. Diese Entwicklung wird in der Literatur zum Teil als Ausweichlösung interpretiert, die angesichts des Mangels an Ausbildungs- und Arbeitsplätzen ergriffen wird (Heinz 1996). Die größeren Chancen, eine hohe Schulbildung zu erwerben, werden in den neuen Bundesländern auf der anderen Seite konterkariert durch einen wachsenden Anteil von Schulabgängern ohne Hauptschulabschluß, der sich, so Hauser u.a. (1996) bei 10% einpendelt. Die Einführung des westdeutschen Bildungssystems verbesserte somit das Bildungsangebot für die junge Generation, verstärkt aber gleichzeitig die Bildungsungleichheit in den neuen Ländern.

In beiden Landesteilen sind Unterschiede im Bildungsverhalten durch ein Stadt-Land-Gefälle gekennzeichnet: „Je größer der Wohnort ist, desto größer ist die Wahrscheinlichkeit für den Besuch einer weiterführenden Schule bzw. des Gymnasiums. Dies gilt für Jungen und Mädchen gleichermaßen" (Henz/Maas 1995: 627, vgl. auch Eilinghoff 1996). Regionale Disparitäten von Bildungsabschlüssen haben sich zwar im Laufe der Zeit verringert, sind jedoch immer noch nachweisbar und zeigen sich auch in der Population des Jugendsurveys (vgl. Tabelle 2.4).

In den drei Verdichtungsräumen[11] steigt im Westen der Anteil der Befragten mit Abitur von 32% in kleinstädtischen und ländlichen Siedlungsräumen auf 56% in den Großstädten an, im Osten betragen die entsprechenden Werte 23% (Kleinstadt/Land) und 50% (Großstadt). Der umgekehrte Effekt zeigt sich im Westen bei den Befragten mit niedrigem und mittlerem Bildungsabschluß. Im Osten gilt dies nur für Befragte mit mittlerer Reife; die Anteile der Hauptschüler unterscheiden sich kaum in den Ortsgrößenklassen. Solche Stadt-Land-Unterschiede sind auch eine Folge der regional ungleichen Ausstattung mit Bildungseinrichtungen, Hochschulen sind z.B. vorwiegend in größeren Städten angesiedelt. Ebenso finden hoch qualifizierte Arbeitskräfte in Verdichtungsräumen eher adäquate Beschäftigungsmöglichkeiten. Da sich in der Population des Jugendsurveys viele Studierende befinden, zeigt sich hier das Stadt-Land-Gefälle besonders deutlich. In den neuen Bundesländern könnten diese regionalen Disparitäten in Zukunft an Bedeutung gewinnen, weil die aufgrund der Neustrukturierung des Schulsystems stattfindende Diversifikation von Schularten in Verbund mit dem nach der Vereinigung feststellbaren Geburtenrück-

Tabelle 2.4:
Stadt-Land-Unterschiede des Bildungsniveaus (Spaltenprozent)

	Schulabschluß der Befragten	Kleinstadt/ Land	Mittelstadt	Großstadt	gesamt
West	Hauptschule	27	19	17	20
	Mittlere Reife	41	31	27	31
	(Fach-)Abitur	32	50	56	49
	n	960	1307	2078	4345
Ost	Hauptschule	15	11	11	12
	Mittlere Reife	63	55	40	52
	(Fach-)Abitur	23	35	50	36
	n	719	940	782	2441

Quelle: DJI Jugendsurvey 1997

* Mit Kleinstadt/Land sind Siedlungsräume mit weniger als 20.000 Einwohnern klassifiziert; Mittelstädte umfassen 20.000 bis 100.000 Einwohner, und großstädtische Gebiete weisen eine Dichte von mindestens 100.000 Einwohnern auf.

gang die wohnortnahe Versorgung mit weiterführenden Schulen erschwert. Da dies insbesondere auf ländliche Gebiete zutrifft, ist von einer Vertiefung des Stadt-Land-Bildungsgefälles auszugehen (Hauser u.a. 1996, Fickermann 1996).

Ebenso wie das Schulsystem wurde auch das Ausbildungssystem der ehemaligen DDR an westdeutsche Strukturen angeglichen. Die Übernahme westdeutscher Ausbildungsordnungen führte in den meisten Ausbildungsberufen zu einer Verlängerung der Lehrzeit um ein Jahr, in der Regel von zwei Jahren auf drei Jahre. Die Teilfacharbeiterausbildung wurde abgeschafft und einige Fachschulen zu Fachhochschulen aufgewertet, die es in der DDR nicht gab (Gille u.a. 1995b). Die Angaben[12] zur angestrebten oder bereits erworbenen beruflichen Ausbildung wurden den folgenden fünf Kategorien zugeordnet:

- *weniger als Lehre* (hier wurden Befragte zugeordnet, die keine Berufsausbildung oder eine beruflich-betriebliche Anlernzeit absolviert haben),
- *gewerbliche Lehre* (diese Kategorie beinhaltet Personen mit einer gewerblichen oder landwirtschaftlichen Lehre oder einer Facharbeiterausbildung),
- *kaufmännische Lehre* (neben diesem Ausbildungsabschluß sind auch Personen mit einer Verwaltungslehre enthalten),

- *Fachschule* (hierunter sind sowohl Berufsfachschulabschlüsse als auch Abschlüsse an einer Meister-, Techniker- oder gleichwertigen Fachschule sowie Restkategorien wie Volontariat und andere Ausbildungen enthalten),
- die Kategorie *Studium* beinhaltet sowohl Fachhochschule als auch Hochschule.

In Tabelle 2.5 ist die angestrebte, bzw. erworbene berufliche Ausbildung für Schüler, für Personen, die sich zum Befragungszeitpunkt in einer Ausbildung befanden und für Befragte, die zum Zeitpunkt der Erhebung bereits einen Abschluß erworben hatten, getrennt dargestellt. Für die Schüler ist zusätzlich der

Tabelle 2.5:
Berufliche Ausbildung nach Ausbildungsstatus und Geschlecht (Spaltenprozent)

		West			***Ost***		
		Männer	*Frauen*	*gesamt*	*Männer*	*Frauen*	*gesamt*
Schüler*	*weiß (noch) nicht*	19	16	17	8	10	9
	weniger als Lehre	11	11	11	16	12	14
	gewerbliche Lehre	9	5	7	32	12	21
	kaufmännische Lehre	14	18	16	5	15	11
	Fachschule	7	13	10	7	13	10
	Studium	40	38	39	32	39	36
	n	405	362	767	186	215	401
in beruflicher Ausbildung/ Studium*	*weniger als Lehre*	0	1	1	2	1	1
	gewerbliche Lehre	15	7	12	39	14	28
	kaufmännische Lehre	9	13	11	5	15	9
	Fachschule	9	14	11	6	13	9
	Studium	68	64	66	48	58	52
	n	670	530	1200	389	278	667
nicht mehr in Ausbildung*	*weniger als Lehre*	19	16	18	17	15	16
	gewerbliche Lehre	38	16	27	57	32	45
	kaufmännische Lehre	18	35	27	6	26	16
	Fachschule	11	21	16	10	16	13
	Studium	13	11	12	9	11	10
	n	1194	1215	2409	711	689	1400

Quelle: DJI-Jugendsurvey 1997

* Schüler wurden gefragt, welche Ausbildung sie anstreben. Die Angaben derjenigen in beruflicher Ausbildung/Studium beziehen sich auf die Ausbildung, die zum Befragungszeitpunkt absolviert wird. Die Angaben derjenigen, die nicht mehr in Ausbildung sind, beziehen sich auf ihren erworbenen Abschluß.

Anteil der Befragten ohne konkreten Ausbildungswunsch angegeben. Die Zuverlässigkeit der Antworten ist bei den drei Gruppen unterschiedlich zu bewerten. So ist bei Schülern zu berücksichtigen, daß hier lediglich Ausbildungsabsichten wiedergegeben werden, die im Laufe der Zeit noch revidiert werden können.

Die vorfindbaren Muster des Ausbildungsverhaltens sind denen aus dem Jahr 1992 sehr ähnlich. So haben im Westen 17% der befragten Schüler noch keine Entscheidung über ihre berufliche Zukunft getroffen. Im Osten ist der Anteil der „noch Unentschlossenen“ mit 9% etwas kleiner. Möglicherweise führt die angespanntere Ausbildungsstellensituation in den neuen Ländern dazu, daß Ausbildungsentscheidungen frühzeitiger getroffen werden. Zumindest läßt sich feststellen, daß das Berufswahlverhalten von Schülern im Osten flexibler ist als im Westen. Schulabgänger in den neuen Ländern zeigen z.B. eine deutlich größere Bereitschaft, mehrere Berufe in Betracht zu ziehen (vgl. Berufsbildungsbericht 1998). In Tabelle 2.5 ist für die neuen Bundesländern eine insgesamt höhere Präferenz für den Abschluß einer gewerblichen Lehre zu erkennen, die auf die unterschiedliche Angebotsstruktur der betrieblichen Berufsausbildung zurückzuführen ist. Im Osten spielt der Bereich des Handwerks für die betriebliche Berufsausbildung eine größere Rolle (vgl. Berufsbildungsbericht 1998). Von den Befragten mit einer bereits abgeschlossenen Ausbildung haben im Osten deutlich weniger eine kaufmännische Lehre absolviert. Dies liegt zum einen an wirtschaftsstrukturellen Faktoren wie dem im Vergleich zum Westen kleineren Dienstleistungssektor, aber auch der Rückgang der Beschäftigung in diesen Berufen im verarbeitenden Gewerbe wirkt sich hier aus (Reinberg 1997). Muster des geschlechtsspezifischen Ausbildungsverhaltens zeigen sich in beiden Landesteilen in einer stärkeren Konzentration der jungen Männer auf eine Ausbildung im gewerblichen Bereich und der jungen Frauen auf den kaufmännischen Bereich und auf eine Fachschulausbildung. Die Übergangswege von der Schule in die Berufsausbildung und im Anschluß daran ins Erwerbsleben sind durch geschlechtsspezifisch segregierte Ausbildungswege und Arbeitsmärkte vorstrukturiert. Individuelle Berufswahlentscheidungen sind dabei immer auch am wahrgenommenen Bedarf auf dem Ausbildungs- und Arbeitsmarkt und an antizipierten Chancen ausgerichtet. Schulabgängerinnen gelingt es z.B. nur unter schwierigen Bedingungen, in gewerblich-technischen Ausbildungen Fuß zu fassen und dies in einem Ausmaß, das zum Teil als massive Ausbildungsverweigerung von Arbeitgebern gedeutet wird (Fobe 1997). Geschlechtsspezifische Segmentierungen von Ausbildungsgängen waren auch in der DDR vorhanden, scheinen sich in den neuen Bundesländern seit Beginn der 90er Jahre aber auch zu verstärken. „Mädchen orientieren sich wieder stärker auf die in den alten Bundesländern frauentypischen Berufe, weil sie aus wichtigen Frauen-Beschäftigungsdomänen der DDR (so z.B. dem Einzelhandel, Banken, Sparkassen, Versicherungen mit 1989 jeweils mehr als 90% Frauenanteil), die für Männer wieder deutlich attraktiver sind, zunehmend verdrängt werden und ihr zwar geringer, aber im Vergleich zu den alten Bundesländern deutlich höherer Anteil in DDR-Männerdomänen sich gegenwärtig zum Teil gegen Null entwickelt“ (Fobe 1997: 31).

Die auch aus den Daten des Jugendsurveys ersichtliche geschlechtstypische Zuweisung zu Ausbildungsgängen ist folgenreich, da sie in der Regel in frauen- bzw. männertypische Berufsfelder führt. Darin sind nicht nur Unterschiede, sondern auch bedeutsame Vor- und Nachteile von Berufs- und Lebenschancen angelegt. Frauenberufe gelten als die weniger aussichtsreichen, „was Arbeitslosigkeitsrisiken, Karriere-, Verdienst- und Zukunftschancen betrifft“ (Hradil 1999: 160). Junge Frauen aus Ost und West streben in einem ähnlich hohem Ausmaß einen Studienabschluß an. Die Anteilswerte liegen bei den männlichen Befragten in den neuen Bundesländern dagegen noch etwas hinter dem Westen zurück. Die Geschlechterunterschiede im Bildungs- und Ausbildungsverhalten der jungen Ostdeutschen weisen in die gleiche Richtung: Junge Frauen tendieren etwas mehr zum Abschluß höherer Qualifikationen.

Der Trend hin zu einer längeren und höheren Schulbildung ist begleitet von einem Anstieg des Vorbildungsniveaus im Zugang zu Berufsabschlüssen. Dies führte sowohl zu einer Verschlechterung der beruflichen Verwertungschancen von niedrigen Bildungsabschlüssen als auch zu einem tendenziellen Wertverlust von höheren Bildungsabschlüssen. „Obwohl höhere Schulabschlüsse ihre Garantie für berufliche Erfolgsaussichten zunehmend verlieren, werden sie dennoch zur unabdingbaren Voraussetzung im Ausbildungswettbewerb“ (Georg/Mattern 1998: 42). Hauptschüler können dadurch auf dem Ausbildungsstellenmarkt immer schlechter konkurrieren; diese prekäre Situation setzt sich dann auf dem Arbeitsmarkt fort.

Aus Tabelle 2.6 geht hervor, daß in der Teilgruppe, die bereits die Ausbildungsphase abgeschlossen hat, Befragte mit dem höchsten Bildungsniveau nur zu etwas mehr als einem Drittel auch ein Studium absolviert haben. In den alten

Tabelle 2.6:
Ausbildungsabschluß nach Vorbildungsniveau (Spaltenprozent)*

	West				Ost			
	Haupt-schule	Mittl. Reife	Abitur	gesamt	Haupt-schule	Mittl. Reife	Abitur	gesamt
weniger als Lehre**	32	11	13	18	44	11	12	16
gewerbliche Lehre	47	25	12	27	44	55	17	45
kaufmännische Lehre	14	38	25	27	5	17	18	16
Fachschule	7	24	15	16	6	14	14	13
Studium	0	2	35	12	0	3	38	10
n	688	933	782	2403	189	906	300	1395

Quelle: DJI-Jugendsurvey 1997

* Die Angaben beziehen sich ausschließlich auf Befragte, die bereits einen Ausbildungsabschluß erworben haben.

** Ohne Ausbildungsabschluß, Anlernzeit oder Teilfacharbeiterabschluß.

Bundesländern durchlief immerhin ein Viertel der Befragten mit Abitur eine kaufmännische Ausbildung, ein Bereich, der – zumindest gilt dies für die attraktiveren kaufmännischen Berufe und Dienstleistungsberufe – insgesamt stark von Abiturienten nachgefragt wird (vgl. Berufsbildungsbericht 1998). Die anderen Ausbildungsmöglichkeiten spielen eine geringere Rolle. In den neuen Bundesländern verteilen sich die Abiturienten etwas gleichmäßiger auf die nichtakademischen Ausbildungsformen. Es erstaunt zunächst, daß jeweils mehr als 10% der Befragten mit Abitur weniger als eine Lehre absolviert haben. Allerdings ist zu berücksichtigen, daß es sich bei diesen Personen um eine Zwischenstation in der Berufsbiographie handeln und die Möglichkeit des Ausbildungserwerbs zu einem späteren Zeitpunkt noch genutzt werden kann. Die Übergangszeit von der Schule in den Beruf ist generell durch eine Heterogenisierung von Ausbildungsmustern geprägt, die sich z.B. in einer Zunahme von Ausbildungsabbrüchen und einer Verlängerung von Übergangszeiten vor dem Berufszugang zeigt. Solche „vorläufigen Übergänge in den Arbeitsmarkt" haben gerade für Abiturienten eher „den Charakter einer unverbindlichen ‚postadoleszenten' Experimentierphase" (Konietzka 1998: 129). Auch unter den Befragten, die sich noch in der Ausbildungsphase befinden, waren im Westen 18% und im Osten 17% vor Ausbildungsbeginn schon einmal erwerbstätig. Die genannten Verdrängungsmechanismen auf dem Ausbildungsstellenmarkt gehen zu Lasten von Hauptschülern, deren Optionen bei der Ausbildungswahl schrumpfen. Den Befragten mit Hauptschulabschluß bzw. ohne Schulabschluß stehen kaufmännische Ausbildungen kaum noch offen. Sie konzentrieren sich größtenteils auf den Abschluß einer gewerblichen Lehre. Ein jeweils großer Anteil von 32% im Westen und sogar 44% im Osten hat lediglich ein Anlernverhältnis durchlaufen, was die Beschäftigungschancen deutlich schmälert. Gerade in den neuen Bundesländern spiegelt sich in diesen Zahlen die schwierige Situation von Befragten mit einem niedrigen Bildungsabschluß auf dem Ausbildungsstellenmarkt.

Soziale Herkunft und Bildungschancen

Die Aneignung von „Bildungskapital" ist nicht nur eine Frage von persönlichen Wünschen und Begabungen, sondern auch von Strukturen, die den Zugang zu Bildungswegen erleichtern oder erschweren. Beim Übergang in weiterführende Bildungseinrichtungen werden soziale Selektionsmechanismen wirksam, die alle Bildungsreformbestrebungen überstanden haben. Lange Zeit waren „vor allem Kinder aus Arbeiterfamilien, Kinder wenig gebildeter Eltern und Kinder aus einkommensschwachen Familien deutlich seltener auf weiterführenden Bildungseinrichtungen zu finden", als dies ihrem Bevölkerungsanteil entsprach (Hradil 1999: 161). Zwar haben Kinder aller Berufs-, Einkommens- und Bildungsschichten von der Bildungsexpansion profitiert, die sozialen Selektionsprozesse beim Bildungserwerb sind jedoch noch immer nachzuweisen. Es ist eher von einer „Festschreibung dieser Differenzen auf einem lediglich höheren Niveau" auszugehen (Apel 1992: 356). Bildungs- und Ausbildungschancen sind maßgeblich durch die soziale Herkunft geprägt.[13] Die berufliche Stellung der Eltern wie auch das elterliche Bildungsniveau üben entscheidenden Einfluß auf den Bildungserwerb der Kinder aus. Sie wirken als sozialisatorische Rahmenbedingungen und machen sich in unterschiedlichen Erziehungsweisen, Vorbildern und Anregungen dieser Schichten bemerkbar (Hradil 1999). Im folgenden wenden wir uns deshalb einigen Merkmalen der sozialen Lage der Eltern zu. Einleitend wird zunächst der Erwerbsstatus der Eltern beschrieben und im Anschluß daran der Einfluß der beruflichen Stellung des Vaters und des Bildungsniveaus beider Eltern auf den Bildungserwerb der Jugendlichen und jungen Erwachsenen aufgezeigt.

Der Erwerbsstatus der Eltern[14] gibt Auskunft über die Unterschiede der Erwerbsbeteiligung von Müttern und Vätern in alten und neuen Bundesländern.

Dies ist vor allem deshalb von Interesse, da Eltern als Rollenvorbilder wirken, z.B. hinsichtlich der Selbstverständlichkeit der Erwerbstätigkeit von Frauen. Auch mögliche Arbeitslosigkeit der Eltern ist von Belang, da diese immer auch Handlungsspielräume von Kindern einschränkt. In beiden Landesteilen waren bei etwa 93% der Befragten die Väter erwerbstätig. Arbeitslosigkeit ihrer Väter haben nur wenige Befragte erlebt, im Osten (5%) ist der Anteil höher als im Westen (2%). Diese niedrigen Anteilswerte resultieren daraus, daß zum Zweck der Vereinheitlichung lediglich erfaßt wurde, ob die Eltern zum Zeitpunkt des 16. Lebensjahres der Befragten arbeitslos waren. Es können damit also keine Rückschlüsse auf das Ausmaß der tatsächlichen Arbeitslosigkeit in der Elterngeneration gezogen werden. Die Erwerbstätigkeit von Müttern unterscheidet sich in Ost und West: In den alten Bundesländern waren die Mütter in mehr als der Hälfte der Fälle Hausfrauen, in den neuen Bundesländern traf dies nur bei 9% der Befragten zu. In den neuen Ländern waren die Mütter häufiger von Arbeitslosigkeit betroffen (Ost 10%, West 1%). Die höhere Erwerbsbeteiligung der Mütter ist ein Beleg für die anhaltenden Unterschiede in der Ausgestaltung von Geschlechterrollen auf dem Gebiet der früheren DDR (Möhle 1997). Die stärkere Betroffenheit durch Arbeitslosigkeit belegt aber auch eine Benachteiligung auf dem Arbeitsmarkt, mit der Frauen in den neuen Bundesländern seit der Wiedervereinigung konfrontiert sind.

Die Kategorisierung der beruflichen Stellung des Vaters[15] berücksichtigt in Anlehnung an die einschlägige Literatur (Featherman/Hauser 1978, Bertram 1991, 1992) die Trennung von manuellen und nichtmanuellen Tätigkeiten als auch das berufliche Qualifikationsniveau. Diese differenzierte Erfassung führt nicht zu einer rein vertikalen Gliederung; zum Teil sind die Kategorien hier als nebeneinanderliegend aufzufassen. Die Vergleichbarkeit der beruflichen Stellung der Väter zwischen Ost- und Westdeutschland ist dabei nur eingeschränkt möglich. Dies gilt insbesondere für die Kategorie der Arbeiter, da diese Bezeichnung in den alten und neuen Bundesländern mit unterschiedlichen Bedeutungsinhalten verbunden ist. Die Zusammenfassung der insgesamt 23 erhobenen Kategorien erfolgte nach folgendem Schema:

- *un- und angelernte Arbeiter,*
- *Facharbeiter* (neben Arbeitern mit einer abgeschlossenen Ausbildung wurden hier auch Vorarbeiter zugeordnet),
- *Arbeiterelite* (hierzu gehören Meister und Techniker im Arbeiterstatus oder in einem Angestelltenverhältnis),

- *einfache Angestellte und Beamte* (hier handelt es sich um Angestellte, die entweder einfache Tätigkeiten oder schwierige Aufgaben nach allgemeiner Anweisung selbständig erledigen sowie um Beamte im einfachen Dienst),
- *qualifizierte Angestellte und Beamte* (hier wurden die Beamte im mittleren und gehobenen Dienst und Angestellte, die hinsichtlich ihrer Tätigkeiten eher selbständig sind, zugeordnet),
- *Landwirte, kleine Selbständige* (zugeordnet wurden Selbständige mit höchstens neun Mitarbeitern und auch mithelfende Familienangehörige)[16],
- *Führungspositionen, Selbständige* (hier wurden Angestellte zugeordnet, die selbständige Leistungen in verantwortungsvoller Tätigkeit erbringen oder umfassende Führungsaufgaben mit Entscheidungsbefugnissen übernehmen, sowie Angestellte und Beamte im höheren Dienst, akademisch freie Berufe und Selbständige mit mehr als neun Mitarbeitern und die sogenannte Intelligenz in der ehemaligen DDR).

Aus Tabelle 2.7 sind zum einen die Verteilungen der beruflichen Stellung des Vaters (Spalte „gesamt“) in den alten und neuen Bundesländern zu ersehen und zum anderen die Bedeutung der Berufsposition des Vaters für das angestrebte oder erreichte Bildungsniveau der Befragten. Hinsichtlich der beruflichen Stellung der Väter gibt es zwischen den alten und neuen Bundesländern einen gravierenden Unterschied: Der Anteil der Facharbeiter beträgt im Osten 45%, im Westen lediglich 27%. Diese Divergenz kommt dadurch zustande, daß in der DDR mehr Berufe in der Kategorie der Facharbeiter zusammengefaßt wurden. Außerdem spielt die große Bedeutung des Industriesektors in der DDR hier noch eine Rolle. Diese Unterschiede sind übrigens auch festzustellen, wenn die berufliche Stellung der Mütter betrachtet wird. Neben den generellen geschlechtstypischen Unterschieden der Berufsausübung, die sich in den jeweils höheren Frauenanteilen in der Gruppe der einfachen Angestellten und Beamten zeigen, finden sich in den neuen Bundesländern deutlich mehr Facharbeiterinnen (Ost 20%, West 7%).

Weiterhin ist aus Tabelle 2.7 zu erkennen, daß der mittlere Bildungsabschluß der Befragten im Osten in allen nach der beruflichen Stellung des Vaters differenzierten Gruppen eine größere Bedeutung besitzt als im Westen. Auch in Familien, deren soziale Lage durch eine qualifizierte berufliche Position des Vaters bestimmt wird, erfährt dieser Abschluß in den neuen Bundesländern offenbar eine größere Akzeptanz als in den alten. Ebenso ist die Wahrscheinlichkeit, als Kind eines Arbeiters einen mittleren Bildungsabschluß zu errei-

Tabelle 2.7:
Bildungsniveau der Befragten nach beruflicher Stellung des Vaters

		Schulabschluß d. Befragten*				
	Berufliche Stellung des Vaters	*Haupt-schule*	*Mittlere Reife*	*(Fach-) Abitur*	**ge-samt****	***n***
West	*Un-, angelernte Arbeiter*	55	25	21	4	117
	Facharbeiter	37	39	24	27	869
	Arbeiterelite	17	36	46	6	201
	Einfache Angestellte, Beamte	14	36	50	17	556
	Qualifizierte Angestellte, Beamte	6	23	71	23	748
	Landwirte, kleine Selbständige	16	31	53	10	325
	Führungspositionen, Selbständige	5	15	81	12	391
	Befragte gesamt	19	30	51	100	3207
Ost	*Un-, angelernte Arbeiter*	27	64	9	3	56
	Facharbeiter	14	63	23	45	858
	Arbeiterelite	7	58	36	7	134
	Einfache Angestellte, Beamte	8	46	47	12	230
	Qualifizierte Angestellte, Beamte	4	40	55	19	367
	Landwirte, kleine Selbständige	11	44	45	7	128
	Führungspositionen, Selbständige	4	22	74	7	132
	Befragte gesamt	10	52	38	100	1905

Quelle: DJI-Jugendsurvey 1997

* In Zeilenprozent.

** Prozentualer Anteil der Kategorien „berufliche Stellung des Vaters".

chen, in den neuen Bundesländern höher als in den alten. Allerdings strebt im Westen etwa jedes fünfte Kind eines Arbeiters den höchsten Bildungsgrad an oder hat diesen erreicht. In den neuen Bundesländern gilt das in diesem Ausmaß nur für die Kinder von Facharbeitern. Für Kinder un- und angelernter Arbeiter ist im Osten die Wahrscheinlichkeit, den höchsten Bildungsabschluß zu erreichen, deutlich niedriger als im Westen. Dies ist vermutlich darauf zurückzuführen, daß in der DDR aufgrund der staatlichen Lenkung des Ausbildungssystems nur wenige Personen keinen Bildungs- oder Berufsabschluß erreicht haben und es sich hierbei um eine besonders marginalisierte Gruppe handelt. Insgesamt läßt sich festhalten, daß ein höheres Qualifikationsniveau der beruflichen Tätigkeit des Vaters förderlich ist für den Bildungserwerb seiner Kinder. Häufig beschriebene Unterschiede im Bildungsverhalten von Arbeitern, Angestellten und Beamten sind ebenfalls immer noch wirksam. So befinden sich z.B. deutlich mehr Kinder von einfachen Angestellten und Beamten in der Gruppe der Abiturienten als Kinder von Facharbeitern, obwohl für diese beiden Berufsgruppen hinsichtlich des Qualifikationsniveaus und des Einkommens keine eindeutig hierarchische Zuordnung vorgenommen werden kann.

Der Einfluß des Elternhauses auf den Bildungserwerb der Kinder läßt sich weiterhin anhand des Bildungsniveaus der Eltern zeigen. Die Eltern wurden entsprechend dem erworbenen Bildungsabschluß von Müttern und Vätern nach den in der Tabelle 2.8 abgebildeten Kategorien klassifiziert. Die bessere Ausstattung mit kulturellem Kapital in den höheren Bildungsschichten, deren Bildungsaspirationen und die Vertrautheit mit schulischen Anforderungen sowie ihre besseren Möglichkeiten, die kognitive Entwicklung der Kinder zu fördern, sind Gründe für die Konstanz bildungsspezifischer Ungleichheit (Schimpl-Neimanns/Lüttinger 1993).

In beiden Landesteilen steigt mit dem elterlichen Bildungsniveau auch das angestrebte oder erworbene Bildungsniveau der Befragten. Betrachtet man die Verteilung der Befragten mit dem höchsten Bildungsabschluß nach dem Bildungsstatus der Eltern, so zeigen sich zwei markante „Sprünge". Der Anteil der Abiturienten steigt deutlich, wenn mindestens ein Elternteil mittlere Reife besitzt und nochmals, wenn mindestens ein Elternteil über das Abitur verfügt. Im Osten zeigt sich darüber hinaus ein deutlicher Abstand zu den darunterliegenden Befragtengruppen, wenn beide Eltern den höchsten Bildungsabschluß erreicht haben. Die größere Bedeutung des mittleren Bildungsabschlusses auch für Eltern mit höherem Qualifikationsniveau wurde ja bereits im Abschnitt zuvor beschrieben. Bestätigt wird dieses Ergebnis in Untersuchungen über die Bildungsaspirationen von Schülereltern, die belegen, daß den Eltern im Osten die Reproduktion des eigenen Bildungsstatus weniger wichtig ist als den Eltern im Westen (von Below 1997).

Tabelle 2.8:
Bildungsmobilität (Spaltenprozent)

	Schulabschluß der Befragten	Schulabschlüsse der Eltern*: beide Hauptschule	einer mittlere Reife	beide mittlere Reife	einer Abitur	beide Abitur	Befragte gesamt
West	*Hauptschule*	36	14	6	6	3	18
	Mittlere Reife	37	40	40	19	10	31
	(Fach-)Abitur	27	46	55	76	87	51
	n	1443	609	516	728	462	3758
Ost**	*Hauptschule*	24	10	10	5	3	10
	Mittlere Reife	65	64	60	41	19	52
	(Fach-)Abitur	11	25	29	55	78	38
	n	308	193	892	395	299	2087

Quelle: DJI Jugendsurvey 1997

* Die Angaben beziehen sich nur auf Befragte, bei denen die Schulabschlüsse beider Elternteile bekannt sind.

** Die in der DDR erworbenen Schulabschlüsse wurden hier als Näherungslösung den drei Stufen des Schulsystems der BRD zugeordnet.

Ein Vergleich der Bildungsmobilität mit den Ergebnissen des Jugendsurveys 1992 (vgl. Gille u.a. 1995b: 76) ergibt zwei bemerkenswerte Unterschiede. Im *Westen* sinkt der Anteil der Befragten mit Hauptschulabschluß, wenn beide Eltern ebenfalls über ein niedriges Bildungsniveau verfügen von 46% (1992) auf 36% (1997). Der Anteil der Befragten mit dem höchsten Bildungsniveau steigt in dieser Gruppe von 18% auf 27% an. Ob dieses Ergebnis für die unteren Bildungsschichten allerdings auf einen besseren Zugang zu höheren Bildungsabschlüssen hinweist, kann derzeit nicht mit geeigneten Referenzdaten untermauert werden. Im *Osten* wächst der Anteil der Befragten mit einem niedrigen Bildungsgrad von 10% im Jahr 1992 auf 24% im Jahr 1997 an, wenn beide Elternteile ebenfalls über ein niedriges Bildungsniveau verfügen. Dieser Anstieg geht vor allem zu Lasten des prozentualen Anteils der Befragten mit mittlerer Reife, der von 75% auf 65% sinkt. In der Gruppe mit dem höchsten Bildungsabschluß gibt es nur geringfügige Veränderungen; 11% im Jahr 1997 im Vergleich zu 15% im Jahr 1992. Bei allen anderen nach dem Bildungsstatus der Eltern differenzierten Befragtengruppen zeichnet sich 1997 eine etwas deutlichere Tendenz in Richtung Abitur ab; die Unterschiede liegen zwischen 5%

und 9%. Die Angleichung des Bildungswesens in den neuen Ländern geht also mit einer Angleichung der Mechanismen sozialer Selektivität im Zugang zu Bildungsressourcen einher. Zwar lassen sich auch für die DDR soziale und ideologische Selektionsmechanismen beim Zugang zu höherer Bildung nachweisen. Seit den 60er Jahren ist es der sozialistischen Intelligenz und oberen beruflichen Statusgruppen immer besser gelungen, ihren Kindern Möglichkeiten des Erwerbs von höherer Bildung zu sichern (Solga 1995). Dennoch konnte in der DDR ein Großteil der Schüler bis zum Ende der 10. Klasse in das Bildungssystem integriert werden (von Below 1997). Nach der Neustrukturierung des Bildungswesens verschlechtern sich die Bildungschancen für die Gruppe der Hauptschüler, insbesondere für jene, deren Eltern ebenfalls über wenig Bildungsressourcen verfügen, auch wenn die Bildungschancen in den neuen Bundesländern noch gleichmäßiger verteilt zu sein scheinen als in den alten (Hauser u.a. 1996).

Erwerbstätigkeit und Arbeitslosigkeit

Die berufliche Stellung von Personen zählt zu den wichtigsten Determinanten sozialer Ungleichheit, da hiervon materielle und soziale Lebensbedingungen wie die Höhe des erzielten Einkommens, die soziale Absicherung, aber auch z.B. Handlungsautonomie und Möglichkeiten der beruflichen Selbstverwirklichung abhängen. Gerade in Zeiten von Arbeitsplatzknappheit wird generell die Möglichkeit, einer Erwerbsarbeit nachgehen zu können, zu einer Frage der existentiellen Absicherung und des individuellen Wohlbefindens. „Arbeitslosigkeit mindert die Lebenschancen und engt Handlungsspielräume ein. In einer Arbeitsgesellschaft kann insbesondere länger andauernde Arbeitslosigkeit zu sozialer Ausgrenzung führen“ (Hradil 1999: 178). Im folgenden soll deshalb die Gruppe der Erwerbstätigen mit einem Arbeitszeitumfang von mindestens 15 Wochenstunden und die Gruppe der Arbeitslosen noch kurz beschrieben werden.

Die Kategorisierung der Befragten nach ihrer beruflichen Stellung berücksichtigt wiederum die Trennung von manuellen und nicht-manuellen Tätigkeiten und das Qualifikationsniveau[17]. Aufgrund der teilweise sehr geringen Fallzahlen wurden vor allem im Bereich der gehobenen beruflichen Stellungen Zusammenfassungen vorgenommen, so daß fünf Teilgruppen unterschieden werden können:

- *un- und angelernte Arbeiter,*
- *Facharbeiter* (neben Arbeitern mit einer abgeschlossenen Ausbildung wurden hier auch Vorarbeiter zugeordnet),
- *einfache Angestellte und Beamte* (hier handelt es sich um Angestellte, die entweder einfache Tätigkeiten oder schwierige Aufgaben nach allgemeiner Anweisung selbständig erledigen sowie um Beamte im einfachen Dienst),
- *mittlere berufliche Stellung* (hierzu gehören Meister und Techniker im Arbeiterstatus oder im Angestelltenverhältnis, Beamte im mittleren und gehobenen Dienst sowie Landwirte, mithelfende Familienangehörige und Selbständige mit höchstens neun Mitarbeitern),
- *höhere berufliche Stellung* (hier wurden Angestellte, die selbständige Leistungen in verantwortungsvoller Tätigkeit erbringen oder umfassende Führungsaufgaben mit Entscheidungsbefugnissen übernehmen, zugeordnet sowie Angestellte und Beamte im höheren Dienst, akademisch freie Berufe und Selbständige mit mehr als neun Mitarbeitern).

Auch in der jungen Generation ist in den neuen Bundesländern der Facharbeiteranteil insgesamt höher als in den alten Bundesländern, dies gilt für beide Geschlechter (vgl. Tabelle 2.9). Im Westen arbeiten dagegen mehr Befragte als einfache Angestellte und Beamte. In diesem Berufsfeld sind Frauen häufiger vertreten. Die gehobenen Berufspositionen sind nur schwach besetzt, was auf die Altersbegrenzung des Jugendsurveys zurückzuführen ist; die entscheidenden „Karriereschritte" fallen oft erst nach dem 29. Lebensjahr.

Tabelle 2.9:
Berufliche Stellung nach Geschlecht (Spaltenprozent)

	West			***Ost***		
	Männer	*Frauen*	*gesamt*	*Männer*	*Frauen*	*gesamt*
Ungelernte	9	6	7	11	5	8
Facharbeiter	37	7	22	59	18	39
Einfache Angestellte/Beamte	30	66	49	13	61	36
Mittlere berufliche Stellung	12	6	9	12	7	10
Höhere berufliche Stellung	12	15	13	6	9	7
n	801	841	1642	483	471	954

Quelle: DJI-Jugendsurvey 1997

Frauen sind stärker in den Wirtschaftsbereichen Handel und öffentlicher Dienst repräsentiert, Männer hingegen in der Industrie und im Handwerk, wobei diese Bereiche in den beiden Landesteilen eine unterschiedliche Rolle spielen. Im Westen sind 25% der befragten Erwerbstätigen in der Industrie beschäftigt, 33% bei den jungen Männern, 16% bei den jungen Frauen. Im Osten arbeiten nur noch 17% der Befragten im Bereich der Industrie, junge Männer sind hier mit 21% vertreten und junge Frauen mit 11%. Im Osten ist die größte Gruppe der Erwerbstätigen im Handwerk tätig, nämlich 27% gegenüber 15% im Westen. Männer dominieren diesen Bereich mit 44% (West 20%), Frauen sind hier nur zu geringen Anteilen beschäftigt (West 9%, Ost 8%). Im Westen arbeiten von den erwerbstätigen Befragten 20% im Handel (davon 14% bei den Männern und 26% bei den Frauen) und im Osten 17% (Männer 10% und Frauen 26%). Für die Frauenbeschäftigung ist der öffentliche Dienst am wichtigsten, in beiden Landesteilen sind dort jeweils 24% der Erwerbstätigen beschäftigt. Im Westen gehen hier 29% der Frauen (Männer 19%) und im Osten sogar 34% der Frauen (Männer 15%) einer Erwerbsarbeit nach. Die Land- und Forstwirtschaft hat als Beschäftigungsfeld nur eine geringe Bedeutung (2% im Westen und 3% im Osten). Eine größere Gruppe der befragten Erwerbstätigen konnte sich keiner der genannten Kategorien zuordnen (West 16%, Ost 13%).

Arbeitslosigkeit trifft die Befragten in den neuen Bundesländern doppelt so häufig wie ihre Altersgenossen im Westen. Im Jahr 1997 waren von den befragten Erwerbspersonen[18] im Westen 13% und im Osten 27% arbeitslos. In den neuen Bundesländern waren Frauen (30%) stärker betroffen als Männer (24%). Dieses Problem stellt sich verstärkt jungen Menschen mit einem niedrigen Bildungs- und Ausbildungsniveau (Reinberg 1997). Im Jugendsurvey waren zum Zeitpunkt der Befragung in den alten Bundesländern 6% der Erwerbspersonen mit Abitur, 11% der Erwerbspersonen mit mittlerer Reife und 21% der Erwerbspersonen mit Hauptschulabschluß arbeitslos. In den neuen Bundesländern betragen die Anteilswerte der arbeitslosen Erwerbspersonen mit Abitur 12%, derjenigen mit mittlerem Bildungsabschluß 28% und derjenigen mit einem niedrigen Bildungsabschluß 43%. Betrachtet man die Ausbildungsabschlüsse, so zeigt sich ebenfalls eine Konzentration der Arbeitslosen in den Gruppen mit niedrigerem Ausbildungsniveau. Der Arbeitslosenanteil steigt mit sinkendem Qualifikationsniveau. So sind im Westen nur 6% der Erwerbspersonen mit einem Studienabschluß arbeitslos (Ost 7%), 8% der Fachschüler (Ost 17%), 9% der Erwerbspersonen mit einer kaufmännischen Ausbildung (Ost 22%),

11% der Erwerbspersonen mit einem gewerblichen Abschluß (Ost 29%) und 39% der Erwerbspersonen ohne Ausbildungsabschluß. In den neuen Bundesländern steigt hier der Anteilswert sogar auf 51% an.

Nicht nur die Arbeitslosigkeit an sich, sondern vor allem deren Dauer ist für mögliche problematische Auswirkungen von Bedeutung. Je länger dieser Zustand besteht, desto mehr verschlechtern sich die weiteren Erwerbschancen und desto größer wird die Gefahr eines dauerhaften Ausschlusses aus dem Bereich der Erwerbsarbeit. Das Risiko von Langzeitarbeitslosigkeit tragen zwar in erster Linie Ältere. Dennoch stellt sich die Frage, ob sich vor dem Hintergrund der Arbeitsmarktkrise die prekäre Lebenssituation der Arbeitslosigkeit auch bei einer kleinen Gruppe der im Jugendsurvey Befragten verfestigt. Die erfaßten Arbeitslosen wurden gebeten, Monat und Jahr des Beginns der Arbeitslosigkeit anzugeben. Aus diesen Angaben wurde die Dauer der Arbeitslosigkeit bis zum Befragungszeitpunkt berechnet[19]. Allerdings bleibt die Einschätzung des Risikos von Langzeitarbeitslosigkeit zwangsläufig ungenau, da keine Informationen darüber vorhanden sind, wie lange die bestehende Arbeitslosigkeit tatsächlich dauern wird. Etwa die Hälfte der Befragten im Westen ist bereits mehr als ein Jahr arbeitslos. Im Osten ist der Anteil der längerfristig Arbeitslosen etwas geringer (44%). Junge Frauen und Männer unterscheiden sich in den alten Bundesländern hinsichtlich der Dauer der bestehenden Arbeitslosigkeit nur um wenige Prozentpunkte. In den neuen Bundesländern zeigt sich dagegen ein deutlicher Abstand. Unter den befragten jungen Frauen im Osten sind 56% seit mindestens einem Jahr arbeitslos; bei den jungen Männern sind dies nur 30%. Die jungen Frauen im Osten sind also nicht nur stärker von Arbeitslosigkeit betroffen; für sie scheint es auch ein größeres Risiko der Verfestigung dieses Zustands zu geben. Dieses Benachteiligungsmuster kennzeichnet generell die Arbeitsmarktsituation der Frauen in den neuen Bundesländern (Möhle 1997) und gilt auch für die Jüngeren.

Einkommensquellen und finanzielle Lage

Die Verfügbarkeit materieller, finanzieller Ressourcen bestimmt weitgehend über die Teilhabe am Konsumleben in einer „Wohlstandsgesellschaft". In den neuen Bundesländern waren zudem die Anhebung des Lebensstandards und verbesserte Konsummöglichkeiten neben mehr persönlicher und politischer Freiheit wesentliche Erwartungen, die die Menschen in der ehemaligen DDR mit der Vereinigung verbanden – nicht zuletzt waren auch wirtschaftliche Leistungsdefizite für die Delegitimation des DDR-Systems von großer Bedeutung: „Für Jugendliche standen ab Mitte der 80er Jahre zunehmend materielle Wünsche im Mittelpunkt des Interesses. Dies spiegelte sich in den veränderten Lebenswünschen wider“ (Seiring 1994: 20). Im folgenden werden deshalb zwei Aspekte der materiellen Situation beleuchtet, nämlich die Höhe des persönlichen Einkommens und die „Quellen“, aus denen dieses bezogen wird.

Die Frage nach den Einkommensquellen ist im Jugendsurvey 1997 als Frage nach der hauptsächlichen, und einer Zusatzfrage nach weiteren Einkommensquellen formuliert.[20] Insgesamt wurden 14 unterschiedliche Einkommensarten vorgegeben, dazu noch eine Kategorie „Sonstiges“. Um diese Kategorien über die Betrachtung der einzelnen Quellen hinaus für weitere Auswertungen übersichtlicher zu gestalten, werden die Angaben gruppiert. Diese erfolgt in Anlehnung an Hoffmeyer-Zlotnik/Warner (Hoffmeyer-Zlotnik/Warner 1998: 34), wonach folgende sechs Einkommensgruppen unterschieden wurden:

- regelmäßige Erwerbseinkommen (darin enthalten eigene Berufstätigkeit, Ausbildungsvergütung, Zivildienst/Wehrsold u.ä),
- unregelmäßige Einkommen (Jobben),
- staatliche Einkommensübertragungen (Sozialhilfe, Arbeitslosengeld, -hilfe, Ausbildungsförderung, Fortbildungs-, Umschulungsmaßnahmen, Mutterschafts-, Erziehungsgeld),
- Einkommen aus Erwerbstätigkeit von (Ehe-)Partnern oder Eltern,
- private Zuwendungen (von Eltern, dabei auch „Taschengeld“, von getrenntem/geschiedenem Ehepartner, von Verwandten) und
- Ersparnisse, Vermögen u.ä.

Die Verteilung dieser wichtigsten Einnahmequellen ist in Tabelle 2.10 enthalten. Bei fast der Hälfte der Befragten dominiert das regelmäßige Erwerbseinkommen. Unterschiede sind einmal beim Jobben zu sehen: Es wird als wichtigste Einnahmequelle im Westen mehr als doppelt so häufig angegeben wie im Osten. Öffentliche Übertragungen als hauptsächliche Einkommensquelle sind dagegen in den neuen Bundesländern etwa doppelt so häufig zu finden. Erwerbstätigkeit von Partnern bzw. Eltern oder Zuwendungen von Angehörigen zählen mit jeweils 17% bzw. 18% im Westen und 17% bzw. 15% im Osten durchaus zu den wichtigen Einkommensquellen, während Ersparnisse bzw. Vermögen bei den Jugendlichen und jungen Erwachsenen so gut wie keine Rolle spielen. Eigene Erwerbstätigkeit wird mehr von den Männern angegeben als von den

Tabelle 2.10:
Wichtigste Einkommensquellen nach Geschlecht (Spaltenprozent)

	West			Ost		
Einkommensquellen	*Männer*	*Frauen*	*gesamt*	*Männer*	*Frauen*	*gesamt*
regelmäßige Erwerbseinkommen	53	41	47	56	38	47
Jobben	10	8	9	4	3	3
öffentliche Übertragungen	9	9	9	15	20	18
Erwerbstätigkeit von Angehörigen	10	24	17	11	23	17
Zuwendungen von Angehörigen	18	19	18	14	15	15
Ersparnisse, Vermögen u.ä.	1	0	0	0	0	0
n	2279	2121	4400	1279	1198	2477

Quelle: DJI-Jugendsurvey 1997

Frauen, in den alten wie den neuen Bundesländern gleichermaßen. Ein deutlicher Unterschied für die weiblichen Befragten ist hingegen bei der Erwerbstätigkeit von Angehörigen, also in der Regel vom Partner, gegeben: Für die Frauen in Ost und West ist dies die zweitwichtigste Einkommensquelle. Allerdings sind diese Angaben über den gesamten Altersbereich des Jugendsurveys nur begrenzt aussagekräftig, spielen die einzelnen Formen je nach Alter bzw. je nach Ausbildungs- oder Erwerbsstatus doch eine unterschiedliche Rolle.

In Tabelle 2.11 sind die Kategorien deshalb nach den Statusgruppen der Ausbildung bzw. Erwerbstätigkeit aufgegliedert. Die Verteilungen der Formen lassen sich als „typisch" für die entsprechenden Lebenssituationen in der Ausbildungs- und Erwerbsbiographie beschreiben. Schüler erhalten ihr Einkommen hauptsächlich durch Eltern oder Verwandte; der hohe Anteil der Kategorie „Erwerbstätigkeit von Partner oder Eltern" bezieht sich hier wohl auf Eltern – anders als bei den nicht bzw. wenig Erwerbstätigen. Bei den Studenten spielt diese Einkommensquelle ebenfalls noch eine große Rolle, dazu haben sie den höchsten Anteil an Einkommen durch Jobben, der allerdings bei den Studenten in den alten Bundesländern doppelt so hoch ist wie in den neuen. Befragte in Ausbildung geben zum größten Teil bereits Einkommensformen durch Erwerbstätigkeit an – in dem weiten Sinne, wie er oben konzipiert wurde –, Erwerbstätige naturgemäß noch stärker. Nicht Erwerbstätige erhalten im Westen zu über 50% ihres Einkommens durch Erwerbstätigkeit des Partners, im Osten spielen öffentliche Zuwendungen eine größere Rolle. Arbeitslose erhalten ihr Einkommen zu über zwei Drittel aus öffentlichen Übertragungen. Schließlich soll die

Tabelle 2.11:
Wichtigste Einkommensquellen nach Ausbildungs-/Erwerbsstatus (Spaltenprozent)

	Schüler	*Studenten*	*Auszubld.*	*Erw.-tätige*	*nicht Erwtt.*	*Arbeitslose*
West						
regelm. Erwerbseinkommen	6	8	74	92	22	5
Jobben	12	29	3	1	5	5
öffentliche Übertragungen	4	14	4	0	14	69
Erwerbstätigk. v. Angehör.	27	12	10	7	53	14
Zuwendungen v. Angehörigen	50	36	9	0	5	6
Ersparnisse, Vermögen u.ä.	0	1	0	0	1	1
n	844	790	413	1633	370	237
Ost						
regelm. Erwerbseinkommen	9	7	71	93	30	3
Jobben	4	14	1	0	5	2
öffentliche Übertragungen	4	25	9	0	28	74
Erwerbstätigk. v. Angehör.	39	12	13	7	33	17
Zuwendungen v. Angehörigen	43	41	6	0	5	3
Ersparnisse, Vermögen u.ä.	1	1	0	0	0	0
n	427	341	330	846	154	314

Quelle: DJI-Jugendsurvey 1997

Höhe des Einkommens betrachtet werden, wenngleich darauf bezogene Fragen grundsätzlich mit stärkeren Ungewißheiten behaftet sind, als dies bei anderen Fragen der Fall ist. Es wurde explizit nach dem „persönlichen monatlichen Nettoeinkommen“[21] gefragt, mit einer Erläuterung, wie sie auch in Bevölkerungsumfragen üblich ist.[22] Generell ist bei der Frage nach dem Einkommen mit höheren Antwortausfällen zu rechnen, sei es, weil die Befragten ihre finanzielle Situation nicht angeben wollen, sei es, weil sie eine Antwort nach dem „Insgesamt aller Einkommen“ glauben nicht geben zu können (s.a. Hoffmeyer-Zlotnik/Warner 1998). Das gilt sicher besonders für die jüngeren Altersgruppen des Jugendsurveys. Insgesamt liegen dennoch von 66% der Befragten im Westen und 74% im Osten Angaben vor.[23] In Tabelle 2.12 sind sechs zusammengefaßte Einkommensklassen nach Geschlecht ausgewiesen. In der oberen Hälfte sind nur Befragte enthalten, die bereits nicht mehr im elterlichen Haushalt wohnen, in der unteren nur die Erwerbstätigen. Die obere Hälfte enthält also auch Studenten, Auszubildende, nicht Erwerbstätige sowie Arbeitslose.

Tabelle 2.12:
Einkommensklassen nach Geschlecht (Spaltenprozent)

		West			Ost		
		Männer	Frauen	gesamt	Männer	Frauen	gesamt
Befragte mit eig. Haushalt	bis unter 500	2	5	3	4	5	5
	600 bis unter 1000	13	19	16	22	30	26
	1000 bis unter 1500	23	23	23	21	20	20
	1500 bis unter 2000	14	18	16	22	19	20
	2000 bis unter 3000	30	26	28	25	18	21
	3000 und darüber	18	10	14	7	8	7
	n	829	876	1705	483	589	1072
Erwerbstätige	bis unter 500	1	1	1	2	3	2
	600 bis unter 1000	1	5	3	3	9	6
	1000 bis unter 1500	9	16	12	14	19	16
	1500 bis unter 2000	16	28	22	34	32	33
	2000 bis unter 3000	50	39	45	39	27	33
	3000 und darüber	23	12	18	9	10	10
	n	655	571	1226	980	873	1853

Quelle: DJI-Jugendsurvey 1997

Im Osten geben 31% der Befragten mit eigenem Haushalt an, ein persönliches Einkommen unter 1000 DM zu erzielen, im Westen sind es 19%. Diese Anteile sind deutlich höher als bei den Erwerbstätigen. Bei der Einkommensklasse von 2000 DM und mehr sind es im Osten 28%, im Westen 42%. In den mittleren Einkommensklassen sind die Werte eher gleich verteilt. Unterschiede zwischen den Geschlechtern sind ebenfalls festzustellen: Männliche Befragte sind häufiger in den oberen Einkommensklassen zu finden als weibliche; die Differenz bei den Einkommen von 2000 DM und mehr sind dabei im Westen größer als im Osten. Bezieht man die Angaben auf die Erwerbstätigen, so sind die unteren Einkommensklassen geringer besetzt. Insgesamt werden die Ost-West-Differenzen jedoch hier noch größer: Bei der Einkommensklasse von 2000 DM und mehr ist die Prozentsatzdifferenz 20 Punkte (63% im Westen, 43% im Osten), bei den unteren Einkommensgruppen hingegen sind die Anteilswerte jeweils im Osten höher. Bei den Geschlechtsunterschieden erhält man auf insgesamt höherem Niveau ein ähnliches Bild wie bei den Befragten mit eigenem Haushalt: Im Westen haben fast drei Viertel der männlichen Befragten ein Individualeinkommen von 2000 DM und mehr, bei den weiblichen sind es etwa die Hälfte. Im Osten sind die entsprechenden Werte hingegen 48% gegenüber 37%. Angaben unter 1000 DM sind in West wie in Ost hier eher selten[24]. Allerdings muß bei diesen Vergleichen noch einmal festgehalten werden, daß in der Regel ein Haushalt mehr an Einnahmen zur Verfügung hat, als bei dem „persönlichen monatlichen Nettoeinkommen“ angegeben wird, weil andere Haushaltsmitglieder zum Haushaltseinkommen häufig zusätzlich beitragen oder auch weil öffentliche wie private Transfereinkommen nicht immer mit eingerechnet werden (vgl. Hoffmeyer-Zlotnik 1998).

Insgesamt wird deutlich, daß die Einkommenssituation, wenn man die Quellen des Einkommens betrachtet, je nach Stellung im Ausbildungs- bzw. Erwerbsprozeß im Rahmen der Altersspanne des Jugendsurvey recht unterschiedlich ist. Beim Individualeinkommen ist insbesondere bei den Erwerbstätigen eine deutliche Ost-West-Differenz festzustellen; im Westen finden sich in den höheren Einkommmensklassen mehr Befragte als im Osten. Auch Geschlechtsunterschiede sind vorhanden, männliche Befragte geben ein höheres Einkommen an, wobei diese Differenz im Westen stärker ausgeprägt ist als im Osten.

2.3 Private Lebensformen junger Menschen

Die in den letzten Jahren stattfindende Entwicklung im Bereich der Wohn-, Lebens- und Familienformen läßt sich durch den Begriff der Pluralisierung charakterisieren (vgl. z.B. Meyer 1992; Bertram/Borrmann-Müller 1988). Zu beobachten ist aber nicht nur eine neue Vielfalt von Lebens- und Familienformen, sondern auch eine damit in Verbindung stehende Entstandardisierung von individuellen Lebensläufen (vgl. Berger 1998). Die Verbindlichkeit von Zeitpunkten oder Reihenfolgen für bestimmte Statuspassagen im Lebenslauf sinkt. Dies drückt sich in einer Relativierung von Altersnormen aus, die für Jugendliche einerseits vermehrte Unsicherheiten mit sich bringt, andererseits aber auch die Möglichkeit, ihre Biographie autonomer zu gestalten. Deutliche Entstandardisierungstrends zeigen sich in der Phase des Übergangs vom Jugendlichen- zum Erwachsenenstatus, insbesondere beim Zeitpunkt der Erstheirat, dem Alter bei der Geburt des ersten Kindes und der Familiengründung. Mit der Entstandardisierung von Lebensläufen und der Relativierung von Altersnormen gehen Pluralisierungsprozesse im Bereich der privaten Wohn- und Familienformen einher. Neben der traditionellen Familie entstehen zunehmend auch andere Lebensformen. Nichteheliche Lebensgemeinschaften, seien sie auf Dauer angelegt oder auch nur ein „Probelauf" vor einer geplanten Ehe, gehören mittlerweile ebenso zur gesellschaftlichen Normalität wie Paare ohne gemeinsamen Haushalt oder Wohngemeinschaften; gleichzeitig existiert ein hoher und noch steigender Anteil an gewollt oder ungewollt Alleinlebenden („Singles") (vgl. Bien 1996). Die Pluralisierung familialer Lebensformen führte jedoch nicht zu einem Akzeptanzverlust der Kleinfamilie: Obwohl das Modell der Kleinfamilie seine Monopolstellung eingebüßt hat, bleibt es trotzdem „für die Mehrheit der deutschen Bevölkerung Fixpunkt und Leitbild familialer Orientierungen" (Meyer 1996).

Dieser Abschnitt soll Informationen darüber liefern, welche Familienformen junge Deutsche im Spannungsfeld von familialer Pluralisierung einerseits und der Dominanz des Kleinfamilienmodells andererseits wählen. Da mit der Pluralität der Lebensformen eine Vielzahl von möglichen Wohnformen einhergeht, sind auch sie Gegenstand dieses Kapitels. Darüber hinaus wird für die 16- bis 29jährigen der Zusammenhang von Familienstand und Elternschaft untersucht.

Wohnsituation

Ein Charakteristikum der Jugendphase ist die Loslösung vom Elternhaus, welche dazu führt, daß sich die Jugendlichen in neuen Formen des Zusammenlebens einrichten. Beinahe die Hälfte der 16- bis 29jährigen lebt noch bei den Eltern, wobei der Anteil der Männer wesentlich höher liegt als der der Frauen (vgl. Tabelle 2.13). Von denjenigen, die bereits aus dem Elternhaus ausgezogen sind, lebt der größte Teil alleine, aber auch das Zusammenziehen mit einem Partner scheint eine attraktive Form des Wohnens zu sein. Geschlechtsspezifische Unterschiede zeigen sich vor allem bei der Wohnform „mit Partner und Kind(ern)": Während das Zusammenleben mit einem Partner und Kind(ern) von jungen Frauen als zweithäufigste Wohnform angegeben wird (West 19%, Ost 24%), bleibt der Anteil der 16- bis 29jährigen Männer hier weit darunter (West 8%, Ost 9%). Männer entschließen sich erst später zu diesem Schritt. Wohngemeinschaften sind nur bis zur Mitte des dritten Lebensjahrzehnts eine Wohnform, die als Alternative in Betracht gezogen wird. Ab dem 25. Lebensjahr wohnen weniger als 10% derjenigen, die nicht mehr im Haushalt ihrer Eltern leben, in Wohngemeinschaften, wohingegen der entsprechende Wert bei den 17jährigen 32% und bei den 23jährigen immerhin noch 24% beträgt.

Tabelle 2.13:
Wohnformen nach Geschlecht (Spaltenprozent)

	West			Ost		
Wohnform	*Männer*	*Frauen*	*gesamt*	*Männer*	*Frauen*	*gesamt*
bei Eltern	49	37	43	52	38	45
alleine	22	17	20	18	12	15
mit Partner	15	19	17	12	16	14
mit Partner und Kind(ern)	8	19	13	9	24	16
WG	6	6	6	7	5	6
alleine mit Kind(ern)	0	3	2	0	5	3
anderes	0	1	1	1	0	1
n	2284	2129	4413	1289	1199	2488

Quelle: DJI-Jugendsurvey 1997

Vergleicht man die Ergebnisse mit denen des Jahres 1992, so kann man eine Angleichungstendenz zwischen den neuen und den alten Bundesländern feststellen. Im Jahr 1992 ergaben sich noch große Unterschiede bei den Wohnformen „alleinlebend" und „mit Partner und Kind(ern)"; diese Unterschiede zeigen sich 1997 nur mehr auf einem sehr geringen Niveau, wenn auch die Tendenz, im Westen eher alleine und im Osten eher mit Partner und Kind(ern) zu leben, weiterhin besteht.[25]

Um ein angemessenes Bild vom Wohnverhalten der 16- bis 29jährigen zu erhalten, empfiehlt es sich, zusätzlich die Verteilung der Wohnformen nach Alter heranzuziehen (vgl. Abbildung 2.2). Zunächst einmal wird deutlich, daß in der Zeit vom 16. bis zum 29. Lebensjahr beinahe jeder aus dem Elternhaus auszieht. Die Jugendlichen und jungen Erwachsenen, die im Westen bereits das Elternhaus verlassen haben, verteilen sich relativ gleichmäßig auf die Wohnformen „alleinlebend" und „mit Partner", mit steigendem Alter gewinnt zudem das Zusammenleben „mit Partner und Kind(ern)" mehr und mehr an Verbreitung. Im Gegensatz dazu präferieren die jungen Deutschen in den neuen Bundesländern partnerschaftliche Wohnformen („mit Partner" und „mit Partner und Kinder(ern)") schon in jüngeren Jahren. Markanter als der Unterschied zwischen Ost und West ist jedoch der Unterschied zwischen den Geschlechtern. Junge Frauen, insbesondere die ostdeutschen, ziehen nicht nur früher aus als junge Männer, sondern sie leben auch deutlich früher in einem Haushalt mit einem Partner und Kind(ern). Zur Validierung der Ergebnisse des DJI-Jugendsurveys kann man die Untersuchungen der amtlichen Statistik heranziehen. Diese zeigen in gleicher Weise die geschlechtsspezifischen Unterschiede im Auszugsverhalten (vgl. Engstler 1998: 15).

Abbildung 2.2:
Die häufigsten Wohnformen nach Alter und Geschlecht (in %)

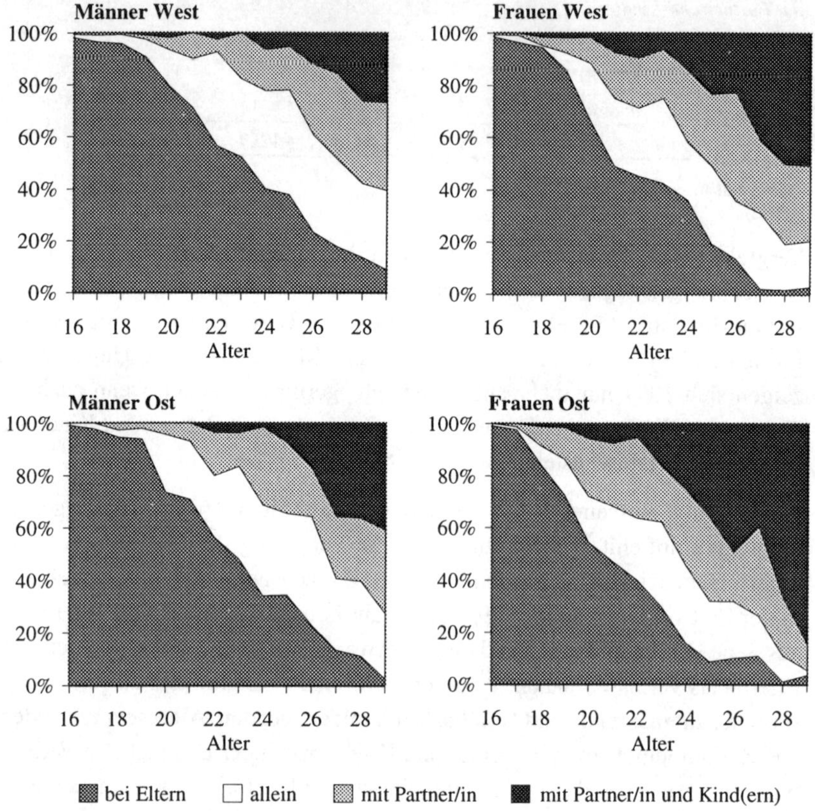

Quelle: DJI-Jugendsurvey 1997

Familienstand und Partnerschaft

Etwa 80% der jungen Deutschen zwischen 16 und 29 Jahren sind ledig: Etwa 36% befinden sich in einer festen Partnerschaft, die restlichen 44% haben keinen festen Partner. Von den Ledigen mit festem Partner wohnt etwas mehr als ein Drittel (13% aller Jugendlichen) in Form nichtehelicher Lebensgemeinschaften (NEL) bereits mit seinem Partner bzw. mit seiner Partnerin in einem Haushalt zusammen, die anderen zwei Drittel (23% aller Jugendlichen) leben als sog. „living apart togethers“ (LAT) zwar in einer Beziehung, führen aber keinen gemeinsamen Haushalt. In Abbildung 2.3 sind die entsprechenden Anteilswerte nochmals nach Ost und West aufgegliedert. Knapp ein Fünftel der jungen Deutschen ist verheiratet und nur ein sehr geringer Anteil der 16- bis 29jährigen lebt getrennt oder geschieden. In Bezug auf den Familienstand wurden 1992 erhebliche Ost-West-Differenzen festgestellt: Während es in den alten Ländern mehr Ledige gab, waren in den neuen Bundesländern mehr junge Leute verheiratet (vgl. Kleinert 1995: 30).

Abbildung 2.3:
Partnerschaftsverhältnisse der Befragten im Jugendsurvey (in %)

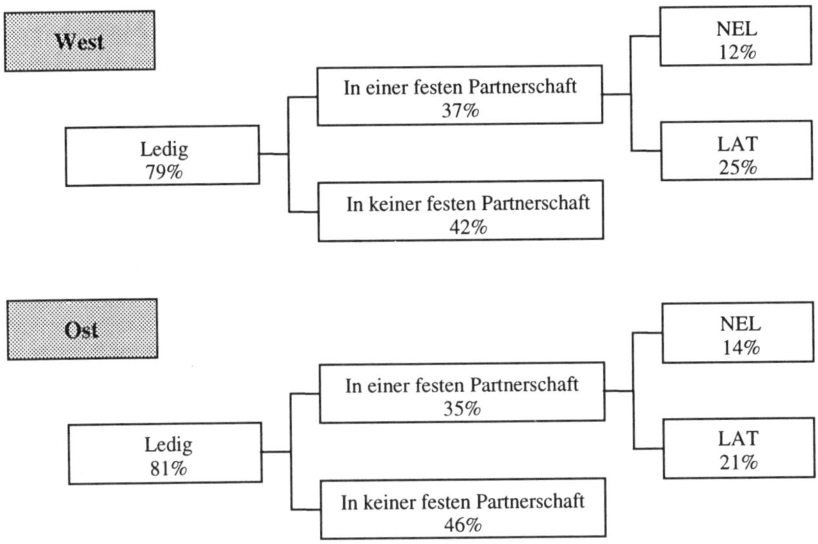

Quelle: DJI-Jugendsurvey 1997

Tabelle 2.14 verdeutlicht, daß es in dieser Hinsicht zu einer fast vollkommenen Angleichung von Ost und West gekommen ist. Der Anteil der Ledigen ist 1997 in Ost und West beinahe identisch (81% gegenüber 79%). Der Anteil der Verheirateten beträgt im Westen nun 19%, im Osten nur mehr 16%, so daß 1997 in den alten Bundesländern sogar 3% mehr Befragte verheiratet sind, während es 1992 noch 7% mehr in den neuen waren. Das Absinken der Verheiratetenquote in Ostdeutschland läßt sich auch darauf zurückführen, daß verheiratete Paare in der ehemaligen DDR bei der Wohnungsvergabe bevorzugt wurden und damit ein zusätzlicher Anreiz zum Heiraten bestand. Da dieser Anreiz in der Bundesrepublik wegfällt, sinkt auch die Heiratsneigung. Neben dieser Angleichungstendenz zwischen den ostdeutschen und den westdeutschen Jugendlichen und jungen Erwachsenen bleibt die Diskrepanz zwischen den Geschlechtern bestehen: Junge Frauen leben weiterhin häufiger als ihre männlichen Altersgenossen mit einem Partner zusammen, sei es mit oder ohne Trauschein, während die Männer in dieser Altersstufe öfter alleine leben.

Tabelle 2.14:
Familienstand nach Geschlecht 1992 und 1997 (Spaltenprozent)

		West			Ost		
	Familienstand	*Männer*	*Frauen*	*gesamt*	*Männer*	*Frauen*	*gesamt*
1992	*ledig*	76	64	70	69	53	61
	ledig m. Partner im HH	11	11	11	10	12	11
	verheiratet	12	22	17	19	29	24
	getrennt/geschieden/verw.	1	3	2	2	6	4
	n	2299	2205	4504	1303	1260	2563
1997	*ledig*	75	59	67	77	56	67
	ledig m. Partner im HH	11	13	12	11	17	14
	verheiratet	13	25	19	10	23	16
	getrennt/geschieden/verw.	1	3	2	1	4	3
	n	2273	2120	4393	1286	1194	2480

Quelle: DJI-Jugendsurvey 1992, 1997

Der Familienstand ist aber nicht nur geschlechtsspezifisch strukturiert, auch das jeweilige Alter spielt hier erwartungsgemäß eine große Rolle. Abbildung 2.4 zeigt die Verteilung des Familienstandes nach Alter und Geschlecht. Im Alter von 16 sind nahezu alle Jugendlichen ledig, jedoch mit zunehmendem

Alter immer weniger Frauen als Männer: Frauen wechseln also früher in andere Familienformen über, d.h. das Alter, ab dem man sich in einer festen Partnerschaft befindet, ist bei Frauen durchschnittlich geringer als bei Männern. Eine Sonderstellung nehmen dabei, wie schon bei den Wohnformen, die jungen Frauen in Ostdeutschland ein, da sie erstens den Übergang in andere Familienformen am schnellsten vollziehen und zweitens im 29. Lebensjahr zu fast 100% in einer festen Partnerschaft leben. Bei den westdeutschen Frauen und vor allem den Männern in beiden Teilen Deutschlands gibt es hingegen noch immer einen relativ großen Anteil Lediger ohne festen Partner.

Abbildung 2.4:
Familienstand nach Alter und Geschlecht (in %)

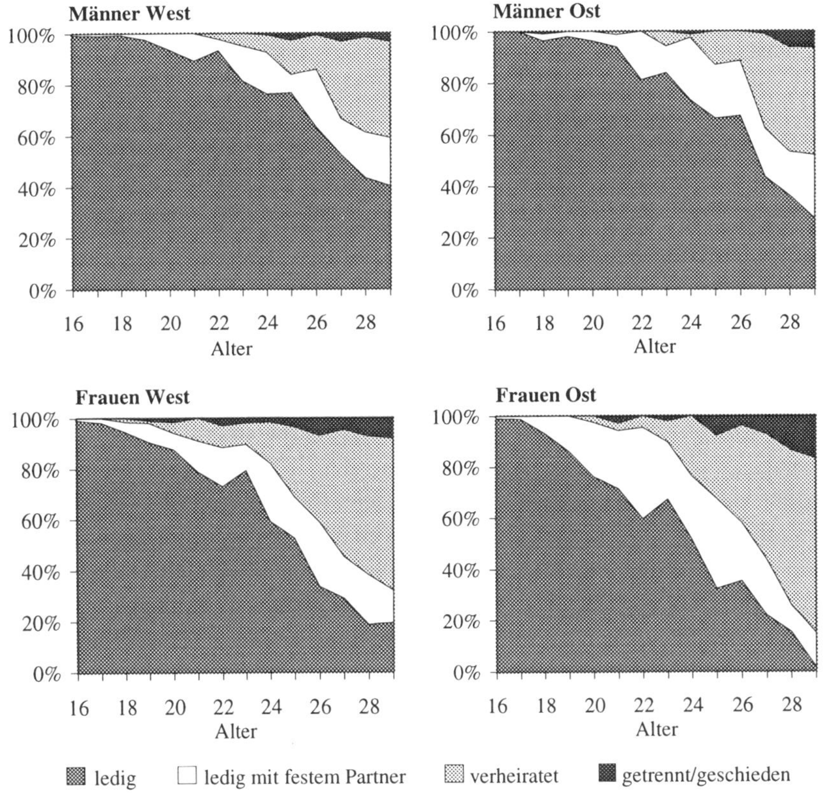

Quelle: DJI-Jugendsurvey 1997

Es besteht ein enger Zusammenhang zwischen dem angestrebten oder erreichten formalen Bildungsabschluß und dem Familienstand. Sowohl im Osten wie auch im Westen gilt für beinahe alle Altersjahrgänge, daß unter den jungen Menschen mit niedrigem Bildungsabschluß größere Anteile verheiratet sind als unter den Personen mit mittlerem Abschluß. Von dieser Gruppe sind wiederum verhältnismäßig mehr Menschen verheiratet als von den formal Hochgebildeten. Eine Erklärung für den Aufschub der Heirat mit zunehmendem Bildungsgrad besteht in der verminderten Heiratsneigung während der Bildungs- und Ausbildungszeiten (vgl. Diekmann 1993: 137). Da die Ausbildungsphase bei den höher Gebildeten länger dauert, verlagert sich in dieser Gruppe das Heiratsalter auf einen späteren Zeitpunkt im Lebenslauf.

Abbildung 2.5 stellt den Anteil der Verheirateten nach Alter und Geschlecht im Jahr 1992 und im Jahr 1997 dar. Dabei läßt sich das Ausmaß der Angleichung von ost- und westdeutschen Männern und Frauen bezüglich des Familienstandes deutlich erkennen. Im Jahr 1992 war die Differenz zwischen den Kurven der ost- und westdeutschen jungen Frauen ebenso wie die Differenz der Kurven der ost- und westdeutschen jungen Männer beträchtlich. Fünf Jahre später hat sich das Heiratsverhalten angeglichen. Die Kurven der Frauen wie auch die der Männer in Ost und West verlaufen nun sehr ähnlich. Die Angleichung ist in der Hauptsache auf die jungen Männer und Frauen in den neuen Bundesländern zurückzuführen, da diese sich eher dem Heiratsverhalten ihrer westdeutschen Altersgenossen angenähert haben als umgekehrt. Zu einem vergleichbaren Ergebnis kommt auch die Forschergruppe des DJI-Familiensurvey, die eine „allmähliche Angleichung von Familienstandsformen in den neuen Bundesländern an die Verhältnisse in den alten Bundesländern" konstatiert (vgl. Marbach/Bien/Bender 1996). Das Absinken der Anteilswerte der Verheirateten im Osten dürfte darauf zurückzuführen sein, daß ökonomische Bedingungen und strukturelle Umschichtungen den jungen Ostdeutschen eine Ungleichzeitigkeit von Heirat/Familie und Ausbildung nahe legen (vgl. Seidenspinner u.a. 1996). Genau dies war in der DDR nicht der Fall, wo die Gleichzeitigkeit von Familie und Ausbildung gefördert wurde. Die Vereinbarkeit von Ehe, Familie und Erwerbstätigkeit bzw. Ausbildung war in der DDR durch vielerlei staatliche Rahmenbedingungen in weit höherem Maße gegeben als dies heute im vereinten Deutschland der Fall ist: Die entsprechenden Maßnahmen in der 40jährigen Geschichte der DDR umfaßten finanzielle Vergünstigungen und Beurlaubungen bei Schwangerschaft und Mutterschaft, Verkürzung der Arbeitszeit für Frauen mit Kindern,

Abbildung 2.5:
Verheiratete nach Alter und Geschlecht 1992 und 1997 (in %)

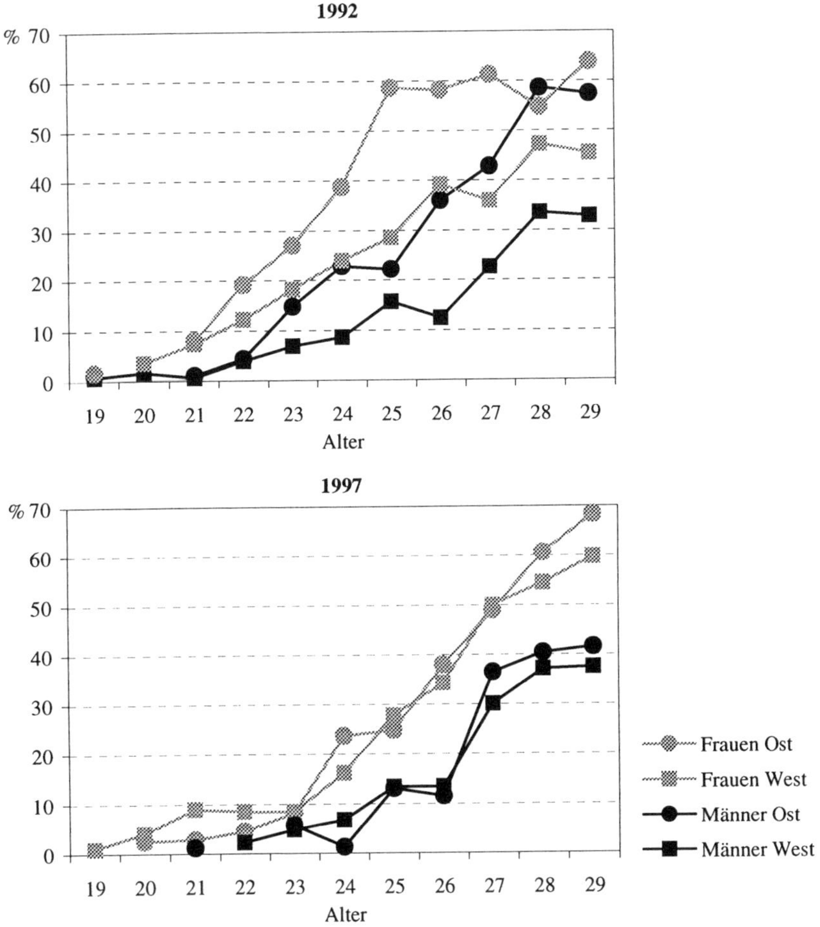

Quelle: DJI-Jugendsurvey 1992, 1997

bezahlte Freistellung bei Krankheit des Kindes, Ehekredite (vgl. Eifler 1998) sowie ein gut ausgebautes System zur Kinderbetreuung (Kinderkrippe, Kindergarten, Kinderhort). Insbesondere die Kinderbetreuungseinrichtungen stehen im vereinten Deutschland nicht mehr in dem Maße zur Verfügung. Hinzu kommt, daß auch der Zugang zum Arbeits- und Ausbildungsmarkt weitaus problematischer ist als in der DDR, so daß sich Einschränkungen der individuellen Flexibilität weitaus negativer auswirken. Für viele Frauen ist die gleichzeitige Realisierung von Familie und Beruf also mit erheblichen Belastungen und Schwierigkeiten verbunden. Das Aufschieben der Familienbildung und damit auch das Aufschieben der Heirat zumindest bis zum Ende der Ausbildungszeit in den neuen Bundesländern ist auch die Folge dieser Probleme.

Kinderzahl

Die jungen Menschen in den neuen und den alten Bundesländern sind sich in Bezug auf den Familienstand im allgemeinen und auf das Heiratsverhalten im speziellen sehr ähnlich geworden. Daher liegt es nahe, auch bei der Kinderzahl keine gravierenden Unterschiede zu vermuten (vgl. Tabelle 2.15). Tatsächlich ergeben sich nur geringe Unterschiede zwischen den neuen und den alten Bundesländern, wenn auch die Neigung zu eigenen Kindern im Osten etwas höher ist. Die sehr viel stärkeren geschlechtsspezifischen Unterschiede, die sich schon bei den Familienformen gezeigt haben, treten auch bei den Kinderzahlen auf: Nur etwa 10% der 16- bis 29jährigen Männer haben bereits eigene Kinder; bei den jungen Frauen liegt der Anteil mit 23% im Westen und 30% im Osten deutlich höher.

Tabelle 2.15:
Kinderzahl nach Geschlecht (Spaltenprozent)

	West			*Ost*		
	Männer	*Frauen*	*gesamt*	*Männer*	*Frauen*	*gesamt*
kein Kind	90	77	84	88	70	79
ein Kind	7	14	11	7	19	13
zwei oder mehrKinder	3	9	5	5	11	7
n	2287	2134	4421	1286	1198	2484

Quelle: DJI-Jugendsurvey 1997

Während beinahe alle ledigen jungen Menschen noch kinderlos sind, haben ca. zwei Drittel der west- und ca. vier Fünftel der ostdeutschen Verheirateten schon mindestens ein Kind (vgl. Tabelle 2.16). Auch viele der getrennt oder geschieden Lebenden haben schon ein oder mehrere Kinder. Ein Vergleich der Kinderzahlen der Verheirateten mit denen der Ledigen mit festem Partner belegt, daß

Tabelle 2.16:
Zusammenhang von Familienstand und Kinderzahl (Zeilenprozent)*

		kein Kind	*1 Kind*	*2 o. mehr*	*n*
West	*ledig*	97	2	0	3147
1992	*ledig m. Partner im HH*	92	6	2	504
	verheiratet	34	39	27	752
West	*ledig*	99	1	0	2944
1997	*ledig m. Partner im HH*	88	10	2	526
	verheiratet	35	40	25	821
Ost	*ledig*	96	4	0	1571
1992	*ledig m. Partner im HH*	72	24	5	279
	verheiratet	19	44	37	613
Ost	*ledig*	97	3	0	1654
1997	*ledig m. Partner im HH*	75	22	3	347
	verheiratet	22	45	33	404

Quelle: DJI-Jugendsurvey 1992, 1997

* Aufgrund der geringen Fallzahlen sind die getrennt oder geschieden Lebenden nicht ausgewiesen.

Elternschaft nach wie vor stark an das formale Kriterium der Ehe geknüpft ist: Der Elternanteil von lediglich 12% bei den jungen westdeutschen und von 25% bei den jungen ostdeutschen Ledigen mit festem Partner stellt eine enorme Differenz zu den Vergleichswerten bei den Verheirateten (West 65%, Ost 78%) dar. Im zeitlichen Vergleich zeigen sich keine großen Veränderungen, wenngleich neben der Konvergenz der familialen Lebensformen zumindest tendenziell auch eine Konvergenz im reproduktiven Verhalten der Ost- und Westdeutschen sichtbar wird. Das bedeutet konkret, daß sowohl bei den ledigen (mit und ohne Partner) als auch bei den verheirateten jungen Menschen in den neuen Bundesländern ein höherer Anteil als 1992 (noch) keine eigenen Kinder hat, so daß die Unterschiede bei den Kinderzahlen zurückgegangen sind. Dennoch haben immer noch deutlich mehr ost- als westdeutsche Befragte dieser Altersgruppe Kinder.

2.4 Zusammenfassung

Hinsichtlich der objektiven Lebenssituation bei den Jugendlichen und jungen Erwachsenen in den alten und neuen Bundesländern kann man von einer Annäherung seit 1992 sprechen. Bei der Verteilung der Wohnformen und des Familienstandes unterschieden sie sich 1992 noch deutlich stärker als 1997: In den neuen Bundesländern gab es eine geringere Differenzierung der Lebensformen, also einen größeren Anteil von Wohnformen mit Partner und einen geringeren von alleine Lebenden sowie einen höheren Anteil Verheirateter und einen geringeren von Ledigen. Ähnlich stellt sich der Vergleich der Bildungs- und Ausbildungsabschlüsse dar: Auch hier hat es eine Annäherung der Jugend Ost an die Jugend West gegeben. Insbesondere ist der Anteil der mittleren Bildungsabschlüsse (der 1992 noch stärker dominierte) zurückgegangen – allerdings ohne daß man bis jetzt von einer vollständigen Angleichung sprechen kann. Jedenfalls zeigen sich hier die Konsequenzen der frühen und raschen Einführung der westdeutschen Bildungsinstitutionen in den neuen Bundesländern. Bei der beruflichen Ausbildung sind noch die unterschiedliche wirtschaftliche Situation und die Nachwirkungen der verschiedenen gesellschaftlichen Systeme zu erkennen: In den neuen Bundesländern gibt es einen höheren Anteil gewerblicher Ausbildung und einen geringeren Anteil an Studierenden und Universitätsabsolventen. Allerdings hat sich der Anteil der Studierenden seit 1992 deutlich erhöht. Die Verteilung des Erwerbsstatus der 16- bis 29jährigen in Ost und West reflektiert die wirtschaftliche Lage, die auch zum Zeitpunkt der Befragung 1997 durch eine dramatisch höhere Arbeitslosigkeit in den neuen Ländern gekennzeichnet war. Auch die Daten zur finanziellen Lage weisen auf die starken Arbeitsmarktprobleme in den neuen Bundesländern hin: Das persönliche Nettoeinkommen ist im Osten im Durchschnitt geringer als im Westen und zu einem höheren Anteil von öffentlichen Zuwendungen bestimmt. Trotzdem kann bei der objektiven Lebenssituation von einer Annäherung des Ostens an den Westen gesprochen werden – mit der Ausnahme der nach wie vor großen Ost-West-Differenz bei der Erwerbstätigkeit, die der schlechteren Wirtschaftslage und den korrespondierenden Arbeitsmarktbedingungen in den neuen Bundesländern geschuldet ist.

Anmerkungen

1 Der Fragetext mit den Antwortvorgaben „eher als Jugendlicher", „eher als Erwachsener", „mal so, mal so /kommt darauf an" und „kann ich nicht sagen" lautete: „In dieser Studie befragen wir junge Leute zwischen 16 und 29 Jahren. In dieser Altersspanne kann man sich ja eher als Jugendlicher oder eher als Erwachsener fühlen. Wie ist das bei Ihnen: Fühlen Sie sich eher als Jugendlicher oder eher als Erwachsener?"

2 Literaturnachweise finden sich in den entsprechenden Kapiteln in diesem Band.

3 Insgesamt befinden sich 238 Befragte in solchen berufsvorbereitenden Ausbildungsgängen.

4 Die Phase der Umstrukturierung des Hochschulwesens in den neuen Bundesländern ist abgeschlossen. Es entspricht mittlerweile hinsichtlich Struktur und Qualität dem in den alten Bundesländern (Kornadt 1997).

5 Der genannte Anteilswert bezieht sich hier nur auf die Anzahl der weiblichen Befragten.

6 Die Prozentuierungsbasis bilden alle Befragten des Jugendsurveys.

7 Als Beispiele können hier die zehnklassige Polytechnische Oberschule, die Fachschulausbildung, die Berufsausbildung mit Abitur und die spezielle Facharbeiterausbildung für Abgänger der 8. Klassen genannt werden (Schober 1996).

8 Brandenburg und Mecklenburg-Vorpommern übernahmen weitgehend die Mehrgliedrigkeit von jeweils unterschiedlichen westlichen Schulsystemen. Brandenburg orientierte sich an Berlin und führte Realschule, Gymnasium und integrierte Gesamtschule ein; im Gegensatz zu Berlin jedoch keine Hauptschule. In Mecklenburg-Vorpommern gibt es alle drei Schultypen (Hauptschule, Realschule, Gymnasium) und zusätzlich vereinzelt integrierte Klassen für Haupt- und Realschüler als auch integrierte Gesamtschulen. Thüringen und Sachsen entschlossen sich zu einem Neuanfang, indem sie die klassische Dreigliedrigkeit aufhoben und neben dem Gymnasium Schulen einführten, an denen Haupt- und Realschüler parallel unterrichtet wurden. Zusätzlich zu den klassischen Schultypen führte Sachsen-Anhalt die Sekundarschule ein, die in Zukunft Haupt- und Realschule vollständig ablösen soll (vgl. von Below 1997: 151).

9 Eine prägnante Darstellung der Grundzüge des Bildungswesens der DDR findet sich bei von Below (1997).

10 Berichtet werden in der Regel Anteile von Schulabsolventen und Studierenden.

11 Die Einteilung der Siedlungsräume beruht auf dem BIK-Index der Stadtregionen, der Siedlungsräume nach ihrer Dichte und den Gebietsverflechtungen durch Pendlerströme klassifiziert (vgl. hierzu Eilinghoff 1996).

12 Die Befragten wurden gebeten anzugeben, welchen der folgenden Ausbildungsabschlüsse sie anstreben, bzw. bereits erworben haben: beruflich-betriebliche Anlernzeit mit Abschlußzeugnis, aber keine Lehre; gewerbliche oder landwirtschaftliche Lehre mit Abschlußprüfung, Facharbeiterausbildung; kaufmännische Lehre mit Abschlußprüfung, Verwaltungslehre; Berufsfachschulabschluß (auch Krankenschwester, Erzieher); Meister-, Techniker- oder gleichwertiger Fachschulabschluß; abgeschlossenes Volontariat; Fachhochschulabschluß (auch Abschluß einer Ingenieurschule); Hochschulabschluß; anderen beruflichen Ausbildungsabschluß.

13 Ein Resümee zum Forschungsstand zieht Krais (1996).

14 Der Erwerbsstatus der Eltern wurde bei allen Befragten für den Zeitpunkt erhoben, zu dem sie etwa 16 Jahre alt waren.

15 Die Befragten wurden gebeten anzugeben, welche berufliche Tätigkeit ihre Mutter, bzw. ihr Vater ausübte, als die Befragten etwa 16 Jahre alt waren. Wir beschränken uns hier auf die Darstellung des Einflusses der beruflichen Stellung des Vaters, da Mütter in den alten Bundesländern zu großen Teilen Hausfrauen sind und damit auch keine Angabe zu deren beruflicher Stellung vorliegt.

16 Hier handelt es sich um eine Restkategorie von insgesamt sieben Personen.

17 Vgl. Gille u.a. 1995: 76; die Einteilung beruht auf insgesamt 23 Kategorien.

18 In Anlehnung an die Bezeichnung der Arbeitslosenstatistik werden unter Erwerbspersonen alle Erwerbstätigen und Arbeitslosen gefaßt.

19 Die Angaben variieren stark zwischen weniger als einem Monat und dem Höchstwert von zehn Jahren. Der Median liegt bei rund zehn Monaten.

20 Zunächst wurde die Frage gestellt, wovon die Befragten hauptsächlich leben (hier sollte nur eine Angabe gemacht werden) und danach, was von der Liste noch auf sie zutrifft. Hierbei wurden die gleichen Vorgaben wie zur ersten Frage vorgelegt, allerdings waren Mehrfachnennungen zugelassen. Diese zweigeteilte Form der Frage ist angelehnt an die Shell-Jugendstudie 1992 wie auch die Jugendstudie „Jungsein in Deutschland 1996“ (Silbereisen/Vascovics/Zinnecker 1996).

21 Die Frage nach dem persönlichen Einkommen erlaubt in der Regel keinen Schluß auf das im Haushalt zur Verfügung stehende Einkommen, welches in Bevölkerungsumfragen daher häufig zusätzlich erfragt wird (vgl. Hoffmeyer-Zlotnik/Warner 1998).

22 Mit Nettoeinkommen „meine (ich) dabei alle Einkommensarten zusammengenommen, nach Abzug der Steuern und der Sozialversicherungsbeiträge. Auch private Unterhalte wie z.B. Taschengeld zählen dazu.“ Die Listenvorgabe enthielt Betragsbereiche von „unter 50 DM“ bis „4.000 DM und mehr“ (insgesamt 22 Bereiche, in den unteren Bereichen in 100 DM-Schritten, in den oberen in 250 DM-Schritten und zuletzt in 500 DM-Schritten), die angekreuzt werden konnten.

23 Etwa 11% jeweils hatten vermerkt, daß sie kein eigenes Einkommen haben (dies wurde durch den Interviewer notiert), die Verweigerung lag somit im Westen bei 22%, im Osten bei 15%. Die Verweigerer setzten sich aus allen Ausbildungs- bzw. Erwerbsstatusgruppen zusammen, relativ am stärksten aus der Gruppe der Erwerbstätigen. Aber auch unter den Schülern und Studenten gab es einen nicht vernachlässigbaren Anteil an Verweigerern. Es kann somit das Fehlen entsprechender Informationen nicht nur einer speziellen Gruppe zugeschrieben werden, allerdings ist das Ausmaß der Verweigerung doch so groß, daß Aussagen über die Höhe des Einkommens mit Zurückhaltung interpretiert werden sollen.

24 Zu Ost-West-Unterschieden und Geschlechtsdifferenzen beim Individualeinkommen in Bevölkerungsumfragen, die für 1996 ebenfalls deutlich ausfallen, vgl. Hoffmeyer-Zlotnik 1998.

25 An dieser Stelle findet kein präziserer Zeitvergleich statt, da die Frageformulierung von 1997 geringfügige Änderungen zu der des Jahres 1992 aufweist.

3

Lebensverhältnisse in Deutschland im Spiegel subjektiver Wahrnehmung

Juliane Achatz

Mit der Beschreibung von subjektiven Wahrnehmungen und Bewertungen von Lebensumständen wird die Darstellung der Lebensverhältnisse der jungen Generation fortgesetzt. Diskutiert werden zum einen ausgewählte Gesichtspunkte zur Beurteilung der Lebensqualität von Bevölkerungsgruppen, zum anderen an Gerechtigkeitsvorstellungen orientierte Einschätzungen der individuellen und gesellschaftlichen Lebenssituation. Solche Auskünfte spiegeln ein allgemeines Meinungsklima wider und können als „soziale Tatsache eigener Art“ begriffen werden (Zapf 1984, Zapf/Habich 1996). Vorhandene Diskrepanzen in der Wahrnehmung von Lebensverhältnissen sind ein Gradmesser für subjektiv wahrgenommene soziale Ungleichheit; sie können als Hinweis auf unterschiedliche reale Lebensbedingungen wie ungleiche gesellschaftliche Teilhabechancen gewertet werden. Im Mittelpunkt der folgenden Ausführungen steht ein Vergleich von Deutungen der gesellschaftlichen Wirklichkeit in Ost- und Westdeutschland, da die Frage nach dem Sozialklima in Deutschland auch nach zehn Jahren gesellschaftlicher Transformation nichts an Aktualität eingebüßt hat[1]. Die deutsche Vereinigung war für die Bewohner der neuen Bundesländer mit der Hoffnung auf demokratische Verhältnisse und auf einen Zugewinn an Freiräumen für politische, kulturelle und soziale Betätigungen sowie auf eine Verbesserung der ökonomischen Situation verbunden. Eine schnelle Angleichung der Lebensverhältnisse an das westdeutsche Niveau sollte das Zusammenwachsen Ost- und Westdeutschlands vorantreiben; neben der Systemintegration bestimmte der Stand der Sozialintegration die Debatte. In diesem Kontext rückten regionale Disparitäten zwischen den beiden Landesteilen stärker ins Blickfeld (Kreckel 1993). Umfragen zur Lebenssituation in Deutschland berichten seit der deutschen Vereinigung z.B. über ein generell niedrigeres Niveau subjektiven Wohlbefindens in den neuen Bundesländern (Statistisches Bundesamt 1997, Mau 1996), gesellschaftliche Gerechtigkeit wird als defizitär empfunden (Buhlman 2000). In einer neueren Studie konnte allerdings auch eine zunehmend ähnliche Beurteilung der Lebensbedingungen in Ost und West nachgewiesen werden (Habich u.a. 1999). Fragen nach Prozessen der Angleichung oder des Auseinanderdriftens von Ost und West sind also nach wie vor von Interesse, nicht zuletzt deshalb, weil auch in den alten Bundesländern im betrachteten Zeitraum der gesellschaftliche Wandel durch schwierige Entwicklungen gekennzeichnet war, z.B. durch Einschnitte in das Netz sozialer Sicherung.

3.1 Subjektives Wohlbefinden

Zufriedenheit mit Lebensbereichen

Subjektive Einschätzungen von Lebensumständen können mit der Frage nach der Zufriedenheit[2] erfaßt werden. Dieser alltagssprachliche Begriff kann zu Stellungnahmen über verschiedenste Sachverhalte herangezogen werden, wobei immer kognitive und affektive Komponenten eine Rolle spielen. Kognitive Aspekte überwiegen, so Veenhoven (1995), bei angebbaren Sachlagen des persönlichen Lebens, für die Vergleiche mit anderen hergestellt werden können. Affektive Komponenten spielen eher bei Fragen nach dem generellen Lebensgefühl eine Rolle.

Im folgenden soll über die Zufriedenheit der jungen Deutschen mit verschiedenen Bereichen des persönlichen Lebens, mit den sozialen, politischen und ökonomischen Lebensumständen und den Beziehungen im sozialen Nahraum berichtet werden. Im Jugendsurvey 1997 wurde die Zufriedenheit mit *Lebensumständen des engeren sozialen Umfelds* mit der Frage nach den Beziehungen zur Mutter, zum Vater, zu Freunden und mit einer Frage nach der Wohnsituation erfaßt. Weiterhin wurde die Zufriedenheit mit der eigenen *sozioökonomischen Lage* (finanzielle Lage, soziale Sicherheit und Möglichkeiten, das Leben selbst zu gestalten) und mit der *politischen Teilhabe* (Möglichkeiten zur politischen Einflußnahme, politische Rechte und Freiheiten und Möglichkeiten zur demokratischen Mitsprache in Schule und Beruf) erfragt. Als Antwortmodell wurde eine elfstufige Skala mit den Endpunkten 0 (ganz und gar unzufrieden) und 10 (ganz und gar zufrieden) verwendet.

Zunächst werden die Ergebnisse beider Erhebungswellen verglichen und Veränderungen der Zufriedenheit mit einzelnen Lebensbereichen thematisiert. Danach wird der Einfluß relevanter sozialer Merkmale auf die Beurteilungen von öffentlichen und privaten Lebensbereichen unter Verwendung von zusammenfassenden Indizes geprüft. In Tabelle 3.1 sind die Ergebnisse aus beiden Befragungswellen gegenübergestellt. Angegeben sind die prozentualen Anteile der Zufriedenen und der Unzufriedenen sowie die Skalenmittelwerte der Zufriedenheiten mit verschiedenen Lebensbereichen. Kategorien zur Erfassung der Lebensumstände im sozialen Nahraum wurden erst 1997 erfaßt.

Ebenso wie im Bevölkerungsdurchschnitt war in den ersten Jahren nach der Wiedervereinigung auch bei der jungen Generation in den neuen Bundeslän-

Tabelle 3.1:
*Zufriedenheit mit verschiedenen Lebensbereichen 1992 und 1997 (Prozent und Mittelwerte)**

		West			Ost		
	Zufriedenheits-dimension	*unzu-frieden*	*zu-frieden*	*Mittel-wert*	*unzu-frieden*	*zu-frieden*	*Mittel-wert*
1992	*Lebensgestaltung*	9	44	6,8	11	41	6,7
	finanzielle Lage	24	24	5,5	32	19	4,9
	politischer Einfluß	27	17	5,0	30	15	4,9
	Rechte/Freiheiten	13	29	6,1	15	32	6,1
	Mitsprache	15	29	6,0	20	25	5,6
	soziale Sicherheit	15	36	6,2	43	18	4,3
1997	*Lebensgestaltung*	6	50	7,2	7	46	6,9
	finanzielle Lage	19	28	5,8	30	20	5,0
	politischer Einfluß	38	15	4,5	49	9	3,7
	Rechte/Freiheiten	16	30	5,9	23	18	5,2
	Mitsprache	18	30	5,9	26	21	5,2
	soziale Sicherheit	12	39	6,5	23	26	5,5
	Wohnsituation	7	61	7,6	9	58	7,4
	Beziehung Freunde	2	83	8,6	2	83	8,7
	Beziehung Mutter	5	73	8,1	6	80	8,5
	Beziehung Vater	11	63	7,4	13	70	7,7

Quelle: DJI-Jugendsurvey 1992, 1997

* Die elfstufige Skala (0 bis 10) der Antwortvorgaben wurde zur Vereinfachung trichotomisiert. In der Tabelle sind die Extrempositionen der „Unzufriedenen“ (Skalenwerte 0 bis 3) und „Zufriedenen“ (Skalenwerte 8 bis 10) sowie die arithmetischen Mittelwerte ausgewiesen. Die Mittelwerte variieren zwischen 3,7 und 8,7.

dern eine größere Unzufriedenheit festzustellen, so das zusammenfassende Ergebnis des Jugendsurveys 1992 (Bütow 1995). Das insgesamt höhere Zufriedenheitsniveau der jungen Erwachsenen aus den alten Bundesländern bleibt auch 1997 erhalten. Mit der finanziellen Lage, den Möglichkeiten zur politischen Einflußnahme, den politischen Rechten und Freiheiten, der demokratischen Mitsprache in Schule und Beruf und auch mit der sozialen Sicherheit sind die westdeutschen Befragten zufriedener als die Ostdeutschen. Die Möglichkeiten zur Lebensgestaltung und die Wohnsituation wird nahezu übereinstimmend beurteilt. Die Beziehungen im sozialen Nahraum werden im Osten etwas positiver gesehen.

Zunächst sollen jene Lebensbereiche betrachtet werden, die auch schon 1992 erfaßt wurden. Am zufriedensten sind die Befragten in beiden Landesteilen wieder mit einem allgemeinen Aspekt des persönlichen Lebens, nämlich den Möglichkeiten, ihr Leben selbst zu gestalten. Welche konkreten Vorstellungen die Befragten mit ihren Möglichkeiten zur Lebensgestaltung verbinden, bleibt bei diesem Aspekt allerdings offen. Die Antwortvorgabe erfaßt noch am ehesten ein generelles Lebensgefühl und erreicht vermutlich deshalb die höchsten Zufriedenheitswerte. Eher zufrieden sind die jungen Westdeutschen auch mit der sozialen Sicherheit; eine mittlere Position nimmt die Zufriedenheit mit den politischen Rechten und Freiheiten und auch mit der demokratischen Mitsprache in Schule und Beruf ein. Am Ende der Rangreihe stehen die finanzielle Lage und die Möglichkeiten zur politischen Einflußnahme; dieser Lebensbereich erreicht mit Abstand den niedrigsten Zufriedenheitswert. In den neuen Bundesländern ist die Rangfolge dieselbe, die Werte sind jedoch, wie bereits erwähnt, durchweg niedriger als in den alten Bundesländern.

Ein Vergleich der Ergebnisse von 1992 und 1997 fördert einige bemerkenswerte Veränderungen zu Tage, die in Abbildung 3.1 als Veränderungen in den Mittelwerten der einzelnen Antwortkategorien in Ost und West abgetragen sind. Veränderungen zwischen den zwei Befragungszeitpunkten sind im Westen relativ gering und fallen nur bei zwei Lebensbereichen etwas deutlicher aus: Die Möglichkeit, das Leben selbst zu gestalten, wird 1997 noch etwas positiver, die Zufriedenheit mit den Möglichkeiten zur politischen Einflußnahme wird noch negativer bewertet. Ausgeprägter sind die Veränderungen im Osten: Die Befragten haben ihrer subjektiven Einschätzung nach deutlich an sozialer Sicherheit hinzugewonnen. Im Mittel liegen die ostdeutschen Befragten zwar noch um einen Skalenpunkt hinter den westdeutschen, dennoch scheinen ihnen die durch den gesellschaftlichen Umbruch erforderlichen Anpassungsprozesse etwas besser bewältigbar zu sein. Die Zufriedenheit mit dem Bereich der politischen und gesellschaftlichen Teilhabe geht im Osten deutlich zurück. Am wenigsten ist dies noch bei der Einschätzung der Möglichkeiten zur demokratischen Mitsprache in Schule und Beruf der Fall. Auffallend ist jedoch der starke Rückgang der Zufriedenheit mit den Möglichkeiten zur politischen Einflußnahme und den politischen Rechten und Freiheiten in den neuen Bundesländern. Zwar sind in beiden Landesteilen die politischen Rechte und die Mitgestal-

Abbildung 3.1:
Zufriedenheit mit Lebensbereichen – Veränderungen 1997 im Vergleich zu 1992 (Mittelwertdifferenzen)

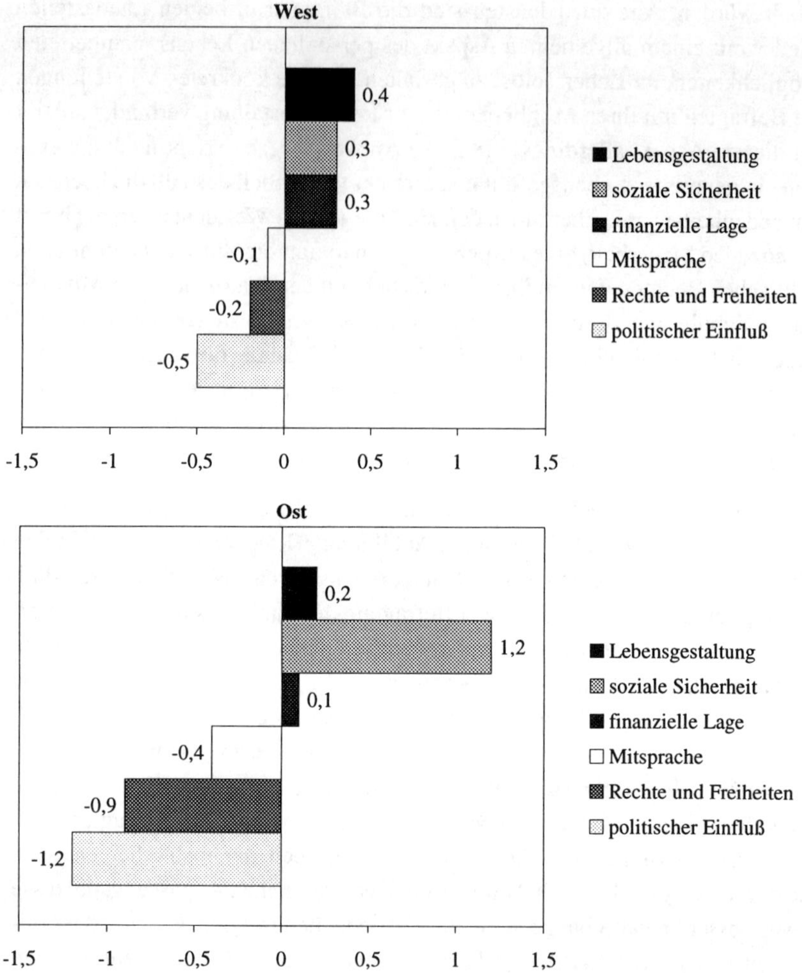

Quelle: DJI-Jugendsurvey 1992, 1997

* Auf einer elfstufigen Skala von 0 (ganz und gar unzufrieden) bis 10 (ganz und gar zufrieden).

tungsmöglichkeiten eine Quelle von Unzufriedenheit, die sich als „grundsätzlich kritische Haltung gegenüber der Politik" (Bütow 1995: 100), wie sie in der jungen Generation generell verbreitet ist, interpretieren läßt. In Zusammenhang mit dem erst kürzlich erfolgten politischen Umbruch in den neuen Bundesländern erhält dieses Ergebnis aber ein anderes Gewicht: Die hier implizit zum Ausdruck kommende Kritik bezieht sich im Kern auf eine Diskrepanz zwischen den demokratischen Idealen und der nun erlebten Realität der parlamentarischen Demokratie. Die mit der deutschen Vereinigung geweckten Erwartungen auf bessere politische Teilhabechancen in einem demokratischen System scheinen enttäuscht worden zu sein. Die Kluft zwischen der Befürwortung der Idee der Demokratie und der Demokratiezufriedenheit, die in den neuen Bundesländern weitaus deutlicher ausfällt als in den alten, kann als weiterer Beleg dieser These gelten (vgl. hierzu Kapitel 6).

Zufriedenheiten mit einzelnen Lebensbereichen korrespondieren in der Regel und lassen sich meist zu einem generellen Zufriedenheitsmaß zusammenfassen. Die statistische Überprüfung der „Bündelungsfähigkeit" der erfaßten Bereiche führt im Ergebnis zu zwei abgrenzbaren Dimensionen[3]. Die Items Zufriedenheit mit der Beziehung zu Mutter, Vater, Freunden und mit der Wohnsituation ergeben den Faktor „Zufriedenheit mit privaten Lebensbereichen" und die Items Zufriedenheit mit den Möglichkeiten zur politische Einflußnahme, den politischen Rechten und Freiheiten, der demokratischen Mitsprache in Schule und Beruf, der sozialen Sicherheit, der finanziellen Lage und den Möglichkeiten zur Lebensgestaltung den Faktor „Zufriedenheit mit öffentlichen Lebensbereichen". Aus den Werten der genannten Einzelitems wurden zwei Summenindizes mit den Endpunkten 0 (unzufrieden) und 10 (zufrieden) gebildet, die Grundlage für die folgende Überprüfung des Einflusses von sozialen Merkmalen auf die Zufriedenheit mit öffentlichen und privaten Lebensbereichen sind.

Die Wahrnehmung der eigenen sozialen Position und der Möglichkeiten zur gesellschaftlichen Partizipation durch Erwerbsarbeit haben sich immer wieder als einflußreich auf die Zufriedenheit mit sozioökonomischen Lebensbedingungen erwiesen (Hradil 1999), auch wenn sie diese nur teilweise determinieren. Neben den objektiven Lebensumständen spielen vor allem die eigenen Ansprüche und Bedürfnisse und auch soziale Vergleiche mit anderen eine Rolle (Bulmahn 1996). Zur Prüfung des Einflusses sozialer Merkmale kann der formale Bildungsabschluß wie auch der Erwerbsstatus der Befragten herangezogen werden (vgl. Kapitel 2). Die mit Bildung und Erwerbsarbeit einhergehenden besseren sozialen und politischen Teilhabechancen sollten sich positiv auf die Zufriedenheit mit öffentlichen Lebensbereichen auswirken. Weiterhin soll geprüft werden, ob die Geschlechtszugehörigkeit die Zufriedenheit mit öffentlichen Lebensbereichen beeinflußt. Ältere Studien zur Zufriedenheit mit Lebensbereichen kamen teilweise zu dem Ergebnis, Frauen seien das „unzufriedenere Geschlecht" (Glatzer 1984b: 216). Dies war für ganz unterschiedliche Lebensbereiche festzustellen, am deutlichsten aber für jene, in denen Frauen faktische Benachteiligungen zu erwarten hatten, so z.B. für den beruflichen Bereich und die politische Betätigung. Tabelle 3.2 gibt die durchschnittliche Zufriedenheit mit öffentlichen Lebensbereichen in beiden Landesteilen in Abhängigkeit vom angestrebten bzw. erreichten Bildungsniveau, dem Erwerbsstatus und dem Geschlecht der Befragten wieder.

Wie schon aus der Darstellung der Einzelitems deutlich wurde, sind ostdeutsche Befragte im Durchschnitt unzufriedener mit ihren sozioökonomischen Lebensumständen als westdeutsche, wobei in beiden Befragtengruppen diese

Tabelle 3.2:
*Zufriedenheit mit öffentlichen Lebensbereichen nach soziodemographischen Variablen (Mittelwerte)**

		West	***Ost***
	insgesamt	6,0	5,3
	n	4378	2436
Geschlecht	*Frauen*	5,9	5,2
	Männer	6,0	5,3
Bildungsniveau	*niedrig*	5,6	4,8
	mittel	6,0	5,1
	hoch	6,1	5,6
Ausbildungs- und Erwerbssituation	*Schüler(in)*	5,9	5,2
	Student(in)	6,1	5,8
	Ausbildung	5,7	5,1
	voll- oder teilzeiterwerbstätig	6,1	5,6
	Hausfrau / Erziehungsurlaub	6,0	4,8
	Kurzarbeit / Umschulung	6,0	4,9
	arbeitslos	5,4	4,6

Quelle: DJI-Jugendsurvey 1997

* Die Skalenwerte des Summenindex variieren zwischen 0 (unzufrieden) und 10 (zufrieden).

Zufriedenheit mit dem Bildungsniveau ansteigt. Eine Ausdifferenzierung nach der Erwerbs- und Ausbildungssituation läßt ebenfalls einen Einfluß der tatsächlichen Lebensumstände auf die Zufriedenheit mit öffentlichen Lebensbereichen erkennen. In beiden Landesteilen sind jeweils Studenten und Erwerbstätige am zufriedensten, also jene Gruppen, die durch Erwerbsarbeit abgesichert, bzw. deren Zugangschancen zum Arbeitsmarkt vergleichsweise aussichtsreich sind. Ungesicherte Lebensumstände wie Arbeitslosigkeit erhöhen dagegen die Unzufriedenheit. Im Osten gilt das auch für Personen, deren Beschäftigungsverhältnisse ungesichert sind (Kurzarbeit, Umschulungen). Hausfrauen und Erziehungsurlauberinnen sind in den neuen Ländern, anders als in den alten, ebenfalls unzufriedener als der Durchschnitt der Befragten. Dies könnte darauf hinweisen, daß der Rückzug aus der Erwerbsarbeit weniger auf einer freien Entscheidung als auf „verdeckter" Arbeitslosigkeit beruht und die öffentlichen Lebensbereiche deshalb negativer eingestuft werden. Abgesehen von der Gruppe der Hausfrauen spielt die Geschlechtszugehörigkeit für die Zufriedenheit mit öffentlichen Lebensbereichen keine Rolle. Nachteile für Frauen im Hinblick auf die Teilhabe am öffentlichen bzw. politischen Leben spiegeln sich nicht in den Zufriedenheitsurteilen der jungen Frauen. Es ist denkbar, daß die Debatte um die Schlechterstellung von Frauen für die weiblichen Befragten keine Relevanz (mehr) besitzt und sich diesbezügliche Anspruchs- und Erwartungshaltungen inzwischen geändert haben. Darauf deuten auch einige Ergebnisse zu Geschlechtsrollenorientierungen hin (vgl. Kapitel 5.3).

Die anfangs dargestellte Veränderung der Zufriedenheit mit einzelnen Lebensbereichen zwischen 1992 und 1997 belegt die stärkere Unzufriedenheit der Befragten mit politikbezogenen Aspekten, die insbesondere im Osten noch ausgeprägter hervortritt. Dies führt zur Frage nach einem möglichen Zusammenhang der Zufriedenheitsurteile mit Bewertungen des politischen Systems insgesamt, wie dem Vertrauen in die Reaktionsfähigkeit des politischen Systems und der generellen Zufriedenheit mit der Demokratie in der Bundesrepublik Deutschland (vgl. hierzu Kapitel 6.4). Festzustellen sind moderate Zusammenhänge:[4] Mit dem politischen Vertrauen korreliert die Zufriedenheit mit öffentlichen Lebensbereichen im Westen mit .20 und im Osten mit .25. Der Zusammenhang zwischen der Zufriedenheit mit der Demokratie und der Zufriedenheit mit öffentlichen Lebensbereichen beträgt im Westen .31 und im Osten .34. Zufriedenheit mit öffentlichen Lebensbereichen geht also mit einer positiveren Bewertung von Aspekten des politischen Systems einher.

Anders als die öffentlichen Lebensbereiche können die Lebensbedingungen im sozialen Nahraum wie die Beziehungen zu Familienmitgliedern und Freunden von den Individuen weitgehend selbst gestaltet und geregelt werden. Dies mag ein Grund dafür sein, daß für diese Lebensbereiche generell ein hohes Ausmaß an Zufriedenheit berichtet wird. „Mit ihrer Wohnsituation, ihrer familiären und partnerschaftlichen Lage sind die Menschen wesentlich zufriedener als mit dem Leben im ganzen“ (Hradil 1999: 408). Die Beurteilung dieser Lebensumstände kann sich mehr auf unmittelbare Erfahrungen des affektiven Klimas in diesen Bereichen stützen. Schwierige soziale und materielle Lebensumstände können private Beziehungen erheblich belasten, so daß davon auszugehen ist, daß sich prekäre Lebensumstände negativ auf die Zufriedenheit mit privaten Lebensbereichen auswirken. Weiterhin ist zu berücksichtigen, welchen Stellenwert die privaten Lebensbereiche im Vergleich zu den öffentlichen Bereichen für die Individuen besitzen. So wird z.B. in der Transformationsforschung immer wieder auf den hohen Stellenwert des familiären Bereiches im Leben der DDR-Bürger hingewiesen. Diesem kam als Ort des Rückzugs eine besondere Bedeutung zu (Gysi 1989); traditionelle familiäre Werte wurden in der DDR im Vergleich zu westlichen Industrienationen weniger stark in Frage gestellt (Huinink/Wagner 1995). Auch Jugendstudien berichten für die neuen Bundesländer verschiedentlich eine größere Zufriedenheit mit Beziehungen zu Familienmitgliedern (Lenz 1995, Förster u.a. 1993). Insofern stellt sich die Frage, ob unterschiedliche Traditionen der Bedeutung des privaten Rückzugsraums in den alten und neuen Bundesländern auch heute noch die Bewertung dieser Lebensbereiche prägen.

Wie aus Tabelle 3.1 hervorgeht, sind die Befragten des Jugendsurveys 1997 mit allen erfaßten privaten Lebensbereichen hoch zufrieden. Die Beziehung zu Freunden, denen in dieser Alterspanne eine besondere Bedeutung zukommt, wird am positivsten gewertet. Bei den Beziehungen zu den Eltern unterscheiden die Befragten zwischen Vätern und Müttern; die Beziehung zur Mutter wird von den jungen Erwachsenen höher eingestuft. In den neuen Bundesländern liegen dabei die Zufriedenheitswerte für beide Elternteile etwas höher. Die Tradition enger Familienbindungen in diesem Landesteil scheint also hier noch eine gewisse Rolle zu spielen. Die positive Sicht der privaten Lebensbereiche kommt im zusammenfassenden Index in dem jeweils weit über dem Skalenmittelpunkt liegenden Mittelwert zum Ausdruck, der im Osten 8,1 und im Westen 7,9 beträgt.

Der Einfluß von sozialen Merkmalen auf diese Bewertungen zeigt sich in beiden Landesteilen in gleicher Weise (vgl. Tabelle 3.3). Mit dem Bildungsniveau steigt auch die Zufriedenheit mit dem privaten Lebensraum. Dies spricht dafür, daß die mit dem Bildungsniveau verknüpften erweiterten Handlungsressourcen generell positiv auf die empfundene Zufriedenheit mit Lebensumständen wirken. Ebenso ist ersichtlich, daß prekäre familiäre und auch sozioökonomische Lebensumstände (vom Lebenspartner getrennt, geschieden, verwitwet oder arbeitslos zu sein) die Zufriedenheit mit der privaten Sphäre negativ beeinträchtigen. Problematische Lebensumstände senken somit die Zufriedenheit mit privaten Beziehungen.

Trotz der Verbesserungen der objektiven Lebensbedingungen in den neuen Bundesländern (Hauser u.a. 1996) unterscheiden sich die Befragten des

Tabelle 3.3:
*Zufriedenheit mit privaten Lebensbereichen nach soziodemographischen Variablen (Mittelwerte)**

		West	***Ost***
	insgesamt	7,9	8,1
	n	4209	2375
Geschlecht	*Frauen*	8,0	8,0
	Männer	7,9	8,1
Bildungsniveau	*niedrig*	7,6	7,7
	mittel	8,1	8,0
	hoch	8,0	8,2
Familienstand	*ledig*	7,9	8,1
	zusammenlebend	7,9	8,0
	verheiratet	8,2	8,2
	getrennt / geschieden / verwitwet	6,9	7,1
Ausbildungs- und Erwerbssituation	*Schüler(in)*	8,1	8,3
	Student(in)	7,9	8,2
	in Ausbildung	8,0	8,1
	erwerbstätig	8,0	8,2
	nicht / kaum erwerbstätig	7,9	7,9
	arbeitslos	7,1	7,4

Quelle: DJI-Jugendsurvey 1997

* Die Skalenwerte des Summenindex variieren zwischen 0 (unzufrieden) und 10 (zufrieden).

Jugendsurveys 1997 in beiden Landesteilen im Hinblick auf ihr subjektives Wohlbefinden. Insbesondere die öffentlichen Lebensbereiche sind für die jungen Ostdeutschen eine Quelle für Unzufriedenheit und somit Ausdruck einer immer wieder konstatierten Kluft zwischen Ost und West. Geringe Bildungsressourcen und eine prekäre Lebenssituation fördern die Unzufriedenheit sowohl mit öffentlichen als auch privaten Lebensbereichen, die Zufriedenheitsbewertungen beruhen also zum Teil auf denselben Bedingungen. Insofern ist zu vermuten, daß sich die Zufriedenheiten mit den beiden Dimensionen wechselseitig verstärken (vgl. hierzu auch Glatzer 1984a). Tatsächlich stehen beide Dimensionen in einem positiven Zusammenhang (Pearsons r West .39, Ost .30). Im Westen ist die Zufriedenheit mit allen nachgefragten Lebensbereichen etwas stärker generalisiert als im Osten, wo, wie gezeigt wurde, subjektives Wohlbefinden stärker aus den privaten Lebensbereichen gewonnen wird.

Verunsicherung und Angst vor Arbeitslosigkeit

Beschäftigte sich der erste Abschnitt mit einem positiven Aspekt von Lebensqualität, der Zufriedenheit, so wenden wir uns im folgenden negativen Aspekten wie Besorgnis- und Anomiesymptomen zu. Die Bedeutung der durch gesellschaftliche Lebensbedingungen ausgelösten Verunsicherungen und Ängste von Jugendlichen und jungen Erwachsenen werden in der Jugendforschung immer wieder betont (z.B. Mansel 1992) und sind auch für den vorliegenden Forschungskontext relevant, da sie deviante Reaktionsweisen wie Gewalthandlungen begünstigen und auch die politische und soziale Integration in eine demokratisch verfaßte Gesellschaft erschweren können (Krettenauer u.a. 1994, Pollmer 1992). Die Wahrnehmung gesellschaftlicher Problemlagen kann sich in problematischen Einstellungen, Orientierungsmustern und Verhaltensweisen niederschlagen, was z.B. am Aspekt fremdenfeindlicher Haltungen deutlich wird (vgl. Kapitel 9).

Die Thematisierung von Verunsicherung und Ängsten ist besonders für den Ost-West-Vergleich interessant. Der politische Umbruch in der ehemaligen DDR stellte an die Bewohner hohe Anforderungen an die Lebensbewältigung, da sich die Lebensbedingungen grundlegend und rapide wandelten. Die Menschen konnten ihre individuellen Lebensentwürfe nicht mehr auf den gewohnten Sicherheiten z.B. der Ausbildung und des Arbeitsplatzes aufbauen. Die in der DDR-Gesellschaft gültigen institutionellen Vorgaben einer Normalbiographie wurden aufgeweicht; Lebensvorstellungen unterliegen seither stärker den Ambivalenzen von Entscheidungsfreiheit, -zwang und Risiken des Scheiterns. Die Einführung des westlichen Institutionengefüges hatte weitreichende Konsequenzen. Beispielhaft sei dies an der Neustrukturierung des Bildungssystems erläutert. Diese beschränkte sich nicht nur auf die Einführung neuer Schulzweige, Abschlußmöglichkeiten, Curricula und Erziehungsziele. Der Schulzweck wurde darüber hinaus stärker auf Wissensvermittlung ausgerichtet. Die Schulen in der DDR waren Teil des sozialen Netzes, das neben staatlicher Kontrolle auch eine vielseitige soziale Einbindung garantierte, z.B. durch Ganztagsbetreuung und organisatorische Verknüpfungen mit parteiabhängigen Jugendorganisationen. „Im Vergleich zur Schule in der alten Bundesrepublik und zur neuen Schule war das Schulwesen der DDR stark politisch und sozial kontrolliert und reglementiert. Es gab aber auch eine größere Übersichtlichkeit der alltäglichen schulischen Verhältnisse im Spannungsfeld von stärkeren Unterstützungs-, aber auch umfassenderen Kontrollmöglichkeiten." (Kornadt 1996: 232) Die vereinigungsbedingten Veränderungen wurden von den Jugendlichen in den neuen Ländern als Belastung erlebt. Die schwierige Arbeitsmarktlage, aber auch Phänomene wie soziale Unsicherheit und Anforderungen an Selbständigkeit zählten für junge Menschen zu Beginn der 90er Jahre zu den negativen Auswirkungen des gesellschaftlichen Umbruchs (Friedrich/Förster 1994).

Ein derart beschleunigter und allumfassender gesellschaftlicher Wandel stellt vorhandene Orientierungssicherheiten für das individuelle Verhalten in Frage und schafft makrosoziale Rahmenbedingungen, die in der soziologischen Literatur als Zustand der Anomie beschrieben werden (Durkheim 1973). Die mit diesem Begriff gefaßte Aufweichung des normativen Systems ist eine Folgeerscheinung eines raschen sozialen Wandels, kann aber auch strukturell in einer Gesellschaft verankert sein, etwa wenn „im Zuge des Modernisierungsprozesses zugeschriebene Rollenerwartungen und Verhaltensnormen zunehmend an Bedeutung verlieren" (Krebs 1995: 338). Im DJI-Jugendsurvey 1992 konnte für die jungen Erwachsenen in den neuen Bundesländern ein deutlich höheres Ausmaß an Verunsicherung im Vergleich zu den alten Bundesländern festgestellt werden, das in direktem Zusammenhang mit den durch die deutsche Vereinigung ausgelösten Veränderungsprozessen gesehen wurde. Ost-West-Unterschiede in der Wahrnehmung sozialer Anomie wurden seither im Rahmen der Transformationsforschung immer wieder nachgewiesen, wenngleich die Studien hinsichtlich der verwendeten Indikatoren, des theoretischen Bezugrahmens und der befragten Bevölkerungsgruppen nicht direkt vergleichbar sind.[5] Insofern ist auch im Rahmen der vorliegenden Studie von Interesse, ob sich die Tendenzen zu anomischen Wahrnehmungen[6], die mit einem Instrument zur Abbildung von Orientierungsunsicherheit[7] erfaßt wurden, seit 1992 verändert haben.

Die in Tabelle 3.4 abgebildeten Anteilswerte belegen auch für 1997 ein deutlich höheres Ausmaß der empfundenen Verunsicherung im Osten. Dort ist annähernd jeder Dritte der Kategorie „hoch" zuzuordnen, während dies im Westen nur für etwa jeden Fünften zutrifft. Bestätigt wird der Einfluß sozialer Merkmale. Die wahrgenommene Verunsicherung sinkt mit steigendem Bildungsniveau; Befragte mit Hauptschulabschluß und weniger sind am stärksten betroffen: Im Westen stuft sich jeder dritte Hauptschüler als in hohem Maße verunsichert ein, im Osten sogar jeder zweite. In der Differenzierung nach der Erwerbssituation erweisen sich Studenten als am wenigsten verunsichert, sehr stark ist hingegen die Gruppe der Arbeitslosen betroffen. Eine bessere Ausstattung mit kognitiven und kulturellen Ressourcen wirkt also als „Schutz" gegen

Tabelle 3.4:
*Orientierungsunsicherheit nach soziodemographischen Variablen (Zeilenprozent)**

		West			***Ost***		
		niedrig	*mittel*	*hoch*	*niedrig*	*mittel*	*hoch*
	insgesamt	26	56	18	15	54	32
Geschlecht	*Frauen*	23	58	19	12	54	35
	Männer	29	54	17	18	54	29
Bildungsniveau	*niedrig*	14	52	34	5	44	51
	mittel	22	59	19	9	55	36
	hoch	33	56	11	26	55	19
Ausbildungs- und Erwerbsstatus	*Schüler(in)*	25	57	18	15	55	30
	Student(in)	39	51	9	33	54	13
	in Ausbildung	21	56	23	11	52	37
	erwerbstätig	24	58	18	12	56	32
	arbeitslos	13	56	32	6	46	48
	Sonstige	23	53	24	15	52	33

Quelle: DJI-Jugendsurvey 1997

* Der Summenindex hat einen Wertebereich von 1,0 bis 4,0. Die Kategorie „niedrig" umfaßt den Bereich 1,0 bis 2,0; „mittel" entspricht dem Bereich 2,1 bis 3,0 und „hoch" entspricht dem

Orientierungsunsicherheit. Auch erweiterte Handlungsspielräume und bessere soziale Chancen, z.B. hinsichtlich der beruflichen Plazierung, fördern das Zurechtfinden unter komplexen gesellschaftlichen Rahmenbedingungen. Das höhere Verunsicherungspotential in den neuen Bundesländern ist ein Beleg dafür, daß der gesellschaftliche Umbruch in den neuen Bundesländern von der jungen Generation auch fünf Jahre nach der ersten Befragung schwierig zu bewältigen ist. Der institutionelle Umbau ist zwar weitgehend abgeschlossen. Strukturelle Probleme der ungleichen Wirtschafts-, Arbeitsmarkt- und Wohlfahrtsentwicklung erschweren aber weiterhin die Orientierung im neuen gesellschaftlichen System.

Als weiteres Besorgnissymptom wurde die Angst vor Arbeitslosigkeit erfaßt. Die Beschäftigungskrise wird von der jungen Generation als eines der drängendsten gesellschaftlichen Probleme erkannt (Jugendwerk der Deutschen Shell 1997). Diese Sichtweise bestätigt sich in den im DJI-Jugendsurvey erhobenen Einschätzungen zu den zukünftig wichtigen Problemfeldern der Politik.[8] Ordnet man die Angaben nach der angegebenen „Wichtigkeit“, so steht die Aufgabe „Lehrstellen und Arbeitsplätze schaffen“ an oberster Stelle der Prioritätenliste. Ausbildung und Arbeit sind die zentralen Zukunftsthemen der jungen Generation. Auf der persönlichen Ebene kann sich die Wahrnehmung der Beschäftigungskrise als Angst oder Sorge äußern, die das subjektive Wohlbefinden negativ beeinträchtigt. Im Jugendsurvey wurden die Jugendlichen und jungen Erwachsenen zu ihren Befürchtungen hinsichtlich drohender oder noch länger andauernder Arbeitslosigkeit befragt. Die Darstellung erfolgt getrennt nach dem jeweiligen Erwerbsstatus (Befragte in Ausbildung, Erwerbstätige, Arbeitslose), da hier zum Teil etwas unterschiedliche Frageformulierungen verwendet wurden.

In allen drei Teilgruppen ist die Besorgnis über mögliche Arbeitslosigkeit in den neuen Bundesländern weiter verbreitet (Tabelle 3.5). Von den Befragten, die sich noch *in einer Ausbildung* befinden, befürchtet im Westen etwa ein Drittel, nach der Ausbildung arbeitslos zu werden; in den neuen Bundesländern ist das bei etwas weniger als der Hälfte der Befragten der Fall. Dort teilen junge Frauen und Männer diese Sorge gleichermaßen; im Westen hingegen wird dieses Problem von deutlich mehr Frauen (42%) als Männern (29%) empfunden. Entsprechend den schlechteren Startchancen, die Befragte mit geringen Bildungsressourcen beim Berufseintritt vorfinden, ist für diese Gruppe eine pessimistischere Erwartung hinsichtlich eines „reibungslosen“ Berufseintritts zu erwarten. In den neuen Bundesländern trifft dies zu: Von den Befragten mit

Tabelle 3.5:
Angst vor Arbeitslosigkeit (Zeilenprozent)

		West		Ost	
		ja	*nein*	*ja*	*nein*
In Ausbildung*	%	35	66	45	55
	n	309	586	212	258
Erwerbstätige*	%	16	84	27	73
	n	219	1167	183	486
Arbeitslose*	%	66	34	79	21
	n	118	204	60	53

Quelle: DJI-Jugendsurvey 1997

* Der Fragetext für diejenigen in Ausbildung lautete: „Befürchen Sie, nach Ihrer Ausbildung arbeitslos zu werden?" Der Fragetext für Erwerbstätige lautete: „Befürchten Sie, in naher Zukunft arbeitslos zu werden?" Der Fragetext für Arbeitslose lautete: „Befürchten Sie, von jetzt an noch länger als 1/2 Jahr arbeitslos zu bleiben?"

maximal Hauptschulabschluß rechnen zwei Drittel damit, nach der Ausbildung arbeitslos zu werden. Der Anteilswert sinkt in der Gruppe mit mittlerem Bildungsniveau auf etwas mehr als die Hälfte und in der Gruppe der Abiturienten auf etwas mehr als ein Drittel. Obwohl auch im Westen die Arbeitsmarktsituation für junge Erwachsene mit niedrigen Bildungsabschlüssen ungünstig ist, ist die Befürchtung, nach der Ausbildung arbeitslos zu werden, in dieser Gruppe an wenigsten verbreitet; nur etwa ein Viertel macht sich diesbezüglich Sorgen. In der Gruppe mit mittleren Bildungsabschlüssen wird diese Besorgnis von etwas weniger als einem Drittel und in der Gruppe mit hohen Bildungsabschlüssen von etwas mehr als einem Drittel geäußert. Die Gruppe der Befragten mit einem hohen Bildungsabschluß, die sich um die spätere Integration ins Erwerbsleben sorgt, erscheint in Ost und West damit erstaunlich hoch, da diese Personengruppe faktisch am wenigsten von Arbeitslosigkeit betroffen ist. Trotz der besseren Startchancen ist ihnen offensichtlich durchaus bewußt, daß der Übergang von der schulischen oder beruflichen Ausbildung in die Erwerbsarbeit auch für sie nicht garantiert ist. Im Vergleich zu den Altersgenossen mit niedrigeren Bildungsabschlüssen kommt bei den Abiturienten im Osten dennoch eher eine optimistische Einschätzung zum Ausdruck, im Westen dagegen eher eine pessimistische. Das Problem der Arbeitslosigkeit führt offensichtlich in Ost und West zu unterschiedlichen Deutungen im Hinblick auf die persönlichen Arbeitsmarktchancen.

Die Schwierigkeiten beim Übergang von der Ausbildung in die Erwerbsarbeit sind somit vielen Jugendlichen und jungen Erwachsenen präsent. Wie steht es nun um die wahrgenommene Arbeitsplatzsicherheit bei den *bereits Erwerbstätigen?* Diese wurden gefragt, ob sie befürchten, in naher Zukunft arbeitslos zu werden und wie schwierig es für sie sei, bei einem möglichen Arbeitsplatzverlust eine mindestens gleichwertige Stelle zu finden. Angst vor Arbeitsplatzverlust bekunden im Westen 16% und im Osten immerhin 27% der befragten Erwerbstätigen. Unterschiede zwischen Frauen und Männern spielen in den alten Bundesländern kaum und in den neuen Bundesländern gar keine Rolle, Unterschiede zwischen Bildungsgruppen zeigen sich nur im Osten. Dort beträgt der Anteilswert in der Gruppe mit niedrigem Bildungsniveau 38%, in der Gruppe mit mittlerer Reife 25% und unter den Abiturienten 29%. Wie schätzen nun die Erwerbstätigen ihre Arbeitsmarktchancen nach einem möglichen Arbeitsplatzverlust ein?[9] In beiden Landesteilen wird es von der Mehrheit der Befragten als schwierig oder nahezu unmöglich angesehen, bei Verlust des Arbeitsplatzes eine mindestens gleichwertige Stelle zu finden, im Westen von 61% der jungen Erwerbstätigen und im Osten sogar von 77%. Im Westen unterscheiden sich die jungen Frauen und Männer nicht in der Beurteilung ihrer Arbeitsmarktchancen. Im Osten dagegen halten es mehr Frauen (83%) als Männer (72%) für schwierig oder fast unmöglich, nach einem möglichen Arbeitsplatzverlust wieder eine gleichwertige Beschäftigung zu finden. Unterschiede in den Bildungsgruppen sind in den alten Bundesländern auch hier weniger ausgeprägt als in den neuen Bundesländern. Dort sind es in der niedrigsten Bildungsgruppe bereits 92% (West 65%), die ihre Chancen auf dem Arbeitsmarkt negativ beurteilen gegenüber jeweils 75% der Befragten mit einem mittleren bzw. höheren Bildungsabschluß (West 61% bzw. 58%).

Schließlich wurden noch die *arbeitslosen Befragten* gebeten anzugeben, ob sie befürchten, noch länger als ein halbes Jahr arbeitslos zu bleiben. Im Osten antworteten 79% dieser Gruppe mit Ja, im Westen 66%. Arbeitslose junge Frauen sehen sich häufiger mit dieser Befürchtung konfrontiert, insbesondere in den neuen Bundesländern. Der Anteilswert der Frauen beträgt im Westen 71%, jener der Männer 62%; im Osten wird diese Sorge von 89% der Frauen und von 67% der Männer geteilt. Die Furcht vor längerfristiger Arbeitslosigkeit unterscheidet sich in den Bildungsgruppen stark. Im Westen sinken die Anteilswerte von 76% der Befragten mit Hauptschulabschluß auf 63% der Befragten mit mittlerer Reife und 33% der Befragten mit Abitur. Im Osten werden diese Befürchtungen von Befragten mit niedrigem oder mittlerem Bildungsabschluß noch häufiger geäußert (jeweils etwa 82%); bei Befragten mit dem höchsten Bildungsabschluß sinkt der Anteilswert auf 48%.

In der jungen Generation sind es neben den Arbeitslosen auch die Jugendlichen und jungen Erwachsenen in der Ausbildungsphase, denen die Arbeitsmarktkrise am häufigsten zu schaffen macht; sie müssen sich mit der Sorge auseinandersetzen, nach der Ausbildung keinen nahtlosen Übergang ins Erwerbssystem zu schaffen. Entsprechend der schwierigeren Arbeitsmarktsituation in den neuen Bundesländern sind diese Befürchtungen dort weiter verbreitet. Dies trifft auch auf die bereits Erwerbstätigen zu. Allerdings sind diese Befürchtungen nicht nur eine Frage der tatsächlichen Arbeitsmarktchancen in Abhängigkeit von Bildungs- und Ausbildungsressourcen. Im Westen sind es die hochgebildeten Befragten in der Ausbildungsphase, also die Gruppe mit den besten Beschäftigungschancen, die am häufigsten Angst vor Arbeitslosigkeit äußern. Realistisch ist die Einschätzung insofern, als die seit den 80er Jahren bestehende Massenarbeitslosigkeit natürlich auch die Hochqualifizierten erfaßt hat, wenn auch in weitaus geringerem Ausmaß als niedriger Qualifizierte (Reinberg 1997). Jungen Frauen bereiten ihre Arbeitsmarktchancen häufiger Sorgen als jungen Männern. Dies gilt im Westen für weibliche Befragte in der Ausbildung und im Osten vor allem für die Einschätzung der Arbeitsmarktchancen bei möglichem Arbeitsplatzverlust sowie generell häufiger für arbeitslose junge Frauen. Auch aus anderen Jugendstudien geht hervor, daß Befürchtungen oder sogar Bedrohungsgefühle, die aus gesellschaftlichen Risiken resultieren, bei weiblichen Jugendlichen und jungen Erwachsenen weiter verbreitet sind (z.B. Förster u.a. 1993). Im Hinblick auf antizipierte oder erlebte Arbeitslosigkeit dürfte dies auf persönliche negative Erfahrungen zurückzuführen sein, aber auch auf eine trotz gleicher Bildungschancen vorhandene Benachteiligung bei der beruflichen Verwertung von Bildungsabschlüssen und beim Zugang zu beruflichen Positionen.

Zukunftsperspektiven im Vergleich zur Generation der Eltern

Aufschluß über die Einschätzung der persönlichen Lebenssituation kann schließlich noch die Beurteilung der Zukunftsperspektive geben. In der Jugendphase ist die persönliche Zukunft noch weitgehend planungs- und gestaltungsoffen.

„Weichenstellungen" hinsichtlich Partnerschaft, Familie und Beruf erfolgen oft erst in der zweiten Hälfte des dritten Lebensjahrzehnts oder sogar noch später. Die Gestaltbarkeit des Lebensweges stößt dabei immer an die Grenzen gesellschaftlicher Chancenstrukturen. So sind ein geglückter Eintritt ins Erwerbsleben und die Berufschancen wesentlich von der allgemeinen ökonomischen Situation abhängig, in der dieser Übergang erfolgt. Zeiten wirtschaftlicher Prosperität boten großen Teilen der Elterngeneration im Westen relativ sichere Ausgangsbedingungen und berechtigte Aufstiegserwartungen für die Plazierung im Erwerbssystem. Für die Elterngeneration im Osten brachte die mit der Wiedervereinigung verbundene marktwirtschaftliche Wende einen Verlust an Arbeitsplatzsicherheit und zum Teil eine Entwertung von Berufsbiographien, die vor allem von der älteren Generation nicht mehr aufzuholen war. Jedoch war die Wiedervereinigung mit großen Hoffnungen auf eine wirtschaftliche Besserstellung verknüpft. Welche allgemeinen Erwartungen an die Zukunft haben nun die Befragten für ihre eigene Generation, wenn sie sich mit der Elterngeneration vergleichen?

In beiden Landesteilen sieht ein großer Teil der jungen Generation die eigenen Zukunftsperspektiven im Vergleich zur Elterngeneration eher skeptisch (vgl. Tabelle 3.6). Jeweils mehr als ein Drittel ist der Überzeugung, daß es der eigenen Generation einmal schlechter gehen wird als der Generation der Eltern, wobei diese Einschätzung in Abhängigkeit von der Ausstattung mit Bildungsressourcen und der Integration in Ausbildung und Erwerbsarbeit variiert. Jugendliche mit einem niedrigen Bildungsniveau erleben in beiden Landesteilen die Zukunft der eigenen Generation am ehesten als blockiert, die jungen Ostdeutschen mit einem hohen Bildungsniveau sind am zuversichtlichsten. Arbeitslose und Jugendliche, die sich noch in Ausbildung befinden, sehen die Zukunftschancen jeweils am negativsten. Eine skeptische Haltung ist also in Ost wie West vorherrschend und in Zusammenhang mit der anhaltenden Beschäftigungskrise zu sehen. Die Krise des Ausbildungs- und Arbeitsmarktes begleitete das Aufwachsen der jungen Erwachsenen in den alten Bundesländern. Im Vergleich zur Generation ihrer Eltern sind sie mit mehr Unsicherheiten und individuellen Risiken konfrontiert, und diese sind ihnen auch bewußt. In den neuen Bundesländern war zwar die Wiedervereinigung mit großen Hoffnungen auf eine wirtschaftliche Besserstellung verknüpft. Diese Sicht ist aber mittlerweile einem größeren „Realismus" durch die Erfahrung von marktwirtschaftlich vermittelten Risiken des Zugangs und Verbleibs im Erwerbssystem gewichen.

Tabelle 3.6:
Einschätzung der Zukunft nach soziodemographischen Variablen (Zeilenprozent)*

		West			Ost		
		schlechter	*ungefähr gleich*	*besser*	*schlechter*	*ungefähr gleich*	*besser*
	insgesamt	37	39	24	38	35	28
Geschlecht	*Frauen*	39	37	24	38	34	28
	Männer	35	41	24	37	35	28
Bildungsniveau	*niedrig*	44	35	21	45	40	15
	mittel	35	39	26	42	32	26
	hoch	36	40	24	30	35	35
Ausbildungs- und Erwerbsstatus	*Schüler(in)*	37	42	21	38	32	30
	Student(in)	35	39	26	24	39	37
	in Ausbildung	41	37	22	47	34	19
	erwerbstätig	37	38	25	33	37	30
	arbeitslos	55	28	17	51	29	20
	Sonstige	34	40	26	43	31	26

Quelle: DJI-Jugendsurvey 1997

* Fragetext: „Was glauben Sie, wie wird es Ihrer Generation im Vergleich zur Generation Ihrer Eltern in Zukunft gehen: besser, ungefähr gleich oder schlechter?"

3.2 Gerechtigkeitsvorstellungen

Ebenso wie Aspekte subjektiven Wohlbefindens können auch Gerechtigkeitsvorstellungen für die Bewertung von individuellen und gesellschaftlichen Lebensbedingungen herangezogen werden. Sie dienen als normative „Richtschnur" für die Wahrnehmung und Beurteilung von bestehender (Un-)Gleichheit. Aspekte sozialer Ungleichheit und sozialer Gerechtigkeit stehen somit in enger Wechselwirkung (Rytina 1986). Die Frage nach „gerechten Verhältnissen" berührt jede Gesellschaft im Kern, da diese Einschätzungen ein zentraler Aspekt der Legitimation von Gesellschaften und politischen Systemen sind. Ein tiefgreifender oder dauerhafter Verstoß gegen ein allgemein geteiltes Gerechtigkeitsempfinden ist mitunter folgenreich: Verstärktes Ungerechtigkeitserleben in der Bevölkerung oder bei Teilen der Bevölkerung ist zum Beispiel eine denkbare Ursache für politischen Protest oder auch Verweigerung (Liebig/Wegener 1999, Moore 1984) und kann zu Ressentiments zwischen vermeintlich bevorzugten und benachteiligten Bevölkerungsgruppen und somit zu Spannungen im gesellschaftlichen Klima führen (Montada 1995, Montada/Dieter 1999). Es ist daher gesellschaftspolitisch von Bedeutung, die in der Gesellschaft vorherrschenden Gerechtigkeitsvorstellungen bzw. die Beurteilungen der sozioökonomischen Ungleichheit als gerecht oder ungerecht zu kennen.

Die Vereinigung der beiden deutschen Teilstaaten gab dem öffentlichen Diskurs um soziale Gerechtigkeit in Deutschland neue Impulse. Das Wohlstandsgefälle zwischen den neuen und alten Bundesländern und der einseitige Institutionentransfer von West nach Ost warf Fragen nach der Akzeptanz von Verteilungsgrundlagen und Verteilungsergebnissen auf. Wurden Bewohner der neuen Bundesländer Mitte der 90er Jahre befragt, wie sie die Gerechtigkeit der sozialen Verhältnisse früher und heute bewerten, so erschien ihnen hinsichtlich vieler Bereiche die DDR als der gerechtere Staat (Montada/Dieter 1999). Dies legt die Vermutung nahe, daß in den alten und neuen Bundesländern unterschiedliche Gerechtigkeitseinschätzungen verbreitet sind. In der Literatur finden sich einige Hinweise darauf. So konnte z.B. mit Daten des International Social Justice Project gezeigt werden, daß in Ostdeutschland Wahrnehmungen einer ungerechten Entlohnung stärker ausgeprägt sind (Wegener 1999, Wegener/Steinmann 1995). Allerdings sind die differierenden Gerechtigkeitsvorstellungen in den alten und neuen Bundesländern oft auf unterschiedlich wirkende sozialstrukturelle Bedingungen in den beiden Landesteilen zurückzuführen und nicht auf generell unterschiedliche Wertbindungen, die sich in den verschiedenen gesellschaftlichen und politischen Systemen herausgebildet haben (Wegener/Liebig 1993). Neben Geschlechts- und Klassenunterschieden sind in diesem Zusammenhang Differenzen zwischen den Generationen von Bedeutung. So wurden z.B. egalitäre Vorstellungen von Verteilungsgerechtigkeit stärker von Älteren in den neuen Bundesländern präferiert, was die Autoren auf deren stärkere Orientierung an sozialistischen Idealen zurückführen.

Es ist durchaus denkbar, daß ein Vergleich mit den Lebensbedingungen in der DDR für die jungen Ostdeutschen im Gegensatz zur älteren Generation keinen so zentralen Stellenwert mehr besitzt. Ihre Erfahrungen diesbezüglich sind überwiegend vermittelt und beruhen in geringerem Ausmaß auf eigenen Eindrükken. Zwar waren und sind auch sie mit den Folgen des gesellschaftlichen Umbruchs durch die Beschäftigungskrise, mit den Umstrukturierungen des Bildungs- und Ausbildungssystems und mit den allgemeinen existentiellen Unsicherheiten konfrontiert, dennoch hatten im Zuge der gesellschaftlichen

Transformation die Jüngeren im Vergleich zu Älteren bessere Möglichkeiten, neue Chancen zu ergreifen. Jüngere Arbeitnehmer sehen sich z.B. eher als Gewinner der vereinigungsbedingten Umbruchprozesse auf dem Arbeitsmarkt (Diewald u.a. 1995). Allerdings ist anzunehmen, daß der öffentliche Diskurs um die – verglichen mit dem Westen – nachteiligeren Lebensbedingungen in den neuen Bundesländern auch die jungen Menschen nicht unberührt läßt und sich in ihren Gerechtigkeitsvorstellungen und -urteilen widerspiegelt.

Wir beschränken uns im folgenden auf Einschätzungen zur Verteilungsgerechtigkeit, die in der jungen Generation in Deutschland vorherrschen. In Anlehnung an eine von Brickman et al. (1981) vorgeschlagene Systematik werden sowohl Aspekte der auf die eigene Person bezogenen Mikrogerechtigkeit, als auch auf generelle Prinzipien und auf gesellschaftliche Verteilungsergebnisse bezogene Aspekte von Makrogerechtigkeit diskutiert. Zunächst wenden wir uns dem Empfinden von relativer Deprivation in Abhängigkeit von persönlichen Lebensumständen zu. Im Anschluß daran beschäftigen wir uns mit Gerechtigkeitsprinzipien als jenen normativen Überzeugungen, die als Bewertungsbasis für die Beurteilung sowohl der eigenen Lebenssituation als auch der in der Gesellschaft vorhandenen sozialen Unterschiede dienen. Schließlich betrachten wir die Bewertung der Verteilungsgerechtigkeit und ihre mögliche Verankerung in politischen Orientierungen und Ordnungsvorstellungen. Die Frage nach unterschiedlichen „Vorstellungswelten" in den beiden Landesteilen steht bei allen drei Aspekten im Vordergrund.

Relative Deprivation

Relative Deprivation wird offenkundig, wenn Personen oder Gruppen ihre eigene Lebenssituation mit früheren Zuständen oder mit der Lebenssituation von anderen relevanten Personen bzw. Gruppen vergleichen und zu der Einschätzung gelangen, ungerechterweise schlechtergestellt zu sein (Runciman 1966). Aussagen über Empfindungen relativer Deprivation oder auch des Gegenteils – relativer Privilegierung – geben Auskunft darüber, wie Befragte ihre eigene Position im gesellschaftlichen Ungleichheitsgefüge hinsichtlich ihrer „outcomes" bewerten. Betrachtet man die Entwicklung von Einstellungen über Verteilungsgerechtigkeit in den 90er Jahren in Ost- und Westdeutschland, so zeigt sich ein sehr viel stärkeres Deprivationsempfinden bei den Bewohnern der neuen Bundesländer, „wenngleich sich in Ostdeutschland ein bemerkenswerter Einstellungswandel in Richtung einer Annäherung abzeichnet" (Noll 1998: 70). Als eine mögliche Ursache hierfür benennt Noll die Verringerung faktischer Ungleichheit. Inwieweit gilt nun dieser Entwicklungstrend auch für die Gruppe der Jugendlichen und jungen Erwachsenen? Bei den Befragten des Jugendsurveys 1992 zeigte sich in den neuen Bundesländern ebenfalls ein enormes Ausmaß an Ungerechtigkeitsempfinden (vgl. hierzu Krebs 1995). Im Jugendsurvey wurden die Befragten auch 1997 wieder gebeten, eine Einschätzung darüber abzugeben, ob sie im Vergleich dazu, wie andere in der Bundesrepublik leben, glauben, den „gerechten Anteil" zu erhalten.[10]

Ein Vergleich der Antwortverteilungen in den Jahren 1992 und 1997 (Abbildung 3.2) zeigt, daß in den alten Bundesländern der Anteil derjenigen, die sich als privilegiert einstufen („mehr als gerechten Anteil") steigt, und zwar von 9% der Befragten im Jahre 1992 auf einen Anteil von 20% im Jahr 1997. In den neuen Bundesländern verändern sich Anteilswerte in dieser Kategorie nur ge-

Abbildung 3.2:
Relative Deprivation 1992 und 1997 (in %)

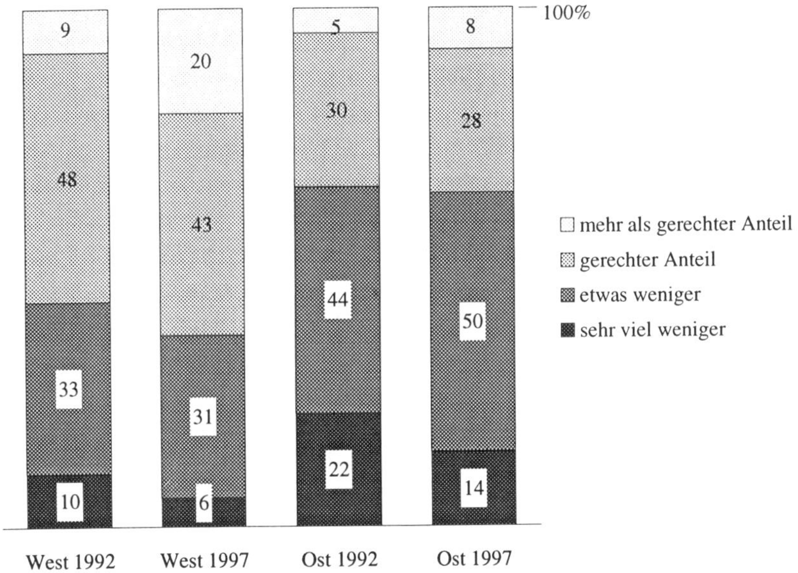

Quelle: DJI-Jugendsurvey 1992, 1997

ringfügig. Intensive Deprivationsempfindungen („sehr viel weniger als den gerechten Anteil“) bleiben im Westen annähernd gleich, sie betragen 10% im Jahr 1992 und 6% im Jahr 1997. In den neuen Bundesländern ist hier ein leichter Rückgang um ca. 8 Prozentpunkte zu verzeichnen. Insgesamt ist ein Trend zu „gemäßigteren“ Antwortkategorien festzustellen. Dennoch ist das Deprivationsempfinden der Befragten in den neuen Bundesländern immer noch deutlich höher als bei ihren Altersgenossen im Westen. Insgesamt 64% geben im Osten an, sehr viel weniger oder etwas weniger als den gerechten Anteil zu erhalten, im Vergleich zu 37% im Westen. Werden die Antworten weiter nach dem Bildungsniveau differenziert, so ist zu erkennen, daß diese Veränderung nicht auf den höheren Anteil von Befragten mit dem höchsten Bildungsabschluß in der zweiten Welle zurückzuführen ist. In der Gruppe der Hauptschüler steigt z.B. der Anteil derjenigen, die sich als „privilegiert“ einstufen, in den alten Bundesländern von 6% im Jahr 1992 auf etwa 17% im Jahr 1997 an. Im Osten ist hier keine Veränderung zu erkennen (4% 1992 gegenüber 5% 1997). In der Gruppe mit dem höchsten Bildungsabschluß steigen die Anteilswerte im Westen von 11% auf 24% an und bleiben im Osten relativ gleich (8% 1992 gegenüber 11% 1997). Andererseits gehen in der Gruppe der Hauptschüler im Westen Deprivationsempfindungen von 17% auf 12% zurück, im Osten sinken die Anteilswerte in dieser Subgruppe von 38% auf 31%. In der Gruppe der Abiturienten bleiben die bereits 1992 schon niedrigen Anteilswerte der Deprivierten (7%) im Jahr 1997 annähernd gleich (4%) und gehen in den neuen Bundesländern von 14% auf 6% zurück. Eine Übereinstimmung der persönlichen sozialen Lage und deren subjektive Deutung wird auch in den Erwerbsstatusgruppen deutlich. Arbeitslose sind diejenigen, die sich mit Abstand am häufigsten benachteiligt sehen. Im Jahr 1992 sind im Westen 78% der Arbeitslosen und im Osten 90% der Überzeugung, weniger als den gerechten Anteil zu erhalten[11]. Diese Anteilswerte sinken 1997 auf 69% im Westen; im Osten bleiben sie annähernd gleich. Auch eine große Gruppe der nicht/kaum Erwerbstätigen im Osten stuft sich hier ein. Ihr Anteilswert betrug in den neuen Bundesländern 1992 71% gegenüber 47% in den alten Bundesländern. Im Jahr 1997 fallen die Werte auf 65% im Osten und 38% im Westen. Diese Unterschiede stützen die Vermutung, daß in dieser Gruppe im Westen vor allem Hausfrauen vertreten sind, die freiwillig Familienpflichten übernehmen; im Osten dagegen kann es sich mehr um „verdeckt“ Arbeitslose handeln, die sich nicht freiwillig aus dem Erwerbsleben zurückgezogen haben. Bei den weiteren Gruppen (Schülern, Studenten, Auszubildenden und Erwerbstätigen) sind die Unterschiede geringer.

Es sind vor allem die Studenten, gefolgt von den Erwerbstätigen, die ihren gesellschaftlichen Ertrag als gerecht einstufen.

Auch Einschätzungen zum „gerechten Anteil“ beruhen auf komplexen Prozessen der Abwägung von Anspruchsniveaus und sozialen Vergleichen mit als wichtig erachteten Referenzgruppen. Es ist denkbar, daß die sich hier abzeichnenden Veränderungen auf die Wahrnehmung einer veränderten gesellschaftlichen Ausgangslage zurückzuführen sind. Möglicherweise finden Anpassungsprozesse statt, wobei die eigenen Ansprüche „zurückgeschraubt“ und an die Gegebenheiten angepaßt werden. Für diese Interpretation spricht auch das bereits geschilderte Ergebnis, wonach im Westen teilweise gerade Befragte mit schlechteren Arbeitsmarktchancen am wenigsten Angst vor Arbeitslosigkeit bekunden. Solche Einstufungen im Vergleich zu relevanten Bezugspersonen oder -gruppen spielen wiederum eine Rolle für die Zufriedenheit mit Lebensbedingungen. Je weniger depriviert sich die Befragten in Relation zu anderen sehen, desto zufriedener sind sie mit öffentlichen Lebensbereichen. Das Zusammenhangsmaß für die genannten Größen beträgt im Westen .31 und im Osten .33. Insgesamt deuten die Ost-West Unterschiede des subjektiven Wohlbefindens und auch des Empfindens relativer Deprivation darauf hin, daß die Lebensbedingungen der Bevölkerung in den alten Bundesländern den entscheidenden Bewertungsmaßstab für die Einschätzungen der Lebensbedingungen in den neuen Bundesländern bildet (vgl. hierzu auch Kapitel 4). Die Lebensverhältnisse im Osten werden als kollektive Schlechterstellung gegenüber dem Westen wahrgenommen und im Sinne einer „fraternalen Deprivation“ (Runciman 1966) erlebt.

Gerechtigkeitsprinzipien

Ein Gerechtigkeitsprinzip ist ein „Standard, der zur Erleichterung der Beurteilung der Gerechtigkeit bei der Allokation von Kosten und der Verteilung von Gütern an Individuen und andere soziale Einheiten beiträgt“ (Arts 1995: 121). Diese normativen Grundlagen der Bewertung von Verteilungsprozessen und -ergebnissen werden von den Individuen meist nicht konsistent angewendet, sondern sind von den jeweiligen Situationsdefinitionen abhängig und somit interpretationsoffen. „‚Justice is in the eye of the beholder‘ is widely recognized by social psychologists.“ (Törnblom 1992: 177) Dennoch konnte in Untersuchungen eine allgemeine Präferenz von Befragten für bestimmte Verteilungsprinzipien immer wieder nachgewiesen werden. Das Gerechtigkeitsempfinden von Menschen orientiert sich, so Wegener (1999), in Alltagssituationen durchaus an normativen Vorstellungen, die sich als Zustimmung zu vorgegebenen Prinzipien messen läßt. In Gesellschaften besteht kein allgemeiner Konsens über Gerechtigkeitseinstellungen, „d.h. sie werden nur von bestimmten Bevölkerungsgruppen geteilt und spiegeln die besonderen Interessenlagen dieser Gruppen wider“ (Wegener 1999: 193).

Im folgenden gehen wir der Frage nach, ob sich die Gerechtigkeitsprinzipien der Befragten aus den neuen und alten Bundesländern unterscheiden. Die Frage nach den Auswirkungen der langjährigen, unterschiedlichen politischen Traditionen in der DDR und in der BRD beschäftigt die Transformationsforschung immer wieder aufs Neue. In beiden Systemen wurden konträre politische Vorstellungen und Maßnahmen zur Herstellung von Verteilungsgerechtigkeit verfolgt: eine wohlfahrtsstaatlich abgesicherte Marktökonomie im Westen gegenüber einer politischen Steuerung von Zuteilungsprozessen im Osten. Die unterschiedliche politische Programmatik könnte zur Herausbildung von grundsätzlich verschiedenen Gerechtigkeitsvorstellungen in beiden Landesteilen geführt haben[12], die im Zuge der politischen Sozialisation auch noch die Denkmuster der jüngeren Generation prägt. Demnach wäre zu vermuten, daß in den neuen Bundesländern in stärkerem Ausmaß egalitäre Perspektiven vertreten werden und die junge Generation im Westen stärker einem meritokratischen Prinzip zustimmt.

Im Jugendsurvey 1997 wurden vier mögliche Prinzipien von Verteilungsgerechtigkeit erhoben. Die Befragten wurden gebeten, anhand eines fiktiven Beispiels – der Vergabe von Ausbildungsstellen in einer Firma – anzugeben, in welchem Ausmaß sie ein vorgegebenes Verteilungsprinzip als gerecht empfinden.[13] Mit dieser Fragestellung wird also die Aufmerksamkeit auf Zugangschancen zu einer zentralen Ressource – dem Ausbildungs- und damit dem Arbeitsmarkt – gelenkt. Die Interpretation der Ergebnisse bleibt somit auf diesen Fokus begrenzt. Die Anwendung des „Losprinzips“ impliziert im Ergebnis gleiche Chancen für jeden Bewerber und steht somit für das Prinzip der *Gleichheit* im Sinne einer von weiteren sozialen Merkmalen abstrahierenden Gleichbehandlung aller. Eine stärkere Orientierung an Aspekten von Gleichheit beachtet auch Interessen von anderen, indem für alle die gleichen Zugangschancen gewährleistet sein sollen. Eine zweite Antwortvorgabe thematisierte die Berücksichtung des *Leistungsvermögens* der Bewerber. Eine Ausrichtung an Leistungsgesichtspunkten rückt individuelle, selbstbezogene Interessen in den Mittelpunkt. Eine Differenzierung nach Leistung kann Ungleichheit legitimieren; Gleichheit hingegen impliziert eher Ungleichheitskritik. Eine vorrangige Vergabe von Ausbildungsstellen an deutsche Bewerber – also nach (quasiethnischer) *Zugehörigkeit* – unterstellt im Resultat eine beabsichtigte Ungleichbehandlung. Die letzte Möglichkeit, die bevorzugte Berücksichtigung von Bewerbern, die schon länger auf Ausbildungsplätze warten, impliziert stärker den sozialen Aspekt der *Kompensation von Nachteilen.*

Abbildung 3.3 gibt einen Überblick über die Antwortverteilungen in den alten und neuen Bundesländern. In beiden Landesteilen herrscht Einigkeit hinsichtlich der Prinzipien Gleichheit und Leistung als Basis von Verteilungsgerechtigkeit: Faßt man die beiden nebeneinanderliegenden Antwortkategorien (ungerecht und eher ungerecht sowie eher gerecht und gerecht) jeweils zusammen, so zeigt sich, daß in beiden Landesteilen nur etwa jeder vierte Befragte ein Losverfahren als gerecht einstuft. Die überwiegende Mehrheit, jeweils annähernd 85%, befürwortet ein Verteilungsverfahren, das Leistungsunterschiede berücksichtigt. Geringfügige Unterschiede sind hinsichtlich der Berücksichtigung von sozialen Aspekten festzustellen. Die Kompensation von Nachteilen halten im Westen 73% und im Osten 80% der Befragten für gerecht. Die Bewertung der Anwendung des Zugehörigkeitsprinzips, also eine Ungleichbehandlung von deutschen und ausländischen Bewerbern, spaltet dagegen die Befragten in beiden Landesteilen. In den alten Bundesländern stünde eine solche Vorgehensweise für etwa jeden Dritten in Einklang mit dem eigenen Gerechtigkeitsempfinden; in den neuen Bundesländern ist dies für annähernd zwei von drei Befragten der Fall.

Im Ergebnis bleibt festzuhalten, daß sich die 16- bis 29jährigen in den alten und neuen Bundesländern hinsichtlich ihrer Beurteilung von Gleichheits- bzw. Leistungsprinzip sehr ähnlich sind. Als möglicher Regelungsmechanismus des Zugangs zu Ausbildung und Arbeitsmarkt findet eine meritokratische Verteilungsregel weitgehende Anerkennung. Die Befürwortung oder Ablehnung der unterschiedlichen Prinzipien von Verteilungsgerechtigkeit in beiden Landesteilen bestätigt die Bedeutung der eigenen Interessenlage für die normativen Gerechtigkeitsvorstellungen. Bedenkt man die schwierigere Arbeitsmarktsituation in den neuen Bundesländern, dann kann die größere Akzeptanz der Prinzipien Bedürftigkeit und Zugehörigkeit bei den Befragten der neuen Bundesländer ein Ausdruck dafür sein, daß derartige Verteilungsprinzipien die eigenen „Zugangschancen" zum Arbeitsmarkt erleichtern würden. Der eklatante Unterschied hinsichtlich der Akzeptanz einer Ungleichbehandlung von

Deutschen und Nichtdeutschen verweist aber auch auf eine politische Komponente solcher Gerechtigkeitsvorstellungen, die ebenso als Indikator für fremdenfeindliche Haltungen interpretiert werden können (Kleinert u.a. 1998).

Abbildung 3.3:
Zustimmung zu Gerechtigkeitsprinzipien (in %)

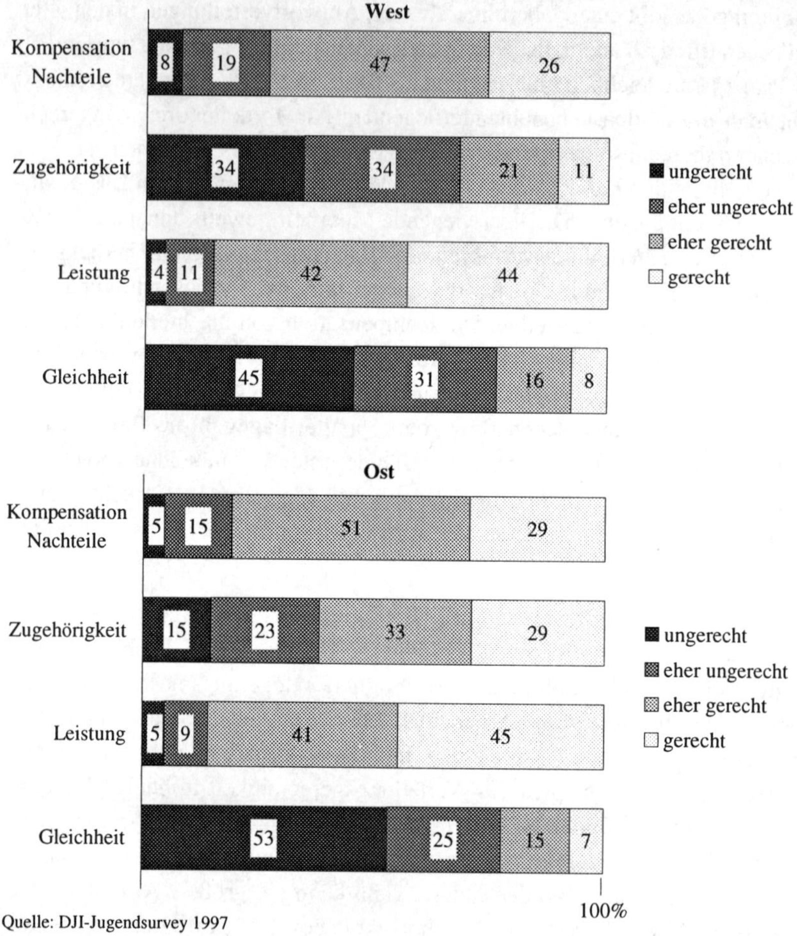

Quelle: DJI-Jugendsurvey 1997

Wahrnehmung und Bewertung sozialer Unterschiede

Neben den Empfindungen relativer Deprivation und der Zustimmung zu Gerechtigkeitsprinzipien interessiert uns weiterhin, wie die jungen Erwachsenen die in der Gesellschaft vorhandenen sozialen Unterschiede wahrnehmen und bewerten, da diese Einschätzungen für politische Grundorientierungen von Bedeutung sein können. So unterlag z.B. in den Jahren nach 1968 die institutionalisierte Ungleichheitsordnung vor allem seitens der Studentenbewegung einer kritischen Beurteilung. Sie trug, neben anderen issues, wesentlich zur politischen Mobilisierung von Studenten bei. Die Delegitimation der herrschenden Ungleichheitsordnung geht traditionellerweise mit egalitären Haltungen und eher linken Positionen einher. Wie eingangs erwähnt, gibt es jedoch keine feststehende Definition dessen, was Gerechtigkeit umfassen soll. Der Begriff ist vielschichtig und interpretationsoffen, somit in jede politische Richtung deutbar. Im folgenden werden wiederum Unterschiede in den Bewertungen der Gesellschaftsstruktur zwischen Ost und West sowie solche nach weiteren sozialen Merkmalen aufgezeigt. Abschließend fragen wir nach der Verankerung von Gerechtigkeitsurteilen in politischen Grundhaltungen.

Mit der Frage nach einer generellen Wahrnehmung des Ausmaßes und einer an Gerechtigkeitsempfindungen orientierten Legitimation sozialer Unterschiede sollte die Bewertung der sozialen Unterschiede auf gesellschaftlicher Ebene erfaßt werden.[14] Die subjektive Bedeutung sozialer Ungleichheit hängt davon ab, welche Ungleichheiten überhaupt wahrgenommen werden und welchen Bewertungen sie unterliegen. „Wenn Ungleichheiten als gering wahrgenommen werden oder in Übereinstimmung mit allgemein akzeptierten Verteilungskriterien und vorherrschenden Wertorientierungen erscheinen, sind sie legitimiert und der Druck, sie zu verändern, ist weniger wahrscheinlich als unter Bedingungen, in denen eine Legitimierung nicht gegeben ist." (Kraus/Müller 1990: 10) Die Einschätzung des Ausmaßes und die Bewertung der sozialen Unterschiede divergiert in den alten und neuen Bundesländern deutlich: Soziale Unterschiede erscheinen den Befragten in den neuen Bundesländern generell größer als den Befragten in den alten Bundesländern und sie unterliegen im Osten auch einer kritischeren Beurteilung als im Westen. In Abbildung 3.4 ist zu erkennen, daß im Osten zu einem größeren Anteil die Skalenpunkte an den Rändern der siebenstufigen Skala gewählt wurden. Wahrnehmung und Bewertung stehen dabei in einem engen Zusammenhang: Je größer den Befragten die

Abbildung 3.4:
Wahrnehmung und Bewertung sozialer Unterschiede (in %)

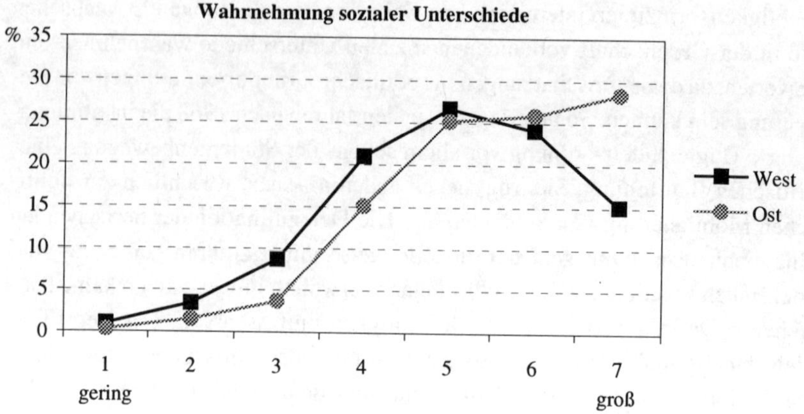

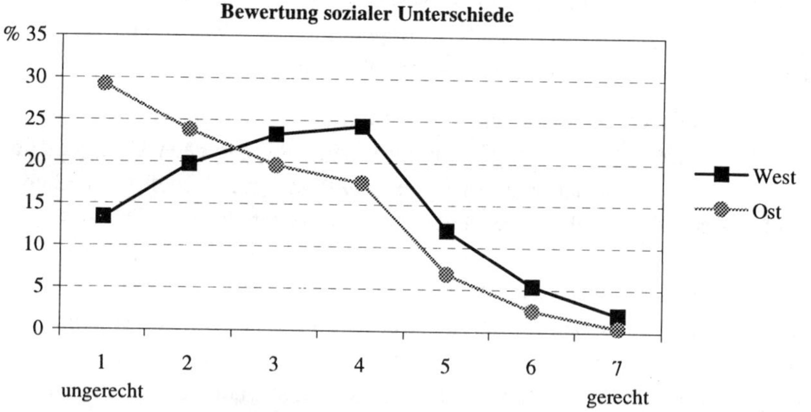

Quelle: DJI-Jugendsurvey 1997

sozialen Unterschiede erscheinen, desto stärker werden diese als ungerecht bewertet. Das Zusammenhangmaß Pearsons r beträgt im Westen -.43 und im Osten -.49.

Der Mittelwert von 2,6 liegt in den neuen Bundesländern deutlich unter dem Skalenmittelpunkt; in den alten Bundesländern wird dieser mit dem Wert 3,3 nahezu erreicht. Eine nach Geschlecht und Bildungsabschluß differenzierte Beschreibung der Bewertung der sozialen Unterschiede zeigt, daß Frauen in den neuen Bundesländern etwas kritischer gegenüber der herrschenden Verteilungsgerechtigkeit eingestellt sind. Im Osten erreichen Frauen einen Mittelwert von 2,4 und Männer von 2,7; im Westen betragen die Werte 3,2 bei den Frauen und 3,3 bei den Männern. Unterschiede nach dem angestrebten oder erreichten Bildungsniveau spielen dagegen keine Rolle.

Gerechtigkeit ist nicht nur ein wichtiger Maßstab der Beurteilung von Lebensbedingungen (Cohen 1986), sondern auch eine politische Streitfrage. Politische Orientierungen, Ordnungsvorstellungen und Programme beinhalten immer auch Aussagen und Vorstellungen über Verteilungsregeln und Verteilungsgerechtigkeit. So werden egalitäre Vorstellungen und eine Delegitimation sozialer Ungleichheit stärker von der politischen Linken propagiert; sie sind ein zentraler Bestandteil sozialistischer und sozialdemokratischer Ideale. Gerechtigkeit bedeutet hier dem Ideal nach Gleichheit. Eingangs wurde bereits darauf hingewiesen, daß Vorstellungen darüber, was als gerecht gelten soll, weitgehend eine Frage der eigenen Perspektive sind. Wie am Beispiel der Zustimmung zu Gerechtigkeitsprinzipien gezeigt wurde, können auch explizite Ungleichheitsvorstellungen, die oft mit eher rechten Orientierungen einhergehen, das Gerechtigkeitsempfinden von Menschen bestimmen. Studien über ausländerfeindliche Haltungen und rechtsextreme Gewalt haben ebenfalls die Relevanz von Gerechtigkeitsvorstellungen für derartige Orientierungen herausgearbeitet (Scherr 1995, Willems 1993). Abschließend wird deshalb die Frage behandelt, wie die Wahrnehmung der sozioökonomischen Ungleichheit im Spiegel von Gerechtigkeitsurteilen im politischen Spektrum verankert ist. Aufgrund der kurz skizzierten Überlegungen ist von der These auszugehen, daß Ungerechtigkeitsempfindungen in der „politischen Mitte“ weniger ausgeprägt sind.

Die Selbsteinstufung der Befragten im politischen Raum erfolgte aufgrund ihrer Verortung auf einer Skala, die eine eindimensionale Struktur politischer Grundhaltungen zwischen den Polen „links“ und „rechts“ abbildet.[15] Aus Abbildung 3.5 geht hervor, daß in den alten Bundesländern das Ausmaß sozialer Unterschiede am linken und rechten Pol des politischen Spektrums jeweils etwas größer eingeschätzt wird, und den Befragten, die sich dort zuordnen, auch weniger gerechtfertigt erscheint. Letzteres ist etwas stärker bei den „Linken“ der Fall. In den neuen Bundesländern sind die Mittelwertunterschiede in den Gruppen insgesamt geringer und stehen offensichtlich in einem weniger engen Zusammenhang mit politischen Haltungen; eine etwas deutlichere Abweichung ist hier auch nur bei Personen zu erkennen, die sich links einstufen.

Abbildung 3.5:
Wahrnehmung und Bewertung sozialer Unterschiede nach politischer Selbsteinstufung (Mittelwerte)

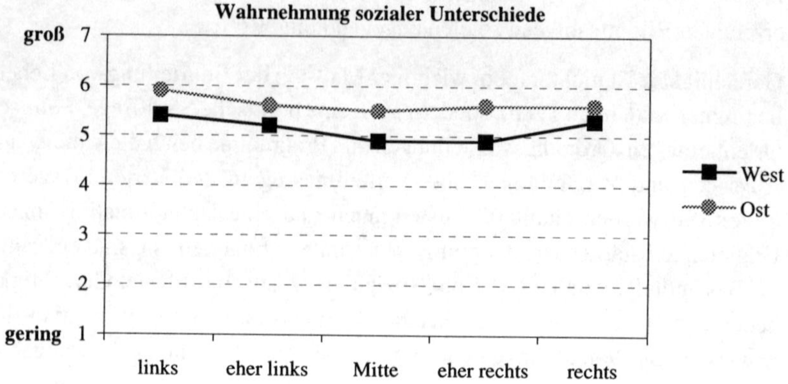

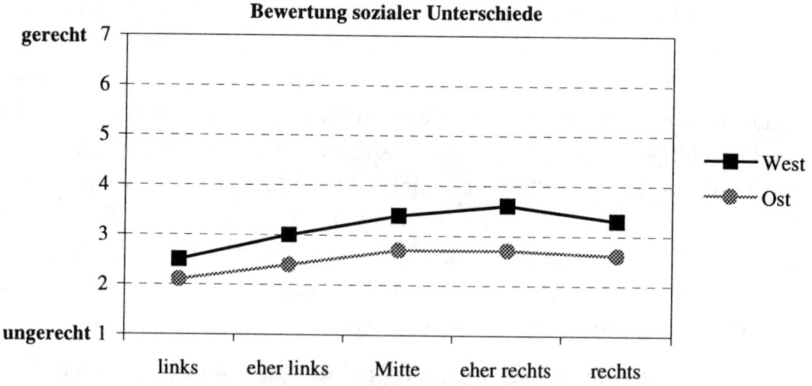

Quelle: DJI-Jugendsurvey 1997

Eine weitere Prüfung des Zusammenhangs zwischen politischen Orientierungen und Ungleichheitswahrnehmungen läßt sich mit der Frage nach der Haltung gegenüber den bekannten politischen Parteien vornehmen. Parteien können als politische Orientierungsgemeinschaften verstanden werden, die mit politischen Einstellungsprofilen für sich werben. Somit ist zu fragen, ob Urteile über Verteilungsgerechtigkeit mit der Wahrnehmung von Themenstellungen und Zielsetzungen von Parteien einhergehen. Im Jugendsurvey wurden die Befragten gebeten anzugeben, was sie allgemein von den politischen Parteien in der Bundesrepublik halten; die Antwortvorgabe bestand in einer elfstufigen Antwortskala mit den Polen +5 (halte sehr viel von der Partei) und –5 (halte überhaupt nichts von der Partei).[16]

Eine positive Wertschätzung von CDU, CSU oder FDP geht mit einer Bewertung der sozialen Unterschiede als gerecht einher (vgl. Tabelle 3.7). Diese Zusammenhänge sind im Westen allerdings nur moderat und im Osten durchweg geringer als im Westen. Die Haltung gegenüber der SPD steht in keinem Zusammenhang mit der Beurteilung sozialer Unterschiede. Eine kritische Haltung gegenüber sozioökonomischer Ungleichheit ist in der jungen Generation eher unabhängig von der Haltung gegenüber dieser Partei. In den neuen Bundesländern scheint es jedoch der Tendenz nach der PDS zu gelingen, sich mit der Kritik gegenüber sozialer Ungleichheit zu profilieren. Eine positive Wertschätzung gegenüber dieser Partei steht in einem – allerdings sehr schwachen – Zusammenhang mit der Beurteilung sozialer Unterschiede als ungerecht. Für den Vergleich zwischen alten und neuen Bundesländern bleibt festzuhalten, daß im Westen offensichtlich keine der genannten Parteien mit einer kritischen Haltung gegenüber bestehenden sozialen Unterschieden identifiziert wird. Die insgesamt schwächeren Zusammenhänge in den neuen Bundesländern weisen darauf hin, daß die Beurteilung sozialer Ungleichheit eher unabhängig von politischen Parteiprofilen gesehen wird. Genauer läßt sich dies aufzeigen, wenn an Stelle einer allgemeinen Haltung gegenüber den verschiedenen Parteien ein Maß zugrundegelegt wird, welches die Bindung an bestimmte Parteien mißt

Tabelle 3.7:
Zusammenhang zwischen Parteineigung und Bewertung sozialer Unterschiede als gerecht (Pearsons r)

	West	**Ost**
CDU	.28	.19
CSU	.27	.15
FDP	.24	.17
SPD	.02	.07
Grüne/Bündnis 90	-.01	-.04
PDS	-.07	-.14
Republikaner	-.07	.02

Quelle: DJI-Jugendsurvey 1997

und keine gleich hohen Sympathiewerte zuläßt. Die Parteipräferenz[17] der Befragten berücksichtigt, ob eine der eingestuften Parteien einen eindeutigen ersten Rang erhielt; ebenso wurden alle Befragten zusammengefaßt, die keiner Partei einen eindeutigen Rang zuwiesen. Die Betrachtung der Mittelwerte der Beurteilung sozialer Unterschiede nach den Parteipräferenzen verdeutlicht die Bewertungen sozialer Unterschiede in Abhängigkeit von Bindungen an das vorgegebene Parteienspektrum (Abbildung 3.6).

Abbildung 3.6:
Gerechtigkeit sozialer Unterschiede nach Parteipräferenz (Mittelwerte)

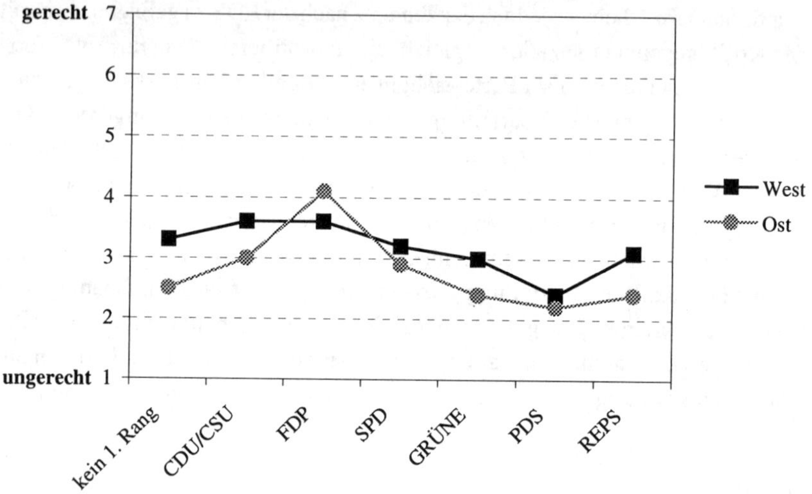

Quelle: DJI-Jugendsurvey 1997

Der Mittelwert der Gruppe ohne eindeutige Parteineigung ist in beiden Landesteilen nahezu identisch mit dem jeweiligen Gesamtmittelwert der Skala „Gerechtigkeit sozialer Unterschiede", der im Westen 3,3 und im Osten 2,6 beträgt. Die Anhänger der Unionsparteien und der FDP sind *im Westen* am wenigsten ungleichheitskritisch eingestellt. Eine kritische Haltung ist etwas ausgeprägter bei Anhängern von SPD und den Grünen und zeigt sich deutlich bei Anhängern der PDS. Anhänger der Republikaner weichen nur geringfügig vom Mittelwert ab. *Im Osten* legitimieren Befragte mit einer eindeutigen Präferenz für die FDP die sozialen Unterschiede am stärksten. Allerdings ist hier einschränkend anzumerken, daß es sich um eine vergleichsweise geringe Anzahl von Befragten handelt (N = 38); dies gilt ebenso für PDS-Anhänger im Westen (N = 51). Die Anhänger der Unionsparteien und der SPD sind sich hinsichtlich ihrer Bewertung sozialer Unterschiede sehr ähnlich. Eine etwas deutlichere Ungleichheitskritik ist für Befragte mit einer Präferenz für Grüne/Bündnis 90 und die PDS erkennbar. Gerechtigkeitsurteile spielen für Anhänger der Republikaner in den neuen Bundesländern offenbar eine andere Rolle; sie beurteilen die sozialen Unterschiede deutlich kritischer als die Anhänger im Westen. Zusammenfassend ist festzuhalten, daß sich in der jungen Generation eine kritische Haltung gegenüber sozialen Unterschieden weniger politischen „Richtungen" zuordnen läßt, als nach dem Links-Rechts-Schema und den tradierten Parteiprofilen zu erwarten wäre. Ein möglicher Grund ist darin zu sehen, daß sich eine dezidierte politische Haltung erst allmählich im Zuge des Erwachsenwerdens herausbildet. Die schwächeren Zusammenhänge in den neuen Ländern können auch darauf zurückzuführen sein, daß die traditionellen Parteiprofile der Westparteien dort einen geringeren Bekanntheitsgrad haben.

Politische Ordnungen implizieren unterschiedliche Vorstellungen und Entwürfe zur Sicherstellung von Verteilungsgerechtigkeit. In der demokratischen Ordnung der Bundesrepublik sollen wohlfahrtsstaatlich abgefederte Marktmechanismen zu gerechten Verteilungsergebnissen führen. „Die Ergebnisse der Tauschprozesse mögen zwar zu Ungleichheiten führen, der Mechanismus der Verteilung gilt aber als gerecht." (Wegener 1994: 245) In sozialistischen Gesellschaften soll dies durch politische Zuteilungsverfahren sichergestellt werden. Durch Marktmechanismen hervorgebrachte soziale Unterschiede erscheinen aus der Perspektive sozialistischer Ideale als ungerecht. Dies führt zur Frage, mit welchen politischen Ordnungsvorstellungen die individuelle Bewertung der gegebenen sozialen Unterschiede verbunden ist. Insbesondere ist von Interesse, ob bei den Befragten in den neuen Bundesländern die Beurteilung der sozialen Unterschiede im gegenwärtigen gesellschaftlichen System mit einer positiven Sicht des DDR-Sozialismus einhergeht. In Tabelle 3.8 ist der Zusammenhang mit der Befürwortung der Idee der Demokratie und des Sozialismus sowie der Demokratiezufriedenheit bzw. der Bewertung des Sozialismus in der DDR dargestellt. Die Befragten konnten jeweils auf einer sechsstufigen Skala angeben, ob sie sich eher für oder gegen die Idee der Demokratie bzw. die Idee des Sozialismus aussprechen. Die Zufriedenheit mit der Demokratie in der Bundesrepublik Deutschland und die Bewertung des Sozialismus, wie er in der DDR bestand, wurde ebenfalls auf einer sechsstufigen Skala erhoben.[18]

Tabelle 3.8:
Politische Ordnungsvorstellungen und Bewertung sozialer Unterschiede als gerecht (Pearsons r)

	West	Ost
Zustimmung Idee Demokratie	-.01	.03
Zufriedenheit Demokratie	.24	.24
Zustimmung Idee Sozialismus	-.19	-.16
positive Bewertung Sozialismus DDR	.01	-.17

Quelle: DJI-Jugendsurvey 1997

Die Bewertung der bestehenden sozialen Unterschiede als gerecht und die Zufriedenheit mit der Demokratie stehen in einem wechselseitigen, moderaten Zusammenhang. Dies gilt für beide Landesteile. Die Zustimmung zur Idee der Demokratie ist dagegen unabhängig von der Bewertung der sozialen Unterschiede. Eine Kritik an sozioökonomischer Ungleichheit steht eher in Einklang mit der Befürwortung der Idee des Sozialismus; allerdings ist der Zusammenhang nur gering. Für die Befragten der alten Bundesländer bedeutet die Kritik an sozialen Unterschieden allerdings keine Befürwortung des DDR-Sozialismus. In den neuen Bundesländern ist die Reaktion auf die wahrgenommene soziale Ungleichheit anders: Empfundene Ungerechtigkeit läßt hier das politische System der DDR in einem günstigeren Licht erscheinen. Der geringe Zusammenhang weist zumindest darauf hin, daß eine Tendenz in Richtung einer zurückblickenden Aufwertung des früheren politischen Systems der DDR, wie sie in anderen Umfragen beschrieben wurde (Montada/Dieter 1999), auch noch in der jungen Generation vorhanden zu sein scheint (vgl. hierzu auch Kapitel 6).

3.3 Fazit

Die Betrachtung der Deutung der Lebensverhältnisse in Deutschland auf Grundlage von Einschätzungen zum subjektiven Wohlbefinden und von Gerechtigkeitsurteilen hat sich für den Ost – West Vergleich als aufschlußreich erwiesen. Mit Ausnahme der Dimension der Zufriedenheit mit privaten Lebensbereichen empfinden die Jugendlichen und jungen Erwachsenen im Osten ihre Lebensverhältnisse durchweg negativer als ihre Altersgenossen im Westen. Somit ist es wenig erstaunlich, wenn in den neuen Bundesländern die Verhältnisse in der bundesrepublikanischen Gesellschaft stärker als ungerecht empfunden werden.

Im Osten sind diese Gerechtigkeitsurteile etwas weniger an politische Grundhaltungen oder Parteiprofile gebunden als im Westen. Dies spricht eher dafür, daß es sich in den neuen Ländern um eine allgemein verbreitete, gesellschaftliche Grundstimmung handelt. Eine Ursache hierfür könnte sein, daß trotz einer breiten Akzeptanz der marktwirtschaftlichen Spielregeln sich der Zugang zum Arbeitsmarkt als wichtige Grundlage der gesellschaftlichen Teilhabe in den neuen Bundesländern weitaus schwieriger gestaltet. Tendenzen in Richtung einer Ausgrenzung von Bevölkerungsgruppen, wie sie in der stärkeren Zustimmung zu einem Verteilungsmechanismus, der Deutsche bevorzugt, zum Ausdruck kommen, aber auch eine in der jungen Generation noch festzustellende positive Sicht des DDR-Sozialismus können als reaktive Tendenzen auf die nach wie vor schwierige gesellschaftliche Transformation gesehen werden.

Anmerkungen

1 Neuere wissenschaftliche Diskurse finden sich z.B. bei Meulemann 1998 und Schmitt/Montada 1999.

2 Gegen die Verwendung von Zufriedenheitseinschätzungen wurde häufig der Einwand erhoben, daß die Bekundung von Zufriedenheit in hohem Maße sozial erwünscht sei. Allerdings ergaben Tests mit Skalen zur Messung sozialer Erwünschtheit keine Korrelationen mit Zufriedenheitseinstufungen. „Gegen eine generelle Beschönigungstendenz spricht auch, daß die Befragten in einem relativ hohem Umfang Sorgen und Ängste angeben und diese nicht verschweigen." (Glatzer 1984c: 240)

3 Eine Hauptkomponentenanalyse aller Zufriedenheitsitems führt zu einer zweifaktoriellen Lösung; die beiden Komponenten erklären 50% der Gesamtvarianz. Da die These eines Zusammenhangs zwischen allgemeiner Lebenszufriedenheit und Zufriedenheit mit einzelnen Bereichen immer wieder belegt wurde (Heady et al. 1991), wurde hier eine schiefwinklige Rotation durchgeführt, die von einer Korrelation der Faktoren ausgeht. Diese beträgt im vorliegenden Fall .28. Die Korrelationen der Variablen mit den Faktoren liegen jeweils zwischen .5 und .8.

4 Als Zusammenhangmaß wurde der Korrelationskoeffizient Pearsons r verwendet.

5 Z.B. Glatzer/Bös 1997 und für die Gruppe der Schüler Krettenauer u.a. 1994.

6 Anomie ist ein mehrdimensionales Konstrukt. Zur Illustration der wahrgenommenen Lebenssituation in Ost und West beschränken wir uns hier auf die Dimension der Verunsicherung, die auch im Sinne einer „externen Kontrollerwartung" aufgefaßt werden kann (vgl. Krebs 1995: 339) und die eine vor dem Hintergrund sozialer Veränderungsprozesse persönlich empfundene Anomie direkt anspricht.

7 Die Dimension der sozialen Verunsicherung wurde mit folgenden drei Items aus einem Instrumentarium von Fischer/Kohr (1980) erfaßt: „Heutzutage ist alles so unsicher geworden, daß man auf alles gefaßt sein muß", „Heute ändert sich alles so schnell, daß man nicht weiß, woran man sich halten soll" und „Früher waren die Leute besser dran, weil jeder wußte, was er zu tun hatte". Die Befragten konnten auf einer vierstufigen Antwortskala den Grad ihrer Zustimmung angeben. Aus den drei Items wurde ein Summenindex gebildet. Die Eindimensionalität des Index konnte mittels einer Hauptkomponentenanalyse bestätigt werden; die Faktorladungen liegen zwischen .7 und .8. Auch eine Reliabilitätsprüfung spricht für einen zusammenfassenden Index. Cronbachs Alpha beträgt .7.

8 Die Frageformulierung lautete: „Auf dieser Liste finden Sie verschiedene politische Aufgaben. Wie wichtig sollen Ihrer Meinung nach die Politiker in Deutschland diese Aufgaben in Zukunft nehmen?" Es konnten Einschätzungen von 1 (überhaupt nicht wichtig) bis 7 (sehr wichtig) abgegeben werden.

9 Die Frage lautete folgendermaßen: „Wenn Sie Ihre jetzige Stelle verlieren würden, wäre es für Sie dann leicht, schwierig oder nahezu unmöglich, eine mindestens gleichwertige Stelle zu finden?"

10 Die Antworten wurden mit vier abgestuften Kategorien erfaßt: „mehr als den gerechten Anteil", „den gerechten Anteil", „etwas weniger als den gerechten Anteil" und „sehr viel weniger als den gerechten Anteil".

11 Die Kategorien „sehr viel weniger" und „etwas weniger" wurden hier zusammengefaßt.

12 Vgl. hierzu auch Wegener (1994).

13 Der Fragetext lautete folgendermaßen: „Ich möchte Ihnen jetzt eine Situation beschreiben und Sie dann um Ihre Meinung bitten. Stellen Sie sich vor, eine Firma hat Ausbildungsstellen zu vergeben. Es gibt viele Bewerbungen, so daß die Firmenleitung auswählen muß, wer die Stellen bekommt. Auf dieser Liste sehen Sie einige Möglichkeiten, wie eine solche Auswahl zustande kommen könnte. Bitte sagen Sie mir, für wie gerecht Sie das jeweilige Vorgehen halten." Folgende Items sollten nach den vier Antwortkategorien ungerecht, eher ungerecht, eher gerecht und gerecht eingestuft werden: „Die Ausbildungsplätze werden unter den Bewerbern verlost", „Die Ausbildungsplätze werden an Bewerber mit besseren Leistungen vergeben", „Deutsche Bewerber erhalten die Ausbildungsplätze" und „Die Ausbildungsplätze werden an Bewerber vergeben, die schon längere Zeit auf Ausbildungsplätze warten".

14 Die Befragten wurden gebeten, auf einer siebenstufigen Skala jeweils anzugeben, wie groß und wie gerecht die sozialen Unterschiede in der Bundesrepublik empfunden werden.

15 Eine detaillierte Darstellung des Instruments erfolgt in Kapitel 6. Die ursprünglich zehnstufige Skala, die von 1 (links) bis 10 (rechts) läuft, wurde hier durch die Zusammenfassung von je zwei nebeneinanderliegenden Werten rekodiert.

16 Auch dieses Instrument wird ausführlich in Kapitel 6 erläutert.

17 Eine Erläuterung hierzu enthält wiederum Kapitel 6. Die Sympathiewerte für die Unionsparteien wurden hier zusammengefaßt.

18 Auch diese Fragen werden eingehender in Kapitel 6 dargestellt und diskutiert.

4

Deutsch-deutsche Gemeinsamkeiten, Ressentiments und die subjektive Bilanz des Vereinigungsprozesses

Corinna Kleinert, Winfried Krüger

Die deutsche Wiedervereinigung kann unter dem Aspekt des Institutionentransfers im wesentlichen als abgeschlossen und im Ergebnis auch als weitgehend gelungen betrachtet werden (vgl. hierzu Zapf 1996). Trotzdem hat sie als „asymmetrischer Prozeß" (Meulemann 1998b), bei dem die westdeutsche Sozialverfassung und das westdeutsche ordnungspolitische System auf Ostdeutschland übertragen wurde, auch nicht intendierte Folgen gehabt, die noch nachwirken. Dazu zählt einmal die bei der ostdeutschen Bevölkerung fortwirkende „strukturelle Kränkung" (Küchler 1998), die mit diesem asymmetrischen Prozeß verbunden war, vor allem aber die längerfristig verfestigte Abhängigkeit des Ostens vom Westen. Die ostdeutsche Teilgesellschaft, die hierdurch konstituiert wird, trägt nach Brie (1999: 202) „die wesentlichen Merkmale einer durch anhaltenden Ressourcentransfer privilegierten Peripherie mit eigenständigen wirtschaftlichen, sozialen, politischen und mentalen Strukturmustern". In welchem Zeitraum und mit welchem Ausgang dieser Status des Peripheren der neuen Bundesländer aufgehoben wird, ist für ihn offen. Die Gegenposition in der Beurteilung des bisherigen Vereinigungsverlaufs findet sich allerdings ebenso. Danach ist, wie Veen (1997) als ein Repräsentant dieser Position konstatiert, die Vereinigung auf allen notwendigen, d.h. von der Verfassung gebotenen objektiven Ebenen bereits vollzogen. Auch die innere Einheit sei in der Form gesteigerter Vielfalt in Deutschland erreicht. Alle darüber hinausgehenden Forderungen seien dagegen ein fragwürdiges „Einfallstor für einen neuen Gemeinschaftsmythos" (Veen 1997: 21). Alle jetzt noch beobachtbaren Ost-West-Differenzen seien gewissermaßen „normale Unterschiede", die so auch schon in der alten Bundesrepublik als landsmannschaftliche Stereotype beispielsweise zwischen Nord- und Süddeutschen bestanden hätten, ohne daß damit jemals die gemeinsame soziale und politische Ordnung in der Bundesrepublik in eine krisenhafte Situation geraten sei. Selbstverständlich ist diese Position nicht unwidersprochen geblieben (vgl. Kaase/Bauer-Kaase 1998, Fuchs/Roller/Weßels 1997). Kaase/Bauer-Kaase (1998) referieren z.B. eine eigens zu diesem Zweck durchgeführte Analyse, mit der die Annahme von Veen überprüft wurde. Das Ergebnis widerlegt die Veensche Annahme, weil sich zeigen ließ, daß die einzig erklärungskräftige Regionalvariable im Hinblick auf politische Einstellungsunterschiede der Wohnort der Befragten in einem der alten bzw. der neuen Bundesländer war. Die Auffassung, daß der Vereinigungsprozeß komplett abgeschlossen sei, wird auch auf der Ebene der Politik nicht vertreten. Selbst in ihrem 1997 als Erfolgsbilanz geschriebenen „Jahresbericht zum Stand der deutschen Einheit" (Bundestagsdrucksache 1997) stellt die Bundesregierung fest, daß im Unterschied zu den Fortschritten in administrativer, wirtschaftlicher und sozialer Hinsicht die Fortschritte im Bereich der „inneren Einheit“ noch nicht ausreichend seien. Erst wenn beide, materielle und innere Einheit, hergestellt seien, sei das Ziel des Einigungsprozesses erreicht.

An dieser generellen Einschätzung interessiert hier, inwieweit sie auch auf die jüngeren Bevölkerungsgruppen zutrifft. Denn bei ihnen haben sich die Ereignisse, die den Zusammenbruch der DDR geprägt haben, und die Ausweitung des ordnungspolitischen Rahmens der alten BRD auf die neuen Bundesländer vermutlich in anderer Weise im Bewußtsein niedergeschlagen als bei der älteren Generation, die entweder im Westen oder im Osten Deutschlands unter den Bedingungen des „Kalten Krieges“ aufgewachsen ist und gelebt hat. Für die im Jugendsurvey 1997 befragten Ostdeutschen, die ja zum Zeitpunkt der Wende erst zwischen acht und 21 Jahre alt waren, stellt der historische Bruch – biographisch gesehen – möglicherweise einen weniger gravierenden Einschnitt dar als etwa für ihre Eltern. Neuorientierungen fallen in dieser Altersspanne noch leichter, und es sind nicht die Leistungen eines ganzen Lebens wie bei den Erwachsenen, die von Abwertung bedroht sind. Der zentrale Untersuchungsaspekt ist also, ob die Jugendlichen und jungen Erwachsenen den asymmetrischen Prozeß der staatlichen Vereinigung und die damit vor allem in den neuen Bundesländern verbundene „strukturelle Kränkung“ anders verarbeitet haben als die älteren Generationen, d.h. in einer solchen Weise, daß sich die Frage nach der „inneren Einheit“ für sie gar nicht mehr oder in sehr viel geringerer Schärfe stellt.

Dieses Kapitel beschäftigt sich also mit der „inneren Einheit“ und dem subjektiven Aspekt der Wohlfahrtsentwicklung vor allem in den neuen Bundesländern. Zunächst werden die emotionalen Bindungen der Jugendlichen und jungen Erwachsenen an „ihren“ und den jeweils anderen Teil Deutschlands analysiert. Solche Bindungen sind immer ambivalent. Einerseits stiften sie kollektive Identität, zugleich aber schaffen sie auch Abgrenzungen gegenüber einem „Außen“. Wenn subnationale Bindungen, wie sie hier analysiert werden, stark ausgeprägt sind, könnte ein solches „Außen“ in der Abgrenzung gegenüber der Bevölkerung des anderen Teils Deutschlands bestehen. Damit liefern affektive Bindungen einen guten Indikator dafür, wie es um die „innere Einheit“ bei den 16- bis 29jährigen Deutschen bestellt ist. Der zweite Abschnitt analysiert dann direkt die Vorstellungen von der eigenen und der anderen Gruppe, d.h. Selbst- und Fremdkategorisierungen, die bei den 16- bis 29jährigen West- und Ostdeutschen anzutreffen sind. Und schließlich wird untersucht, wie vor dem Hintergrund der subnationalen Identitäten der jungen West- und Ostdeutschen der bisherige Einigungsverlauf in seiner subjektiven Bilanz bewertet wird.

4.1 Identifikation mit Ost- und Westdeutschland

Wenn man die Verbundenheiten mit dem jeweils „eigenen" Teil Deutschlands, die mit dem anderen Teil Deutschlands sowie die mit Deutschland im Ganzen betrachtet, stellt sich zunächst die Frage, wieweit auf einer diffusen, gefühlsmäßigen Ebene von Identifizierungen bei der jungen Generation in Ost und West die innere Einheit hergestellt ist oder inwieweit (noch immer) Tendenzen zur Abgrenzung gegenüber „den anderen Deutschen" bestehen.[1]

Zunächst einmal zeigt sich, daß sich relativ viele Befragte mit der subnationalen Ebene, also mit den alten bzw. den neuen Bundesländern verbunden fühlen (vgl. Tabelle 4.1).[2] Die Unterschiede zwischen jungen Menschen in West und Ost sind jedoch deutlich: Im Westen gingen die Bindungen an die alten Bundesländer deutlich zurück; der Anteil derjenigen, der sich mit den alten Ländern stark oder ziemlich verbunden fühlt, ist mittlerweile geringer als jener mit einer Bindung an Deutschland gesamt (vgl. Kapitel 8.2). Im Westen scheint der „eigene" Teil Deutschlands als Bezugspunkt also an Bedeutung zu verlieren – was angesichts der Tatsache, daß Gesamtdeutschland für die jungen Menschen im Westen ein ähnlich vertrautes Kollektiv darstellt wie die alten Bundesländer bzw. die alte BRD, nicht erstaunlich ist. Anders stellt sich die Lage in den neuen Ländern dar: Für die jungen Erwachsenen aus der ehemaligen DDR ist die Verbundenheit mit „ihrem" Teil Deutschlands die dominante Bindungsform, nicht nur 1992, relativ kurz nach dem Ereignis der Vereinigung, sondern unverändert auch 1997. In der zweiten Welle des Jugendsurveys von 1997 haben wir nicht nur gefragt, wie verbunden sich die jungen Befragten mit dem eigenen Teil Deutschlands fühlen, sondern wir erkundeten auch die wechselseitigen Verbundenheiten. Mit dem jeweils anderen Teil Deutschlands und seinen Bürgern identifizieren sich nur wenige junge Erwachsene in Ost und West: Gerade 17% der Befragten in den alten und 23% in den neuen Ländern fühlen sich in dieser Hinsicht ziemlich oder stark verbunden. In den neuen Bundesländern sind Bindungen an den anderen Teil Deutschlands also sogar etwas stärker vorhanden als in den alten.

Tabelle 4.1:
Affektive Bindungen an die alten und neuen Bundesländer sowie an Deutschland gesamt 1992 und 1997 (Spaltenprozent)*

		West		Ost	
		1992	*1997*	*1992*	*1997*
Verbundenheit mit dem eigenen Teil Deutschlands	*stark*	11	11	18	21
	ziemlich	47	39	50	48
	wenig	34	36	26	25
	gar nicht	8	15	5	6
Verbundenheit mit dem anderen Teil Deutschlands**	*stark*	-	3	-	4
	ziemlich	-	14	-	19
	wenig	-	48	-	52
	gar nicht	-	35	-	25
Verbundenheit mit Deutschland gesamt	*stark*	10	10	13	10
	ziemlich	43	41	42	45
	wenig	39	37	39	37
	gar nicht	8	12	7	8

Quelle: DJI-Jugendsurvey 1992,1997

* Die Frageformulierungen dazu lauteten: „Wie stark fühlen Sie sich mit den alten Bundesländern/ neuen Bundesländern/Deutschland als Ganzem und ihren/seinen Bürgern verbunden?" Die Antwortvorgaben lauteten „stark verbunden", „ziemlich verbunden", „wenig verbunden" und „gar nicht verbunden".

** Diese Frage wurde nur 1997 erhoben.

Der Zeitvergleich von 1992 und 1997 zeigt, daß sich die Jugendlichen und jungen Erwachsenen in den neuen Bundesländern nach wie vor sehr mit „ihrem" Landesteil identifizieren. Gilt dies aber für alle Befragten gleichermaßen oder in erster Linie für die älteren unter ihnen, für die anzunehmen ist, daß die alte Bundesrepublik Deutschland bzw. die DDR noch eine größere Rolle in ihrem persönlichen Leben gespielt hat? In der Tat differiert die Verbundenheit mit dem eigenen Teil Deutschlands in Ost und West nach dem Alter der Befragten: Je älter die jungen Menschen sind, desto größer ihre Verbundenheit mit den alten bzw. neuen Bundesländern (vgl. Abbildung 4.1). So geben in der jüngsten Altersgruppe, bei den 16- bis 17jährigen, in den alten Ländern 43% eine ziemliche oder starke Verbundenheit mit „ihrem" Teil Deutschlands an, in der höchsten Altersgruppe, den 27- bis 29jährigen, tun dies zehn Prozentpunkte

Abbildung 4.1:
Affektive Bindungen zum eigenen Teil Deutschlands nach Altersgruppen 1992 und 1997 (in %)*

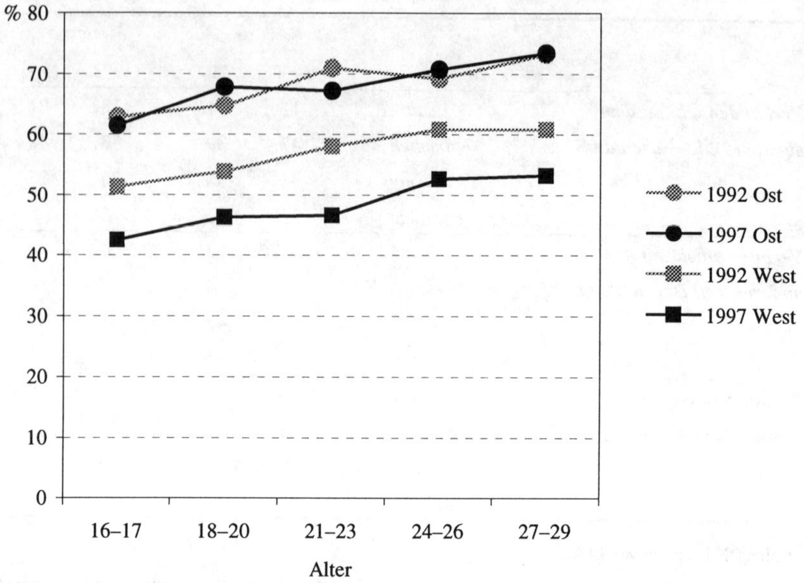

Quelle: DJI-Jugendsurvey 1992, 1997

* Für die Werte in der Abbildung wurden die Anteile von Befragten zusammengefaßt, die „ziemlich verbunden“ oder „stark verbunden“ mit den alten bzw. neuen Bundesländern angegeben haben.

mehr. In den neuen Ländern fühlen sich unter den Jüngsten 61% mit „ihrem“ Teil Deutschlands verbunden, unter den Ältesten zwölf Prozentpunkte mehr. Die Kollektive, die auf die beiden ehemaligen deutschen Staaten BRD und DDR hinweisen, scheinen also eine höhere Relevanz für diejenigen zu besitzen, deren Bewußtsein durch längere Erfahrungen in diesen Teilstaaten nachhaltig geprägt ist. Die jüngsten Befragten in unserem Sample waren schließlich beim Mauerfall gerade acht Jahre alt. Die Altersabhängigkeit der Verbundenheit mit dem „eigenen“ Teil Deutschlands bestand in West und Ost auch schon 1992. In den alten Ländern sind 1997 die Bindungen in allen Altersgruppen gleichmäßig zurückgegangen, in den neuen Ländern blieben sie bei allen Altersgruppen im Umfang ungefähr gleich groß.

Um genauer zu ergründen, inwieweit – vor allem in den neuen Ländern – Tendenzen zu einer „Abgrenzungsidentität" bestehen, wurde weiter untersucht, in welchem Verhältnis die unterschiedlichen Ebenen der kollektiven Identifikation zueinander stehen. Die Zusammenhangsmaße der Verbundenheiten mit dem eigenen Teil Deutschlands, mit dem anderen Teil Deutschlands und mit Deutschland im Ganzen zeigen, daß alle drei Formen der Identifikation sich gegenseitig stützen; alle weisen überwiegend deutlich positive Korrelationen auf (vgl. Tabelle 4.2). Dies trifft für die jungen Menschen in den neuen Ländern genauso zu wie für die in den alten. Es kann also keine Rede davon sein, daß bei den jungen Befragten Ost eine „Ostidentifikation" im Widerspruch zu einer gesamtdeutschen steht. Die Korrelationsmaße lassen vielmehr erkennen, daß die Befragten, die eine starke Verbundenheit mit den neuen Ländern äußern, sich tendenziell auch mit Deutschland im Ganzen und mit den alten Ländern identifizieren. Im Gegensatz zu Untersuchungsergebnissen, die sich auf die Erwachsenenbevölkerung beziehen (vgl. Schmidt 1998), ist für die Jugendlichen und jungen Erwachsenen des Jugendsurveys keine Abgrenzungsidentität festzustellen. Die Identifikation mit dem „eigenen" Teil Deutschlands zeigt lediglich bei den beiden anderen (teil-)nationalen Ebenen etwas weniger starke Zusammenhänge. Die Bindung an den eigenen Landesteil steht also bei den jungen Erwachsenen im Osten noch immer etwas stärker für sich.[3]

Tabelle 4.2:
Zusammenhänge zwischen den Bindungen an den eigenen und den anderen Teil Deutschlands und an Deutschland gesamt (Spearmans rho)

Ost / *West*	*eigener Teil*	*anderer Teil*	*Deutschl. gesamt*
eigener Teil Deutschlands		.25	.43
anderer Teil Deutschlands	.36		.42
Deutschland gesamt	.55	.40	

Quelle: DJI-Jugendsurvey 1997

Um analysieren zu können, ob es singuläre oder multiple Bindungen in Ost und West gibt und welche Formen dominieren, wurde eine Typologie gebildet, in der alle möglichen Kombinationen der Bindung an den eigenen, der an den anderen Teil Deutschlands sowie der an Deutschland im Ganzen enthalten sind (vgl. Tabelle 4.3).[4] In den alten Bundesländern ist die Gruppe am größten, die sich mit keinem der drei Kollektive verbunden fühlt; sie umfaßt 35% der

Tabelle 4.3:
Kombinationen der Bindungen an den eigenen und den anderen Teil Deutschlands sowie an Deutschland gesamt (Spaltenprozent)*

	West	Ost
mit keinem der drei Kollektive verbunden	35	21
nur mit eigenem Teil verbunden	10	20
nur mit Deutschland gesamt verbunden	12	6
mit eigenem Teil und Deutschland gesamt verbunden	26	30
mit allen drei Kollektiven verbunden	12	17
nur mit anderem Teil verbunden	1	2
mit anderem und eigenem Teil verbunden	2	2
mit anderem Teil und Deutschland gesamt verbunden	2	2
n	4393	2480

Quelle: DJI-Jugendsurvey 1997

* Für die Typologie wurden die Einzelvariablen zur Messung der Verbundenheit dichotomisiert in nicht und wenig Verbundene auf der einen und ziemlich und stark Verbundene auf der anderen Seite. So bezieht sich die Kategorie „mit nichts verbunden“ auf Befragte, die bei allen drei Fragen entweder „nicht verbunden“ oder „wenig verbunden“ angegeben haben.

Befragten. In den neuen Ländern zählt nur ungefähr jeder Fünfte zu den Nichtgebundenen. Weiterhin kann man in der Typologie genau die Gruppen ausmachen, die eine singuläre, ausschließliche „West-“ oder „Ost-Identifikation“ aufweisen: In den alten Ländern umfaßt diese Gruppe ein Zehntel der Befragten, in den neuen Ländern ein Fünftel. In Anbetracht der hohen Aufmerksamkeit, die dieser Aspekt in der öffentlichen und wissenschaftlichen Diskussion findet, erscheint diese Gruppe unter den jungen ostdeutschen Erwachsenen also nicht sonderlich groß. Die Gruppe, die sich ausschließlich mit Deutschland im Ganzen identifiziert, ist zwar in den alten Ländern größer als in den neuen, umfaßt dort aber auch nur relativ wenige Befragte. Für die Mehrheit derjenigen, die überhaupt kollektive Verbundenheiten äußern, spielen folglich die subnationalen Ebenen eine mindestens ebenso große Rolle wie die nationale: So ist in den neuen Ländern mit drei Zehnteln der Befragten die Gruppe am größten, die sich gleichzeitig mit dem eigenen Teil Deutschlands und mit Deutschland im Ganzen verbunden fühlt. In den alten Ländern ist dies mit einem Viertel der Befragten die zweitgrößte Gruppe. Vollständige multiple Bindungen, also Verbundenheiten mit dem eigenen Teil Deutschlands, mit dem anderen Teil Deutschlands und mit Deutschland gesamt, weisen 12% in den alten und etwas mehr, nämlich 17%, in den neuen Ländern auf. Die weiteren Gruppen in Tabelle 4.3 können aufgrund ihrer geringen Größe außer Acht gelassen werden.

Eine „Abgrenzungsidentität Ost" kann den meisten der 16- bis 29jährigen in den neuen Bundesländern – zumindest wenn man ihre affektiven Bindungen an die unterschiedlichen deutschen Kollektive betrachtet – nicht unterstellt werden. Zwar genießt das Kollektiv der neuen Bundesländer bei den Befragten Ost nach wie vor einen hohen Status der emotionalen Verbundenheit, aber nur eine kleine Gruppe unter den jungen Ostdeutschen fühlt sich ausschließlich an „ihren" Teil Deutschlands gebunden. Die Mehrheit von ihnen zeigt gleichzeitig eine Bindung an das vereinigte Deutschland und/oder an die alten Bundesländer. Außerdem steht für die Befragten Ost (genauso wie für die Befragten West) die Verbundenheit mit dem eigenen Landesteil nicht konträr zu der Verbundenheit mit dem anderen Teil Deutschlands und mit Deutschland im Ganzen, sondern alle drei Formen kollektiver Identifikation stützen sich gegenseitig.

4.2 Gegenseitige Wahrnehmung Ost- und Westdeutscher

Zieht man affektive Bindungen an Ost-, West- und Gesamtdeutschland als Indikator für deutsch-deutsche Gemeinsamkeiten heran, so überwiegt in beiden Landesteilen eine gemeinsame Identität. Auf der Ebene der Selbst- und Fremdkategorisierungen hingegen existieren teilweise deutlich polarisierte Bilder und Gegenbilder bei Ost- und Westdeutschen. Dies wird konkret aus der abgestuften Zustimmung bzw. Ablehnung von Statements erkennbar, die (Vor-)Urteile über die ost- und westdeutsche Bevölkerung sowie Annäherung oder Fremdheit zwischen den Menschen beider Teile Deutschlands erfassen.[5]

In West und Ost herrscht danach die Überzeugung vor, von den Menschen im jeweils anderen Teil Deutschlands nichts lernen zu können. Im Westen wird dies von mehr als der Hälfte (56%), im Osten von beinahe zwei Dritteln (63%) aller 16- bis 29jährigen vertreten (vgl. Tabelle 4.4). Das Maß an Offenheit im Westen ist damit im Vergleich zu 1992 leicht gewachsen, die anfänglich größere Bereitschaft im Osten, vom Westen zu lernen, ist einer größeren Reserviertheit gewichen. In beiden Landesteilen hat sich also eine gegenläufige Entwicklung

Tabelle 4.4:
Lernen vom anderen Teil Deutschlands 1992 und 1997 (Spaltenprozent)

	1992		*1997*	
	West	*Ost*	*West*	*Ost*
*sehr viel/viel**	32	58	44	37
wenig/überhaupt nichts	68	42	56	63

Quelle: DJI-Jugendsurvey 1992, 1997

* Die Frageformulierung lautete: „Meinen Sie, daß man in diesem Teil Deutschlands von den Menschen im anderen Teil Deutschlands sehr viel, viel, wenig oder überhaupt nichts lernen kann?" Die vierstufige Antwortskala wurde für diese Darstellung dichotomisiert.

vollzogen. Das Ausmaß an Offenheit zwischen den 16- bis 29jährigen Ost- und Westdeutschen erscheint wie ausgetauscht. Wir haben keine Möglichkeit, den Inhalt des „Lernens von den Menschen des anderen Teils Deutschlands" mit Hilfe anderer Variablen des Jugendsurveys näher zu bestimmen. Und möglicherweise geht es bei dieser Frage auch gar nicht um ein inhaltlich bestimmtes Lernen, sondern eher um so etwas wie die wechselseitige Offenheit und die Akzeptanz von Unterschieden zwischen den beiden Landesteilen. So verstanden, könnte das dargestellte Ergebnis konkret darauf hinweisen, daß die Westdeutschen den Ostdeutschen als Bürgern der ehemaligen sozialistischen DDR mittlerweile weniger reserviert und voreingenommen begegnen können, während die Ostdeutschen eine größere Distanz zu den Westdeutschen als „Besserwessis" und als Repräsentanten der nicht alle Erwartungen einlösenden Marktwirtschaft aufgebaut haben. Dies würde an verschiedene Ergebnisse anknüpfen, die zeigen, daß die Ost-West-Unterschiede zwischen der Eigen- und Fremdidentifikationen immer noch groß sind, auch wenn sie sich auf westdeutscher Seite im Verlauf der 90er Jahre etwas abgebaut haben (vgl. Schmidt 1998, Kaase/Bauer-Kaase 1998, Walz/Brunner 1997). Die Funktion dieser Selbst- und Fremdkategorisierungen wird in der Bildung von kollektiver Identität gesehen, an deren Rekonstruktion vor allem bei den von der Vereinigung in besonderer Weise betroffenen Ostdeutschen ein Bedarf bestehe (vgl. Kaase/Bauer-Kaase 1998: 265).

Auch die beiden stereotypen Feststellungen, daß die Westdeutschen die Ostdeutschen wie Menschen zweiter Klasse behandeln und daß die Menschen in den neuen Bundesländern zuviel an Unterstützung erwarten, werden in ähnlich komplementärer Weise bestätigt bzw. abgelehnt. Die ostdeutschen Befragten stimmen zu 70% der im ersten Statement getroffenen Aussage zu, während auf westdeutscher Seite etwa die Hälfte der Befragten eine solche Aussage für nicht zutreffend hält (vgl. Tabelle 4.5). Die zweite Aussage wird von zwei Dritteln der Ostdeutschen als unzutreffend abgelehnt, im Westen aber von zwei Dritteln der Befragten für zutreffend gehalten. Angesichts dessen verwundert es nicht, wenn jeweils mehr als zwei Drittel der Befragten beider Teile Deutschlands konstatieren, daß sie sich trotz der Einheit bis heute fremd geblieben seien. Erwartbar wäre, daß die beiden Tatbestände „Fremdheit" und „Lernen vom anderen Teil" in dem Sinne eindeutig miteinander verknüpft sind, daß bei hoher Fremdheit ein starkes Interesse am Lernen anzutreffen ist und umgekehrt. Dies ist aber nicht der Fall: Diejenigen, die eine starke Fremdheit konstatieren, sind in eher geringerem Umfang am Lernen vom anderen interessiert als die, die die Fremdheit nicht bestätigen.[6] Dies gilt für den Westen und etwas stärker sogar noch für den Osten. Die Erklärung hierfür könnte darin liegen, daß das Empfinden von Fremdheit mit unterschiedlichen Haltungen verbunden ist: einmal mit dem Wunsch, von den Menschen des anderen Teils Deutschlands zu lernen, die gegenseitige Fremdheit also zwar als real vorhanden, aber nicht als wünschbar anzusehen; zum anderen mit einer Haltung, die darauf hinausläuft, nicht von den anderen lernen zu wollen, weil Fremdheit als konstitutives Moment für die oben beschriebene Bildung von kollektiver Identität erhalten bleiben soll. Das Festhalten an der Fremdheit ebenso wie an negativen Bildern

Tabelle 4.5:
*Verhältnis Ost- und Westdeutscher zueinander (Zeilenprozent)**

	West		*Ost*	
	trifft zu	*trifft nicht zu*	*trifft zu*	*trifft nicht zu*
Westdeutsche behandeln Ostdeutsche als Menschen zweiter Klasse	47	53	70	31
Die Menschen in den neuen Bundesländern erwarten zuviel an Unterstützung	66	34	34	66
Trotz der Einheit sind Westdeutsche und Ostdeutsche einander bis heute fremd geblieben	68	32	73	27

Quelle: DJI-Jugendsurvey 1997

* Die sechsstufige Antwortskala wurde für diese Darstellung dichotomisiert.

oder – im Gegensatz dazu – ein größeres Maß an Offenheit gegenüber den Menschen im jeweils anderen Teil Deutschlands könnte von der Perspektive mitbestimmt sein, unter der der bisherige Verlauf der Vereinigung gesehen und beurteilt wird. Dem soll im folgenden Abschnitt nachgegangen werden.

4.3 Die subjektive Bilanz des Vereinigungsprozesses

Hatten wir im Jugendsurvey 1992 noch stärker die unmittelbaren und konkreten Erfahrungen der jungen West- und Ostdeutschen mit der Vereinigung in den Blick genommen (vgl. Bütow 1995), so haben wir 1997 unser Interesse mehr auf den Aspekt konzentriert, in welcher Weise und mit welchem Ergebnis die 16- bis 29jährigen den bis dahin zurückgelegten Einigungsprozeß für ihr Leben bilanzieren. Gefragt haben wir im einzelnen danach, in welchem Maße die Interessen der Ostdeutschen im Vereinigungsprozeß berücksichtigt wurden und ob in der Bilanz für ihr persönliches Leben dabei eher die Vorteile oder eher die Nachteile überwiegen. Diese beiden Fragen erlauben uns als Replikationen Entwicklungen zwischen den beiden Erhebungszeitpunkten zu überprüfen. Mit einer in der 1997er Untersuchung neuen Frage wird außerdem erkundet, ob der Umstand, daß jemand in Ostdeutschland bzw. in Westdeutschland lebt, als individuelle Benachteiligung wahrgenommen wird.

Die Interessenberücksichtigung der ostdeutschen Bevölkerung im Verlauf der Vereinigung wird in den neuen und alten Bundesländern erwartungsgemäß unterschiedlich beurteilt (vgl. Tabelle 4.6). Im Westen sind die Meinungen dazu praktisch zweigeteilt, d.h. je zur Hälfte bejahend und verneinend. Im Osten dagegen äußern fünf von sechs Befragten (86%), daß ihre Interessen wenig oder überhaupt nicht berücksichtigt worden sind, und zwar konstant über beide Erhebungszeitpunkte. Im Westen hat sich dieses Urteil dagegen verändert: 1997 sind deutlich mehr Befragte als 1992 der Meinung – nämlich 50% gegenüber 37% –, daß eine entschiedene Interessenberücksichtigung der ostdeutschen Bevölkerung stattgefunden habe.

Bei den ostdeutschen Befragten korrespondieren mit der von 1992 auf 1997 gleichbleibend starken Überzeugung ihrer mangelnden Interessenberücksichtigung im bisherigen Verlauf der Vereinigung zwei weitere bilanzierende Einschätzungen, wie in Tabelle 4.6 erkennbar wird: die Überzeugung, daß bei Abwägung der Vor- und Nachteile für ihr persönliches Leben von 1992 auf

Tabelle 4.6:
Einstellungen zum Einigungsprozeß 1992 und 1997 (Spaltenprozent)

		1992		*1997*	
		West	*Ost*	*West*	*Ost*
Interessen der ehemaligen DDR-Bürger berücksichtigt	*sehr stark/stark**	37	16	50	14
	wenig/überh. nicht	63	84	50	86
Vor- und Nachteile für das persönliche Leben	*eher Vorteile*	13	45	11	31
	Vor-/Nachteile gleich	13	31	26	40
	keine Veränderung	47	4	33	5
	eher Nachteile	27	19	31	24
Benachteiligung wegen Leben in West- bzw. Ostdeutschl.**	*oft/manchmal**	-	-	3	18
	selten/nie	-	-	97	82

Quelle: DJI-Jugendsurvey 1992, 1997

* Die vierstufige Antwortskala wurde für diese Darstellung dichotomisiert.

** Diese Frage wurde nur 1997 erhoben.

1997 die Vorteile der Vereinigung eher geringer geworden sind. Hier ist der Anteil mit positiver Sicht von 45% auf 31% gesunken, der mit negativer Sicht von 19% auf 24% leicht gestiegen. Und auch der Anteil derjenigen Befragten, die Vor- und Nachteile gleichermaßen für sich ausmachen, hat um rund 10 Prozentpunkte zugenommen. In diese Bilanzen fügt sich ein, daß ein Fünftel der ostdeutschen Jugendlichen und jungen Erwachsenen bekundet, aufgrund ihrer Zugehörigkeit zu den neuen Bundesländern benachteiligt zu werden. Auf westdeutscher Seite gibt es diese Erfahrung praktisch nicht. Allerdings findet sich auch auf westdeutscher Seite ein knappes Drittel unter den Befragten, das sowohl 1992 wie 1997 die Vereinigung für sich und ihr Leben nachteilig beurteilt. Und was hierbei nicht zu übersehen ist, ist der Tatbestand, daß die westdeutschen Befragten im Vergleich zu den ostdeutschen schon 1992 die Vereinigung für sich in höherem Maße nachteilig bilanziert haben und dies nach wie vor tun. Der Anteil derjenigen Westdeutschen, die keine Veränderungen in ihrem persönlichen Leben als Folge der Vereinigung feststellen, ist dagegen von etwa der Hälfte aller Befragten auf ein Drittel zurückgegangen.

Die Bilanzen des Einigungsprozesses sind – jeweils für sich genommen – weder bei den Ostdeutschen noch bei den Westdeutschen positiv, allerdings unübersehbar negativer bei den ostdeutschen Befragten. Ihre eigentliche Bedeutung liegt also vor allem in der Unterschiedlichkeit der Ergebnisse dieser Bilanzen zwischen den beiden Landesteilen. Der Zeitfaktor scheint im Osten die hohen Erwartungen an die Interessenberücksichtigung nicht reduziert zu haben. Im Hinblick auf die Bilanzierung der Vor- und Nachteile der Vereinigung scheint er indes wirksam geworden zu sein und zu einer an der Realität orientierten Bilanzierung, vielleicht auch zu einer Desillusionierung geführt zu haben. Dem entspricht, daß die Leistungen des neuen demokratischen Systems im Osten außerordentlich reserviert beurteilt werden, ihr generelles Vertrauen in die politischen Akteure gesunken ist und die retrospektive Bewertung des DDR-Sozialismus mittlerweile positiver ausfällt als 1992 (vgl. hierzu Kapitel 6.4). Auf westdeutscher Seite hat dagegen die Überzeugung zugenommen, daß den Interessen der ostdeutschen Bevölkerung hinreichend entsprochen worden sei, ohne daß die damit – wenn man sich auf die bereits vorher dargestellten Ergebnisse zur Zufriedenheit bezieht – für den Westen verbundenen Kosten individuell stärker als belastend erlebt werden. Dies zeigt sich daran, daß in der Zufriedenheit mit den ökonomischen, aber auch politischen und rechtlichen Möglichkeiten der individuellen Lebensgestaltung im Westen kein Rückgang festzustellen ist (vgl. Kapitel 3.1).

Der scheinbare Widerspruch, daß die westdeutschen Befragten mittlerweile zwar einerseits „die Kosten der Vereinigung" stärker betonen, andererseits aber keine Einbußen in ihrer individuellen Lebenslage bekunden, erklärt sich möglicherweise daraus, daß diese Kosten gewissermaßen als „Systemkosten" zwar gewußt, nicht aber individuell erfahren werden. Eine solche Erklärung würde bedeuten, daß sich ein Tatbestand fortgesetzt hat, der in der 1992er Untersuchung deutlich wurde. Mit einer offenen Nachfrage, die 1997 nicht mehr im Fragebogen enthalten ist, wurde damals erkundet, an welche Vor- und Nachteile die Befragten gedacht haben. Im Ergebnis zeigte sich, daß die westdeutschen Befragten sowohl Vor- wie Nachteile stärker als gesamtgesellschaftliche denn als persönliche beschrieben (vgl. Bütow 1995: 95 ff.). Bulmahn und Habich (1997) können auf der Grundlage ihrer Datenanalysen zeigen, daß die westdeutsche Bevölkerung ab Mitte der 90er Jahre ihre Lebensbedingungen negativer einschätzt. Und sie kommen zu einer ähnlichen Interpretation, wenn sie feststellen, „daß die breite Mehrheit in Westdeutschland bis 1994 die Transformation vorwiegend als ostdeutsches Phänomen angesehen hat, seit dieser Zeit jedoch verstärkt Auswirkungen im eigenen, westdeutschen Landesteil wahrnimmt" (Bulmahn/Habich 1997: 438).

Auf der Seite der ostdeutschen Befragten hat das Maß der Unzufriedenheit mit den persönlichen Lebensverhältnissen zwischen 1992 und 1997 generell nicht wesentlich zugenommen (vgl. hierzu Kapitel 3.1). Dies verweist im Kontext der referierten Ergebnisse wohl darauf, daß nicht die Lebensverhältnisse für sich genommen in erster Linie negativ bilanziert werden, sondern eher die Differenz der Lebensverhältnisse zwischen Ost- und Westdeutschen. An allgemeinen Bevölkerungsdaten u.a. des Wohlfahrtssurveys können Bulmahn und Habich (1997) im Zeitverlauf zeigen, daß die persönliche Wirtschaftslage von den Ostdeutschen sehr viel positiver eingeschätzt wird als die allgemeine – und dies durchgängig seit 1990 –, und daß zugleich im Osten die Einschätzung der Wirtschaftslage im eigenen Landesteil weniger positiv ausfällt als die, die die westdeutsche Bevölkerung für ihren eigenen Landesteil vornimmt. Gensicke (1998b: 41 ff.) zieht aus ähnlichen Befunden den Schluß, daß im Osten durch den Vergleich mit dem Westen „die Meßlatte der Bewertung" höher liegt und deshalb die wahrgenommenen Fortschritte im Lebensstandard unterbewertet werden. In den Daten des Jugendsurveys verweist der von 1992 zu 1997 verringerte statistische Zusammenhang zwischen der Zufriedenheit mit den individuellen Lebensverhältnissen und der Sicht auf die Vor- und Nachteile der Vereinigung auf deren tendenzielle Entkopplung im Osten. Das Zusammenhangsmaß verringerte sich von .46 im Jahr 1992 auf .22 im Jahr 1997.[7]

Noch ein weiteres Ergebnis stützt die Annahme, daß die Bilanz des Vereinigungsverlaufs der ostdeutschen Befragten nicht in erster Linie auf ihrer individuellen Lebenszufriedenheit basiert, sondern daß vielmehr der Vergleich der unterschiedlichen Lebensverhältnisse in Ost und West den Ausschlag gibt. Dies deutet sich bei der Frage danach an, ob die ostdeutschen Befragten glauben, im Vergleich zu anderen in der Bundesrepublik ihren gerechten Anteil zu erhalten oder nicht. Die Zusammenhangsmaße zwischen den Fragen nach der persönlichen Vereinigungsbilanz und der Beurteilung der eigenen gerechten Teilhabe am gesellschaftlichen Reichtum in der Bundesrepublik liegen in Ost (r=.42) und West (r=.17) weit auseinander. Das bedeutet, daß die ostdeutschen Befragten, die den Vereinigungsprozeß für sich negativ bilanzieren, im Vergleich zu den westdeutschen, die die Vereinigung ebenso beurteilen, sehr viel stärker auch die Verteilungsgerechtigkeit negativ sehen. In Anteilen ausgedrückt, stellt sich dieser Zusammenhang folgendermaßen dar: Von den Ostdeutschen mit eher nachteiliger Vereinigungsbilanz sind 89% auch der Ansicht, im Vergleich zu anderen etwas oder sehr viel weniger als den gerechten Anteil zu erhalten.

Nur einer von zehn befragten Ostdeutschen mit negativer Vereinigungsbilanz meint also, an den gesellschaftlichen Gütern in der Bundesrepublik vergleichsweise gerecht beteiligt zu sein; im Westen meinen dies im Gegensatz dazu fünf von zehn Befragten dieser Gruppe.

Neben dem bisher generell auf den regionalen Ost-West-Aspekt abgestellten Vergleich der Vereinigungsbilanzen werden darüber hinaus spezifische Unterschiede erkennbar, wenn man zentrale soziodemographische Merkmale in diese Bilanzen einbezieht. Das Lebensalter als eine in diesem Zusammenhang erwartbare Einflußgröße auf die Sicht des persönlichen Gewinns oder Verlusts durch die Vereinigung spielt überraschenderweise keine Rolle. Die Bilanzen zum Positiven oder Negativen werden unabhängig davon erstellt, ob jemand 16 oder 29 Jahre alt ist.

Differenzen ergeben sich allerdings, sobald man Untergruppen nach den Merkmalen Bildungsniveau, Zugehörigkeit zu einer bestimmten Berufsstatusgruppe oder Geschlecht bildet und die vereinigungsbezogenen Bilanzen danach prüft. Bildung als wichtigste soziale Ressource für Berufs- und Einkommenschancen zeigt einen deutlichen Einfluß darauf, ob der Einigungsprozeß individuell positiv oder negativ bilanziert wird. Je höher die Bildung, desto vorteilhafter wird dieser Prozeß beurteilt – allerdings in diesem eindeutigen Zusammenhang nur bei den ostdeutschen Befragten (vgl. Tabelle 4.7). Hier ziehen von denjenigen, die einen Hauptschulabschluß besitzen, nur etwa 13% eine positive Bilanz, 38% dagegen eine negative. Diese Bildungsgruppe bilanziert im Verhältnis aller ostdeutschen Befragten also überdurchschnittlich negativ. Besonders positiv zeigen sich die Abiturienten: Rund die Hälfte von ihnen sehen im Vereinigungsprozeß eher Vorteile und nur 13% Nachteile. Bei den ostdeutschen Befragten mit mittlerem Schulabschluß halten sich die beiden Einschätzungen ungefähr die Waage. Aufschlußreich ist, daß damit gemessen an den Einschätzungen von 1992 offensichtlich ein Abbau hoher Erwartungen stattgefunden hat. 1992 fand sich bei den Hauptschulabgängern noch bei einem Drittel (32%) eine positive Bilanz, und bei Befragten mit Mittlerer Reife überwog mit 43% sogar eindeutig die positive Einschätzung; nur ein Fünftel der Befragten mit mittlerem Bildungsniveau und auch nur ein Drittel der Hauptschüler schätzten die Vereinigung für sich nachteilig ein. Die westdeutschen Hauptschulabgänger legen 1997 etwa die gleiche Einschätzung wie ihre ostdeutschen Altersgenossen dieser Bildungsgruppe an den Tag. Die westdeutschen Befragten mit mittlerer Reife und mit Abitur bilanzieren – vermutlich von einer Position, bei der

Tabelle 4.7:
*Einschätzung persönlicher Vor- und Nachteile der Vereinigung nach Geschlecht, Bildung und Erwerbsstatus (Zeilenprozent)**

		West		Ost	
		eher Vorteile	*eher Nachteile*	*eher Vorteile*	*eher Nachteile*
Geschlecht	*männlich*	12	32	33	22
	weiblich	10	29	28	26
Bildung	*ohne/Hauptschule*	7	42	13	38
	Mittlere Reife	6	38	24	28
	(Fach-)Abitur	14	22	47	13
Ausbildungs- und Erwerbs-status	*Student(in)*	21	17	56	7
	in Ausbildung	8	29	24	23
	erwerbstätig	9	38	29	23
	nicht/kaum erw.tätig	5	37	31	23
	arbeitslos	10	39	13	49

Quelle: DJI-Jugendsurvey 1997

* Die Werte für die Antwortvorgaben „Vor- und Nachteile halten sich etwa die Waage" und „keine Veränderung für persönliches Leben" sind hier nicht wiedergegeben.

das Wissen um die Systemkosten eine Rolle spielt – den Einigungsprozeß für sich dagegen deutlich nachteiliger als die ostdeutschen, jeweils mehr als die Hälfte bekundet allerdings auch, daß Vor- und Nachteile sich die Waage halten oder keine Veränderungen in ihrem Leben eingetreten seien.[8]

Bei den Erwerbsstatusgruppen sind es vor allem die Studenten und die Arbeitslosen unter den ostdeutschen Befragten, die in ihrer Bilanzierung als erheblich über- bzw. unterdurchschnittlich auffallen: Von den Studenten sieht nur etwa jeder dreizehnte (7%) Nachteile, von den Arbeitslosen jeder zweite (49%); eher Vorteile erkennen dagegen gut die Hälfte der Studenten (56%), aber kaum mehr als ein Achtel der Arbeitslosen (13%). Bei allen Erwerbsstatusgruppen außer bei den beiden erwähnten hat sich die Einschätzung von 1992 auf 1997 erheblich verschlechtert. Die westdeutschen Erwerbsstatusgruppen zeigen 1997 einerseits zwar wieder ein negativeres Bilanzverhalten als die ostdeutschen, andererseits aber auch eine sehr viel stärkere Tendenz zu den Antwortvorgaben, die keine Veränderung indizieren.[9]

Geschlechtsspezifisch ist schließlich in den neuen Bundesländern ein leicht negatives Gefälle zwischen männlichen und weiblichen Befragten festzustellen. Jugendliche und junge Erwachsene männlichen Geschlechts bilanzieren den Einigungsprozeß für sich etwas vorteilhafter (33%) als Mädchen und junge Frauen (28%) und schätzen die Nachteile für sich ebenfalls geringer ein (22%) als ihre Altersgenossinnen (26%). Dies läßt sich vermutlich als Reaktion auf die verschlechterten Lebens- und Arbeitsmarktbedingungen insbesondere für Frauen verstehen (vgl. hierzu Kapitel 2 und 5). Der Rückgang positiver Bilanzierung zwischen 1992 und 1997 in den neuen Bundesländern hat allerdings bei beiden Geschlechtern gleichmäßig stattgefunden.

4.4 Abgrenzung und Miteinander

Betrachtet man jetzt zunächst die ostdeutschen Befragten, die eine ausschließliche Bindung an ihren Landesteil aufweisen (vgl. Tabelle 4.8), so werden – wenn auch nicht in sehr erheblichem Umfang – Differenzen im Verhältnis zu den Westdeutschen und in der Bilanz der Vereinigung erkennbar, die sie von den Befragten in den neuen Ländern insgesamt abheben: In dieser Gruppe sagen etwas mehr Befragte, daß die Interessen der DDR-Bürger bei der Vereinigung wenig oder nicht berücksichtigt wurden, ein etwas größerer Anteil empfindet persönliche Nachteile durch die Vereinigung, mehr von ihnen geben an, wenig von den Menschen im anderen Teil Deutschlands lernen zu können, und stimmen der Aussage zu, Westdeutsche behandelten Ostdeutsche als Menschen zweiter Klasse, und häufiger meinen sie, Ost- und Westdeutsche seien einander bis heute fremd geblieben. Diejenigen ostdeutschen Befragten, die vollständige Bindungen aufweisen, also Bindungen an den eigenen Teil Deutschlands, an Deutschland im Ganzen und an den anderen Teil Deutschlands, können als Kontrastgruppe zu den rein Ost-Identifizierten betrachtet werden, da sich bei ihnen Abweichungen vom Durchschnitt aller Ost-Befragten in umgekehrter Richtung zeigen: Diese Gruppe beurteilt sowohl den Einigungsprozeß als auch das Verhältnis zu den Westdeutschen positiver als der Durchschnitt aller Befragten in den neuen Ländern. Für die jungen Erwachsenen in den alten Bundesländern sieht diese Gruppendifferenzierung sehr ähnlich aus: Auch hier urteilen die ausschließlich West-Verbundenen zumeist negativer als der Durchschnitt; diejenigen, die sich mit allen drei Kollektiven verbunden fühlen, geben ein deutlich positiveres Verhältnis zur Vereinigung und zu den Ostdeutschen an.

Tabelle 4.8:
Einstellungen zum Einigungsprozeß und zum Verhältnis von Ost- und Westdeutschen nach Bindungstypen (in %)*

	West			**Ost**		
	alle Befrag-ten	*nur mit eigenem Teil ver-bunden*	*mit allen 3 Kollek-tiven ver-bunden*	*alle Befrag-ten*	*nur mit eigenem Teil ver-bunden*	*mit allen 3 Kollek-tiven ver-bunden*
Interessen DDR-Bürger nicht berücksichtigt	50	48	44	86	91	75
persönliche Nachteile durch Vereinigung	31	45	12	24	31	15
wenig Lernen vom anderen Teil Deutschlands	56	58	32	63	74	46
Westd. behandeln Ostd. als Menschen 2. Klasse	47	49	40	70	77	54
Ostdeutsche erwarten zuviel Unterstützung	66	72	52	34	31	32
West- und Ost sind einander fremd geblieben	68	72	57	73	80	59

Quelle: DJI-Jugendsurvey 1997

* Zu den Kombinationstypen von Bindung vgl. Tabelle 4.3. Hier sind nur zwei Typen dargestellt, die „nur mit dem eigenen Teil Deutschlands Verbundenen" und die „mit allen drei Kollektiven Verbundenen" (alte und neue Bundesländer sowie Deutschland gesamt), da die Werte der übrigen für die Fragestellung weniger interessant sind.

Es konnte gezeigt werden, daß auf der Ebene von Verbundenheiten auch in den neuen Bundesländern keine deutliche Abgrenzung von Gesamtdeutschland zu erkennen ist. Gleichzeitig jedoch haben die Befragten stark polarisierte Bilder von den Menschen im jeweils anderen Landesteil und beurteilen, vor allem in den neuen Bundesländern, den Vereinigungsverlauf negativ. Diejenigen Befragten, die sich ausschließlich mit „ihrem" Teil Deutschlands verbunden fühlen, beurteilen die jeweils „anderen" Deutschen und den Vereinigungsverlauf sogar noch etwas negativer als der Durchschnitt der Befragten. Die Kontrastgruppe dazu, die ein überdurchschnittlich positives Bild der anderen und der Vereinigung hat, bilden diejenigen Befragten, die affektive Bindungen an den jeweils anderen Teil Deutschlands entwickelt haben. Diese Strukturen gelten nicht nur für die jungen Menschen in den neuen Ländern, sondern in gleicher

Weise für die in den alten. Deren insgesamt positivere Vereinigungsbilanz ist wohl darauf zurückzuführen, daß sie von deren Auswirkungen zwar strukturell betroffen sind, aber persönlich längst nicht in dem Maße, wie das für die jungen Erwachsenen Ost der Fall ist. Wie lassen sich diese auf den ersten Blick widersprüchlichen Befunde – positive affektive Bindungen an Gesamtdeutschland bei gleichzeitig negativen Beurteilungen des Verhältnisses zu den Bewohnern des jeweils anderen Landesteil und des Vereinigungsverlaufes – interpretieren?

Für die 16- bis 29jährigen in den alten Bundesländern erscheint dieses Ergebnis zunächst weniger erstaunlich als für die in den neuen Ländern, zumindest was das Bild ihrer kollektiven nationalen Bindungen angeht. Nach wie vor ist im Westen wenig Solidarität mit den Altersgenossen in den neuen Ländern und damit einhergehend eine eher negative Vereinigungsbilanz festzustellen. Auch wenn die Vereinigungsfolgen das Leben der meisten jungen Westdeutschen kaum persönlich berührt haben dürfte, so besteht offenbar doch die Befürchtung, daß die ökonomischen Transfers in die neuen Bundesländer irgendwann persönlich spürbar werden könnten. Insgesamt zeigt der Zeitvergleich von 1992 und 1997, daß das Verhältnis zu den jungen Menschen in den neuen Ländern mittlerweile etwas positiver gesehen wird, auch wenn die neuen Bundesländer und ihre Bewohner für die jungen Menschen im Westen immer noch weitaus weniger relevant sein dürften als umgekehrt. Das nach wie vor eher negative Bild der anderen bei den jungen Menschen West ist wohl vor allem ein Resultat mangelnder eigener Erfahrungen, die deshalb sehr viel mehr aus dem öffentlichen Diskurs mit dem Bild des „Jammer-Ossis" gespeist sind. So gesehen basiert das negative Bild der Westdeutschen von den Ostdeutschen stark auf Stereotypen.

Für die jungen Erwachsenen in den neuen Ländern lassen sich die Ergebnisse in einer anderen Weise deuten: Die Abgrenzung gegenüber dem Westen der Republik, wie sie stark bei älteren Bürgern, aber eben auch, wenngleich deutlich abgemildert, bei der jungen Generation in den neuen Ländern besteht, beruht vermutlich auf dem Wunsch, der Bundesrepublik Deutschland wirklich anzugehören. Hierfür spricht die insgesamt starke emotionale Bindung an Deutschland. Dieser Wunsch scheint jedoch aus ostdeutscher Perspektive im bisherigen Verlauf der Vereinigung vom Westen noch nicht erwartungsgemäß eingelöst worden zu sein. Ein Hinweis darauf ist, daß im Unterschied zu 1992 im Jahr 1997 noch mehr junge Erwachsene in den neuen Ländern meinen, die Interessen der ehemaligen DDR-Bürger seien im Vereinigungsprozeß wenig oder gar nicht berücksichtigt worden, und gleichzeitig auch mehr Ostdeutsche als Westdeutsche die Auffassung vertreten, von den Menschen im anderen Teil Deutschlands könne man wenig oder gar nichts lernen. Damit bestätigt sich die Einschätzung von Pollack (1998) und auch von anderen Autoren (vgl. z.B. Kaase/Bauer-Kaase 1998), daß „sich in dem Aufleben einer ostdeutschen Identität ein starker Bezug auf Westdeutschland verbirgt", der „nicht in tatsächlichen Unterschieden zwischen Ost- und Westdeutschen begründet sein muß" (Pollack 1998: 310 f.): Der Westen war schon vor 1989 die Referenzgesellschaft der Ostdeutschen und wurde dies trotz aller Schwierigkeiten und enttäuschter Erwartungen noch viel stärker nach der Vereinigung. So kann man Pollack schließlich ebenso zustimmen, wenn er diese Abgrenzungsidentität dort, wo sie anzutreffen ist, in erster Linie als einen „Akt der Selbstbehauptung" gegenüber dem Westen interpretiert, der vor allem einer Rekonstruktion des im Zusammenbruch der DDR und im anschließenden Einigungsprozeß beschädigten Selbstwertgefühls dient.

Anmerkungen

1 Dieser Abschnitt konzentriert sich auf die Verbundenheiten mit der subnationalen Ebene der alten und neuen Bundesländer. Ergebnisse zu den Verbundenheiten mit Deutschland im Ganzen sowie der Europäischen Union finden sich in Kapitel 8.

2 Zu Fragenkonstruktion und theoretischem Hintergrund vgl. Kapitel 8.

3 Die Korrelation zwischen der Verbundenheit mit dem eigenen Teil Deutschlands und Deutschland im ganzen war in den neuen Ländern 1992 mit einem Spearmans rho von .33 noch etwas geringer als 1997. In den alten Ländern hingen 1992 die Bindungen an beide Kollektive mit .62 etwas stärker zusammen als 1997. Die Struktur subnationaler und nationaler Identitäten scheint sich also 1997 zwischen Ost und West angeglichen zu haben.

4 Zur Bildung der Typologie wurden die einzelnen Items zur Erfassung der Verbundenheiten dichotomisiert. Diejenigen Befragten, die bei einer Ebene „wenig" oder „gar nicht verbunden" angegeben haben, wurden als nicht verbunden mit dieser Ebene betrachtet. Diejenigen Befragten, die bei einer Ebene „ziemlich" oder „stark verbunden" angegeben haben, wurden als verbunden mit dieser Ebene betrachtet.

5 Gerade bei diesen Fragen könnte die Untergruppe derjenigen Befragten, die nach 1989 ihren Wohnort von Ost nach West oder von West nach Ost verlegt haben, mit spezifischen Urteilen die Antwortverteilungen beeinflussen. Auch wenn diese Untergruppe sehr klein ist, haben wir die hier dargestellten Ergebnisse kontrolliert, indem wir diese Gruppe ausgeschlossen haben. Gezeigt hat sich dabei, daß die Verteilungen in den allermeisten Fällen um weniger als ein Prozent variieren. Aufgrund des-

sen haben wir diese Untergruppe sowohl hier wie auch in allen anderen Kapiteln in der Gesamtstichprobe belassen und nicht getrennt berücksichtigt.

6 Das Zusammenhangsmaß Pearsons r beträgt im Westen .17, im Osten .23.

7 Hier wurde das Zusammenhangsmaß Kendalls tau b verwendet (vgl. Anhang A.2).

8 Dies sind 63% bei den Abiturienten und 56% bei denen mit Mittlerer Reife.

9 Bei den Westdeutschen werden die Antwortvorgaben „Vor- und Nachteile halten sich etwa die Waage" und „Keine Veränderung für persönliches Leben" von den einzelnen Erwerbsstatusgruppen jeweils von mehr als der Hälfte bis zu zwei Dritteln in Anspruch genommen, während bei den Ostdeutschen die Antwortanteile hier in der Regel deutlich unter 50% liegen.

5

Werte, Rollenbilder und soziale Orientierung

Martina Gille

Die Lebensentwürfe junger Menschen, ihre Lebensziele und Vorstellungen zur Ausgestaltung der Frauen- bzw. Männerrolle beruhen auf grundlegenden Werten, die über zentrale Sozialisationsagenturen wie z.B. Familie, Schule und Peers vermittelt werden. In diesem Kapitel sollen die allgemeinen Werte Jugendlicher und junger Erwachsener als Orientierungsleitlinien für eigenes Handeln untersucht werden. Wie schon in der ersten Erhebungswelle werden verschiedene Instrumente zur Erfassung von Wertorientierungen herangezogen: Zunächst werden verschiedene Wertebereiche wie beispielsweise Selbstverwirklichung, Pflichtbewußtsein und Materialismus bzw. Postmaterialismus untersucht, die einen Anschluß an die allgemeine Wertewandelsdebatte erlauben und die darüber hinaus in Beziehung gesetzt werden können zu den politischen Orientierungen und Verhaltensbereitschaften Jugendlicher (vgl. Gille 1995a). Während die *allgemeinen Wertorientierungen* Auskunft geben über die persönlichen Zielsetzungen der Befragten im Hinblick auf ein weites Wertespektrum, beschreiben die *materialistischen bzw. postmaterialistischen Orientierungen* eher Haltungen gegenüber bestimmten Politikzielen. Ein Vergleich von Wertorientierungen Jugendlicher und junger Erwachsener über einen Zeitraum von fünf Jahren, wie es der Jugendsurvey durch seine replikative Anlage ermöglicht, ist vor allem im Hinblick auf folgende Fragestellungen interessant: Inwieweit hat die Ostspezifik des Wertewandels weiterhin Bestand? Hat sie möglicherweise an Bedeutung gewonnen oder kommt es zu einer weiteren Annäherung der Werte in West und Ost? Inwieweit haben die angespannte wirtschaftliche Situation und die Verknappung sozialstaatlicher Leistungen, die nicht nur für die ostdeutschen Jugendlichen, sondern auch zunehmend für die westdeutschen Jugendlichen in ihrem Alltag unmittelbar erfahrbar werden, Einfluß auf die Wertekonstitution der jungen Deutschen?

Da Werte als relativ stabile Orientierungen definiert sind, können innerhalb von fünf Jahren – auch wenn sich für die jüngeren Kohorten der gesellschaftliche Hintergrund verändert hat – allenfalls schwache Veränderungstendenzen erwartet werden. Deutlicher könnten solche Trends für die ebenfalls replizierten Fragen zur *Wichtigkeit von Lebensbereichen* und zur *Geschlechtsrollenorientierung* ausfallen. Diese beiden Themenkomplexe haben zwar in theoretischer Hinsicht nicht den gleichen Status wie Werte, stehen aber mit zentralen Inhalten des Wertewandels in engem Bezug.[1] Die Frage nach der Wichtigkeit von verschiedenen Lebensbereichen gewährt Einblick in die zentralen Lebensinhalte und -perspektiven junger Erwachsener. Hierbei interessiert vor allem, welche Bedeutung die Familie gegenüber dem Beruf erfährt, welche Wertschätzung private gegenüber öffentlichen Lebensbereichen genießen und inwieweit sich hier junge Frauen und Männer in ihren Lebensentwürfen unterscheiden. Mit den Rollenbildern soll der Aspekt unterschiedlicher Lebensentwürfe von jungen Frauen und Männern vertieft werden. Die Auflösung traditioneller Geschlechterrollen, der Zugewinn an persönlichen, beruflichen und politischen Freiräumen und Rechten für Frauen sind ein zentraler Bestandteil des Wertewandels in den modernen Gesellschaften. Die deutsche Vereinigung hat zwei Gesellschaften zusammengebracht, welche die Ausgestaltung von Geschlechterrollen im Hinblick auf die Bedeutsamkeit des Berufs zum Teil unterschiedlich vorgenommen hatten (Nickel 1997). Der partielle Gleichstellungsvorsprung der ostdeutschen Frauen vor allem im Hinblick auf ihre formal volle – faktisch aber nach wie vor diskriminierte – Integration ins Berufsleben ging nach der Wende insofern verloren, als sozialstaatliche Regelungen zur Begünstigung von Müttern in Ausbildung und Beruf wegfielen und insbesondere die ostdeutschen Frauen von Arbeitslosigkeit betroffen waren. Was die Rollenorientierungen angeht, so zeigten sich 1992 die Frauen in den neuen Bundesländern deutlich mehr an einer nicht-traditionellen Lebensführung interessiert, die der Frau neben der Familie vor allem auch eine berufliche Perspektive bietet (Gille 1995a). Bei der Analyse der Gewichtung einzelner Lebensbereiche und der Geschlechtsrollenorientierungen stehen folgende Fragen im Vordergrund: Wie stellt sich 1997 das Verhältnis privater gegenüber öffentlichen Lebensbereichen dar? Wie gestalten sich die Rollenorientierungen von jungen Frauen und Männern in den alten und neuen Bundesländern Ende der 90er Jahre? Geben die ostdeutschen jungen Frauen ihre starke berufliche Orientierung auf und passen sich dem Westmodell an, in dem Familienarbeit und Berufstätigkeit häufig als alternative bzw. als nacheinander gelebte Aufgabenbereiche definiert sind?

Schließlich wird in einer Erweiterung des Erhebungsinstruments der Aspekt einer sozialen Grundorientierung, die bisher allein mit prosozialen Wertorientierungen erfaßt wurde, auf der Ebene von Einstellungen und Handlungsbereitschaften ergänzt.

5.1 Wertorientierungen Jugendlicher und junger Erwachsener

Werte sind grundlegende und relativ stabile Orientierungsleitlinien für menschliches Handeln. Sie werden in Anlehnung an die klassische Definition von Kluckhohn (1951: 395 ff.) als „Konzeptionen des Wünschenswerten" verstanden. Die Erforschung des Wertewandels – wie sie im Jugendsurvey vorgenommen wird – zielt ab auf die Bedeutung individueller Wertpräferenzen für die Einstellungsbildung und bei der Entscheidung über Handlungsalternativen – und hier im Kontext einer Untersuchung zum Thema Jugend und Politik insbesondere auf die Bedeutung von Werten für die Bildung von sozialen und politischen Orientierungen und Handlungsbereitschaften. Werte werden durch die subjektive Aneignung und Internalisierung zum Bestandteil des individuellen Überzeugungssystems. Sie existieren aber auch unabhängig von ihren Trägern als gesellschaftlich-kulturelle Normen und tragen durch ihre relativ hohe Verbindlichkeit für die verschiedenen Segmente der Gesellschaft sowohl zur sozialen Integration des Individuums in die Gesellschaft als auch zur Integration gesellschaftlicher Teilbereiche in die Gesamtgesellschaft und somit zur Systemstabilität bei.

Gerade der Kindheits- und Jugendphase wird im Hinblick auf Aneignung und Internalisierung von Werten eine besondere Bedeutung zugeschrieben, da vielfach angenommen wird, daß die in den ersten beiden Lebensjahrzehnten erworbenen Werte prägend für das weitere Leben sind (z.B. Inglehart 1979: 324). Die nachwachsende Generation gilt als Träger des Wertewandels. Dessen Verlauf in Richtung einer Zunahme von Selbstentfaltungswünschen unterliegt teils kritischen, teils positiven Beurteilungen. Während die Kommunitaristen die diesem gesellschaftlichen Wertewandel zugrundeliegenden Individualisierungsprozesse zum Teil negativ bewerten, da sie der Gesellschaft den notwendigen gemeinschaftlichen Bindekitt entzögen (Putnam 1993), sehen andere Positionen, wie sie z.B. Klages (1999) vertritt, in der Zunahme individualistischer Wertorientierungen eine positive Entwicklung. Mit einer Zunahme von Selbstentfaltungswerten verbinde sich nämlich nicht zwangsläufig eine Abnahme gemeinschaftsbezogener Werte. Ganz im Gegenteil: Die starke Präsenz moderner innovativer Werte bei der jungen Generation, wie z.B. die Wichtigkeit der Entwicklung eigener Phantasie und Kreativität, fördere die Bereitschaft zu Bürgerengagement (Klages/Gensicke 1998: 185 ff.). Im folgenden sollen nun die Wertorientierungen Jugendlicher und junger Erwachsener und Hinweise auf Wandlungstendenzen im Wertebereich dargestellt und ihre Bedeutung für soziales und politisches Engagement analysiert werden.

Bereits kurz nach der Wende wurde in der empirischen Jugendforschung in Ost und West eine weitgehende Übereinstimmung von Wertorientierungen festgestellt (z.B. Behnken u.a. 1991, Gille 1992). Trotz der Sozialisation in unterschiedlichen Gesellschaftssystemen wiesen Ost- und Westdeutsche sehr ähnliche Wertorientierungen auf (z.B. Klages 1993, Silbereisen/Vaskovics/Zinnecker 1996, Schmidtchen 1997, Jugendwerk der Deutschen Shell 1997). In beiden Landesteilen haben offensichtlich ähnliche Wertewandelsprozesse stattgefunden, deren gemeinsames Ergebnis eine Bedeutungszunahme von Selbstverwirklichung ist. Einige Differenzen zwischen Ost und West, wie etwa der größere Konservatismus in den neuen Bundesländern, der zugleich gekoppelt ist an einen größeren Enthusiasmus gegenüber Selbstentfaltungswerten, werden weniger als Ausdruck von Modernisierungsdefiziten, sondern eher als ein Spezifikum im ostdeutschen Wertewandelsprozeß interpretiert (z.B. Gille 1995a, Gensicke 1996a, b).

Wertewandel: zwei konträre Positionen

Die im Jugendsurvey erfaßten Werte sollen jene Wertebereiche bzw. -dimensionen abdecken, die im Rahmen der allgemeinen Debatte zum Wertewandel zentral verhandelt werden (vgl. Gille 1995a: 115 ff.). Das Postmaterialismuskonzept von Inglehart (z.B. 1979, 1989, 1998) und vor allem die umfangreichen Forschungsarbeiten von Klages (z.B. Klages 1985, 1993, Klages/Gensicke 1999) bestimmen die Wertediskussion in Deutschland.

Klages kennzeichnet den Wertewandel in der Bundesrepublik durch eine Zunahme von Selbstentfaltungswerten und einen Bedeutungsverlust von Pflicht- und Akzeptanzwerten. Zu letzteren zählen Werte wie Disziplin, Gehorsam, Leistung, Ordnung und Pflichterfüllung. Das breite Wertespektrum der Selbstentfaltung beinhaltet individuelle Bedürfnisse nach Spontaneität, Selbstverwirklichung, Ungebundenheit und Eigenständigkeit, sowie auch hedonistische, auf den Daseinsgenuß ausgerichtete Werte, aber auch Ansprüche auf politische Selbst- und Mitbestimmung. Diese beiden Wertegruppen – Pflicht und Akzeptanz auf der einen Seite und Selbstentfaltung auf der anderen Seite – können nach Klages in verschiedenen Bevölkerungsgruppen sehr unterschiedliche Verbindungen eingehen. Ein „Nebeneinander“ bzw. eine „Koexistenz“ dieser beiden Wertegruppen ist in gleicher Weise denkbar wie ein Werteverlust im Sinne einer fehlenden Wichtigkeit beider Wertebereiche. Ebenso kann jeweils eine Wertegruppe überwiegen. Klages geht von einer mehrdimensionalen Werteentwicklung aus, die Tendenzen des Wandels sowohl zu Gleichgewichtigkeiten, also parallele Werteentwicklungen, als auch zu Ungleichgewichtigkeiten von Werten zuläßt. Gemäß dieser These entwickelt er fünf Wertetypen (vgl. Klages 1985, Gensicke 1998a), die sich über bestimmte Wertekonstitutionen sowie über ihre Trägergruppen beschreiben lassen:

1. Die Träger reiner Pflicht- und Akzeptanzwerte, die *„ordnungsliebenden Konventionalisten"*, die nur niedrig ausgeprägte Selbstentfaltungswerte besitzen, finden sich hauptsächlich unter älteren Menschen. Sie verhalten sich mit ihrem traditionellen Wertesystem gesellschaftlich passiv und angepaßt. Politisch sind sie eher konservativ. Sie zeigen nur dann Interesse für öffentliche Fragen, wenn es um gesellschaftliche Ordnung und materielle Sicherheit geht. Ihr Arbeitsverhalten ist geprägt durch eine konventionelle Leistungsethik und Pflichterfüllung. In ihrer Freizeit konzentrieren sie sich hauptsächlich auf ihre Familie. Seit den 60er Jahren verliert dieser Wertetyp insgesamt an Bedeutung. 1997 machen die Konventionalisten im Westen 16% und im Osten 19% der Gesamtbevölkerung aus, bei den 18- bis 30-jährigen sind die Anteilswerte deutlich geringer mit 7% bzw. 8%.[2]

2. Der Gegentypus zum Wertetraditionalisten ist der *„nonkonforme Idealist"*. Die 60er Jahre brachten einen neuen Persönlichkeitstyp hervor, der Selbstentfaltungswerte sehr hoch und Pflicht- und Akzeptanzwerte äußerst niedrig bewertete. Dieser Typ breitete sich in den 70er Jahren besonders unter jungen Menschen aus, fiel jedoch in der zweiten Hälfte der 80er Jahre zurück und ist heute vor allem noch unter Studenten, Intellektuellen und unter Lehrern sehr stark vertreten. Die nonkonformen Idealisten zeigen dann Unzufriedenheit, wenn sie sich in ihrer Autonomie und Selbstentfaltung eingeschränkt fühlen. Wird ihnen aber die Möglichkeit gegeben, sich und ihre Ideen einzubringen, sind sie bereit, sich voll einzusetzen und auch Verantwortung zu übernehmen. Die Gruppe der nonkonformen Idealisten ist im Westen im Jahr 1997 doppelt so groß wie im Osten: 21% der westdeutschen und 12% der ostdeutschen Erwachsenen gehören diesem Wertetypus an; bei den unter 30jährigen betragen die entsprechenden Anteilswerte 24% bzw. 12%. Während in der westdeutschen Bevölkerung seit den 90er Jahren eine stärkere Bedeutung des nonkonformen Idealisten beobachtbar ist, erweist

sich der Wertetyp des aktiven Realisten als eine für die neuen Bundesländer wichtigere Wertekonstitution.

3. *„Aktive Realisten"*, die Pflicht- und Akzeptanzwerte wie auch Selbstentfaltungswerte gleichgewichtig hoch bewerten, also eine Wertekoexistenz dieser beiden Wertebereiche eingehen, machen 30% der West- und 35% der Ostdeutschen aus. Bei den 18- bis 30jährigen ergeben sich ganz ähnliche Anteilswerte: 30% bzw. 38%. Damit erweist sich dieser Wertetyp als äußerst bedeutsam. Eine Erfolgsorientierung, die stark auf den Einsatz eigener Kreativität und Eigeninitiative abstellt, sowie ein hohes Normenbewußtsein und Selbstdisziplin kennzeichnen diesen Typus, der für Klages das Ideal des modernen Menschen verkörpert. Der aktive Realist kümmert sich nicht nur um seine privaten Angelegenheiten, sondern setzt sich auch für gesellschaftliche Belange ein (Klages/Gensicke 1998).

4. Für problematisch hält Klages den sogenannten *„hedonistischen Materialisten"* („Hedomat"), der seit dem Ende der 80er Jahre vor allem unter jungen Menschen Anhänger gefunden hat. Dieser Wertetyp repräsentiert eine Wertekoexistenz zwischen der hedonistischen Komponente der Selbstentfaltungswerte mit den materialistischen Werten der Pflicht- und Akzeptanzdimension. Es handelt sich hier um einen egozentrischen Persönlichkeitstyp, der stark an Lebensgenuß und Konsum und kaum an den allgemeinen Problemen der Gesellschaft interessiert ist. Die Neigung zu sozialer Integration in Familie, Partnerschaft und Nachbarschaft ist vergleichsweise gering. Betrachtet man die Gesamtbevölkerung, so waren 1997 14% in West wie Ost „Hedomats". Im Jahr 1990 betrug im Osten dieser Anteilswert noch 20%. Hier hat eine Abnahme stattgefunden, nachdem in den neuen Bundesländern das Nachholbedürfnis nach Konsum befriedigt worden ist. Bei den unter 30jährigen spielt dieser Wertetypus eine noch größere Rolle: 23% im Westen und 27% im Osten sind „Hedomats".

5. Der *„perspektivenlos Resignierte"* schließlich zeichnet sich durch einen Werteverlust aus. Sowohl Pflicht- und Akzeptanzwerte als auch Selbstentfaltungswerte erfahren nur geringe Wertschätzung. Diesem Wertetypus gehören vor allem ältere Befragte an, aber auch jene, die auf Grund ihrer mangelhaften Ressourcenausstattung, z.B. in Hinblick auf Bildung, Arbeitslosigkeit etc. geringere gesellschaftliche Teilhabechancen haben. Im Jahr 1997 gehörten 19% im Westen und 20% im Osten (1990 nur 10%) diesem Wertetyp an. In den neuen Bundesländern verdoppelte sich angesichts der

ungünstigen wirtschaftlichen Entwicklung seine Gruppenstärke seit 1990. Bei den jüngeren Befragten sind die Anteilswerte für diesen Wertetyp allerdings mit 16% bzw. 15% nicht ganz so hoch.

Ein Ost-West-Vergleich in der Werteentwicklung zeigt, daß Werte der Konvention in den neuen Bundesländern wichtiger bleiben, wobei Selbstentfaltung in Ost und West nahezu die gleiche Bedeutungszuweisung erfährt. Die Wertekoexistenz, die sich ja auch in dem Wertetyp aktiver Realist widerspiegelt, ist also nach wie vor bedeutsamer in den neuen Bundesländern. Sie wird aber auch in den alten Bundesländern wichtiger, denn der Wertetyp aktiver Realist erfährt seit Ende der 80er Jahre einen stetigen Bedeutungsgewinn (vgl. Gensicke 1998c). Möglicherweise deutet sich hier ein Wertewandel an, der eine Annäherung des Westens an den Osten beinhaltet.

Die Annahme, daß Wertewandel mehrdimensional sei und Werte damit unabhängig voneinander entweder eine Bedeutungszunahme, -abnahme oder auch eine stabile Einschätzung erfahren können, erfordert nach Klages, daß auch die empirische Messung von Werten das Unabhängigkeitspostulat berücksichtigt. Werte müssen daher über unabhängige Wichtigkeitsskalen, das sogenannte Rating-Verfahren, erfaßt werden. Die Einschätzung der Wichtigkeit eines Wertes erfolgt also vollkommen unabhängig von der Bedeutungszuweisung, die einem anderen Wert gegeben wird. Eine konträre Auffassung der Wertemessung vertritt Inglehart, der davon ausgeht, daß die Wichtigkeit eines Wertes, seine Auf- oder Abwertung, immer mit der Bedeutungsveränderung eines anderen Wertes verbunden ist. Ingleharts Meßverfahren resultiert aus seiner theoretischen Annahme eines eindimensionalen Wertewandels, die im folgenden kurz dargestellt werden soll.

Ingleharts Postmaterialismustheorie basiert auf der These, daß in allen westlichen Industrienationen ein grundlegender Wertewandel stattfindet, der durch eine zunehmende Ablösung materialistischer Werte durch postmaterialistische Werte charakterisiert werden kann. Für „materialistisch" orientierte Personen haben Wirtschaft und Wohlstand sowie die Befriedigung von Sicherheitsbedürfnissen Priorität, während für „postmaterialistische" Personen nicht-wirtschaftliche Belange wie Respekt vor Ideen, Umweltschutz und auch gesellschaftliche Mitbestimmung Vorrang haben. Nach dem Zweiten Weltkrieg änderten sich mit den voranschreitenden Modernisierungsprozessen die Sozialisationsbedingungen junger Menschen dahingehend, daß soziale Sicherheit und wirtschaftlicher Wohlstand für die heranwachsenden Generationen zu einer

Selbstverständlichkeit wurden. Nach Ingleharts Sozialisationshypothese prägen die in der formativen Phase, d.h. in den ersten beiden Lebensjahrzehnten gemachten Erfahrungen die Bildung von Wertorientierungen dauerhaft. Die nachwachsenden jungen Generationen, die unter günstigen wirtschaftlichen und gesellschaftlichen Bedingungen aufwachsen, erwerben zunehmend postmaterialistische Orientierungen, da ihre materiellen Bedürfnisse, die in der individuellen Bedürfnishierarchie Vorrang haben (Mangelhypothese), weitgehend befriedigt sind. Damit werden sie zum Träger eines allgemeinen postmaterialistischen Wertewandels. Mit dem Altern der jungen Generationen und ihrem Nachrücken in der Generationenabfolge verändert sich somit das Werteprofil einer Gesellschaft.

Inglehart geht von einem Wandel entlang einer Wertedimension mit den beiden Polen Materialismus und Postmaterialismus aus. Eine Abnahme materialistischer Orientierungen muß zwangsläufig zu einer Zunahme postmaterialistischer Werte führen und umgekehrt. Die postulierte Eindimensionalität des Wertewandels wird von Inglehart auch methodisch in seinem Erhebungsinstrument umgesetzt, das ein eindeutiges Ranking von Werten, d.h. eine hierarchische Anordnung von Wertpräferenzen in einer Rangreihe, verlangt. Die Vergabe eines bestimmten Rangplatzes für einen Wert bedeutet somit, daß kein anderer Wert die gleiche Einstufung erfahren kann, sondern daß er höher oder niedriger bewertet werden muß. Die Gewichtung von Werten erfolgt also nicht unabhängig voneinander.

Die Eindimensionalitätsannahme von Inglehart ist theoretisch wie methodisch vielfach kritisiert worden.[3] Insbesondere Klages setzt sich kritisch mit dem Ansatz von Inglehart auseinander. Er geht – wie oben bereits ausgeführt – angesichts diverser gesellschaftlicher Modernisierungs- und Differenzierungsprozessen von einem mehrdimensionalen, auch ambivalenten Wertewandel aus und setzt dies in seinen Erhebungsinstrumenten um, indem er Wertorientierungen über Rating-Skalen erfaßt. Das Rating von Werten erlaubt unabhängige Wichtigkeitseinstufungen. Somit kann die gesellschaftlich relevante Koexistenz alter und neuer Werte erfaßt werden. Aber auch hierarchische Wertanordnungen, sofern sie in bestimmten Bevölkerungskreisen vertreten werden, können in den Blick genommen werden. Inglehart schließt jedoch mit seinen Ranking-Skalen eine parallele Werteorganisation aus. Neben diesen methodischen Einwänden spielt in der wissenschaftlichen Auseinandersetzung mit Ingleharts Postmaterialismusthese auch die Kritik am theoretischen Status der materialistischen und postmaterialistischen Zielvorstellungen eine große Rolle. Die Inglehartschen Wertpräferenzen hätten nicht den Status von Wertorientierungen. Werte seien internalisierte Konzeptionen des sozial Wünschbaren, die Inglehart-Items seien dagegen Einstellungen gegenüber politischen Issues, die durch aktuelle gesellschaftliche Entwicklungen wie z.B. die Höhe der Inflationsrate oder auch der Arbeitslosenrate mitbeeinflußt würden.

Trotz der vielfältigen Kritik an Ingleharts Wertewandelskonzept erfahren seine umfangreichen Forschungsarbeiten, die eine einmalige längsschnittliche und international vergleichende Datenbasis geschaffen haben, große Anerkennung. Meulemann (1996: 32 ff.) bezeichnet Ingleharts Vorgehensweise als beispielhaft, insofern er aus den hierarchischen Strukturbeziehungen von Werten gesellschaftliche Wandlungsprozesse ableite, die sich aus den Sozialisationsbedingungen von Individuen in den jeweiligen gesellschaftlichen Kontexten ergäben. Inglehart leiste damit die Verknüpfung von gesellschaftlichen Mikro- und Makroaspekten.

Die Konzeptualisierung von Werten im Jugendsurvey schließt sich der Auffassung eines mehrdimensionalen Wertewandels an. Jugendliche und junge Erwachsene sind in ihren Lebensentwürfen und Biographieverläufen Individualisierungs- und Pluralisierungsprozessen unterworfen, die eine Auseinandersetzung mit verschiedenen, für die einzelnen Lebensbereiche jeweils relevanten Werteräumen bedeutet. Multidimensionale Konzepte des Werteraumes erlauben eine Gleichzeitigkeit von Wandlungsprozessen für verschiedene Wertedimensionen. Sowohl zeithistorischer, lebenszyklischer als auch intergenerationeller Wertewandel kann unabhängig voneinander stattfinden. So unterliegen beispielsweise Werte, die traditionelle Tugenden der Pflicht und Akzeptanz vertreten, lebenszyklischen Veränderungsprozessen. Die Übernahme sozialer Verantwortungsrollen, wie z.B. der Eintritt in das Erwerbsleben, die Heirat, die Geburt des ersten Kindes (vgl. Klages 1988: 138 ff.), führt zu einer Aufwertung traditionaler Werte im Wertesystem des Individuums. Zugleich kann für den Bedeutungsrückgang traditionaler Werte in der Bevölkerung insgesamt ein intergenerationaler Wandel als Erklärung herangezogen werden. Dies läßt sich z.B. am Bedeutungsverlust des Erziehungszieles „Gehorsam und Unterordnung" aufzeigen, für den es in der BRD seit 1951 Zeitreihendaten gibt (vgl. Gensicke 1996a). Aber auch Periodeneffekte, wie z.B. die deutsche Vereinigung und der nachfolgende Transformationsprozeß, können zur Interpretation von Wertewandelstendenzen herangezogen werden. So konnte Klages nachweisen, daß die kurz nach der Vereinigung insbesondere in den neuen Bundesländern starken materialistischen Wertpräferenzen im Verlauf der 90er Jahren einem Anpassungsdruck an das niedrigere Westniveau unterlagen (Gensicke 1998a). Hier hat die schlechte wirtschaftliche Situation in den neuen Bundesländern zu einer Reduktion des Anspruchsniveaus der Bevölkerung beigetragen.

Werte und postmaterialistische Orientierungen im Zeitvergleich

Eine multidimensionale Sicht des Wertewandels erlaubt neben der Erfassung eines ausdifferenzierten Wertspektrums auch vielfältige Interpretationsmöglichkeiten. Deshalb findet im Jugendsurvey ein Werteinstrumentarium Anwendung, das in seiner Operationalisierung die unabhängige Wertmessung zuläßt. Zusätzlich soll aber im Jugendsurvey ein Instrument von Inglehart Anwendung finden, um der immer wieder in der Literatur aufgeworfenen Frage nachgehen zu können, in welchem Verhältnis die materialistischen und postmaterialistischen Zielvorstellungen von Inglehart zu allgemeinen Wertorientierungen stehen.

Im Jugendsurvey erfaßt die Frage nach den allgemeinen Wertorientierungen 18 Werte aus sieben Wertebereichen (Selbstverwirklichung, Kritikfähigkeit, Pflicht/Akzeptanz, Leistung, Materialismus, Hedonismus und Prosozialität/Verantwortungsbereitschaft) (vgl. Gille 1995a: 114 ff.).[4] Die Auswahl der Wertebereiche orientiert sich dabei zum einen an den von Klages und Inglehart vorgegebenen Dimensionen des Wertewandels wie der Zunahme von Selbstentfaltung und Postmaterialismus bzw. der Abnahme von Pflicht/Akzeptanz und Materialismus. Darüber hinaus werden auch jene Werte angesprochen, die soziales und politisches Engagement unterstützen.

Die beiden Wertebereiche Selbstverwirklichung und Kritikfähigkeit sprechen zentrale Aspekte moderner Lebensführung an.[5] Bedürfnisse nach Autonomie und Unabhängigkeit werden heute in die verschiedensten Handlungskontexte, wie Freizeit, Beruf und gesellschaftliches Engagement, mit großer Selbstverständlichkeit eingebracht. Vorgegebene Autoritäten werden kritisch hinterfragt. Werte der Selbstverwirklichung und Kritikfähigkeit werden auch häufig in Zusammenhang gebracht mit einer kritischen Haltung gegenüber Staat und Politik. Hedonistische und materialistische Werte haben in den modernen Konsumgesellschaften und insbesondere bei den jungen Generationen einen hohen Stellenwert. Verlieren aber deshalb „traditionelle Tugenden" wie Leistungsbereitschaft, Pflichtbewußtsein und Altruismus oder generell die Bereitschaft, sich für Belange anderer einzusetzen, an Bedeutung? Im Jugendsurvey wurden diese Wertebereiche ausgewählt, um auf der Ebene der Wertekonstitution Anhaltspunkte dafür zu erhalten, welche Rolle neben Selbstverwirklichung, Pflichtbewußtsein und Materialismus gemeinschaftsbezogene Werte bei Jugendlichen und jungen Erwachsenen heute spielen. Zunächst sollen die Ergebnisse zu den allgemeinen Wertorientierungen für 1997 im Vergleich zu 1992 dargestellt werden, wobei alte und neue Bundesländer jeweils getrennt betrachtet und auch geschlechtsspezifische Differenzen thematisiert werden. Zuerst werden die Häufigkeitsverteilungen zu den einzelnen Wertitems, weiterhin die Dimensionierung des Werteraumes und sich möglicherweise abzeichnende Trends eines Wertewandels sowie andere wichtige soziodemographische Einflußfaktoren vorgestellt.

Wie schon 1992 werden die 18 abgefragten wünschenswerten Verhaltensweisen bzw. Eigenschaften von den Jugendlichen und jungen Erwachsenen mehrheitlich für sehr wichtig gehalten. Verdeutlichen läßt sich dies an den relativ hohen mittleren Antworttendenzen, die auf dem Mittelwert über alle 18 Werturteile jedes Befragten basieren. Im Westen beträgt diese mittlere Antworttendenz 1992 7,7 und fünf Jahre später 7,5; im Osten für beide Erhebungszeitpunkte 7,8 (bei einer Skala von 1 bis 10). Die hohen mittleren Antworttendenzen sprechen zwar für eine hohe Bedeutsamkeit paralleler gleichstufiger Werteinschätzungen, aber es bleibt auch noch genügend Raum für individuelle Wertehierarchien. Dieser Raum hat sich 1997 im Westen noch vergrößert. Eine Bewertungsdifferenz von sechs bis neun Skalenpunkten in der Beurteilung zweier oder mehrerer Wertitems weisen 1997 55% der westdeutschen (1992: 41%) und 52% (1992: 50%) der ostdeutschen Befragten auf.

Betrachtet man die Vergabe der hohen Skalenwerte 8 bis 10 für die einzelnen Werte im Zeitvergleich, so lassen sich nur wenige Veränderungen gegenüber 1992 feststellen (vgl. Tabelle 5.1; die Wertitems sind in der Tabelle den jeweiligen theoretischen Wertebereichen zugeordnet). Die Spitzenplätze nehmen wiederum die verschiedenen Aspekte von Selbstentfaltung und Kritikfähigkeit ein, während Anpassung die geringste Wichtigkeit erhält. Zwischen den beiden Erhebungswellen treten Differenzen von mehr als fünf Prozentpunkten nur vereinzelt auf. Lediglich eine Wertveränderung bewegt sich im zweistelligen Bereich. „Das Leben genießen" wird 1997 von den ostdeutschen Befragten um 12 Prozentpunkte häufiger genannt als 1992. Weitere Aussagen über mögliche

Tabelle 5.1:
*Allgemeine Wertorientierungen 1992 und 1997 (in %)**

		West			Ost		
	Wertebereiche	*1992*	*1997*	*Diff.*	*1992*	*1997*	*Diff.*
Selbstverwirklichung	*eig. Fähigkeiten entfalten*	77	75	-2	79	81	2
	sich selbst verwirklichen	69	66	-3	71	77	6
	unabhängig sein	68	73	5	70	76	6
Kritikfähigkeit	*s. gg. Bevormund. wehren*	71	68	-3	75	71	-4
	durchsetzungsfähig sein	67	65	-2	73	72	-1
	kritisch sein	63	58	-5	65	64	-1
Pflicht/ Akzeptanz	*pflichtbewußt sein*	57	66	9	71	70	-1
	sich anpassen	32	25	-7	30	28	-2
Leistung	*etwas leisten*	64	62	-2	79	75	-4
	ehrgeizig sein	48	48	0	60	59	-1
Materialismus	*hohes Einkommen anstreben*	62	54	-8	75	73	-2
	auf Sicherheit bedacht sein	56	51	-5	62	62	0
Hedonismus	*das Leben genießen*	69	73	4	64	76	12
	tun und lassen, was man will	49	41	-8	40	38	-2
	ein aufregendes, spannendes Leben führen	48	52	4	48	51	3
Prosozialität/Verantwortungsbereitschaft	*anderen Menschen helfen*	59	58	-1	62	63	1
	Rücksicht auf and. nehmen	60	60	0	57	60	3
	Verantwortung für andere übernehmen	51	50	-1	51	50	-1

Quelle: DJI-Jugendsurvey 1992, 1997

* Anteil der Befragten, die die Skalenpunkte 8 bis 10 gewählt haben. Die Skala reicht von 1 (überhaupt nicht wichtig) bis 10 (sehr wichtig).

Trends bei den Wertorientierungen sollen aber erst nach der empirischen Überprüfung der Dimensionierung des Werteraums sowie der Konstruktion der Wertedimensionen vorgenommen werden.

Die Dimensionierung des Werteraumes wird über ein statistisches Verfahren ermittelt, das es erlaubt, eine größere Anzahl von Items auf wenige „Dimensionen" (Faktoren) zu reduzieren.[6] Der Werteraum zeigt eine zu 1992 sehr ähnliche Struktur (vgl. Tabelle 5.2, die die Faktorladungsmatrix für alle Befragten wiedergibt). Er läßt sich durch vier Faktoren beschreiben. Der erste, erklärungskräftigste Faktor beinhaltet die Wertebereiche Selbstverwirklichung und Kritikfähigkeit und wird als Wertedimension *Selbstentfaltung* bezeichnet. Der zweite und vierte Faktor werden jeweils durch einen Wertebereich repräsentiert, durch den *hedonistischen* Bereich bzw. durch Werte der *Prosozialität/Verantwortungsbereitschaft.* Der dritte Faktor, der sogenannte *Konventionalismus,* wird durch die drei Wertebereiche Pflicht/Akzeptanz, Leistung und Materialismus bestimmt. Diese vier Faktoren beschreiben jeweils Wertedimensionen.[7]

Tabelle 5.2:
*Faktorladungsmatrix zu den Wertorientierungen**

	Faktor 1 *Selbstentfaltung*	***Faktor 2*** *Hedonismus*	***Faktor 3*** *Konventionalismus*	***Faktor 4*** *Prosozialität*
kritisch sein	.67	-.15	.06	.17
eigene Fähigkeiten entfalten	.61	.09	.20	.16
sich anpassen	-.55	.19	.46	.44
sich selbst verwirklichen	.53	.18	.20	.09
sich gegen Bevormundung wehren	.48	.33	-.09	.14
unabhängig sein	.47	.27	.17	-.05
durchsetzungsfähig sein	.43	.25	.36	.02
e. aufregendes, spannendes Leben führen	.06	.80	-.10	.09
tun und lassen, was man will	-.11	.79	.02	-.11
das Leben genießen	.26	.60	.01	.05
ehrgeizig sein	.20	-.09	.75	-.14
ein hohes Einkommen anstreben	-.06	.34	.69	-.32
etwas leisten	.11	.00	.65	.16
pflichtbewußt sein	.06	-.24	.64	.19
auf Sicherheit bedacht sein	-.03	.00	.59	.27
Rücksicht auf andere nehmen	.08	.07	-.08	.85
anderen Menschen helfen	.02	.03	.01	.83
Verantwortung für andere übernehmen	.13	-.12	.10	.62

Quelle: DJI-Jugendsurvey 1997

* Hauptkomponentenanalyse mit schiefwinkliger Rotation. Dieser Matrix liegt die Gesamtstichprobe zugrunde.

Im folgenden soll das Verhältnis dieser vier Dimensionen zueinander dargestellt werden. Die empirisch gefundenen Wertedimensionen sind nicht unabhängig voneinander, sondern korrelieren positiv miteinander, wenn auch in unterschiedlichem Ausmaß. Dies ist eine deutliche Bestätigung des Klages'schen Wertewandelskonzepts, das parallele Werteorganisationen mitberücksichtigt. Eine Orientierung an Selbstentfaltung schließt eine Orientierung an Konventionalismus und Prosozialität nicht aus. Die Korrelationen dieser Wertedimensionen untereinander sind mit Koeffizienten um .4 recht deutlich (vgl. Tabelle 5.3). Die hedonistische Wertedimension weist zwar einen engen Bezug zu Selbstentfaltung auf, aber nur einen schwachen Zusammenhang mit den konventionellen Werten und keinen Zusammenhang mit den prosozialen Orientierungen.[8] Eine hedonistische Lebenshaltung ist wohl mit einer sozial verantwortlichen und zum Teil auch mit einer konventionellen Orientierung schwer vereinbar. An späterer Stelle wird auf den Zusammenhang dieser Wertedimensionen in bezug auf die Bereitschaft zu sozialer und politischer Partizipation eingegangen.

Tabelle 5.3:
Korrelationsmatrix für Wertedimensionen und Postmaterialismus-Index (Pearsons r)

West / *Ost*	*Selbstentfaltung*	*Konventionalismus*	*Hedonismus*	*Prosozialität*	*Postmaterialismus*
Selbstentfaltung		.42	.45	.41	.04
Konventionalismus	.40		.22	.40	-.19
Hedonismus	.43	.16		.02	-.06
Prosozialität	.36	.42	-.01		.08
*Postmaterialismus**	.07	-.17	-.03	.07	

Quelle: DJI-Jugendsurvey 1997

* Der Postmaterialismus-Index wurde dichotomisiert in folgende zwei Gruppen: Materialisten und Gemischt-Materialisten auf der einen Seite und Postmaterialisten und Gemischt-Postmaterialisten auf der anderen Seite.

Im folgenden soll die empirische Verteilung der vier Wertedimensionen für 1992 und 1997 im Vergleich dargestellt werden. Die Wertorientierungen Jugendlicher und junger Erwachsener erweisen sich über einen Zeitraum von fünf Jahren als außerordentlich stabil (vgl. Tabelle 5.4). Selbstentfaltungswerte sind Jugendlichen und jungen Erwachsenen nach wie vor am wichtigsten. Die etwas stärkere Bedeutung von Selbstentfaltung in den neuen Bundesländern bleibt erhalten; die Differenz zu den alten Bundesländern vergrößert sich gegenüber 1992 von sechs auf elf Prozentpunkte. Auch 1997 sind die ostdeutschen Befragten stärker konventionell orientiert im Vergleich zu ihren westdeutschen Altersgenossen. In beiden Landesteilen hat dieser Wertebereich jedoch etwas an Bedeutung verloren (im Westen um fünf Prozentpunkte, im Osten um vier Prozentpunkte). In den neuen Bundesländern findet sich also insgesamt wieder ein größerer Anteil von Befragten, die Selbstentfaltung und Konventionalismus hoch bewerten. Während 1992 der Westen mit Prozentwerten von 29% etwas hedonistischer war (Ost 26%), ist es nun der Osten mit 29% (West 27%). Die prosozialen Werte behalten ihre relativ hohe Bedeutung bei.

Tabelle 5.4:
*Wertedimensionen 1992 und 1997 (in % der Befragten, die die jeweilige Wertedimension stark anstreben)**

	West			*Ost*		
	1992	*1997*	*Differenz*	*1992*	*1997*	*Differenz*
Selbstentfaltung	39	36	-3	46	47	1
Konventionalismus	20	15	-5	29	25	-4
Hedonismus	29	27	-2	26	29	3
Prosozialität	29	28	-1	30	32	2

Quelle: DJI Jugendsurvey 1992, 1997

* Die Wertedimensionen wurden jeweils trichotomisiert in folgende Bereiche: 1,0–6,7 = niedrig, 6,8–8,5 = mittel und 8,6–10 = hoch.

Vergleicht man Frauen und Männer im Hinblick auf ihre Wertpräferenzen, so ergeben sich einige Unterschiede, die sich in das Bild traditioneller Geschlechterrollen einfügen. Frauen sind stärker prosozial orientiert als Männer. Die jungen Männer weisen stärkere hedonistische Orientierungen auf (vgl. Tabelle 5.5).[9] Während sich Frauen häufiger in der Rolle der Fürsorgenden, Pflegenden und sozial Verantwortlichen wahrnehmen, entwickeln Männer stärker egoistische Konsum- und Genußwünsche.

Im Jugendsurvey wie auch in vielen (internationalen) Untersuchungen findet die Kurzversion des Standardinstruments von Inglehart Anwendung. Diese basiert auf einer Rangordnung von vier politischen Zielen.[10] Die beiden ma-

Tabelle 5.5:
*Wertedimensionen nach Geschlecht 1992 und 1997 (in % der Befragten, die die jeweilige Wertedimension stark anstreben)**

		Männer		Frauen	
		1992	1997	1992	1997
West	*Selbstentfaltung*	41	36	38	37
	Konventionalismus	20	14	19	16
	Hedonismus	31	30	27	25
	Prosozialität	26	24	32	33
Ost	*Selbstentfaltung*	47	47	45	47
	Konventionalismus	29	23	29	27
	Hedonismus	28	33	24	26
	Prosozialität	25	27	36	36

Quelle: DJI-Jugendsurvey 1992, 1997

* Von den Werteskalen, die von 1 (überhaupt nicht wichtig) bis 10 (sehr wichtig) reichen, wurde hierfür der Skalenbereich von 8,6 bis 10 berücksichtigt.

terialistischen Zielvorstellungen lauten: „Aufrechterhaltung von Ruhe und Ordnung in diesem Lande“ und „Kampf gegen die steigenden Preise“. Die postmaterialistischen Items sind: „Mehr Einfluß der Bürger auf die Entscheidungen der Regierung“ und „Schutz des Rechts auf freie Meinungsäußerung“. Die Befragten müssen diese vier Ziele in eine Rangordnung bringen. Als (reine) Postmaterialisten bzw. (reine) Materialisten werden diejenigen Befragten klassifiziert, die beide postmaterialistischen bzw. beide materialistischen Ziele auf die ersten beiden Ränge setzen. Die „gemischt-postmaterialistischen“ Befragten setzen ein postmaterialistisches Ziel auf den ersten Rang und ein materialistisches auf den zweiten, die „gemischt-materialistischen“ vergeben die beiden ersten Ränge genau umgekehrt.

Postmaterialistische Haltungen sind für die westdeutschen Befragten zu beiden Erhebungszeitpunkten deutlich wichtiger (vgl. Abbildung 5.1). Die materialistischen und gemischt-materialistischen Wertetypen spielen dagegen in den neuen Bundesländern eine größere Rolle. Zwischen 1992 und 1997 zeigen sich nur schwache Veränderungen, wie die Abnahme der Materialisten (um vier Prozentpunkte im Westen und sechs Prozentpunkte im Osten). Die stärkere

Vertretung postmaterialistischer Werte im Westen (um neun Prozentpunkte) bleibt jedoch erhalten. Die Befragten aus den neuen Bundesländern bewerten angesichts der unverändert schwierigen wirtschaftlichen Situation Items wie „ein hohes Einkommen anstreben" oder „auf Sicherheit bedacht sein" deutlich höher (vgl. Tabelle 5.1), und dies geht durchaus mit stärkeren materialistischen Wertpräferenzen im Inglehartschen Sinne einher.

Abbildung 5.1:
Postmaterialismus-Index für 1992 und 1997 (in %)

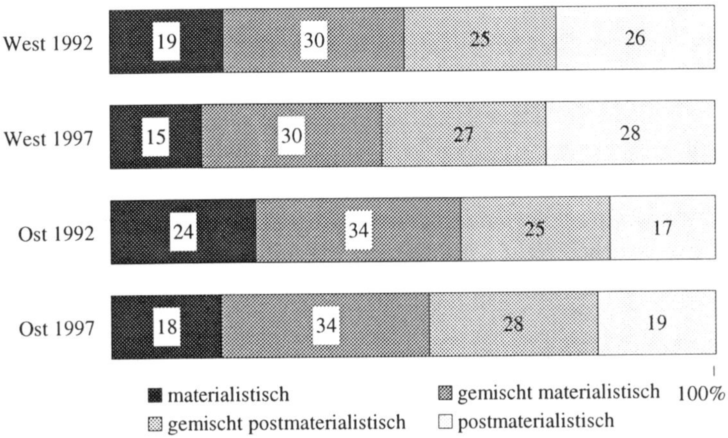

Quelle: DJI-Jugendsurvey 1992, 1997

Die Einbindung der postmaterialistischen Haltungen in die allgemeinen Wertorientierungen zeigt für 1997 ein ganz ähnliches Bild wie für 1992. Allenfalls die konventionellen Werte stehen in einem schwachen Bezug zu den materialistischen Wertpräferenzen von Inglehart (vgl. Tabelle 5.3). Eine hohe Gewichtung von Pflicht-, Leistungs- und Materialismuswerten wirkt eher unterstützend auf die Wahl der materialistischen Ziele von Inglehart. Bemerkenswert ist, daß die Wertedimension Selbstentfaltung in keinem Zusammenhang mit der Wahl postmaterialistischer Zielvorstellungen steht. Hier werden in der allgemeinen Wertefrage offenbar Lebensziele angesprochen, die sich auf private, familiale oder berufliche Lebensräume beziehen, während die Inglehart-Ziele doch eher den politischen Bereich ansprechen.

Einflußfaktoren auf Wertorientierungen

Bei der Betrachtung der Wertorientierungen im Zeitverlauf wurden bereits die Unterschiede nach Regions- und Geschlechtszugehörigkeit dargestellt. Die stärkere Bedeutung von Selbstentfaltungs- und Konventionalismuswerten in den neuen Bundesländern und auch die stärkere Orientierung der Frauen an prosozialen und der Männer an hedonistischen Werten ist über beide Erhebungszeitpunkte stabil. Im folgenden soll die Wirkung weiterer ausgewählter soziodemographischer Einflußfaktoren wie Bildung, Lebensalter und Familienstand auf die allgemeinen Wertorientierungen und die postmaterialistischen Orientierungen kurz dargestellt werden.

Das angestrebte bzw. erreichte Bildungsniveau der Befragten spielt eine wichtige Rolle bei der Ausprägung sowohl von allgemeinen Wertorientierungen wie auch der postmaterialistischen Haltungen im Sinne Ingleharts. Befragte mit formal höheren Bildungsabschlüssen vertreten stärker Werte der Selbstentfaltung und des Postmaterialismus (vgl. Tabellen 5.6 und 5.7) und sind zurückhaltender in der Bewertung konventioneller Werte. Diese Zusammenhänge fanden sich 1992 in ähnlicher Weise. Der längere Verbleib in Bildungsinstitutionen

Tabelle 5.6:
*Wertedimensionen nach Bildungsniveau (Spaltenprozent)**

		West			*Ost*		
		Haupt-schule	*Mittlere Reife*	*(Fach-) Abitur*	*Haupt-schule*	*Mittlere Reife*	*(Fach-) Abitur*
Selbstentfaltung	*niedrig*	21	18	12	18	10	7
	hoch	33	36	37	45	45	51
Konventionalismus	*niedrig*	30	26	42	22	19	29
	hoch	24	17	10	29	28	18
Hedonismus	*niedrig*	33	30	37	26	34	41
	hoch	30	29	25	42	30	24
Prosozialität	*niedrig*	34	33	25	38	32	24
	hoch	29	26	29	27	32	33

Quelle: DJI-Jugendsurvey 1997

* Die Wertedimensionen wurden jeweils trichotomisiert in folgende Bereiche: 1,0–6,7 = niedrig, 6,8–8,5 = mittel und 8,6–10 = hoch. Die mittlere Kategorie ist nicht abgebildet.

Tabelle 5.7:
Postmaterialismus-Index nach Bildungsniveau (Spaltenprozent)

	West			Ost		
	Haupt-schule	*Mittlere Reife*	*(Fach-) Abitur*	*Haupt-schule*	*Mittlere Reife*	*(Fach-) Abitur*
materialistisch	22	19	10	26	22	10
gemischt materialistisch	37	31	26	38	35	32
gemischt postmaterialist.	26	27	28	29	28	28
postmaterialistisch	15	22	37	8	15	30
n	865	1326	2092	271	1222	857

Quelle: DJI Jugendsurvey 1997

bedeutet nicht nur eine vermehrte Aufnahme von Wissensinhalten, die eine eigene kritische Stellungnahme gegenüber gesellschaftlichen Themen erleichtert und Ansprüche an gesellschaftlicher Mitsprache unterstützt, sondern stellt auch im Hinblick auf die Ressourcenausstattung des Individuums einen Vorteil bei der späteren Positionierung in der Gesellschaft dar. Inglehart interpretiert zwar den Zusammenhang von Bildung und Postmaterialismus nur als einen indirekten, da nicht die höhere Bildung an sich postmaterialistische Haltungen begünstige, sondern die mit einem solchen Bildungsverhalten verbundenen gesicherten ökonomischen Verhältnisse der Herkunftsfamilie (Inglehart/Abramson 1994). Letztlich entstünden die Forderungen nach politischer Mitsprache und nach Meinungsfreiheit wohl eher aus einer gesicherten sozialen Position, in der die Betroffenen über mehr Ressourcen zur Teilhabe in der Gesellschaft verfügen als jene, die sich in einer unsicheren wirtschaftlichen Situation befinden.

Gerade in bezug auf die Inglehart-Items wird häufig der Einfluß des Lebensalters thematisiert. Inglehart postuliert ja einen intergenerationellen Wertewandel, der über die nachwachsenden, jüngeren Generationen, die deutlich weniger materialistisch orientiert sind als die älteren, in die Gesamtgesellschaft hineingetragen wird. Mit dem Jugendsurvey und seiner – für solche Analysen sozialen Wandels relativ kleinen – Altersspanne von 16 bis 29 Jahren lassen sich solche Effekte kaum zeigen. Zieht man den ALLBUS 1998 heran, so kann man sehen, daß die Materialisten in den älteren Bevölkerungsgruppen, die Postmaterialisten in den jüngeren stärker vertreten sind. Dieser Befund gilt für beide Landesteile gleichermaßen: In den alten Bundesländern steigt der Anteil der Materialisten von 15% bei den 18- bis 29jährigen kontinuierlich an bis auf 28% bei der Altersgruppe der ab 60jährigen, in den neuen Bundesländern betragen die entsprechenden Prozentwerte 25% und 37%.[11] Bei den allgemeinen Wertorientierungen des Jugendsurveys lassen sich kaum Alterseffekte nachweisen. Nur bei der hedonistischen Wertorientierung zeigt sich – ebenso wie 1992 – ein Zusammenhang mit dem Lebensalter der Befragten. Die jüngste Altersgruppe der 16- bis 17jährigen, die sicherlich noch die geringsten Verpflichtungen hat, was Erwerbstätigkeit oder Partnerschaft angeht, zeigt hier die höchsten Wichtigkeiten mit 35% in den alten und 42% in den neuen Bundesländern. Mit steigendem Lebensalter gehen die hedonistischen Orientierungen zurück. Bei der ältesten Befragtengruppe, den 27- bis 29jährigen, betragen hier die Anteile noch 26% in den alten und 19% in den neuen Bundesländern. Der Rückgang mit dem Lebensalter ist nicht nur in den neuen Bundesländern ausgeprägter, sondern ebenfalls in der Gruppe der weiblichen Befragten. Dies läßt sich damit erklären, daß in den neuen Bundesländern bereits mehr Befragte erwerbstätig sind und eine eigene Familie gegründet haben, und zwar vor allem die älteren Jahrgangsgruppen und in einem stärkeren Maße die Frauen.

Klages und Gensicke haben in ihren umfangreichen empirischen Untersuchungen zum Wertewandel sehr deutlich den Einfluß der verschiedenen Lebensetappen auf Wertorientierungen bzw. die von ihnen konstruierten Wertetypen nachgewiesen (Klages/Gensicke 1993, Gensicke 1994, 1996a). Die empirische Basis ihrer Untersuchungen waren meistens Befragungen mit Personen ab 18 Jahren, so daß ihnen für die Beschreibung der Trägermerkmale der verschiedenen Wertetypen ausreichendes empirisches Material im Hinblick auf die verschiedenen lebenszyklischen Etappen vorlag. Im DJI-Jugendsurvey ist aufgrund der jugendlichen Befragtenpopulation nur ansatzweise eine lebenszyklische Betrachtung möglich. Wichtige Lebensetappen stellen das Zusammenziehen mit einem Partner sowie die Elternschaft dar. Im folgenden soll der Einfluß der Lebensform auf die Werturteile der Befragten in den Blick genommen werden (vgl. Tabellen 5.8 und 5.9).[12] Bei den Verheirateten, die ja auch oft schon Kinder haben, spiegeln sich die größeren gesellschaftlichen Verpflichtungen in ihren Wertmustern wider: Sie sind etwas konventioneller, im Inglehartschen Sinne materialistischer und weniger hedonistisch orientiert. Ob nun aber unsere Interpretation zutrifft, daß bestimmte Lebensereignisse wie z.B. das Heiraten verantwortlich für Wertveränderungen sind, oder ob nicht umgekehrt angenommen werden muß, daß Personen mit konservativen Werten eher dazu neigen,

Tabelle 5.8:
*Wertedimensionen nach Familienstand (Spaltenprozent)**

		West			Ost		
		ledig	*ledig m. Partner*	*verheiratet*	*ledig*	*ledig m. Partner*	*verheiratet*
Selbstentfaltung	*niedrig*	14	15	22	10	11	9
	hoch	37	38	33	48	43	50
Konventionalismus	*niedrig*	37	37	26	25	25	13
	hoch	14	13	19	23	24	34
Hedonismus	*niedrig*	33	34	36	32	39	40
	hoch	29	27	23	33	26	20
Prosozialität	*niedrig*	29	34	25	31	30	24
	hoch	28	26	29	30	35	38

Quelle: DJI-Jugendsurvey 1997

* Die Wertedimensionen wurden jeweils trichotomisiert in folgende Bereiche: 1,0–6,7 = niedrig, 6,8–8,5 = mittel und 8,6–10 = hoch. Die mittlere Kategorie ist nicht abgebildet.

Tabelle 5.9:
Postmaterialismus-Index nach Familienstand (Spaltenprozent)

	West			Ost		
	ledig	*ledig m. Partner*	*verheiratet*	*ledig*	*ledig m. Partner*	*verheiratet*
materialistisch	13	15	23	17	15	26
gemischt materialistisch	30	28	30	33	36	39
gemischt postmaterialist.	27	29	27	29	28	22
postmaterialistisch	30	29	21	21	22	13
n	2904	524	805	1593	335	397

Quelle: DJI Jugendsurvey 1997

zu heiraten, diese Frage versuchte Bien (1996b) anhand von umfangreichen Panelanalysen zu klären.[13] Dabei stellte sich heraus, daß Lebensereignisse wie Heirat und Geburt von Kindern tatsächlich ein Auslöser sind für Werteveränderungen in Richtung konservativer und materialistischer Einstellungen.

Wertetypen im Zeitvergleich: die besondere Bedeutung der Wertekoexistenz in den neuen Bundesländern

Die allgemeinen Wertorientierungen sowie der Inglehart-Index zeigen im Ost-West-Vergleich und für beide Erhebungszeitpunkte ganz ähnliche Ausprägungen und Zusammenhangsstrukturen. Ebenso findet sich 1997 bei den ostdeutschen Befragten eine stärkere Neigung, verschiedene Wertebereiche zugleich höher zu bewerten, d.h. Wertekombinationen mit jeweils hohen Ausprägungen unterschiedlicher Wertebereiche zu bilden. Dies kann anhand einer Wertetypologie verdeutlicht werden, die die Befragten danach unterscheidet, ob sie die beiden Wertedimensionen Selbstentfaltung und Konventionalismus jeweils hoch, beide niedrig bzw. eine hoch und die andere niedrig einstufen. Beide Wertedimensionen werden zu diesem Zweck dichotomisiert in etwa gleich große Befragtengruppen, die die entsprechenden Dimensionen jeweils niedrig bzw. hoch bewerten (vgl. Tabelle 5.10).

Tabelle 5.10:
*Bildung der Wertetypologie „Konventionalismus versus Selbstentfaltung"**

		Selbstentfaltung	
		niedrig	*hoch*
Konventionalismus	*niedrig*	Werteminimalismus	„reine Selbstentfaltung"
	hoch	„reiner Konventionalismus"	Wertekoexistenz

* Die beiden Wertedimensionen werden jeweils an ihren Medianen dichotomisiert in zwei Befragtengruppen von ca. 50%, die die entsprechenden Wertedimensionen niedrig bzw. hoch bewerten.

Die Verknüpfung gerade dieser beiden Wertedimensionen erscheint sinnvoll, da in der Wertewandelsdiskussion hauptsächlich auf deren Veränderungen Bezug genommen wird und beide Wertegruppen, wenn auch in unterschiedlicher Richtung, Einfluß nehmen auf die Entwicklung politischen Interesses und politischer Verhaltensbereitschaften (vgl. Gille 1995a). Die vier Wertetypen lassen sich folgendermaßen beschreiben:

1. die „reinen Konventionellen": das sind jene Befragten, die die konventionellen Werte stark anstreben und zugleich die Selbstentfaltungswerte niedrig bewerten;
2. die Werteminimalisten: bewerten beide Wertedimensionen niedrig;

3. die Wertepluralisten: verleihen beiden Wertedimensionen hohe Wertschätzung (Wertekoexistenz);
4. der Typus „reine Selbstentfaltung“: dies sind jene Befragten, die die Selbstentfaltungswerte stark anstreben und zugleich konventionelle Werte niedrig bewerten.

Während die „reinen“ Wertetypen, sei es im Hinblick auf Konventionalismus oder Selbstentfaltung, keine große Rolle bei jungen Erwachsenen spielen, bilden Werteminimalisten und -pluralisten größere Gruppen. Dies spricht dafür, daß Jugendliche, die diesen Wertetypen angehören, weniger zu hierarchischen Werteorganisationen neigen, sondern Selbstentfaltung und Konventionalismus eher parallel bewerten, wobei dies auf einem hohen (Wertepluralismus) oder auf einem niedrigen Niveau geschehen kann (Werteminimalismus). Die Wertekoexistenz bleibt auch 1997 für die ostdeutschen Befragten der wichtigste Wertetyp (vgl. Tabelle 5.11). Dieser Wertetyp kommt in seiner inhaltlichen Ausrichtung dem Klages'schen Wertetypus „aktiver Realist“ sehr nahe.

Tabelle 5.11:
Wertetypologie „Konventionalismus versus Selbstentfaltung“ nach Geschlecht 1992 und 1997 (Spaltenprozent)*

		Männer		***Frauen***	
		1992	*1997*	*1992*	*1997*
West	*„reiner Konventionalismus“*	17	17	19	18
	Werteminimalismus	36	42	38	40
	Wertekoexistenz	29	23	27	25
	„reine Selbstentfaltung“	18	18	16	17
	n	2242	2074	2132	1947
Ost	*„reiner Konventionalismus“*	20	18	25	20
	Werteminimalismus	28	29	26	28
	Wertekoexistenz	41	36	37	37
	„reine Selbstentfaltung“	12	16	12	15
	n	1253	1197	1210	1128

Quelle: DJI-Jugendsurvey 1992, 1997

* Die beiden Wertedimensionen Konventionalismus und Selbstentfaltung wurden für die Typologie jeweils an ihren Medianen dichotomisiert in zwei Befragtengruppen von ca. 50%, die die entsprechenden Wertedimensionen niedrig bzw. hoch bewerten. Grundlage für die Dichotomisierung sind die Eckwerte von 1992.

Die stärkere Bedeutung der Wertekoexistenz dieser scheinbar widersprüchlichen Wertebereiche für ostdeutsche Befragte wurde vielfach auch in anderen Untersuchungen nachgewiesen (vgl. Gensicke 1998a, Reitzle/Silbereisen 1996, Schmidtchen 1997). Die gleichermaßen hohe Wichtigkeit von modernen und traditionellen Werten im Osten ist also nicht nur ein kurzfristiger Effekt der deutschen Vereinigung, sondern eine eher auf Dauer angelegte Besonderheit in der Wertestruktur Ostdeutscher. Gensicke (1998b) interpretiert die stärkere Bereitschaft der Ostdeutschen, eine Wertesynthese einzugehen, in der Weise, daß die Bürger in den neuen Bundesländern dem allgemeinen Wertewandel voraus seien und hier eigentlich die Westdeutschen hinterherhinkten, aber ansonsten parallele Werteentwicklungen in Ost- und Westdeutschland zu beobachten seien. Den Überhang an materialistischen und konventionalistischen Werten im Osten versteht er als eine temporäre Reaktion, die der schlechteren materiellen Situation im Hinblick auf Lebensqualität und Arbeitsmarktrisiken in den neuen Bundesländern geschuldet sei. Meulemann (1996) hingegen versteht die Werteentwicklungen in West und Ost weniger als parallele. Er stellt vielmehr fest, daß sich Ost- und Westdeutsche in vielen Bereichen weiterhin sehr distanziert gegenüberstehen oder sich sogar die Wertunterschiede vergrößern. „Die konstante oder gar wachsende Distanz der Werte kann als Beleg für die in der Öffentlichkeit oft beschworene ‚innere Mauer' gewertet werden" (Meulemann 1998b: 7). Nach Meulemann verlören zwar bestimmte moralische Grundsätze, wie der Respekt vor Gemeineigentum, Ehe und dem eigenen Leben in Ostdeutschland an Bedeutung. Sie näherten sich damit in ihrem Akezptanzniveau dem niedrigeren Westniveau an, zugleich genießen aber im Osten andere Werte wie Leistung, Familie und konventionelle Erziehungsziele deutlich höhere oder wie die Religion deutlich niedrigere Wertschätzung als im Westen (Meulemann 1998c). Den Grund für die hohe Wertschätzung von konservativen Werten sieht Meulemann und ganz ähnlich auch Gensicke in den der Transformation geschuldeten schwierigen Lebensbedingungen. Die hohe Wertschätzung dieser Bereiche gebe den Ostdeutschen Orientierungssicherheit. Nachdem das politische und wirtschaftliche System der DDR zusammengebrochen sei, werde Arbeit zum „Fixpunkt für das Selbstverständnis der Ostdeutschen" und Familie zum „Sicherheitsanker in den Turbulenzen der Transformation". Somit würden konventionelle Erziehungsziele zu einer sicheren Investition in die noch ungewisse Lebensplanung für die Kinder (Meulemann 1998c: 436). Auch im DJI-Jugendsurvey ist die stärkere Vertretung materialistischer und konventioneller Werte der ostdeutschen Jugendlichen und jungen Erwachsenen ein über die beiden Erhebungszeitpunkte konstantes Ergebnis.

Zusammenfassung: Stabile Werte bei jungen Menschen in den 90er Jahren

Ein Vergleich der Ergebnisse zu den Wertorientierungen für die beiden Erhebungszeitpunkte des Jugendsurveys liefert kaum Anhaltspunkte für mögliche Wertewandelstrends. Die Beobachtung von Wertewandel setzt auch sicherlich größere Zeiträume voraus. Das Resultat ist vielmehr – wie bereits eingangs als Hypothese formuliert – ein über den Zeitraum von fünf Jahren stabiles Werteprofil Jugendlicher und junger Erwachsener. Die stärkste Veränderung betrifft die konventionellen Werte, die in Ost und West um vier bis fünf Prozentpunkte an Bedeutung verlieren. Die Jugenduntersuchung von Silbereisen, Vaskovics und Zinnecker (1996) kommt wie der Jugendsurvey zu dem Schluß, daß die Werteprofile der ost- und westdeutschen Befragten relativ stabil sind. Beide Jugendstudien bestätigen die stärkere Bedeutung konventioneller Werte für die ostdeutschen Jugendlichen und jungen Erwachsenen in den 90er Jahren. Auch im Speyerer Wertesurvey 1997 (vgl. Gensicke 1998a), der auf einer repräsentativen Befragung von Personen ab 18 Jahren basiert, finden sich sowohl bei den Jugendlichen als auch bei den Erwachsenen in den neuen Bundesländern höhere Wichtigkeiten für konventionelle Werte wie Ordnung, Fleiß, Disziplin und materielle Absicherung im Vergleich zu den westlichen Befragtengruppen. Dieser höhere Konventionalismus im Osten ist mit einer hohen Wertigkeit von Selbstentfaltung verknüpft, so daß sich auch hier die stärkere Bedeutung der Wertekoexistenz bei den ostdeutschen Befragten finden läßt. Diese stärkere Neigung der Ostdeutschen, eine Wertesynthese einzugehen, kann zum einen damit begründet werden, daß junge Menschen in den neuen Bundesländern – biographisch gesehen – früher Verantwortung für eine eigene Familie übernehmen und in das Erwerbsleben eintreten. Die Übernahme solcher Rollen ist aber mit einem Zuwachs an traditionellen Orientierungen verbunden. Meulemann (1998c) versteht die stärkere Gewichtung traditioneller Werte wie Erziehungsziele der Konformität oder die Wertschätzung von Familie und Leistung im Osten als Relikt einer staatlichen Indoktrination durch das DDR-Regime, die nun zwar nicht mehr notwendig sei, aber den Bürgern in den neuen Bundesländern in der Transformation Orientierungssicherheit gebe. Zum anderen erfahren in den neuen Bundesländern auch individualistische Orientierungen hohe

Wertschätzung, so daß es hier zu einem Nebeneinander von traditionellen und modernen Orientierungen kommt. Gensicke (1998b) sieht in der Koexistenz dieser Wertegruppen ein Problem auf der Gefühlsebene des Subjekts insofern, als die Lebensumstände in den neuen Bundesländern mit ihren deutlich begrenzten Chancenstrukturen gerade die Befriedigung von Bedürfnissen nach Selbstbestimmung erschwerten und somit Frustrationen entstünden, deren individuelle Bewältigung auf Dauer schwieriger werden könnte.

Meulemann (1996) und Gensicke (1998b) berichten auf Grund von Daten aus Erwachsenenpopulationen einen Rückgang postmaterialistischer Haltungen sowohl in den alten wie in den neuen Bundesländern.[14] Dies kann anhand der Stichprobe des Jugendsurveys mit ihrem altersmäßigen Zuschnitt nicht bestätigt werden. Interessant sind die berichteten Ergebnisse zur Entwicklung des Postmaterialismus anhand von Erwachsenenpopulationen vor allem deshalb, weil sie ein Beispiel dafür sind, wo Auswirkungen der Vereinigung auch in den alten Bundesländern beobachtbar sind. Die Verschärfung der wirtschaftlichen Problemlage seit der Vereinigung führte bei den ost- und westdeutschen Befragten zu einer stärkeren Wahl materialistischer Zielvorstellungen, die ja auch Forderungen nach ökonomischer und sozialer Absicherung beinhalten. Insofern ist Meulemann zuzustimmen, daß die Vereinigung bis auf den Postmaterialismus keinen Wertewandel in den alten Bundesländern ausgelöst hat.

5.2 Die Wichtigkeit von Lebensbereichen

Mit den Wertorientierungen lassen sich Muster von persönlich angestrebten Eigenschaften und Verhaltensweisen beschreiben, die in verschiedenen Teilpopulationen wie beispielsweise den weiblichen und männlichen Befragten, den Höher- und Niedriggebildeten, den Ost- und Westdeutschen etc. jeweils unterschiedliche Schattierungen aufweisen. Mädchen und junge Frauen sind zurückhaltender in ihren hedonistischen Wünschen und stärker prosozial orientiert als ihre männlichen Altersgenossen. Damit spiegeln sich bereits in den Wertorientierungen junger Erwachsener Geschlechtsrollenbilder wider, die den Frauen stärker soziale Tugenden zuschreiben, wie die Bereitschaft, anderen Menschen zu helfen oder Verantwortung für andere zu übernehmen. Noch deutlicher treten die unterschiedlichen Rollenbilder von Mann und Frau hervor, wenn man nach dem Stellenwert von eher privaten und öffentlichen Lebensbereichen im Leben Jugendlicher und junger Erwachsener fragt. Die jungen Frauen orientieren sich im Vergleich zu den Männern stärker am privaten Bereich, an Partnerschaft, Kindern und Familie (vgl. Gille 1995b).

Die Frage nach der subjektiven Wichtigkeit von Lebensbereichen[15] erfaßt zentrale Vorstellungen zur Lebensplanung. Sie gibt zum einen Auskunft über die persönliche Wichtigkeit von geplanten oder auch bereits realisierten Lebensetappen und zum anderen vermittelt sie einen Eindruck darüber, welche Bereiche in den Lebensplänen Jugendlicher dominant sind, welche Bereiche gleichberechtigt sind und welche nachgeordnet werden. Mit dieser Frage soll auch der Stellenwert des Lebensbereichs Politik im Vergleich zum privaten, familialen und beruflichen Bereich empirisch beschrieben werden. Damit kann Aufschluß darüber erlangt werden, welche Rolle Orientierungen an kulturellen und öffentlichen Belangen neben den zentralen Lebensbereichen des privaten Freundeskreises, der Familie und des Berufs spielen. Der persönliche Stellenwert eines Lebensbereichs ist sicherlich mit unterschiedlichen individuellen Begründungen verbunden. Ein Lebensbereich kann deshalb sehr wichtig sein, weil eine Person darin besonders stark involviert ist. Jüngere Befragte, die beispielsweise noch bei den Eltern wohnen und Schüler sind, bewerten die Herkunftsfamilie und die Ausbildung sehr hoch. Ältere Befragte dagegen, die bereits berufstätig sind und eine Familie gegründet haben, geben insbesondere den Lebensbereichen eigene Familie und Kinder und dem Beruf hohes Gewicht (Gille 1995b). Neben diesen unmittelbaren Effekten des Lebenszyklus auf die Bewertungen können aber auch andere Aspekte eine Rolle spielen. So nimmt beispielsweise die eigene Familiengründung eine zentrale Rolle in den Lebensentwürfen fast aller Befragten ein, obwohl dieser Lebensabschnitt nur von einer Minderheit bereits realisiert ist. Hier spiegeln sich in den Lebensplänen der Befragten Biographieentwürfe wider, die gesellschaftlich abgestützt und normiert sind.

Trends der 90er Jahre

Zunächst sollen die Ergebnisse zur Lebensbereichsfrage im Hinblick auf mögliche Veränderungstendenzen zwischen den beiden Wellen des Jugendsurveys dargestellt werden. Die große Bedeutung der privaten Lebensbereiche und die relativ geringe des Politikbereichs sind 1992 und 1997 stabile Strukturen (vgl. Tabelle 5.12). Freizeit, Freunde sowie die Herkunftsfamilie sind für die jungen Menschen am wichtigsten. Kunst/Kultur, Politik und Religion sind wiederum

Tabelle 5.12:
*Wichtigkeit von Lebensbereichen 1992 und 1997 (in %)**

	West			Ost		
	1992	*1997*	*Differenz*	*1992*	*1997*	*Differenz*
Freunde und Bekannte	92	95	3	94	96	2
Freizeit und Erholung	91	89	-2	89	92	3
Eltern und Geschwister	86	87	1	85	91	6
Partnerschaft	80	85	5	76	83	7
Schul-/Berufsausbildung	79	83	4	82	86	4
Beruf und Arbeit	79	86	7	90	92	2
eigene Familie und Kinder	60	71	11	63	74	11
Kunst und Kultur	40	40	0	49	46	-3
Politik	35	42	7	33	37	4
Religion	23	26	3	11	13	2

Quelle: DJI-Jugendsurvey 1992, 1997

* Anteil der Befragten, die die Skalenpunkte 5 bis 7 gewählt haben. Die Skala reicht von 1 (überhaupt nicht wichtig) bis 7 (sehr wichtig).

die drei Lebensbereiche mit den niedrigsten Einstufungen. Mit Prozentwerten zwischen 60% und 92% erfahren die Lebensbereiche Partnerschaft, Schul-/Berufsausbildung, Beruf/Arbeit und eigene Familie/Kinder weit mehr Wertschätzung als die öffentlichen und religiös-kulturellen Bereiche.

Trotz des insgesamt recht stabilen Beurteilungsmusters lassen sich einige Veränderungstendenzen gegenüber 1992 feststellen. Im Jugendsurvey ist das durchschnittliche individuelle Bewertungsniveau über alle Lebensbereiche um 0,2 Skalenpunkte in West und Ost gestiegen. 1997 erfahren fast alle Lebensbereiche eine höhere Wertschätzung, wobei wie schon 1992 das Beurteilungsniveau im Osten insgesamt etwas höher ist als im Westen und die Frauen höhere Beurteilungen aufweisen als die Männer. Folgende Lebensbereiche erfahren stärkere Wichtigkeiten von bis zu sieben Prozentpunkten: Eltern/Geschwister, Partnerschaft, Schul- und Berufsausbildung, Beruf und Arbeit und Politik. Der Lebensbereich eigene Familie und Kinder erfährt den größten Bedeutungszuwachs. Er ist in seiner Wichtigkeit um elf Prozentpunkte angestiegen. Auch mit Hilfe der repräsentativen Wohlfahrtssurveys 1993 und 1998 läßt sich ein Bedeutungsanstieg von Familie in der Bevölkerung (ab 18 Jahren) feststellen.[16] In der Teilpopulation der 18- bis 30jährigen beträgt dieser Anstieg vier Prozentpunkte im Westen und sechs Prozentpunkte im Osten (Weick 1999: 14).

Der starke Bedeutungsgewinn des Familienbereichs im Jugendsurvey 1997 ist bemerkenswert. Man kann natürlich einwenden, daß dieser Bedeutungsanstieg doch relativ gesehen nicht so groß sei, wenn man nämlich berücksichtige, daß das Beurteilungsniveau über alle Lebensbereiche angestiegen ist. Aber dieser durchschnittliche Anstieg beträgt, wenn man die arithmetischen Mittelwerte zugrundelegt, nur 0,2 und liegt somit unter dem Bedeutungszuwachs beim Lebensbereich Familie um ca. 0,5 im Westen und 0,4 im Osten, so daß auf jeden Fall ein relativer Bedeutungsanstieg bestehen bleibt. Außerdem kann das allgemein höhere Beurteilungsniveau in den neuen Bundesländern durchaus als eine kulturelle Besonderheit verstanden werden, die nicht durch die Berechnung ipsativer Werte[17] eliminiert werden sollte.[18] Dieser deutliche Bedeutungsanstieg des Bereichs „eigene Familie und Kinder" läßt sich aber anhand der beiden repräsentativen Bevölkerungsumfragen des ALLBUS von 1992 und 1998 nicht bestätigen.[19] Ganz im Gegenteil, sowohl bei den 18- bis 29jährigen wie auch etwas abgeschwächt bei den ab 30jährigen zeigt sich ein leichter Bedeutungsverlust. Der Mittelwert des Lebensbereichs Familie sinkt bei den 18- bis 29jährigen im Westen um 0,4 und im Osten um 0,6 ab, wobei das individuelle durchschnittliche Gesamturteil (über alle Lebensbereiche) für beide Erhebungszeitpunkte konstant geblieben ist. In den ALLBUS-Umfragen hat sich allerdings auch die Wichtigkeit des Lebensbereichs „Politik und öffentliches Leben" verringert, so daß wie im Jugendsurvey die Distanz zwischen Familienbereich und Politik erhalten geblieben ist. Womit nun aber die Bedeutungszunahme der Familie im Jugendsurvey zu erklären ist und welche Befragtengruppen hierfür vor allem verantwortlich sind, wird in einem späteren Abschnitt genauer erläutert.

Zu beiden Erhebungszeitpunkten beeinflussen neben Regions- und Geschlechtszugehörigkeit weitere soziodemographische Faktoren, die die lebenszyklischen Etappen der Befragten beschreiben, wie das Lebensalter, die Wohn- und Lebensformen sowie die Ausbildungs- und Berufswege die Antwortmuster der Befragten. Zunächst soll der Einfluß der verschiedenen soziodemographischen Faktoren – auch im Zeitvergleich – auf den Familienbereich untersucht werden. Anschließend werden die Arbeitsorientierungen und die öffentlich-kulturellen Orientierungen in Zusammenhang mit wichtigen soziodemographischen Einflußfaktoren dargestellt.

Partnerschaft und Familie

Die Wichtigkeit von Partnerschaft und eigener Familie wird wie schon 1992 von den Befragten sehr eng verknüpft.[20] Frauen bewerten beide Bereiche deutlich höher als Männer (vgl. Tabelle 5.13). Die Wichtigkeiten von Partnerschaft und der eigenen Familiengründung steigen mit dem Lebensalter an. Während für die jüngste Befragtengruppe, die 16- bis 17jährigen, der Familienbereich Prozentwerte von 69% im Westen und 64% im Osten aufweist, liegen die entsprechenden Anteile für die älteste Befragtengruppe, die 27- bis 29jährigen, bei 76% bzw. 85%. Dieser Alterseffekt verschwindet aber, wenn man die Befragten danach unterscheidet, ob sie ledig sind, einen festen Partner haben oder verheiratet sind. Bei den Ledigen zeigen sich annähernd für alle Altersgruppen die gleichen Zustimmungsraten; in den alten Bundesländern zeigen sich sogar eher gegenläufige Trends: Während die 16- bis 17jährigen Ledigen zu 69% die Familie hoch bewerten, sind es bei den 27- bis 29jährigen nur noch 59%. Wie auch schon 1992 spielt für die Bewertung von eigener Familie und Kindern, aber auch von Partnerschaft die Lebensform des Befragten eine wichtige Rolle:

Tabelle 5.13:
*Wichtigkeit von Lebensbereichen nach Geschlecht (in %)**

	West			Ost		
	Männer	*Frauen*	*Diff.*	*Männer*	*Frauen*	*Diff.*
Freunde und Bekannte	95	95	0	96	96	0
Freizeit und Erholung	89	89	0	92	93	1
Eltern und Geschwister	85	89	4	89	92	3
Beruf und Arbeit	85	86	1	91	93	2
Schul- und Berufsausbildung	82	85	3	84	88	4
Partnerschaft	82	88	6	78	88	10
Eigene Familie und Kinder	66	76	10	65	83	18
Kunst und Kultur	34	45	11	39	54	15
Politik	44	40	-4	39	35	-4
Religion	22	29	7	11	16	5

Quelle: DJI-Jugendsurvey 1997

* Anteil der Befragten, die die Skalenpunkte 5 bis 7 gewählt haben. Die Skala reicht von 1 (überhaupt nicht wichtig) bis 7 (sehr wichtig).

Befragte, die in nichtehelicher Lebensgemeinschaft leben bzw. verheiratet sind oder auch Kinder haben, bewerten den Familienbereich höher als die Ledigen.[21] Für die Bewertung dieser Lebensbereiche spielen die Lebensetappen, die die Befragten bereits für sich realisiert haben, eine große Rolle.[22] Vergleicht man die Ergebnisse hierzu für die beiden Erhebungswellen, so zeigen sich zum einen ganz ähnliche Effekte für die Familienstandsformen. Auch 1997 sind wiederum die Befragten, die in nichtehelichen Lebensgemeinschaften wohnen, in den neuen Bundesländern stärker familienorientiert als jene in den alten Bundesländern.[23] Zum anderen wird aber auch deutlich, daß der Bedeutungsanstieg des Familienbereichs im Erhebungsjahr 1997 vor allem auf die höheren Voten der jüngeren und ledigen Befragten zurückzuführen ist.[24] Die insgesamt stärkere Familienorientierung der ostdeutschen Frauen – 83% der ostdeutschen gegenüber 76% der westdeutschen Frauen bewerten den Familienbereich hoch – ist vor allem mit der Tatsache zu erklären, daß sich die jungen Frauen in den neuen Bundesländern früher partnerschaftlich binden und Kinder haben. Zusammenfassend kann man also zu den Partnerschafts- und Familienorientierungen der Jugendlichen und jungen Erwachsenen sagen, daß hier nach wie vor die Geschlechtszugehörigkeit und die Lebensformen der Befragten die deutlichsten Differenzierungsmerkmale sind.

Beruf und Arbeit

Die eigene schulische und berufliche Qualifizierung sowie ihre berufliche Plazierung ist jungen Menschen sehr wichtig, Frauen und Männern gleichermaßen. Die Bewertungen von Schul-/Berufsausbildung und Arbeit sind relativ eng miteinander assoziiert.[25] Die Wichtigkeit von Schul- und Berufsausbildung nimmt mit dem Lebensalter der Befragten etwas ab. Während die 16- bis 17jährigen, die ja zumeist noch Schüler sind, diesen Bereich im Westen mit 88% und im Osten mit 91% hoch bewerten, verringern sich für die 27- bis 29jährigen die entsprechenden Werte auf 78% bzw. 84%. Neben dem Lebensalter spielt für die Bewertung des Ausbildungsbereichs natürlich auch eine Rolle, ob der Befragte sich selbst in einer Ausbildung befindet oder nicht: Schüler, Studenten und Lehrlinge votieren hier am höchsten. Auch der angestrebte oder erreichte Schulbildungsabschluß beeinflußt die Gewichtung des Ausbildungsbereichs: Je höher das angestrebte oder erreichte formale Bildungsniveau der jungen Erwachsenen ist, desto höher fällt die Bewertung dieses Bereichs aus.[26]

Für den Arbeitsbereich zeigen sich 1997 kaum noch Alterseffekte. Die 16- bis 17jährigen bewerten mit 84% im Westen und mit 86% im Osten diesen Bereich fast ebenso stark wie die 27- bis 29jährigen, die Anteilswerte von 87% bzw. 94% erreichen. 1992 waren die Differenzen zwischen jüngster und ältester Befragtengruppe mit 14 Prozentpunkten in den alten und 17 Prozentpunkten in den neuen Bundesländern noch größer. Damit wird deutlich, daß der leichte Bedeutungsanstieg des Berufsbereichs in der zweiten Welle des Jugendsurveys vor allem von den jüngeren Befragtengruppen getragen wird. Dies bedeutet aber auch, daß für die Befragten aller Altersgruppen sowohl die Ausbildung als auch der Beruf nahezu gleich große Bedeutung haben.

Die stärkere Berufsorientierung der ostdeutschen Befragten gegenüber den westdeutschen zeigt sich in abgeschwächter Form auch 1997. Durch die leichte Bedeutungszunahme von Beruf und Arbeit in der zweiten Welle des Jugendsurveys um sieben Prozentpunkte im Westen verringert sich die höhere Gewichtung des Berufsbereichs im Osten im Vergleich zum Westen von elf auf sechs Prozentpunkte. Die stärkere Berufsorientierung der Befragten in den neuen Bundesländern läßt sich in verschiedenen Untergruppen wie den Erwerbstätigen, den Arbeitslosen, Hausfrauen etc. nachweisen. Die Erwerbstätigen in den neuen Bundesländern zeigen mit einem Mittelwert von 6,5 eine deutlich höhere Arbeitsorientierung als die westdeutschen Erwerbstätigen, deren Mittelwert 6,0 beträgt. Die Arbeitslosen in den neuen Bundesländern gewichten den Lebensbereich Beruf und Arbeit wesentlich höher (die Mittelwerte betragen 6,3 bzw. 5,7). Noch deutlicher wird diese Differenz, wenn man nur die weiblichen Arbeitslosen in Ost und West betrachtet: Die entsprechenden Mittelwerte sind dann 6,4 und 5,6. Somit erweist sich dieses Ergebnis des Jugendsurveys von 1992 als stabil über die beiden Erhebungszeitpunkte. Die ostdeutschen Arbeitslosen und insbesondere hier die Frauen halten in ihren Lebensentwürfen den hohen Stellenwert von Arbeit aufrecht. Dies gilt auch für die jungen Frauen in den neuen Bundesländern, die nicht erwerbstätig sind, da sie Hausfrau bzw. in Erziehungsurlaub sind. In den alten Bundesländern, wo die vorübergehende Unterbrechung der Berufsarbeit für Mütter mit kleinen Kindern selbstverständlich ist, messen die jungen Mütter, die zuhause bleiben oder auch in Erziehungsurlaub sind, dem Bereich der Berufsarbeit geringere Bedeutung bei.[27] Die jungen Männer zeigen in Ost und West dann höhere Arbeitsorientierungen, wenn sie nicht mehr ledig sind, d.h. mit einer Partnerin/Ehefrau zusammenleben.

Zusammenfassend kann man zu den Arbeitsorientierungen junger Menschen sagen, daß die stärkere Gewichtung des Arbeitsbereichs im Osten als kulturelle Differenz zwischen den beiden Landesteilen auch 1997 bestehen bleibt. Junge Frauen und Männer geben in beiden Landesteilen dem Arbeitsbereich den gleich hohen Stellenwert in ihren Lebensplänen. Ost-West-Unterschiede zeigen sich in der Gruppe der arbeitslosen Befragten und bei den Frauen, die partnerschaftlich fest gebunden bzw. verheiratet sind. Die ostdeutschen jungen Frauen geben ihre hohe Berufsorientierung nicht auf, auch wenn sie arbeitslos oder partnerschaftlich gebunden sind bzw. Kinder haben.

Kultur, Politik und Religion

Aber nicht nur die Lebensbereiche, die den Freizeit-, Familien- und Berufsbereich ansprechen, werden 1997 wichtiger, auch der Lebensbereich Politik gewinnt an Bedeutung, in den alten Bundesländern um sieben Prozentpunkte, in den neuen um vier Prozentpunkte (vgl. Tabelle 5.12). Insgesamt bleibt aber die Differenz zwischen den eher privaten Lebensbereichen auf der einen Seite und der Politik auf der anderen Seite erhalten. Die randständige Bedeutung von Politik für Jugendliche hängt sicherlich auch mit den besonderen Entwicklungsaufgaben des Jugendalters zusammen. Gegenüber dem Erwerb von Schul- und Berufsqualifikationen, der Ablösung vom Elternhaus und dem Aufbau von Partnerschaften, die für die Heranwachsenden unmittelbar relevant sind, erhält der Lebensbereich Politik nur eine nachgeordnete Bedeutung. Die geringste Wichtigkeit hat Politik für die jüngeren Altersgruppen, die 16- bis 17jährigen; das ändert sich aber auch in den anschließenden Altersgruppen nicht wesentlich. Zieht man zum Vergleich Befragungsergebnisse mit Erwachsenen heran, so gelangt man zu ähnlichen Ergebnissen. Betrachtet man die Bewertungen des Lebensbereichs „Politik und öffentliches Leben" im ALLBUS 1998 nach den verschiedenen Altersgruppen, so nimmt dieser zwar in seiner Bedeutung bis zur Altersgruppe der 45- bis 59jährigen zu, bleibt aber in Relation zum Familienbereich weiter randständig.[28] 16- bis 29jährige und Erwachsene unterscheiden sich also diesbezüglich wenig.

Die Wichtigkeit von Politik wird relativ eng mit einem Interesse an Kunst und Kultur verknüpft.[29] Kulturelle Belange sind auch Aspekte des öffentlichen Lebens und stehen somit in einem engen Zusammenhang mit Politik, die das gesellschaftliche Leben sowohl in der Gemeinde wie auch in größeren, nationalen oder supranationalen Bezügen mitbestimmt. Befragte, die den Politikbereich wichtig finden, führen häufig Gespräche über Politik und informieren sich dazu auch in verschiedenen Medien, wie z.B. in Sachbüchern, Zeitschriften etc.[30] Auch für die kulturell Interessierten gelten diese Zusammenhänge – allerdings in etwas abgeschwächter Form. Politik und Kultur sind insbesondere für jene Befragten wichtig, die einen hohen Bildungsabschluß anstreben bzw. schon erworben haben.[31]

Wie auch im Jugendsurvey 1992 zeigen sich geschlechtsspezifische Unterschiede in Richtung der traditionellen Geschlechtstypik. Junge Männer votieren etwas stärker für Politik (vgl. hierzu auch Kapitel 6.2) und deutlich weniger für Kunst und Kultur (vgl. Tabelle 5.13). Die Frauen nehmen religiöse Belange wichtiger. Hiermit zeigt sich in Ost und West eine ähnliche Geschlechtstypik, die der Frau eher den familialen, sozialen und kulturell-religiösen Raum zuweist.

Der Lebensbereich Religion nimmt nach wie vor die Schlußposition in der Präferenzliste der Lebensbereiche ein (vgl. Tabelle 5.12).[32] In den Jahren nach der Wende hat offensichtlich keine Angleichung des stärker säkularisierten Ostens an den Westen stattgefunden, vielmehr zeigen die neuen Bundesländer in ihrem eigenen Weg Kontinuität. Meulemann (1996) erwartet hier langfristig gesehen eine umgekehrte Entwicklung, nämlich daß im Westen Religion und religiöse Praxis an Bedeutung verlieren und sich die Westdeutschen in dieser Beziehung den Ostdeutschen annähern.

Zusammenfassung: Familie und Arbeit als zentrale Lebensinhalte

Die Frage nach der Wichtigkeit von Lebensbereichen liefert für beide Wellen des Jugendsurveys übereinstimmende Befunde, sowohl im Hinblick auf die Verknüpfung von bestimmten Lebensbereichsfeldern wie auch im Hinblick auf wesentliche Ost-West- und Geschlechtsunterschiede. Die stärkere Berufsorientierung in den neuen Bundesländern ist noch gegeben, jedoch sind die Unterschiede zwischen beiden Landesteilen nicht mehr so ausgeprägt. Der Lebensbereich Kultur hat höhere Bedeutung im Osten. Religion hat in den Jahren nach der Wende in den neuen Bundesländern nicht an Bedeutung gewonnen; der Osten zeigt nach wie vor stärker säkulare Tendenzen. Die geschlechtsspezifischen Differenzen bleiben weitgehend konstant: Die Mädchen und jungen Frauen bewerten Partnerschaft, eigene Familie und Kinder sowie die kulturellen und religiösen Bereiche höher. Politik ist dagegen den Männern wichtiger. Die stärkere Familienorientierung der ostdeutschen Frauen gegenüber den westdeutschen bleibt ebenfalls erhalten.

Der Zeitvergleich zur Lebensbereichsfrage liefert einen interessanten Befund für die Annahme veränderter Orientierungen in den nachwachsenden Generationen. Gerade die jüngeren Altersgruppen des Jugendsurveys zeigen sich gegenüber den Befragten von 1992 sowohl stärker familien- als auch arbeitsorientiert. Man könnte dies dahingehend interpretieren, daß sich krisenhafte gesellschaftliche Entwicklungen, wie der zunehmende Abbau von Sozialleistungen, die wachsende Konkurrenz um Arbeitsplätze und die mangelhafte Bewältigung der wirtschaftlichen Probleme in den neuen Bundesländern, auch im Bewußtsein junger Menschen niederschlagen und zu Verunsicherungen führen. Unter diesen Bedingungen wird der Familie als Ort der emotionalen Geborgenheit zunehmende Bedeutung beigemessen und die Arbeit zu einem noch kostbareren Gut, das eine wirtschaftliche und gesellschaftliche Teilhabe des Individuums garantieren soll.[33]

5.3 Geschlechtsrollenorientierungen im Wandel

Noch prägnanter als bei den Lebensbereichswichtigkeiten zeigen sich die unterschiedlichen Vorstellungen von weiblichen und männlichen Befragten im Hinblick auf ihr künftiges Leben und ihre Teilhabechancen in der Gesellschaft, wenn man die Ergebnisse des Jugendsurveys zu den Rollenbildern von Frauen und Männern betrachtet. Dabei entwickeln Frauen und Männer nicht nur voneinander abweichende Rollenbilder, sondern auch die gegenseitigen Rollenzuschreibungen liefern deutliche Diskrepanzen: Junge Frauen unterstützen deutlich weniger hierarchische Geschlechtermodelle, junge Männer präferieren dagegen Modelle, bei denen die Vereinbarkeit von Familie und Beruf eher zu Lasten der Frau geht. Der Themenbereich Rollenorientierungen soll vor allem zur Klärung folgender Fragen und Hypothesen beitragen:

- Sind 1997 egalitäre Rollenorientierungen bei den Befragten im Vergleich zur ersten Erhebungswelle bedeutsamer geworden, wie es die allgemeinen Wertewandelstendenzen in modernen Gesellschaften nahelegen? Holen die Männer in bezug auf moderne Rollenorientierungen auf, so daß die Geschlechterdifferenzen in dieser Hinsicht geringer werden?

- Der Abbau sozialstaatlicher Leistungen und auch andere Krisentendenzen des deutschen Wohlfahrtsstaates, die zu einer Verschärfung der Geschlechterkonkurrenz auf dem Arbeitsmarkt führen, könnten im Bereich der Rollenorientierungen mitverantwortlich sein für eine Zunahme traditionaler Haltungen, die die Frauen wieder stärker in den Familienbereich verweisen.
- Welchen Beitrag leisten die Rollenorientierungen zur Erklärung des spezifischen Verhältnisses von Frauen zum öffentlichen und politischen Raum? In welcher Beziehung stehen sie zu sozialen und prosozialen Orientierungen (vgl. Kapitel 5.4)?

Geschlechterhierarchische Strukturen in Ost und West

In Ostdeutschland haben sich mit der deutschen Vereinigung und der damit verbundenen Übernahme westdeutscher Institutionen und Regelungen die Rahmenbedingungen von Erwerbsarbeit für die Frauen in den neuen Bundesländern schwerwiegend verändert. Während in der ehemaligen DDR die Vollzeiterwerbstätigkeit von allen Frauen, also auch von Müttern mit Kindern, eine Selbstverständlichkeit war und durch verschiedene sozialpolitische Maßnahmen, wie z.B. die Schaffung ausreichender Möglichkeiten zur Betreuung von Kindern etc. gefördert und unterstützt worden war, haben sich in den alten Bundesländern andere Formen der familialen Erwerbsarbeitsteilung herauskristallisiert. Während sich in den 50er und 60er Jahren in den alten Bundesländern das sogenannte Dreiphasen-Modell entwickelte, d.h. Frauen nach der Geburt ihrer Kinder überwiegend aus dem Erwerbsleben ausschieden und häufig erst wieder ins Erwerbsleben zurückkehrten, wenn die Kinder in der Schule oder sogar erst aus dem Haus waren, hat seit den 70er Jahren das Interesse von Müttern an Erwerbsarbeit, insbesondere an Teilzeitbeschäftigungen zugenommen (Engstler 1998: 109 ff.). Die Frauen in den alten Bundesländern behalten zwar im wesentlichen ihre alleinige Zuständigkeit für Hausarbeit und Reproduktion, streben aber trotzdem nur eine kurze Erwerbsunterbrechung nach der Geburt der Kinder an und wünschen sich eine Teilzeitbeschäftigung, die eine Vereinbarkeit mit familialen Pflichten erlaubt (vgl. Schulze-Buschoff/Weller/Rückert 1998). Trotz der hohen Integration der ostdeutschen Frauen in das Erwerbsleben, die doch zumindest im Berufsbereich eine stärkere Gleichberechtigung der Frau implizierte, gingen Hausarbeit und familiale Kinderbetreuung hauptsächlich zu Lasten der Frauen (Dannenbeck 1992, Gysi/Meyer 1993).

Der Gleichstellungsvorsprung der ostdeutschen Frauen (Nickel 1997) bestand also nur partiell. Lemke (1991) spricht deshalb auch von einer „asymmetrischen Gleichberechtigung“ der Frau in der DDR. Die Einbeziehung der Frauen in den Berufsbereich, dessen staatspolitische Begründung letztlich die Kompensierung des Arbeitskräftemangels zu DDR-Zeiten war, bedeutete aber nicht die gleichberechtigte Teilhabe der Frauen an den attraktiven und gut dotierten Berufspositionen. Auch der DDR-Arbeitsmarkt war deutlich geschlechtsspezifisch segmentiert (BMFSFJ 1998: 51 ff.).

Das Verhältnis von Frauen zur Politik in den alten Bundesländern wird klassisch als unterentwickelt beschrieben. Empirische Studien aus den 50er und 60er Jahren stellten eine Distanz von Frauen zum Politikbereich fest; doch war dies zumeist auf das generell niedrigere Bildungsniveau der Frauen zurückzuführen. Frauen äußerten z.B. ein geringeres politisches Interesse als Männer. In den letzten drei Jahrzehnten zeigten sich im herkömmlichen politischen Bereich maßgebliche Aufhol- und Angleichungsprozesse zwischen den Geschlechtern, z.B. hinsichtlich der Wahlbereitschaft und des Wahlverhaltens oder eines Zuwachses der Präsenz von Frauen in den etablierten politischen Institutionen, begleitet von Aufholprozessen im Bildungsbereich. Mit dem Aufkommen der neuen sozialen Bewegungen in den 70er Jahren, die weniger institutionalisierte und unkonventionelle Partizipationsformen boten, übernahmen Frauen oft sogar Initiativrollen, verwirklichten zum Teil gleichberechtigte Zugangs- und Beteiligungschancen. Insgesamt blieb aber ein „Partizipationsgefälle“ zu Gunsten von Männern und zum Nachteil von Frauen bestehen (Molitor 1992: 150). Die Unterrepräsentanz von Frauen in der politischen Öffentlichkeit zeigt sich besonders in der etablierten Bundes- und Landespolitik (Lang 1995, Deutscher Bundestag 1998).

Die Teilhabe der Frauen an den gesellschaftlichen und politischen Machtpositionen in der ehemaligen DDR war ebenso wie in der BRD im Vergleich zur Überrepräsentation der Männer deutlich beschränkt (Cornelißen 1993, Hampele 1993). In den 40 Jahren der DDR-Existenz ist trotz der Eröffnung erweiterter Handlungsspielräume für Frauen im Ausbildungs- und Berufssektor und der staatlichen Unterstützung der Ansprüche von Frauen auf ein selbstbestimmtes Leben deren Schlechterstellung im öffentlichen und politischen Bereich nicht aufgehoben worden (Priller 1997a, Hoecker 1998a). Auch in der DDR bestand eine gesellschaftliche Trennungslinie zwischen einer weiblich-privaten und männlich-öffentlichen Sphäre, die heute nachwirkt.

Wenn man also Vorstellungen von Geschlechtsrollenbildern untersucht, muß man das in der Gesellschaft vorherrschende Geschlechterverhältnis mit in den Blick nehmen. Das Geschlechterverhältnis wird bestimmt durch die Aufgabenteilung zwischen Frauen und Männern im Hinblick auf familiale Reproduktion, Haus- und Erwerbsarbeit sowie durch die unterschiedliche gesellschaftliche Bewertung des weiblichen und männlichen Beitrags. Sie ist im Berufsbereich mit der geringeren Anerkennung und Entlohnung der Frauenarbeit und im gesellschaftlichen Leben mit der Dominanz des öffentlichen Bereichs gegenüber dem privaten Bereich verbunden.

Rollenbilder von Frauen und Männern

In diesem Abschnitt werden verschiedene Aspekte zum Rollenbild von Frau und Mann dargestellt. Hierbei geht es zunächst um die Vereinbarkeit von Familie und Beruf, um die berufliche Förderung von Frauen sowie die Präsenz von Frauen in der Öffentlichkeit, in Wirtschaft und Politik. Im Anschluß daran werden zwei zusätzliche Rollenaspekte dargestellt, die stärker Eigenschaften von Männern beschreiben.

Die Statements A und D (vgl. Tabelle 5.14) sprechen die familiale Aufgabenteilung von Hausarbeit, Kinderbetreuung und Erwerbsarbeit an.[34] Soll die Frau die Hauptverantwortung für die Familie tragen (Item A)? Nur knapp ein Drittel der Befragten stimmt dieser Frage zu. Zudem zeigt sich in den Antwortmustern: Wird die Rolle des Mannes als Hauptverdiener befürwortet, erfolgt auch meistens ein positives Urteil zum komplementären Rollenaspekt, der der Frau die Verantwortung für die Kinder zuschreibt (Item D).[35] Dabei unterstützen die jungen Frauen die traditionelle Rollenteilung weniger; hier zeigen sich Differenzen von acht bis 14 Prozentpunkten zwischen den Geschlechtergruppen (vgl. Tabelle 5.15).

Die Statements C und E thematisieren die Stellung der Frau in Politik und Öffentlichkeit. Ist eine stärkere Vertretung von Frauen in der Politik, auch in entscheidenden Positionen wünschenswert? Zwei Drittel der Befragten unterstützen die Forderung nach einer stärkeren Präsenz von Frauen in den Machtzentren der Gesellschaft, wobei die Mädchen und jungen Frauen diesen Wunsch sehr viel stärker unterstützen. Die Zustimmungsdifferenzen zwischen den Geschlechtern betragen bei Item C 26 Prozentpunkte in den alten und 22 Prozentpunkte in den neuen Bundesländern (vgl. Tabelle 5.15). Das Statement

„Frauen gehören nicht in die Bundesregierung“ (vgl. Item E, Tabelle 5.14), das den Frauen eine gleichberechtigte Teilhabe an einem wesentlichen Politikbereich in Deutschland einfach abspricht, wird nur von einer Minderheit der Befragten in Ost und West befürwortet, wobei die Frauen wiederum zurückhaltender sind. Item B stellt schließlich eine Quotenregelung bei Einstellungen von Frauen zur Diskussion. Sollen bei beruflichen Auswahlverfahren Frauen gegenüber Männern bei gleicher Qualifikation bevorzugt werden? Hier stimmt nur rund ein

Tabelle 5.14:
*Die Rolle der Frau in der Gesellschaft nach Geschlecht (in %)**

	West			***Ost***		
	Männer	*Frauen*	*gesamt*	*Männer*	*Frauen*	*gesamt*
A. *Auch wenn e. Frau arbeitet, sollte der Mann der Hauptverdiener sein, und sie sollte die Verantw. für den Haushalt tragen*	34	25	29	40	27	33
B. *Bei gleicher beruflicher Qualifikation sollten Frauen gegenüber Männern bei Einstellungen bevorzugt werden*	20	39	29	23	42	32
C. *Es sollte viel mehr Frauen in politischen und öffentlichen Führungspositionen geben*	55	81	67	60	82	71
D. *Wenn Kinder da sind, soll der Mann arbeiten gehen und die Frau zu Hause bleiben und die Kinder versorgen*	41	33	37	45	30	38
E. *Frauen gehören nicht in die Bundesregierung*	16	9	13	16	9	12
F. *Ein Mann, der zu Hause bleibt und den Haushalt führt,ist kein „richtiger Mann“*	22	14	18	26	15	21
G. *Für einen Mann ist es wichtiger als für eine Frau, sich durchsetzen zu können*	41	29	35	47	32	40
Nicht-traditionelle Geschlechtsrollenorientierung (Index) **	25	42	33	24	44	34

Quelle: DJI-Jugendsurvey 1997

* Zustimmung = Skalenpunkte 4 bis 6 auf einer Skala von 1 (stimme überhaupt nicht zu) bis 6 (stimme voll und ganz zu).

** Zum Index Geschlechtsrollenorientierung vgl. Text. Der Index wurde folgendermaßen recodiert: 1,0 bis 3,5 = traditionell; 3,6 bis 5,0 = mittel; 5,1 bis 6,0 = nicht-traditionell.

Tabelle 5.15:
*Die Rolle der Frau in der Gesellschaft – Geschlechterdifferenzen 1992 und 1997**
(Prozentsatzdifferenzen)

	West		Ost	
	Diff. 1992	*Diff. 1997*	*Diff. 1992*	*Diff. 1997*
A. Mann Hauptverdiener	-13	-9	-26	-13
B. Bevorzugung Frauen	28	19	23	19
C. Frauen in Führungspositionen	22	26	26	22
D. Frau versorgt Kinder	-11	-8	-23	-15
E. Frauen nicht in Bundesregierung	-5	-7	-12	-7
Nicht-traditionelle Geschlechtsrollenorientierung (Index)	18	17	27	20

Quelle: DJI-Jugendsurvey 1992, 1997

* Die Prozentsatzdifferenzen lesen sich beispielsweise wie folgt: Der Wert -13 in der Spalte Differenz 1992 bedeutet, daß 1992 die Frauen im Westen Item A um 12 Prozentpunkte weniger zustimmen als die Männer. Dementsprechend liest sich in der letzten Zeile der Wert 18: Die Frauen weisen 1992 im Westen eine um 18 Prozentpunkte stärkere nicht-traditionelle Geschlechtsrollenorientierung auf als die Männer. Ausführliche Itemformulierung siehe Tabelle 5.14.

Drittel der Befragten zu, wobei die Frauen dies um 19 Prozentpunkte stärker befürworten.

Ergänzend zu den fünf Items zum Rollenmodell von Frau und Mann (Items A bis E), die stärker von der gesellschaftlichen Situation der Frau aus formuliert worden waren, wurden in der zweiten Welle des Jugendsurveys zwei zusätzliche Statements aufgenommen, die explizit Rollenmerkmale für den Mann enthielten. Der Aussage „Ein Mann, der zu Hause bleibt und den Haushalt führt, ist kein ‚richtiger Mann'" stimmt nur knapp ein Fünftel der Befragten zu, wobei die Frauen geringere Zustimmungsquoten aufweisen (vgl. Tabelle 5.14). Die Bewertung der Persönlichkeitseigenschaft „sich durchsetzen können" als eine eher dem Mann zugehörende wird stärker von den befragten Männern vorgenommen als von den Frauen. Hier zeigen sich deutliche geschlechtsspezifische Differenzen von 12 Prozentpunkten im Westen und 15 Prozentpunkten im Osten.

Ein bemerkenswerter Befund bei der Analyse der Rollenansichten von 1997 ist, daß es keine Unterschiede mehr zwischen Ost und West gibt. 1992 waren die westdeutschen Befragten deutlich traditioneller orientiert und die Einstellungsdifferenzen zwischen ostdeutschen Männern und Frauen waren größer als in den alten Bundesländern. Gemeinsames Ergebnis für beide Landesteile sind 1997 vielmehr die geschlechtstypischen Antwortprofile. Die jungen Frauen urteilen durchweg fortschrittlicher im Sinne eines modernen Frauenbildes, das Frauen und Männern die gleichen Pflichten in der Familie zuweist und für Frauen gleichberechtigte Zugangschancen in Beruf und Politik fordert. Offenbar werden die geschlechterhierarchischen Strukturen in Ost- und Westdeutschland ähnlich wahrgenommen, da einerseits die Wünsche von jungen Frauen in beiden Landesteilen mit gleichem Nachdruck geäußert werden und andererseits die Unterstützung eines traditionellen Rollenmodells bei ost- und westdeutschen Männern gleich groß ist.

Traditionelle und moderne Rollenorientierungen im Zeitvergleich

Ein Vergleich der fünf Rollenansichten, die sowohl 1992 wie auch 1997 erhoben worden sind, wird sowohl auf der Einzelitemebene als auch für einen Gesamtindex „nicht-traditionelle Geschlechtsrollenorientierung" vorgenommen. Der Gesamtindex, der wie 1992 als ein Summenindex mit den vier Items A, C, D und E gewonnen wird, umfaßt die Aspekte der Aufgabenteilung von Familien- und Erwerbsarbeit und die Rolle der Frau in Öffentlichkeit und Politik.[36] Seine beiden Pole „nicht-traditionell" bzw. „traditionell" beschreiben Orientierungen, die die weibliche Berufstätigkeit und auch eine stärkere Vertretung der Frauen im öffentlichen Leben befürworten bzw. diese eher ablehnen.[37] 1997 beträgt der Anteil der Befragten mit modernen Rollenorientierungen in beiden Landesteilen ca. 33%. Traditionelle Orientierungen spielen mit ca. 24% eine geringe Rolle (vgl. Tabelle 5.16). Da die Trichotomisierung eines Indexes letztlich eine willkürliche Entscheidung des Forschers ist, sind bei der Betrachtung dieser Anteilswerte weniger die absoluten Zahlen wichtig als der relative Vergleich dieser Größen zwischen verschiedenen Untergruppen wie z.B. Ost – West, Männer – Frauen etc.

Zunächst werden die Veränderungen zwischen den beiden Erhebungszeitpunkten auf der Ebene der Einzelitems und dann in Bezug auf den Index Geschlechtsrollenorientierung beschrieben. Das Item B, das eine Quotenregelung zugunsten von Frauen bei Einstellungen fordert, liegt auch 1997 nicht auf

Tabelle 5.16:
*Geschlechtsrollenorientierung von Männern und Frauen (Spaltenprozent)**

	West			Ost		
	Männer	*Frauen*	*gesamt*	*Männer*	*Frauen*	*gesamt*
traditionell	31	18	24	32	17	25
mittel	45	40	43	44	39	42
nicht-traditionell	25	42	33	24	44	34
n	2274	2126	4400	1277	1190	2467

Quelle: DJI-Jugendsurvey 1997

* Zum Geschlechtsrollenindex vgl. Text. Der Index wurde folgendermaßen recodiert: 1,0–3,5 = traditionell; 3,6–5,0 = mittel; 5,1–6,0 = nicht-traditionell.

der Einstellungsdimension, die durch den Index „nicht-traditionelle Rollenorientierung" beschrieben wird.[38] Es stellt einen eigenständigen Aspekt dar, was auch unmittelbar einleuchtend ist. Eine moderne Rollenorientierung beinhaltet zwar den Wunsch nach einer stärkeren gleichberechtigten Teilhabe der Frauen im Berufsleben, aber dies muß nicht unbedingt mit einer Befürwortung eines prinzipiellen Bevorzugungsprinzips von Frauen bei Bewerbungsverfahren einhergehen. Dieses Mittel einer Förderung von Frauen im Berufsbereich wird von allen Befragten 1997 deutlich weniger unterstützt; am größten ist der Rückgang bei den westdeutschen Frauen mit 17 Prozentpunkten (vgl. Tabellen 5.15 und 5.17).

Auch Item C, das die stärkere Präsenz von Frauen in den Machtzentren der Gesellschaft fordert, erfährt etwas geringere Zustimmung. Die geschlechtsspezifischen Differenzen sind für die beiden Statements B und C nach wie vor sehr groß, d.h. die Frauen unterstützen diese beiden Rollenaspekte weitaus stärker als die männlichen Befragten. Aber offensichtlich sind die Forderungen, daß mehr Frauen Führungspositionen innehaben und Quotenregelungen bei Einstellungen insbesondere Frauen begünstigen sollten, für die weiblichen Befragten nicht mehr so wichtig. Dies könnte zum einen damit zusammenhängen, daß sich die Frauen in diesen Bereichen nicht mehr so benachteiligt sehen, auf ihr eigenes Leistungsvermögen setzen und sich für durchaus konkurrenzfähig mit Männern halten. Es könnten aber auch andere Erklärungsmuster eine Rolle spielen: Angesichts sich verschärfender Geschlechterkonkurrenzen auf dem Arbeitsmarkt reduzieren vor allem die weiblichen Befragten ihre Ansprüche

Tabelle 5.17:
*Die Rolle der Frau in der Gesellschaft 1997 – Antwortdifferenzen zu 1992**
(Prozentsatzdifferenzen)

	West			Ost		
	Männer 97-92	*Frauen 97-92*	*gesamt 97-92*	*Männer 97-92*	*Frauen 97-92*	*gesamt 97 -92*
A. *Mann Hauptverdiener*	-10	-6	-8	-10	3	-4
B. *Bevorzugung Frauen*	-8	-17	-13	-5	-9	-8
C. *Frauen in Führungspositionen*	-9	-5	-8	-1	-5	-3
D. *Frau versorgt Kinder*	-14	-11	-13	-5	3	0
E. *Frauen nicht in Bundesregierung*	2	0	1	-2	3	0
Nicht-traditionelle Geschlechtsrollenorientierung (Index)	7	6	6	3	-4	0

Quelle: DJI-Jugendsurvey 1997

* Die Prozentsatzdifferenzen lesen sich beispielsweise wie folgt: Der Wert -10 in der Spalte Männer 97-92 bedeutet, daß 1997 die Männer im Westen Item A um 10 Prozentpunkte weniger zugestimmt haben als 1992. Die letzte Zeile liest sich wie folgt: Der Wert 7 in der 1. Spalte bedeutet, daß die westdeutschen Männer 1997 eine um 7 Prozentpunkte stärkere nicht-traditionelle Geschlechtsrollenorientierung aufweisen. Ausführliche Itemformulierung siehe Tabelle 5.14.

auf gleichberechtigte Zugangschancen zum Arbeitsmarkt, insbesondere im Hinblick auf Führungspositionen. Das Statement „Frauen gehören nicht in die Bundesregierung", das den Frauen einen politischen Führungsanspruch nicht zubilligt, wird auch 1997 nur von einer Minderheit der Befragten in Ost und West befürwortet, wobei die Frauen wiederum zurückhaltender sind.

Zuletzt sollen die Verteilungen der Items A und D im Zeitvergleich dargestellt werden. Die beiden Items sprechen die familiale Aufgabenteilung von Hausarbeit, Kinderbetreuung und Erwerbsarbeit an. Die traditionellen Voten gehen hier gegenüber 1992 zurück (vgl. Tabelle 5.17). In den alten Bundesländern geht die Zustimmung bei den Männern noch stärker zurück als bei den Frauen. In den neuen Bundesländern findet sich dieser Rückgang nur bei den Männern; die Frauen urteilen hier nach wie vor sehr fortschrittlich. Die geschlechtsspezifischen Differenzen in den Antworten zu den beiden Items A und D sind im Westen für die beiden Befragungszeitpunkte nahezu konstant, in den neuen Bundesländern verringern sich diese Differenzen von 26 bzw. 23 Prozentpunkten auf 13 bzw. 15 Prozentpunkte (vgl. Tabelle 5.15).

Betrachtet man abschließend den Index zur Geschlechtsrollenorientierung im Zeitvergleich, so schlägt sich hier die Zunahme nicht-traditioneller Rollenorientierungen nieder, wie sie sich vor allem bei den Items A und D zeigten. Während 1992 die ostdeutschen Befragten mit einem Anteil von 34% eine stärkere nicht-traditionelle Rollenorientierung aufwiesen als die westdeutschen, die einen Anteilswert von 27% erreichten, haben 1997 beide Befragtenpopulationen fast die gleichen Werte von 33% bzw. 34%. Dadurch, daß 1997 insbesondere die Männer in den neuen Bundesländern die egalitären Rollenbilder stärker unterstützen als 1992, hat sich die Geschlechterdifferenz in den neuen Bundesländern verkleinert und entspricht nun mit 20% fast dem Westniveau (vgl. Tabelle 5.15).

Insgesamt kann man also die eingangs gestellte Frage, ob egalitäre Rollenmodelle bei Jugendlichen und jungen Erwachsenen weiter an Bedeutung gewinnen, zustimmend beantworten. Die westdeutschen Frauen und Männer, aber auch die ostdeutschen Männer urteilen fortschrittlicher und haben sich damit dem höheren Niveau der ostdeutschen Frauen angenähert. Moderne Rollenorientierungen sind also wichtiger geworden, lediglich im Hinblick auf Forderungen nach einer stärkeren Präsenz von Frauen in Führungspositionen kommt es zu einer leichten Zunahme traditioneller Haltungen. Außerdem findet eine Quotenregelung bei Einstellungen zugunsten von Frauen insbesondere bei den weiblichen Befragten weniger Zustimmung.

Determinanten moderner Rollenorientierungen

Im folgenden soll analysiert werden, inwieweit neben Region und Geschlecht auch andere soziodemographische Faktoren für die Ausprägung egalitärer Rollenvorstellungen entscheidend sind.[39] Zunächst soll der Einfluß des Lebensalters auf die Rollenbilder untersucht werden. Im Rahmen der Wertewandelsdiskussion ist bereits die Tatsache angesprochen worden, daß insbesondere die nachwachsenden Generationen die Träger moderner Rollenorientierungen sind. Bestätigt wird dies auch durch Bevölkerungsumfragen, die zeigen, daß jüngere Befragte hier deutlich egalitärer orientiert sind als ältere, z.B. anhand des Wohlfahrtssurveys 1993 (Spellerberg 1997) und der ALLBUS-Umfragen (Jagodzinski/Kühnel 1997, Braun/Borg 1998). Dieser Zusammenhang zeigt sich vor allem in den alten Bundesländern, in den neuen Bundesländern sind dagegen die Unterschiede zwischen den Altersgruppen nicht so deutlich. Eine mögliche Erklärung hierfür könnte sein, daß in den neuen Bundesländern die offizielle Staatsideologie des DDR-Regimes zur Gleichberechtigung der Geschlechter und die zu DDR-Zeiten gemachten Erfahrungen noch nachwirken und gerade auch bei den älteren Generationen das relativ hohe Niveau an egalitären-partnerschaftlichen Rollenansichten erklären.

Mit dem Jugendsurvey und seiner geringen Altersspanne lassen sich nur begrenzt Einflüsse des Lebensalters auf die Rollenorientierungen ermitteln. Trotzdem ergeben sich einige interessante Unterschiede innerhalb der hier untersuchten Altersgruppe, die in Studien mit Erwachsenenpopulationen nicht aufscheinen. Die jüngeren männlichen Befragten, die noch weitgehend zuhause leben, Schüler oder in Ausbildung sind, erweisen sich dabei als weniger modern in ihren Orientierungen als die älteren. Vergleicht man für die Erhebungswelle von 1997 die jüngste Altersgruppe der 16- bis 17jährigen Männer mit der ältesten, den 27- bis 29jährigen, so sinkt der Anteil traditioneller Orientierungen im Westen um neun Prozentpunkte, im Osten um 15, und umgekehrt steigt der Anteil bei den Nichttraditionellen im Westen um 17 und im Osten um 14 Prozentpunkte. Bei den Frauen zeichnen sich keine durchgehenden altersspezifischen Effekte ab. Auffallend ist, daß im Vergleich zu 1992 gerade bei den ostdeutschen Frauen der älteren Jahrgänge moderne Rollenorientierungen etwas an Bedeutung verloren haben. Während 1992 55% der ostdeutschen Frauen im Alter von 27 bis 29 Jahren eine moderne Rollenorientierung aufwiesen, beträgt der entsprechende Wert 1997 nur noch 40%. Die Abnahme dieser Orientierungen könnte bei den ostdeutschen Frauen ein Anzeichen für einen Wandel in den Rollenorientierungen sein, der mit ihrem erzwungenen Rückzug aus dem Berufsbereich verbunden ist und zu einer stärkeren Anpassung an traditionelle Rollenmodelle führt.

Wichtiger als der Einfluß des Lebensalters auf Rollenorientierungen erweist sich die Bildung (vgl. Tabelle 5.18). Befragte, die einen höheren formalen Schulbildungsabschluß anstreben bzw. diesen schon erreicht haben, zeigen zu einem größeren Prozentsatz egalitäre Rollenorientierungen als jene Befragte, die in den unteren Bildungsgruppen zu finden sind. Dieser festgestellte Zusammenhang entspricht auch den Ergebnissen von 1992 (vgl. Gille 1995b: 142 ff.). Ein modernes Frauenbild, das mit Selbstentfaltungswerten und einer größeren Aufgeschlossenheit gegenüber dem Politikbereich einhergeht[40], wird von den höhergebildeten Befragten eher unterstützt. Mit einem höheren Bildungsstatus verbinden sich nicht nur auf der objekten Ebene bessere Berufschancen, auch auf der Ebene der Orientierungen äußert sich dies mit höheren Ansprüchen auf eine gleichberechtigte Teilhabe von Frauen und Männern an wichtigen beruflichen und öffentlichen Positionen in der Gesellschaft.

Tabelle 5.18:
*Geschlechtsrollenorientierung nach Bildungsniveau (Spaltenprozent)**

	West			Ost		
	Haupt-schule	*Mittlere Reife*	*(Fach-) Abitur*	*Haupt-schule*	*Mittlere Reife*	*(Fach-) Abitur*
tradtionell	38	27	16	40	29	14
mittel	43	43	42	41	43	40
nicht-traditionell	19	29	41	19	29	46
n	866	1339	2113	288	1256	872

Quelle: DJI-Jugendsurvey 1997

* Der Index Geschlechtsrollenorientierung wurde folgendermaßen recodiert: 1,0–3,5 = traditionell, 3,6–5,0 = mittel, 5,1–6,0 = nicht-traditionell.

Die Lebensform hat im Vergleich zur Bildung einen geringeren Einfluß auf die Geschlechtsrollenbilder. Bei den Frauen in den alten Bundesländern findet sich ein mit den Ergebnissen von 1992 vergleichbares Muster: Wiederum zeigen die Frauen, die in nichtehelichen Lebensgemeinschaften leben, den höchsten Anteil an nicht-traditionellen Orientierungen und heben sich damit deutlich von den verheirateten Frauen ab. Gegenüber 1992 urteilen die verheirateten Frauen in den neuen Bundesländern deutlich traditioneller: In dieser Gruppe steigen die traditionellen Orientierungen um 8 Prozentpunkte, die nicht-traditionellen sinken um 11 Prozentpunkte. Hier zeichnen sich offensichtlich Anpassungsprozesse der ostdeutschen Frauen an die westdeutschen ab, die sich mit Rückzugstendenzen aus dem Berufsbereich angesichts der großen Schwierigkeiten von jungen Frauen und Müttern, auf dem ostdeutschen Arbeitsmarkt unterzukommen, erklären lassen.[41]

Abschließend soll noch der Frage nachgegangen werden, ob sich 1997 ebenso wie 1992 die Krise auf dem Arbeitsmarkt in einer Polarisierung der Geschlechtsrollenorientierungen zwischen Erwerbstätigen und Arbeitslosen niederschlägt. Auch 1997 lassen sich bei arbeitslosen Männern deutlich traditionellere Orientierungen finden als bei erwerbstätigen. Während 32% der westdeutschen und 33% der ostdeutschen erwerbstätigen Männer traditionell urteilen, betragen die entsprechenden Prozentwerte bei den arbeitslosen 45% bzw. 42%. Die Unterschiede zwischen beiden Teilpopulationen sind zwar nicht sehr groß, aber sie können wohl als Hinweis darauf verstanden werden, daß arbeitslose Männer stärker die Auffassung vertreten, daß Frauen zuhause bleiben und den Männern die knappen Arbeitsplätze vorbehalten bleiben sollen. Ganz allgemein danach gefragt, ob eine Frau auf eine Berufstätigkeit verzichten soll, wenn es nur eine begrenzte Anzahl von Arbeitsplätzen gibt, stimmen im ALLBUS 1996 46% im Westen und 33% der Ostdeutschen zu (Kurz 1997). In der Erwachsenenpopulation in den alten Bundesländern kommt es angesichts der angespannten Arbeitsmarktlage offensichtlich auf der Einstellungsebene zu einer noch stärkeren Ausgrenzung von Frauen aus dem Erwerbsleben als in den neuen Bundesländern.

Zusammenfassung: Modernisierungstendenzen

Zwischen 1992 und 1997 hat in einigen Bereichen eine Zunahme egalitärer Rollenvorstellungen stattgefunden. Diese Zunahme ist besonders deutlich in den alten Bundesländern, so daß es insgesamt zu einer Annäherung der Westdeutschen an die in dieser Hinsicht fortschrittlicheren Ostdeutschen gekommen ist. Auch die ostdeutschen Männer zeigen sich einem modernen Bild der Frau gegenüber aufgeschlossener. Trotzdem beschreibt die Geschlechterkluft bezüglich der Rollenvorstellungen das wichtigste Ergebnis in Ost und West. In beiden Landesteilen vertreten die weiblichen Befragten stärker Ansprüche auf egalitäre familiale Arbeitsteilung und eine gleichberechtigte Teilhabe von Frauen in der Politik und an wichtigen gesellschaftlichen Positionen, die Männer hingegen gestehen ihnen dies weniger zu. Somit erfahren die geschlechterhierarchischen Strukturen in Ost und West eine ganz ähnliche Einschätzung. Während die Frauen eine Veränderung fordern, wollen die Männer ihre Pfründe nicht aufgeben. Traditionelle Rollenvorstellungen werden dabei deutlich stärker von Befragten vertreten, die aufgrund ihrer Lebenssituation (z.B. geringe Bildungsqualifikation, Arbeitslosigkeit) in ihren gesellschaftlichen Teilhabechancen deutlich benachteiligt sind.

Neben dem generellen Anstieg egalitärer Rollenvorstellungen zeigen sich aber auch für einige Aspekte gegenläufige Tendenzen. Quotenregelungen zugunsten von Frauen halten zwar noch ein knappes Drittel der Befragten für wünschenswert, aber hier hat ein deutlicher Rückgang zustimmender Antworten gegenüber 1992 stattgefunden. Dies könnte mit einer Desillusionierung über den realen Gewinn dieser Praxis zusammenhängen. Es könnte aber auch ein Indiz dafür sein, daß sich zwar gesellschaftlich die Erwerbstätigkeit von Frauen und Müttern durchgesetzt hat, auch weil sie ökonomisch für Familien unverzichtbar ist, daß aber die Politik gegen die Diskriminierung der Frau im beruflichen Bereich als gesellschaftliches Thema an Bedeutung verliert.

5.4 Soziale Orientierungen

Der Bereich der Wert- und Rollenorientierungen wurde in der zweiten Welle des Jugendsurveys um die Frage nach den sozialen Orientierungen[42] ergänzt. Damit werden zusätzlich Aspekte erfaßt, die generell die Bereitschaft beinhalten, sich im politischen und sozialen Sinne für andere zu engagieren, und den möglichen Aktionsradius für ein Engagement von der eigenen Familie bis hin zu sozialen Organisationen ausdifferenzieren. Darüber hinaus wird die Bereitschaft dazu danach unterschieden, ob sie eher in informeller Weise oder in institutionalisierten Strukturen stattfindet. Hintergrund für diese Fragestellung ist der widersprüchliche Tatbestand, daß Frauen zwar überwiegend für Familienarbeit verantwortlich sind und häufig die fürsorgerischen, pflegenden und sozialen Tätigkeiten in der Gesellschaft ausüben und insofern große Kompetenzen im Bereich des Sozialen entwickeln, daß sie aber andererseits große Distanzen zum politischen Bereich zeigen.

Als Gegenpol zu einer generellen politisch-sozialen Haltung wird mit der Aussage „Mein Privatleben geht mir über alles" eine eher privatistische Orientierung angesprochen, die eine Konzentration der eigenen Interessen auf den sozialen Nahraum wie Freundschaften, Partnerschaften, Familie etc. beinhaltet. Dieses Statement erfährt große Zustimmung. Ein Drittel der Befragten wählt die Antwortkategorie 6 (trifft voll und ganz zu), rund ein weiteres Drittel die Kategorie 5, so daß die zustimmenden Antworten insgesamt ca. 85% erreichen (vgl. Tabelle 5.19). Diese hohe Zustimmung findet sich hierbei in allen soziodemographischen Gruppen gleichermaßen, allenfalls läßt sich etwas mehr Zurückhaltung in der Gruppe der Abiturienten beobachten: Die Befragten der höchsten Bildungskategorie stimmen hier um sieben Prozentpunkte weniger zu als die Befragten mit niedrigen Bildungsabschlüssen. Diese leichte Tendenz läßt sich möglicherweise damit erklären, daß die hohe Wertschätzung des Privatlebens mit einem Desinteresse an Politik einhergeht[43], und die niedrigen Bildungsgruppen weniger politisch interessiert sind (siehe Kapitel 6.2).

Mit dem Item B wird eine unmittelbare und informelle Hilfsbereitschaft im Freundes- und Familienkreis erfaßt. Hier gibt es so gut wie keine ablehnenden

Tabelle 5.19:
*Soziale Orientierungen nach Geschlecht (in %)**

	West			*Ost*		
	Männer	*Frauen*	*gesamt*	*Männer*	*Frauen*	*gesamt*
A. *Mein Privatleben geht mir über alles*	83	86	85	86	86	86
B. *Wenn jemand in der Familie oder im Freundeskreis Hilfe braucht, setze ich mich für ihn/sie ein*	92	94	93	96	97	96
C. *Politik darf nicht den Behörden und den Berufspolitikern überlassen werden; ich bin bereit, selbst tätig zu werden*	47	43	45	43	44	44
D. *Ich setze mich für Menschen ein, die in Not geraten sind, auch wenn sie nicht zu meinem Freundes- oder Bekanntenkreis gehören*	57	63	60	64	71	67
E. *Ich bin bereit, mich in sozialen Organisationen für andere zu engagieren*	42	50	46	35	48	41

Quelle: DJI-Jugendsurvey 1997

* Anteil der Befragten, die die Skalenpunkte 4 bis 6 gewählt haben. Die Skala reicht von 1 (trifft überhaupt nicht zu) bis 6 (trifft voll und ganz zu).

Haltungen. Betrachtet man nur die höchste Antwortkategorie 6, so zeigt sich die stärkere Zustimmungstendenz der Frauen: Die Anteilswerte der Frauen betragen im Westen 47% und im Osten 50%; für die Männer lauten die entsprechenden Werte 37% und 42%. Die Orientierung am Privatbereich und die Hilfsbereitschaft im unmittelbaren Freundes- und Familienbereich sind nur schwach miteinander korreliert.[44] Ebenso findet auch die Bereitschaft zu sozialem und politischem Engagement im engeren Sinne, wie sie mit den Items C, D und E (vgl. Tabelle 5.19) angesprochen wird, keine Unterstützung durch eine privatistische Orientierung.

Das Statement C „Politik darf nicht den Behörden und den Berufspolitikern überlassen werden..." beschreibt ganz allgemein die Bereitschaft zu einem Engagement, das als eine Selbstverpflichtung und Verantwortungsübernahme des Individuums zum politischen Handeln gegenüber der Gemeinschaft und dem Staat verstanden werden kann. Hier stimmen ca. 45% der Befragten zu. Die Abiturienten zeigen hier gegenüber den Befragten mit niedrigen Bildungsabschlüssen eine etwas höhere Zustimmungstendenz. In Zusammenhang mit der Bereitschaft, politische Verantwortung zu übernehmen, steht auch die Hilfsbereitschaft für Menschen in Not (Item D).[45] Hier stimmen zwei Drittel der Befragten zu, wobei die ostdeutschen und weiblichen Befragten mit jeweils ca. sieben Prozentpunkten über dem Niveau der westdeutschen und männlichen Befragten liegen. Bereitschaft zum Engagement in sozialen Organisationen (Item E) äußern rund zwei Fünftel der Befragten, wobei die Frauen und die Höhergebildeten stärker zustimmen. Die ostdeutschen Männer sind noch zurückhaltender als die westdeutschen, was ein mögliches Engagement in sozialen Organisationen angeht.

Da auch Aussage E mit den bereits zuvor besprochenen Items C und D in engem Zusammenhang steht, wird für weitere Darstellungen und Analysen der Index „soziale Orientierungen“ herangezogen, der die drei Statements als Summenindex behandelt.[46] Betrachtet man die Ausprägungen des Index soziale Orientierungen nach Region und Geschlecht (vgl. Tabelle 5.20), so findet sich für die ost- und westdeutschen Befragten ein weitgehend übereinstimmendes Antwortmuster.

Tabelle 5.20:
Soziale Orientierungen nach Geschlecht (Spaltenprozent)*

	West			***Ost***		
	Männer	*Frauen*	*gesamt*	*Männer*	*Frauen*	*gesamt*
niedrig	29	28	29	33	26	30
mittel	46	42	44	44	46	45
hoch	25	30	27	23	29	26
n	2281	2127	4408	1286	1197	2483

Quelle: DJI-Jugendsurvey 1997

* Der Index soziale Orientierungen (Konstruktion siehe Text) wurde folgendermaßen trichotomisiert: niedrig = 1,0–2,9, mittel = 3,0–4,0 und hoch = 4,1–6,0.

Die stärkere soziale Orientierung von Mädchen und Frauen, wie sie sich vor allem bei den Items D und E zeigt, kommt beim Index nicht mehr so deutlich zum Tragen. Der Vorsprung der Frauen beträgt für die Kategorie „hoch“ im Westen fünf und im Osten sechs Prozentpunkte. Mädchen und Frauen weisen zwar nicht eklatant stärkere soziale Orientierungen auf, aber sie äußern mindestens genauso starke Engagementbereitschaften wie die männlichen Befragten.

Dieses Ergebnis ist deshalb besonders bemerkenswert, da Frauen, wenn man ihr politisches Interesse oder ihr politisches Engagement betrachtet, deutlich größere Distanzen zur politischen Sphäre zeigen als Männer (vgl. Kapitel 6.2 und Kapitel 7). Werden aber Engagementbereitschaften, wie hier in der Frage nach den sozialen Orientierungen, weiter gefaßt, wobei die Grenze zwischen politischer und sozialer Tätigkeit und informeller bzw. institutionalisierter Ausübung nicht explizit gezogen wird, fühlen sich Frauen ebenso stark angesprochen wie Männer. Diese stärkere Bereitschaft von Frauen, sich sozial und in informellen Strukturen zu engagieren, wird auch deutlich, wenn man politische Partizipation im allgemeinen untersucht (vgl. Kapitel 7). Frauen zeigen ein den Männern ebenbürtiges Potential zum Engagement, wenn Aktivitäten in Bürgerinitiativen oder ganz allgemein in den neuen sozialen Bewegungen angesprochen werden.

Im folgenden werden die sozialen und privaten Orientierungen in ihren Bezügen zu den allgemeinen Wertorientierungen sowie zu den Rollenbildern beschrieben. Darüber hinaus soll der Frage nachgegangen werden, in welchem Zusammenhang diese beiden Einstellungsbereiche zu einem Interesse an öffentlichen Belangen und einem Engagement in den neuen sozialen Bewegungen stehen. Der Haltung „Mein Privatleben geht mir über alles“ wird deutlich stärker von jenen Befragten zugestimmt, die hedonistischen Werten hohen Stellenwert einräumen. Die Konzentration auf den eigenen privaten Bereich bedeutet auch, daß sozialen und öffentlichen Belangen wenig Aufmerksamkeit geschenkt wird. Weder mit dem politischen Interesse noch mit den sozialen Orientierungen ergeben sich Zusammenhänge. Privatistische Orientierungen gehen auch eher mit traditionellen Rollenorientierungen einher.[47] Die Bereitschaft, jemandem in der Familie bzw. im Freundeskreis zu helfen, ist deutlich mit prosozialen Werten verknüpft. Hedonismus spielt hierbei dagegen keine Rolle. Diese Art von Hilfsbereitschaft wird eher mit modernen Rollenorientierungen verbunden und natürlich auch mit den sozialen Engagementbereitschaften.[48] Für die sozialen Orientierungen gelten ganz ähnliche Zusammenhänge wie für die Hilfsbereitschaft in Familie und Freundeskreis: Prosoziale Werte unterstützen in hohem Maße soziales Engagement. Weiterhin sind soziale Orientierungen assoziiert mit einer ausgeprägten Öffentlichkeitsorientierung, d.h. die politisch Interessierten und auch jene, die die Lebensbereiche Politik bzw. Kunst/ Kultur hoch bewerten[49], äußern stärker die Bereitschaft zu allgemeinem sozialen

Engagement und sind tendenziell aktiver in den neuen sozialen Bewegungen.[50] Soziale Haltungen gehen auch eher mit modernen Rollenorientierungen einher.

Insgesamt kann man also sagen, daß eine privatistische Orientierung eher mit einer apolitischen Grundhaltung in Zusammenhang steht. Soziale Orientierungen sind dagegen stärker mit einem Interesse an öffentlichen und politischen Belangen verknüpft. Die bivariaten Zusammenhänge mit den egalitären Rollenorientierungen sind zwar nicht sehr ausgeprägt, aber sie weisen doch in jeweils unterschiedliche Richtungen. Eine Orientierung an Privatheit geht eher mit traditionellen Rollenorientierungen einher, soziale Orientierungen werden häufiger von Befragten vertreten, die egalitäre Rollenorientierungen unterstützen. Dieser Befund steht in Einklang mit Ergebnissen zur Partizipationsforschung (vgl. Kapitel 7), die gerade die neuen sozialen Bewegungen als einen Ort beschreiben, wo der Versuch gemacht wird, hierarchiefreien Arbeitsformen und neuen Rollenentwürfen von Frau und Mann Raum zu geben.

5.6 Fazit: Wertorientierungen heute – plural, egalitär und sozial

Die mehrdimensionale Struktur des Werteraumes erweist sich bei jungen Menschen in den 90er Jahren als nahezu unverändert. Auch die persönliche Wichtigkeit einzelner Werte bzw. Wertebereiche ist zu beiden Erhebungszeitpunkten gleich hoch. Damit liefert der Befund eines stabilen Werteprofils junger Menschen keinerlei Hinweise für – häufig in der Öffentlichkeit geäußerte – Befürchtungen, daß die junge Generation angesichts übersteigerter egoistischer Bestrebungen nicht mehr bereit sei, sich in die Gesellschaft zu integrieren. Zwar bleibt Selbstentfaltung bei den Jugendlichen und jungen Erwachsenen der wichtigste Wertebereich, dieser wird jedoch mit konventionellen und prosozialen Orientierungen verknüpft. Ein Nebeneinander von Selbstentfaltung und Hedonismus bleibt ebenso bedeutsam. Die stärkste Veränderung in der Wichtigkeit von Werten zwischen 1992 und 1997 betrifft den Rückgang der konventionellen Werte. Zwei Ost-West-Unterschiede lassen sich auch 1997 finden: die größere Bedeutung der Koexistenz von Werten der Selbstentfaltung und des Konventionalismus sowie der stärkere Materialismus im Inglehartschen Sinne in den neuen Bundesländern. Traditionelle Werte der Pflicht, Leistung und der wirtschaftlichen Sicherheit erfahren angesichts der schwierigen wirtschaftlichen Situation in den neuen Bundesländern größeren Zuspruch.

Bestrebungen nach Selbstverwirklichung werden mit egalitären Rollenorientierungen verknüpft. Gegenüber 1992 ist eine leichte Zunahme dieser Rollenorientierungen zu verzeichnen. Während 1992 die Kluft zwischen den eher modern urteilenden Frauen und den stärker traditionellen Haltungen der Männer in den neuen Bundesländern noch größer war als in den alten, haben sich zum zweiten Erhebungszeitpunkt die Geschlechterdifferenzen in Ost und West einander angeglichen. Diese Angleichung beruht auf einer Zunahme egalitärer Geschlechtsrollenorientierungen bei den westdeutschen Frauen und Männern sowie bei den ostdeutschen Männern. Obwohl insgesamt eine leichte Zunahme moderner Rollenansichten zu verzeichnen ist, darf jedoch nicht übersehen werden, daß für einzelne Aspekte, wie die Forderung nach einer Quotenregelung sowie einer stärkeren Präsenz von Frauen in Führungspositionen, gegenläufige Entwicklungen zu konstatieren sind. Hier nimmt die Zustimmung ab, zum Teil sogar noch stärker bei den Frauen als bei den Männern. Obwohl Frauen im Berufsleben gesellschaftlich immer mehr akzeptiert werden, erfahren Ansprüche von Frauen auf eine stärkere gleichberechtigte Teilhabe in allen beruflichen Bereichen nicht zwangsläufig mehr Unterstützung, ganz im Gegenteil.

Für die Wert- und Rollenorientierungen gilt gleichermaßen, daß dort geschlechtsspezifische Unterschiede zu finden sind, die eine in Ost und West sehr ähnliche Geschlechterhierarchie beschreiben. Mädchen und junge Frauen sind stärker prosozial und auf Familie und Kinder hin orientiert, die jungen Männer sind hedonistischer und geben Öffentlichkeit und Politik größeres Gewicht. Die ausgeprägtere Familienorientierung der Frauen bedeutet aber nicht im Sinne eines traditionellen Frauenbildes die Aufgabe von Selbstverwirklichungsansprüchen im Berufsleben. Junge Frauen votieren mehrheitlich für eine moderne Frauenrolle, die jungen Männer bevorzugen nach wie vor eher eine traditionelle Aufgabenteilung zwischen den Geschlechtern. Erwerbsarbeit besitzt zwar in den Lebensentwürfen junger Frauen und Männer gleichermaßen eine hohe Priorität, aber es sind vor allem die Frauen, die eine Doppelorientierung auf Familie und Beruf hin entwickeln und in ihren Rollenorientierungen zu vereinbaren suchen.

Die Bereitschaft, sich für andere im Familien- und Freundeskreis wie auch im weiteren gesellschaftlichen Umfeld zu engagieren, ist in beiden Landesteilen bei Frauen und Männern gleichermaßen stark ausgeprägt. Während die Hilfsbereitschaft für Familie und Freundeskreis sehr hoch ist, erfahren stärker institutionalisierte Formen des Engagements geringere Unterstützung. Obgleich

Frauen dem öffentlichen Bereich (Politikinteresse, traditionelles politisches Engagement) eher distanziert gegenüberstehen, sind sie mindestens genauso stark bzw. zum Teil stärker sozial orientiert als Männer. Prosoziale Wertorientierungen unterstützen soziale Engagementbereitschaften, hedonistische Werte begünstigen dagegen eine privatistische Orientierung, die auch mit einer Distanz zum politischen Bereich einhergeht.

Anmerkungen

1 Alle in diesem Kapitel vorgestellten Fragebereiche des Jugendsurveys, die persönlichen Wertorientierungen, die postmaterialistischen Orientierungen nach Inglehart, die Frage nach den Lebensbereichswichtigkeiten sowie die Einstellungen zur Geschlechterrolle wurden 1997 exakt nach den Vorgaben von 1992 repliziert. Die Frage nach den Geschlechtsrollenorientierungen wurde jedoch um zwei Items ergänzt. Das Erhebungsinstrument zu den sozialen Orientierungen ist 1997 neu in den Fragebogen aufgenommen worden.

2 Datenbasis für diese und die folgenden Anteilswerte ist der repräsentative Survey „Wertewandel und bürgerschaftliches Engagement 97“, in dem 1997 bundesweit 3.000 Personen ab 18 Jahren befragt wurden (vgl. Gensicke 1998a).

3 Zur Kritik am theoretischen und methodischen Ansatz Ingleharts vgl. Klages 1988: 112 ff., Bauer-Kaase/Kaase 1998, Bürklin/Klein/Ruß 1994 und die Repliken von Inglehart/Klingemann 1996 und Bürklin/Klein/Ruß 1996; zur Diskussion um das Ranking- und Rating-Verfahren in der Werteforschung vgl. Hollerbach 1998 sowie Klein/Arzheimer 1999.

4 Der Fragetext lautete: „In jeder Gesellschaft gibt es ja unterschiedliche Vorstellungen darüber, welche Eigenschaften und Verhaltensweisen von Menschen wünschenswert sind und welche nicht. Bitte sagen Sie mir zu jeder Verhaltensweise auf dieser Liste, wie wichtig es für Sie persönlich ist, so zu sein oder sich so zu verhalten. Benutzen Sie bitte die von 1 bis 10 reichende Skala. 1 bedeutet *überhaupt nicht wichtig,* 10 bedeutet *sehr wichtig.* Mit den Werten dazwischen können Sie die Wichtigkeit abstufen.“

5 Die einzelnen Indikatoren für die Wertebereiche sind in Tabelle 5.1 aufgeführt.

6 Wie 1992 werden für die west- und ostdeutschen Befragten sowie für Frauen und Männer getrennt schiefwinklige Hauptkomponentenanalysen (vgl. Anhang A.2) durchgeführt, die zu ähnlichen Faktorenstrukturen sowohl für die Untergruppen wie für die Gesamtpopulation führen und deren Ergebnisse mit denen von 1992 in hohem Maße übereinstimmen. Die erklärte Varianz beträgt 56%. Die Korrelationen zwischen den Faktoren liegen zwischen .20 und .30.

7 Die Wertedimensionen werden als Summenindices aus den jeweiligen Variablen konstruiert, die auf den entsprechenden Faktoren hoch laden. Hierzu werden die Skalenwerte für die einzelnen Items pro Befragten addiert und durch die Zahl der Items geteilt, so daß die vier Indices wieder einen Skalenbereich von 1 bis 10 haben. Werte zwischen 1 und 6,7 bezeichnen eine „niedrige" Wichtigkeit dieser Wertedimension, Werte zwischen 6,8 und 8,5 stehen für eine „mittlere" und Werte zwischen 8,6 und 10 für eine „hohe" Wichtigkeit. Reliabilitätstests ergaben für alle vier Summenindices befriedigende Maße für die Prüfung auf Eindimensionalität.

8 Die Zusammenhangsmaße für die einzelnen Wertedimensionen sind für die beiden Erhebungswellen des Jugendsurveys nahezu identisch.

9 Auch Reitzle und Silbereisen (1996) fanden in ihrer Jugendstudie Wertunterschiede zwischen weiblichen und männlichen Befragten, die mit dem gängigen Geschlechtsrollenstereotyp einhergehen: Mädchen befürworteten stärker Harmonie und Frieden als die Jungen.

10 Der Fragetext lautete: „Auch in der Politik kann man nicht alles auf einmal haben. Auf dieser Liste finden Sie einige Ziele, die man in der Politik verfolgen kann. Wenn Sie zwischen diesen verschiedenen Zielen wählen müßten, welches Ziel erscheint Ihnen persönlich *am wichtigsten,* welches am *zweitwichtigsten,* und welches am *drittwichtigsten?"*

11 Diese Ergebnisse basieren auf eigenen Berechnungen mit den deutschen Befragten des ALLBUS 1998. Die stärkere Bedeutung postmaterialistischer Werte bei den jüngeren Befragten zeigt sich ebenfalls deutlich. Die 18- bis 29jährigen vertreten mit 25% im Westen und 24% im Osten postmaterialistische Werte stärker als die älteste Befragtengruppe (60 Jahre und mehr), die Anteilswerte von 11% bzw. 6% aufweist.

12 Die folgenden Zusammenhänge gelten auch, wenn man nach Bildung kontrolliert.

13 Dieser Panelanalyse lagen Befragungen von ca. 5.000 Personen (18 bis 55 Jahre) zugrunde, die in den Jahren 1988 und 1994 befragt worden waren.

14 Im Familiensurvey des Deutschen Jugendinstituts, der 1988/1990 und 1994 bei ca. 10.000 Befragten (18 bis 55 Jahre) auch die Kurzversion des Postmaterialismus-Indexes erhob, zeigte sich ebenfalls eine Abnahme postmaterialistischer bzw. eine Zunahme materialistischer Werte in beiden Landesteilen (vgl. Bien 1996b).

15 Die Frage wurde 1992 und 1997 in identischer Form wie folgt gestellt: „Wie wichtig sind für Sie persönlich die einzelnen Lebensbereiche auf dieser Liste? Der Wert 1 bedeutet *überhaupt nicht wichtig,* der Wert 7 *sehr wichtig.* Mit den Werten dazwischen können Sie die Wichtigkeit der Lebensbereiche abstufen." Die zur Beurteilung vorgelegten zehn Lebensbereiche sind in Tabelle 5.12 aufgeführt. Die Reihenfolge der Items in der Tabelle entspricht nicht der Abfolge in der Listenvorgabe.

16 Im Wohlfahrtssurvey wird allerdings die Wichtigkeit von Lebensbereichen im Hinblick auf das eigene Wohlbefinden und die Zufriedenheit abgefragt.

17 Das heißt von Werten, die das 1997 insgesamt höhere individuelle Bewertungsniveau vernachlässigen.

18 Reitzle/Silbereisen (1996) ziehen in ihrem Vergleich von Wertorientierungen bei ost- und westdeutschen Jugendlichen für die Erhebungsjahre 1991 und 1996 auch ipsative Werte heran. Das ipsative Verfahren liefert aber keine Ergebnisse, die über den direkten Vergleich von Wertpräferenzen hinausgehen.

19 Im ALLBUS von 1992 und 1998 (vgl. Anhang A.2), dessen Stichproben jeweils auf der Bevölkerung ab 18 Jahren beruhen, wurde jeweils nach der Wichtigkeit folgender Lebensbereiche gefragt: eigene Familie und Kinder, Beruf und Arbeit, Freizeit und Erholung, Freunde und Bekannte, Verwandtschaft, Religion und Kirche, Politik und öffentliches Leben, Nachbarschaft. Die Bewertung der Lebensbereiche erfolgte ebenso wie im Jugendsurvey anhand einer siebenstufigen Skala. Für die Berechnungen werden nur die Ergebnisse der deutschen Befragten herangezogen.

20 Pearsons r beträgt im Westen .46 und im Osten .55.

21 Die entsprechenden Prozentwerte betragen bei den Ledigen 64% im Westen und 65% im Osten, bei den Befragten in nichtehelicher Lebensgemeinschaft 75% im Westen und 85% im Osten, bei den Verheirateten 71% bzw. 73%.

22 Lebensform und Familienstand der Befragten sind natürlich sehr eng mit dem Lebensalter verknüpft: je älter die Befragten, desto größer ist die Wahrscheinlichkeit, daß sie einen festen Partner haben, verheiratet sind und Kinder haben (vgl. Kapitel 2.3). Und auch das Ausbildungsverhalten steht in Zusammenhang mit der Lebensform des Befragten. In der Stichprobe des Jugendsurveys haben die Ledigen ein höheres Bildungsniveau als die Befragten, die bereits in nichtehelichen Lebensgemeinschaften leben bzw. verheiratet sind.

23 1992 wurde nur nach nichtehelichen Lebensgemeinschaften gefragt und nicht erfaßt, ob die Befragten einen festen Partner hatten, mit dem sie aber nicht in einem Haushalt zusammenlebten, was auch als Living-Apart-Together-Beziehung bezeichnet wird (vgl. Bien 1996a). 1997 wurde dies berücksichtigt. Unterscheidet man also die ledigen Befragten danach, ob sie keinen Partner haben oder in einer LAT-Beziehung leben, so zeigt sich, daß die Befragten mit Partner deutlich familienorientierter sind als jene ohne festen Partner (ca. zehn Prozentpunkte Differenz).

24 Während 1992 nur 51% der westdeutschen und 48% der ostdeutschen Ledigen den Familienbereich hoch bewerteten, betrugen 1997 die entsprechenden Prozentwerte 64% bzw. 65%.

25 Pearsons r beträgt .42 im Westen und .27 im Osten.

26 Ein Vergleich der Voten für die niedrigste und höchste Bildungsgruppe ergibt Differenzen von 12 Prozentpunkten in den alten und 11 Prozentpunkten in den neuen Bundesländern.

27 Die Gruppe der Frauen, die Hausfrau oder in Erziehungsurlaub ist, erreicht bei den Arbeitsorientierungen einen Mittelwert von 6,2 im Osten und nur 5,4 im Westen.

28 Die Mittelwerte für den Lebensbereich „Politik und öffentliches Leben" betragen im Westen für die Altersgruppe der 18- bis 29jährigen 3,9, für die 45- bis 59jährigen 4,4 und für die 60- bis 74jährigen 4,1; die entsprechenden Mittelwerte im Osten sind 3,6, 3,9 bzw. 3,8 (bei einer Skala von 1 bis 7).

29 Pearsons r zwischen diesen beiden Lebensbereichen beträgt .38 im Westen und .37 im Osten.

30 Im Jugendsurvey wurde sowohl danach gefragt, mit wem und wie häufig sie über Politik sprechen (mit Eltern, Partner, Freunden, Arbeitskollegen), als auch welche Medien (z.B. Fernsehen, Zeitschriften, Sachbücher etc.) sie nutzen, um sich über Politik zu informieren (siehe Kapitel 6.2).

31 Die Differenzen zwischen niedrigster und höchster Bildungskategorie betragen für Politik im Westen 14 Prozentpunkte, im Osten 13 Prozentpunkte; die entsprechenden Differenzen für den Lebensbereich Kunst und Kultur sind 20 bzw. 38 Prozentpunkte.

32 Man muß jedoch berücksichtigen, daß der religiöse Bereich bei älteren Menschen eine sehr viel höhere Bedeutung hat. Der Lebensbereich „Religion und Kirche", wie er im ALLBUS 1998 erhoben worden ist, erfährt insbesondere in den alten Bundesländern eine Wichtigkeitszunahme mit dem Lebensalter der deutschen Befragten. Während die 18- bis 29jährigen in den alten Bundesländern hier einen Mittelwert von 2,9 haben, beträgt er bei den 60- bis 74jährigen 4,4 (bei den 75- bis 89jährigen sogar 5,0).

33 In eine ähnliche Richtung argumentieren Reitzle/Silbereisen (1996), wenn sie die höheren Voten für familiäre Sicherheit bei den ostdeutschen Jugendlichen zu erklären versuchen.

34 1992 und 1997 wurden die Rollenorientierungen mit folgender Fragestellung erhoben: „Im folgenden geht es um die Situation von Männern und Frauen im Alltagsleben. Inwieweit stimmen Sie persönlich diesen Aussagen zu? 1 bedeutet, daß Sie *überhaupt nicht zustimmen,* 6 bedeutet, daß Sie *voll und ganz zustimmen.* Mit den Werten dazwischen können Sie Ihre Zustimmung abstufen." In Tabelle 5.14 sind die fünf Replikations-Items A bis E sowie die 1997 zusätzlich erhobenen Rollenaspekte F und G aufgeführt.

35 Pearsons r zwischen Item A und D beträgt in alten und neuen Bundesländern .66.

36 Grundlage für diesen Index sind Itemanalysen, die diese vier Items in ihrer Eindimensionalität für alle relevanten Untergruppen (Ost/West, Frauen/Männer) bestä-

tigen (standardisierter Cronbachs alpha in West 0,71, in Ost 0,69). Zur Bildung des Index werden die Items A und E „umgedreht“, damit ein höherer Wert einheitlich für eine nicht-traditionelle Geschlechtsrollenorientierung steht. Die Skalenwerte werden dann aufsummiert und durch die Zahl der Items (4) geteilt, so daß der resultierende Index wieder einen Wertebereich von 1 bis 6 aufweist. Die resultierenden Werte werden schließlich in drei Wertebereiche unterteilt: traditionelle (1,0–3,5), mittlere (3,6–5,0) und nicht-traditionelle (5,1–6,0) Geschlechtsrollenorientierung.

37 Die Items F und G stehen in deutlichem Zusammenhang mit dem Index nicht-traditionelle Geschlechtsrollenorientierung, d.h. Befragte, die F und G zustimmen, unterstützen auch die anderen traditionellen Rollenaspekte (Pearsons r liegt zwischen .50 und .60). Da der Index aber zum Zeitvergleich herangezogen werden soll, werden die Items F und G, die nur 1997 erhoben worden sind, nicht aufgenommen.

38 Pearsons r zwischen Item B und einer traditionellen Geschlechtsrollenrorientierung beträgt im Westen .05 und im Osten .11.

39 Die Ergebnisse der folgenden Analysen beziehen sich auf den Index nicht-traditionelle Geschlechtsrollenorientierung.

40 Pearsons r zwischen dem Index moderne Rollenorientierung und Selbstentfaltung beträgt .16 im Westen und .20 im Osten, der entsprechende Zusammenhang mit politischem Interesse .17 bzw. .11.

41 Im Familiensurvey des Deutschen Jugendinstituts läßt sich sehr deutlich aufzeigen, wie stark sich die berufliche Situation junger Frauen mit Kindern in den neuen Bundesländern verschlechtert hat. Innerhalb der beiden Erhebungsjahre 1990 und 1994 stieg der Anteil arbeitsloser Frauen mit Kleinkindern von 6% auf 28% (Rosendorfer u.a. 1996).

42 Mit dem einführenden Hinweis „Auf dieser Liste stehen einige Aussagen. Inwieweit treffen diese auf Sie zu?“ wurden den Befragten fünf Items (siehe Tabelle 5.19) zur Beurteilung vorgelegt. Die sechsstufige Bewertungsskala hatte die Endpunkte 1 (trifft überhaupt nicht zu) und 6 (trifft voll und ganz zu).

43 Politisches Desinteresse korreliert mit dem Item „Mein Privatleben geht mir über alles“ zu .15 in Ost und West (Pearsons r).

44 Pearsons r zwischen Item A und B beträgt .18 im Westen und .09 im Osten.

45 Pearsons r zwischen Item C und D beträgt .35 im Westen und .29 im Osten.

46 Der Index soziale Orientierung basiert auf dem Summenindex der drei Items C, D und E, dessen Wertebereich folgendermaßen aussieht: 1–2,9 = niedrig, 3–4 = mittel und 4,1–6 = hoch. Cronbachs alpha für den Index beträgt 0,71 im Westen und 0,67 im Osten.

47 Pearsons r von Item A mit der hedonistischen Wertedimension beträgt .29 im Westen und .28 im Osten, mit politischem Desinteresse .15 (in Ost und West) und mit der traditionellen Geschlechtsrollenorientierung .10 im Westen und .20 im Osten.

48 Pearsons r von Item B mit der prosozialen Wertorientierung beträgt .34 bzw. .38, mit der nicht-traditionellen Geschlechtsrollenorientierung .24 bzw. 23 und mit dem Index soziale Orientierungen .24 bzw. .26.

49 Pearsons r zwischen sozialen Orientierungen und der Wichtigkeit des Lebensbereichs Politik beträgt .40 im Westen und .35 im Osten. Der Lebensbereich Kunst und Kultur weist mit den sozialen Orientierungen Korrelationen von .32 im Westen und .33 im Osten auf.

50 Pearsons r zwischen sozialen Orientierungen und einer Engagementbereitschaft in den neuen sozialen Bewegungen beträgt .26 im Westen und .22 im Osten (vgl. Kapitel 7).

6

Politische Orientierungen

Martina Gille, Winfried Krüger, Johann de Rijke

6.1 Politische Orientierungen – ein Rahmen

Einstellungen zur Politik äußern sich, insbesondere in den Medien, häufig in Formen, die eine negative Bewertung beinhalten, eine Ablehnung von Politik als „schmutziges Geschäft“, eine generelle „Politikverdrossenheit“. Gegenstand solcher Einstellungen können dabei recht unterschiedliche Phänomene sein, von der Bewertung einzelner Regierungs- oder Parlamentsbeschlüsse (z.B. eines neuen Steuergesetzes), Vorschläge zur Lösung eines gesellschaftlich umstrittenen Problems seitens bestimmter Parteien oder Funktionsträger (z.B. zur Ausländerpolitik), Eindrücke zu einer Partei insgesamt oder allen Parteien (z.B. hinsichtlich ihres Umgangs mit Finanzmitteln) bis hin zu Einstellungen gegenüber der Art und Weise, wie Entscheidungen im politischen Raum getroffen werden (z.B. als unzureichende Berücksichtigung von Wählervorstellungen durch das repräsentative politische System). In der wissenschaftlichen Literatur wurde häufig versucht, den ganzen Bereich dieser Einstellungen gegenüber der Politik zu klassifizieren. Als Insgesamt dieser Einstellungen, als besondere Verteilung von Orientierungsmustern auf politische Objekte unter den Mitgliedern einer Nation wurde dann von der „politischen Kultur“ in einer Nation gesprochen (Almond/Verba 1963). Das folgende Kapitel will nun Aspekte solcher Orientierungen in umfassenderer Weise darstellen, als es in Jugendstudien üblicherweise geschieht. Es thematisiert dabei Haltungen zum politischen System und der politischen Ordnung insgesamt, zu dessen Resultaten und Leistungen – dem Output – sowie die Bereitschaft der Bürgerinnen und Bürger zum Engagement, ihre Motivationen zur Teilnahme, in diesem Sinne also die Unterstützungen – der Input – dieses Systems.[1]

Als ein wesentlicher Bestandteil des *Input-Bereichs* gilt das politische Interesse, das als Indikator für die Bedeutung von Politik für ein Individuum angesehen werden kann, für seine Anteilnahme und Bereitschaft, sich zumindest kognitiv damit auseinanderzusetzen und Informationen und Wissen darüber aufzunehmen. Wer sich für Politik interessiert, wird diesem Bereich in seinem Leben Gewicht geben; es besteht somit ein fortwährender, wenn auch unterschiedlich intensiver Anlaß, sich mit politischen Themen auseinanderzusetzen und Kenntnisse darüber zu erwerben. Der Gegenpol, das politische Desinteresse, beschreibt dann eine Haltung, in der Politik im alltäglichen Leben keine Rolle spielt und man in diesem Bereich keinen kognitiven oder sozialen Aufwand treiben will, aus welchen Gründen auch immer. Differenzierter und umfassender verstanden kann man sich der Bedeutsamkeit von Politik im Leben weiter nähern, wenn man nicht nur die generelle Haltung, sondern auch Elemente der tatsächlichen Beschäftigung mit Politik berücksichtigt. Hierzu gehört auch die Nutzung verschiedener Medien (Bücher, Fernsehen, Zeitungen etc.), um sich über Politik zu informieren, was neben der zeitlichen Inanspruchnahme auch auf kognitive Aspekte zielt. Der soziale Aspekt des politischen Interesses soll durch die Häufigkeit von Diskussionen über Politik mit Personen des persönlichen Umfeldes erhoben werden. Diese beiden Aspekte sind auf tatsächliches Handeln hinsichtlich eines Zeitbudgets, also angesichts alternativer Zeitverwendungsmöglichkeiten, gerichtet.

Weitergehend als das politische Interesse sind Einstellungen darüber, wie ein Subjekt sich im Kontext des politischen Prozesses verortet. Damit sind auf Politik gerichtete Einschätzungen angesprochen, die „das Selbstverständnis der Bürgerinnen und Bürger als aktive und einflußreiche Teilnehmer am politischen Prozeß (interne Effektivität) und die Überzeugung von der Offenheit und Verantwortlichkeit der politischen Führung gegenüber der Bevölkerung (externe Effektivität)“ betreffen (Gabriel 1994a: 118). Beide Komponenten sind im Jugendsurvey enthalten. Sie sollen getrennt dargestellt werden[2]: Die erste Komponente kann als Maß der Hinwendung zur Politik verstanden werden und so einen Beitrag zur Bestimmung der subjektiven politischen Kompetenz liefern. Die zweite Komponente ist als Vertrauen in die Beeinflußbarkeit des politischen Systems vor dem Hintergrund eigener Erwartungen eher dem Output-Aspekt zuzuordnen (vgl Kapitel 6.4).

Bei den Einstellungen gegenüber der *politischen Ordnung* im allgemeinen, also Haltungen gegenüber der Regierungsform (nicht der konkreten Regierung), handelt es sich um zentrale Elemente der politischen Kulturforschung. Positive Einstellungen gegenüber der demokratischen Verfassung einer Gesellschaft werden als wichtig für das gesellschaftliche und politische Leben angesehen, negative hingegen als bedrohlich, wenn sie ein beträchtliches Ausmaß annehmen. Die affektive Beziehung zur politischen Gemeinschaft, die meist unter dem Gesichtspunkt der nationalen Identität betrachtet wird, ist Gegenstand eines eigenständigen Kapitels (vgl. Kapitel 8).

Im Jugendsurvey wird nach der Zustimmung zur Idee der Demokratie gefragt, die die Assoziation mit dem Ideal einer demokratischen politischen Ordnung herstellen soll. Weiter werden anhand einer Reihe von zentralen Merkmalen einer liberal-pluralistischen Demokratie (Meinungsfreiheit, Notwendigkeit politischer Opposition, Idee der Kompromißbereitschaft etc.) grundlegende Einstellungen hierzu erfaßt. Die Frage nach der Idee des Sozialismus, die eher diffuse Orientierungen als eine Bewertung realer sozialistischer Staatsformen erfassen soll, zielt zunächst ebenfalls auf grundlegende Einstellungen. Jedoch ist hier nicht eindeutig zu klären, ob dabei an ein alternatives Ordnungskonzept zur Demokratie im Sinne ideologischer Gegensätze gedacht wird oder (womöglich vermischt) an ein Demokratiemodell mit sozialistischen Schwerpunkten. Letztere Interpretation könnte gerade im Kontext der Vereinigung und vor dem Hintergrund des realen Sozialismus der DDR eine stärkere Plausibilität gewinnen (vgl. etwa Westle 1994). Schließlich wird in einer Frage die Idee eines Alternativmodells eines autoritären Staates angesprochen, die als Kritik an demokratischen Prozessen zu verstehen ist. Hierbei geht es weniger um das Syndrom autoritärer Einstellungen, wie es in der sozialpsychologischen Analyseperspektive erforscht wird, als vielmehr um die Bewertung der herrschenden politischen Ordnung als unzureichend, also um eine Ablehnung demokratischer Grundprinzipien zugunsten der Dominanz einer „starken Hand". Dieser Komplex ist zwar nur mit einer Frage erfaßt, kann jedoch im angedeuteten Sinne interpretiert werden.

Auf einer weiteren Ebene werden Einstellungen gegenüber dem *Output* des politischen Prozesses erfaßt. Dies allerdings in einem weiten Sinne: Hier geht es nicht um Einstellungen zu aktuellen, unmittelbar erfahrbaren und wirksamen Ergebnissen, wie sie in Befragungen mittels Zufriedenheiten mit der Regierungsarbeit, der Oppositionsarbeit, der Bewertung bestimmter Gesetzesvorhaben oder Gesetzesfolgen erfaßt werden, z.B. im Politbarometer der Forschungsgruppe Wahlen. Vielmehr stehen hier eher diffuse Bewertungen von Strukturen oder Institutionen und ihre generelle Wirksamkeit im Blickpunkt. Ein üblicher Indikator hierfür ist die Zufriedenheit mit der Demokratie in der Bundesrepublik Deutschland, der auf eine solche Bewertung der Ordnungsform, allerdings im konkreten zeitlichen und räumlichen Kontext der Bundesrepublik, abzielt. In der oben skizzierten Doppeldeutigkeit ist auch die Bewertung des Sozialismus in der ehemaligen DDR anzusiedeln, wobei hier in den neuen Bundesländern wohl noch andere Assoziationselemente (Wertorientierungen oder konkrete Einstellungen) eine Rolle spielen dürften, die sich auf die Vereinigungsgeschichte und die Relation zu vorherigen Lebenswelten beziehen und unter dem Stichwort „DDR-Nostalgie" oft etwas kurzschlüssig abgehandelt werden.

Der Bereich des Vertrauens in Institutionen wird ebenfalls im Output-Bereich verortet. Die theoretische Zuordnung von Institutionenvertrauen ist zwar nach wie vor umstritten, da sich hier generelle Vertrauensgefühle gegenüber gesellschaftlichen Strukturen und Funktionsbereichen mit eher diffusen Bewertungen einzelner Institutionen und deren Funktionen vermischen. Auch konkrete positive oder negative Erfahrungen mit Repräsentanten von Institutionen oder Handlungen spielen wohl eine Rolle. Es macht jedoch Sinn, das Vertrauen in Institutionen als auf die generellen Resultate dieser Institutionen gerichtet zu verstehen, und dies weniger in einer instrumentellen Form, die auf der spezifischen Situation der Befragten und deren Bedürfnissen beruht, sondern in einer längerfristig orientierten Perspektive. Entsprechend sind gegenüber den unterschiedlichen Institutionengruppen, wie sie im Frageinstrument enthalten sind (Institutionen der etablierten Politik und des aktuellen Politikprozesses, exekutive und judikative Institutionen, Institutionen mit einem eher basisdemokratisch orientierten Verständnis und Institutionen der EU), unterschiedliche Orientierungen erwartbar. Das generelle Vertrauen in die Politik und in deren Repräsentanten wird durch die Einschätzung der Reaktionsbereitschaft des politischen Systems auf Forderungen oder Erwartungen der Bürger erfaßt.

Schließlich werden Einstellungen zur *politischen Selbstpositionierung* sowie zu politischen Gruppierungen erfaßt, die inhaltlich unterschiedliche Ziele und Wege verkörpern. Ein geläufiger Indikator ist die politische Selbstverortung auf einem räumlich angeordneten Links-Rechts-Kontinuum. Die mit den Begriffen „links“ und „rechts“ assoziierten Inhalte werden dabei nicht angesprochen, sondern den Befragten als geläufig und in der politischen Gemeinschaft verständlich unterstellt. Ob diese Annahme systematisch auch für die befragten Jugendlichen und jungen Erwachsenen gilt, oder ob Differenzen (also ein unterschiedliches Verständnis von links bzw. rechts, z.B. in den alten und neuen Bundesländern) auszumachen sind, wird empirisch geprüft.

Weiterhin werden Einstellungen gegenüber den wichtigsten politischen Parteien in der Bundesrepublik betrachtet. In der Haltung ihnen gegenüber schlagen sich Komplexe ideologischer Überzeugungen und aktueller Politikpräferenzen nieder. Im Jugendsurvey wird die Sympathieskala für jede Partei als Maß für eine affektive Komponente der Orientierung im Parteienspektrum verwendet. Dabei sind zwei Fragestellungen relevant: zunächst die nach einer relativen Präferenz für eine Partei, die eine Person somit als Anhänger über einen längeren Zeitraum hinweg kennzeichnet. Allerdings geht es bei den Altersgruppen des Jugendsurveys vielfach erst um den Zugang zum Bereich des Politischen überhaupt, somit sind feste Parteibindungen erst im Entstehen. Und zweitens läßt sich fragen, welche Parteien als Repräsentanten unterschiedlicher inhaltlicher Politikrichtungen in diesen Altersgruppen dominieren, wobei vor allem der Vergleich zur älteren Population von Interesse ist.

Im Rahmen einer Befragung von Jugendlichen und jungen Erwachsenen soll dabei eine besondere Perspektive eingenommen werden, da die Konzepte und Erhebungsinstrumente des Forschungsbereichs der politischen Kultur in der Regel empirisch für die Erwachsenenbevölkerung entwickelt wurden. Es wird also besonders darauf zu achten sein, inwieweit es Hinweise auf Probleme bei der Verwendung dieser Konzepte und Fragen in jüngeren Populationen wie der des Jugendsurveys gibt.[3] In einem strengen Sinne sind diese Konzepte jedenfalls nicht „jugendgemäß". Häufigen pauschalen Qualifizierungen von Jugendlichen und jungen Erwachsenen als „politikverdrossen" oder „politikfern" muß gerade vor diesem Hintergrund mit Vorsicht begegnet werden.

Zwei Fragestellungen werden in den folgenden Darstellungen im Mittelpunkt stehen: Lassen sich aus der Analyse der Einstellungen und Einstellungsmuster Belege für eine geringe Politikinvolvierung, für eine Distanz zur Politik finden, insbesondere im Vergleich zur Erwachsenenpopulation? Und wie verhält es sich mit den Einstellungen junger Menschen in Ost und West zur Politik: Können sie als Ausdruck unterschiedlicher politischer Kulturen begriffen werden oder eher als Anzeichen für eine noch nicht vollständig entwickelte gemeinsame politische Kultur?

6.2 Politikinteresse und subjektive politische Kompetenz

Das Interesse an Politik ist eine wesentliche Voraussetzung für Engagement (vgl. Schneider 1995, Gille u.a. 1998). In der empirischen Politikforschung wurde immer wieder belegt, daß ein ausgeprägtes Politikinteresse einhergeht mit politischer Partizipation. Eine weitere wichtige kognitive Voraussetzung für die Teilnahme am politischen Geschehen ist die subjektive politische Kompetenz, die die Einschätzung der eigenen Fähigkeiten beschreibt, politische Vorgänge zu verstehen.

Das Interesse an Politik

Zunächst soll die Entwicklung des Politikinteresses junger Erwachsener zwischen 1992 und 1997 im Ost-West-Vergleich dargestellt und dann wichtige Einflußfaktoren des Politikinteresses wie Geschlecht, Alter und Bildung erläutert werden. Zeigte sich noch 1991 (Kühnel 1992) bei den Jugendlichen in den neuen Bundesländern ein deutlich stärkeres Politikinteresse im Vergleich zu jenen in den alten Bundesländern, so hat sich schon ein Jahr später, wie der DJI-Jugendsurvey 1992 belegt, das Politikinteresse in West und Ost weitgehend angeglichen: 22% im Osten und 21% im Westen bekunden starkes politisches Interesse. Danach driftete das politische Interesse in Ost und West auseinander: Es stieg in den alten Bundesländern um ca. fünf Prozentpunkte, während es in den neuen Bundesländern im gleichen Umfang sank. Starkes politisches Interesse äußern 1997 also 25% der westdeutschen und 17% der ostdeutschen Befragten (vgl. Abbildung 6.1).

Der Befund des Jugendsurveys 1992 wird auch von Ergebnissen anderer Jugendstudien (vgl. Jugendwerk der Deutschen Shell 1997: 304 f., Pickel 1996: 90 f.) bestätigt. In den neuen Bundesländern hat im ersten Jahr nach der Ver-

Abbildung 6.1:
Starkes politisches Interesse 1992 und 1997 (in %)*

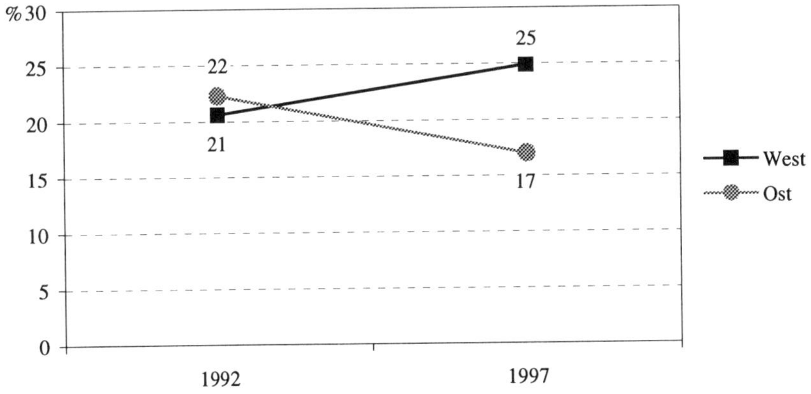

Quelle: DJI-Jugendsurvey 1992, 1997

* Das politische Interesse wurde mittels fünf Antwortvorgaben erfaßt: sehr stark, stark, mittel, wenig, überhaupt nicht. Für diese Abbildung wurden die Kategorien „sehr stark" und „stark" zusammengefaßt.

einigung das Politikinteresse bei Jugendlichen stark zugenommen. Dies wurde vor allem auf eine besondere politische Sensibilisierung und Mobilisierung durch die Wende und den Transformationsprozeß zurückgeführt. In den folgenden Jahren nahm das politische Interesse dann ab (Friedrich/Förster 1997). Während aber die oben zitierten Jugendstudien[4] für die alten Bundesländer ebenfalls einen leichten Rückgang des politischen Interesses und damit eine Angleichung der Jugendlichen in Ost und West in dieser Hinsicht feststellen, hebt sich der Jugendsurvey 1997 mit seinen Resultaten davon ab.

Die sich im Jugendsurvey abzeichnenden gegenläufigen Trends im Hinblick auf die Entwicklung des politischen Interesses in West und Ost werden zum Teil durch die Ergebnisse des ALLBUS bestätigt. Zieht man die fünf Erhebungswellen des ALLBUS von 1991, 1992, 1994, 1996 und 1998 für die Bestimmung von Entwicklungstrends politischer Interessiertheit heran, so deutet sich in der jüngeren Population des ALLBUS (18 bis 29 Jahre) ebenfalls ein Auseinanderdriften von west- und ostdeutschen Jugendlichen von 1994 bis 1996 an (vgl. Abbildung 6.2).

Während zwischen 1991 und 1994 in beiden jüngeren Populationen des ALLBUS das politische Interesse abnahm, zwischen 1991 und 1992 besonders drastisch bei den ostdeutschen Jugendlichen und jungen Erwachsenen, zeigt sich zwischen 1994 und 1996 eine gegenläufige Entwicklung: Im Westen steigt das politische Interesse, in den neuen Bundesländern nimmt es dagegen weiter ab. Die Ergebnisse von 1998 deuten einen neuen Trend an: Das politische Interesse steigt bei den Jugendlichen und jungen Erwachsenen in den neuen Bundesländern, so daß es zu einer Angleichung des politischen Interesses beider Jugendpopulationen kommt. Während sich in den alten Bundesländern die Befragten unter 30 Jahren in ihrem Niveau des politischen Interesses dem der Erwachsenen (ab 30 Jahre) annähern, bleibt in den neuen Bundesländern die Distanz zwischen Jugendlichen und Erwachsenen bis 1996 erhalten, verringert sich jedoch bis 1998 deutlich. Abschließend läßt sich zur Entwicklung des politischen Interesses sagen, daß sich in den unsteten Kurvenverläufen zwischen 1991 und 1998 wohl auch aktuelle politische Diskussionen und Geschehnisse widerspiegeln. Das politische Interesse ist, was sich ja auch für den Zeitraum der Wende zeigen ließ, nicht unabhängig von aktuellen politischen Ereignissen. Insgesamt ist jedoch die geringere Interessiertheit der Befragten unter 30 Jahren im Vergleich zu den Erwachsenen ein konstantes Ergebnis.

Abbildung 6.2:
Starkes politisches Interesse von 18- bis 29jährigen und über 29jährigen im Vergleich, 1991 bis 1998 (in %)*

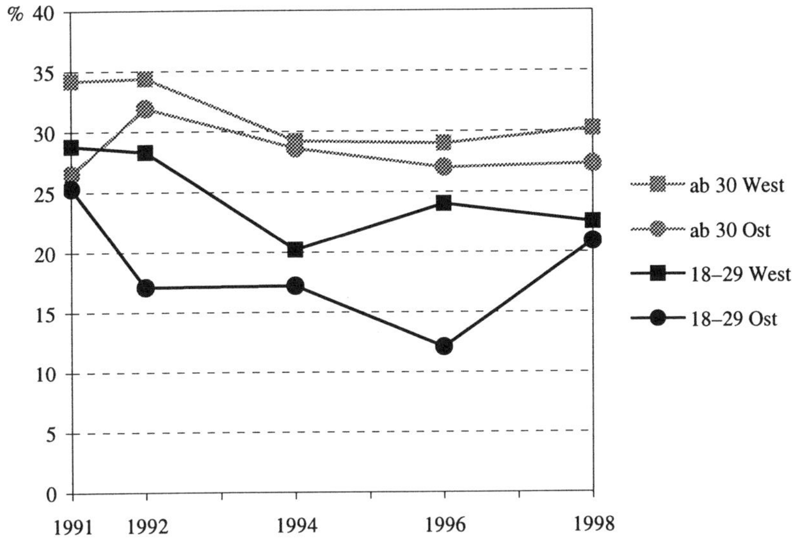

Quelle: ALLBUS 1991, 1992, 1994, 1996, 1998 (eigene Berechnungen)

* Vgl. Anmerkung zu Abbildung 6.1.

Die Entwicklungstrends des politischen Interesses in den 90er Jahren lassen sich in den – nach Geschlecht, Alter und Bildung differenzierten – Untergruppen des Jugendsurveys nachzeichnen, die die Wirkung der entsprechenden soziodemographischen Faktoren belegen. Junge Frauen bekunden ein deutlich geringeres Interesse an Politik als junge Männer. 1992 betrug die Differenz zwischen Frauen und Männern im Westen 15 Prozentpunkte (28% der männlichen Befragten im Westen äußerten starkes politisches Interesse, aber nur 13% der Frauen) und im Osten 12 Prozentpunkte (die entsprechenden Prozentwerte bei Männern und Frauen betrugen dort 28% und 16%), also existierte eine etwas kleinere Geschlechterdifferenz im Osten. 1997 liegen die entsprechenden Differenzen im Westen bei 14 Prozentpunkten (mit Anteilswerten von 32% bzw. 18%) und im Osten bei 10 Prozentpunkten (mit Anteilswerten von 22% bzw. 12%). Damit bleibt die etwas kleinere Geschlechterdifferenz im Hinblick auf die politische Interessiertheit im Osten erhalten. Dabei ist allerdings zu berücksichtigen, daß die ostdeutschen Frauen im Vergleich zu den westdeutschen und zu den Männern insgesamt das niedrigste Niveau an politischer Interessiertheit aufweisen. Das generell geringe Politikinteresse der Frauen könnte mit der eher männlichen Codierung des öffentlichen und politischen Raumes zusammenhängen. Mit der Selbstzuschreibung als „politisch Interessierte" wird möglicherweise ein Politikbegriff assoziiert, der Frauen weniger Identifikationsmöglichkeiten bietet, da er in seiner gesellschaftlichen Definition Frauen eher ausschließt. In dieser Art politischen Interesses reproduziert sich die Trennung von privaten und öffentlichen Lebenswelten mit ihren Konnotationen eines vorpolitischen Frauenbereichs und eines politischen Bereichs der Männer. Das geringere politische Interesse der Frauen kann daher nicht als ein den Frauen als Individuen anzulastendes Defizit interpretiert werden, sondern muß als ein strukturelles Defizit der politischen Kultur gesehen werden (Sauer 1995).

Das politische Interesse steigt bei Frauen wie Männern mit dem Lebensalter an (vgl. auch Schneider 1995), wobei sich für die Altersgruppen ab 21 Jahren

Abbildung 6.3:
Starkes politisches Interesse nach Altersgruppen für 1992 und 1997 (in %)*

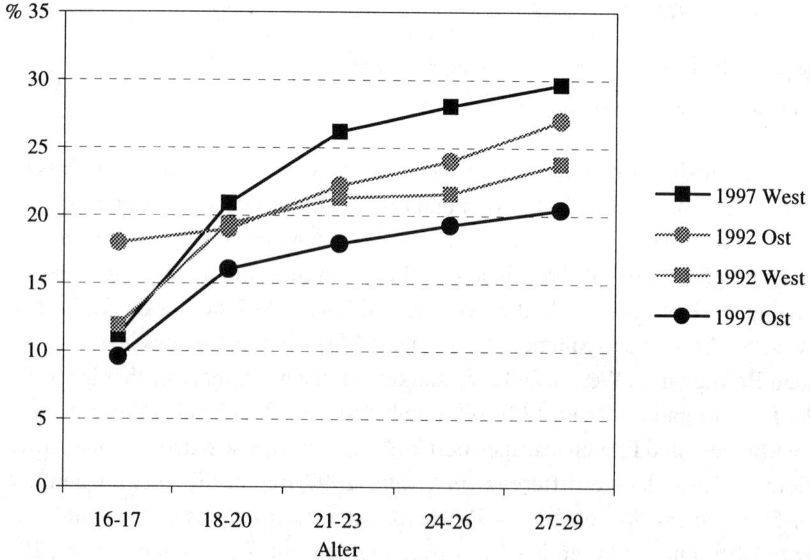

Quelle: DJI-Jugendsurvey 1992, 1997

* Vgl. Anmerkung zu Abbildung 6.1.

ähnliche Niveauunterschiede zwischen den beiden Erhebungszeitpunkten feststellen lassen (vgl. Abbildung 6.3). Die geringere politische Interessiertheit der jüngeren Altersgruppen kann darauf zurückgeführt werden, daß das Verständnis für Politik Ergebnis eines längeren Sozialisationsprozesses ist, in dessen Verlauf Jugendliche sich Wissen aneignen, zunehmend in öffentliche Räume hineinwachsen und schließlich Verantwortungsrollen in familiären, beruflichen und öffentlichen Bereichen übernehmen.

Weiterhin ist der Einfluß des Bildungsniveaus auf das politische Interesse in beiden Geschlechtergruppen von Bedeutung. Je höher die formale Bildung, desto größer ist auch der Anteil der politisch Interessierten. Der Anteil der Befragten mit starkem Politikinteresse ist in der oberen Bildungsgruppe um ca. 20 Prozentpunkte höher als in der niedrigen Bildungsgruppe, wobei die mittleren Bildungsabschlüsse eine Mittelposition einnehmen. Eine kombinierte Betrachtung von Bildungsniveau und Alter zeigt auf, daß der Alterseffekt bezüglich

Abbildung 6.4:
Starkes politisches Interesse nach Altersgruppen und Bildungsabschluß (in %)*

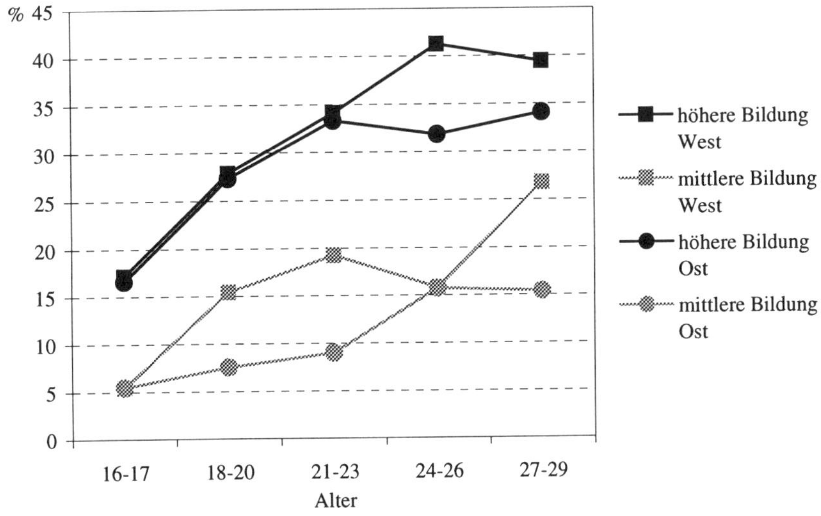

Quelle: DJI-Jugendsurvey 1997

* In die Abbildung gingen die Befragten mit höchstens Hauptschulabschluß nicht mit ein, da die entsprechenden Gruppen zu geringe Fallzahlen aufwiesen. Bei Schülern wurde der angestrebte Bildungsabschluß verwendet. Zum „starken politischen Interesse“ vgl. Anmerkung zu Abbildung 6.1.

eines zunehmenden politischen Interesses etwas stärker bei der Gruppe der Höhergebildeten festzustellen ist (vgl. Gille u.a. 1998) (vgl. Abbildung 6.4).

Der leichte Anstieg des politischen Interesses im Zeitverlauf im Westen und der leichte Rückgang im Osten spiegelt sich in den etwas höheren bzw. niedrigeren Niveaus des politischen Interesses in den verschiedenen Bildungsgruppen wider. Während aber 1992 insbesondere die ostdeutschen höhergebildeten Frauen ein relativ starkes politisches Interesse zeigten (26% der Frauen bekundeten starkes politisches Interesse), erscheinen sie 1997 mit Anteilswerten von 18% weniger politisch interessiert. Möglicherweise hängt das abnehmende Politikinteresse der gutgebildeten Frauen in den neuen Bundesländern mit Unzufriedenheiten und Enttäuschungen über die geringen Erfolge der Politik zusammen, gleichberechtigte Zugangsmöglichkeiten für Frauen auf dem Arbeitsmarkt zu garantieren. Gerade die Frauen in den neuen Bundesländern beklagen einen Verlust an Gleichstellungsmöglichkeiten, wie sie z.B. durch die hohe staatliche Förderung von Frauenerwerbstätigkeit und die hohe Integration von Frauen in das Erwerbsleben zur Zeit der DDR noch gegeben waren (Spellerberg 1997, Nickel 1997).

Subjektive politische Kompetenz

Politische Interessiertheit hängt eng mit der subjektiven Bedeutung zusammen, die der Lebensbereich Politik erfährt.[5] Darüber hinaus haben politisch Interessierte von sich eher den Eindruck, daß sie etwas von Politik verstehen. Mit zwei Items wurde im Jugendsurvey 1997 in der gleichen Form wie 1992 der Aspekt der wahrgenommenen eigenen subjektiven politischen Kompetenz aufgenommen (vgl. Tabelle 6.1).

Die im Jugendsurvey enthaltenen beiden Aspekte zur Erfassung der subjektiven politischen Kompetenz entstammen zusammen mit den Items zum Vertrauen in die Reaktionsbereitschaft des politischen Systems (vgl. Kapitel 6.4) einer umfangreichen amerikanischen Fragenbatterie (vgl. Hoffmann-Lange/Krebs/de Rijke 1995). Dabei betrifft die interne Effektivität individuelle Dispositionen, wie die Einschätzung der eigenen politischen Fähigkeiten. Die externe Effektivität bezieht sich auf Eigenschaften des politischen Systems, nämlich auf dessen Bereitschaft, die Interessen und Wünsche der Bürger zu berücksichtigen. Zunächst werden die beiden Statements zur subjektiven politischen Kompetenz sowie der Index[6] hierzu im Zeitvergleich dargestellt,

Tabelle 6.1:
Politische Kompetenz: Einzelitems und Index nach Geschlecht 1992 und 1997 (in %)

		West		Ost	
		Männer	Frauen	Männer	Frauen
1992	Ich verstehe eine Menge von Politik	18	11	18	8
	Politik viel zu kompliziert*	37	45	41	51
	Index	33	20	29	15
1997	Ich verstehe eine Menge von Politik	17	11	12	5
	Politik viel zu kompliziert*	34	46	47	54
	Index	33	20	21	10

Quelle: DJI-Jugendsurvey 1992, 1997

* Die volle Itemformulierung lautet: „Manchmal finde ich die Politik viel zu kompliziert, als daß ein normaler Mensch sie noch verstehen könnte". Erfragt wurde die Zustimmung zu diesen Aussagen auf einer Skala von 1 (trifft überhaupt nicht zu) bis 6 (trifft voll und ganz zu). In der Tabelle sind die Anteile der zustimmenden Antworten (Werte 5 bis 6) ausgewiesen. Der Index stellt die Summenvariable aus den beiden Einzelvariablen dar, die anschließend durch 2 dividiert wurde, so daß man als Skalenendpunkte ebenfalls die Werte 1 bis 6 erhält.

anschließend werden ihre Bezüge zum politischen Interesse sowie zum Kommunikations- und Informationsverhalten über Politik aufgezeigt.

Die Fähigkeit, politische Prozesse zu durchschauen, ist 1992 und 1997 identisch. „Ich verstehe eine Menge von Politik": Nur wenige Befragte stimmen hier zu, und die Frauen sind wie beim politischen Interesse deutlich zurückhaltender. „Daß manchmal die Politik viel zu kompliziert sei, als daß ein normaler Mensch sie noch verstehen könne", diese Auffassung wird von fast der Hälfte der Befragten und in stärkerem Maße von den Frauen geteilt. Hier stimmen die ostdeutschen Befragten 1997 noch stärker zu als 1992. Das geringere Zutrauen der Ostdeutschen in die eigenen politischen Fähigkeiten schlägt sich auch im Gesamtindex nieder. Die Ostdeutschen zeigen gegenüber 1992 eine noch geringere subjektive politische Kompetenz.[7] Damit vergrößert sich der Abstand zu den westdeutschen Befragten im Vergleich zu 1992. Der Rückgang der subjektiven politischen Kompetenz im Osten ist durchaus plausibel, wenn man parallel das gesunkene politische Interesse betrachtet. Die politische Kompetenz beschreibt eine dem politischen Interesse sehr ähnliche kognitive Komponente. Die Korrelationen zwischen beiden Einstellungsbereichen sind sehr hoch.[8] Die ostdeutschen Befragten sind nicht nur im Hinblick auf ihre kognitive Kompetenz im Bereich der Politik zurückhaltender – auch im Hinblick auf ihr Vertrauen in die Reaktionsbereitschaft des politischen Systems (vgl. Kapitel 6.4) und auf ihre Zufriedenheit mit ihren politischen Einflußmöglichkeiten (vgl. Kapitel 3.1) erreichen sie deutlich geringere Anteile als die westdeutschen Befragten.

Jugendliche und junge Erwachsene, die sich für Politik interessieren und sich auch für kompetent halten, politische Fragen zu verstehen, führen häufiger Gespräche über Politik mit Eltern, Partner, Freunden und Kollegen am Arbeits- bzw. Ausbildungsplatz.[9] Insgesamt hat sich die Häufigkeit, mit der politische Gespräche in den verschiedenen Personenkreisen geführt werden, in Ost und West 1997 deutlich angeglichen, wobei wohl auch politische Ereignisse auf die Häufigkeit solcher Gespräche Einfluß nehmen (vgl. Tabelle 6.2).

Tabelle 6.2:
*Gespräche über Politik für 1992 und 1997 (in % der Befragten, die sehr oft oder oft mit folgenden Personen über politische Fragen sprechen)**

	West		*Ost*	
	1992	*1997*	*1992*	*1997*
Eltern	26	41	29	42
Ehepartner(in)/Partner(in)	40	50	53	49
Freunde/Bekannte	42	50	47	49
Schulkameraden/Kommilitonen	33	43	42	38
Arbeitskollegen	28	39	37	40

Quelle: DJI-Jugendsurvey 1997

* Die fehlenden Werte bei den Personengruppen Ehepartner/Partner sowie Schulkameraden/Arbeitskollegen betragen bis zu 45%, da diese Personengruppen für die Befragten nicht zutreffend waren.

Insbesondere mit den Eltern wird in Ost und West 1997 wesentlich häufiger über Politik gesprochen als noch fünf Jahre vorher. Auch bei den anderen Personengruppen kommt es in den alten Bundesländern zu einem Anstieg politischer Gespräche, so daß hier eine Annäherung an das höhere Ostniveau zu verzeichnen ist. Während sich Mädchen und junge Frauen gleich häufig oder sogar häufiger als ihre männlichen Altersgenossen mit Eltern und Partnern über Politik unterhalten, sind sie diesbezüglich zurückhaltender mit Freunden und Kollegen in der Schule oder am Arbeitsplatz. In den eher öffentlichen Räumen kommen Mechanismen zum Tragen, die die Gespräche über Politik dort eher zur Männerdomäne machen.

Politisches Interesse äußert sich nicht nur in der Häufigkeit, mit der politische Gespräche und Diskussionen geführt werden, sondern auch in der Intensität, mit der verschiedene Medien genutzt werden, um sich über Politik zu informieren.[10] Am häufigsten wird das Fernsehen genannt: Ca. 75% in Ost und West geben an, dies hierfür sehr oft oder oft zu nutzen. Am zweitwichtigsten sind Zeitungen/Zeitschriften (ca. 65%). Das Radio nutzen hierzu 53% im Westen und 60% im Osten. Relativ geringe Bedeutung haben Sachbücher (ca. 15%), Internet/Mailboxen (7% im Westen und 4% im Osten) und der Besuch politischer Veranstaltungen (ca. 5%). Männliche Befragte nutzen insgesamt etwas häufiger die verschiedenen Möglichkeiten zur politischen Information als die weiblichen Befragten. Jugendliche und junge Erwachsene, die sich für Politik interessieren und auch für kompetent halten, politische Fragen zu verstehen, informieren sich häufiger über die verschiedenen Medien zu politischen Sachverhalten.[11]

Ein wichtiges Ergebnis des Jugendsurveys zur subjektiven Bedeutsamkeit von Politik ist der hohe Stellenwert soziodemographischer Einflußfaktoren. Entscheidend für die Entwicklung eines Interesses an Politik sind in Ost wie West das Lebensalter und das angestrebte bzw. das erreichte Bildungsniveau. Unabhängig von den Merkmalen Region, Alter, Bildung und Erhebungszeitpunkt hat das Geschlecht signifikanten Einfluß auf das geäußerte Politikinteresse: Die befragten jungen Frauen bekunden ein deutlich geringeres Interesse an Politik als die jungen Männer. Weiterhin läßt sich zum Bereich der kognitiven politischen Kompetenz resümieren, daß sich hier ganz unterschiedliche Entwicklungen in den alten und den neuen Bundesländern abzeichnen. Die westdeutschen Befragten zeigen 1997 ein höheres politisches Interesse und halten in bezug auf die subjektive politische Kompetenz ihr relativ hohes Niveau von 1992. Bei den ostdeutschen Befragten ist in beiden Bereichen ein Rückgang zu verzeichnen, so daß sich in dieser Hinsicht die Distanzen zwischen den beiden Landesteilen noch vergrößern. Welche Rolle diese Prozesse im Hinblick auf das Vertrauen in das politische System und ganz allgemein auf politische Beteiligung bei Jugendlichen und jungen Erwachsenen spielen, dieser Frage soll in den nächsten Abschnitten dieses Kapitels nachgegangen werden.

6.3 Politische Ordnungsvorstellungen

Studien zur politischen Kultur unterscheiden die Ebene grundsätzlicher Orientierungen über politische Ordnungsstrukturen von derjenigen, die sich eher auf Ergebnisse konkreter politischer Handlungen und Maßnahmen bzw. auf die Personen, die hinter solchen Entscheidungen stehen, bezieht. Auf der ersten Ebene nimmt die Orientierung an der parlamentarischen Demokratie als der zentralen politischen Ordnung in westeuropäischen Gesellschaften eine wichtige Rolle ein, im Vergleich etwa zu plebiszitären Demokratievarianten oder zu grundsätzlich anderen politischen Systemen. In diesem Zusammenhang stehen die folgenden Fragen des Jugendsurveys:

- nach der Bewertung der „Idee der Demokratie" generell,
- nach der Bewertung der „Idee des Sozialismus",
- nach der Bewertung von grundlegenden Prinzipien einer Demokratie
- sowie nach der Zustimmung zu einer autoritären Staatsform.

Die Frage nach der Einstellung zur Idee der Demokratie verzichtet auf eine inhaltliche Bestimmung oder auf eine komparative Sichtweise (wie sie die häufig benutzte Frage nach der Demokratie als „der besten Staatsform" nahelegt) und zielt somit auf eine diffuse Haltung gegenüber der politischen Ordnung, die für die Befragten des Jugendsurveys im Westen jedenfalls wohl als der unhinterfragte politische Kontext ihres Aufwachsens gelten dürfte. Die generelle Zustimmung hierfür ist insofern wenig überraschend (vgl. Tabelle 6.3). Dennoch lassen sich beim West-Ost-Vergleich und dem Vergleich mit der ersten Welle des Jugendsurveys 1992 geringe Veränderungen feststellen. So hat die Zustimmung von 1992 auf 1997 im Westen geringfügig abgenommen, im Osten sogar um 10 Prozentpunkte. Als Folge ist auch die geringe Ost-West-Differenz von 1992 gestiegen, so daß 1997 ein Unterschied von 13 Prozentpunkten zu konstatieren ist. Grundsätzlich kann jedoch festgehalten werden, daß die Mehrheit der jungen Erwachsenen in Deutschland der Idee der Demokratie positiv gegenübersteht: „Gegen" diese Idee (entsprechend drei Werten auf der sechsstufigen Antwortskala) sind 1992 wie 1997 in den alten Bundesländern wie in den neuen weniger als 6% der Befragten.[12]

Ein weiteres, mittlerweile durch die Geschichte gegen Ende des zweiten Jahrtausends diskreditiertes Modell politischer Ordnungen ist das des Sozialismus. Inwieweit kann die Idee des Sozialismus unter den jungen Erwachsenen in der

Tabelle 6.3:
Einstellungen zur Demokratie 1992 und 1997 (Prozent und Mittelwerte)*

	1992		*1997*	
Zustimmung zu	*West*	*Ost*	*West*	*Ost*
Idee der Demokratie	90	81	84	71
Idee des Sozialismus	16	39	24	36
Demonstrationsfreiheit	74	79	72	75
Meinungsfreiheit	74	75	76	80
Oppositionsrecht	67	70	61	60
Kompromißbereitschaft	49	53	52	57
Demokratiezustimmung (Konsens) - Mittelwerte	4,9	5,0	4,8	4,9
Verlust Streikrecht b. Gefährdung (Konflikt)	45	44	44	43
starke Hand für den Staat	–	–	27	42
n	4526	2564	4426	2493

Quelle: DJI-Jugendsurvey 1992, 1997

* Alle Items enthalten sechsstufige Anwortvorgaben, für die Prozentuierung wurden die beiden äußersten Zustimmungswerte zusammengefaßt: bei Idee Demokratie und Sozialismus „sehr für" und „ziemlich für", bei den anderen Items die Werte 5 und 6 (6 steht für „stimme voll und ganz zu"). Für den Index sind die Mittelwerte angegeben.

Bundesrepublik heute noch Unterstützung finden? Die Frage stellt sich insbesondere nach der Wende im Vergleich der alten und neuen Bundesländer. Im Zusammenhang mit der Idee der Demokratie in der Bundesrepublik sind dabei zwei Grundpositionen möglich. Eine Zuwendung zur Idee des Sozialismus muß nicht einer Abwendung von der Idee der Demokratie entsprechen – die Vorstellungen von Demokratie und Sozialismus, wie sie nicht expliziert in Umfragen erfaßt werden, müssen somit nicht antagonistisch sein. Die Attraktion der sozialistischen Idee wäre dann nicht Ausdruck einer Systemopposition (wie das in der Zeit der Studentenrevolte wohl aufgefaßt wurde), sondern würde als Variante des akzeptierten demokratischen Herrschaftsystems gelten, ergänzt durch Elemente einer als sozialistisch verstandenen Ordnung (vgl. Westle 1994). Solche Elemente könnten in der Betonung eines umfassenden Wohlfahrtsstaates, an den legitimerweise größere Erwartungen gestellt werden, in plebiszitären Elementen von Bürgerbeteiligung, in einer stärkeren Betonung sozialer Gerechtigkeitsvorstellungen und einer Begrenzung der Privatwirtschaft liegen (vgl.

Westle 1994, Fuchs/Roller/Weßels 1997, Roller 1999). Die Zustimmung zur Idee des Sozialismus könnte jedoch auch eine stärkere Eigenständigkeit und eben einen „Gegenmodell"-Charakter zur Idee der Demokratie haben. Die Befürwortung der Idee des Sozialismus würde dann eher mit einer Ablehnung bzw. geringeren Akzeptanz der Idee der Demokratie einhergehen. Eine verstärkte Zuwendung zur Idee des Sozialismus könnte aus dieser Perspektive eine Unterstützung der demokratischen Strukturen des vereinigten Deutschlands behindern (so Roller 1999).

Insgesamt ist es bei der Bewertung der Idee des Sozialismus, insbesondere in den neuen Bundesländern, sicher schwieriger, die Zustimmung zu der generellen gesellschaftlichen Ordnungsidee von konkreteren, eher auf Ergebnisse gerichteten Erwartungen und Ansprüchen zu trennen. Die weiteren Fragen nach der „Realität" der Demokratie wie des Sozialismus in der DDR können hier teilweise Aufschluß geben (vgl. Kapitel 6.4).

Betrachtet man die Veränderungen der Zustimmung zur Idee des Sozialismus zwischen 1992 und 1997, ist man zunächst überrascht. 1992 gab es eine deutliche Differenz zwischen alten und neuen Bundesländern, die als Überhang von „politischen Rest-Identitäten" aus der DDR-Zeit gedeutet werden konnte. Die Veränderungen bis 1997 zeigen nun ein bemerkenswertes Bild: Die Zustimmung zur Idee des Sozialismus hat im Westen zugenommen (von 16% auf 24%), im Osten hat sie geringfügig abgenommen, ist allerdings auf klar höherem Niveau geblieben (von 39% auf 36%). Es hat also keine Angleichung derart stattgefunden, daß die relativ große Zustimmung zur Idee des Sozialismus im Osten sich im Laufe der Einigungsentwicklung reduziert hätte. Die Angleichung ist eher auf eine Verstärkung der Zustimmung im Westen zurückzuführen: Die Differenz ist dadurch von 23 Prozentpunkten 1992 auf 12 Prozentpunkte 1997 gesunken. Interpretiert man die Zustimmung zur Idee des Sozialismus als Betonung wohlfahrtsstaatlicher Elemente und gerechtigkeitsorientierter Ansprüche (Roller 1999), so könnte dieses Ergebnis als implizite Kritik an den Entwicklungen einer konkurrenzorientierten Gesellschaftsordnung in der Bundesrepublik gedeutet werden, welche eben auch für Jugendliche und junge Erwachsene in den Phasen der Ausbildung und des Übergangs in die berufliche Zukunft relevant werden. Dies war auch die in der Geste der Präsentation zwar undifferenzierte, aber nicht verfehlte These der 12. Shell-Jugendstudie (Jugendwerk der Deutschen Shell 1997). Ob damit jedoch ein „Lernen von den Menschen im anderen Teil Deutschlands" (zu dieser Frage vgl. Kapitel 4) im

Sinne einer Annäherung von West an Ost stattgefunden hat, darüber kann ohne genauere Erfassung der tatsächlich gemeinten politischen Inhalte von „Idee des Sozialismus“ und „Idee der Demokratie“ wenig gesagt werden.

Die Frage nach der Vereinbarkeit von beiden Ordnungsmodellen ist damit noch nicht geklärt. Ein erster Hinweis kann durch den direkten Vergleich der Antworten auf beide Fragen gewonnen werden. Tabelle 6.4 enthält die Ergebnisse, wobei die Antworten gemäß ihrem inhaltlichen Gehalt in Zustimmung (sehr/ziemlich/etwas für) und Ablehnung (sehr/ziemlich/etwas gegen) zusammengefaßt wurden – genauere Differenzierungen, die die ungleichen Verteilungen besser erfassen, erbringen die gleichen Ergebnisse. Im Westen zeigt sich kein Zusammenhang zwischen den Haltungen zu den politischen Ordnungsmodellen. Im Osten ist der Zusammenhang eher positiv: Eine Zustimmung zur Idee des Sozialismus geht also nicht mit einer Ablehnung der Idee der Demokratie einher. Dies spricht dafür, daß sich möglicherweise in der Zustimmung zur Idee des Sozialismus der Wunsch nach einer Ergänzung des bundesdeutschen Demokratie- (und Wirtschafts-)Modells durch die oben erwähnten Elemente ausdrückt. Insoweit solche Wünsche oder Erwartungen ihre Ursache in der positiven Bewertung bestimmter Aspekte des Lebens in der früheren DDR haben (etwa der Sicherheit der Arbeitsplätze, der stärkeren Gleichstellung von Frauen im gesellschaftlichen Leben, der stärkeren zwischenmenschlichen Solidarität aufgrund der Mangelsituation), könnten sie als eine Form von DDR-Nostalgie verstanden werden (vgl. Gabriel 1996: 274 f.). Daß sich eine solche

Tabelle 6.4:
*Zusammenhänge zwischen der Idee des Sozialismus und der Idee der Demokratie**
(Spaltenprozent)

		Idee der Demokratie			
		West		***Ost***	
		dafür	*dagegen*	*dafür*	*dagegen*
Idee des Sozialismus	*dafür*	54	55	74	59
	dagegen	46	46	26	41
	n	3650	132	2041	128

Quelle: DJI-Jugendsurvey 1997

* Für „dafür“ und „dagegen“ wurden jeweils drei Antwortvorgaben der sechsstufigen Skalen zusammengefaßt.

Haltung auch in der Beurteilung der Idee des Sozialismus niederschlägt, also die Bewertung einer politischen Ordungsvorstellung nicht nur „ideologisch" vorgenommen wird, sondern sich mit einer bestimmten Realität verbindet, darauf deutet auch der Zusammenhang zwischen der Idee des Sozialismus und der Bewertung der Realität des Sozialismus in der früheren DDR hin, besonders in den neuen Bundesländern: Der Korrelationskoeffizient beträgt dort .38, in den alten Bundesländern ist er .26 (zur Frage nach der Realität des Sozialismus vgl. Kapitel 6.4).

Bisher wurde nach der generellen, unspezifischen („diffusen") Idee der Demokratie gefragt. Zur weiteren Erfassung demokratischer Einstellungen kam ein Instrumentarium zur Anwendung, welches auf Grundprinzipien westlicher Demokratien abhebt. Die ursprüngliche Konzeptualisierung und Formulierung stammt aus den späten 60er Jahren; sie wurde in letzter Zeit in Untersuchungen zur politischen Kultur, insbesondere im Vergleich der alten und neuen Bundesländer, wieder verstärkt aufgenommen (Kaase 1997, Westle 1998). Die Frage zielt auf die Zustimmung zu zentralen Aspekten der Demokratie. Dabei sind zwei unterschiedliche Dimensionen anvisiert: zum einen die zentraler Bürgerrechte und akzeptierter Werte von demokratischen Gesellschaften, die den Zusammenhalt und individuelle Freiheitsrechte thematisiert und als „Konsensdimension" bezeichnet wird. Im erwähnten Frageinstrument wird diese mit Items zur Demonstrationsfreiheit, Meinungsfreiheit, der positiven Rolle der politischen Opposition und der Aussage, daß jede akzeptierte politische Partei die Chance zur Regierungsbildung erhalten solle, erfaßt. Die zweite Dimension hingegen enthält Aussagen zu Konfliktverarbeitung und zur Behandlung von Interessensgegensätzen, die als wichtige Elemente demokratischer Prozesse institutionalisiert sind bzw. sein sollten: Dabei geht es um die Rolle von Interessengruppen, um das Demonstrationsrecht auch in Konfliktsituationen, um die Rolle der Opposition und um die Betonung von Einzelinteressen gegen das Gemeinwohl. [13]

Die beiden Dimensionen, Konsens und Konflikt, waren theoretisch als in sich konsistent postuliert und empirisch auch bestätigt worden (Kaase 1997, Westle 1998). Eine Hauptkomponentenanalyse über die Items im Jugendsurvey 1997 ergab eine Dimension, die die drei Konsenselemente umfaßte und auch das Kompromißitem einschloß.[14] Somit wurde ein Summenindex aus diesen vier Items gebildet, der die Akzeptanz demokratischer Grundprinzipien abbilden sollte, allerdings ohne die Aspekte zur demokratischen Regelung von gesellschaftlichen Konflikten. Im Mittelwert ergeben sich nun keine Differenzen zwischen 1992 und 1997 in West und Ost (vgl. Tabelle 6.3). Ein Blick auf die Tabelle 6.3 zeigt zunächst wenig Unterschiede zwischen West und Ost wie auch zwischen 1992 und 1997.[15] Generell ist das Niveau bei den Konsensitems deutlich höher als bei dem Konfliktitem oder dem Kompromißitem. Einzig die Zustimmung zur positiven Rolle der Opposition (ohne die eine „lebensfähige Demokratie... nicht denkbar" ist) hat von 1992 auf 1997 abgenommen, im Westen um 6 Prozentpunkte, im Osten um 10.

Der beschriebene Index sollte, ergänzend zur Bewertung der Idee der Demokratie, generelle Einstellungen gegenüber Demokratieprinzipien erfassen, nicht hingegen Bewertungen des politischen Tagesgeschehens. So sind erwartungsgemäß positive Korrelationen mit der Idee der Demokratie zu finden (Pearsons r West .25, Ost .24), nur geringe hingegen mit der Zufriedenheit mit der Demokratie in der Bundesrepublik (Pearsons r im Westen .03, im Osten .10; zur Zufriedenheit mit der Demokratie vgl. Kapitel 6.4). Zur Idee des Sozialismus bestehen ebenfalls nur geringe, allerdings positive Korrelationen (Pearsons r in beiden Landesteilen .08) – ein weiterer Beleg dafür, daß die Zustimmung zur Idee des Sozialismus nicht als Alternative zur Demokratie verstanden wird.

Generell gilt für die bisher betrachteten Einstellungen zu politischen Ordnungsvorstellungen: Je höher der Bildungsabschluß ist, desto höher ist auch die Zustimmung zur Idee der Demokratie (hier besteht der stärkste Zusammenhang), zu den Demokratieprinzipien wie auch zur Idee des Sozialismus. Darin kann man einerseits Effekte der Schulbildung sehen, die Ergebnisse demokratischer Bildungsbemühungen sind. Andererseits kann angesichts der Abstraktheit der erfragten Konzepte bei Personen mit niedrigerem Bildungsabschluß eine geringere Zustimmung bzw. eine stärkere Nutzung der als neutral verstandenen Mittelkategorien der Antwortskala tendenziell ein geringeres Verständnis der Konzepte wie der Idee der Demokratie oder der Idee des Sozialismus ausdrücken.[16]

Bei den Aussagen zu den Grundprinzipien der westdeutschen Demokratie dominieren die Zustimmungen; nichtdemokratische Einstellungen in der Form von klarer Ablehnung sind kaum vorzufinden. Um auf der Ebene der staatlichen Herrschaftsprinzipien einen Hinweis auf potentiell undemokratische Vorstellungen zu erhalten, wurde eine etwas „weicher" formulierte Aussage hierzu in den Fragebogen aufgenommen: „Ich bin gegen eine Diktatur, aber eine starke Hand müßte mal wieder Ordnung in unseren Staat bringen".[17] Eine gründliche

Operationalisierung einer autoritären Staatsvorstellung wurde damit natürlich nicht vorgenommen; sie war auch nicht beabsichtigt. Ebensowenig ist die Frage als Indikator für eine autoritäre Persönlichkeitsstruktur zu verstehen. An dieser Stelle soll sie nur eine Ergänzung zu den diskutierten politischen Ordnungsvorstellungen darstellen und insbesondere für weitere Zusammenhangsanalysen eine zusätzliche Interpretationsfacette liefern. Von Interesse ist insbesondere, ob damit ein Aspekt undemokratischer „rechter" Vorstellungen erfaßt werden kann, oder ob durch den Vorsatz „ich bin gegen eine Diktatur" eher eine immanente Kritik an konkreten Aspekten der Realität der Demokratie unter genereller Akzeptanz der Grundvorstellung Demokratie gemeint ist. In Falters Untersuchung zum rechtsextremistischen Wählerpotential erwies sich im Kontext einer Reihe von Aussagen zur Erfassung von Rechtsextremismus die direkte Aussage „Unter Umständen ist eine Diktatur die beste Staatsform" immerhin als am stärksten diskriminierend (Falter 1994: 136).

In der Verteilung der Zustimmung zu dieser Aussage (vgl. Tabelle 6.3) ist zunächst ein deutlicher West-Ost-Unterschied zu erkennen: In den neuen Bundesländern stimmen etwa zwei Fünftel der Befragten dieser Aussage klar zu, in den alten sind es etwa ein Viertel. Es werden hier also Differenzen sichtbar, die bei den bisher betrachteten Aspekten zu grundlegenden demokratischen Orientierungen nicht erkennbar waren. Dabei sind nur geringfügige Unterschiede bei den Altersgruppen festzustellen. Deutlichere Beziehungen findet man hingegen zur politischen Selbsteinstufung auf der Links-Rechts-Skala: Im Westen liegt der Korrelationskoeffizient Pearsons r bei .30, im Osten bei .28. Je stärker die politische Selbstverortung auf den rechten Pol zugeht, umso eher wird einer autoritären Staatsform zugestimmt. Auch zu anderen Aussagen, die in den Kontext eines „rechten Orientierungssyndroms" gestellt werden können (Nationale Identität und Haltungen gegenüber Fremden), sind klare Zusammenhänge festzustellen: Die Korrelationskoeffizienten mit Nationalstolz liegen im Westen über .30, mit Fremdenfeindlichkeit bei .45 im Westen, im Osten bei .36 (zu diesen Konzepten vgl. Kapitel 8 und 9). Die Aussage ist somit eher in diesen „rechten" Kontext zu stellen und nicht nur als Ausdruck einer Unzufriedenheit mit Auswüchsen der Politik zu verstehen. Bezogen auf den Bildungsabschluß läßt sich ebenfalls eine deutliche Aussage machen: Je niedriger der Bildungsabschluß, desto stärker die Zustimmung zu dieser Aussage (im Westen liegt die Zustimmung bei Befragten mit Hauptschulabschluß bei 44%, bei denen mit Mittlerer Reife bei 32% und bei denen mit Hochschulreife bei 16%, im Osten liegen die entsprechenden Anteile bei 52%, 47% und 32%).

Die Zusammenhänge mit den grundsätzlichen Einstellungen zu Demokratie und Sozialismus sind hingegen nur gering, aber negativ: je stärker die Zustimmung zu einer autoritären Staatsvorstellung im Sinne der angegebenen Formulierung, desto geringer ist die Zustimmung zur Idee der Demokratie bzw. des Sozialismus. Die Korrelationen (Pearsons r) zur Idee der Demokratie liegen im Westen bei -.18, im Osten bei -.17. Nur geringe Zusammenhänge ergeben sich hinsichtlich der Idee des Sozialismus (West -.11, Ost -.06) – was auch ein weiteres Licht auf das Verständnis dieser politischen Vorstellung wirft: Sie wird von den Jugendlichen und jungen Erwachsenen in Ost und West nicht als autoritäre sozialistische Staatsform verstanden, wie sie als realisierte Idee in der ehemaligen DDR existierte. Und schließlich zeigt sich, daß die Präferenz der ja bewußt „weich" formulierten Aussage zur autoritären Staatsvorstellung nicht als Unzufriedenheit mit Output-Aspekten verstanden werden kann: Mit der Einschätzung der Realität der Demokratie in der Bundesrepublik gibt es keinen Zusammenhang, weder in den alten noch in den neuen Bundesländern. Dies stützt die oben beschriebene Deutung, die sich auf die Zusammenhänge mit den Aspekten des rechtsorientierten Kontextes bezieht.

Für Beziehungen zur Akzeptanz demokratischer Grundprinzipien sind ebenfalls negative Werte zu erwarten. In der oben vorgenommenen Zusammenfassung zur Demokratieakzeptanz liegt der Korrelationskoeffizient zwischen rechter Staatsvorstellung und der Akzeptanz demokratischer Prinzipien im Westen bei -.13, im Osten hingegen bei .00 (Pearsons r). Eine genauere Betrachtung des Zusammenhangs mit Hilfe graphischer Darstellungen führt jedoch zu einer etwas anderen Schlußfolgerung. Es zeigt sich nämlich, daß der Zusammenhang nicht linear (wie er wohl zu erwarten wäre), sondern relativ stark u-förmig verläuft: Starke Ablehner wie aber auch starke Befürworter einer autoritären Staatsauffassung akzeptieren die Demokratie mehr als diejenigen, die im mittleren Bereich der Skala des „starke Hand"-Items angesiedelt sind (vgl. Tabelle 6.5).[18] Dieses Ergebnis, welches die Extrempositionen auf dem „starke Hand"-Item der mittleren Position entgegensetzt, was die Zustimmung zu Demokratieelementen betrifft, widerspricht den Erwartungen und ist hier nicht mehr weiter aufzuklären. Vermutlich sind noch andere Einstellungen im Spannungsfeld zwischen Demokratieorientierung und einer möglichen Präferenz für klare Entscheidungen zur Lösung gesellschaftlicher Probleme im Spiel. Mit Orientierungsunsicherheit (vgl. Kapitel 3) bestehen etwa Zusammenhänge: Der Korrelationskoeffizient (Pearsons r) zwischen Zustimmung zu einer autoritären Staatsform und Orientierungsunsicherheit liegt bei .36 im Westen und .25 im Osten.

Zusammenfassend kann jedenfalls von einer Zustimmung zur Idee der Demokratie und deren zentralen Grundprinzipien gesprochen werden, auch wenn von 1992 auf 1997 eine geringe Abnahme bei der uneingeschränkten Zustimmung festzustellen ist, insbesondere in den neuen Bundesländern. Die Idee des Sozialismus findet weitaus stärkeren Zuspruch in den neuen Bundesländern, im Westen hat sich allerdings eine Erhöhung der Akzeptanz von 1992 auf 1997 ergeben. Dies läßt sich jedoch nicht als eine Abwendung von demokratischen Haltungen interpretieren, sondern möglicherweise eher als Wunsch nach die Demokratie in der Bundesrepublik ergänzenden wohlfahrtsstaatlichen Elementen, wie sie mit dem Begriff Sozialismus verbunden werden. Gleichzeitig ist die Zustimmung zu einer autoritären Staatsauffassung in den neuen Bundesländern verbreiteter als in den alten, die eher mit rechtsorientierten Auffassungen einhergeht. Dies deutet zumindest auf eine allgemeine Unzufriedenheit mit der Funktionsweise des politischen Systems in der bestehenden Form hin.

Tabelle 6.5:
Akzeptanz demokratischer Grundprinzipien nach Zustimmung zu autoritärer Staatsform (Spaltenprozent)

		Zustimmung zu autoritärer Staatsform*					
			West			*Ost*	
		stark	*mittel*	*gering*	*stark*	*mittel*	*gering*
Akzeptanz demokrat. Grundprinzipien*	*stark*	28	20	38	35	20	43
	mittel	45	43	44	46	45	41
	gering	27	36	18	19	35	16
	n	1167	1541	1671	1032	925	506

Quelle: DJI-Jugendsurvey 1997

* Die Kategorie „stark" umfaßt die Werte 5 und 6, „mittel" die Werte 3 und 4 und „gering" die Werte 1 und 2 auf einer Skala von 1 „stimme überhaupt nicht zu" bis 6 „stimme voll und ganz zu".

** Zusammenfassung der Indexwerte: Die Kategorie „stark" umfaßt die Werte 5,5 bis 6, „mittel" die Werte 4,5 bis 5,4 und „gering" die Werte 1 bis 4,4. Die Zusammenfassung wurde an der Verteilung des Index (unter 30% der Werte – über 70%) ausgerichtet.

6.4 Urteile zum Output des politischen Systems

Die Ebene, die einleitend in diesem Kapitel als Output-Aspekt des politischen Systems beschrieben wurde, ist im Jugendsurvey über drei Fragenkomplexe erfaßt worden. Einmal über die Frage nach der Demokratiezufriedenheit und – als deren Systemalternative oder auch Systemerweiterung – nach der Beurteilung, die retrospektiv der DDR-Sozialismus bei den Befragten findet; des weiteren über die Frage nach dem Institutionenvertrauen sowie drittens über Fragen danach, ob und inwieweit das politische System und seine Akteure auf Ansprüche und Interessen der Bürger reagieren.

Demokratiezufriedenheit und Beurteilung des DDR-Sozialismus

Handelte der voranstehende Abschnitt von den ideologischen und normativen Aspekten, so geht es hier um die konkrete Realisierung der dabei untersuchten ordnungspolitischen Konzepte. Die beiden Fragen nach der Zufriedenheit mit dem Funktionieren der Demokratie in der Bundesrepublik und der heutigen Bewertung des Sozialismus in der ehemaligen DDR zielen also mehr auf die Alltagswirklichkeit der Demokratie bzw. des Sozialismus und weniger auf ihre jeweilige institutionelle Struktur oder auf die damit verbundene Staatsform. Die Frage nach der Bewertung des DDR-Sozialismus sollte außerdem erkunden, ob und in welcher Weise weiterhin Bindungen insbesondere der ostdeutschen Jugendlichen und jungen Erwachsenen an die politische Alltagsrealität des mit dem Beitritt zur BRD aufgelösten Systems bestehen.

Mit der Demokratie in der Bundesrepublik, so wie sie die Befragten in ihrem Erscheinungsbild erleben, sind knapp die Hälfte (47%) in den alten Bundesländern und ein Fünftel (22%) in den neuen Bundesländern zufrieden; Unzufriedenheit ist im Osten bei einem etwa gleich großen Anteil (23%) zu finden, im Westen dagegen nur bei einem Zehntel aller Befragten (vgl. Tabelle 6.6).[19] Im Vergleich der beiden Erhebungswellen zeigt sich, daß die Zufriedenheit gegenüber 1992 im Westen kaum, im Osten aber deutlich abgenommen hat. Der Abstand in der Demokratiezufriedenheit zwischen den beiden Teilen der Bundesrepublik ist damit noch größer geworden: Der Anteil der demokratiezufriedenen Ostdeutschen ist 1997 mit 22% nur noch etwa halb so groß wie der bei den Westdeutschen. Übersehen werden darf außerdem nicht, daß neben diesen entschieden Zufriedenen und entschieden nicht Zufriedenen in beiden

Tabelle 6.6:
Zufriedenheit mit der Demokratie 1992 und 1997 (Spaltenprozent)*

	1992		1997	
	West	Ost	West	Ost
sehr/ziemlich zufrieden	50	31	47	22
etwas zufrieden	26	31	32	33
etwas unzufrieden	14	20	13	22
ziemlich/sehr unzufrieden	11	19	9	23
n	4321	2476	4182	2376

Quelle: DJI-Jugendsurvey 1992, 1997

* Von der sechsstufigen Antwortskala wurden jeweils die ersten und die letzten beiden Skalenpunkte zusammengefasst.

Landesteilen jeweils rund die Hälfte aller Befragten ihre Antworten auf die Vorgaben „etwas zufrieden" bzw. „etwas unzufrieden" legt und damit offenbar eine distanzierte bis skeptische Einstellung gegenüber dem Funktionieren des politisches Systems zum Ausdruck bringt. Der ALLBUS '98 bestätigt das Ergebnis des Jugendsurveys 1997 und läßt gleichzeitig erkennen, daß die Urteile der Bevölkerung ab 30 Jahre über das Funktionieren der Demokratie kaum anders ausfallen als die der unter 30jährigen.[20] Andere Studien, die Zeitvergleiche erlauben, belegen ebenfalls diese Tendenz. So zeigt Cusack (1999) anhand des Politbarometers der Forschungsgruppe Wahlen, daß die Demokratiezufriedenheit in der wahlberechtigten Bevölkerung schon kurz nach der Vereinigung zu sinken begann. Dieser Abwärtstrend ist zwar zwischenzeitlich durch Aufschwünge unterbrochen, verläuft aber insgesamt in Ost- und Westdeutschland ähnlich, mit einem relativ großen und konstanten Abstand zwischen den beiden Landesteilen. Damit verliert sich seit der Vereinigung der beiden Teilstaaten auch das vergleichsweise hohe Zufriedenheitsniveau, das Westdeutschland in den 70er und 80er Jahren gegenüber den anderen EU-Staaten immer ausgezeichnet hatte.

Bei der Beurteilung des DDR-Sozialismus aus heutiger Sicht zeigen sich im Vergleich von 1992 zu 1997 bemerkenswerte Veränderungen. Sie bestehen im wesentlichen darin, daß seine Akzeptanz zugenommen und seine Ablehnung sich merklich verringert hat – dies besonders im Osten, aber auch im Westen, wenngleich auf sehr viel geringerem Niveau (vgl. Tabelle 6.7).[21] Im Osten ist die 1992 mehrheitliche Ablehnung um 25 Prozentpunkte auf ein Drittel aller Befragten gesunken, im Westen um 10 Prozentpunkte auf 82%. Sehr gut und ziemlich gut bewerten 1997 16% der Ostdeutschen den Sozialismus, so wie er in der DDR bestand, 1992 waren es dagegen nur 6%. Auch bei dieser Frage ist eine deutliche Zunahme der beiden mittleren Antwortkategorien „etwas gut" sowie „etwas schlecht" zu beobachten, wobei im Osten eine deutliche Verschiebung der Urteile in den positiven Bereich der Antwortskala erkennbar ist. Diese Antworten bei den mittleren Antwortvorgaben stellen zwar einerseits – ebenso wie bei der Demokratiezufriedenheit – keine vorbehaltlose Zustimmung oder Ablehnung dar, sondern lassen Distanz und Skepsis vermuten. Andererseits muß hier aber wohl mitbedacht werden, daß mit dem gleichzeitigen Rückgang der dezidierten Ablehnung in diesen „moderaten" Antworten auch eine Aufwertung zumindest von Teilaspekten der Wirklichkeit des DDR-Sozialismus enthalten ist.

Tabelle 6.7:
Beurteilung des Sozialismus in der DDR 1992 und 1997 (Spaltenprozent)*

	1992		*1997*	
	West	*Ost*	*West*	*Ost*
sehr/ziemlich gut	1	6	2	16
etwas gut	3	18	7	36
etwas schlecht	5	18	9	16
ziemlich/sehr schlecht	92	58	82	33
n	4321	2476	4181	2376

Quelle: DJI-Jugendsurvey 1992, 1997

* Von der sechsstufigen Antwortskala wurden jeweils die ersten und die letzten beiden Skalenpunkte zusammengefaßt.

Zusammengesehen lassen die Beurteilungen der Demokratie in der Bundesrepublik und des DDR-Sozialismus den Schluß zu, daß die stark polarisierte Haltung, die die Befragten in West- und Ostdeutschland 1992, also noch relativ kurz nach der Wende, an den Tag legten, mit dem zeitlich größeren Abstand von 1997 im Osten durch eine stärker differenzierende Einschätzung abgelöst worden ist. An die Stelle des tendenziellen Schwarz-Weiß-Bildes ist offenbar eine Wahrnehmung getreten, die sich auf der Grundlage von mehr Erfahrung mit dem konkreten Alltag einer Demokratie erlaubt, einerseits deren Nachteile zu sehen und andererseits die Vorteile des DDR-Sozialismus nicht zu übersehen; ein ähnliches Ergebnis fand sich ja auch auf der abstrakten Ebene der ordnungspolitischen Systeme von Demokratie und Sozialismus (vgl. Kapitel 6.3). Bemerkenswert ist hier, daß Demokratiezufriedenheit und die Bewertung des DDR-Sozialismus nicht, wie man vielleicht erwarten könnte, in den Einstellungen der Befragten miteinander verknüpft sind; verknüpft in dem Sinne, daß etwa eine höhere Demokratiezufriedenheit mit einer geringeren Akzeptanz des DDR-Sozialismus zusammenhinge – oder auch umgekehrt. Nur bei den Ostdeutschen findet sich ein solcher, allerdings nicht sehr starker Zusammenhang, und dies auch nur 1992.[22] Das bedeutet zweierlei: Zum einen, daß 1992, also zeitlich noch nahe an der Wende und der Vereinigung, der DDR-Sozialismus unter dem Eindruck des neuen demokratischen Systems bei den Ostdeutschen eine Abwertung erfuhr. Zum anderen haben sich die Bewertung der Demokratierealität und der sozialistischen Realität in der ehemaligen DDR im ostdeutschen Bewußtsein inzwischen voneinander entkoppelt. Sie werden 1997 unabhängig voneinander wahrgenommen und bewertet. Im westdeutschen Bewußtsein bestand dieser Zusammenhang dagegen auch 1992 nicht. Die zwar eindeutige, quantitativ aber nicht sehr bedeutsame Akzeptanzzunahme des DDR-Sozialismus auf Seiten der westdeutschen Befragten in der Erhebungswelle 1997 hat ihren Grund vermutlich darin, daß der zeitliche Abstand zum Zusammenbruch des ostdeutschen Systems inzwischen auch aus westdeutscher Sicht eine weniger antagonistische und negative Beurteilung möglich macht. Dieser ursprüngliche Antagonismus im Westen basierte aber gerade nicht auf einem konkreten und erfahrungsgespeisten Vergleich der politischen Systeme, sondern hatte sich vielmehr aus der Ideologie des „Kalten Krieges" heraus auf die stereotype Wahrnehmung von Einzelelementen sozialistischer Gesellschaften reduziert. Sicher spielt in diesem Kontext auch das zumindest indirekte Erlebnis des Zusammenbruchs der sozialistischen Staaten eine große Rolle.

Der Zeitfaktor und die damit einhergehende Zunahme an realen Erfahrungen mit den neuen politischen Verhältnissen einerseits und der revidierten Sicht auf die DDR-Vergangenheit andererseits differenziert insbesondere die Sicht in Ostdeutschland – allerdings nicht für alle Befragten gleichermaßen. Vielmehr sind es bestimmte Merkmale der sozialen Lage, wie vor allem das Bildungsniveau und Merkmale des Erwerbsstatus, die bei den Ostdeutschen das Maß der Zufriedenheit bzw. der Unzufriedenheit mit der Wirklichkeit der Demokratie in der Bundesrepublik ebenso wie das Maß der Attraktivität des ehemaligen DDR-Sozialismus beeinflussen (vgl. Tabelle 6.8). Den größten Anteil an

Demokratiezufriedenen findet man bei den ostdeutschen Befragten mit Abitur (28%) im deutlichen Gegensatz zu den Befragten, die lediglich die Hauptschule oder einen DDR-äquivalenten Abschluß erreicht haben (19%). Letztere Bildungsgruppe ist es auch, die das höchste Maß an Demokratieunzufriedenheit an den Tag legt (31%) und die dem DDR-Sozialismus die stärkste Zustimmung (23%) und im geringsten Umfang Ablehnung entgegenbringt (28%), während die ostdeutschen Befragten mit Abitur die geringste Sympathie (11%), aber die stärkste Antipathie (41%) äußern.

Tabelle 6.8:
*Zufriedenheit mit der Demokratie und Bewertung des DDR-Sozialismus**
durch ostdeutsche Befragte (in %)

		Demokratie		***DDR-Sozialismus***	
		Zufriedenheit	*Unzufriedenheit*	*Zustimmung*	*Ablehnung*
	gesamt	22	23	16	33
Geschlecht	*männlich*	23	24	14	36
	weiblich	22	22	18	29
Bildung	*ohne/Hauptschule*	19	31	23	28
	Mittlere Reife	19	23	17	28
	(Fach-)Abitur	28	20	11	41
Erwerbsstatus	*Studenten/innen*	30	21	9	45
	sonst. in Ausbildung	18	23	14	27
	erwerbstätig	23	24	17	30
	nicht/kaum erwtg.	17	19	17	36
	arbeitslos	14	28	24	28
Vertrauen in Reakt.-bereitsch. d. pol. Systems	*stark*	37	15	20	32
	gering	20	55	51	29

Quelle: DJI-Jugendsurvey 1997

* Zusammengefaßt sind jeweils die ersten und die letzten beiden Skalenpunkte. Die mittleren Kategorien „etwas zufrieden“, „etwas unzufrieden“ bzw. „etwas gut“, „etwas schlecht“ werden hier nicht ausgewiesen.

Bei den Erwerbsstatusgruppen zeigen sich in Ostdeutschland die Studierenden am zufriedensten mit der demokratischen Realität (30%), die arbeitslosen Befragten (14%), aber auch die nicht oder kaum Erwerbstätigen (17%) und die in Ausbildung stehenden Befragten (18%) am wenigsten zufrieden. Damit korrespondiert ein Zustimmungsunterschied zum DDR-Sozialismus von 15 Prozentpunkten sowie eine Ablehnungsdifferenz von 17 Prozentpunkten zwischen Studierenden und Arbeitslosen. Eine im Vergleich zu den männlichen Befragten leicht überdurchschnittliche Zustimmung und unterdurchschnittliche Ablehnung des DDR-Sozialismus findet sich schließlich bei den ostdeutschen Mädchen und jungen Frauen. In dieses Bild fügt sich auch ein, daß beim Abwägen der Vor- und Nachteile, die die Vereinigung für das eigene Leben gebracht hat, diejenigen, die für sich eine Negativbilanz der Vereinigung aufstellen, der gegenwärtigen Demokratie weniger, dafür aber dem ehemaligen DDR-Sozialismus mehr zustimmen.[23]

Die Demokratieunzufriedenen sind vor allem diejenigen Ostdeutschen, die für die gesellschaftliche Konkurrenz um Chancen schlechter gerüstet waren oder sind. Es sind diejenigen, deren Erwartungen und Hoffnungen aufgrund der tatsächlichen Entwicklung vor allem des Arbeitsmarkts in den neuen Bundesländern nach der Vereinigung vermutlich in besonderem Maße enttäuscht worden sind und die dementsprechend für sich feststellen, im Vergleich zu anderen keinen „gerechten Anteil" vom gesellschaftlichen Reichtum zu bekommen (vgl. hierzu Kapitel 3). Sie sehen deshalb die mit dem politischen und staatlichen Ende der DDR verlorengegangenen gesellschaftlichen Verhältnisse in einer rückwärtsgewandten Neubewertung positiver. Diese retrospektive Aufwertung muß dabei keinesfalls ideologisch begründet sein, sondern kann durchaus in der positiven Bewertung von selbsterfahrenen oder auch berichteten Einzelaspekten des Alltags in der DDR vor dem Erfahrungshintergrund der schwierigen Gegenwart liegen. Konkretisieren könnte sich dies im Zusammenhang der oben beschriebenen Merkmale – und so argumentiert auch Gabriel (1996: 274) auf der Ebene von Plausibilitätsüberlegungen –, z.B. in der Sicherheit der Arbeitsplätze oder der gesellschaftlichen Gleichstellung der Frauen und ähnlichen Unterschieden, in denen der DDR-Sozialismus im Vergleich mit der heutigen Bundesrepublik in ihren Augen besser abschneidet.

Bemerkenswert ist an diesen Ergebnissen, daß in ihnen einerseits so gut wie keine Alterseffekte zu beobachten sind und daß andererseits gemessen am heutigen Lebensalter, das die Befragten des Surveys vorweisen – sie waren also zur Zeit der Wende zwischen acht und 21 Jahre alt –, ihren Einstellungen und Urteilen eher Erfahrungen aus zweiter Hand, denn eigene Anschauungen zugrundeliegen können. So gesehen, ist die Bewertung des DDR-Sozialismus durch die 16- bis 29jährigen zumindest auch affektiv und nostalgisch bestimmt.

Trotzdem bedeutet sie, daß die politische Wirklichkeit der westdeutschen Demokratie zugunsten des nicht mehr existierenden DDR-Sozialismus von diesen ostdeutschen Befragten relativiert wird und von ihrer Seite mit nur eingeschränkter Unterstützung rechnen kann. Cusack (1999) resümiert mit Blick auf ähnliche Befunde, daß das deutsche Demokratiesystem sich vor allem im Osten, aber auch im Westen der uneingeschränkten Unterstützung nur noch durch eine Minderheit sicher sein kann. Ob dies zukünftig so bleiben wird, wie Cusack mit Blick auf die ökonomischen Bedingungen in der Bundesrepublik meint, läßt sich unseres Erachtens noch nicht entscheiden und wird von anderen Autoren durchaus auch abweichend beurteilt (vgl. z.B. Fuchs 1997).

Institutionenvertrauen

In der Haltung gegenüber dem institutionellen System, die im folgenden betrachtet wird, mischen sich leistungsabhängige mit leistungsunabhängigen Urteilen. Empirisch sind diese beiden Aspekte im Vertrauen der Bürger gegenüber den Institutionen nur schwer zu trennen.[24] Bei der Interpretation des Institutionenvertrauens muß deshalb davon ausgegangen werden, daß sich in den Antworten der Befragten Resultate von Wahrnehmungen niederschlagen können, die sich auf eher kurzfristige Output-Bedingungen wie auch auf die jeweils amtierenden Akteure in den Institutionen beziehen; und ebenso kann nicht ausgeschlossen werden, daß diese Wahrnehmungen bei den Institutionen im einzelnen gleichzeitig noch in unterschiedlichem Maße ins Spiel kommen, etwa nach dem Kriterium der institutionellen Kompetenz oder unter Performanzgesichtspunkten. Als Gradmesser für die affektive Unterstützung, die das gesellschaftliche, insbesondere aber das politische System der Bundesrepublik in der Bevölkerung besitzt, soll die Frage nach dem Institutionenvertrauen die Ergebnisse zur Zufriedenheit mit der Demokratie ergänzen.[25]

Im Vergleich unserer Ergebnisse von 1992 und 1997 fällt zunächst auf, daß die Rangfolgen der Institutionen nach dem Maß des Vertrauens, das ihnen im einzelnen entgegengebracht wird, sich kaum verschoben haben (vgl. Tabelle 6.9). Die strukturelle Ähnlichkeit zwischen Ost und West hat sich über die beiden Zeitpunkte hin erhalten. Das heißt, daß die west- und ostdeutschen Befragten im Jahr 1997 nahezu übereinstimmend die gleichen Institutionen im Bereich hohen bzw. geringen Vertrauens plazieren, wie sie dies bereits 1992 getan haben. Nach wie vor finden die politischen Parteien, die Bundesregierung, die Kirchen sowie die Großunternehmen nur bei einem geringen Teil der Befragten

Vertrauen. Jeweils die Hälfte oder gar noch mehr der ost- und westdeutschen Jugendlichen und jungen Erwachsenen bringt gegenüber diesen Institutionen überhaupt kein bzw. nur geringes Vertrauen auf. Anders wiederum beim Bundesverfassungsgericht sowie den Gerichten generell, bei Greenpeace und Bürgerinitiativen: Hier zeigt mindestens die Hälfte aller Befragten großes Vertrauen.

Tabelle 6.9:
Großes Vertrauen in Institutionen (in %)*

	1992			*1997*		
	West	*Ost*	*Diff.*	*West*	*Ost*	*Diff.*
politische Parteien	23	19	-4	21	13	-8
Großunternehmen	26	23	-3	23	26	3
Europäische Kommission	-	-	-	33	30	-3
Europaparlament	-	-	-	34	32	-2
Kirchen	25	22	-3	26	18	-8
Bundesumweltministerium	35	33	-2	31	31	0
Bundesregierung	31	26	-5	29	26	-3
Gewerkschaften	42	38	-4	39	40	1
Fernsehen	40	33	-7	32	33	1
Presse	37	25	-12	34	28	-6
Bundestag	40	32	-8	37	31	-6
Bundeswehr	32	30	-2	37	46	9
Bürgerinitiativen	55	53	-2	54	57	3
Gerichte	55	46	-9	53	48	-5
Bundesverfassungsgericht	63	54	-9	63	58	-5
Polizei	49	33	-16	55	49	-6
Greenpeace	68	60	-8	64	56	-8

Quelle: DJI-Jugendsurvey 1992, 1997

* Großes Vertrauen entspricht den Skalenpunkten 5 bis 7 auf einer Skala von 1 (überhaupt kein Vertrauen) bis 7 (sehr großes Vertrauen).

Lediglich bei zwei Institutionen, der Polizei und der Bundeswehr, lassen die Befragten eine merkliche Zunahme ihres Vertrauens erkennen, so daß sowohl im Westen, deutlicher aber noch im Osten diese beiden Institutionen 1997 höher rangieren, als sie dies 1992 taten. Gegenüber der Polizei beträgt die Zunahme großen Vertrauens 16 Prozentpunkte im Osten und 6 Prozentpunkte im

Westen; gegenüber der Bundeswehr sind die entsprechenden Werte 16 bzw. 5 Prozentpunkte. Die Gründe für diesen Vertrauensanstieg sind sicher unterschiedliche. Wir vermuten, daß der Vertrauensanstieg bei der Bundeswehr, die durch die Auflösung des Warschauer Pakts und den damit verbundenen Wegfall des Ost-West-Antagonismus einen erheblichen systemfunktionalen Sinnverlust erlitten hatte, sich ihrem medial stark und positiv herausgestellten Katastropheneinsatz bei den Oderüberschwemmungen im Jahr 1997 verdankt.[26] Bei der Polizei kann vor allem im Hinblick auf den Osten davon ausgegangen werden, daß sich in dem Vertrauensanstieg ihre Konsolidierung und ihr Zuwachs an funktionaler Kompetenz niederschlagen, wozu u.a. der Aspekt der „Bürgerfreundlichkeit“ zählt.[27]

Außer dem Ergebnis relativer Stabilität lassen sich allerdings in mehrfacher Hinsicht auch Veränderungen im Institutionenvertrauen zwischen den Jahren 1992 und 1997 ausmachen. Die wesentlichste Änderung besteht darin, daß sich die Differenz in den Vertrauensniveaus zwischen Ost und West verringert hat. Diese Annäherung geht auf eine zweifache Entwicklung zurück: Bei den westdeutschen Befragten ist das Vertrauen bei rund zwei Dritteln aller beurteilten Institutionen leicht zurückgegangen, während es gleichzeitig auf seiten der ostdeutschen Befragten bei gut der Hälfte aller Institutionen leicht gestiegen ist.

Aus den zwar nur geringen, aber dennoch zur Annäherung der Vertrauensniveaus in Ost und West führenden Veränderungen resultiert, daß die fallende Tendenz des Institutionenvertrauens, wie sie in den vergangenen eineinhalb Jahrzehnten zu beobachten war, praktisch zum Stillstand gekommen ist. Die Abbildung 6.5 zeigt dies anhand externer Daten. Sie läßt außerdem erkennen, daß die vielfach konstatierte Vertrauensdifferenz zwischen der erwachsenen Bevölkerung ab 30 Jahren und den darunter liegenden Kohorten ihre Tendenz zur Annäherung beibehalten hat. Die erwachsene Bevölkerung Westdeutschlands hat 1997 – durch einen stärkeren Vertrauensrückgang – sogar das Niveau der jüngeren unterschritten und sich damit dem geringeren Institutionenvertrauen der ostdeutschen Bevölkerung angenähert. Trotz dieser und der weiter oben beschriebenen Annäherung gilt aber auch jetzt noch grundsätzlich, daß die ostdeutsche Bevölkerung – und zwar sowohl die jüngeren wie auch die älteren Kohorten – dem institutionellen System der Bundesrepublik weniger Vertrauen entgegenbringt als die westdeutsche Bevölkerung.

Dies trifft, wenngleich mit sehr geringen Differenzen zwischen West und Ost, auch auf die 1997 neu aufgenommenen europäischen Institutionen zu. Sowohl

Abbildung 6.5:
Vertrauen in Institutionen nach Altersgruppen 1984 bis 1997 (Mittelwerte)

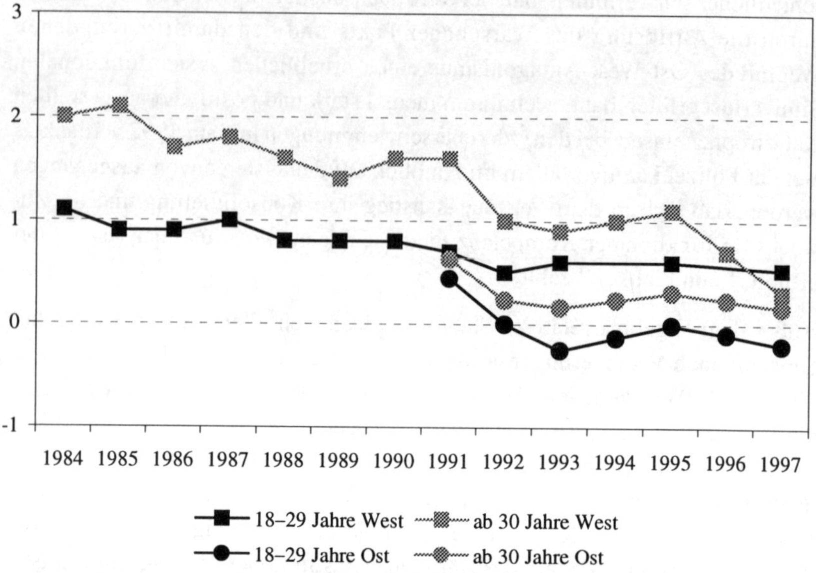

Quelle: IPOS 1984 bis 1995; für 1997: Umfrage von IPOS für den Bundesverband der deutschen Banken; eigene Berechnungen

* Die Mittelwerte können nach der zugrundeliegenden Skala Werte zwischen -5 und +5 annehmen. Je höher der Wert, desto größer das Vertrauen. Mittelwerte für: Bundesverfassungsgericht, Gerichte, Polizei, Bundestag, Landesregierung (1991 bis 1995), Bundeswehr, Bundesrat (1991 bis 1995), Fernsehen, Presse, Kirchen, Gewerkschaften, Bundesregierung, Parteien (ab 1992); für 1997 entfallen Bundesrat, Landesregierung, Bundeswehr und Bundestag. Für 1994 und 1996 liegen keine Werte vor; die entsprechenden Linienabschnitte im Schaubild wurden durch Interpolation bestimmt.

dem Europaparlament wie der Europäischen Kommission wird lediglich von rund einem Drittel der Befragten großes Vertrauen entgegengebracht (vgl. Tabelle 6.9). Sie rangieren damit im Vergleich aller Institutionen ebenfalls im unteren Bereich des Vertrauens. Wichtiger aber noch erscheint der Umstand, daß der Anteil derjenigen Befragten, die sich eines Urteils enthielten, weil sie sich dazu nicht in der Lage sahen oder die Institution nicht kannten[28], bei diesen beiden Institutionen mit Abstand der größte ist. Das sind im Westen rund ein Drittel (32% bzw. 35%) und im Osten beinahe die Hälfte aller Befragten (45% bzw. 46%). Dieses Ergebnis deckt sich zwar tendenziell mit dem des ALLBUS '94 für die Gesamtbevölkerung, angesichts des Abstands von drei Jahren zwischen den beiden Ergebnissen wird der Widerspruch zwischen Kenntnis und Akzeptanz der EU-Institutionen einerseits und ihrer weiter gewachsenen Bedeutung im Alltag der EU-Bürger andererseits aber eher noch eklatanter.

Basierte die bisherige Betrachtung sowohl auf der strukturellen Vertrauenshierarchie der einzelnen Institutionen sowie außerdem auf der impliziten Annahme, daß das institutionelle System als ein Gesamtgefüge wahrgenommen wird, das mit der im Jugendsurvey abgefragten Liste repräsentiert wird, so sollen im Folgenden spezifische Gruppen von Institutionen gebildet werden, die im Alltagsgeschäft der Politik als Handlungseinheiten begriffen werden können und so auch von der Bevölkerung wahrgenommen werden.[29] Eine solche Gruppierung berücksichtigt funktional eher Aspekte des Outputs oder auch des unterschiedlichen Grads von Involviertheit in das vom Parteienwettbewerb bestimmte aktuelle Politikgeschehen als Aspekte der Gewaltenteilung oder theoretische Unterscheidungen des politischen Systems (vgl. Walz 1997, Gabriel 1996).

Wir haben vier Gruppen von Institutionen gebildet: den Bundestag, die Bundesregierung und die politischen Parteien als die Gruppe, die *etablierte Politik* repräsentiert; zweitens die Gerichte im allgemeinen und das Bundesverfassungsgericht im besonderen sowie die Polizei als die Gruppe der *judikativen und exekutiven Institutionen;* die Bürgerinitiativen und Greenpeace als die Institutionengruppe, die *nicht etablierte Politik* repräsentiert, sowie viertens die beiden *Institutionen der EU.* Tabelle 6.10 verdeutlicht im Überblick die klaren Unterschiede zwischen den einzelnen Institutionengruppen. Das geringste Maß an Vertrauen genießen die Institutionen etablierter Politik. Demgegenüber erhalten

Tabelle 6.10:
Vertrauen in funktionale Gruppen von Institutionen 1992 und 1997 (Mittelwerte)*

	1992		*1997*	
Institutionen	*West*	*Ost*	*West*	*Ost*
etablierte Politik	3,6	3,4	3,6	3,3
nicht etablierte Politik	4,8	4,6	4,7	4,6
exekutive und judikative Institutionen	4,6	4,2	4,6	4,4
EU-Institutionen	-	-	3,7	3,5

Quelle: DJI-Jugendsurvey 1992, 1997

* Die Mittelwerte können zwischen 1 und 7 variieren, wobei ein höherer Wert ein höheres Maß an Vertrauen anzeigt.

die Institutionen das höchste Maß an Vertrauen, die alternativ dazu Politikinhalte und auch Verfahrensweisen repräsentieren, die im etablierten Politikbereich aus der Sicht des Bürgers keine oder ungenügende Berücksichtigung finden. Auch die Einrichtungen der Exekutive und Judikative erreichen einen hohen Grad an Vertrauen, einen ähnlichen geringen wie die etablierte Politik dagegen schließlich die Institutionen auf europäischer Ebene. Deutlich wird außerdem – trotz der punktuellen Annäherung der Vertrauensniveaus, die von 1992 auf 1997 zwischen den beiden Landesteilen stattgefunden hat – das nach wie vor durchgängig geringere Vertrauen auf ostdeutscher Seite. Diese Annäherung schließt allerdings nicht, wie sich zeigt, das Vertrauen in die etablierte Politik ein. Vergleichbar dem geringeren Maß an Zufriedenheit mit der Demokratie findet also auch das institutionelle Subsystem etablierter Politik bei den 16- bis 29jährigen der neuen Bundesländer weniger affektive Unterstützung. Vermutlich nur zum Teil kann dies darauf zurückgeführt und damit in seiner politischen Bedeutung abgemildert werden, daß das 1990 aus der alten Bundesrepublik übertragene System von Institutionen auch 1997 für die ostdeutschen Befragten noch nicht selbstverständlich geworden ist.[30]

Das Vertrauen in die Reaktionsbereitschaft des politischen Systems

Schließlich soll noch auf einen Aspekt des Vertrauens eingegangen werden, der sich auf die Reaktionsbereitschaft des politischen Systems und seiner Akteure bezieht, Bedürfnisse und Wünsche der Bürger zu berücksichtigen. Von Interesse ist dabei, inwieweit dieser Aspekt Einfluß nimmt auf die zuvor dargestellten Ergebnisse zur Demokratiezufriedenheit, zur retrospektiven Bewertung des DDR-Sozialismus sowie der Beurteilung der Institutionen. Das Konzept des vorhandenen oder mangelnden Vertrauens in die Reaktionsbereitschaft des politischen Systems und seiner Akteure geht von der Annahme aus, daß „Politik von den Bürgern vor allem als Handeln politischer Akteure wahrgenommen wird“ (Hoffmann-Lange 1997: 225). Dies gilt umso mehr, als in einer medienvermittelten Politik diese politischen Akteure eine wesentlich größere Rolle für die Wahrnehmung des Politischen spielen als Institutionen oder abstrakte Vermittlungsprozesse (vgl. Brettschneider 1997). Insofern Politikverdrossenheit vor allem dem Handeln bzw. Fehlhandeln von Politikern angelastet wird, erfaßt dieser Aspekt des Vertrauens zumindest Teile dessen, was unter diesem Schlagwort abgehandelt wird. Entsprechend den Annahmen, die dem Vertrauen hier unterliegen, wurden im Jugendsurvey vier für dieses Konzept übliche Statements zur abgestuften Zustimmung bzw. Ablehnung vorgelegt.[31] Sie sind in ihrem Wortlaut der Tabelle 6.11 zu entnehmen.

Tabelle 6.11:
Vertrauen in die Reaktionsbereitschaft des politischen Systems 1992 und 1997 (in %)*

	1992		*1997*	
	West	*Ost*	*West*	*Ost*
Ich glaube nicht, daß sich die Politiker viel darum kümmern, was Leute wie ich denken.	77	81	75	83
Leute wie ich haben so oder so keinen Einfluß darauf, was die Regierung tut.	69	78	65	73
Die Politiker sind doch nur daran interessiert, gewählt zu werden, und nicht daran, was die Wähler wirklich wollen.	81	84	79	85
Bei uns gibt es nur einige wenige Mächtige, und alle anderen haben keinen Einfluß darauf, was die Regierung tut.	72	76	68	78

Quelle: DJI-Jugendsurvey 1992, 1997

* Von der sechsstufigen Antwortskala von 1 (trifft überhaupt nicht zu) bis 6 (trifft voll und ganz zu) sind die Skalenwerte 4 bis 6 zusammengefaßt.

Im Ergebnis zeigen die Befragten des Jugendsurveys insgesamt ein geringes Vertrauen gegenüber den Akteuren und damit gegenüber dem politischen System, was seine Bereitschaft angeht – und das heißt nicht seine Fähigkeit –, ihre Wünsche und Bedürfnisse zu berücksichtigen. Bei zwei Dritteln bis zu vier Fünfteln aller Befragten ist ein solcher Vertrauensmangel festzustellen. Er ist im Osten für alle vier Einzelstatements größer als im Westen. Im Zeitvergleich von 1992 auf 1997 ist im Osten bei drei Statements sogar noch eine leichte Abnahme des ohnehin geringen Vertrauens zu beobachten; im Westen ist dagegen eine leichte Zunahme festzustellen, die aber für das Niveau des Vertrauens kaum erheblich erscheint. Insgesamt vergrößert sich damit allerdings der Abstand zwischen den ost- und westdeutschen Befragten von 1992 auf 1997. In der Tendenz ähnliche Ergebnisse – auch was die erwachsene Bevölkerung ab 30 Jahren angeht – finden sich im ALLBUS 1998.[32]

Die den vier Einzelaspekten zugrundeliegende Dimension des Vertrauens in die Reaktionsbereitschaft des politischen Systems und seiner Akteure hängt erwartungsgemäß positiv mit der Demokratiezufriedenheit zusammen.[33] Je mehr Vertrauen bekundet wird, desto größer ist auch die Zufriedenheit mit der demokratischen Wirklichkeit, so wie die Befragten sie wahrnehmen – und umgekehrt (vgl. Tabelle 6.12). Dies gilt für die befragten 16- bis 29jährigen in West und Ost gleichermaßen. Anders indes bei der Bewertung des DDR-Sozialismus. Hier sind die Antworten nur im Osten ähnlich eindeutig verteilt wie bei der Demokratiezufriedenheit: Je niedriger das Vertrauen in die Reaktionsbereitschaft des politischen Systems, desto positiver fällt seine retrospektive Bewertung des DDR-Sozialismus aus bzw. je höher dieses Vertrauen ist, desto negativer fällt das Urteil über den DDR-Sozialismus aus. Im Westen dagegen sind solche Zusammenhänge, was eigentlich auch erwartbar war, nicht vorhanden; und in der Tat existiert auch kein statistischer Zusammenhang zwischen den beiden Einstellungen. Offenbar speisen sich das Vertrauen in die Reaktionsbereitschaft des demokratischen Systems und die Bewertung des DDR-Sozialismus im Westen aus unterschiedlichen Quellen. Auch beim Institutionenvertrauen zeigen sich für die einzelnen nach Funktionen bzw. Handlungseinheiten zusammengefaßten Gruppierungen Zusammenhänge in erwartbarer Weise. Der etablierten Politik, den Institutionen der EU sowie den exekutiven und judikativen Institutionen wird umso mehr Vertrauen entgegengebracht, je größer auch das Vertrauen in die Reaktionsbereitschaft des politischen Systems und seiner

Tabelle 6.12:
Zusammenhänge des Vertrauens in die Reaktionsbereitschaft des politischen Systems mit anderen politischen Einstellungen (Pearsons r)

		Vertr. in Reakt.bereit.	
		West	*Ost*
	Demokratiezufriedenheit	.25	.28
	DDR-Sozialismus gut	.03	-.18
Vertrauen in Institutionen	*etablierte Politik*	.29	.33
	nicht etablierte Politik	-.04	-.02
	exekutive und judikative Institutionen	.18	.24
	EU-Institutionen	.21	.24

Quelle: DJI-Jugendsurvey 1997

Akteure ist – sowohl im Osten wie im Westen. Kein Zusammenhang besteht dagegen zwischen dem politischen Vertrauen und dem Vertrauen in Institutionen nicht etablierter Politik. Hierin bestätigt sich, daß das Vertrauen in Institutionen sogenannter alternativer oder neuer Politik eine eher übergreifende Einstellung ist: Alternative Politik und ihre Inhalte finden unabhängig davon, ob das politische System und seine Akteure als vertrauenswürdig eingeschätzt werden oder nicht, eine vertrauensvolle Zustimmung (vgl. Krüger 1995). Darüber hinaus gilt aber, daß die übrigen Bereiche des Vertrauens in Institutionen deutlich vom Vertrauen in das politische System und seine Akteure strukturiert werden, daß aber das politische Vertrauen, wie sich gezeigt hat, im Westen deutlich und im Osten noch deutlicher eingeschränkt ist. Die Unterstützung des politischen Systems wird von diesen jungen West- und Ostdeutschen zwar nicht grundsätzlich in Frage gestellt, Realität und Leistungen des Systems erfüllen ihre Wünsche, Interessen und ihre Ansprüche an Glaubwürdigkeit offenbar aber nicht hinreichend. So gesehen, ist die große Mehrheit dieser 16- bis 29jährigen in ihrer Grundhaltung demokratisch, aber unzufrieden.

6.5 Politische Selbsteinstufung und Parteipräferenzen

Links-Rechts-Einstufung

Mit der Links-Rechts-Einstufung wird eine Dimension politischer Wahrnehmung angesprochen, die etwas über die Selbstverortung im politischen Raum aussagt und im öffentlichen Diskurs eine große Rolle spielt.[34] „Der Nutzen des Links-Rechts-Schemas liegt darin, daß es die vielfältigen Konfliktkonstellationen in der politischen Arena auf einen einfachen Dualismus verkürzt, der die politische Einschätzung und Selbsteinschätzung des Wählers auch ohne größere Sachkenntnisse möglich macht.“ (Decker 1998: 36)

Die Verteilung der Links-Rechts-Skala[35] im Jugendsurvey 1997 (vgl. Tabelle 6.13) zeigt eine klare Form mit einer ausgeprägten Mitte, im Westen wie im Osten[36]. Die weitaus häufigsten Einordnungen werden also in der Mitte vorgenommen. Eine Zuordnung zu den Extremwerten ist hingegen eher gering – 8% der Befragten im Westen und 7% der im Osten stufen sich in den beiden äußeren linken Kategorien ein, auf der rechten Seite sind es 4%. Inwieweit diese Befragten eine Art Kern rechts- bzw. linksradikaler Orientierung darstellen,

Tabelle 6.13:
Links-Rechts-Orientierung nach Geschlecht (Spaltenprozent)*

	West			Ost		
	Männer	*Frauen*	*gesamt*	*Männer*	*Frauen*	*gesamt*
links	8	8	8	7	7	7
eher links	25	32	28	25	28	26
Mitte	45	45	45	46	53	49
eher rechts	19	13	16	16	10	13
rechts	5	2	4	7	2	4
n	2260	2100	4360	1244	1168	2412

Quelle: DJI-Jugendsurvey 1997

* Von der zehnstufigen Antwortskala wurden jeweils zwei Skalenpunkte zusammengefaßt.

kann allerdings nur durch eine Prüfung des Zusammenhangs mit anderen darauf bezogenen Indikatoren entschieden werden. Hier muß ohnehin bemerkt werden, daß bei auf Zufallsstichproben basierenden großen quantitativen Befragungen Gruppen mit extremen Orientierungen kaum zu erreichen sind. Daher lassen sich Befragte mit entsprechendem Aktivitätspotential nur unzureichend erfassen (vgl. Kapitel 7.4). Zwischen West und Ost findet man in der Gesamtverteilung der Links-Rechts-Skala wenig Unterschiede; auch der Vergleich mit 1992 zeigt eine Konstanz der Links-Rechts-Struktur unter den 16- bis 29jährigen. Geschlechtsdifferenzen lassen sich feststellen, wenn auch nicht sehr stark: Auf der Seite der sich eher rechts zuordnenden Befragten sind die männlichen, insbesondere im Osten, stärker vertreten, die weiblichen hingegen stufen sich eher links ein.

Bei einem Vergleich von 18- bis 29jährigen mit über 29jährigen unter Hinzuziehung des ALLBUS 1996 erweisen sich die jüngeren Altersgruppen etwas linksorientierter in ihrer Selbsteinstufung, allerdings nur im Westen – in den neuen Bundesländern gibt es fast keinen Unterschied. Bei Bevölkerungsumfragen in anderen europäischen Ländern ergaben sich im übrigen Unterschiede zwischen den Ländern hinsichtlich der Mittelwerte und der Verteilungsformen. Möglicherweise sind Traditionen der politischen Kulturen in den verschiedenen Staaten also relevanter als altersgruppenspezifische Unterschiede bei der Selbsteinstufung nach Links-Rechts (vgl. Falter/Klein/Schumann 1994, Roth 1998). Im Jugendsurvey ergeben Differenzierungen nach dem Alter eher geringe Variationen. In bezug auf den Schulabschluß sowie den Ausbildungsstatus zeigen sich hingegen deutlichere Unterschiede – wie schon 1992: Befragte mit Abitur sind eher linksorientiert, solche mit Hauptschulabschluß stärker bei den rechtsorientierten Kategorien vertreten. Studenten sind in West wie Ost am stärksten linksorientiert; die Skalenwerte der Kategorien „links" und „eher links" machen in dieser Gruppe über 50% aus. Die Rechtsorientierung ist in dieser Gruppe am geringsten, bei ihnen ist auch in der mittleren Kategorie die Besetzung um etwa zehn Prozentpunkte geringer als im Durchschnitt.

Um die Bedeutung der Links-Rechts-Selbsteinstufung, deren Inhalte ja nicht erfaßt wurden, näher zu bestimmen, werden diese in Zusammenhang gebracht mit verschiedenen politischen Einstellungen und Wertorientierungen. Damit kann geprüft werden, ob es unterschiedliche Bedeutungskonstellationen für verschiedene Gruppen von Befragten gibt. Eine Vermutung wäre etwa, daß in den neuen Bundesländern andere bzw. unterschiedlich dichte Verknüpfungen vorliegen, etwa daß dort eine rechtsorientierte Selbsteinstufung stärker mit ausländerfeindlichen Haltungen oder law-and-order-Haltungen verknüpft ist.

Tabelle 6.14 enthält Zusammenhänge zu einer Reihe von Einstellungsmerkmalen aus dem Jugendsurvey, die zur Prüfung des Bedeutungsgehalts der Links-Rechts-Einstufung herangezogen werden können. Relativ hohe Korrelationen findet man mit einer staatsautoritären Einstellung, erfaßt durch den Wunsch nach einer „starken Hand" (vgl. Kapitel 6.3) und vor allem mit Fremdenfeindlichkeit (zur Indexkonstruktion vgl. Kapitel 9.1). Bei der Fremdenfeindlichkeit sind die Korrelationen am höchsten: Eine stärkere Rechtsorientierung geht eher einher mit einer Zustimmung zu fremdenfeindlichen Aussagen. Ein zweiter Bereich von Korrelationen, allerdings mit etwas geringeren Zusammenhangswerten, liegt bei Wertorientierungen (vgl. Kapitel 5). Postmaterialistische Orientierungen sind eher mit Linksorientierung verbunden, konventionelle eher mit Rechtsorientierung. Deutlicher ist der Zusammenhang einer linken Orientierung mit nicht-traditionellen Geschlechtsrollenorientierungen. Schließlich findet man bei den politischen Grundorientierungen bezüglich Demokratie und Sozialismus teilweise geringe, teilweise aber auch stärkere Zusammenhänge. Die Befürwortung der Idee des Sozialismus hängt demnach klar mit einer linken Selbsteinstufung zusammen. Der Zusammenhang mit der Demokratiezufriedenheit wird hingegen durch den Korrelationskoeffizienten, der nur auf lineare Beziehungen ausgerichtet ist, nicht ausreichend zur Geltung gebracht: Er stellt sich nämlich so dar, daß linksorientierte wie rechtsorientierte Befragte

Tabelle 6.14:
*Zusammenhänge der Links-Rechts-Orientierung mit politischen Einstellungen**
(Pearsons r)

	West	*Ost*
für Idee Demokratie	-.10	-.17
Zufriedenheit Demokratie BRD	-.09	-.05
für Idee Sozialismus	-.27	-.32
Zustimmung zu Sozialismus DDR	-.09	-.08
Interesse an Politik	-.09	-.18
Werte: Konventionalismus	.20	.16
Werte: Postmaterialismus	-.18	-.17
nicht-traditionelle Geschlechtsrollenorientg.	-.25	-.30
Anomie	.06	.06
Autoritarismus („starke Hand"-Befürwortung)	.30	.28
Fremdenfeindlichkeit	.39	.49
n	4426	2493

Quelle: DJI-Jugendsurvey 1997

* Vorzeichen: Rechtsorientierung mit angegebenen Richtungen der Einstellungen.

eher mit der Demokratie unzufrieden, sich in der Mitte verortende hingegen eher zufrieden sind (vgl. für den Jugendsurvey 1992 Hoffmann-Lange 1995b).[37] Im Hinblick auf ihre Demokratiezufriedenheit sind sich also die „linken" und „rechten" Befragten ähnlicher als jene, die sich in der Mitte der Links-Rechts-Skala verorten.

Was den Vergleich der alten und neuen Bundesländer angeht, so läßt sich aus den betrachteten Einstellungsmerkmalen auf einen ähnlichen Bedeutungshintergrund von „Links" und „Rechts" schließen. Allerdings sind bei den meisten Variablen die Zusammenhänge im Osten höher als im Westen. Unabhängig von den Verteilungen der Merkmale, die zum Teil ja, wie gezeigt, recht unterschiedliche Niveaus der Einstellungen erkennen lassen, drückt sich darin eine etwas klarere Zuordnung zum Links-Rechts-Schema in den neuen Bundesländern aus.

Parteisympathien

Einstellungen zu den politischen Parteien beziehen sich im Rahmen von Studien über die politische Kultur eher auf das aktuelle Politikgeschehen. Sie sind abhängig vom konkreten Erscheinen der Parteien bei der Diskussion politischer Fragen im öffentlichen Raum, und insbesondere auch von der Beteiligung an der Regierung bzw. der Rolle der Opposition. Als Instrument der Untersuchung relativ langfristiger Orientierungen an politische Parteien wurde in der Wahlforschung das Konzept der Parteiidentifikation entwickelt, insbesondere um die Stabilität von Wahlverhalten analysieren zu können. „Als Partei-Identifikation bezeichnet man eine langfristig stabile, von konkreten politischen Ereignissen, Inhalten und Akteuren weitgehend unabhängige Bindung an eine bestimmte Partei, eine Art ‚psychologische Parteimitgliedschaft'." (Gabriel 1994b: 120 f.) Die Bindung an eine bestimmte Partei bzw. Parteienkonstellation wird hiermit im Gegensatz zu anderen Parteien erfaßt und kann als generelle politische Richtung verstanden werden. Zugleich ist die Möglichkeit der Nichtbindung an Parteien im Sinne fehlender Parteiidentifikation eingeschlossen, die politisches Desinteresse oder aber auch eine Distanz zu einer konkreten Parteiendemokratie oder noch allgemeiner eine Distanz zur Demokratie ausdrücken kann.

Der Kontext, in dem Parteien für ein Individuum relevant werden, muß dabei beachtet werden. Die im folgenden analysierten Sympathiebewertungen von Parteien etwa lassen einen weiten Spielraum zu, sie sind zunächst handlungsirrelevant und erfordern keine Ordnung hinsichtlich einer klaren Präferenz für eine Partei. Das Konzept der Parteiidentifikation will hingegen längerfristige Hinwendungen zu einer bestimmten Partei erfassen. Und die Frage nach der Wahlabsicht („wenn am nächsten Sonntag Bundestagswahl wäre...") zielt auf eine konkrete Präferenzentscheidung ab, die noch von anderen Überlegungen bestimmt sein kann (wie sie im Begriff des „rationalen Wählers" zu konzeptualisieren versucht werden, vgl. Bürklin/Klein 1998). Empirisch hat etwa Falter am Beispiel der Republikaner die Unterschiede zwischen Sympathie, Parteiidentifikation und Wahlabsicht analysiert, die in unterschiedlichen Zustimmungshäufigkeiten zum Ausdruck kommen (Falter 1994: 26 f.).

Im folgenden sollen nun anhand der Daten des Jugendsurveys Einstellungen gegenüber den Parteien in der Bundesrepublik unter Verwendung des Parteienskalometers dargestellt werden. Dieses soll die Sympathie-Antipathie-Einstellung zu den politischen Parteien erfassen und ist dementsprechend bipolar formuliert. Jeder vorgegebenen Partei soll ein Wert auf einer Skala von –5 bis +5 zugewiesen werden, wobei auch der Wert 0 als neutraler Punkt möglich ist. Das zu messende Konstrukt ist als „affektive Parteiorientierung" (Bürklin/Klein 1998: 67) bezeichnet worden, soll also eine gefühlsmäßige Nähe zu den Parteien ausdrücken, ohne zunächst eine klare Bindung an eine bestimmte Partei zu implizieren. Gerade für Jugendliche und junge Erwachsene, für die eine solche Bindung ohnehin weniger unterstellt werden kann als für ältere Altersgruppen, ist dies wohl eine angemessenere Frage in diesem Politikfeld. Vermutlich wird man die affektive Parteiorientierung daher weniger als „geronnene Erfahrung der Bürger mit den politischen Parteien und ihrer Leistungsfähigkeit" (Klingemann/Taylor 1977: 306 f.) verstehen können, sondern eher als Sympathie, die keine Annahmen über tiefer sitzende und dauerhafte Bindungen impliziert.

Abbildung 6.6[38] gibt zunächst einen Überblick über die Verteilungen der Sympathien zu den sieben wichtigsten Parteien in Deutschland. Es zeigt sich zunächst, daß den Grünen im Durchschnitt die meiste Sympathie entgegengebracht wird, und zwar im Westen wie im Osten. Es sind allerdings auch die spezifischen Ost-West-Unterschiede in der Parteienlandschaft zu sehen, die sich in Wahlen und auch den Präferenzen generell ausdrückt: An zweiter Stelle steht in den neuen Bundesländern die SPD, dann folgt die PDS. Im Westen genießt die PDS hingegen nur sehr geringe Sympathien (die nur noch von den Republikanern unterschritten werden); die SPD nimmt auch hier den zweiten Platz ein. Die Abbildung läßt neben diesen Rangzuordnungen insbesondere einige Verteilungseigentümlichkeiten erkennen: Die Bewertung der Republikaner (in Ost wie in West) ist eindeutig am negativsten. Der Median (wie auch der Mittelwert) liegt hier beim negativsten Wert, der zu vergeben war (-5): Die meisten Befragten (über 60% im Westen und mehr als die Hälfte im Osten) halten überhaupt nichts von dieser Partei. Die weitere Verteilung der Werte liegt dicht an diesem negativen Wert. Allerdings zeigen sich bei den Republikanern, anders als bei allen anderen Parteien (mit Ausnahme der Grünen im Westen), eine ganze Reihe extremer Werte, die auch bis zu vollständiger Sympathie reichen. Hier deuten sich also spezifische Polarisierungen an – der Mehrzahl der ablehnenden Befragten steht eine kleiner Zahl von teilweise starken Sympathisanten gegenüber. Nur bei Bündnis 90/Die Grünen im Westen ist ein solches Phänomen, jedoch in abgeschwächter Form, zu beobachten, zudem liegt bei dieser Partei der mittlere Wert im moderaten positiven Bereich. Die Extrembeurteilungen sind hierbei im negativen Bereich der Skala zu finden. Bei den anderen Partei-

Abbildung 6.6:
*Parteienskalometer**

West

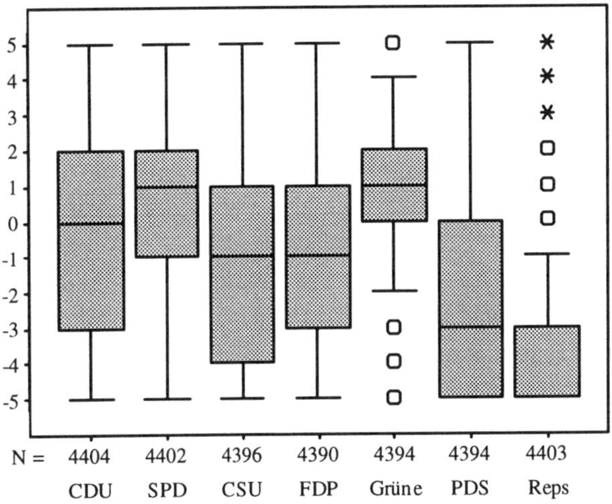

Mittelwerte: CDU -0,4/SPD 0,5/CSU -1,1/FDP -1,1/Grüne/B'90 0,7/PDS -2,7/Republ. -3,6.

Ost

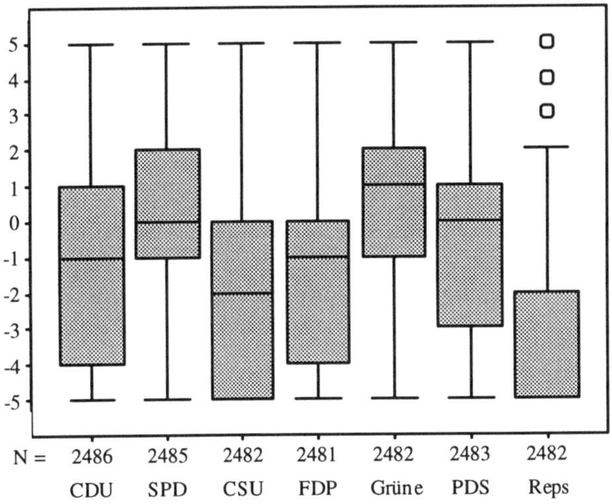

Mittelwerte: CDU -1,2,/SPD 0,0/CSU -2,0/FDP -1,6/Grüne/B'90 0,2/PDS -0,8/Republ. -3,2.

Quelle: DJI-Jugendsurvey 1997

* Zur Erläuterung der Abbildungen vgl. Anmerkung 38 im Text.

en hingegen gibt es keine solche starke Konzentration der Bewertungen im mittleren Bereich bzw. im negativen Bereich wie bei den Republikanern, die Streuung ist insgesamt also größer – auch bei der PDS, bei der immerhin mehr als ein Drittel der Befragten im Westen den negativsten Wert vergaben.

Der Vergleich der Veränderungen der Parteisympathien gegenüber 1992 zeigt: Den etablierten Parteien insgesamt (CDU/CSU, SPD und FDP) wird in den neuen Bundesländern 1997 eine geringere Sympathie entgegengebracht als in den alten Bundesländern (vgl. Tabelle 6.15). Sie hat sich gegenüber 1992 stark verringert – anders im Westen, wo die Gesamtbeurteilung etwa gleich geblieben ist. Die Bewertung der PDS hingegen hat sich im Osten deutlich verbessert, geringfügig auch im Westen. Bei den Grünen gab es eine Zunahme der Sympathien im Westen, eine geringe Abnahme im Osten. Für die Gesamtbevölkerung wurde bei der allgemeinen Parteienbewertung von einem „generellen Absturz" von 1990 auf 1994 gesprochen (Gabriel 1999: 431) – dies kann anhand unserer Daten bezogen auf Jugendliche und junge Erwachsene nicht undifferenziert behauptet werden[39]. Insgesamt kann man mit Ausnahme der PDS von einer Verringerung der Sympathien für die Parteien in den neuen Bundesländern sprechen: Sie haben durchgängig geringere Sympathiewerte bei den Jugendlichen und jungen Erwachsenen als im Westen. Es konsolidiert sich somit nicht nur die unterschiedliche Parteienlandschaft zwischen den Landesteilen, was die Rolle der PDS betrifft; in den Bewertungen deutet sich für die neuen Bundesländer zudem eine stärkere Distanz der Befragten als noch 1992 an.

Tabelle 6.15:
Positive Parteibewertung 1992 und 1997 (in %)*

	1992		*1997*	
	West	*Ost*	*West*	*Ost*
etablierte Parteien (CDU, CSU, SPD, FDP)	38	38	37	27
Bündnis 90/Grüne	49	55	58	51
PDS	6	25	9	34

Quelle: DJI-Jugendsurvey 1992, 1997

* Die Prozentwerte geben die positiven Bewertungen auf dem Parteienskalometer von -5 (halte überhaupt nichts von dieser Partei) bis +5 (halte sehr viel von dieser Partei) an (also die Werte 1 bis 5), für die etablierten Parteien das Mittel der positiven Bewertungen.

Parteipräferenzen

Die Parteisympathie wurde mit einem Skalometer gemessen, das für jede der Parteien erlaubt, einen Wert zu vergeben. Will man etwas über Präferenzen wissen (wie es etwa das Konzept der Parteiidentifikation erfordert), so muß man dies anders erheben oder aus den Sympathiewerten eine entsprechende Information gewinnen. Das Ziel ist dabei, wie zu Beginn dieses Abschnitts erwähnt, einerseits Parteibindungen zu erfassen, welche theoretisch als relativ stabil postuliert werden. Und andererseits kann aus der Verteilung der Bindungen an Parteien eine Übersicht über die Parteienlandschaft und deren Bewertung im Sinne einer Rangordnung gewonnen werden. Schließlich stellt die Parteiidentifikation einen wichtigen Bedingungsfaktor für Wahlverhalten dar.

Die Parteiidentifikation wird zumeist über die Frage nach einer eindeutigen Parteineigung, und bei Vorliegen dieser, über die Nachfrage nach der konkreten Partei, der man langfristig zuneigt, erhoben – dadurch können die beiden Aspekte direkt erfaßt werden (vgl. Bürklin/Klein 1998). Unter Zugrundelegung des Sympathie-Skalometers wurden bereits früher Versuche unternommen, eine Annäherung an das Konzept der Parteiidentifikation zu erhalten. Hier soll das Verfahren verwendet werden, welches bereits im Jugendsurvey 1992 angewandt und als Parteipräferenz bezeichnet wurde (Hoffmann-Lange 1995b). Diese liegt vor, wenn nur einer bestimmten Partei – wobei CDU und CSU zusammengefaßt wurden – ein höchster Wert gegeben wurde. Die Kategorie „kein erster Rang" enthält somit als Residualkategorie alle die Befragten, die keinen höchsten Wert für ausschließlich eine der Parteien vergeben hatten. Diese Kategorie kann allerdings nur mit Einschränkungen als fehlende „langfristig stabile" Parteiorientierung interpretiert werden.

In Tabelle 6.16 sind die Werte von 1992 und 1997 aufgeführt. Zwischen den beiden Volksparteien (CDU/CSU und SPD) hat es in diesem Zeitraum kaum Veränderungen gegeben, jedoch geringe Rückgänge bei der FDP, die ohnehin auf niedrigem Niveau lag. Bei Bündnis 90/Die Grünen ist im Westen eine Zunahme zu sehen, während sich im Osten die Werte nicht verändert haben. Umgekehrt hingegen sind die Verhältnisse bei der PDS: keine Veränderungen der (minimalen) Werte im Westen, eine geringe Erhöhung der Präferenzen im Osten (von 7% auf 11%). Die Präferenzangaben für die Partei der Republikaner haben sich von 1992 auf 1997 fast halbiert. Festzustellen ist schließlich, daß der Anteil der Befragten, die keinen eindeutigen ersten Rang an eine der

Tabelle 6.16:
Parteipräferenzen 1992 und 1997 (Spaltenprozent)

	1992		1997	
	West	Ost	West	Ost
kein eindeutiger 1.Rang	28	30	29	37
CDU/CSU	20	16	21	12
SPD	21	14	18	14
FDP	4	4	2	2
Bündnis 90/Grüne	20	21	26	20
PDS	1	7	1	11
Republikaner	5	8	3	5

Quelle: DJI-Jugendsurvey 1992, 1997

Parteien vergeben haben, im Westen gleich geblieben ist, sich in den neuen Bundesländern allerdings erhöht hat (von 30% auf 37%).

Die Veränderungen sind insgesamt also nicht sehr dramatisch. Betrachtet man die Struktur der Verteilung in Ost und West, so zeigt sich jedoch eine deutlichere Differenz, denn die Unterschiede von 1992 haben sich 1997 zugespitzt: Die West-Ost-Differenzen haben für die CDU/CSU, die Grünen, die PDS sowie für die Gruppe derjenigen ohne eindeutige Präferenz zugenommen und nur für die SPD etwas abgenommen. Die Anteile derjenigen, die die PDS präferieren, sowie derjenigen, die keine Präferenz zum Ausdruck bringen, sind in den neuen Bundesländern größer geworden, die derjenigen, die der CDU/CSU den Vorzug geben, hingegen kleiner. Im Westen hat sich der Anteil derjenigen, die die Grünen bevorzugen, erhöht. Interessanterweise haben dabei in beiden Landesteilen die meisten Befragten entweder keinen eindeutigen Rang vergeben oder eine Präferenz für die Grünen gezeigt; im Osten liegt, anders als im Westen, in der Rangfolge nur die PDS auf etwa gleichem Niveau wie die beiden Volksparteien. Insgesamt ergibt sich aus diesen Daten für die 16- bis 29jährigen somit ein Hinweis auf zwei unterschiedliche Präferenzstrukturen in Ost und West, was sich insbesondere an der unterschiedlichen Rolle der PDS zeigt. Dies korrespondiert durchaus mit den Parteiorientierungen bei den Erwachsenen (bezogen auf die Bundestagswahl 1998 vgl. Arzheimer/Falter 1998).

In anderen Jugendstudien werden teilweise ähnliche Relationen berichtet, wenngleich unterschiedliche Fragestellungen, Altersgruppen und Stichprobenverfahren einen direkten Vergleich ausschließen. In einer Untersuchung von Silbereisen u.a. (1996), die eine Folgestudie zur Shell-Studie 1991 war, läßt sich bei der Frage „Welche Partei steht Ihnen am nächsten?“ ebenfalls im Osten eine Abnahme von 1991 auf 1996 bei den Grünen feststellen, im Westen jedoch eine leichte Zunahme, ebenso eine Zunahme bei der PDS, insbesondere im Osten (bei 18- bis 29jährigen). Bei den Antworten auf die Kategorie „keine“, die als ein direktes Maß für fehlende Parteibindung gelten kann, wurde eine Abnahme im Westen (von 32% auf 23%) und eine Zunahme im Osten (von 29% auf 36%) berichtet.

Von Interesse ist auch die Gruppe, die keiner Partei einen höchsten Sympathiewert zugeordnet hat – im Westen 29%, im Osten 37% . Diese Befragten können nicht umstandslos als Personen angesehen werden, die keine Parteineigung im Sinne des Parteiidentifikationskonzepts haben. In der Regel wurden in dieser Gruppe für mehrere Parteien gleiche Sympathieränge vergeben. Einige Muster fallen dabei auf: So vergaben im Westen 11% und im Osten 14% dieser Befragten für alle Parteien ausschließlich den mittleren Wert (0), verweigerten also insgesamt eine Festlegung ihrer Wertung der Parteien. Weitere 6% im Westen sowie 10% im Osten gaben allen Parteien gleichermaßen den negativsten Wert (-5) und drückten dadurch ihre Ablehnung gegenüber den Parteien aus. Nimmt man noch diejenigen hinzu, die für alle Parteien ausschließlich negative Werte vergaben, aber Differenzierungen vornahmen, so erhält man immerhin 38% in den alten, 46% in den neuen Bundesländern von der Gruppe derjenigen ohne einen eindeutigen ersten Rang. Somit können etwa zwei Fünftel im Westen und fast die Hälfte der jüngeren Befragten im Osten ohne eindeutige Parteipräferenz als den Parteien indifferent bis ablehnend gegenüberstehend bezeichnet werden, in diesem Sinne also als „parteiverdrossen“. Auf alle Befragten bezogen sind dies im Westen etwa 12%, im Osten 18%.[40]

Die Zusammenhänge der geschilderten Parteiorientierungen mit zentralen soziodemographischen Variablen sind nur sehr gering. Unterschiede hinsichtlich der Geschlechtszugehörigkeit lassen sich kaum feststellen. Auch hinsichtlich der Bildungsabschlüsse differenzieren die Parteipräferenzen wenig, außer bei den Grünen: Diese werden von den Befragten mit Hochschulreife deutlich stärker präferiert. Und ebenso läßt das Lebensalter nur geringe Unterschiede in den Parteiorientierungen erkennen: Die jüngeren Altersgruppen im Jugendsurvey haben keine wesentlich andere Sympathieverteilung als die älteren. Erst bei einem Vergleich anhand externer Daten mit älteren Erwachsenen, insbesondere mit den über 50jährigen oder noch deutlicher mit den über 60jährigen, zeigen sich deutliche Unterschiede – was auch noch in den Wahlanalysen der letzten Jahre festgestellt werden konnte (vgl. zuletzt zur Bundestagswahl 1998 Jung/Roth 1998). Das betrifft insbesondere die Grünen, die über alle Altersgruppen des Jugendsurveys etwa den gleichen Anteil an Zustimmung erhalten. Die Hypothese vom „Ergrauen der Grünen", die seit einiger Zeit diskutiert wird, bezieht sich ja auf die Alterskohorten jenseits der 30 mit der Behauptung, daß die Wählerschaft der Grünen, die früher dominant jugendlich war, in den letzten Jahren stärker durch ältere Kohorten ersetzt wurde (z.B. Bürklin/Dalton 1994). Zugleich wird aber konstatiert, daß die Zuwendung der Jugendlichen und jungen Erwachsenen zur Partei der Grünen weiterhin besteht, was sich auch in den Daten des Jugendsurveys widerspiegelt. Inwieweit sich jedoch angesichts der gesellschaftlich-politischen Veränderungen der letzten Jahre (Wechsel der Regierungskoalition 1998, Beteiligung der Bundesrepublik im Rahmen der NATO am Krieg in Jugoslawien 1999, Spendenskandal bei der CDU 1999/2000) Veränderungen in den Parteiorientierungen bei den Jugendlichen und jungen Erwachsenen ergeben, können nur weitere aktuelle Untersuchungen zeigen.[41]

Zur Verortung der Parteien und Parteisympathien im politischen Raum wird häufig die Links-Rechts-Vorstellung benutzt. Die klassische duale Gegenüberstellung von politischen Ideologien oder Interessen auf dieser Linie, etwa Freiheit/Gleichheit versus Ungleichheit/Herrschaft, Staatseingriffe in den Wirtschaftsprozeß versus Freiheit der kapitalistischen Akteure o.ä. wurde mit dem Entstehen der neuen sozialen Bewegungen und mit der Partei der Grünen relativiert. „Neue" Themen wie Ökologie, alternative Lebenskonzepte oder Gleichberechtigung der Frauen wurden als querliegend zu dieser klassischen Dualität verstanden und entsprechend einer zweiten Achse „Neue Politik" versus „Alte Politik" zugeordnet (Raschke 1993: 49). Auf der anderen Seite wurde jedoch im Zuge der „Normalisierung" der Parteiensituation der Grünen eine Verortung der Partei und ihrer Themen im linken Bereich des ideologischen Links-Rechts-Spektrums konstatiert (Westle 1990: 406). Und auch die nochmalige Erweiterung des Parteienspektrums in der Bundesrepublik Deutschland durch die PDS, die sich als deutlich linke Partei versteht, hat eher zur Konsolidierung dieser traditionellen Sichtweise der Ordnung von Parteipositionen geführt. Die in den achtziger Jahren „neuen" grünen Themen seien mittlerweile zu einem großen Teil in die anderen Parteien eingegangen und hätten in einer Art Parallelverschiebung der Links-Rechts-Achse in Richtung der neuen Themen die zweite Achse in ihrer Bedeutung reduziert (Wiesenthal 2000).[42]

Während zur Betrachtung des Verhältnisses der Parteien zur Links-Rechts-Orientierung häufig die Links-Rechts-Skala für die Selbstverortung wie zur Bewertung der Parteien verwendet wird, kann hier nur die Selbstverortung der Befragten nach ihrer Parteipräferenz betrachtet werden. Abbildung 6.7 stellt die Ergebnisse dieser Betrachtung dar, wobei die rechnerische Mitte der Skala bei 5,5 liegt. Erkennbar wird, daß im Grunde nur die Sympathisanten der PDS und stärker noch die der Republikaner sich auf den Extremen der Links-Rechts-Skala einordnen. Die „Mitte" wird von den Anhängern der traditionellen demokratischen Parteien in der Bundesrepublik besetzt, interessanterweise einschließlich der der Grünen, in einer ansonsten plausiblen Links-Rechts-Differenzierung: Die CDU/CSU wird eher rechts positioniert, ebenso die FDP, die SPD eher links, Bündnis 90/Die Grünen noch etwas weiter links, jedoch näher bei der SPD als bei der PDS. Die PDS-Anhänger sehen sich weiter links als die Anhänger der übrigen Parteien, in West wie Ost gleichermaßen. Anhänger

Abbildung 6.7:
Positionen der Parteien (Parteipräferenzen) auf der Links-Rechts-Selbsteinstufungsskala

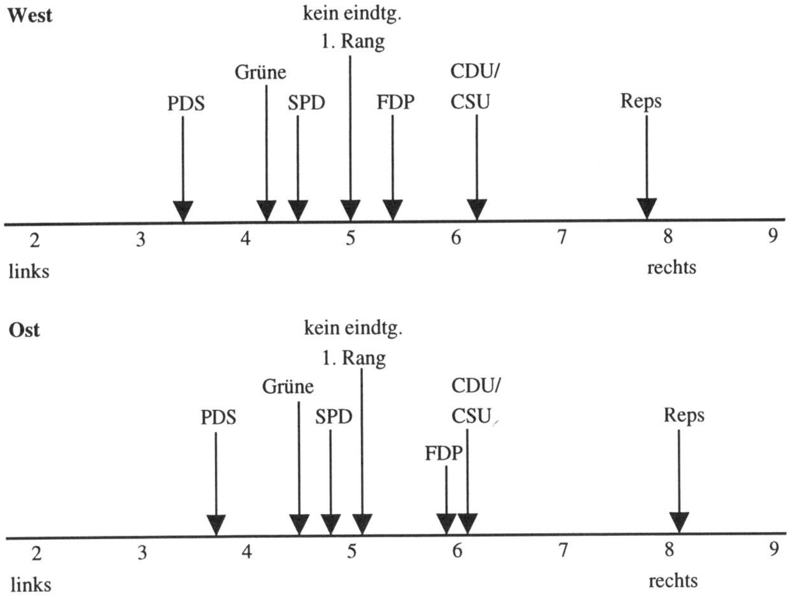

Quelle: DJI-Jugendsurvey 1997

der Republikaner hingegen ordnen sich am stärksten rechts ein. Diese Gruppe ist zwar nicht sehr groß, aber die klare Selbstdefinition der Republikaneranhänger als rechts stellt eine eindeutige ideologische Selbstpositionierung dar und kann kaum mit einer näher der Mitte verorteten Protesthaltung gegenüber den etablierten Parteien verknüpft werden, wie sie den Wählern der Republikaner häufig unterstellt wird.

Exkurs: Zum Wahlverhalten von jungen Wählern

Im folgenden soll noch auf die Wahlbeteiligung und das Wahlverhalten von jungen Wählern eingegangen werden, um die Ergebnisse über Einstellungen zu den Parteien mit solchen zu tatsächlichem Verhalten zu ergänzen. Dies ist mit Hilfe der repräsentativen Wahlstatistik in der Bundesrepublik Deutschland bis 1994 möglich. Es sind dies amtliche Erhebungen bei Wahlen, bei denen Wahlergebnisse nach Geschlecht und Alter ausgezählt werden. Dies geschieht unter Wahrung des Wahlgeheimnisses anhand repräsentativ ausgewählter Stimmbezirke, in denen nach Altersgruppen und Geschlecht gekennzeichnete Stimmzettel an die Wähler ausgegeben werden (Ritter/Niehuss 1991: 208 f.). Damit wird das tatsächliche Wahlverhalten nach Alter und Geschlecht erhoben; es handelt sich also nicht um Umfrageergebnisse, die ja in Bezug auf Wahlverhalten nur unzureichende Informationen geben können. Daten dieser Erhebungen gibt es bereits seit 1953, sie reichen bis zur Bundestagswahl 1990 und einigen späteren Landtagswahlen. Vor der Bundestagswahl 1994 wurde allerdings aufgrund von Zweifeln an der Wahrung der geheimen Wahl diese Erhebung zunächst ausgesetzt und später sogar abgeschafft („in Unkenntnis der Bedeutung der Ergebnisse für Wissenschaft und Politik und gleichermaßen in Unkenntnis darüber, daß die Vorwürfe vollständig unbegründet sind“, Ritter/Niehuss 1995: 43). Nach der Bundestagswahl 1998 wurde die repräsentative Wahlstatistik auf eine neue gesetzliche Grundlage gestellt, so daß für die Europawahl 1999 bereits wieder Ergebnisse hierzu vorliegen (vgl. Statistisches Bundesamt 1999).

Betrachtet man die Wahlbeteiligung, die ja die klassisch-konventionelle Form der politischen Partizipation in einer parlamentarischen Demokratie wie der Bundesrepublik Deutschland ist, so findet man in den Altersgruppen ab 21 Jahren eine kontinuierliche Zunahme der Beteiligung, die in der Regel erst ab einem Alter ab 60 und dann deutlich ab 70 wieder abfällt. Nur die Gruppe der Erstwähler von 18 bis 21 Jahren macht hierbei eine Ausnahme, da ihre Wahlbeteiligung etwas höher ist als die der nächstälteren Wähler. Für die Bundestagswahl 1990 etwa lag die Wahlbeteiligung in dieser Gruppe bei 65%, bei den 21- bis 25jährigen bei 62%, bei den 26- bis 30jährigen dann bei 66% und in der nächsten Gruppe der 31- bis 35jährigen bei über 71% bis hin zu 85% bei den 50- bis 70jährigen (Wahlbeteiligung insgesamt 76%, Angaben ohne Briefwähler, Ritter/Niehuss 1991: 222 f.). Dieses Muster findet man ebenso bei früheren Wahlen. Faßt man allerdings die Altersgruppen zusammen, die auch im Jugendsurvey enthalten sind, so ist bei ihnen die Wahlbeteiligung insgesamt klar geringer als bei den älteren Wahlberechtigten zusammen. Diese Struktur bleibt unabhängig von den Entwicklungen seit den achtziger Jahren stabil, die durch einen tendenziellen Rückgang der Wahlbeteiligung insgesamt gekennzeichnet ist. Allerdings nahm die Wahlbeteiligung 1994 geringfügig, 1998 etwas stärker zu (1990 78%, 1994 79%, 1998 82%).

Auch im Wahlverhalten selbst, das sich in den Stimmanteilen für die unterschiedlichen Parteien ausdrückt, unterscheiden sich die jungen Wähler gegenüber den älteren. Waren die jüngeren Wählergruppen bis 1980 noch verstärkt bei der SPD vertreten, so änderte sich dies mit dem Aufkommen der Grünen, die am Anfang als „Partei der Jugend" angetreten war. Wenn man die SPD, CDU/CSU, FDP und Bündnis 90/Die Grünen betrachtet, lagen die Wahlanteile seitdem nur mehr bei den Grünen über dem Gesamtwahlergebnis. Die Parteipräferenzen der jüngeren Wähler seien anhand der Wahl von 1994 kurz skizziert, hier allerdings anhand einer Umfrage am Wahltag nach dem Wahlgang, einem sogenannten „exit poll" durch die Forschungsgruppe Wahlen, da zu diesem Zeitpunkt die amtliche Repräsentativstatistik nicht durchgeführt werden konnte (vgl. Ritter/Niehuss 1995: 51, zum exit poll vgl. Emmert/Jung/Roth 1998, Roth 1998). Bei den jüngeren Altersgruppen (es wurden die 18- bis 24jährigen und die 25- bis 34jährigen ausgewiesen) lag die CDU/CSU deutlich unter dem Gesamtergebnis. Bei der SPD waren die Werte nur bei den 18- bis 24jährigen Männern etwas niedriger, in der zweitjüngsten Altersgruppe dagegen bereits leicht über dem Durchschnitt (hier lagen, anders als bei der CDU/CSU, die Anteile der 45- bis 59jährigen, insbesondere aber der über 59jährigen etwas niedriger als im Gesamtergebnis für die SPD). Bei den beiden jüngeren Altersgruppen lagen die Anteile der FDP ebenfalls niedriger als im Gesamtergebnis. Eine klare Präferenz der jüngeren Wähler und Wählerinnen war für die Grünen festzustellen: Bei einem Gesamtergebnis von 7% lag der Anteil bei den 18- bis 24jährigen Männern bei 13%, bei den gleichaltrigen Frauen sogar bei 16%. In der nächsten Altersgruppe (25- bis 34jährige) waren die entsprechenden Werte

12% und 14%, und auch bei den 35- bis 44jährigen lagen die Anteile noch leicht über dem Gesamtergebnis. Ähnliche Relationen der Parteien findet man für die Wahl 1990 in den amtlichen Repräsentativauszählungen, wobei allerdings der Anteil der Grünen zu diesem Zeitpunkt unter 5% lag. Bei der PDS lagen 1994 die beiden betrachteten Altersgruppen in den neuen Bundesländern mit ihren Anteilen über dem Gesamtergebnis, allerdings nicht sehr stark (23% gegenüber 20% für alle). Insgesamt weichen die Wahlergebnisse bei den jüngeren Wählern vor allem zugunsten der Grünen von Gesamtergebnissen ab, noch deutlicher bei den jüngeren Frauen. Am klarsten unterdurchschnittlich wählten diese Gruppen die konservative Volkspartei CDU/CSU. Allerdings muß dabei beachtet werden, daß bisher nur der Vergleich der 18- bis 24jährigen und der 25- bis 34jährigen zum Ergebnis aller Wähler betrachtet wurde. In der gesamten Wahlverteilung der beiden jüngsten Altersgruppen erhielt 1994 (nach den exit poll-Ergebnissen) die SPD die meisten Stimmen (bis auf die 18- bis 24jährigen Männer, die der CDU/CSU etwas mehr Stimmen gaben), an zweiter Stelle steht die CDU/CSU. Die Grünen erhielten erst von den restlichen etwa 30 bis 35% der Stimmen den höchsten Anteil.[43]

6.6 Zusammenfassung

Im Hinblick auf die Frage: „Haben sich die politischen Orientierungen, die politische Kultur, in Ost und West von 1992 auf 1997 angenähert oder eher auseinanderbewegt?“ sollen die bisherigen Analysen im folgenden resümiert werden. Insgesamt gesehen gibt es bei den politischen Einstellungen im Jugendsurvey deutliche Unterschiede zwischen Ost und West. Das politische Interesse und das Gefühl, in Fragen der Politik kompetent zu sein, sind im Westen größer und die Differenz zwischen den beiden Landesteilen hat sich im letzten Punkt seit 1992 verstärkt. Die Idee der Demokratie wird in den alten Bundesländern häufiger als positiv bewertet; Grundprinzipien der Demokratie werden in Ost und West gleichermaßen akzeptiert. Die Idee des Sozialismus hingegen findet in den neuen Bundesländern mehr Befürworter, wobei die Einstellungsunterschiede zum Westen 1992 größer waren. Die Vorstellung eines autoritären Staates als „starker Hand“ ist deutlicher im Osten ausgeprägt.

Bei den Output-Aspekten sind die Befragten im Osten weniger zufrieden mit der Demokratie, die retrospektive Bewertung des Sozialismus in der DDR ist positiver als im Westen – hinsichtlich dieser Gesichtspunkte haben sich die

Differenzen zwischen beiden Landesteilen vergrößert. Das Vertrauen in die Reaktionsbereitschaft des politischen Systems, das als unmittelbarer Ausdruck von „Politikverdrossenheit“ verstanden werden kann, ist in den neuen Bundesländern weiterhin geringer. Die ostdeutschen Jugendlichen und jungen Erwachsenen zeigen weniger Vertrauen in Institutionen als die Westdeutschen, insbesondere in Institutionen der etablierten Politik. Und schließlich ist die Verteilung der Präferenzen zu politischen Parteien im Osten anders als im Westen: die Sympathie für die PDS ist deutlich größer, insgesamt werden die Parteien CDU/CSU, SPD und FDP im Osten schlechter bewertet als im Westen, und dies hat sich seit 1992 noch verstärkt. Sympathien für die Grünen sind hingegen in West und Ost 1997 sehr hoch. Sieht man von der Bewertung der inhaltlichen Prinzipien der Demokratie ab, so gibt es also nur in wenigen Aspekten der politischen Orientierungen keine nennenswerten West-Ost-Unterschiede. Und insgesamt sind die Unterschiede von 1992 auf 1997 größer geworden. Versteht man politische Kultur als das Insgesamt von Orientierungen, die sich auf politische Objekte beziehen, so kann jedenfalls (noch) nicht von einer einheitlichen politischen Kultur bei den Jugendlichen und jungen Erwachsenen in Deutschland gesprochen werden.

Als generelle Politikverdrossenheit können die Ergebnisse jedoch nicht interpretiert werden, denn die Akzeptanz der Demokratie ist hoch, auch wenn Elemente sozialistischer Vorstellungen 1997 mehr Beachtung finden als fünf Jahre vorher. Hingegen ist die Zufriedenheit mit der Demokratie, das Vertrauen in die Reaktionsbereitschaft von Institutionen und Politikern eher gering, das Vertrauen in Institutionen, insbesondere der etablierten Politik sogar deutlich geringer als in solche der nicht-etablierten. Dies ist kein fundamental anderes Ergebnis als bei den über 30jährigen, wobei für das Institutionenvertrauen noch ein stärkeres Vertrauensdefizit festzustellen ist, das allerdings in den letzten Jahren abgenommen hat. In den neuen Bundesländern sind diese Aspekte von Politikverdrossenheit oder Politikdistanz durchgängig größer; das gilt vor allem für die Hinwendungsbereitschaft zur Politik, etwa das politische Interesse. In noch stärkerem Maße als ihre westdeutschen Altersgenossen lassen die ostdeutschen 16- bis 29jährigen somit eine Haltung unzufriedener Demokraten erkennen. Inwieweit jedoch veränderte politische Konstellationen, wie etwa durch den Regierungswechsel 1998 oder die Parteispendenaffäre der CDU Ende 1999 diese Einstellungsmuster verstärken oder neu ordnen, dies ist an dieser Stelle noch nicht zu entscheiden.

Anmerkungen

1 Die folgende Unterteilung orientiert sich an den Übersichten von Gabriel 1994a und Gabriel 1994b, die sich auf die Forschungstradition der politischen Kultur seit Almond/ Verba 1963 und Easton 1975 stützen.

2 Zur Diskussion um die Einheit bzw. Differenz der beiden Komponenten und ihre Verwendung im Jugendsurvey 1992 vgl. Hoffmann-Lange u.a. 1995.

3 Für die betrachteten Altersgruppen muß insbesondere die Allerbeck/Hoag'sche Warnung gelten: „Denn Antworten in Umfragen beweisen nicht, daß es wirklich auch Meinungen gibt. Da die Interviewer wissen, daß sie alle Fragen stellen müssen, und da die Befragten dem Interviewer gern entgegenkommen (und sei es, um ihn bald wieder verabschieden zu können), geben sie auch eine ‚Antwort'." (Allerbeck/ Hoag 1985: 149)

4 Diese Jugendstudien können ebenso wie der Jugendsurvey nur Veränderungsaussagen anhand eines Vergleichs zwischen zwei Erhebungszeitpunkten machen. Aussagen über Entwicklungstrends setzen aber eine Beobachtung über drei und mehr Zeitpunkte voraus.

5 Pearsons r zwischen Politikinteresse und der Wichtigkeit des Lebensbereichs Politik beträgt .51 in Ost und West.

6 Der Index subjektive politische Kompetenz basiert auf der Summenvariable zu den beiden Items (zur Konstruktion siehe Tabelle 6.1).

7 Die Fähigkeit, politische Prozesse zu verstehen, wird in gleichgerichteter Weise wie das politische Interesse von soziodemographischen Faktoren wie Lebensalter, Bildung und Geschlecht beeinflußt.

8 Pearsons r beträgt .55 im Westen und .50 im Osten.

9 Im Jugendsurvey war sowohl 1992 als auch 1997 folgende Frage enthalten: „Bitte denken Sie einmal daran, mit wem Sie über politische Fragen sprechen. Wie oft sprechen Sie mit den Personen, die ich Ihnen jetzt vorlese, über Politik?" Die Personengruppen waren: Eltern/Ehepartner(in), Partner(in)/Freunde, Bekannte/Schulkameraden, Kommilitonen/Arbeitskollegen, Arbeitskolleginnen. Die Antwortvorgaben waren: „sehr oft", „oft", „selten", „nie" und „trifft nicht zu, da es diese Person(en) nicht gibt". Pearsons r zwischen politischem Interesse bzw. subjektiver politischer Kompetenz und der Häufigkeit politischer Gespräche mit den verschiedenen Personengruppen liegt zwischen .2 und .3.

10 Im Jugendsurvey 1997 wurde folgende Frage gestellt: „Wie oft informieren Sie sich über politische Themen aus folgenden Quellen?" Das Antwortmodell war: sehr oft, oft, selten, nie. Den Befraten wurde eine Liste mit folgenden Quellen vorgelegt: Sachbücher/Zeitungen, Zeitschriften/Fernsehen/Radio/Internet, Mailboxen/Gespräche, Diskussionen/Besuch politischer Veranstaltungen.

11 Pearsons r zwischen politischem Interesse bzw. subjektiver politischer Kompetenz und den verschiedenen Informationsformen liegt zwischen .2 und .4.

12 Die Veränderungen sind eher in den unterschiedlichen Graden der Zustimmung zur Idee der Demokratie zu finden: 1997 antworteten weniger Befragte mit „sehr für die Idee" als 1992, mehr hingegen mit „ziemlich für" bzw. „etwas für". Diese Reduktion der Intensität der Zustimmung ist zwar beachtenswert, sollte jedoch nicht für sich als verstärkte Ablehnung interpretiert werden.

13 Im Jugendsurvey 1992 waren noch alle acht Items, 1997 hingegen sind drei Konsensitems, ergänzt um eine weiteres, und ein Konfliktitem enthalten. Das ergänzende Item zur Kompromißbereitschaft kann als zwischen den Konsensgedanken und den Konfliktelementen liegend angesehen werden. Die Aussagen lauten wie folgt: „Jeder Bürger hat das Recht, für seine Überzeugung auf die Straße zu gehen" (Demonstrationsfreiheit; im ursprünglichen Item heißt es: „notfalls für seine Überzeugung..."); „Jeder sollte das Recht haben, für seine Meinung einzutreten, auch wenn die Mehrheit anderer Meinung ist" (Meinungsfreiheit); „Eine lebensfähige Demokratie ist ohne politische Opposition nicht denkbar" (Oppositionsrolle); „Auch wer in einer politischen Auseinandersetzung Recht hat, sollte einen Kompromiß suchen" (Kompromiß, zusätzliches Item); „Der Bürger verliert das Recht zu Streiks und Demonstrationen, wenn er damit die öffentliche Ordnung gefährdet" (Verlust Demonstrationsrecht, Konfliktdimension: Ablehnung gilt als demokratische Haltung). Die Reduzierung der Items wurde vorgenommen, da sich die Gesamtstruktur der beiden Dimensionen 1992 nicht klar darstellen ließ und es im Jugendsurvey 1997 vornehmlich um Einstellungen zu demokratischen Grundrechten gehen sollte.

14 Die erklärte Varianz der ersten Hauptkomponente ist 50% im Westen, 43% im Osten, die Ladungen liegen stets über .60. Cronbachs alpha als Reliabilitätsmaß beträgt für den Summenindex .65 im Westen, .56 im Osten (zur Hauptkomponentenanalyse und Cronbachs alpha vgl. Anhang A.2). Der Index wurde als Summenindex der Werte, dividiert durch die Anzahl der Items, gebildet.

15 Die Form der Antwortvorgabe wurde 1997 im Fragebogen angepaßt: Die Antwortskala reichte von 1 (stimme überhaupt nicht zu) bis 6 (stimme voll und ganz zu) – 1992 war sie in der traditionellen Form von +3 (volle Übereinstimmung) bis zu -3 (volle Ablehnung) mit jeweils 3 positiven und 3 negativen Wertvorgaben formuliert.

16 Darauf deutet auch der prozentual dreimal höhere Anteil fehlender Werte bei Befragten mit höchstens Hauptschulabschluß gegenüber denen mit Abitur hin, bei der Idee der Demokratie ist dieser etwa ein Siebtel aller Befragten, bei der des Sozialismus etwa ein Sechstel.

17 Das Item stammt aus einer ZEIT-Umfrage unter Studenten von 1995 (DIE ZEIT Nr. 43 vom 20.10.95).

18 Bei den Zusammenhangsmaßen drückt sich dies darin aus, daß ein Maß, das einer solchen nicht-linearen Form Rechnung trägt, wie z.B. der Eta-Koeffizient, in West wie auch in Ost einen deutlich höheren Wert erhält als der übliche Pearson'sche Korrelationskoeffizient (West: .25, Ost .26).

19 Die Antworten auf diese Frage wurden auf einer sechsstufigen Skala gegeben, die von „sehr zufrieden" bis „sehr unzufrieden" reichte, die Stufen dazwischen lauteten „ziemlich zufrieden", „etwas zufrieden", „etwas unzufrieden" und „ziemlich unzufrieden". Für die Ergebnisdarstellung wurden jeweils die ersten und die letzten beiden Skalenpunkte zusammengefaßt. Der Text der Frage lautet: „Wie zufrieden oder wie unzufrieden sind Sie – alles in allem – mit der Demokratie, so wie sie in der Bundesrepublik besteht?".

20 Der Anteil der demokratiezufriedenen Westdeutschen bei den 18- bis 29jährigen beträgt im ALLBUS '98 46%, bei den ab 30jährigen 50%, im Osten sind die entsprechenden Anteile 23% und 21%.

21 Auch diese Frage, die wörtlich lautet „Und wie denken Sie heute über den Sozialismus, so wie er in der DDR bestand?", wurde anhand einer sechsstufigen Skala beantwortet. Die Skalenpunkte laufen von „sehr gut" über „ziemlich gut", „etwas gut", „etwas schlecht" und „ziemlich schlecht" bis hin zu „sehr schlecht". Auch hier werden in der Ergebnisdarstellung die jeweils ersten und letzten beiden Antwortstufen zusammengefaßt.

22 Das Zusammenhangsmaß Pearsons r zwischen Demokratiezufriedenheit und der positiven Bewertung des DDR-Sozialismus beträgt -.15. In allen übrigen Fällen liegt der Wert von r unter .1.

23 Die Befragten, die eher Vorteile in der Vereinigung für sich sehen, sind zu 38% mit der Demokratie zufrieden und nur zu 16% unzufrieden; die, bei denen die Nachteile überwiegen, sind dagegen zu 12% zufrieden, aber zu 36% unzufrieden mit der Demokratie. Entsprechend finden die, die für sich Vorteile sehen, den DDR-Sozialismus zu 8% gut, aber zu 49% schlecht; demgegenüber sind die Werte derjenigen, bei denen die Nachteile überwiegen, 26% und 23% (vgl. hierzu auch Kapitel 4).

24 Die theoretischen Unsicherheiten, die diesem Indikator innewohnen (vgl. Krüger 1995: 284 ff.), bestehen nach wie vor und sind auch durch neuere Publikationen, die sich auf ihn beziehen, nicht behoben (vgl. Walz 1997, Gabriel 1996, Listhaug/Wiberg 1995).

25 Die Frage nach dem Vertrauen in Institutionen stellt eine Replikation aus der ersten Survey-Welle dar. Die Liste der zur Beurteilung vorgelegten Institutionen wurde dabei in der zweiten Welle um zwei europäische Institutionen erweitert, nämlich um das „Europaparlament in Straßburg" und die „Europäische Kommission in Brüssel". Dem lag im wesentlichen die Überlegung zugrunde, das Institutionenspektrum um einen Bereich zu erweitern, dessen Bedeutung im Zuge der Internationalisierung

von sozialen, ökonomischen und politischen Prozessen zunimmt. In spezifischer Weise gilt dies für die EU-Institutionen, die mittlerweile eine – nicht immer ohne weiteres durchschaubare – faktische Erweiterung des institutionellen nationalstaatlichen Systems darstellen und somit auch von den Bürgern in besonderer Weise wahrgenommen und beurteilt werden.

26 Belege für diese Vermutung liefern zwar nicht unsere Daten, finden sich aber in anderen Umfragen, die den zeitlichen Zusammenhang zwischen Katastropheneinsatz und Akzeptanzzunahme der Bundeswehr zeigen (vgl. Emnid 1997).

27 Dies bestätigt auch eine Wiederholungsbefragung unter der Bevölkerung ab 14 Jahren im Auftrag des BKA aus den Jahren 1990, 1994 und 1998 (vgl. Bundeskriminalamt 1999).

28 Diese beiden Antwortmöglichkeiten wurden den Befragten neben der Antwortskala ausdrücklich angeboten.

29 Eine explorative Faktorenanalyse über alle 17 im Jugendsurvey zur Beurteilung vorgelegten Institutionen bestätigt im Prinzip diese aus inhaltlichen Überlegungungen vorgenommene Gruppierung. Aus inhaltlichen Gründen wurden allerdings nicht in jedem Fall alle eine Dimension konstituierenden Institutionen in die jeweilige Gruppierung aufgenommen.

30 Hierauf deuten auch die im Osten nach wie vor bei fast allen Institutionen höheren Antwortanteile bei den Vorgaben „Kann ich nicht beurteilen“ und „Kenne ich nicht“ hin.

31 Das Konzept des „Vertrauens in die Reaktionsbereitschaft des politischen Systems und seiner Akteure“ wird im übrigen in der einschlägigen Literatur auch unter den Begriffen „externe politische Effektivität“ oder „Vertrauen in die Responsivität des politischen Systems und seiner Akteure“ verwendet (vgl. u.a. Hoffmann-Lange 1997, Gabriel 1996, Converse 1972).

32 Die Statements im ALLBUS sind nicht identisch, aber ähnlich formuliert, so daß ein Vergleich durchaus möglich ist. Beispielsweise liegt bei der Aussage „Die Politiker kümmern sich nicht viel darum, was Leute wie ich denken“ die Zustimmung bei den unter 30jährigen wie bei den älteren im Westen bei ca. 70%, im Osten bei über 80%.

33 Für die weiteren Überlegungen wurden die vier Statements zu einem einfachen additiven Index „Vertrauen in die Reaktionsbereitschaft des politischen Systems“ zusammengefaßt, der wie die Ursprungsitems in einem Wertebereich von 1 bis 6 liegt.

34 Ein beliebiges Beispiel: „Unzufriedene Grüne gründen in Kiel ‚Pragmatische Linke‘“ (SZ vom 13.1.99.). Diese kritisieren den Weg der Grünen in die „politische Mitte“ und verweisen darauf, daß die Grünen links von der SPD aufgewachsen seien.

35 Inwieweit die Links-Rechts-Vorstellung überhaupt auf ein Verständnis der Befragten stößt, kann ansatzweise durch den Anteil fehlender Antworten geprüft werden. Im Jugendsurvey 1992 betrug der Anteil der Nichtbeantwortung bei der Selbsteinstufung auf der zehnstufigen Links-Rechts-Skala nur 1% (in den alten wie den neuen

Bundesländern). Beim Jugendsurvey 1997 waren es etwa 2% im Westen und 3% im Osten. Friedrich/Förster 1997 berichten zwar von Anteilen um 10% (bei Jugendlichen bzw. Schülern in den neuen Bundesländern), allerdings ist hierbei nicht klar, ob auch die gleiche Frageformulierung gewählt wurde, denn die Möglichkeit einer „legitimen" Nichtbeantwortung beim Interview, sei es durch entsprechende Frageformulierung oder eine diesbezügliche Antwortkategorie, dürfte hier eine große Rolle spielen. Die übliche Frageformulierung, wie sie im Jugendsurvey 1992 und 1997 verwendet wurde, sieht so etwas jedenfalls nicht vor. Aus diesen Angaben wird man also kaum Schlüsse auf eine mögliche Unangemessenheit der Frage ziehen können.

36 Die starke Tendenz, die Mitte zu wählen, wird durch die fehlende Mittelkategorie in der zehnstufigen Skala vereitelt, so daß das Ergebnis, daß die 16- bis 29jährigen im Durchschnitt sich eher als links einordnen, auch durch den am häufigsten gewählten „linken" Wert der beiden Mittelkategorien bestimmt wird.

37 Ein nichtlineares Beziehungsmaß zeigt demnach diesen Zusammenhang auf (der Wert für ein solches Maß, Eta, beträgt im Westen .18, im Osten .25). Ein anderes Beispiel für einen solchen nichtlinearen Zusammenhang ist die Links-Rechts-Orientierung mit der Akzeptanz von politischen Aktivitätsformen, bei denen Gewalt nicht ausgeschlossen werden kann (vgl. für den Jugendsurvey 1992 Schneider 1995, sowie für 1997 Kapitel 7).

38 Die Abbildung stellt Boxplots mit Kennzeichnung extremer Werte dar. Sie bilden die Verteilung der Werte nach Häufigkeitsgrenzen ab. Jedes Rechteck (Box) umfaßt jeweils alle Werte, die zwischen dem unteren und oberen Quartil der Verteilung liegen – darüber und darunter liegen also jeweils 25% aller Angaben. Der die Box teilende Strich bildet den Median ab, über dem und unter dem jeweils die Hälfte aller Angaben liegen. Die über bzw. unter der Box sich anschließenden senkrechten Linien mit abschließender Querlinie (die sogenannten „Whiskers") umfassen die Fälle, die vom oberen bzw. unteren Rand der Box nicht weiter als eineinhalb Längen dieser Box entfernt sind. Alle anderen Werte, die davon weiter entfernt sind, sind gesondert (als Kreise oder Sterne) gekennzeichnet. Je gestreckter die Boxes und die Whiskers sind, umso größer ist die Streuung der Verteilung, je gestauchter diese sind, desto geringer ist die Varianz – und desto eher sind auch bei dem vorliegenden begrenzten Wertebereich extreme Werte überhaupt zu beobachten. Ausgewiesen sind weiter noch die Mittelwerte der Sympathiebewertungen.

39 Gabriel weist auch darauf hin, daß die Verbreitung negativer Einstellungen zu den Parteien kein unumkehrbarer Prozeß sei (Gabriel 1999).

40 Bei den Befragten mit einer eindeutigen Parteipräferenz vergaben 5% im Westen und 8% im Osten ausschließlich negative Sympathiewerte oder den unbestimmten mittleren Wert. Verwendet man für das Vorliegen einer Parteipräferenz ein stärkeres Kriterium als nur die Existenz eines höchsten Wertes für eine Partei, etwa jenes, daß dieser Wert mindestens +3 betragen soll (so Hoffmann-Lange 1995b: 185, wobei sie

dann von „Parteibindung ... als Äquivalent zur Parteiidentifikation" spricht), so bleiben die skizzierten Proportionen etwa gleich, nur die Gruppe derjenigen ohne Bindung an eine Partei wird natürlich größer und umfaßt mehr als die Hälfte der Befragten.

41 Neuere Jugendstudien weisen genau auf solche Veränderungen hin, die insbesondere einen starken Rückgang der Sympathien mit den Grünen beinhalten, vgl. z.B. IPOS 1999.

42 „Der politische Wettbewerb ist aus dem zweidimensionalen in den eindimensionalen Raum zurückgekehrt, der einstige Vorsprung der Grünen geschwunden." (Wiesenthal 2000: 26)

43 Inwieweit sich seit 1994 allerdings diese Präferenzen der jüngeren Wähler verändert haben, muß hier offen bleiben. In der Bundestagswahl 1998 wurde jedenfalls eine Verringerung der relativen Bevorzugung der Grünen bei den 18- bis 34jährigen Wählern und Wählerinnen konstatiert: Die männlichen Angehörigen dieser Altersgruppen lagen nur mehr ein bis zwei Prozentpunkte über dem Gesamtergebnis von 6,7%, die weiblichen etwa fünf Prozentpunkte (Der Spiegel, Wahlsonderheft '98 vom 29.9.98).

7

Partizipation und politisches Engagement

Wolfgang Gaiser, Johann de Rijke

Die Beteiligung der jungen Generation am gesellschaftlichen und politischen Prozeß gilt als zentral für die Zukunft einer demokratischen Gesellschaft. Dabei stehen zwei Fragen im Mittelpunkt: Einerseits geht es generell um die Einbindung in Gemeinschaften, innerhalb derer sich individuelle Identitäten und gesellschaftliche Kräfte entfalten können (Keupp 1998), und andererseits speziell darum, inwieweit politische Partizipation – sei es in konventioneller oder in unkonventioneller Form – als Grundvoraussetzung einer funktionierenden Demokratie stattfindet (Gabriel 1999).

Die Beteiligung der Jugend am politischen Geschehen in der jüngeren Geschichte der Bundesrepublik hat zwei besondere Traditionslinien: In den westlichen Bundesländern kam es nach dem Abklingen der als „partizipatorische Revolution" charakterisierten Jugendprotestbewegung der späten 60er und frühen 70er Jahre (Kaase/Marsh 1979) in den 80er Jahren zur partiellen Institutionalisierung einiger ihrer zentralen Themen wie z.B. Gleichberechtigung oder Ökologie. Schließlich wandelten sich in den 90er Jahren die Grünen von einer jungen, kreativen und radikalen Antiparteien-Organisation zu einer staatstragenden Kraft; mit ihnen alterten auch die sozialen Bewegungen, obwohl diese immer noch unter dem Etikett „neue soziale Bewegungen" zusammengefaßt werden (vgl. Klein/Legrand/Leif 1999). In der DDR traten seit Sommer 1987 verschiedene oppositionelle Gruppierungen mit Demonstrationen und Protesten in die Öffentlichkeit und Teile – insbesondere der jüngeren – Bevölkerung brachten unter persönlichen Risiken ihre Unzufriedenheit mit dem erstarrten System zum Ausdruck. Ökonomische Ineffizienz und Perspektivlosigkeit sowie die Veränderung des ideologischen Bezugsrahmens angesichts der sowjetischen Politik von Perestroika und Glasnost entzogen dem Staatsapparat zunehmend Legitimation. Die Öffnung der ungarischen Grenze leitete eine Fluchtwelle gerade junger Erwachsener ein. Auch durch die Medienpräsenz der Ereignisse kam es „nahezu ohne vermittelnde Institutionen, mobilisierende Akteure und rekrutierende Netzwerke" (Pollack 2000: 254) im Herbst 1989 zu den gerade auch von jungen Menschen getragenen Massenprotesten. Mit der Öffnung der Berliner Mauer und dem Beitritt der ostdeutschen Länder zur politischen und wirtschaftlichen Ordnung der Bundesrepublik wurde eine Entwicklung eingeleitet, die als Transformationsprozeß das gesamte Staats- und Gesellschaftssystem betrifft und viele Fragen nach dem Fortbestehen unterschiedlicher Traditionslinien und nach neuen gemeinsamen Formen der politischen Beteiligung der jungen Generation aufwirft.

Schon in der ersten Welle des DJI-Jugendsurveys ging es zentral um dieses Thema: Gibt es spezifische Formen von Anpassung, Verweigerung oder Protest? Welche Gemeinsamkeiten bzw. welche Trennungslinien kennzeichnen die Formen der Partizipation in beiden Teilen des vereinigten Deutschland? Kommt die Geschlechtsspezifik auch in Partizipationsmustern zum Ausdruck? Welche Rolle spielen das Lebensalter, das Bildungsniveau und der Erwerbsstatus? Welche Zusammenhänge bestehen zwischen politischen Orientierungen und Partizipation? Die Ergebnisse der ersten Welle verwiesen beispielsweise darauf, daß man mit dem Etikett „Politikverdrossenheit" keineswegs alle Jugendlichen und jungen Erwachsenen charakterisieren kann, weil bestimmte Teilgruppen durchaus politisch interessiert und spezifischen Partizipationsformen zugewandt sind (vgl. Schneider 1995). Auch zeigten junge Menschen mit höherer Schulbildung, postmaterialistischen Wertorientierungen, großem politischen Interesse und Skepsis gegenüber den etablierten politischen Institutionen größere Bereitschaft zu unkonventioneller politischer Partizipation als die entsprechenden Vergleichsgruppen (Gille u.a. 1996). In der folgenden Analyse der Daten der beiden Wellen des DJI-Jugendsurveys steht zusätzlich die zeitliche Perspektive im Vordergrund: Inwiefern zeichnen sich im Laufe der 90er Jahre Veränderungen ab, oder ist Stabilität zu diagnostizieren? Liegt in solchen Entwicklungen eher eine Annäherung oder ein Auseinanderdriften von Ost und West?

Aus den vorausgehenden Kapiteln wurde deutlich, daß Jugendliche und junge Erwachsene dem Bereich der Politik in Relation zu anderen Lebensbereichen eine geringere Bedeutung beimessen (vgl. Kapitel 5.2), im Vergleich zu den Erwachsenen weniger politisches Interesse haben (vgl. Kapitel 6.2) und den Institutionen der etablierten Politik nur ein geringes Vertrauen entgegenbringen (vgl. Kapitel 6.4). Bezüglich der Partizipation stellt sich die Frage, ob überhaupt und gegebenenfalls in welchem Umfang Jugendliche sich politisch beteiligen wollen, in welchen der traditionellen Vereine, Verbände und Organisationen sie Mitglieder sind, sich engagieren und wie sie die vielfältigen informellen Gruppierungen und die als neue soziale Bewegungen bezeichneten politischen Artikulationsformen beurteilen und mittragen.

Welches politische Verhalten als Partizipation definiert werden soll, ist nicht immer eindeutig. Allgemein kann politische Partizipation als ein „auf kollektive Ziele hin orientiertes soziales Verhalten, das in einem komplexen Zusammenspiel zwischen institutionellen Strukturen, konkreten politischen Ereignissen, Gruppeneinbindungen und individuellen Merkmalen zustande kommt", charakterisiert werden (Kaase 1996: 525 f.). Da unsere Untersuchung auf Individualdaten basiert, beziehen wir uns auf Konzepte, die auf das Individuum und dessen politisch zielgerichtete Handlungen fokussieren. Wenn auch das tatsächliche Verhalten im Mittelpunkt der Partizipationsforschung steht, so ist es gerade bei Jugendlichen und jungen Erwachsenen sinnvoll, ebenfalls die Einstellungen und die Affinitäten zur Partizipation zu erfassen. Auf diese Weise können nämlich durchaus bedeutsame Voraussetzungen tatsächlicher Partizipation und mittels entsprechender Zeitreihen auch politischer Wandel analysiert werden (Kaase 1996: 522). Politische Partizipation im Kontext des Jugendsurveys bezieht sich also auf ein breites Spektrum von Intentionen und tatsächlichen Aktivitäten im politischen Raum.

Die Instrumente der ersten Welle (vgl. Schneider 1995) wurden fast vollständig repliziert und decken die folgenden Bereiche ab: erstens Handlungspräferenzen und politisches Verhalten: Zur empirischen Erfassung wurden Handlungsbereitschaften und Aktivitäten – von konventioneller bis an die Grenzen der Legalität gehender Art – aufgeschlüsselt. Damit wurde eine große Bandbreite politischen Verhaltens untersucht, von der Beteiligung an Wahlen über Parteiarbeit, Unterschriftensammlungen, Demonstrationen bis zu Boykott und Hausbesetzungen (Kapitel 7.1). Zweitens wurden institutionalisierte Bindungen an traditionelle Vereine, Verbände und Organisationen durch Fragen nach Mitgliedschaft und Aktivität erfaßt (Kapitel 7.2). Drittens wurde die affektive Bindung zu und die Beteiligung an Initiativen und Gruppen erfragt, die großteils den neuen sozialen Bewegungen zuzurechnen sind (Kapitel 7.3). Weiterhin wurden politische Orientierungen und Verhaltensbereitschaften in den Blick genommen, die Gewaltakzeptanz implizieren: die Sympathie mit und die Beteiligung an Gruppen am rechten bzw. linken Rand des politischen Spektrums sowie die Einstellungen zu gewaltförmigen politischen Handlungen (Kapitel 7.4). In einem Exkurs werden Einstellungen zur Herabsetzung des Wahlalters einer empirischen Analyse unterzogen.

7.1 Das Spektrum politischer Beteiligungsformen

Theoretische Konzepte und empirische Studien zur Partizipation beziehen sich meist sowohl auf das in Erwägung gezogene Verhalten als auch auf die tatsächlichen Aktivitäten. Gerade wenn es um Jugendliche geht, ist oft der erstere Aspekt wichtig, weil für sie schon aus Altersgründen eine Reihe von Möglichkeiten der politischen Betätigung noch gar nicht in Frage kommen.[1] Verständlicherweise übersteigt das Ausmaß der Verhaltensbereitschaften das der tatsächlichen Aktivitäten (Schneider 1995). Das gesamte Spektrum wurde im DJI-Jugendsurvey bei der Befragung im Jahre 1997 wie schon 1992 mit einem erprobten Instrument der politischen Partizipationsforschung erfaßt. Die unterschiedlichen Formen lassen sich dabei in einer Spannbreite von „verfaßt, konventionell, legal und erwünscht“ (z.B. Wählen, Briefe an Politiker schreiben) über „unkonventionell, legal, möglicherweise aber als illegitim erachtet“ (z.B. Teilnahme an Streiks und Demonstrationen) bis zu „unkonventionell, unverfaßt, bis an die Grenze zur Illegalität gehend“ (z.B. Hausbesetzung, Boykott) einreihen.

Die Unterscheidung von konventionellem und unkonventionellem politischen Verhalten geht auf die „Political Action Studie“ zurück (Barnes/Kaase 1979), sie wurde dann in der Studie „Jugend und Staat“ weiter differenziert und auf Jugendliche und junge Erwachsene bezogen (Uehlinger 1988). Der Formulierung von Opp/Sievers (1998: 65) folgend umfaßt konventionelle politische Partizipation „institutionalisierte, traditionelle politische Handlungen, die regelmäßig auftreten“, unkonventionelle politische Partizipation dagegen „Handlungen, die nicht institutionalisiert sind und unregelmäßig auftreten“. Watts (1996: 103) nennt diese daher „nicht-institutionalisierte politische Taktiken“. Letztere werden auch häufig als Protestformen bezeichnet, wobei diese zusätzlich noch nach dem Kriterium der Legalität unterschieden werden können, also danach, ob sie geltenden Rechtsnormen widersprechen oder nicht.[2] Die Grenzziehung zwischen den einzelnen Formen kann im Einzelfall schwierig sein und unterliegt einem historischen Wandel (vgl. Westle 1994). Empirisch kann – orientiert an den klassischen Kategorien der Partizipationsforschung – eine Unterscheidung politischer Aktionsformen in „konventionell“, „unkonventionell-legal“ und „unkonventionell-illegal“ vorgenommen werden. Zuvor soll jedoch eine auf einzelne Partizipationsformen Bezug nehmende Darstellung der Ergebnisse stehen.[3]

Engagement im Zeitvergleich

Die folgende Darstellung orientiert sich an den Kriterien „Häufigkeit der Partizipationsform“, „Entwicklungen im Zeitverlauf“, „Vergleich zwischen alten und neuen Bundesländern“ sowie „geschlechtsspezifische Besonderheiten“. Die Tabellen 7.1 und 7.2 vermitteln einen Gesamtüberblick.

Tabelle 7.1:
Veränderung politischer Verhaltensbereitschaften (in %)

	West		Ost	
Verhaltensbereitschaften	*1992*	*1997*	*1992*	*1997*
*Beteiligung an Wahlen**	94	93	91	89
*absichtliches Nichtwählen**	29	23	30	23
*Wahl einer extremen Partei**	20	16	23	17
Arbeit in Mitbestimmungsgremium	48	55	48	51
Briefe an Politiker	29	33	24	23
politisches Amt	19	21	18	14
Schreiben von Leserbriefen	36	41	29	31
Parteiarbeit	23	23	21	15
Spenden für politische Zwecke	32	30	28	22
Teilnahme an öffentl. Diskussionen	52	52	54	51
Bürgerinitiative	45	44	40	42
Unterschriftensammlung	77	78	83	81
genehmigte Demonstration	62	61	79	65
gewerkschaftlicher Streik	53	48	70	50
andere politische Gruppierung	26	22	27	20
nicht genehmigte Demonstration	27	26	37	31
Hausbesetzung	12	14	19	14
wilder Streik	12	13	16	13
*Aktionen mit Sachbeschädigung***	7	8	12	10
*Aktionen mit Personenschaden****	7	9	12	12
Boykott	32	37	29	26

Quelle: DJI-Jugendsurvey 1992, 1997

* Bei der Bereitschaft wurden alle Befragten berücksichtigt, beim tatsächlichen politischen Verhalten nur die Befragten mit aktivem oder passivem Wahlrecht.

** „Teilnahme an Aktionen, bei denen es schon mal zu Sachbeschädigungen kommt".

*** „Teilnahme an wichtigen Aktionen, auch wenn nicht völlig auszuschließen ist, daß dabei Personen zu Schaden kommen können".

Die Beteiligung an Wahlen steht mit Abstand an erster Stelle der politischen Partizipationsformen. Obwohl in Wahlanalysen (vgl. Kapitel 6.5) eine abnehmende Wahlbeteiligung von Jungwählern beschrieben wird, zeigen die Daten des Jugendsurveys, daß für nahezu alle junge Menschen das Wählen als die wichtigste und selbstverständlichste Form politischer Einflußnahme angese-

Tabelle 7.2:
Politische Verhaltensbereitschaften und tatsächliches Verhalten (in %)

	Verhaltens-bereitschaft		***tatsächliches Verhalten***	
	West	*Ost*	*West*	*Ost*
*Beteiligung an Wahlen**	93	89	84	71
*absichtliches Nichtwählen**	23	23	14	12
*Wahl einer extremen Partei**	16	17	8	7
Arbeit in Mitbestimmungsgremium	55	51	31	27
Briefe an Politiker	33	23	10	6
politisches Amt	21	14	3	1
Schreiben von Leserbriefen	41	31	14	9
Parteiarbeit	23	15	5	3
Spenden für politische Zwecke	30	22	11	8
Teilnahme an öffentl. Diskussionen	52	51	31	29
Bürgerinitiative	44	42	9	7
Unterschriftensammlung	78	81	60	61
genehmigte Demonstration	61	65	36	36
gewerkschaftlicher Streik	48	50	8	7
andere politische Gruppierung	22	20	4	5
nicht genehmigte Demonstration	26	31	10	14
Hausbesetzung	14	14	3	3
wilder Streik	13	13	2	2
*Aktionen mit Sachbeschädigung***	8	10	4	5
*Aktionen mit Personenschaden****	9	12	3	4
Boykott	37	26	18	10

Quelle: DJI-Jugendsurvey 1997

* Bei der Bereitschaft wurden alle Befragten berücksichtigt, beim tatsächlichen politischen Verhalten nur die Befragten mit aktivem oder passivem Wahlrecht.

** „Teilnahme an Aktionen, bei denen es schon mal zu Sachbeschädigungen kommt".

*** „Teilnahme an wichtigen Aktionen, auch wenn nicht völlig auszuschließen ist, daß dabei Personen zu Schaden kommen können".

hen wird. Diese Bereitschaft ist auch zwischen der ersten und zweiten Welle in Ost und West stabil. Was aber das tatsächliche Wählen angeht, liegen die jungen Erwachsenen aus den neuen Bundesländern um 13 Prozentpunkte hinter denjenigen aus den alten Bundesländern zurück (71% gegenüber 84%). Dennoch spielen „absichtliches Nichtwählen" als Protestsignal (vgl. Kleinhenz 1995) sowie die Wahl einer extremen Partei in Ost und West nur eine geringe und zudem abnehmende Rolle.

Die Beteiligung an Unterschriftensammlungen steht nach der an Wahlen an zweiter Stelle der bevorzugten Partizipationsformen, gefolgt von der Bereitschaft, sich an genehmigten Demonstrationen zu beteiligen, in Mitbestimmungsgremien mitzuarbeiten, sich in öffentlichen Diskussionen zu Wort zu melden oder bei gewerkschaftlichen Streiks mitzumachen. Andere institutionalisierte Partizipationsformen wie die aktive Mitarbeit in einer Partei, in einer anderen politischen Gruppierung oder die Übernahme eines politischen Amtes spielen im Verhaltensrepertoire nur bei wenigen jungen Menschen eine Rolle. Dabei zeichnen sich – ähnlich wie bei den Veränderungen im politischen Interesse (vgl. Kapitel 6.2), das mit der Bereitschaft zu solchen konventionellen Beteiligungsformen in engem Zusammenhang steht – auch hier gegenläufige Tendenzen in Ost und West ab: Einer Zunahme bzw. Konstanz im Westen steht eine Abnahme im Osten gegenüber.

Die auffälligste Veränderung ist in den neuen Bundesländern neben der nachlassenden Demonstrationsbereitschaft der deutliche Rückgang der Bereitschaft, sich an einem gewerkschaftlich beschlossenen Streik zu beteiligen. Diese sank zwischen 1992 und 1997 insgesamt um 20 Prozentpunkte, wobei der Rückgang bei den weiblichen Befragten noch gravierender ist (25 Prozentpunkte) als bei den männlichen (16 Prozentpunkte). Dieses Ergebnis ist auch vor dem Hintergrund des zunächst nach der Wende noch deutlich stärkeren gewerkschaftlichen Organisationsgrades und der größeren Arbeitslosigkeit im Osten zu sehen. In dieser Entwicklung wird deutlich, daß für das politische Engagement die konkreten Beteiligungsmöglichkeiten eine erhebliche Rolle spielen: Wer in betrieblichen Kontexten arbeitet, die gewerkschaftlich gut organisiert sind, findet eher Ansatzpunkte, seinen Interessen in arbeitnehmertypischen politischen Aktionen Ausdruck zu verleihen. Diese Integration ins Arbeitsleben z.B. im industriellen Bereich ist häufiger bei jungen Männern vorzufinden (vgl. Kapitel 2.2). Sie ziehen vermutlich auch deswegen die Beteiligung an gewerkschaftlichen Streiks eher ins Kalkül. Insofern zeigt sich in der Zeitperspektive ansatzweise ein Prozeß, der langfristig als Tendenz zur „Umstrukturierung der Arbeitsgesellschaft" und zum Rückgang von „Normalarbeitsverhältnissen" auf dem Weg von der Industriegesellschaft zur Dienstleistungsgesellschaft gekennzeichnet wird. Gerade im Osten spielt dabei der Verlust von Arbeitsplätzen in großbetrieblichen-industriellen – traditionell stärker gewerkschaftlich organisierten – Bereichen eine Rolle. Bei keiner anderen Form der Partizipation ist ein vergleichbar hoher Rückgang zu beobachten wie bei der Bereitschaft, sich an einem gewerkschaftlich beschlossenen Streik zu beteiligen. Im Hinblick auf die gesellschaftliche Transformation kann in der Reduzierung in den neuen Bundesländern (und hier insbesondere bei den jungen Frauen) auch eine Angleichung an das „Normalniveau" der alten Bundesländer gesehen werden (Priller 1997a, Birsl 1999). Inzwischen äußern nämlich annähernd gleich viele der Befragten in Ost und West die Bereitschaft, an einem gewerkschaftlichen Streik teilzunehmen (Männer 55% Ost, 51% West und Frauen 44% Ost, 46% West). In beiden Landesteilen wird zwar die Bereitschaft zur Teilnahme an einem gewerkschaftlich beschlossenen Streik stärker von den männlichen Befragten geäußert. Diese geschlechtsspezifischen Unterschiede sind aber als ausgesprochen gering anzusehen, wenn man unter Heranziehung externer Daten in Rechnung stellt, daß unter den jungen Mitgliedern (bis 25jährige) in den DGB-Gewerkschaften in den alten Bundesländern dreimal so viele und in den neuen doppelt so viele männlich sind. Relativ unabhängig von der eigenen Mitgliedschaft (unter 10%, vgl. Kapitel 7.2) und der Geschlechtszugehörigkeit kann sich also immerhin insgesamt rund die Hälfte der 16- bis 29jährigen die Beteiligung an einem von Gewerkschaften beschlossenen Streik vorstellen. Dieses Ergebnis wird durch das konstant hohe Vertrauen bestätigt, das den Gewerkschaften entgegengebracht wird: Im Zeitvergleich stabil genießen diese bei ca. 40% der Jugendlichen und jungen Erwachsenen großes bis sehr großes Vertrauen (vgl. Krüger 1995 sowie Kapitel 6.4).

Jugendliche und junge Erwachsene stehen der etablierten Politik zumeist distanziert gegenüber (vgl. auch Kapitel 6.4). Die Mitarbeit in einer Partei (West 23%, Ost 15%) oder die Übernahme eines politischen Amtes (West 21%, Ost 14%) wird von den jungen Menschen in den neuen Bundesländern seltener erwogen als von denen in den alten. Ebenso ist das der Fall bei der unverbindlicheren Form, sich mit Briefen an Politiker zu wenden: Gegenüber einem Drittel in den alten Bundesländern ist dazu nur ein knappes Viertel in den neuen bereit. Häufiger dagegen wird das Schreiben von (Leser-)Briefen zu politischen oder gesellschaftlichen Themen an eine Zeitung, den Rundfunk oder das Fernsehen erwogen und zwar im Westen von 41% der Befragten, im Osten von 31%. Sogar 30% in den alten und 22% in den neuen Bundesländern können sich vorstellen, eine Partei/Bürgerinitiative/politische Gruppierung mit Geldspenden zu unterstützen. Parteiarbeit und politische Ämter sind dabei in beiden Landesteilen eher „Männersache". Die Anteilswerte junger Frauen liegen hier rund neun Prozentpunkte unter denen der Männer. Bei anderen eher konventionellen Formen politischer Artikulation – wie Geld für politische Zwecke zu spenden oder sich mit Briefen an Politiker oder die Medien zu richten – spielen dagegen Geschlechtsunterschiede keine Rolle.

Eine durchgängig größere Beteiligungsbereitschaft als bei konventionellen zeigt sich bei unkonventionellen Partizipationsformen. Historisch gesehen stellen sie eine Erweiterung des konventionellen Partizipationsrepertoires um „alternative" Formen politischen Handelns dar, in der eine Mobilisierung weiterer Bevölkerungskreise und ein Interesse an einer direkteren Durchsetzung politischer Interessen sowie Unzufriedenheit und Protest zum Ausdruck kommen. In den Ergebnissen zeigt sich eine große Bereitschaft junger Menschen, in solchen leicht zugänglichen, direkten und legalen Formen politischer Partizipation (z.B. Bürgerinitiativen, Unterschriftensammlungen) aktiv ihre Meinung einzubringen und so den gesellschaftlichen Prozeß mitzugestalten: Mehr als drei Viertel sind bereit, sich an Unterschriftensammlungen zu beteiligen, und knapp die Hälfte, bei Bürgerinitiativen mitzuarbeiten. Bei der Bereitschaft, an „genehmigten"[4] Demonstrationen teilzunehmen, fand zwischen dem Jahr 1992 und dem Jahr 1997 ein deutlicher Angleichungsprozeß zwischen Ost und West statt: Während die Bereitschaft dazu in den neuen Bundesländern 1992 noch um 17 Prozentpunkte höher lag als im Westen, macht die Differenz inzwischen nur noch vier Prozentpunkte aus. Der Mobilisierungseffekt durch die Wende hat offensichtlich nachgelassen. Geschlechtsspezifische Unterschiede sind bei den unkonventionellen Handlungsbereitschaften durchgängig recht gering und finden sich allenfalls in den neuen Bundesländern. Hier liegen die jungen Männer in der Präferenz zur Beteiligung an einer genehmigten Demonstration fünf Prozentpunkte vor den jungen Frauen, deren Bereitschaft zur Mitarbeit in Bürgerinitiativen dagegen um vier Prozentpunkte höher ist.

Formen politischer Beteiligung, die sich an der Grenze der Illegalität bewegen, werden mehrheitlich abgelehnt: Am ehesten wird noch die Teilnahme an einer nicht genehmigten Demonstration (West 26%, Ost 31%) oder ein Boykott in Betracht gezogen (West 37%, Ost 26%). Weitere Aktivitäten, mit denen die Grenzen der Legalität überschritten werden könnten, sind nur für eine Minorität vorstellbar, so z.B. Hausbesetzungen (bundesweit 14%) oder die Teilnahme an einem wilden Streik (bundesweit 13%). Auch zur Teilnahme an konfrontativen Aktionen, bei denen das Risiko besteht, daß Personen oder Sachen zu Schaden kommen, würden nur wenige Befragte (8% bis 12%) bereit sein. Die beschriebenen Aktionsformen werden dabei eher von männlichen als von weiblichen Jugendlichen und jungen Erwachsenen in Betracht gezogen, was möglicherweise damit zu tun hat, daß sie mit einem spezifischen Verständnis der Inszenierung von „Männlichkeit“ verbunden werden.[5] In den neuen Bundesländern sind diese Geschlechtsunterschiede noch deutlicher als in den alten. Außerdem zeigt sich in den Ergebnissen des Jugendsurveys ein klarer Einfluß des Lebensalters, der sich auch in einem Vergleich der 18- bis 29jährigen mit den Älteren auf Basis der Daten des ALLBUS 1998 bestätigt: Jüngere tendieren stärker zu unkonventionellen politischen Partizipationsformen und nehmen eher Grenzüberschreitungen zur Illegalität in Kauf. Watts (1996) sieht in solchen Alterseffekten einen jugendspezifischen „Aktionismus“, der sich bei den jüngeren Altersgruppen in einer größeren Bereitschaft zu zivilem Ungehorsam und aggressiveren, nicht-institutionellen Taktiken äußert. Zwar ging zwischen 1992 und 1997 die Bereitschaft, sich an nicht genehmigten Demonstrationen zu beteiligen, im Osten um sieben Prozentpunkte zurück. Sie ist aber bei den männlichen Befragten mit 37% im Osten immer noch um acht Prozentpunkte höher als im Westen. Demgegenüber können sich zunehmend mehr junge Menschen vorstellen, bei Boykottaktionen mitzumachen. Diese Ergebnisse weisen somit in die gleiche Richtung wie andere Analysen, die die Jugend in beiden Landesteilen als zunehmend „frustriert“ von der Staatsführung und insbesondere im Westen als zunehmend „aktionistisch“ beschreiben (Watts 1996: 107 ff.).

„Konventionelle“, „unkonventionell-legale“ und „unkonventionell-illegale“ politische Beteiligung

Auf der Basis aller Items, die in Tabelle 7.1 in der Übersicht dargestellt und im vorherigen Abschnitt erläutert wurden, lassen sich unterschiedliche Typen von Partizipation gegeneinander abgrenzen: „konventionelle“, „unkonventionell-legale“ sowie „unkonventionell-illegale“. Grundlage für die empirische Typenbildung sind die Bereitschaften zu solchen Aktivitäten.[6] Verhaltensbereitschaften, die sich unmittelbar auf den Wahlakt beziehen, werden in die Typenbildung nicht einbezogen, weil sie – wie bereits erläutert – für einen Teil der Befragten noch nicht verhaltensrelevant sind.

Die Begrifflichkeit für die Indexbildung orientiert sich, wie am Anfang des Kapitels skizziert, an einer schon 30 Jahre alten Forschungstradition. Insbesondere die Untergliederung der unkonventionellen Beteiligungsformen ist dabei aber nicht immer einheitlich, und auch entsprechende Listen von politischen Aktivitäten sind oft nicht identisch. Die Trennung nach der Legalität von Handlungen, wie sie hier vorgenommen wird, ist sicher nicht unumstritten und kann selbstverständlich nicht Kriterien eines strafrechtlich eindeutigen Gewaltbegriffs erfüllen.[7] Insbesondere bei den Bereitschaften zu solchen Aktionen ist eine zusätzliche Unschärfe gegeben, da es nur um Intentionen bzw. Akzeptanz und nicht um konkrete Handlungen geht. Das Konzept von „unkonventionell-illegalen Partizipationsbereitschaften“ soll also im Sinne einer Inkaufnahme potentieller nicht-legaler Folgen von politischen Aktionen verstanden werden.

Am deutlichsten lassen sich die Items der *„unkonventionell-illegalen“* Beteiligungsformen definieren. Inhaltlich wie aufgrund von Datenreduktionsverfahren kann man sie als zusammenhängende, eine Dimension bildende Variablen beschreiben (vgl. Tabelle 7.3). Sie enthalten Aktionen des „zivilen Ungehorsams“ (vgl. Schneider 1995) sowie zwei Items, die als „Risikobereitschaft bei gewaltorientierten Aktionen bzw. Aktionen mit möglichem Gewalteskalationspotential“ bezeichnet werden können.[8] Vier Items können inhaltlich relativ eindeutig als *„unkonventionell-legal“* verstanden werden und weisen auch empirisch klare Zusammenhänge auf (vgl. Tabelle 7.3).[9] Schließlich lassen sich die restlichen Items fast alle inhaltlich wie empirisch als Bereitschaften zu *„konventioneller“* Beteiligung zusammenfassen.[10] Die Items, die den drei Dimensionen politischer Beteiligung zugeordnet wurden, gingen in die Konstruktion der Indices als einfache Summenindices ein (Anzahl der entsprechenden Items, für die die Antwort „kommt für mich in Frage“ lautete); es sind dies:

- *konventionelle Beteiligungsbereitschaften:* „Briefe an Politiker schreiben“, „ein politisches Amt übernehmen“, „(Leser-)Briefe zu politischen oder gesellschaftlichen Themen an eine Zeitung, den Rundfunk, das Fernsehen schreiben“, „in eine Partei eintreten, aktiv mitarbeiten“ und „eine Partei/Bürgerinitiative/politische Gruppierung mit Geldspenden unterstützen“;
- *unkonventionell-legale Partizipationsformen:* „Mitarbeit in einer Bürgerinitiative“, „Beteiligung an einer Unterschriftensammlung“, „Teilnahme an einer genehmigten politischen Demonstration“ oder einem „gewerkschaftlich beschlossenen Streik“;
- *unkonventionell-illegale Protestaktivitäten:* „Teilnahme an einer nicht genehmigten Demonstration“, einem „wilden Streik“, „Besetzung von Häusern, Fabriken, Ämtern“ oder „Teilnahme an wichtigen Aktionen, auch wenn

nicht völlig auszuschließen ist, daß dabei Personen zu Schaden kommen können" sowie „Teilnahme an Aktionen, bei denen es schon mal zu Sachbeschädigung kommt".

Betrachtet man die Verteilung dieser drei Typen, so zeigt sich: Bei der unkonventionell-illegalen Beteiligung ist die mehrheitliche Ablehnung solcher Formen eindeutig (vgl. Tabelle 7.4). Auch die konventionelle Beteiligung ist eher gering. Bei den unkonventionell-legalen Formen zeigt sich dagegen eine große Akzep-

Tabelle 7.3:
*Politische Verhaltensbereitschaften: Faktorladungen**

		West			***Ost***	
Verhaltensbereitschaften	*konv. Partizip. bereit.*	*unkv. legale Partiz. bereit.*	*unkv. illeg. Partiz. bereit.*	*konv. Partizip. bereit.*	*unkv. legale Partiz. bereit.*	*unkv. illeg. Partiz. bereit.*
Briefe an Politiker	.61			.52		
politisches Amt	.79			.73		
Schreiben v. Leserbriefen	.53	.38		.53	.35	
Parteiarbeit	.79			.71		
Spenden für polit. Zwecke	.41	.34		.43		
Teiln. an öffentl. Diskuss.	.55	.43		.43	.56	
Arb. in Mitbestim.gremium	.41	.53		.36	.57	
andere polit. Gruppierung	.63			.60		.34
Bürgerinitiative	.49	.47		.44	.44	
Unterschriftensammlung		.74			.75	
genehm. Demonstr.		.72			.73	
gewerkschaftl. Streik		.67			.59	.34
nicht genehm. Demonst.		.34	.65		.36	.64
Hausbesetzung			.71			.72
wilder Streik			.76			.75
Aktionen m. Sachbeschädigg.			.77			.78
Aktionen m. Personenschaden			.64			.67
Boykott		.46	.41			.54

Quelle: DJI-Jugendsurvey 1997

* Grau unterlegte Werte kennzeichnen die Partizipationsbereitschaften, die in die jeweiligen Indices eingehen. Faktorladungen unter .30 sind in der Tabelle nicht ausgewiesen.

tanz durch die Jugendlichen und jungen Erwachsenen. Dies gilt, wie im vorherigen Abschnitt dargestellt, insbesondere für die Teilnahme an einer Unterschriftensammlung, aber auch für die Teilnahme an genehmigten Demonstrationen.

Tabelle 7.4:
Partizipationstypen (Bereitschaften) 1992 und 1997 (Spaltenprozent)

		West		*Ost*	
		1992	*1997*	*1992*	*1997*
konventionelle Partiz.bereit.	*keine*	43	38	44	49
	1-2 Beteiligungsformen	34	38	39	36
	3 u. mehr Beteiligungsformen	24	25	17	16
unkonventionell-legale Partiz.bereit.	*keine*	16	15	7	14
	1-2 Beteiligungsformen	33	34	31	33
	3 u. mehr Beteiligungsformen	51	51	62	53
unkonventionell-illegale Partiz.bereit.	*keine*	69	67	57	62
	1-2 Beteiligungsformen	22	23	28	26
	3 u. mehr Beteiligungsformen	10	10	15	12
	n	4526	4426	2564	2493

Quelle: DJI-Jugendsurvey 1992, 1997

Für die Entwicklung von 1992 auf 1997 ergibt sich: Im Westen ist durchgängig eine Konstanz und allenfalls eine geringe Zunahme bei den konventionellen Formen zu erkennen, in den neuen Bundesländern hingegen ein Rückgang bei allen drei Typen. Folgende Unterschiede zwischen den beiden Landesteilen sind zu konstatieren: Während es bei der konventionellen Beteiligungsbereitschaft im Jahre 1992 nahezu keine Differenzen gab, liegt diese nunmehr im Westen um elf Prozentpunkte höher als im Osten. Bezüglich der beiden unkonventionellen Typen der Partizipation – der legalen wie der illegalen – liegt die Bereitschaft nunmehr jeweils annähernd gleich hoch. Im Jahre 1992 war sie in den neuen Bundesländern um einiges größer gewesen. Die stärkere politische Mobilisierung nach der Wende im Osten ist somit zurückgegangen und hat sich an das Niveau im Westen angeglichen. Allenfalls für die unkonventionell-illegale Partizipation läßt sich hier mit fünf Prozentpunkten Differenz noch eine etwas höhere Bereitschaft erkennen.

Die drei Beteiligungstypen sind nicht unabhängig voneinander, die Korrelationskoeffizienten liegen zwischen .25 und .49. Dies wurde oft theoretisch vermutet und empirisch festgestellt: Konventionelle und unkonventionelle Formen politischer Beteiligung können durchaus gleichzeitig in Betracht gezogen werden (vgl. Schneider 1995, Molitor 1992). Neue und herkömmliche Beteiligungsformen werden nicht als sich ausschließende politische Aktivitäten betrachtet, sondern als eine Erweiterung des politischen Verhaltensrepertoires – insbesondere in der jüngeren Generation. Dieses Ergebnis weist in die gleiche Richtung wie die Zusammenhangsanalysen zwischen dem Vertrauen in die Reaktionsbereitschaft des politischen Systems einerseits und in die Institutionen der „alternativen" Politik (Greenpeace und Bürgerinitiativen) andererseits. Die entsprechenden Befunde ließen nämlich erkennen, daß ein großes Vertrauen in solche „alternative" Institutionen existiert und zwar ganz unabhängig davon, ob das politische System und seine Akteure als vertrauenswürdig eingeschätzt werden oder nicht (vgl. Kapitel 6.4).

Soziale Merkmale, politische Orientierungen und Partizipationstypen

Ein Überblick über Zusammenhänge zwischen sozialen Merkmalen, politischen Orientierungen und den drei Typen der Beteiligung wird in Tabelle 7.5 gegeben. Geschlechtsspezifische Unterschiede sind gering, mit der Ausnahme, daß unkonventionell-illegale Partizipation, wie schon erwähnt, eher von den männlichen Befragten ins Kalkül gezogen wird. Einen deutlichen Zusammenhang findet man dagegen mit der Bildung: Jugendliche und junge Erwachsene mit höheren Bildungsabschlüssen sind eher bereit, sich zu engagieren, und zwar bei allen Formen. Am stärksten ist dieser Zusammenhang bei der konventionellen Beteiligung. Das Alter hingegen differenziert kaum. Nur bei den illegalen, unkonventionellen Formen sind es eher die Jüngeren, die eine erhöhte Bereitschaft zu solchen Aktivitäten erkennen lassen.

Für den Zusammenhang von politischem Interesse, postmaterialistischen Orientierungen und Typen des Engagements gilt: Je stärker das politische Interesse ist und je mehr postmaterialistische Orientierungen vorherrschen, desto größer ist die Bereitschaft der Jugendlichen und jungen Erwachsenen, sich in jedweder Form zu engagieren. Bei den unkonventionell-legalen Formen sind die Zusammenhänge etwas geringer, allerdings ist hier ja das Niveau insgesamt ohnehin schon sehr hoch. Dagegen ist die politische Selbstverortung anhand der Links-Rechts-Skala nicht einheitlich mit den unterschiedlichen Typen der Partizipation verbunden. Während bei der konventionellen und bei der unkon-

Tabelle 7.5:
Partizipationstypen (Bereitschaften) nach soziodemographischen Merkmalen und politischen Orientierungen (in %)*

		konventionelle		unkonv.-legale		unkonv.-illeg.	
		Partizipationsbereitschaft					
		West	Ost	West	Ost	West	Ost
Geschlecht	*Männer*	63	51	85	86	36	44
	Frauen	62	52	84	86	30	31
Schul-abschluß	*ohne/Hauptschule*	44	35	71	72	27	35
	Mittlere Reife	57	46	86	84	29	34
	(Fach-)Abitur	74	65	90	93	39	45
Alter	*16-17*	59	50	83	85	39	43
	18-20	61	50	82	83	36	39
	21-23	64	54	84	88	35	41
	24-26	62	50	87	86	32	37
	27-29	65	53	86	87	28	31
politisches Interesse	*stark*	86	82	93	97	45	54
	mittel	65	55	88	87	32	35
	schwach	42	35	75	80	26	33
Links-Rechts-Orientierung	*links*	73	64	93	97	62	59
	eher links	71	61	89	91	44	44
	Mitte	59	45	83	83	24	27
	eher rechts	56	49	80	85	23	42
	rechts	60	54	83	81	46	78
Postmate-rialismus	*materialistisch*	50	41	73	79	23	24
	gemischt mat.	57	48	83	83	26	31
	gemischt postmat.	64	52	86	88	33	41
	postmaterialistisch	74	67	92	94	46	57

Quelle: DJI-Jugendsurvey 1997

* Angeführt sind die Prozentanteile von Befragten, die die Bereitschaft zu mindestens einer Beteiligungsform angegeben haben; z.B. haben die Männer im Westen zu 63% mindestens eine konventionelle Beteiligungsbereitschaft angegeben.

ventionell-legalen Partizipation die sich stärker „links" Verstehenden mehr Bereitschaft zum Engagement zeigen als die in der Mitte bzw. als die „Rechten", sieht das Bild bei den unkonventionell-illegalen Formen differenzierter aus: Diejenigen Befragten, die sich politisch an den Extrempolen einordnen, zeigen mehr Bereitschaft zu unkonventionell-illegaler Partizipation, wobei in den neuen Bundesländern deutlicher die „Rechten“, in den alten hingegen die „Linken“ dominieren (vgl. auch Schneider 1995). Die geringste Aktivitätsbereitschaft zeigen die sich in der Mitte bzw. nahe der Mitte Zuordnenden. Eine eindeutige politische Selbstpositionierung an sich ist hier also ein Kriterium für stärkere Aktivitätsbereitschaft, eine neutrale Position hingegen reduziert diese eher.

Von den betrachteten drei zentralen soziodemographischen Merkmalen beeinflußt der Bildungsgrad die politische Partizipation am nachhaltigsten. Bei den politischen Orientierungen fördern politisches Interesse wie postmaterialistische Orientierungen eine Hinwendung zu politischer Beteiligung, wobei es nur geringe Unterschiede bezüglich der drei Typen gibt. Diese Befunde bestätigen Resultate der ersten Welle des DJI-Jugendsurveys 1992 (vgl. Gille u.a. 1996) und entsprechen den Ergebnissen, die sich bei Erwachsenen gezeigt haben (vgl. Gabriel 1999). Ost-West-Unterschiede sind dabei zumeist eher gering.

Schließlich ergibt der Vergleich der nur in Betracht gezogenen mit der tatsächlichen Partizipation (vgl. Tabelle 7.6), daß sich die Strukturen der Bereitschaft und des Verhaltens klar entsprechen: Immerhin zwei Drittel der Befragten haben sich schon einmal an unkonventionell-legalen politischen Aktionen beteiligt, die Hälfte davon auch schon mehrmals. Demgegenüber kommt es wesentlich seltener zu konventioneller Beteiligung. Nur eine kleine Minderheit

Tabelle 7.6:
Partizipationstypen (tatsächliches Verhalten) (Spaltenprozent)

	Anzahl der bereits wahrgenommenen Partizipationsformen	***West***	***Ost***
konventionelle Partizip.	*keine*	73	81
	eine	17	14
	zwei und mehr	11	5
unkonventionell-legale Partizip.	*keine*	34	35
	eine	30	30
	zwei und mehr	36	35
unkonventionell-illegale Partizip.	*keine*	87	84
	eine	8	10
	zwei und mehr	5	7

Quelle: DJI-Jugendsurvey 1997

hat sich schließlich schon an politischen Aktionen beteiligt, die an der Grenze zur Illegalität lagen.

7.2 Mitgliedschaft in Organisationen, Vereinen und Verbänden

Die Zugehörigkeit in Organisationen, Vereinen und Verbänden kann für Jugendliche und junge Erwachsene wichtig für die Identitätsentwicklung, soziale Vernetzung und die Durchsetzung ihrer Interessen sein. Beteiligung in einem solchen Kontext kann Gemeinschaftssinn, politisches Interesse, soziale Orientierungen und Solidarität ausdrücken und verstärken. In derartigen Netzwerken zivilen Engagements finden vielfältige Interaktionsbeziehungen statt, werden Normen der Gegenseitigkeit gefördert und Kommunikation erleichtert. Eine solche Mitgliedschaft drückt zumindest die Bereitschaft aus, sich im öffentlichen und politischen Raum einzumischen und kann damit als Indikator für die persönliche und gesellschaftliche Integration betrachtet werden. Mit Blickwinkel auf die Partizipation der nachwachsenden Generation und die mit dem Transformationsprozeß verbundenen Fragen nach dem Zusammenwachsen von Ost und West lassen sich aus der Analyse solchen Engagements wichtige Ergebnisse gewinnen. Gleichzeitig kann damit auch die These von der Auflösung sozialer Beziehungsnetze – dem zentralen Element individualisierungstheoretischer Überlegungen – überprüft werden. Traditionelle Integrationsinstanzen büßen nach dieser Annahme im Zuge gesellschaftlicher Modernisierung an Bedeutung ein. Wie es aber tatsächlich um die Veränderung des „sozialen Kapitals“ der Individuen und der Gesellschaft bestellt ist, ist eine auch unter Bezug auf die Entwicklung der Mitgliedschaften der Jugendlichen und jungen Erwachsenen beantwortbare Frage (vgl. Immerfall 1999). Für die Analyse der Mitgliedschaft sind zwei Kenngrößen brauchbar: Einerseits die Mitgliedschaftsquote, d.h. der Anteil der Personen, die in den jeweiligen Organisationen Mitglied sind (z.B. „knapp 10% der Befragten sind Gewerkschaftsmitglieder“) und andererseits die Mitgliedschaftshäufigkeit als der Anteil der Personen, die in keiner, einer oder mehreren Organisationen Mitglied sind (z.B. „etwa die Hälfte der Befragten im Westen ist mindestens in einer Organisation Mitglied“).

Die Ergebnisse der beiden Wellen des DJI-Jugendsurveys von 1992 und 1997 werden im folgenden mit Daten über die Gesamtbevölkerung aus dem Wohlfahrtssurvey 1998 und den dort analysierten Entwicklungen im Zeitverlauf seit 1984 (West) bzw. 1993 (West und Ost) verglichen (Schöb 1999).

Um die Involvierung und Interessenwahrnehmung im intermediären System zu erfassen, wurden im Jugendsurvey sowohl Mitgliedschaften als auch Aktivitäten in einem breiten Spektrum politisch und gesellschaftlich relevanter Institutionen erfragt (Schneider 1995). Bezogen auf die Mitgliedschaftsquote stehen im Jahr 1997 an erster Stelle die Sportvereine, bei denen 33% der Befragten in den alten Bundesländern, aber nur 20% in den neuen Bundesländern Mitglieder sind (vgl. Tabelle 7.7). Diese Resultate werden auch durch den Wohlfahrtssurvey bestätigt. Nach dessen Ergebnissen waren 1998 die mitgliedsstärksten Vereinigungen ebenfalls die Sportvereine mit einer Mitgliedschaftsquote von bundesweit 28%. Was Entwicklungstrends angeht, zeigt sich ein gewisser Rückgang: Nach unseren Daten waren noch im Jahr 1992 im Westen 38% und im Osten 22% der Befragten Mitglieder in einem Sportverein. Der Mitgliederschwund im Westen und die relative Stagnation im Osten – bei einer nunmehr gegenüber dem Westen um 13 Prozentpunkte niedrigeren Mitgliedschaft – können vielfältige Ursachen haben: verkrustete verbandliche Strukturen,

Tabelle 7.7:
Mitgliedschaftsquoten der Befragten in traditionellen Organisationen und Verbänden (in %)

	West		***Ost***	
	1992	*1997*	*1992*	*1997*
Gewerkschaften	15	7	22	8
Berufsverbände	5	2	4	3
politische Parteien	2	4	3	1
kirchliche/religiöse Vereine und Verbände	9	7	8	3
Wohlfahrtsverbände	1	2	1	1
Heimat- u. Bürgervereine	2	9	1	5
Jugend- und Studentenverbände	5	6	3	5
Sportvereine	38	33	22	20
sonstige gesellige Vereinigungen	9	11	5	6
Bürgerinitiativen	2	2	1	0
andere Vereine/Verbände	8	7	5	5

Quelle: DJI-Jugendsurvey 1992, 1997

veränderte Sportinteressen der Jugend, neue Freizeitsportarten, die nicht auf verbandliche Organisation angewiesen sind (z.B. Inline-Skating) oder auch kommerzielle Konkurrenz (z.B. Fitneßcenter).

An zweiter Stelle stehen im Jahre 1997 – jedenfalls im Osten – nach wie vor die Gewerkschaften, die aber gegenüber 1992 mehr als eine Halbierung ihrer Mitgliedschaftsquote (von 15% auf 7% West und von 22% auf 8% Ost) hinnehmen mußten. Auch die niedrige Beteiligungsquote bei den Berufsverbänden ging noch weiter zurück. Nach den Ergebnissen des Wohlfahrtssurveys nimmt der Anteil der Mitglieder in Gewerkschaften in der Gesamtbevölkerung ebenfalls deutlich ab und zwar von 25% im Jahr 1993 auf 13% im Jahr 1998. Besonders drastisch ist nach den Ergebnissen des Jugendsurveys dieser Einbruch beim gewerkschaftlichen Engagement der jungen Frauen in den neuen Bundesländern: Diese sind gegenüber 22% im Jahr 1992 im Jahr 1997 nur noch zu 6% gewerkschaftlich organisiert. Wie schon bei der zurückgehenden Streikbereitschaft erläutert, darf dieser starke Rückgang der Gewerkschaftsmitgliedschaft nicht als Mangel an Motivation interpretiert werden, sondern muß im Zusammenhang mit strukturellen Veränderungen in der Arbeitswelt gesehen werden. Hier greifen Faktoren, die auch in den Analysen des Wohlfahrtssurveys zur Erklärung des Rückgangs gewerkschaftlicher Interessensorganisation herangezogen werden: Flexibilisierung der Arbeitskraft und Tertialisierung der Wirtschaft und damit eine Zunahme der Beschäftigtenzahl in gewerkschaftlich nur niedrig organisierten Wirtschaftsbereichen. So kommt es zuVeränderungen in der Beschäftigtenstruktur dahingehend, daß beispielsweise der Anteil der traditionell gewerkschaftsferneren Angestellten zunimmt. Der Trend des Mitgliederschwunds bestätigt sich auch in weiteren externen Daten. So weist die Statistik der DGB-Jugend mit knapp 600.000 Mitgliedern im Jahre 1998 einen Rückgang von 7% gegenüber dem Vorjahr aus (DGB 2000).

Auch die kirchlichen Gruppierungen erfuhren einen Rückgang in der Mitgliedschaftsquote und zwar von 9% auf 7% (West) bzw. 8% auf 3% (Ost). Die Jugend- und Studentenverbände blieben dagegen im Westen bei 6% stabil und konnten im Osten einen Zuwachs (von 3% auf 5%) verzeichnen, was auch mit der Angleichung der Studierendenquoten zusammenhängen dürfte (vgl. Kapitel 2.2).

Gegenüber solchen Tendenzen des Rückgangs und der Stagnation sind gewisse Zunahmen dort zu verzeichnen, wo es um Beteiligung im sozialräumlich nahen Umfeld geht: Beispielsweise stieg die Mitgliedschaftsquote – wenn auch nur geringfügig – bei den Heimat- und Bürgervereinen (Schützenverein, Trachtenverein, Freiwillige Feuerwehr usw.)[11]. Das hohe Vertrauen allerdings, das Bürgerinitiativen genießen (vgl. Kapitel 6.4), und die große Bereitschaft, bei ihnen mitzuarbeiten (vgl. Kapitel 7.1), schlägt sich nicht in den Mitgliedschaften nieder, was allerdings angesichts ihrer spezifischen Beteiligungsangebote, die ja nicht unbedingt auf Mitgliedschaft, sondern auch auf zeitlich befristetes aufgabenbezogenes Engagement setzen, nicht verwundern muß. Bei der Mitgliedschaft in politischen Parteien ergaben sich – korrespondierend mit der Entwicklung des politischen Interesses (vgl. Kapitel 6.2) – gegenläufige Tendenzen in den beiden Landesteilen: Im Westen ist eine Zunahme, im Osten eine Abnahme zu verzeichnen.

Zieht man die Mitgliedschaftshäufigkeit als Indikator für das Maß der sozialen und politischen Einbindung einer Person heran (vgl. Tabelle 7.8), so ist zwischen den beiden Erhebungen des DJI-Jugendsurveys in den Jahren 1992 und 1997 ein deutlicher Rückgang zu konstatieren. Diese Ergebnisse fügen sich in das Bild des Wohlfahrtssurveys, der ebenfalls eine entsprechende Stagnation diagnostiziert (Schöb 1999: 8). Besonders deutlich wird die Reduzierung verbandlichen Engagements bei Jugendlichen und jungen Erwachsenen, wenn man die Zunahme des Anteils derjenigen betrachtet, die keiner Organisation angehören: Während das Fehlen einer solchen Einbindung in organisatorisch verfestigte intermediäre Strukturen in den alten Bundesländern im Jahre 1992 für 41% der jungen Menschen zutraf, waren es fünf Jahre später schon 48%. In den neuen Bundesländern stieg der Anteil der Nichtmitglieder von 50% auf 61%. Diese Ergebnisse bestätigen und präzisieren die auf Basis der Wohlfahrtssurveys festgestellten Tendenzen und verweisen im Sinne der Individualisierungthese auf die nachlassende Integrationskraft traditioneller Institutionen. Der

Tabelle 7.8:
Anzahl der Mitgliedschaften 1992 und 1997 (Spaltenprozent)

	West			*Ost*		
	1992	*1997*	*Diff.*	*1992*	*1997*	*Diff.*
keine Mitgliedschaft	41	48	7	50	61	11
1 Mitgliedschaft	34	30	-4	32	26	-6
2 Mitgliedschaft	17	14	-3	14	9	-5
3 und mehr Mitgliedschaften	8	8	0	5	3	-2
n	4526	4426	-	2564	2493	-

Quelle: DJI-Jugendsurvey 1997

Anteil derjenigen, die in keiner Organisation oder keinem Verein Mitglied sind, lag 1998 nach diesen Daten in Ostdeutschland deutlich über dem in Westdeutschland: 62% der Ostdeutschen und 42% der Westdeutschen waren in keiner Organisation und keinem Verein organisiert. Dies beruhte in Westdeutschland auf relativer Stabilität, für die neuen Bundesländer aber auf einer Abnahme, so beispielsweise bei den Einfachmitgliedschaften von 38% im Jahr 1993 auf 29% im Jahr 1998. Die Mehrfachmitgliedschaften blieben auf einem im Vergleich zu den alten Bundesländern deutlich niedrigeren Niveau konstant. Nach den Daten des Jugendsurveys ist der Anteil der vielfach (drei und mehr) vereinsgebundenen jungen Menschen im Westen stabil, und der Rückgang beruht eher auf einem geringen Anteil von Jugendlichen, die in einem oder zwei Verbänden/Organisationen Mitglieder sind, wohingegen in den neuen Bundesländern die vormals schon niedrigere Mitgliedschaftshäufigkeit durchgängig weiter zurückgeht. Obwohl unter Bezug auf die Daten des Wohlfahrtssurveys der Eindruck entstehen könnte, daß Alterseffekte kaum bedeutsam seien, zeigen unsere Ergebnisse unter Berücksichtigung von Lebensalter und Geschlecht ein überraschendes Ergebnis: Wenn überhaupt, sind es die jungen Männer in den alten Bundesländern, die mit zunehmendem Alter ihre Interessen im intermediären System einbringen (vgl. Abbildung 7.1). Mädchen und junge Frauen sind lediglich im Bereich kirchlicher Organisationen gleichermaßen engagiert wie ihre männlichen Altersgenossen.

Die Entscheidung, in Organisationen, Vereinen oder Verbänden Mitglied zu werden, beruht einerseits auf persönlichen Motiven und Interessen, ist aber andererseits auch – wie am Beispiel der Gewerkschaften erläutert wurde – abhängig von verschiedenartigen Gelegenheitsstrukturen. Unterschiedliche subjektive Dispositionen zeigen sich darin, daß politisch Interessierte und mit größeren Bildungsressoucen Ausgestattete eher motiviert sind, Mitglied in Organisationen oder Vereinen zu werden. Auch im Wohlfahrtssurvey zeigte sich, daß dort, wo Einfluß auf den politischen Willensbildungsprozeß genommen werden kann, mehr Männer und Personen mit höherem Bildungsabschluß vertreten sind. Gleichzeitig läßt sich für die alten Bundesländer hinsichtlich der Mitgliedschaftshäufigkeit eine relative Kontinuität resümieren: Insgesamt erwies sich diese nämlich – bei ca. 60% Mitgliedern in mindestens einem Verein und ca. 40% ohne jedwede formalisierte Mitgliedschaft – zeitlich als stabil. Kritisch zu betrachten sei, so Schöb (1999), dagegen die Entwicklung in den neuen Bundesländern hin zu einem umgekehrten Verhältnis: 40% Mitglieder zu 60% Nichtmitgliedern. Trotz tendenzieller Angleichung blieben die Mit-

Abbildung 7.1:
Mitgliedschaft in Vereinen/Verbänden nach Altersgruppen (in %)*

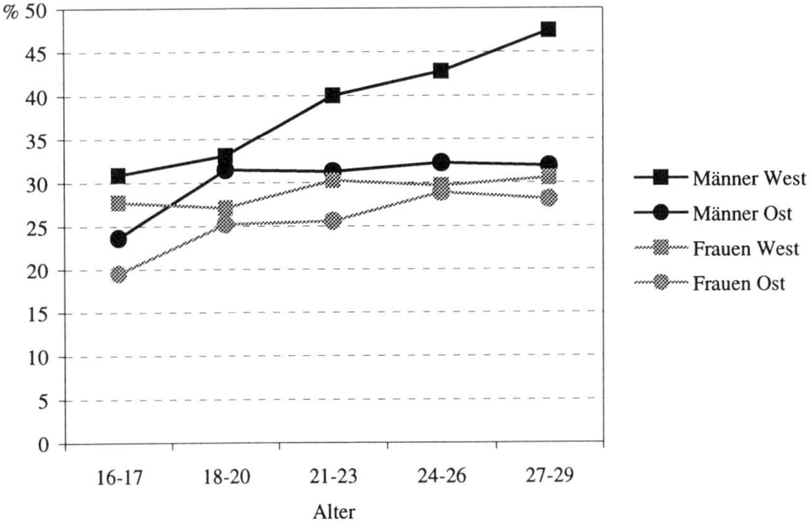

Quelle: DJI-Jugendsurvey 1997

* Entspricht der Mitgliedschaft in mindestens einem der folgenden Vereine bzw. Verbände: Gewerkschaft, Berufsverband, politische Partei, kirchlicher Verband, Wohlfahrtsverband, Heimat-/Bürgerverein, Jugend-/Studentenverband, sonstige gesellige Vereinigung, anderer Verein oder Verband.

gliedschaften weit hinter denen in Westdeutschland zurück und dies gerade dort, wo der Mitgliedschaftsstatus eng mit der Artikulation von politischem Interesse verknüpft sei.

Die Ergebnisse des Jugendsurveys zu den niedrigeren Mitgliedschaftsquoten in den neuen Bundesländern verweisen auch auf eine historische Hypothek und ein strukturelles Problem: Die Ergebnisse im Osten können mit einer spezifischen „Organisationsmüdigkeit“ und „Verbandsskepsis“ zusammenhängen, weil die Mitgliedschaft in Organisationen mehr oder weniger zum System in der DDR gehörte und sich deshalb gegenüber Mitgliedschaftsbindungen eine Abneigung entwickelte. Darüber hinaus gibt es auch Vorbehalte gegenüber westlich geprägten Vereinen und Verbänden. Damit verbunden wird die Gefahr gesehen, daß resignierte und zurückhaltende Einstellungen gegenüber politischer Partizipation sich derart verfestigen könnten, daß durch vielfachen Rückzug auf reine Beobachter- und Kritikerpositionen letztlich eine „Zuschauerdemokratie“ entstünde (Priller 1997b). Die gleichzeitig formulierte optimistische Annahme, daß durch das Heranwachsen einer neuen Generation die Ost-West-Differenzen geringer würden, läßt sich allerdings nach unseren Ergebnissen nicht bestätigen.

7.3 Informelle Gruppierungen und neue soziale Bewegungen

Die von ihren Ursprüngen her als neue soziale Bewegungen bezeichneten informellen politischen Gruppierungen thematisieren spezifische soziale Probleme und gesellschaftliche Konflikte und ermöglichen aktionsorientierte Partizipation. Sie entwickelten sich seit den 60er Jahren als Gegenpol zur etablierten Politik in Form eines vielschichtigen Netzes von lokalen Initiativen, außerparlamentarischen Protestbewegungen und Selbsthilfeorganisationen und waren damit gerade für die Jüngeren attraktiv. Diese Gruppierungen lassen sich kennzeichnen als „soziale Konfigurationen, die durch persönliche Bekanntschaft und Initiative der beteiligten Personen gestiftet werden“ (Zinnecker 1987). Sie werden auch als Versuch interpretiert, gegen eine durchrationalisierte, „erstarrte“ institutionelle Umwelt neue Formen von „Gemeinschaft“ in den Lebensräumen Jugendlicher und junger Erwachsener zu rekonstruieren (Streeck 1987). Die Anziehungskraft solcher Gruppen liegt oft in der Unmittelbarkeit der sozialen Beziehungen zwischen ihren „Mitgliedern“. Dabei entwickeln solche informellen Gruppierungen im Laufe der Zeit durchaus auch Normen und Verhaltensmuster, die eine Binnenidentität schaffen. Bezüglich der Inhalte, Ziele, Aktivitätsformen und flexiblen Beteiligungsmöglichkeiten wurde Gruppierungen wie Umweltschutzgruppen, Friedensinitiativen, Anti-AKW-Initiativen, Selbsthilfegruppen, Frauen-/Männergruppen, Dritte-Welt-Initiativen, Menschenrechtsgruppen und Stadtteil-/regionale Initiativen immer wieder eine große Anziehungskraft konstatiert. Allerdings nahm in den 90er Jahren die innovative Schubkraft sozialer Bewegungen in Deutschland ab.

Im folgenden wollen wir anhand der beiden Wellen des Jugendsurveys zunächst die These der abnehmenden Bedeutung solcher Gruppen in den 90er Jahren überprüfen. Anschließend werden wichtige soziodemographische Merkmale sowie die politischen Orientierungen jener Befragten beschrieben, die diese Gruppierungen unterstützen. Da in den neuen sozialen Bewegungen formale Bindungen als solche sehr umstritten sind, lassen sich ihre „Mitglieder“ empirisch schwer identifizieren. Deswegen wurden die subjektiven Bindungen, also die Einstellungen zu diesen informellen Gruppierungen erfragt.

Als überraschendes Ergebnis des Jugendsurveys 1992 wurde das hohe Maß an Übereinstimmung zwischen West und Ost hervorgehoben (Schneider 1995: 291): Bereits zwei Jahre nach der deutschen Vereinigung hatten die jungen Ostdeutschen nahezu die gleichen Einstellungsmuster in Bezug auf die informellen Gruppierungen wie ihre westdeutschen Altersgenossen. Auch 1997 erfahren diese Gruppierungen bei den befragten jungen Menschen in West und Ost ein hohes Maß an Zustimmung („finde ich gut") (vgl. Tabelle 7.9). Dabei liegen die Umweltschutzgruppen und die Friedensinitiativen auf den ersten Rangplätzen, gefolgt von den Menschenrechtsgruppen. Die im Jahr 1992 im Osten geringeren Zustimmungswerte zu Kernkraftgegnern und Selbsthilfegruppen, die damals dort noch weniger bekannt waren, haben inzwischen „Westniveau" erreicht. Insgesamt zeigt sich, daß vor allem Gruppen, die gesellschaftliche Probleme aufgreifen und politisch thematisieren (Umweltschutz-, Friedens- und Dritte-Welt-Initiativen, Kernkraftgegner sowie Menschenrechts- und Selbsthilfegruppen), auf bundesweit breite Sympathie stoßen. Mit „verhaltener" Zustimmung bzw. Toleranz („finde ich weder gut noch schlecht") wird vor allem Frauen-/Männergruppen begegnet.

Wenn man geschlechtsspezifische Engagementprofile betrachtet, werden Behauptungen des generell stärker ausgeprägten politischen Interesses von Männern relativiert. Obwohl die männlichen Befragten größeres politisches Interesse bekunden als weibliche, sind sie unentschlossener in ihren Einstellungen gegenüber informellen Gruppierungen und auch passiver hinsichtlich des Besuchs von entsprechenden Treffen oder einer Mitarbeit. Die Mädchen und jungen Frauen sind es, die hier häufiger zu positiven Einstellungen kommen und sich tatsächlich engagieren. Betrachtet man die Aktivitäten differenziert nach Alter, Geschlecht und Ost-West, so ergibt sich folgendes Bild (vgl. Abbildung 7.2): Bei der Beteiligung in Gruppen der neuen sozialen Bewegungen finden sich mit steigendem Alter gerade in den alten Bundesländern zunehmend viele junge Frauen. Diese Tendenz ist bei höherem Bildungsniveau besonders deutlich ausgeprägt.

Erwartungsgemäß erweist sich für Aktivität innerhalb der neuen sozialen Bewegungen das politische Interesse als wichtige Voraussetzung: Zwar gibt es sogar bei geringem politischen Interesse immerhin bei 10% im Osten und bei 14% im Westen zumindest punktuelles Engagement. Die politisch stark Inter-

Tabelle 7.9:
Einstellungen zu und Aktivität in informellen Gruppierungen (Zeilenprozent)

	finde ich gut, …					
	arbeite aktiv mit	*besuche Treffen*	*mache aber nicht mit*	***finde ich weder gut noch schlecht***	***lehne ich ab***	***kenne ich nicht***
West						
Umweltschutzgruppen	2	10	73	12	1	2
Friedensinitiativen	1	5	70	18	2	3
Anti-AKW-Initiativen	1	4	47	29	15	5
Selbsthilfegruppen	1	3	62	24	4	7
Frauen-/Männergruppen	1	2	35	40	10	13
Dritte-Welt-Initiativen	1	5	62	21	6	5
Menschenrechtsgruppen	1	4	67	19	4	6
Stadtteil-/Nachbarschafts-/ regionale Initiativen	1	7	50	28	4	10
Tierschützer/ Tierschutzinitiativen	2	8	69	15	3	2
Ost						
Umweltschutzgruppen	1	6	73	15	3	2
Friedensinitiativen	1	4	73	16	2	4
Anti-AKW-Initiativen	0	2	48	29	14	6
Selbsthilfegruppen	1	3	63	24	3	7
Frauen-/Männergruppen	0	2	33	39	8	18
Dritte-Welt-Initiativen	1	4	55	25	7	9
Menschenrechtsgruppen	0	3	60	23	5	9
Stadtteil-/Nachbarschafts-/ regionale Initiativen	1	6	50	24	3	16
Tierschützer/ Tierschutzinitiativen	1	6	71	17	3	2

Quelle: DJI-Jugendsurvey 1997

essierten beteiligen sich allerdings prozentual dreimal so häufig in neuen sozialen Bewegungen im Vergleich zu denjenigen, deren politisches Interesse gering ist (vgl. Tabelle 7.10). Noch klarer sind die Zusammenhänge zwischen Aktivitäten in neuen sozialen Bewegungen und spezifischen Typen der Partizipation, und zwar insbesondere der unkonventionellen Art. Wer sich im Kontext

Abbildung 7.2:
Aktivität in neuen sozialen Bewegungen nach Altersgruppen (in %)*

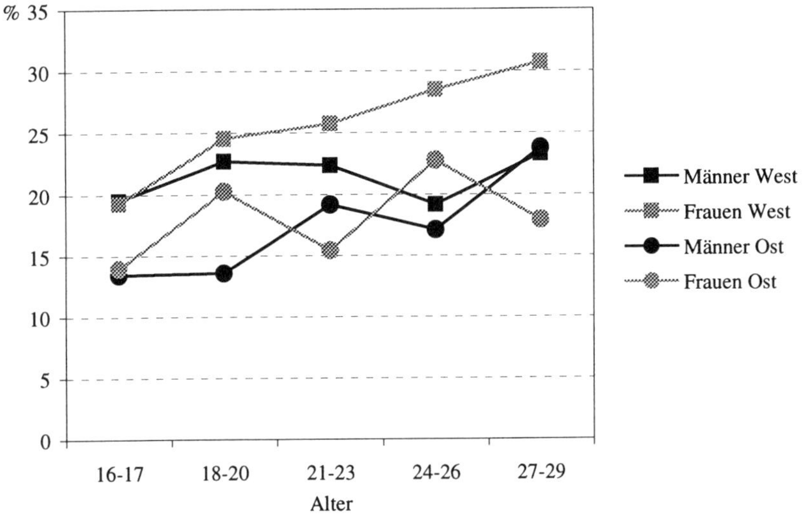

Quelle: DJI-Jugendsurvey 1997

* Entspricht der Mitarbeit bzw. ab und zu dem Besuch eines Treffens/einer Veranstaltung bei mindestens einer der folgenden Gruppen: Umweltschutzgruppen, Friedensinitiativen, Anti-AKW-Initiativen, Selbsthilfegruppen, Frauen-/Männergruppen, Dritte-Welt-Initiativen, Menschenrechtsgruppen, Stadtteil-/regionale Initiativen.

der neuen sozialen Bewegungen engagiert, ist tendenziell auch bereit, diese Formen der politischen Interessenartikulation zu nutzen.

Betrachtet man zusammenfassend das tatsächliche Partizipationsverhalten einerseits hinsichtlich der vielfältigen Beteiligungsmöglichkeiten, wie sie in Kapitel 7.1 dargestellt wurden, (mit Ausnahme des Wählens) und andererseits die Aktivität innerhalb der neuen sozialen Bewegungen, so zeigt sich, daß ca. ein Viertel (24% West, 26% Ost) der Jugendlichen und jungen Erwachsenen sich jedweder Art der politischen Partizipation enthält (vgl. Tabelle 7.11). Als Gegenpol können diejenigen gelten (10% West, 7% Ost), die in neuen sozialen Bewegungen sehr aktiv sind und außerdem auch schon mehrfach in anderen Zusammenhängen ihrer politischen Meinung handelnd Ausdruck gegeben haben. Außerdem haben weitere 14% im Westen bzw. 11% im Osten zumindest punktuell sowohl im Kontext der neuen sozialen Bewegungen als auch bei anderen Form der politischen Beteiligung ihre Position eingebracht. Der Rest,

Tabelle 7.10:
Aktivität in neuen sozialen Bewegungen nach politischem Interesse (Spaltenprozent)

	West			Ost		
In neuen sozialen	**Politisches Interesse**			**Politisches Interesse**		
Bewegungen:	*stark*	*mittel*	*gering*	*stark*	*mittel*	*gering*
nicht aktiv	61	76	86	68	81	90
einfach aktiv	17	13	8	14	12	6
mehrfach aktiv	21	11	6	18	8	4
n	1085	1837	1429	418	1078	957

Quelle: DJI-Jugendsurvey 1997

etwas mehr als die Hälfte (52% West, 56% Ost) war in den neuen sozialen Bewegungen nicht aktiv, hat sich aber im Rahmen des breiten Spektrums der Partizipationsmöglichkeiten schon einmal beteiligt. So gesehen kann man von drei Formen der politischen Mobilisierung der Jugendlichen und jungen Erwachsenen sprechen: Knapp einem Zehntel engagierter politischer Akteure auf der einen Seite des Spektrums steht ein Viertel passiver Zuschauer gegenüber. Die Mehrheit der jungen Menschen dagegen schwankt zwischen skeptischer Distanz und punktueller Aktivierbarkeit.

Tabelle 7.11:
Partizipationshandeln und Aktivität in neuen sozialen Bewegungen (Spaltenprozent)*

	West	***Ost***
kein Partizipationshandeln und keine Aktivität in NSB	24	26
Partizipationshandeln, aber keine Aktivität in NSB	52	56
mehrfaches Partizipationshandeln und mehrfache Aktivität in NSB	10	7
sonstiges (dabei mind. eine Aktivität in NSB)	14	11
n	4426	2493

Quelle: DJI-Jugendsurvey 1997

* Partizipationshandeln: „schon einmal gemacht" bei den in Tabelle 7.2 genannten Formen (außer den Wahlitems), Aktivität in neuen sozialen Bewegungen: vgl. Abbildung 7.2. Die Abstufungen sind: keine, eine, zwei oder mehr Formen des Partizipationshandelns gemacht; aktiv in keiner, einer, zwei oder mehr Gruppierungen der neuen sozialen Bewegungen.

7.4 Beurteilung von politisch motivierten Gewalthandlungen

Ein weiteres Interesse des Jugendsurveys galt den Einstellungen zu politisch motivierten Aktionen, die tendenziell gewaltorientiert sind. Die entsprechenden Fragen entstammten dabei im wesentlichen den Untersuchungen der „Gewaltkommission" über „Ursachen, Prävention und Kontrolle von Gewalt", insbesondere über „Politische Gewalt und Repression. Ergebnisse von Bevölkerungsumfragen" (Kaase/Neidhardt 1990).[12]

Ohne an dieser Stelle die Problematik des Begriffs der Gewalt zu diskutieren, sollen im folgenden die inhaltlichen Kontexte der Indikatoren erläutert werden. Die Aussagen beziehen sich auf Handlungen, die Phänomene von Gewalt gegen Personen oder auch Sachen einschließen: Damit ist nicht nur physische Gewalt gemeint, in jedem Falle jedoch eine strafbare Handlung. Angesichts der „kognitiven Diffusität des Gewaltbegriffs" (Kaase/Neidhardt 1990: 48) soll eine weite Interpretationsmöglichkeit angenommen werden, so daß auch „illegale Protestaktivitäten" ohne unmittelbare Gewalttätigkeiten mit eingeschlossen werden können (wie man sie etwa dem „Parolensprühen" unterstellen kann[13]). Es geht also darum, Einstellungen zu politischen Handlungen zu erfassen, die noch weiter als bei der Bereitschaft des Typs „unkonventionell-illegal" in den nichtlegalen Bereich gehen: Sie schließen tendenziell gewaltsame Komponenten ein und stellen insofern eine Erweiterung der bisher diskutierten Partizipationsformen dar. Gewaltbilligung wird dabei in einem weiteren Sinne verstanden als die Billigung genau definierbarer Handlungen physischer Gewalt.

Im Jugendsurvey wurden demgemäß zur Ergänzung des Partizipationsrepertoires einige Items aus oben genannten Studien in teilweise modifizierter Formulierung aufgenommen. Dabei ging es um ein Ausloten von Einstellungen gegenüber solchen Gewalt billigenden Verhaltensweisen. Es wurde deshalb nach Bewertungen gefragt, ob solche Formen von Aktivitäten „in Ordnung" oder „nicht in Ordnung" sind mit der zusätzlichen offen-konditionalen Kategorie „hängt von den Umständen ab" (so auch bei Kaase/Neidhardt 1990).[14] Die Antworten (vgl. Tabelle 7.12) lassen erkennen, daß alle gewaltorientierten Aktionsformen bis auf die Blockade eines Atommülltransports von der Mehrheit klar abgelehnt werden: Solche Handlungen werden als „nicht in Ordnung" angesehen. „In Ordnung" finden die Handlungen bis auf die eben erwähnte (und Item E im Osten) weniger als 10% der Befragten. Häufiger wird die unbestimmte konditionale Form „das hängt von den Umständen ab“ gewählt. Dies kann allerdings angesichts der doch recht klaren Beschreibungen, die allemal Illegalität beinhalten, als „voraussetzungsvolle Zustimmung“ verstanden werden.

Einige Differenzierungen sind zu bemerken. Die Verteilung des „Blockade“-Items C unterscheidet sich von den anderen Statements, denn die Besetzungen

Tabelle 7.12:
Beurteilung gewaltförmiger politischer Handlungen (Zeilenprozent)

	in Ordng.	*nicht in Ordng.*	*hängt v. Umst. ab*	***n***
West				
A. *Wenn man Parolen auf Mauern und Hauswände sprüht*	7	70	24	4410
B. *Wenn man sich b. einer Demonstration gg. Übergriffe der Polizei m. Latten o. Steinen zur Wehr setzt*	6	70	23	4407
C. *Wenn man durch einen Sitzstreik einen Atommülltransport blockiert*	32	43	25	4395
D. *Wenn man Asylanten handgreiflich klarmacht, daß sie in ihre Heimat zurückkehren sollen*	3	85	11	4402
E. *Wenn man selbst für Ruhe und Ordnung sorgt, auch wenn dabei Gewalt notwendig sein könnte*	7	68	25	4406
F. *Wenn man bei e. Demonstration mal richtig Krach schlägt, auch wenn dabei einiges zu Bruch geht*	5	81	14	4408
Ost				
A. *Wenn man Parolen auf Mauern und Hauswände sprüht*	4	74	22	2490
B. *Wenn man sich b. einer Demonstration gg. Übergriffe der Polizei m. Latten o. Steinen zur Wehr setzt*	9	58	34	2485
C. *Wenn man durch einen Sitzstreik einen Atommülltransport blockiert*	29	41	30	2486
D. *Wenn man Asylanten handgreiflich klarmacht, daß sie in ihre Heimat zurückkehren sollen*	6	72	22	2489
E. *Wenn man selbst für Ruhe und Ordnung sorgt, auch wenn dabei Gewalt notwendig sein könnte*	11	52	37	2487
F. *Wenn man bei e. Demonstration mal richtig Krach schlägt, auch wenn dabei einiges zu Bruch geht*	5	75	20	2490

Quelle: DJI-Jugendsurvey 1997

der drei Antwortkategorien sind hier eher ausgeglichen. Ablehnend äußern sich in West wie in Ost nur etwa 40% der Befragten. Durchgängig die stärksten Ablehnungen erfahren die Aussage zu Asylanten, die eine fremdenfeindliche Stimmung anspricht, insbesondere im Westen, sowie das Item über das „Krachschlagen" bei einer Demonstration, das eher jugendliches Provokationsverhalten assoziiert. Im Durchschnitt liegt die Ablehnung der Handlungen im Westen höher als im Osten. Nur bei der Aussage zum Parolensprühen ist die Ablehnung im Osten etwas höher. Deutliche Differenzen zwischen beiden Landesteilen sind bei den beiden Items zu finden, die gewaltsame Aktionen aus asylantenfeindlichen Motiven bzw. zur Sicherung von „Ruhe und Ordnung" beschreiben. Die konditionale Zustimmung („hängt von den Umständen ab") ist im Osten hierbei jeweils um 10 Prozentpunkte höher. Tabelle 7.13 zeigt geschlechtsspezifische Unterschiede. Bis auf die Blockade von Atommülltransporten finden jeweils die männlichen Befragten die entsprechenden Handlungen häufiger „in Ordnung" als die weiblichen. Die Differenzen sind im Westen nicht sehr groß, im Osten etwas höher.

Tabelle 7.13:
Beurteilung gewaltförmiger politischer Handlungen nach Geschlecht (in %, die diese „in Ordnung" finden)

	West		*Ost*	
	Männer	*Frauen*	*Männer*	*Frauen*
A. *Wenn man Parolen auf Mauern und Hauswände sprüht*	8	5	6	2
B. *Wenn man sich bei einer Demo. gg. Übergriffe der Polizei mit Latten o. Steinen zur Wehr setzt*	9	4	12	5
C. *Wenn man durch einen Sitzstreik einen Atommülltransport blockiert*	32	33	29	30
D. *Wenn man Asylanten handgreiflich klarmacht, daß sie in ihre Heimat zurückkehren sollen*	5	2	9	3
E. *Wenn man selbst für Ruhe und Ordnung sorgt, auch wenn dabei Gewalt notwendig sein könnte*	10	4	15	6
F. *Wenn man bei einer Demo. mal richtig Krach schlägt, auch wenn dabei einiges zu Bruch geht*	6	3	8	2

Quelle: DJI-Jugendsurvey 1997

Die Akzeptanz von gewaltimplizierenden Aktionen ist also bei den jüngeren Altersgruppen zumeist nicht groß, allerdings auch nicht gänzlich marginal. Unterscheiden sie sich darin von den älteren Jahrgängen in der Bundesrepublik? In der KSPW-Studie von 1993 (vgl. Anhang A.2), die nur in den neuen Bundesländern bei der Wahlbevölkerung durchgeführt wurde, war das Gewaltthema mit acht Situationsitems enthalten, darunter die des Jugendsurveys, in geringfügig variierter Formulierung – außer C „Blockade von Atommülltransporten" und E „selbst für Ruhe und Ordnung sorgen". Man kann mit den Daten der KSPW-Umfrage also Hinweise auf eventuelle altersspezifische Ausprägungen von Haltungen zur Gewaltbilligung erhalten. In einer Sekundäranalyse dieser Daten ergeben sich insgesamt höhere Werte der „nicht in Ordnung"-Kategorie bei den über 29jährigen im Vergleich zu den 18- bis 29jährigen, deutlich geringere dagegen bei der Antwortvorgabe „hängt von den Umständen ab". Bei der Antwortvorgabe „nicht in Ordnung" für A „Parolen sprühen" wie B „mit Latten zur Wehr setzen" liegen die Antworten der 30jährigen und älteren 20 Prozentpunkte über denen der 18- bis 29jährigen. Bei den Items mit sehr hohen Ablehnungsraten wie D „Asylanten zurückschicken" und F „bei Demonstrationen Krach schlagen" ist die Differenz geringer. Die über 29jährigen Befragten in Ostdeutschland lehnen insbesondere Protestformen wie „Parolen auf Mauern sprühen" zu 92% ab, das wohl jugendspezifisch spontaneistisch verstandene „bei Demonstrationen Krach schlagen" zu 89%. Diese KSPW-Ergebnisse können somit als ein Hinweis auf altersspezifische Einstellungen zu solchen Aktionsformen angesehen werden: Ältere Jahrgänge lehnen diese stärker ab als jüngere.

Lassen sich die Aussagen, die ja alle auf die Akzeptanz bzw. Nichtakzeptanz von gewaltimplizierenden öffentlichen Aktionen zielen, zu einer gemeinsamen Dimension bündeln? Die bivariaten Analysen deuten zunächst auf möglicherweise mehr als einen zusammenfassenden Faktor hin. Mit Hilfe einer Hauptkomponentenanalyse soll dies genauer untersucht werden.[15] Die Analyse läßt folgendes erkennen (vgl. den Ladungsplot in der Abbildung 7.3): Die drei Aussagen, die unkonventionelle Protestaktionen beinhalten (C „Sitzblockaden gegen Atommülltransporte", B „sich mit Latten gegen die Polizei zur Wehr setzen", A „Parolen sprühen"), hängen stark zusammen und lassen sich deutlich von den Items D und E trennen, die wohl nicht als Protestaktionen zu verstehen sind. Diese wiederum hängen stärker miteinander zusammen. Dazwischen findet sich das Item F, das eine eher spontaneistische Gewaltvorstellung im Rahmen von Demonstrationen zum Ausdruck bringt. Dieses Item hängt mit

Abbildung 7.3:
*Ladungsplot der Items zur Gewaltbilligung**

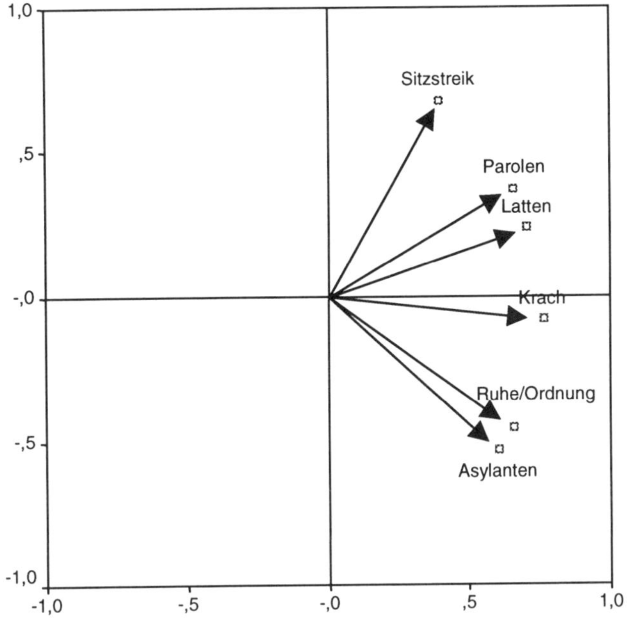

* Der Ladungsplot stellt die Ergebnisse einer (zweidimensionalen) nicht-linearen Hauptkomponentenanalyse graphisch dar. Er ist einfach eine Übertragung der Ladungswerte in einen zweidimensionalen Raum. Er kann wie Ladungsplots bei Faktorenanalysen interpretiert werden (Schnell 1994: 205, 167 f.). Im Plot nahe liegende Punkte (Darstellung der Ladungen einer Variablen) zeigen ähnliche Ladungsmuster. Weit vom Ursprung entfernte Variablen werden gut durch die Komponenten erfaßt, nah beim Ursprung liegende schlecht. Verbindet man die Plotpunkte mit dem Ursprung, so stellen die Winkel zwischen den Vektoren der Variablen eine Annäherung an die Korrelationen zwischen diesen dar: je kleiner der Winkel, desto größer diese Korrelation. So lassen sich zusammengehörige Variablen visuell identifizieren.

den ersten beiden wie auch den drei zuletzt angesprochenen gleichermaßen, aber schwächer, zusammen. Man kann also keine klare Zuordnung zu diesen beiden Gruppen feststellen. Insgesamt bietet es sich somit an, zwei klar differenzierte Dimensionen zu konzipieren und das „unentschiedene“ Item dabei nicht zu berücksichtigen.

Die zusammengehenden Aussagen der ersten Dimension (Sitzblockaden gegen Atommülltransporte, sich mit Latten gegen die Polizei zur Wehr setzen, Parolen sprühen) sind als Ausdruck erweiterter, unkonventioneller Protestformen verstehbar. Es sind Verhaltensweisen, die bereits die Grenzen der Legalität überschreiten, sei es gegen Sachen oder gegen Personen. Aber sie enthalten noch Spuren der Inhalte, die aus den Motiven des politischen Protests herrühren, sei es aus dem Umfeld der Umweltbewegung (Atommülltransporte behindern) oder dem Motiv ungerechtfertigter Staatsaktivitäten (Übergriffe der Polizei). Das Parolensprühen ist zwar inhaltlich neutral formuliert, wird aber wohl dennoch dem Fundus unkonventioneller Kommunikationsformen von antistaatlichen Protestbewegungen zugerechnet – jedenfalls legen die empirischen Zusammenhänge eine solche Interpretation nahe.

Die zweite Dimension der Gewaltakzeptanz beruht jedoch auf anderen Vorstellungen. Hier werden Beziehungen zum Umfeld von rechtspopulistischen Ideen sichtbar, die folgendermaßen charakterisiert werden können: Rechtspopulistische Ideen sprechen latente oder auch offene Ressentiments in der Bevölkerung an oder versuchen, diese zu mobilisieren; sie berufen sich auf die „schweigende Mehrheit", also die nichtorganisierte und daher sich nicht äußernde Bevölkerung, deren Meinung die rechtspopulistisch agierenden Personen oder Gruppen angeblich vertreten, woraus sie ihre (nicht-demokratische) Legitimität zu beziehen behaupten. Sie richten sich gegen die „herrschende Klasse", die rechtsstaatlich getragene Machtpositionen innehat, aber im Grunde nur ihre eigenen Interessen verfolge und auf die Bedürfnisse der Bevölkerung nicht eingehe (Betz 1996, 1998). Ohne die Diskussion um den Rechtspopulismus hier weiterzuführen, lassen sich die beiden zusammengehörigen Aussagen doch in diese Richtung interpretieren. Ressentiments bzw. Fremdenfeindlichkeit verknüpfen sich hier mit einem Zug zur „Selbstjustiz", der ein Mißtrauen gegenüber dem Staatsmonopol auf Gewaltausübung sowie ein Gefühl der Rechtmäßigkeit eines solchen Handelns („selbst für Ruhe und Ordnung sorgen") impliziert. In einem solchen Sinne jedenfalls könnte diese Dimension der Gewaltakzeptanz verstanden werden. So sollen die beiden Dimensionen also als *Gewaltbilligung im Kontext öffentlicher, unkonventioneller Protestaktionen* einerseits und als *rechtspopulistische Gewaltbilligung* andererseits bezeichnet werden.

Die Trennung der beiden Dimensionen, die hier inhaltlich wie empirisch begründbar ist, wurde in früheren Untersuchungen bzw. Operationalisierungen nicht berücksichtigt bzw. empirisch nicht so behandelt. Bei Kaase/Neidhardt (1990) wurde etwa das „Ruhe und Ordnung"-Item in einer etwas schärferen, auf Personen (nicht Staatsbedienstete oder Polizei) bezogenen Form benutzt: „Für Ruhe und Ordnung kämpfen, auch wenn dazu Gewalt gegen andere Mitbürger notwendig ist" (Kaase/Neidhardt 1990: 29). Kaase/Neidhardt sahen sehr wohl, daß damit eine andere Dimension angesprochen wird und bezeichneten das Item als „rechte Gewalt" (ebd.), benutzten es aber in ihrem (additiven) Index „Gewaltbereitschaft" zusammen mit den anderen Items. Da dieses Item auch in den KSPW-Studien (in einer Liste von Partizipationsbereitschaften) enthalten war, wurde es weiter verwendet – etwa in einem Index zur „illegal noninstitutionalized political participation" (Kaase 1997: 20) oder in einer Dimension „unkonventioneller illegaler Partizipation" (Gabriel 1996: 317) zusammen mit anderen, klar als Protestaktionen definierbaren Items. Eine Trennung der Dimensionen, wie sie die oben dargelegte empirische Analyse nahelegt, kann jedoch die einheitliche Vorstellung von Gewaltbereitschaft oder unkonventioneller illegaler Aktionsbereitschaft in Frage stellen, jedenfalls für Jugendliche und junge Erwachsene.

Im folgenden werden diese beiden Dimensionen empirisch getrennt gebildet und Zusammenhänge mit weiteren Merkmalen analysiert.[16] Wie bei den einzelnen Items schon angemerkt, dominiert bei beiden Indices der ablehnende Pol: Die niedrigste Kategorie ist jeweils am stärksten besetzt. Etwa die Hälfte der Befragten im Westen wie im Osten lehnen alle in die Indices eingehenden Aussagen ab. Nur bei wenigen findet sich hinsichtlich beider Indices eine deutliche Zustimmung.

Wie hängen diese beiden Dimensionen mit der Bereitschaft zu politischen Aktionen zusammen, insbesondere denen, die illegale Formen zumindest nicht ausschließen? Es sind sicher Zusammenhänge zu erwarten, aber möglicherweise nicht besonders starke. Es zeigen sich positive Beziehungen (vgl. Tabelle 7.14), die die Trennung der rechtspopulistischen Gewaltbilligung von der protestorientierten als sinnvoll erscheinen lassen. Die Zusammenhänge mit den drei Partizipationsformen, die in Kapitel 7.1 dargestellt wurden, zeigen unterschiedliche Richtungen. Nennenswerte Beziehungen sind bei der protestbezogenen Gewaltbilligung v.a. mit den unkonventionellen Formen der Partizipation zu finden, allerdings sind bei den legalen Formen die Koeffizienten nicht sehr hoch. Die rechtsorientierte Gewaltbilligung hängt dagegen nur mit der unkonventionell-illegalen Partizipationsbereitschaft zusammen, jedoch geringer als die protestbezogene. Damit scheint jedenfalls die Trennung der beiden Dimensionen der Gewaltbilligung eine erste Bestätigung zu erfahren, da sie keine identischen Zusammenhangsmuster mit den verschiedenen Formen der Partizipation aufweisen. Von einer *einheitlichen* Dimension potentieller Gewalt-

Tabelle 7.14:
Korrelationen der Gewaltbilligungsdimensionen mit politischer Beteiligung (Pearsons r)

	Gewaltbill. Protest		*rechtspop. Gewaltbill.*	
	West	*Ost*	*West*	*Ost*
konventionelle Partizipation	.13	.05	.00	-.06
unkonventionell-legale Partizipation	.22	.13	-.04	-.06
unkonventionell-illegale Partizipation	.48	.47	.21	.27
n	4388	2480	4398	2486

Quelle: DJI-Jugendsurvey 1997

orientierung bei Jugendlichen oder jungen Erwachsenen kann somit nicht gesprochen werden. Vielmehr lassen sich empirische Hinweise für die These unterschiedlicher Komplexe in der Neigung zu Gewaltbereitschaft finden, einem, der mehr auf eine Erweiterung des Protests und des zivilen Ungehorsams gründet, und einem anderen, der eher auf einer rechtsorientierten Haltung basiert, die allerdings nicht mit einer Law-and-Order-Mentalität einhergeht, sondern eher auf „Selbstjustiz" mit möglichen Gewaltaktionen gründet (vgl. auch Hoffmann-Lange 1995c).[17]

Zusammenhänge von Gewaltbereitschaft mit dem Lebensalter, dem Geschlecht und dem Bildungsniveau sind erwartbar: Gewaltbereitschaft geht eher mit jüngerem Alter einher und ist eher bei männlichen Personen zu finden (Kaase/ Neidhardt 1990, Hoffmann-Lange 1995c, Schneider 1995). Gilt dies allerdings in gleichem Maße für die beiden differenzierten Dimensionen der Gewaltbilligung? In Tabelle 7.15 ist ein Alterseffekt zu finden: Jüngere, insbesondere die 16-bis 17jährigen, tendieren eher dazu, gewaltimplizierende Aktionen zu akzeptieren. Allerdings sind die Unterschiede nicht sehr groß. Schon Kaase/Neidhardt (1990) konstatierten, daß altersspezifisch vor allem die Differenz der Älteren zu den bis 30jährigen relevant ist. Die oben erwähnten diesbezüglichen Vergleiche in der KSPW-Studie 1993 deuten ebenfalls in eine solche Richtung.

Geschlechtsunterschiede sind stärker bei der rechtsorientierten Gewaltakzeptanzdimension zu finden, vor allem in den neuen Bundesländern. Bei der (nicht in der Tabelle aufgeführten) Ablehnung von Gewalt wird dies noch deutlicher: Während im Osten etwa 38% der männlichen Befragten solche gewaltimplizierenden Aktionen generell nicht in Ordnung finden, tun dies 54% der weiblichen Befragten. Politischer Protest mit möglicher gewaltförmiger Auseinanderset-

Tabelle 7.15:
Gewaltbilligung bei Protestaktivitäten und rechtspopulistische Gewaltbilligung nach Alter, Geschlecht und Bildungsniveau (in %)*

		Gewaltbill. Protest		rechtspop. Gewaltbill.	
		West	Ost	West	Ost
	gesamt	17	18	15	27
Alter	16-17	21	20	22	36
	18-20	16	20	17	29
	21-23	17	19	13	24
	24-26	17	18	13	23
	27-29	16	12	14	25
Geschlecht	männlich	19	22	19	33
	weiblich	14	13	11	21
Bildung	ohne/Hauptschulabschluß	14	21	24	41
	Mittlere Reife/10.POS	14	18	18	31
	Fachhoch./Abitur/EOS	20	17	10	16
	n	4388	2480	4398	2486

Quelle: DJI-Jugendsurvey 1997

* Prozentangaben beziehen sich auf starke Gewaltbilligung: bei Protest mindestens zwei Items „in Ordnung“ oder alle mindestens „unter Umständen in Ordnung“, bei rechtspopulistischer Gewaltbilligung mindestens ein Item „in Ordnung“ oder beide „unter Umständen in Ordnung“.

zung wird von den jungen Männern stärker befürwortet als von den jungen Frauen; im Osten ist die Differenz etwas größer.

Der Bildungsgrad hat einen differenzierenden Einfluß auf die Billigung von gewaltimplizierenden Protestaktionen. Im Westen ist ein geringer positiver Zusammenhang zu sehen: Abiturienten akzeptieren solche Aktionen eher als Personen mit Bildungsabschlüssen unter dem Abitur. Im Osten ist ein solcher Zusammenhang nicht zu erkennen. Anders bei der rechtspopulistischen Gewaltdimension: Hier sind es die Befragten mit Hauptschulabschluß, die solche Aktionen eher in Ordnung finden, im Osten sehr deutlich zu 41% gegenüber Befragten mit Abitur zu 16%. Auch hier deuten sich klar unterschiedliche Bedeutungszusammenhänge bzw., wenn man Bildung im Sinne kultureller Kompetenzen als relevante Disposition für Einstellungen betrachtet, Bedingungszusammenhänge für die beiden unterschiedlichen Gewaltdimensionen an.

Dies wird ebenso deutlich bei der Betrachtung von Zusammenhängen mit zentralen politischen und gesellschaftlichen Positionsbestimmungen, hier erläutert anhand der Links-Rechts-Skala (vgl. Kapitel 6.5) und dem Postmaterialismusindex (vgl. Kapitel 5.1). Tabelle 7.16 enthält die Ergebnisse zu diesen beiden Merkmalen. Bei der Gewaltbilligung im Kontext von Protestaktionen ist insbesondere bei Befragten in den neuen Bundesländern ein kurvilinearer Zusammenhang festzustellen: Während diese Gewaltbilligung in der Mitte gering ist, ist sie bei den „extremen" Selbstverortungen deutlich stärker, im Westen allerdings eher bei den „Linken", im Osten hingegen bei den „Linken" wie bei den „Rechten" (ähnlich Schneider 1995). Bei den rechtsorientierten Einstellungen zu Gewaltaktionen hingegen sind einerseits stärkere Zusammenhänge zu sehen, andererseits eine eindeutige Richtung: Befragte, die sich selbst eher rechts verorten, akzeptieren solche Gewaltaktionen in hohem Maße, während „Linke" dies unterdurchschnittlich tun. In den (kleinen) Gruppen der „extrem Rechten" (Werte 9 oder 10 auf der zehnstufigen Skala) billigen dies im Westen mehr als die Hälfte, im Osten sogar über drei Viertel (bei einer durchschnittlichen Ak-

Tabelle 7.16:
Gewaltbilligung bei Protestaktivitäten und rechtspopulistische Gewaltbilligung nach Links-Rechts-Orientierung und Postmaterialismus (in %)*

		Gewaltbill. Protest		***rechtspop. Gewaltbill.***	
		West	*Ost*	*West*	*Ost*
	gesamt	17	18	15	27
Links-Rechts-Skala	*links*	37	40	11	17
	eher links	21	18	9	16
	Mitte	12	13	13	24
	eher rechts	12	16	24	51
	rechts	19	44	52	77
Postmaterialismus	*materialistisch*	11	14	20	28
	gemischt materialistisch	13	15	18	31
	gemischt postmaterial.	17	17	15	28
	postmaterialistisch	24	27	10	20
	n	4388	2480	4398	2486

Quelle: DJI-Jugendsurvey 1997

* Prozentangaben beziehen sich auf starke Gewaltbilligung: bei Protest mindestens zwei Items „in Ordnung" oder alle mindestens „unter Umständen in Ordnung"; bei rechtspopulistischer Gewaltbilligung mindestens ein Item „in Ordnung" oder beide „unter Umständen in Ordnung".

zeptanz von 15% im Westen und 27% im Osten). In das Bild des eher „rechten Syndroms" bei der rechtspopulistischen Gewaltbilligung paßt auch, daß relativ starke Zusammenhänge zu Fremdenfeindlichkeit (vgl. Kapitel 9.1) existieren, wohingegen bei protestorientierter Gewaltbilligung nur ein geringer negativer im Westen, im Osten überhaupt kein Zusammenhang festzustellen ist.[18] Auch hier zeigt sich also die unterschiedliche Ausrichtung von Gewaltbilligung, die eben nicht unabhängig von den Objekten, auf die sie sich bezieht, zu konzeptualisieren ist.

Ergänzend soll die Bedeutung ideologischer Selbstverortung für die Dimensionen von Gewaltbilligung anhand der Sympathien für rechte bzw. linke Gruppierungen untersucht werden.[19] Dabei handelt es sich um Minderheiten der Befragten (vgl. Tabelle 7.17). Solche ideologisch definierten Gruppen werden meist abgelehnt. Sympathien werden linken Gruppierungen von etwas mehr als einem Zehntel der Befragten entgegengebracht, bei den rechten sind es weniger als ein Zehntel, im Westen sogar nur 5%. Aber bei Sympathisanten zeigen sich doch deutliche Zusammenhänge (vgl. Tabelle 7.18), die mit denen der politischen Selbstverortung anhand der Links-Rechts-Skala korrespondieren. Die Sympathisanten von linken wie rechten Gruppierungen billigen in stärkerem Maße Gewalt bei Protestaktionen, im Westen wie im Osten. Dieser Zusammenhang ist am geringsten im Westen bei der Gruppe der Sympathisanten mit rechten Gruppierungen. Rechtspopulistische Gewaltbilligung ist überdurchschnittlich hingegen vornehmlich bei den Sympathisanten mit rechten Grup-

Tabelle 7.17:
Sympathie mit linken und rechten Gruppierungen (Spaltenprozent)*

		West	*Ost*
Sympathie mit linken Gruppierungen	*Sympathie*	12	14
	keine Sympathie	88	86
	n	4156	2369
Sympathie mit rechten Gruppierungen	*Sympathie*	5	8
	keine Sympathie	95	92
	n	4228	2403

Quelle: DJI-Jugendsurvey 1997

* Sympathie: bei mindestens einer der Gruppierungen „finde ich gut" angegeben, keine Sympathie: „finde ich gut" nicht angegeben. Linke Gruppierungen = „linke Gruppierungen", „Autonome/Anarchos"; rechte Gruppierungen = „rechte Gruppierungen", „Faschos/Neonazis/rechte Skins".

Tabelle 7.18:
Gewaltbilligung bei Protestaktivitäten und rechtspopulistische Gewaltbilligung nach Sympathie mit linken und rechten Gruppierungen** (in %)*

		Gewaltbill. Protest		*rechtspop. Gewaltbill.*	
		West	*Ost*	*West*	*Ost*
	gesamt	17	18	15	27
Sympathie mit linken Gruppierungen	*Sympathie*	41	38	16	23
	keine Sympathie	13	15	15	27
Sympathie mit rechten Gruppierungen	*Sympathie*	24	40	54	75
	keine Sympathie	16	16	13	23
	n	4388	2480	4398	2486

Quelle: DJI-Jugendsurvey 1997

* Prozentangaben beziehen sich auf starke Gewaltbilligung: bei Protest mindestens zwei Items „in Ordnung" oder alle mindestens „unter Umständen in Ordnung"; bei rechtspopulistischer Gewaltbilligung mindestens ein Item „in Ordnung" oder beide „unter Umständen in Ordnung".

** Sympathie: bei mindestens einer der Gruppierungen „finde ich gut" angegeben, keine Sympathie: „finde ich gut" nicht angegeben. Linke Gruppierungen = „linke Gruppierungen", „Autonome/Anarchos", rechte Gruppierungen = „rechte Gruppierungen", „Faschos/Neonazis/rechte Skins".

pierungen zu finden. Zwar sind die Fallzahlen sehr klein, aber die Zustimmung zu gewaltförmigen Aktionen ist deutlich: Im Osten äußern 75% der Sympathisanten von rechten Gruppen eine solche Zustimmung, von den Jugendlichen und jungen Erwachsenen ohne Sympathie sind es hingegen nur 23%. Im Westen liegen die entsprechenden Werte bei 54% gegenüber 13%. Dagegen ist zwischen den Sympathisanten von linken Gruppierungen und den Nichtsympathisanten keine Differenz in der rechtspopulistischen Gewaltbilligung zu sehen – im Osten ist sogar eine im Vergleich zu den bisher betrachteten geringfügig gegenläufige, aber durchaus einsichtige Beziehung festzustellen: Befragte ohne Sympathie zu linken Gruppierungen finden rechtsorientierte Gewalt etwas akzeptabler als Sympathisanten von eher linksorientierten Gruppen. Somit geben diese Ergebnisse dem Bedeutungsfeld der zweiten Gewaltbilligungsdimension als rechtsorientierte eine weitere Begründung.

Für die postmaterialistische gegenüber der materialistischen Wertorientierung zeigen sich klare Zusammenhänge, obwohl sie weniger stark sind als bei der Links-Rechts-Selbsteinstufung: Die protestorientierte Gewaltbilligung ist jeweils höher bei postmaterialistisch Orientierten, gleichermaßen in Ost wie in

West; umgekehrt die rechtspopulistische Gewaltbilligung: Diese ist höher bei materialistisch Orientierten, ebenfalls in Ost wie in West (vgl. Tabelle 7.16).

Insgesamt läßt sich festhalten, daß das Ausmaß der Gewaltbilligung bei Jugendlichen und jungen Erwachsenen gering ist, der weitaus größte Teil lehnt Aktionen mit Gewaltfolgen, egal in welchen politischen Kontexten, ab (vgl. Tabelle 7.12). Die beiden herausgearbeiteten Formen von Gewaltbilligung sind jedoch unterschiedlich profiliert: Die protestorientierte Gewaltbilligung kann als Erweiterung bzw. Verschärfung von unkonventionellen Partizipationsbereitschaften verstanden werden. Sie tritt in eher linken Kontexten auf, ist im Westen tendenziell mit höherer Bildung verbunden, kommt also insgesamt eher aus einem traditionellen linken Umfeld. Dagegen steht eine auf Ressentiments zielende Form von Gewaltbilligung, die insbesondere im Osten mit illegalen Varianten von Protestaktionen verknüpft ist und eine deutliche Rechtsorientierung hat. Sie ist insbesondere in den neuen Bundesländern bei männlichen Personen und solchen mit niedrigen Bildungsabschlüsse stärker verbreitet.

Nicht erfaßt sind hier Vorstellungen, die als Repressionsneigung bezeichnet worden sind. Damit wird die Akzeptanz von Gewaltmaßnahmen staatlicher Organe zur Aufrechterhaltung der öffentlichen Ordnung bezeichnet. Frühere Annahmen gingen dahin, daß rechte Positionen eher solche repressiven Aktionen unterstützten, linke hätten hingegen eher eine Neigung zur politischen Gewalt (so noch bei Kaase/Neidhardt 1990). Dagegen wurde u.a. auch mit den Daten des Jugendsurveys 1992 festgestellt, daß auf der rechten Seite neben der erhöhten Repressionsneigung ebenfalls Gewaltakzeptanz bei politischen Aktionen durch Jugendliche und junge Erwachsene zu beobachten ist (Schneider 1995, Hoffmann-Lange 1995c). Eine Hinwendung zu einer Art Law-and-Order-Mentalität kann im Jugendsurvey 1997 annäherungsweise mit der Bewertung der Aussage „Ich bin gegen eine Diktatur, aber eine starke Hand müßte mal wieder Ordnung in unseren Staat bringen" (vgl. Kapitel 6.3) erfaßt werden. Hierbei ergibt sich ein klarer Zusammenhang mit rechtspopulistischer Gewaltbilligung, die ja diese „starke Hand" des Staates vermißt, was ihr den Vorwand für „Selbstjustiz" liefert. Bei der protestorientierten Gewaltbilligung hingegen ergibt sich ein geringer negativer Zusammenhang zur Forderung nach der „starken Hand": Stärkere protestorientierte Gewaltbilligung ist also tendenziell eher mit der Ablehnung einer solchen Forderung verbunden (im Westen) bzw. hängt gar nicht damit zusammen (im Osten).[20]

So läßt sich also den eher rechten bzw. rechtspopulistischen Gewaltbilligungsvorstellungen in Abgrenzung zu den eher links-protestorientierten eine weitere Interpretation anfügen: Gewaltbilligung und möglicherweise auch Gewaltbereitschaft im rechten Kontext ist verbunden mit der Forderung nach repressiver Staatsaktivität, zugleich aber auch mit der Bereitschaft zur Aktivität in direkten politischen und sogar illegalen Aktionen (so auch Hoffmann-Lange 1995c). Damit sind vornehmlich solche Aktionen gemeint, die ressentimentgeladene rechtspopulistische Vorstellungen beinhalten und die von einem Mißtrauen gegenüber der herrschenden, zu wenig repressiven Demokratie geprägt sind. Die Annahme eines Wandels der jüngeren Rechten, von Forderungen an den Staat nach stärkerer Repression hin zur Tendenz, Gewalt zu billigen und damit das staatliche Gewaltmonopol infrage zu stellen, werden also mit den Ergebnissen des Jugendsurveys bestätigt. Eine solche Haltung zu Gewalt ist jedoch nach unseren Ergebnissen nicht untrennbar mit einer Gewaltbilligung in einem protestorientierten Kontext verknüpft, sondern hat ein durchaus eigenes Zusammenhangsprofil. Allerdings sollte dabei noch einmal betont werden, daß uneingeschränkte Gewaltbilligung nur bei einer kleinen Gruppe von Jugendlichen und jungen Erwachsenen zu finden ist (vgl. Tabelle 7.12).

7.5 Exkurs: „Soll man mit 16 zur Wahl gehen können?"

Die Frage, ob Jugendliche bereits mit Vollendung des 16. Lebensjahrs das Wahlrecht haben sollten, wurde in letzter Zeit sowohl im Wissenschaftsbereich wie auch in der Politik intensiv diskutiert (vgl. u.a. Palentien/Hurrelmann 1998). In der Auseinandersetzung um die Herabsetzung des Wahlalters werden häufig Argumente für und wider in unterschiedlichen Kontexten zumeist in normativer Weise thematisiert. Ein Aspekt dabei sind die rechtlichen Bedingungen oder Erfordernisse: Inwieweit konfligiert eine Absenkung des Wahlalters mit bestimmten rechtlichen Regelungen, insbesondere verfassungsrechtlichen, oder kann sie möglicherweise sogar damit begründet werden? Ein anderer Aspekt betrifft empirische oder normative Voraussetzungen, die als Begründungen für eine Herabsetzung angeführt werden. Diese Argumente kreisen um einen wie auch immer bestimmbaren Begriff von „politischer Reife". Ein dritter Aspekt schließlich befaßt sich mit möglichen Konsequenzen einer solchen Wahlrechtsänderung, die dann je nach Standpunkt und vermuteter spezifischer Parteiorientierung der hinzukommenden Jungwähler als erwünscht oder als unerwünscht angesehen werden.

Eher selten wurde in diesen Diskussionen mit empirischen Ergebnissen argumentiert. Ein Vergleich von 16- bis 17jährigen mit älteren (bis 29jährigen) Jugendlichen und jungen Erwachsenen und weiter mit über 29jährigen Erwachsenen anhand der Daten des DJI-Jugendsurveys 1992 und des ALLBUS 1992 und 1994 (Hoffmann-Lange/de Rijke 1996) war den verschiedenen Einstellungen zur Politik und zu den Parteien in diesen Altersgruppen gewidmet (Bedeutung von Politik, politische Grundorientierungen, Partizipationsbereitschaften, Einstellungen gegenüber politischen Parteien). Die empirischen Ergebnisse erbrachten nur graduelle Unterschiede zwischen den 16- bis 17jährigen Jugendlichen und den jungen Erwachsenen, stärkere hingegen der Vergleich mit den 30jährigen und älteren. Festgestellt wurde das geringere politische Interesse bei den 16- bis 17jährigen gegenüber dem der über 29jährigen. Bei politischen Partizipationsbereitschaften wurden traditionelle und neue, eher unkonventionelle erfragt; hier gab es nur geringe Unterschiede zwischen den noch nicht Wahlberechtigten und den 18- bis 29jährigen. Die Verteilung der Parteipräferenzen differierte zwischen den jüngeren Altersgruppen, als auffälliger jedoch erwies sich eine gegenüber den über 29jährigen andere Struktur: Die Volksparteien und die FDP erhielten bei den jüngeren insgesamt geringere Anteilswerte als bei den über 29jährigen, höhere hingegen die Grünen, aber auch die rechtsorientierte Partei der Republikaner. Die Strukturierung des politischen Einstellungsraums anhand der Zusammenhänge zwischen Parteisympathien und der Links-Rechts-Selbsteinstufung erwies sich auch bei der jüngsten Altersgruppe nur wenig anders als bei den älteren bis 29 Jahre. Von deutlich unterschiedlichen Einstellungen der 16- bis 17jährigen zur Politik im Vergleich zu den nächst Älteren konnte nach diesen Ergebnissen somit nicht gesprochen werden. Befragungen zum Thema der Herabsetzung des Wahlalters selbst gibt es jedoch so gut wie keine – sieht man von den Ad-Hoc-Befragungen ab, die teilweise im Umfeld der Kommunalwahlen in den Bundesländern stattfanden, bei denen 16- bis 17jährige bereits wählen konnten.[21]

Um das Thema der Herabsetzung des Wahlalters aus dem Blickwinkel der 16- bis 29jährigen analysieren zu können, wurde im DJI-Jugendsurvey 1997 eine darauf abzielende Frage gestellt.[22] Die Frage wurde getrennt für Kommunalwahlen, Landtagswahlen, Bundestagswahlen und Europawahlen erhoben. Im folgenden sollen nun ein Überblick über die Antworten und deren Struktur gegeben werden sowie einige Zusammenhänge dieser Antworten mit sozialen Merkmalen und politischen Einstellungen geprüft werden.

Am häufigsten wird die Herabsetzung des Wahlalters bei Kommunalwahlen befürwortet (vgl. Tabelle 7.19). Mit zunehmender Entfernung von diesem politischen Raum (also bei Landtagswahlen, Bundestagswahlen und Europawahlen) reduziert sich die Befürwortung, wird die Ablehnung stärker. Allerdings sind die Differenzen bei den Bundestagswahlen und Europawahlen nicht sehr groß, was darauf hindeutet, daß diese als ähnlich wahrgenommen werden. Die Anteile der indifferenten Kategorie („ist mir egal") bleiben über alle vier Wahlebenen bemerkenswert konstant, im Westen bei 16% bis 19%, im Osten bei etwa 21%. Der West-Ost-Vergleich läßt nur geringe Unterschiede erkennen, die jedoch konsistent sind. Die Voten für eine Herabsetzung des Wahlalters fallen im Osten in allen vier Bereichen etwas geringer aus als im Westen, die Indifferenzkategorie ist dafür stärker. Insgesamt gibt es bei der Kategorie der Ablehnung kaum Ost-West-Unterschiede für alle vier Teilfragen. Geschlechtsspezifische Differenzen gibt es im Westen kaum, im Osten ist die Ablehnung (außer bei den Kommunalwahlen) durch die weiblichen Befragten geringfügig höher (drei bis fünf Prozentpunkte). Der Anteil der fehlenden Angaben bewegt sich im Westen bei etwa 4% bis 6% (von Kommunalwahlen zu Europawahlen), im Osten entsprechend bei 5% bis 7%, ist also nicht übermäßig hoch, wenngleich doch höher als bei den meisten Einstellungsvariablen im Jugendsurvey.

Tabelle 7.19:
Einstellungen zur Herabsetzung des Wahlalters (Zeilenprozent)

	West				*Ost*			
	eher dafür	*eher dageg.*	*ist mir egal*	*n*	*eher dafür*	*eher dageg.*	*ist mir egal*	*n*
Kommunalwahlen	50	35	16	4240	44	35	21	2381
Landtagswahlen	35	49	16	4197	32	46	21	2367
Bundestagswahlen	27	58	15	4194	24	55	21	2348
Europawahlen	26	55	19	4156	22	56	22	2321

Quelle: DJI-Jugendsurvey 1997

Von Interesse ist bei dieser Frage vor allem ein Vergleich der 16- bis 17jährigen, also derjenigen, für die eine solche Änderung des Wahlrechts eine reale Konsequenz haben würde, mit den Älteren. Hier zeigt sich, daß die jüngste Altersgruppe tatsächlich eine stärkere Zustimmung äußert als die anderen; jedoch liegt die Differenz unter zehn Prozentpunkten im Westen, im Osten noch niedriger. Für ein Recht auf Beteiligung an Kommunalwahlen plädieren 58% der 16- bis 17jährigen im Westen und 45% im Osten – hier ist kaum ein Unterschied zu den Älteren vorhanden. Explizit gegen eine Herabsetzung des Wahlalters sind im Westen 23%, im Osten 29%. Der Anteil der 16- bis 17jährigen, die „ist mir egal" angaben, ist für alle vier Ebenen des politischen Raumes im Westen wie im Osten höher als bei den über 17jährigen im Jugendsurvey.

Die Kategorie „ist mir egal" soll etwas genauer betrachtet werden, da mit ihr eine Urteilsenthaltung bei dieser für Jugendliche als relevant erachteten Frage ausgedrückt ist. Auffällig ist, daß im Westen 11% und im Osten 16% aller im Jugendsurvey Befragten diese Kategorie bei allen vier Teilfragen gewählt haben. Es läßt sich für diese Gruppe ein Zusammenhang zum Bildungsniveau feststellen: Bei Befragten mit maximal Hauptschulabschluß ist der entsprechende Anteil doppelt so hoch wie bei Befragten mit Abitur oder Fachabitur (im Westen: 17% gegenüber 8%, im Osten 23% gegenüber 10%). Bezüglich des Alters findet man nur geringe Unterschiede. Möglicherweise zeigt sich in dieser Indifferenzhaltung gegenüber der Frage nach der Herabsetzung des Wahlalters auch ein generelles politisches Desinteresse – entsprechend ist ein Zusammenhang mit dem politischen Interesse in den Daten zu finden (Pearsons r .19 im Westen, .23 im Osten).

Nach der Herabsetzung des Wahlalters war so gefragt worden, daß vier Aspekte sich sukzessive auf weitere politische Einheiten der möglichen Wahl beziehen (kommunaler Raum – Bundesland – Bundesrepublik – Europa). Die Frage ist nun, wieweit sich diese Struktur der zunehmenden Ausweitung des Geltungsbereichs von Wahlmöglichkeiten auch in den Antworten widerspiegelt. Es wäre dann zu erwarten, daß zum einen die Angaben auf die vier Einzelfragen sich durch eine Dimension beschreiben lassen, die als generelle Einstellung zur Herabsetzung des Wahlalters auf 16 interpretiert werden kann. Man könnte darüber hinaus jedoch auch eine ordinal-geordnete Struktur erwarten, wobei die Werte auf dieser Skala eine eindeutige inhaltliche Bedeutung hätten: Eine positive Angabe hieße, bei Kommunalwahlen soll das Wahlalter herabgesetzt werden, zwei Angaben würden bedeuten, dies soll zusätzlich bei Landtagswahlen erfolgen, der Wert drei hieße zusätzlich bei Bundestagswahlen und schließlich der Wert vier, für alle vier Wahlbereiche (einschließlich der Europawahl) würde eine Herabsetzung des Wahlalters auf 16 befürwortet.[23]

Erste explorative Berechnungen im Hinblick auf die Erstellung eines Summenindex ergaben eine Bestätigung der Annahme der Eindimensionalität.[24] Insgesamt läßt sich also von einer relativ klaren Haltung gegenüber der Herabsetzung des Wahlalters für verschiedene Wahlen sprechen, die durch einen zusammenfassenden Summenindex ausgedrückt werden kann. Lassen sich die Werte jedoch auch als kumulativ-eindeutig im Sinne der beschriebenen Charakteristik interpretieren? Hierzu wurden zunächst die vier Items dichotomisiert: Als positive Ausprägung wurde „bin eher dafür" gewertet. Die beiden anderen Antwortalternativen („eher dagegen" und „ist mir egal") wurden zusammengefaßt; sie drücken eine indifferente oder ablehnende Haltung bezüglich der Herabsetzung des Wahlalters aus. Wenn man nun die (derart dichotomisierten) Antworten auf die vier Teilfragen kombiniert, kann man schon an den empirischen Antwortkombinationen ablesen, ob sich die Antworten in den „richtigen" Kombinationen häufen oder ob sie sich (gewissermaßen als Gegenpol) eher gleichmäßig verteilen, also im Extremfall keine der möglichen Kombinationen bevorzugt wird.

Tatsächlich ergeben sich jedoch klare Hinweise auf den kumulativen Charakter eines zusammenfassenden Indexes: Die meisten Antworten lassen sich den fünf geforderten Antwortkombinationen zuordnen, also: keine Zustimmung – Zustimmung bei Kommunalwahlen – zusätzlich bei Landtagswahlen – zusätzlich bei Bundestagswahlen – Zustimmung bei allen vorgegebenen Wahlebenen. In den alten Bundesländern ergeben sich nur 6% Antwortkombinationen, die sich den Kombinationen nicht zuordnen lassen, in den neuen sind es 4%. Diese Ergebnisse lassen sich auch methodisch sichern, und es läßt sich ein Index bilden, der diese vier Wahlebenen zusammenfaßt.[25] Die Werte des Summenindex zur Herabsetzung des Wahlalters auf 16 lassen sich also (bis auf tolerierbare „Fehler") in eindeutiger Weise interpretieren.

Die Einstellung gegenüber einer Herabsetzung des Wahlalters auf 16 läßt sich nunmehr zusammenfassend so beschreiben (vgl. Tabelle 7.20): Im Westen sind 48% gegen eine Herabsetzung bzw. es ist ihnen egal, im Osten sind dies 54%. Die anderen 52% bzw. 46% sind dezidiert „eher für" eine solche Herabsetzung, allerdings mit unterschiedlichem Geltungsbereich. 15% im Westen und 13% im Osten möchten dies auf den kommunalen Bereich beschränken, weitere 11% bzw. 10% auf den kommunalen und den Bereich der Bundesländer. Nur eine geringe Zahl der Befragten geht weiter bis zu Bundestagswahlen, während 22%

Tabelle 7.20:
Herabsetzung des Wahlalters auf 16 (Spaltenprozent)

für eine Herabsetzung des Wahlalters	*West*	*Ost*
nicht dafür bzw.egal	48	54
nur bei Kommunalwahlen	15	13
bei Kommunal- und Landtagswahlen	11	10
bei Kommunal-, Landtags-, Bundestagswahlen	4	3
bei Kommunal-, Landtags-, Bundestags-, Europawahlen	22	19
n	4076	2275

Quelle: DJI-Jugendsurvey 1997

im Westen und 19% im Osten für eine Herabsetzung des Wahlalters auf 16 in allen genannten Ebenen sind[26].

Wie könnte die Zustimmung zu einer Herabsetzung des Wahlalters auf 16 begründet sein? Die Formulierung („Soll man mit 16 zur Wahl gehen können?") klingt wie eine normative Vorstellung. Allerdings ist sie sicher nicht zu vergleichen mit dem in der Wahlforschung gebräuchlichen Konzept einer Wahlnorm, das im Hinblick auf Wahlverhalten statt eines rationalen Entscheidungsprozesses eine verinnerlichte normative Vorstellung annimmt. Voraussetzung dabei sind jedoch die in der Bundesrepublik geltenden Regelungen zu Wahlen, die das Recht zu (passivem oder aktivem) Wählen bestimmen, aber eben keine Wahlpflicht beinhalten. Die Wahlnorm gilt dann als ein Faktor, der die konkrete Wahlbeteiligung bedingen kann. Demgegenüber zielt die Frage nach der Zustimmung zur Herabsetzung des Wahlalters zunächst auf die Erweiterung des Rechts zur fundamentalen verfassungsmäßigen Beteiligungsform in einer Demokratie und nicht, jedenfalls nicht direkt, auf die Ausgestaltung dieses Rechts durch die Individuen.

Zudem werden – bis auf die 16- bis 17jährigen – die Antworten von Personen gegeben, für die dies kein unmittelbar eigenes Problem ist, da sie bereits über das Wahlrecht verfügen. Die Antworten sind somit weniger als Bewertungen einer normativen Vorstellung anzusehen, die für sie selbst gelten (wie bei der Wahlnorm als Frage nach der „Pflicht eines Staatsbürgers zu wählen"), sondern wohl eher als Bewertung politikrelevanter Eigenschaften von 16- bis 17jährigen. Es drückt sich darin ein Bild von Jugend, bezogen auf die Relevanz von Politik aus, das nicht unbedingt vom eigenen Standpunkt zur Politik begründet sein muß. Ein direkter Bezug ist somit eher von den Betroffenen selbst (also von den 16- bis 17jährigen) zu erwarten.

Tabelle 7.21 enthält die Antworten differenziert nach Altersgruppen. Man sieht, daß nur die 16- bis 17jährigen Befragten nachhaltiger für die Herabsetzung des Wahlalters votieren. Im Westen sind es 63% in dieser Gruppe (gegenüber 52% insgesamt, wobei die anderen Altersgruppen nur geringfügig variieren), die stärkere Befürwortung gilt dabei der weitesten Form der Wahlmöglichkeit (Bundestags-, EU-Wahlen). Im Osten sind die Differenzen hingegen nur gering: Hier sind 50% der Jüngeren generell für eine Herabsetzung, im Vergleich zu 46% insgesamt. So kann man wohl eher von einem moderaten Effekt des Alters sprechen, der, wie zu erwarten, von der jüngsten, der „betroffenen" Altersgruppe ausgeht.

Tabelle 7.21:
Herabsetzung des Wahlalters auf 16 nach Altersgruppen (Spaltenprozent)

	für eine Herabsetzung des Wahlalters	*Alter* 16-17	*18-20*	*21-23*	*24-26*	*27-29*	*gesamt*
West	*nicht dafür/egal*	37	46	50	50	52	48
	dafür Kommunal-, LT-Wahl	27	32	27	23	24	26
	dafür bis BT-, EU-Wahl	36	23	23	27	24	26
	n	470	699	733	951	1223	4076
Ost	*nicht dafür/egal*	50	56	53	53	58	54
	dafür Kommunal-, LT-Wahl	24	26	21	23	21	23
	dafür bis BT-, EU-Wahl	26	18	25	24	21	23
	n	366	507	387	473	543	2276

Quelle: DJI-Jugendsurvey 1997

Könnte das politische Bewußtsein, die Bedeutung von Politik für das eigene Leben bei der Bewertung der Herabsetzung des Wahlalters eine Rolle spielen? Ein eindeutiges Votum ist hier, wie oben angedeutet, nicht zu erwarten: Sehr wohl können politisch stark Interessierte (und Aktive) sich gegen eine solche Änderung des Wahlrechts aussprechen, nicht weil sie gegen Beteiligungsmöglichkeiten von Jugendlichen generell sind, sondern weil sie bestimmte Voraussetzungen hierfür annehmen, die sie bei den Jüngeren noch nicht sehen (vgl. zu den allgemeinen Argumenten hierzu Knödler 1996).

In Tabelle 7.22 finden sich die Angaben aller Befragten zur Wahlaltersherabsetzung nach ihrem politischen Interesse. Es zeigt sich ein klarer Zusammenhang: Im Westen sind die Jugendlichen und jungen Erwachsenen mit starkem politischen Interesse zu 63% der Überzeugung, daß man bereits ab 16 zu einer Wahl gehen können sollte, diejenigen mit geringem politischen Interesse sind es nur zu 43%. In den neuen Bundesländern liegen die entsprechenden Werte bei 56% bzw. 39%. Betrachtet man diesen Zusammenhang nur für die 16- bis 17jährigen, so erhält man ebenfalls den hier zu vermuteten Effekt: Politisch Interessierte befürworten stärker eine Herabsetzung des Wahlalters als politisch wenig Interessierte. In der Kombination von jüngerer Altersgruppe und politischem Interesse erhält man die höchsten Befürwortungswerte (allerdings sind die Fallzahlen dabei gering).[27] Weiter hängt die Bereitschaft zur politischen Beteiligung mit der Zustimmung zur Wahlaltersherabsetzung zusammen, naheliegenderweise die Bereitschaft zu konventioneller Beteiligung etwas stärker. Bei den 16- bis 17jährigen sind fast 70% derjenigen, die hier zu starker Partizipation bereit sind, auch explizit für eine solche Veränderung des Wahlsystems. Die Bejahung der Herabsetzung des Wahlalters scheint also eine stärkere Zuwendung zur Politik zur Voraussetzung zu haben. Ob umgekehrt wiederum eine Herabsetzung des Wahlalters eine Politisierung bewirkt, wie etliche Befürworter annehmen, kann auf der Grundlage unserer Daten nicht beurteilt werden.

Ein kurzer Blick auf Parteisympathien, wie sie im Kapitel 6.5 diskutiert sind, zeigt keine großen Unterschiede: Bei den meisten dort aufgeführten Befragten

Tabelle 7.22:
Herabsetzung des Wahlalters auf 16 nach politischem Interesse (Spaltenprozent)

	für eine Herabsetzung des Wahlalters	***politisches Interesse*** *stark*	*mittel*	*gering*	***gesamt***
West	*nicht dafür/egal*	38	48	57	48
	dafür Kommunal-, LT-Wahl	31	27	21	26
	dafür bis BT-, EU-Wahl	32	25	22	26
	n	1039	1711	1264	4014
Ost	*nicht dafür/egal*	43	53	61	54
	dafür Kommunal-, LT-Wahl	28	24	20	23
	dafür bis BT-, EU-Wahl	28	23	19	23
	n	401	988	853	2242

Quelle: DJI-Jugendsurvey 1997

mit Parteipräferenzen (zu den Parteien CDU/CSU, SPD, FDP, Grüne, PDS und Republikaner) liegen die Anteile der Befürworter in der Nähe des Durchschnitts (im Westen 52%, im Osten 46%). Nur die Anhänger der Grünen im Westen liegen deutlich darüber mit 63% (die PDS-Anhänger liegen zwar noch darüber, aber die Fallzahlen sind hier zu gering, um eine solche Aussage empirisch abgesichert treffen zu können). In den neuen Bundesländern hingegen ist dies nicht so klar zu erkennen; bei den Grünen liegen die Befürworter nur fünf Prozentpunkte über dem Gesamtwert, bei der PDS 7 Prozentpunkte. Starke „parteipolitische" Differenzen (im Sinne der in Kapitel 6.5 definierten Weise) sind in der Frage der Herabsetzung des Wahlalters nicht festzustellen.

Insgesamt kann also gesagt werden, daß politisches Interesse in einem weiten Sinne nicht nur Voraussetzung für politisches Engagement generell ist (vgl. Kapitel 7.1 bis 7.3), sondern auch mit der Befürwortung einer erweiterten Beteiligung jüngerer Altersgruppen in der verfaßten Form der Wahlen einhergeht. Was auch immer hinter der geäußerten Befürwortung stehen mag, aus den hier berichteten Ergebnissen ist keine überwältigende Zustimmung zu einer Herabsetzung des Wahlalters auf 16 bei den Jugendlichen und jungen Erwachsenen in der Bundesrepublik zu erkennen. Bei den bereits Wahlberechtigten sind es etwa ein Drittel, die, zumindest für Kommunalwahlen, eine solche Regelung explizit ablehnen. Die Zustimmung bei den 16- bis 17jährigen hingegen ist im Westen mit 63% stärker, im Osten mit 50% geringer: Auch in der eigentlich relevanten Altersgruppe sind die Ansichten insgesamt offensichtlich geteilt. Eindeutige Hinweise für die Diskussion um die Herabsetzung des Wahlalters sind somit von den Betroffenen insgesamt nicht zu erhalten, allenfalls von den politisch interessierten Betroffenen.

7.6 Zusammenfassung

Eindeutig steht für die jungen Menschen die Bereitschaft zur Beteiligung an Wahlen nach wie vor an erster Stelle der politischen Artikulationsformen. Obwohl in Wahlanalysen eine abnehmende Wahlbeteiligung von Jungwählern konstatiert wird, ist nach den Ergebnissen des Jugendsurveys hinsichtlich der diesbezüglichen Bereitschaft für den weitaus größten Teil das Wählen die wichtigste und selbstverständlichste Form politischer Einflußnahme. Dabei ist allerdings die Frage, ob Jugendliche bereits mit Vollendung des 16. Lebensjahrs das Wahlrecht haben sollten, noch immer umstritten. Von den 16- bis

29jährigen selbst wird am häufigsten die Herabsetzung des Wahlalters bei Kommunalwahlen gewünscht, im Osten jedoch durchgängig etwas geringer als im Westen. Ein Vergleich der 16- bis 17jährigen, also derjenigen, für die eine solche Änderung des Wahlrechts eine reale Konsequenz haben würde, mit den 18- bis 29jährigen zeigt eine stärkere Befürwortung durch die Erstgenannten. Die nicht wahlberechtigten Jugendlichen sehen sich also entgegen Fremdzuschreibungen selbst teilweise durchaus als politisch weitgehend kompetent. Dabei wird eine Herabsetzung des Wahlalters am stärksten von den politisch Interessierten gewünscht.

Betracht man unterschiedliche Typen politischer Partizipation im Zeitvergleich, so zeigten sich hinsichtlich der konventionellen Beteiligungsbereitschaft im Jahre 1992 keine West-Ost-Unterschiede. Dagegen liegt im Jahre 1997 diese Bereitschaft im Westen um 10 Prozentpunkte höher als im Osten. Dies ist auf eine Zunahme im Westen und eine Abnahme im Osten zurückzuführen. Bei den unkonventionell-legalen Bereitschaften reduziert sich die Differenz von 1992 durch die Abnahme im Osten, so daß keine West-Ost-Unterschiede mehr vorliegen. Die unkonventionell-illegale Partizipationsbereitschaft entwickelt sich ähnlich wie die unkonventionell-legale, wenngleich mit wesentlich niedrigeren Ausprägungen: Die höheren Werte von 1992 im Osten reduzieren sich bis 1997, liegen allerdings noch etwas über denen im Westen. Entsprechend der Differenzen im politischen Interesse ist die Bereitschaft zu konventioneller Partizipation in den alten Bundesländern deutlich höher als in den neuen Bundesländern. Durchgängig gilt aber: je höher das politische Interesse, desto mehr Bereitschaft besteht zu konventioneller politischer Partizipation. Einen ganz erheblichen Einfluß hat dabei in beiden Landesteilen der Bildungsabschluß. Außerdem ergibt sich eine Zunahme mit steigendem Alter. Ähnlich wie bei der konventionellen politischen Partizipation liegen die Zusammenhänge mit sozioökonomischem Status und politischen Orientierungen bei der unkonventionell-legalen politischen Partizipation. Auffallend ist aber, daß die Ost-West-Unterschiede schwächer sind. Die Bereitschaft, sich an unkonventionellen politischen Aktivitäten zu beteiligen, ist in beiden Landesteilen annähernd gleich hoch. Dagegen ist die Bereitschaft zu unkonventionell-illegaler politischer Partizipation in den neuen Bundesländern etwas höher als in den alten. In Ost und West wird ein solches Verhalten eher von männlichen und jüngeren Befragten in Erwägung gezogen.

Eine zunehmende Distanz gegenüber den bestehenden gesellschaftlichen Möglichkeiten kontinuierlicher und verbindlicher Beteiligung kommt in den abnehmenden Mitgliedschaften zu Ausdruck: Schon in einem für gesellschaftliche Entwicklungen so kurzem Zeitraum wie zwischen 1992 und 1997 gab es einen deutlichen Rückgang bei den Mitgliedschaften in traditionellen Organisationen, Vereinen und Verbänden. Besonders klar kommt diese Tendenz in dem gewachsenen Anteil derjenigen zum Ausdruck, die in überhaupt keiner solchen Organisation Mitglied sind. Nunmehr sind etwa die Hälfte im Westen und knapp zwei Drittel im Osten nicht in organisatorisch verfestigte intermediäre Strukturen eingebunden. Diese Ergebnisse verweisen einerseits im Sinne der Individualisierungsthese auf die nachlassende Integrationskraft traditioneller Institutionen im Westen und andererseits auf eine „Organisationsmüdigkeit" sowie die sinkende Attraktivität westlich geprägter Organisationen im Osten.

Entgegengesetzt zu solchen Rückzugstendenzen existiert aber eine stabil hohe Aufgeschlossenheit für eine Beteiligung an informellen politischen Gruppierungen und neuen sozialen Bewegungen: Den meisten organisatorisch offenen, themenspezifischen und basisorientierten Gruppen (Umweltschutz-, Friedens- und Dritte-Welt-Initiativen, Kernkraftgegner sowie Menschenrechts- und Selbsthilfegruppen) wird breite Sympathie entgegengebracht. Die noch im Jahre 1992 im Vergleich zum Westen geringeren Zustimmungswerte der Ost-Befragten z.B. zu Kernkraftgegnern und Selbsthilfegruppen infolge des damals dort noch geringeren Bekanntheitsgrades haben inzwischen „Westniveau" erreicht.

Eine eindeutige Ablehnung erfahren dagegen Gruppierungen, die an den Rändern des politischen Spektrums stehen oder auch Gewalt als Konfliktlösungsstrategie befürworten: Autonome/Anarchos und Faschos/Neonazis. Auch die Akzeptanz von politischen Aktionen, die tendenziell gewaltorientiert sind, ist äußerst gering, wenngleich die konditionale Zustimmung („unter Umständen in Ordnung") höher ist als bei Erwachsenen. Bei der Gewaltbilligung können zwei Formen unterschieden werden: eine, die als Erweiterung von politischem Protest im Kontext öffentlicher Aktionen aufgefaßt werden kann, und eine andere, die als rechtspopulistisch motivierte Gewaltbilligung verstanden werden kann. Diese beiden Dimensionen sind spezifisch mit anderen Merkmalen verbunden: Protestorientierte Gewaltbilligung hängt mit konventioneller, unkonventionell-legaler und am stärksten mit unkonventionell-illegaler Partizipationsbereitschaft zusammen, rechtspopulistische Gewaltbilligung hingegen nur mit unkonventionell-illegaler. Postmaterialistische Orientierungen sind stärker ausgeprägt bei protestorientierter Gewaltbilligung, materialistische Orientierungen dagegen bei rechtspopulistischer Gewaltbilligung. Und diese findet sich eher bei jüngeren männlichen Befragten mit niedrigem Bildungsniveau im Osten.

Anmerkungen

1 Als tatsächliches politisches Handeln kommt z.B. das Wählen für die meisten der Befragten unter 18 Jahren noch nicht in Betracht, und bestimmte Partizipationsgelegenheiten (wie die Übernahme bestimmter Funktionen in einer Partei oder Gewerkschaft) ergeben sich erst mit zunehmendem Alter. Andererseits kann aber auch davon ausgegangen werden, daß es zu bestimmten Aktivitäten im Regelfall nur dann kommt, wenn entsprechende Verhaltensbereitschaften auch vorhanden sind. Außerdem können auch schon die geäußerten Verhaltensbereitschaften ein Bild darüber vermitteln, welche Vorstellungen und Bewertungen die Befragten von sich als politische Akteure entwickeln. Deshalb, und auch wegen der durch die höhere Ausprägung der Partizipationsbereitschaft gegebenen methodischen Vorteile, werden wir diese für verschiedene Analysen heranziehen. Zudem läßt sich aufgrund unterschiedlicher Frageformen beim tatsächlichen Verhalten kein Vergleich von 1992 und 1997 vornehmen.

2 Eine ähnliche Unterscheidung trifft auch Burchard (1998), bezogen auf eine Analyse realer Protestformen, wobei insbesondere der zuweilen unklare Legalitätsstatus bestimmter Aktionen, die sie „direkt, konfrontativ" nennt (wie Blockaden, Behinderungen bei Streiks, bewußte Regelverletzungen), deutlich gemacht wird.

3 Da es sich bei der Frage nach der politischen Beteiligung um einen der zentralen Themenkomplexe im Kontext des DJI-Jugendsurveys handelt, haben wir, wie bereits erwähnt, die Frage voll repliziert. Die Frageformulierung lautete folgendermaßen: „Angenommen, Sie möchten politisch in einer Sache, die ihnen wichtig ist, Einfluß nehmen bzw. Ihren Standpunkt zur Geltung bringen. Welche der Möglichkeiten kommen für Sie in Frage und welche nicht?" Nachdem die Befragten eine Liste mit 21 Items der unterschiedlichen möglichen politischen Beteiligungsformen (vgl. Tabelle 7.1.) durchzugehen und jeweils anzugeben hatten, welche der Beteiligungsformen für sie in Frage käme und welche nicht, wurden sie anschließend gebeten, mitzuteilen, was sie davon tatsächlich schon gemacht bzw. nicht gemacht haben.

4 Demonstrationen sind genaugenommen nicht genehmigungspflichtig, sondern müssen nur angemeldet werden. Wenn sie nicht angemeldet wurden, oder wenn Auflagen (Ort, Zeit) nicht eingehalten werden, gelten sie als illegal. Umgangssprachlich wird dann von einer „nicht genehmigten" Demonstration gesprochen.

5 Konfrontative Formen der Interessenartikulation können nach psychologischer (Guggenbühl 1998) und kulturvergleichender Gender-Forschung (Kersten 1999) Gelegenheiten für spezifische Varianten der Inszenierung von Männlichkeit darstellen.

6 Die Zusammenfassung erfolgt empirisch mit Hilfe explorativ verstandener Hauptkomponentenanalysen, da es sich um dichotome Variablen handelt, sowie Clusteranalysen über die Variablen, welche die Einschränkungen des faktorenanalytischen Zugangs nicht haben (vgl. auch Uehlinger 1988), sowie nach inhaltlichen Gesichtspunkten. In Tabelle 7.3 sind die Ladungen der Hauptkomponentenanalysen für Ost und West angegeben (Ladungskoeffizienten unter .30 sind nicht aufgeführt). Sie sind hier als rein heuristische Hilfsmittel zu verstehen (vgl. Kim/Mueller 1978, Bortz 1999: 508, Uehlinger 1988).

7 Dabei gilt generell: „… boundaries between legal and illegal forms of non-institutionalised action are not always clearly drawn and can be crossed in mobilisation processes" (Kaase 1997: 18).

8 Die Bereitschaft zur „Beteiligung an einem Boykott" läßt sich empirisch nicht eindeutig zuordnen, und auch in der Formulierung bleibt unklar, „ob damit nur die legale oder auch die illegale Variante gemeint ist" (Braun u.a. 1989, zum ALLBUS 1988). Das Item wird deshalb bei der Typenbildung nicht berücksichtigt.

9 Die Bereitschaft zur „Mitarbeit in einer Bürgerinitiative" korreliert zusätzlich mit konventionellen Formen, sie soll aber wegen dem weniger traditionellen Charakter von Bürgerinitiativen (vgl. oben die Definition von Opp/Sievers 1998) nicht den institutionalisierten Aktivitäten zugeordnet werden. Trotz der empirisch vorhandenen, wenn auch nicht eindeutigen Assoziation des Items „in einem Mitbestimmungsgremium mitarbeiten" mit dem unkonventionell-legalen Bereich wird es ebenfalls aus inhaltlichen Gründen nicht berücksichtigt, da es kaum als „unkonventionell" verstanden werden dürfte.

10 Nicht ganz eindeutig fügt sich hier das Item „eine Partei/Bürgerinitiative/politische Gruppierung mit Geldspenden unterstützen" ein. Es wird jedoch miteinbezogen, da es empirisch hauptsächlich mit den anderen konventionellen Beteiligungsformen zusammenhängt. Das Item „in einer anderen politischen Gruppierung mitmachen" läßt sich zwar empirisch am ehesten den konventionellen Formen zuordnen; seiner inhaltlichen Unbestimmtheit wegen soll dies hier jedoch unterbleiben. Die „Teilnahme an öffentlichen Diskussionen" wird nicht aufgenommen, da dieses Item sich empirisch nicht eindeutig zuordnen läßt (vgl. Tabelle 7.3).

11 Unter strengen Replikationsgesichtspunkten ist zu bedenken, daß in der Listenvorgabe für die Befragten 1997 die „Freiwillige Feuerwehr" in der Klammer als zusätzliches Beispiel gegenüber 1992 aufgeführt war.

12 Im Zentrum stand bei der „Unabhängigen Regierungskommission zur Verhinderung und Bekämpfung von Gewalt (Gewaltkommission)" die Thematik politisch motivierter Gewalt. Einbezogen wurden dort die „klassischen" Partizipationsstudien der Political-Action-Forschungsgruppe (Erhebungen 1974–76 und 1979–81) sowie die Studie „Jugend und Staat" (Erhebungen 1980 und 1985). Darüberhinaus wurde eine

eigene Umfrage im Frühjahr 1989 durchgeführt, in der zusätzliche Fragen aufgenommen wurden, die dem Begriff der Gewalt und der Billigung von öffentlichen Aktionen, die Gewalt explizit enthielten, gewidmet waren. Zusätzlich zu den Aussagen über solche Aktionen wurde gefragt, inwieweit man in diesen Situationen von Gewalt oder Gewaltanwendung sprechen kann, um so das Gewaltverständnis der Befragten direkt zu erfassen (Kaase/Neidhardt 1990).

13 Bei Kaase/Neidhardt 1990 wird das Item „Parolen auf Häuserwände sprühen“ von den Befragten, die für sich einschätzen sollten, ob dieses Handeln „zu Gewalt zählt“, zu nur 30% als Gewalt bezeichnet, aber dennoch in ähnlich hohem Maße wie andere deutlich gewalttätigere Handlungen als „nicht in Ordnung“ bewertet.

14 Die Frage im Jugendsurvey 1997 lautete: „Es gibt eine Reihe von politischen Handlungen und Situationen, die man unterschiedlich beurteilen kann. Sagen Sie mir bitte zu jeder Handlung auf dieser Liste, ob Sie diese in Ordnung finden oder nicht in Ordnung finden, oder hängt dies von den Umständen ab?“ Zur Formulierung der Items vgl. Tabelle 7.12.

15 Dabei wurde statt auf die herkömmliche auf die nicht-lineare Hauptkomponentenanalyse zurückgegriffen, vgl. Anhang A.2. Im Rahmen der Programme zur Analyse nicht-metrischer Daten in SPSS-Categories ist eine solche verfügbar.

16 Die Konstruktion erfolgt über eine nichtlineare Hauptkomponentenanalyse der jeweiligen Items; die erste Hauptkomponente wird dabei als Zusammenfassungsvariable der Dimension verwendet. Interessanterweise ergeben sich bei einer alternativen direkten Konstruktion, bei der die drei ordinal geordneten Werte der Variablen einfach aufsummiert werden, überaus hohe Korrelationen mit den „korrekt“ gebildeten Indices: .95 bei der gewaltorientierten Protestakzeptanz, .99 bei der Gewaltbilligung rechtspopulistischer Aktionen. Gleiches findet man bei Dimensionsvariablen, die durch eine konventionelle Hauptkomponentenanalyse gewonnen werden. Dies spiegelt eine gewisse Konsistenz der ordinalen Urspungsvariablen wider wie möglicherweise auch die Tatsache, daß bei einer großen Fallzahl differenzierte Verfahren nicht unbedingt eine entscheidend größere Effizienz bei Indexkonstruktionen besitzen, jedenfalls solchen, die nur wenige Variablen berücksichtigen. Die Korrelation der beiden Dimensionen miteinander ist im Westen .24, im Osten .35.

17 Das Item „bei einer Demonstration richtig Krach schlagen…“ zeigt einen relativ starken Zusammenhang zur unkonventionell-illegalen Partizipationsbereitschaft, keinen zu den beiden anderen Partizipationsformen, wird somit vielleicht am ehesten als weniger politisch intendierte „Lust“ an Krawallaktionen verstanden.

18 Pearsons r liegt für die rechtspopulistische Gewaltbilligung und Fremdenfeindlichkeit im Westen bei .39, im Osten bei .40, für die protestorientierte Gewaltbilligung entsprechend bei -.10 und .01.

19 In der Frageliste nach Sympathien und Aktivitäten in informellen Gruppierungen (vgl. Kapitel 7.3) waren die folgenden Kategorien enthalten: „rechte Gruppierungen" sowie „Faschos/Neonazis/rechte Skins" bzw. „linke Gruppierungen" sowie „Autonome/Anarchos". In den folgenden Tabellen werden sie jeweils in „rechte Gruppierungen" bzw. „linke Gruppierungen" zusammengefaßt. Unter „Sympathie" werden die drei Antwortkategorien „finde ich gut, arbeite aktiv mit", „finde ich gut, besuche ab und zu mal ein Treffen" und „finde ich gut, mache aber nicht mit" subsumiert, unter „keine Sympathie" die restlichen („finde ich weder gut noch schlecht", „lehne ich ab"). Nicht zugeordnet wurde, wer alle Gruppierungen nicht kannte.

20 Die Korrelationskoeffizienten (Pearsons r) sind: Forderung nach autoritärer Staatsform mit rechtspopulistischer Gewaltbilligung .25 im Westen und .23 im Osten; mit protestorientierter Gewaltbilligung -.14 bzw. -.03.

21 Ein solches kommunales Wahlrecht existiert derzeit (Anfang 2000) in folgenden Bundesländern: Niedersachsen, Schleswig-Holstein, Sachsen-Anhalt, Nordrhein-Westfalen, Hessen und Mecklenburg-Vorpommern.

22 Sie lautete: „Wie Sie vielleicht gehört haben, durften in einigen Bundesländern Jugendliche bereits ab 16 Jahren wählen. Was meinen Sie: Soll man mit 16 Jahren zur Wahl gehen können, sind Sie eher dafür oder sind Sie eher dagegen?" Die Antwortkategorien lauteten „bin eher dafür", „bin eher dagegen" und „ist mir egal".

23 Anders als bei der üblichen Interpretation von Summenindices, bei denen die Zusammensetzung identischer Ausprägungen durch unterschiedliche Items erfolgen kann, würde also gelten: „Die Interpretation eines Skalenwertes ist eindeutig, aus dem Skalenwert läßt sich das Reaktionsmuster vollständig reproduzieren." (Schnell/Hill/Esser 1999: 190). Allerdings wird dieser Typ von Skala, eine Guttman-Skala, in den Sozialwissenschaften sehr selten benutzt, weil nur selten Items gefunden werden, die den geforderten Bedingungen genügen. Da jedoch durch die Frageformulierungen der Unterfragen nach der Herabsetzung des Wahlalters eine solche Struktur angelegt ist, soll ein Versuch in dieser Richtung unternommen werden.

24 Hauptkomponentenanalysen, getrennt nach West und Ost über die vier Items, ergaben für die erste Hauptkomponente jeweils Werte erklärter Varianz von 80% im Westen und 82% im Osten, die Ladungen der Items auf dieser Hauptkomponente waren alle über .85. Es verwundert daher auch nicht, daß die Berechnung der Reliabilität Werte von Cronbachs alpha .91 im Westen und .93 im Osten ergaben.

25 Das Modell der Guttman-Skala entspricht dieser Datenlage und erlaubt die Bewertung für eine gelungene Skalierung (vgl. Schnell/Hill/Esser 1995: 186 ff., Nie et al. 1975: 528 ff.). Ein Koeffizient der Bewertung ist der Reproduzierbarkeitskoeffizient, der ein Maß für die Abweichung vom „reinen" Modell durch „falsche" Kombinationen darstellt. Dieses Gütekriterium sollte einen Wert nicht unter .90 haben (was etwa einem Fehlerbereich von 10% möglicher Antworten entspricht). Ein weiteres

Kriterium wird durch einen „coefficient of scalability“ vorgeschlagen, der nicht unter .60 liegen soll. Die Werte des hier betrachteten Indexes liegen im klar akzeptablen Bereich: Der Koeffizient der Reproduzierbarkeit ist im Westen wie im Osten .97, der Skalierbarkeitskoeffizient .91.

26 Bei 8% der Befragten ergaben sich fehlende Werte für den Index; das sind fast ausschließlich solche, die auf mindestens eine der vier Fragen „weiß nicht“ geantwortet haben (davon etwa zwei Fünftel bei allen vier Fragen).

27 Auch andere Einflußgrößen zur politischen Beteiligung bzw. Beteiligungsbereitschaft wie Bildungsabschluß und postmaterialistische Orientierungen zeigen, wenngleich teilweise nicht sehr starke, entsprechende Effekte.

8

Nationale Identität

Corinna Kleinert

8.1 Der Wandel kollektiver Identitäten im Zuge der Globalisierung

Neuere Entwicklungen

Kollektive Identitäten im allgemeinen können als intersubjektiv geteilte Identifikationen von Individuen verstanden werden. Ausschlaggebend für Identität ist also das Gefühl der Zugehörigkeit zu einem Kollektiv, der Ähnlichkeit und Zusammengehörigkeit sowie die Anerkennung einer Gemeinschaft, die die Identität bestimmt. In den letzten zwei Jahrhunderten wurde die Idee der *Nation* zum dominierenden Konzept, um solche kollektiven, öffentlichen Zugehörigkeiten festzulegen. Die praktische Umsetzung dieses Konzepts erfolgte in der Organisation in Nationalstaaten, was die Vorstellung festigte, daß „Staat" und „Nation" untrennbar miteinander verbunden seien. Doch während der Staat eher auf Regierungsausübung, auf bürokratische Effizienz und territoriale Ansprüche zielt, ist die Idee der Nation vor allem darauf gerichtet, eine emotionale Bindung der Bürger zum Staat herzustellen (vgl. Berezin 1999: 232). Ein solches Gefühl der Zugehörigkeit, eine nationale oder politische Identität wird aus politikwissenschaftlicher Perspektive vor allem als notwendig erachtet, um sinnvoll am Gemeinwesen zu partizipieren, also um sich politisch zu beteiligen und den Staat zu unterstützen (vgl. Berezin 1999).

Während des 20. Jahrhunderts war die Idee der Nation das vorherrschende Konzept zur Ordnung von Staaten; die nationale Identität war bei den meisten Menschen selbstverständlich verankert und wurde kaum hinterfragt. Von daher wird sie auch als „naturalisierte Eigenschaft" (Billig 1995) bezeichnet – als Eigenschaft, die zwar nicht naturgegeben ist, aber in der Welt lange als solche galt. Diese Selbstverständlichkeit scheint jedoch inzwischen zunehmend aufzubrechen: Sozialwissenschaftler konstatieren, daß sowohl die Bedeutung als auch die Bindungskraft von Nationen abgenommen habe und ständig weiter abnehme. Die Prozesse der Globalisierung bewirken, daß Staatsgrenzen zunehmend an Bedeutung verlieren; das Recht wird internationalisiert; supranationale Organisationen gewinnen an Gewicht und übernehmen mehr und mehr Aufgaben, die einst in den exklusiven Kompentenzbereich einzelner Nationalstaaten fielen (vgl. Soysal 1994). Ausgehend von diesen Veränderungen, so wird angenommen, hinterließe die Globalisierung auch auf der Ebene der Identitäten deutliche Spuren: Zugehörigkeiten, besonders kollektive, öffentliche und politische, würden immer seltener unhinterfragt übernommen, fragmentierten sich zusehends und verlören angesichts des Aufweichens von Grenzen immer mehr an Gewicht (vgl. Hall 1994, Bauman 1996, Berezin 1999). Folgt man diesen Thesen, so ist davon auszugehen, daß die Nation mittlerweile eine weniger zentrale Rolle als Identitätsbezugspunkt spielt, als dies noch vor wenigen Jahrzehnten der Fall war. Vor allem für Nationalstaaten mit starker Immigration, wozu auch die Bundesrepublik Deutschland zählt, wird angenommen, daß ihnen die zwar fiktiven, aber kohärenten Überlieferungen nationaler Identität und Zugehörigkeit abhanden gekommen seien (vgl. Berezin 1999: 231). In Deutschland zeigt sich mit der Übertragung von mehr und mehr nationalstaatlichen Kompetenzen an die Europäische Union ein ganz konkretes Beispiel für Internationalisierungs- und Globalisierungstendenzen. Allerdings ist noch nicht entschieden, welchen Weg der Staatenverbund Europäische Union nehmen wird: Wird die EU ein loser Bund bleiben, in dem die Bürger sich nach wie vor in erster Linie mit den Einzelstaaten identifizieren, in denen sie leben? Oder wird die EU mit der Zeit die Form einer neuen Nation annehmen und die Identifikation mit den Nationalstaaten ersetzen? Diese Frage muß zunächst ungeklärt bleiben; für die heutige Zeit läßt die Transformation der Europäischen Gemeinschaft zur Union allerdings erwarten, daß auch die emotionale Verbundenheit mit der EU gestiegen ist.

Während auf der einen Seite die Krise des Nationalstaats und damit auch der nationalen Identität beschworen wird, erstarken zur gleichen Zeit überall auf der Welt nationalistisch dominierte Bewegungen, ethnische Konflikte häufen sich, und es entstehen ständig neue Nationalstaaten, insbesondere seit dem Zusammenbruch des sozialistischen Staatensystems in Osteuropa. Diese Bewegungen werden oftmals als Gegenreaktion auf Globalisierungsfolgen gedeutet, ob dies nun die weltweite Migration oder die Ausdehnung supranationaler Kollektive betrifft. Bei diesen Entwicklungen tritt die Kehrseite nationaler Identität zutage, die nicht auf demokratischen Errungenschaften und politischer Inklusion fußt, sondern auf ethnischer Gemeinsamkeit und Exklusion der jeweils „Anderen“. Auch unter Jugendlichen und jungen Erwachsenen in der Bundesrepublik ist in den letzten Jahren eine teilweise überdurchschnittliche Wahl rechtsextremer Parteien sowie ein Anwachsen rechtsextremer Jugendsubkulturen zu beobachten – beides Phänomene, bei denen eine übersteigerte, unreflektierte, vor allem ethnisch begründete Identität als „deutsch“ eine große Rolle spielt.

Vor diesem Hintergrund widersprüchlicher Entwicklungen in bezug auf nationale Identität stellt sich die Frage, wie bei den jungen Deutschen *insgesamt* die Bindungen an Deutschland als Nation und an die Europäische Union als supranationales Kollektiv aussehen – auch im Vergleich zu älteren Kohorten – und wie sie sich zwischen 1992 und 1997 verändert haben. Welche Rolle spielt die Nation als Bezugspunkt für das Gefühl von Zugehörigkeit bei ihnen, welche Rolle spielt mittlerweile die Europäische Union? Ist die Identifikation mit der Nation im Vergleich zu früheren Jahren geringer geworden? Oder gibt es vielmehr Anzeichen für eine Re-Nationalisierung und -Ethnisierung, zumindest bei Teilgruppen unter den jungen Menschen?

Demos und Ethnos

In der Darstellung der heutigen Entwicklungen nationaler Identität klang schon an, wie widersprüchlich dieses Phänomen bewertet wird: Auf der einen Seite wird das Gefühl von Zugehörigkeit als notwendige Grundlage erachtet, um in einem Kollektiv aktiv sozial zu handeln, andererseits weist nationale Identität immer auch die Schattenseite der Exklusion von Nicht-Mitgliedern auf, in die sie umschlagen kann. Die Frage nach den positiven und negativen Folgeerscheinungen und damit auch nach der Bewertung des Phänomens nationaler Identität ist in Forschung wie öffentlichem Diskurs umstritten: Während von den einen ein ausgeprägtes Nationalbewußtsein als unabdingbare Voraussetzung für die Stabilität einer Demokratie (vgl. z.B. Noelle-Neumann 1987, Weidenfeld 1984) oder als einziger übergreifender Integrationsmodus in modernen, funktional differenzierten Gesellschaften angesehen wird (vgl. Nassehi 1990, Hahn 1993), werden von den anderen die negativen Effekte einer starken Identifizierung mit der Nation in den Vordergrund gestellt: Aggression nach außen und Diskriminierung von Minderheiten im Inneren (vgl. z.B. Richter 1994).

Etwas differenzierter wird dieses Problem in Konzepten behandelt, die zwischen verschiedenen Typen nationaler Identität unterscheiden. In der Literatur finden sich vielfältige Typologien, die jedoch häufig schwer voneinander abzugrenzen sind, Überschneidungen aufweisen und verschiedene Begriffe verwenden (vgl. Westle 1999, Blank/Schmidt 1997, Francis 1965, Lepsius 1982). Grundsätzlich unterscheiden die meisten Theorien jedoch zwischen einem ethnisch begründeten Nationalbewußtsein auf der einen und einem demokratisch begründeten auf der anderen Seite. Zum ersten werden ethnisch-kulturelle Gemeinsamkeiten wie ethnische Gruppenzugehörigkeit, gemeinsame Geschichte oder kulturelle Werte gezählt; zum zweiten territoriale, demokratische Merkmale, also Stolz auf demokratische Errungenschaften und auf Werte, die für alle diejenigen gelten, die auf dem Territorium des jeweiligen Staates leben. Unterschieden wird in den Konzepten weiterhin danach, ob das Nationalbewußtsein auf sozialen Vergleichen der eigenen Nation mit anderen beruht, andere Nationen und innergesellschaftliche Minderheiten folglich stereotypisiert und abgewertet werden, oder ob das Nationalbewußtsein unabhängig von solchen Vergleichen existiert, sowie danach, ob die eigene Nation unreflektiert idealisiert wird oder eine kritische Distanz ihr gegenüber besteht. Die erste Form nationaler Identität wird mit Begriffen wie „Ethnos", Volks- oder Kulturnation, traditionalem Nationalbewußtsein oder Nationalismus gefaßt. Die zweite wird mit Begriffen wie „Demos", Staatsbürgernation, Zivil- und Partizipationskultur, reflektiertem Nationalbewußtsein, konstruktivem Patriotismus oder Verfassungspatriotismus umschrieben (vgl. Francis 1965, Westle 1995b, Blank/Schmidt 1997, Sternberger 1990, Habermas 1987). Von diesen beiden Formen wird teilweise noch eine postnationale Identität unterschieden, die im Unterschied zum reflektierten Typus von Nationalverständnis nicht auf eine bestimmte Nation, sondern universal ausgerichtet ist, mit einer Negation der Bedeutung von Nationen und nationaler Identität überhaupt einhergeht und sich eher an generalisierten Postulaten von Demokratie und Menschenrechten orientiert (Habermas 1987, Westle 1995b, 1999). In bezug auf unsere Untersuchungspopulation stellt sich die Frage, ob sich diese unterschiedlichen Formen von Nationalbewußtsein empirisch bei ihnen wiederfinden lassen und wie stark sie ausgeprägt sind. Insbesondere läßt sich mit diesen Konzepten ermitteln, wie stark die Tendenzen zu einer ethnisch-kulturell geprägten nationalen Identität sind bzw. wie verbreitet die Orientierung an politischen und demokratischen Werten bei den jungen Deutschen insgesamt und in verschiedenen Subgruppen ist.

Allerdings ist auch bei den differenzierenden Theorien umstritten, ob nationale Identität, die sich aus dem Stolz auf demokratische Werte legitimiert, nicht doch die bekannten Schattenseiten des Nationalismus erzeugen kann. Fraglich ist also, ob die Gemeinsamkeiten beider Typen nationaler Identität überwiegen oder sie wirklich distinkte Dimensionen darstellen.[1] Dies soll in diesem Beitrag in erster Linie als empirische Frage behandelt werden, indem die Zusammenhänge der hier gebildeten Typen von Nationalbewußtsein mit politischen Orientierungen untersucht werden.

Nationale Identität in Deutschland – ein Sonderfall

Die Auseinandersetzung um die Bewertung nationaler Identität wurde im öffentlichen Diskurs der Bundesrepublik Deutschland besonders scharf geführt. Ein Grund für die Intensität dieser Debatten ist das – im Vergleich zu den westeuropäischen Nachbarstaaten – ambivalente Verhältnis vieler Deutscher gegenüber der eigenen Nation, das sich vor allem mit der nationalsozialistischen Vergangenheit Deutschlands erklären läßt. Diese Ambivalenz spiegelte sich auch in den Ergebnissen empirischer Untersuchungen wider: Der Nationalstolz der Deutschen war und ist immer deutlich geringer als der der Bevölkerungen westeuropäischer Nachbarstaaten; nationalen Symbolen und Riten wird mehr Kritik entgegengebracht (vgl. Westle 1999). Von der einen Seite wurde diese kritische Haltung als Schwäche ausgelegt und ein selbstverständlicherer, positiver Umgang mit der Nation eingefordert (vgl. z.B. Noelle-Neumann 1987), der öfter auch implizierte, die Beschäftigung mit der NS-Vergangenheit zu beenden oder ihre Inhalte zu relativieren, so von der einen Seite im Historikerstreit (vgl. „Historikerstreit" 1987). Von der anderen Seite wurde die kritische Position vieler Staatsbürger gegenüber einer positiven Identifikation mit Deutschland als zentrales Element angesehen, um ein Wiederaufleben autoritärer Tendenzen zu verhindern und die Verantwortung für die NS-Vergangenheit Deutschlands weiter zu tragen (vgl. Sternberger 1990, Habermas 1987).

Empirische Analysen des Stolzes auf verschiedene Kollektivgüter zeigten, daß bis in die 60er Jahre in Westdeutschland ein Nationalbewußtsein überwog, das nicht auf politischen Werten fußte: Der Nationalstolz der Deutschen bezog sich damals vorwiegend auf wirtschaftliche Leistungen, Landschaftsmerkmale und „deutsche" Sekundärtugenden und kaum auf demokratische Werte (vgl. Almond/Verba 1963). Bis Ende der 70er Jahre wurden dann Merkmale des politischen Systems als Begründungen für nationale Identität in der Bundesrepublik immer bedeutsamer (vgl. Westle 1999: 191), wobei bis heute folgende Besonderheiten bestehen: Ökonomische Leistungen bilden nach wie vor einen wesentlichen Bestandteil des Nationalstolzes der Deutschen; der Bundestag scheint hingegen kein Symbol für Nationalstolz zu sein. In der DDR wurde seit den 70er Jahren das Anwachsen einer DDR-eigenen Identität konstatiert, die sich an sozialen Errungenschaften, ökonomischen, sportlichen und kulturellen Leistungen festmache (vgl. Rudolph 1983). Seit Mitte der 80er Jahre fand jedoch ein rapider Legitimitätsverfall des politischen Systems statt (zu empirischen Belegen vgl. Meulemann 1996: 246 ff.).

Seit dem Beitritt der DDR zum politischen System der Bundesrepublik Deutschland im Jahr 1989 hat die Diskussion um die nationale Identität der Deutschen an Dynamik gewonnen. Nachdem die Übereinstimmung zwischen regierendem Staat und gedachter Nation praktisch wiederhergestellt ist, stellt sich die Frage nach dem Selbstverständnis der Deutschen mit neuer Brisanz, insbesondere nach dem der jungen Deutschen, die im Vergleich zu Erwachsenen keinen so großen Teil ihres Lebens in einem der beiden „Teil"-Staaten verbracht haben. Bis zur Vereinigung konnte eine gesamtdeutsche Identität über die beiden politischen Systeme BRD und DDR hinweg schließlich vorwiegend über ethnisch-kulturelle und historische Gemeinsamkeiten gebildet werden. Von daher ist es besonders interessant, wie nationale Identität nach dem Zusammenbruch des DDR-Systems und nach der Transformation in beiden Teilen Deutschlands begründet wird, zumal sich in den neuen Bundesländern eine Identifikation mit Merkmalen des neuen politischen Systems erst über wenige Jahre festigen konnte. In den ersten Jahren nach der Vereinigung war der Stolz auf Deutschland als Ganzes bei den Bürgern der neuen Bundesländer höher ausgeprägt als bei denen der alten (Westle 1999: 187 f.). Nachdem jedoch kurzfristige Effekte der „Vereinigungseuphorie" mittlerweile abgeklungen sein dürften, bleibt die Frage nach Differenzen zwischen Ost und West weiterhin interessant, gerade im Hinblick auf die junge Generation.

8.2 Nationale Identität bei jungen Erwachsenen in Deutschland

Im empirischen Teil dieses Kapitels geht es darum, wie stark die nationale und supranationale Identität bei den jungen Erwachsenen insgesamt und bei verschiedenen Subgruppen ausgeprägt ist. Dabei werden unterschiedliche Indikatoren für kollektive Identität untersucht: die emotionalen Bindungen an Deutschland und die Europäische Union, der Nationalstolz, der Stolz auf unterschiedliche kollektive Güter und schließlich zwei bestimmte Formen des Nationalbewußtseins, Nationalismus und Verfassungspatriotismus. Ein zweiter Abschnitt beschäftigt sich mit der Struktur kollektiver Identitäten, also den Zusammenhängen von emotionalen Bindungen und Nationalbewußtsein, wobei das Hauptinteresse vor allem Unterschieden zwischen jungen Menschen in den alten und neuen Ländern gilt. Ein letzter Punkt beschäftigt sich schließlich mit der Frage, inwieweit sich theoretisch postulierte positive und negative Folgen einer ausgeprägten nationalen Identität bei der jungen Generation in Deutschland auch empirisch wiederfinden lassen: Wie sehen die Zusammenhänge von nationalistischen und verfassungspatriotischen Haltungen mit anderen politischen Orientierungen bei den 16- bis 29jährigen in Deutschland aus?

Verbundenheit mit Deutschland und Europäischer Union

Zunächst wird die allgemeine emotionale Bindung an die Eigengruppe – hier konkret an Deutschland und die Europäische Union – untersucht. Diese Identifikation ist noch nicht mit einer Bewertung verbunden; es geht hier also nur um die Stärke der Zugehörigkeitsgefühle, um das Ausmaß der Identifikation mit diesen Kollektiven. Umgesetzt wurde dieser Bereich, indem die Befragten nach ihrer gefühlsmäßigen Verbundenheit mit Deutschland und der Europäischen Union gefragt wurden (vgl. Tabelle 8.1). Im Fragebogen des Jugendsurveys wurden diese Verbundenheiten in einer Reihe mit anderen geographischen Ebenen (Stadt sowie alte/neue Bundesländer, vgl. dazu Kapitel 4) abgefragt.[2]

Tabelle 8.1:
*Affektive Bindungen an Deutschland und die Europäische Union 1992 und 1997 (Spaltenprozent)**

		West		*Ost*	
		1992	*1997*	*1992*	*1997*
Verbundenheit mit Deutschland	*stark*	10	10	13	10
	ziemlich	43	41	42	45
	wenig	39	37	39	37
	gar nicht	8	12	7	8
	n	4471	4406	2552	2485
Verbundenheit mit der EU	*stark*	5	6	3	2
	ziemlich	31	20	18	17
	wenig	46	44	48	44
	gar nicht	17	30	31	37
	n	4517	4405	2557	2482

Quelle: DJI-Jugendsurvey 1992, 1997

* Fragetext: „Wie stark fühlen Sie sich mit Deutschland bzw. der Europäischen Union und seinen/ihren Bürgern verbunden?"; 1992 war nach „Gesamtdeutschland" und „Europäischer Gemeinschaft" gefragt worden.

Deutschland und der Europäischen Union bringen junge Menschen 1992 wie 1997 geringere Bindungen entgegen als der geographisch kleineren, näheren und damit direkter erfaßbaren Ebene der alten bzw. neuen Bundesländer – nur die Befragten West fühlen sich 1997 durchschnittlich etwas stärker mit Deutschland verbunden als mit den alten Bundesländern (vgl. Kapitel 4). Die Bindungen zur Nation sehen in beiden Teilen der BRD ähnlich aus: Etwas mehr als die Hälfte der jungen Bürger gibt an, sich mit Deutschland verbunden zu fühlen (52% West, 55% Ost), für etwas weniger als die Hälfte ist dies weniger oder überhaupt nicht der Fall. Daß die jungen Menschen in den neuen Ländern sich mit dem eigenen Teil Deutschlands stärker verbunden fühlen als die in den alten (vgl. Kapitel 4), scheint sich bei ihnen also nicht in einer schwächeren Verbundenheit mit Gesamtdeutschland niederzuschlagen. Auch im Vergleich zu 1992 ist die Verbundenheit mit Deutschland in Ost und West auf dem gleichen Niveau geblieben. Nur eine Minderheit von ca. einem Zehntel aller Befragten in Ost und West gab zu beiden Zeitpunkten an, starke nationale Zugehörigkeitsgefühle zu haben. Im Vergleich zu Erwachsenen ab 30 Jahren äußert die junge Bevölkerung ein geringeres Ausmaß emotionaler Bindung an Deutschland, ebenso wie an die anderen Ebenen politischer Gemeinwesen; hier liegen allerdings nur Daten für 1991 bis 1993 vor (vgl. Westle 1995b: 203 ff.). Innerhalb unserer untersuchten Altersgruppe von 16 bis 29 Jahren gibt es jedoch keine wesentlichen Differenzen im Grad der Identifikation mit der Nation. Eine steigende Identifikation mit wachsendem Lebensalter läßt sich bis zum Alter von 29 Jahren nach unseren Daten jedenfalls nicht beobachten, weder 1992 noch 1997.

Eine gefühlsmäßige Bindung zur Europäischen Union haben nach wie vor nur sehr wenige junge Menschen in der BRD; dabei ist diese Gruppe in den alten Bundesländern etwas stärker als in den neuen. Gegenüber 1992 sind diese Bindungen – entgegen der oben formulierten Erwartung eines Anstiegs – zurückgegangen, vor allem in den alten Bundesländern: Von 36% im Jahr 1992, die sich stark oder ziemlich verbunden mit der EU fühlten, auf 26% im Jahr 1997. Der Anteil junger Menschen, der angibt, sich überhaupt nicht mit der EU verbunden zu fühlen, hat sich in diesem Landesteil von 1992 zu 1997 sogar fast verdoppelt. In den neuen Ländern lag der Anteil für die ziemliche und starke Verbundenheit schon 1992 auf dem niedrigen Niveau von 21%; 1997 liegt er bei 19%. 1997 fühlen sich nur 6% der Befragten in den alten und 2% in den neuen Ländern stark mit der Europäischen Union verbunden. Das Ausmaß der

Verbundenheit mit der EU und der zeitliche Rückgang verlaufen dabei gleichmäßig über alle Altersgruppen und unabhängig vom Geschlecht der Befragten. Unklar dabei ist, ob die Befragten mit dieser Frage assoziierten, wie stark sie sich rein gefühlsmäßig als Europäer verstehen, oder ob eher die Beurteilung der Sachfragen und aktuellen Probleme des politischen Gemeinwesens ihre Antworten prägten. Mit der zweiten Erklärung wäre der deutliche Rückgang der Verbundenheit mit der Europäischen Union jedenfalls eher zu beantworten: Die Skepsis vieler junger Bürger gegenüber der Einführung des Euro, die Bürgerferne und mangelnde demokratische Legitimation der Europäischen Union haben hierfür wohl den Ausschlag gegeben.

Daneben zeigen sich deutliche Bildungs- und Erwerbsstatusdifferenzen an diesem Punkt: Die Verbundenheit mit der EU ist umso größer, je höher der Bildungsgrad der Befragten ist. So äußern in den alten Bundesländern nur 19% der Hauptschulabsolventen und 21% derjenigen mit Mittlerer Reife eine ziemliche oder starke Verbundenheit mit der EU, jedoch 32% der Abiturienten. In den neuen Bundesländern sind dies 12% und 15% gegenüber 27% der Abiturienten. Wenn man die Studenten und damit die Gruppe mit dem höchsten Bildungsniveau betrachtet, fallen die Differenzen noch deutlicher aus: Von ihnen fühlen sich 35% in den alten und sogar 38% in den neuen Ländern stark oder ziemlich verbunden mit der EU. 1992 sahen diese Bildungsdifferenzen ähnlich aus. In den Gruppen mit einem hohen Bildungsgrad ging die Verbundenheit mit der EU zwischen 1992 und 1997 allerdings ähnlich stark zurück wie in denjenigen mit einem niedrigen, in den neuen Ländern sogar noch deutlicher. Dennoch steht die Europäische Union Höhergebildeten nach wie vor näher als Niedriggebildeten, was einmal damit erklärt werden kann, daß für die erste Gruppe Organisation und Funktion der EU durchschaubarer erscheinen, zum anderen damit, daß sie sich in Ausbildung und Beruf mehr und mehr europäisch ausrichten muß. Insgesamt kann von einer tiefergehenden Bindung zu Europa bei dem Großteil der Jugendlichen und jungen Erwachsenen in der Bundesrepublik jedoch (noch) nicht gesprochen werden.

Nationalstolz

Die nächste Ebene nationaler Identität betrifft nun nicht mehr nur die Stärke der Identifikation, sondern die positive oder negative Bewertung dieser Identifikation – oder, anders formuliert, geht es hierbei nicht darum, wie stark sich jemand der Nation zugehörig fühlt, sondern darum, ob er sie positiv oder negativ bewertet. Meist wird dies gemessen, indem gefragt wird, wie stolz die Befragten darauf sind, ein Mitglied ihrer Nation zu sein, in unserem Fall also, Deutsche zu sein; so auch im DJI-Jugendsurvey (vgl. Abbildung 8.1).

Abbildung 8.1:
Stolz, Deutscher zu sein, 1992 und 1997 (in %)

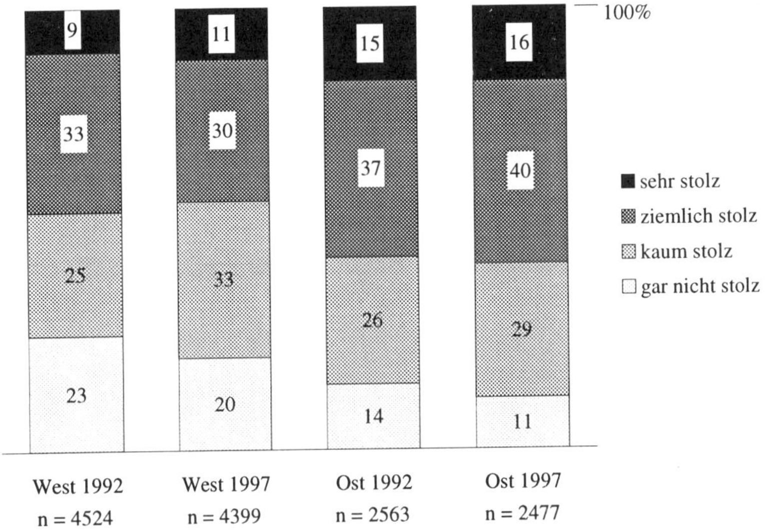

Quelle: DJI-Jugendsurvey 1992, 1997

Während bei der emotionalen Bindung an Deutschland die jungen Menschen in Ost und West ähnlich votieren, treten hier deutliche Differenzen auf: In den neuen Bundesländern gibt es mehr junge Deutsche, die sehr oder ziemlich stolz darauf sind, Deutsche zu sein, als in den alten Bundesländern. Ähnlich wie bei der Verbundenheit mit Deutschland gibt es auch bei der Frage nach dem Nationalstolz keine großen Differenzen zwischen 1992 und 1997, nur ein Unterschied fällt auf: 1997 sind es in den alten wie in den neuen Bundesländern weniger Befragte als 1992, die angeben, gar nicht stolz darauf zu sein, Deutsche zu sein.

Genau wie bei der Identifikation mit Deutschland sind beim Nationalstolz wenig Unterschiede zwischen den jüngeren und älteren Befragten in unserem Sample zu erkennen, und das, obwohl immer wieder belegt wurde, daß – zumindest in

Westdeutschland – der Nationalstolz umso höher ist, je älter die Befragten sind, wobei in der Forschung umstritten ist, ob dies ein Effekt des Lebensalters oder der Generationszugehörigkeit ist (vgl. Westle 1999: 189). Daß dies auch für die letzten Jahre gilt, zeigt Tabelle 8.2, in der mit ALLBUS-Daten aus den Jahren 1996 und 1998 Befragte zwischen 18 und 29 Jahren mit solchen ab 30 Jahren verglichen werden. In den neuen Bundesländern sind die jungen Erwachsenen ebenfalls weniger stolz darauf, Deutsche zu sein, als ältere Befragte; allerdings ist der Unterschied hier geringer als in den alten Ländern.

Tabelle 8.2:
Nationalstolz der 18- bis 29jährigen im Vergleich zu den ab 30jährigen 1996 und 1998 (Spaltenprozent)

		West		*Ost*	
		18-29 Jahre	*ab 30 Jahre*	*18-29 Jahre*	*ab 30 Jahre*
1996	*sehr stolz*	8	21	12	22
	ziemlich stolz	39	45	49	47
	nicht sehr stolz	31	21	28	23
	gar nicht stolz	22	13	12	9
	n	419	1739	173	934
1998	*sehr stolz*	10	20	12	16
	ziemlich stolz	42	52	53	55
	nicht sehr stolz	34	20	26	23
	gar nicht stolz	14	8	10	6
	n	296	1725	148	849

Quelle: ALLBUS 1996, 1998 (eigene Berechnungen)

Im Vergleich zu anderen europäischen und außereuropäischen Staaten ist der Nationalstolz in der Bundesrepublik Deutschland nach wie vor sehr gering ausgeprägt, so das Ergebnis international vergleichender Untersuchungen der Erwachsenenbevölkerung. Der Abstand des durchschnittlichen Nationalstolzes in Deutschland gegenüber anderen EU-Staaten scheint dabei über die Jahre stabil zu sein. Für die 90er Jahre wurde dieses Ergebnis auch für die neuen Bundesländer bestätigt (vgl. Westle 1999: 187 f.). Als Erklärungen für diese Besonderheit werden die Erfahrung des 2. Weltkriegs, die Diskreditierung von Nationalstolz in Deutschland durch die Überhöhung nationaler Werte in der NS-Zeit und das daraus resultierende Gefühl von Verantwortung, Schuld oder

Scham sowie die deutsche Teilung angeführt (vgl. Topf u.a. 1990). Dieser Befund läßt es zweifelhaft erscheinen, ob für Deutschland die Frage nach dem Nationalstolz wirklich als allgemeine Bewertung der Nation verstanden werden kann, wie es theoretisch meist angenommen wird. Mit dieser Frage könne, so die Gegenthese, vielmehr eine spezifische Form nationaler Identität erfaßt sein, da die Formulierung im bundesdeutschen Kontext in einem eindeutig nationalistischen, politisch rechtsgerichteten Zusammenhang steht. Diese Vermutung wird in Kapitel 8.4 genauer geprüft.

Stolz auf kollektive Güter

In einem dritten Schritt wird nun untersucht, womit sich die nationale Identität junger Deutscher begründet. Gefragt ist nun nicht mehr nach der allgemeinen Identifikation mit und dem Stolz auf Deutschland, sondern genauer nach dem Stolz auf einzelne kollektive Objekte oder Güter. In der zweiten Welle des Jugendsurveys 1997 wurde dazu ein neues Instrument aufgenommen, mit dem unterschiedliche Formen nationaler Identität abbildbar sein sollten.[3] Dies erfolgte in Anlehnung an die Arbeiten von Blank/Schmidt (1994, 1997), die den Stolz auf verschiedene Kollektivgüter erhoben haben und daraus empirisch zwei Typen von Nationalbewußtsein unterscheiden konnten, die sie „Nationalismus" und „Patriotismus" nannten. Im Jugendsurvey 1997 wurden mit den Items „Stolz auf die deutsche Geschichte", „Stolz darauf, daß Deutschland die Nr. 1 in Europa ist" und „Stolz auf die deutsche Kultur" drei nicht-politische, nationalistisch-kulturelle Merkmale, mit den Items „Stolz auf die Demokratie in Deutschland" und „Stolz auf den deutschen Sozialstaat" zwei politische, auf Deutschland bezogene Merkmale und mit den Items „Stolz auf den deutschen Beitrag zur EU" und „Stolz auf den deutschen Beitrag zum Weltfrieden" zwei politische, über die einzelne Nation hinausweisende Merkmale abgebildet.[4]

Betrachtet man die Verteilungen des Stolzes auf die einzelnen Kollektivgüter (vgl. Tabelle 8.3), wird zweierlei deutlich: Die Kollektivgüter stellen in unterschiedlichem Maß Objekte für Nationalstolz dar, und das Ausmaß an Stolz zwischen den jungen Menschen in Ost und West schwankt erheblich. In den alten Bundesländern steht die Demokratie in Deutschland an erster Stelle, dann folgen der Beitrag Deutschlands zum Frieden in der Welt und der deutsche Sozialstaat. Am wenigsten Stolz äußern die jungen Deutschen im Westen gegenüber der deutschen Geschichte. In den neuen Bundesländern steht dagegen

Tabelle 8.3:
*Stolz auf Kollektivgüter (Zeilenprozent)**

Stolz auf...	West niedrig	West mittel	West hoch	Ost niedrig	Ost mittel	Ost hoch
deutsche Kultur	25	46	29	11	45	44
Deutschland Nr. 1 in Europa	34	40	26	25	42	33
deutsche Geschichte	59	30	12	45	37	18
Demokratie in Deutschland	16	44	41	24	52	24
deutscher Sozialstaat	20	49	31	34	47	19
deutscher Beitrag zur EU	29	49	22	37	47	15
deutscher Beitrag zum Weltfrieden	23	43	34	17	43	40

Quelle: DJI-Jugendsurvey 1997

* Fragetext: „Es gibt ja verschiedene Dinge, auf die man als Deutsche(r) stolz oder auch nicht stolz sein kann. Wie stolz sind Sie persönlich auf die Dinge auf dieser Liste?“ Die Antworten wurden auf einer sechsstufigen Skala von 1 (überhaupt nicht stolz) bis 6 (sehr stolz) gemessen. Für die Tabelle wurden je zwei Werte zusammengefaßt.

die deutsche Kultur an der ersten Stelle, gefolgt vom deutschen Beitrag zum Frieden in der Welt und dem Stolz darauf, daß Deutschland die Nr. 1 in Europa ist. Die geringste Zustimmung erfährt in den neuen Bundesländern ebenfalls die deutsche Geschichte; die Gruppe derer, die stolz auf den deutschen Sozialstaat oder den deutschen Beitrag zur EU ist, ist jedoch ähnlich klein wie bei diesem Item. Wenn man die Prozentanteile von jungen Ost- und Westdeutschen direkt vergleicht, fällt auf, daß die jungen Menschen in den neuen Bundesländern gegenüber allen Kollektivgütern, die historische und kulturelle Gemeinsamkeiten thematisieren sowie nationalistische Vergleiche mit anderen Staaten beinhalten, mehr Stolz äußern als die jungen Menschen in den alten Ländern – genauso wie sie mehr allgemeinen Nationalstolz zeigen. Weniger stolz sind sie dagegen auf alle politischen Kollektivgüter, ausgenommen den deutschen Beitrag zum Frieden in der Welt.

Nationalismus und Verfassungspatriotismus

Um zu ermitteln, ob sich die theoretisch immer wieder unterschiedenen Grundtypen von Nationalbewußtsein auch empirisch nachweisen lassen, wurden die Fragen zum Stolz auf Kollektivgüter einer Hauptkomponentenanalyse unterzogen. Zusätzlich wurde auch der allgemeine Nationalstolz mit in das Modell aufgenommen, da die Annahme geprüft werden sollte, daß er nicht eine allgemeine Bewertung von Nation darstellt, sondern im deutschen Kontext dem nicht-politischen, ethnisch-kulturell begründeten Typ von Nationalbewußtsein zuzuordnen ist.[5]

Sowohl für die Gesamtstichprobe als auch für verschiedene Untergruppen ergibt sich eine vergleichbare Faktorenstruktur mit zwei Dimensionen, die zusammen 65% der Gesamtstreuung erklären (vgl. Tabelle 8.4). Auf der ersten Dimension liegen der Stolz auf die deutsche Geschichte, der Stolz darauf, Deutscher zu sein, der Stolz darauf, daß Deutschland die Nr. 1 in Europa ist, sowie der Stolz auf die deutsche Kultur. Auf der zweiten Dimension liegen der Stolz auf die Demokratie in Deutschland, auf den deutschen Sozialstaat, auf den deutschen Beitrag zur Europäischen Union sowie zur Erhaltung des Weltfriedens. Mit dieser Struktur bestätigt sich die Annahme, daß ein Nationalbewußtsein, das sich vornehmlich an ethnisch-kulturellen Merkmalen festmacht und Elemente der Abwertung anderer Nationalstaaten aufweist, unterschieden werden kann von einem, das sich an politischen und demokratischen Merkmalen verankert. Die allgemeine Frage nach dem Stolz darauf, Mitglied der eigenen Nation zu sein, stellt dabei im bundesdeutschen Kontext keine allgemeine, von

Tabelle 8.4:
*Dimensionen nationaler Identität (Faktorladungsmatrix)**

Stolz auf...	*Faktor 1* ***Nationalismus***	*Faktor 2* ***Verfassungs-patriotismus***
deutsche Geschichte	.85	-.14
Deutscher zu sein	.84	.00
Deutschland Nr. 1 in Europa	.71	.19
deutsche Kultur	.69	.10
deutschen Sozialstaat	-.07	.88
Demokratie in Deutschland	.00	.84
deutschen Beitrag zur EU	-.01	.80
deutschen Beitrag zum Weltfrieden	.27	.57

Quelle: DJI-Jugendsurvey 1997

* Hauptkomponentenanalyse mit schiefwinkliger Rotation; die Faktorenkorrelation liegt bei .47. Grundlage für diese Analyse ist die Gesamtstichprobe.

einer bestimmten Qualität von Nationalbewußtsein unabhängige Bewertung von Nation dar, sondern ist eindeutig der ersten Dimension zuzuordnen.

Für die erste Dimension wurde die Bezeichnung *Nationalismus,* für die zweite *Verfassungspatriotismus* gewählt. Aufgrund der relativ weichen und wenigen Items, auf denen sie basieren, sind diese Begriffe nur als Näherungen an die beiden immer wieder unterschiedenen Formen von Nationalbewußtsein, „Ethnos" und „Demos", zu verstehen und nicht als theoretisch eindeutig definierte und begründete Konstrukte, wie beispielsweise der Begriff „Verfassungspatriotismus" bei Sternberger (1990). So sollte auch der Begriff Nationalismus, so wie er hier verwendet wird, keinesfalls als „klassischer" expansiver Nationalismus im engeren Sinn aufgefaßt werden, der beispielsweise eine Zurückgewinnung der „deutschen" Ostgebiete, eine politische Führungsrolle Deutschlands in Europa oder eine Zustimmung zu nationalsozialistischen Ideologieelementen beinhaltet. Im Fragebogen des Jugendsurvey 1992 waren noch fünf Items zu einer solchen nationalistischen Ideologie im engeren Sinne enthalten, doch es zeigte sich, daß solche Haltungen unter der jungen Generation in Deutschland nur noch relativ gering verbreitet sind (vgl. Westle 1995b: 225 ff.). Aus diesem Befund sollte allerdings nicht geschlossen werden, daß nationalistische oder genauer ethnisch-kulturelle Spielarten des Nationalbewußtseins heute keine Bedeutung mehr haben – die konkreten Inhalte, die mit diesen verknüpft sind, haben sich allerdings in den letzten Jahrzehnten geändert.

Der von Westle (1995b, 1999) eingeführte dritte *postnationale* Typ von Kollektivbewußtsein läßt sich in dem hier verwendeten Instrument nicht von den anderen unterscheiden: Die beiden Items, die diese Dimension abbilden sollten, nämlich der Stolz auf den deutschen Beitrag zur Europäischen Union und zur Erhaltung des Friedens in der Welt, gehen mit den beiden einher, die politisch-demokratische Merkmale abbilden, die primär auf die Nation bezogen sind, also mit dem Stolz auf die Demokratie und den Sozialstaat in Deutschland. Dieses Resultat war zu erwarten, da sich schon der Fragetext des Instrumentes auf den nationalen Kontext bezieht, postnationales Kollektivbewußtsein jedoch explizit die Ablehnung von Stolz beinhaltet, der auf die Nation bezogen ist. Befragte, die ein solches Kollektivbewußtsein aufweisen, sind vermutlich eher auf keines der hier abgefragten Kollektivgüter stolz.

Um genauer zu ermitteln, wie Nationalismus und Verfassungspatriotismus bei verschiedenen Gruppen junger Erwachsener verteilt und mit anderen politischen Orientierungen verknüpft sind, wurden zwei getrennte Summenindices zu beiden Dimensionen nationaler Identität gebildet.[6] Tabelle 8.5 zeigt die Verteilung der beiden (recodierten) Indices in den alten und den neuen Bundesländern. Wie schon bei den Einzelfragen zeigt sich, daß in den neuen Bundesländern mehr junge Erwachsene eine nationalistische Identität, in den alten mehr ein verfassungspatriotisches Nationalbewußtsein aufweisen. Tendenziell zeigte sich dieses Ergebnis auch in den Analysen des Jugendsurveys 1992 (Westle 1995b: 213 ff.), auch wenn dort die Gruppenbildungen auf andere Weise zustandegekommen waren. Wie alt die jungen Erwachsenen sind, spielt weder für die Ausprägung von Nationalismus noch für die Ausprägung von Verfassungspatriotismus eine Rolle, jedoch gilt ebenso wie für den allgemeinen Nationalstolz, daß nationalistische Haltungen in den älteren Generationen in der Bundesrepublik stärker verbreitet sind als bei Jugendlichen und jungen Erwachsenen (zu empirischen Belegen vgl. Westle 1999: 229).

Tabelle 8.5:
Nationalismus und Verfassungspatriotismus (Spaltenprozent, Mittelwerte und Standardabweichungen**)*

	Nationalismus		***Verfassungspatriotismus***	
Ausprägung	*West*	*Ost*	*West*	*Ost*
niedrig	35	19	18	24
mittel	48	56	52	55
hoch	17	25	30	21
n	4094	2371	4373	2471
Mittelwert	2,17	2,62	2,68	2,42
Standardabweichung	1,24	1,13	1,17	1,09

Quelle: DJI-Jugendsurvey 1997

* Für die Prozentangaben wurden die Indices nach folgendem Modus in drei Gruppen aufgeteilt: Der Wertebereich der von 0 bis 5 reichenden Skalen wurde in drei gleich große Abschnitte eingeteilt. Damit umfaßt die Ausprägung „niedrig“ die Werte 0 bis 1,66, „mittel“ die Werte 1,67 bis 3,33 und „hoch“ die Werte 3,34 bis 5. Eine Recodierung nach der Verteilung der Werte in der Gesamtstichprobe, wie sie bei anderen in der Untersuchung verwendeten Summenindices vorgenommen wurde, war hier nicht sinnvoll, da es damit nicht möglich gewesen wäre, beide Indices miteinander zu vergleichen.

** Die Mittelwerte und Standardabweichungen beziehen sich auf die nicht-recodierten Summenindices, die einen Wertebereich von 0 „nicht vorhanden“ bis 5 „sehr stark ausgeprägt“ aufweisen.

Geschlecht, Bildung und nationale Identität

Während die Differenzen zwischen jungen Erwachsenen in West und Ost schon in den vorangegangenen Abschnitten dargestellt wurden, soll an dieser Stelle der Einfluß zweier weiterer Strukturkategorien auf nationale Identität untersucht werden: Geschlecht und Bildung (vgl. Tabelle 8.6).

Was den Grad ihrer Verbundenheit mit Deutschland angeht, unterscheiden Frauen und Männer sich kaum. Wenn man die Verbundenheiten insgesamt betrachtet, fühlen sich die Frauen mit allen abgefragten Kollektiven (alte/neue Bundesländer, Deutschland und EU) durchschnittlich etwas weniger verbunden als die Männer. Dieses Ergebnis wird durch die weiteren Indikatoren nationaler Identität allerdings etwas relativiert: Junge Frauen in Ost und West geben 1992 und 1997 seltener an, sehr oder ziemlich stolz darauf zu sein, Deutsche zu sein, als ihre männlichen Altersgenossen; sie äußern auch etwas seltener starken Nationalismus als die jungen Männer. Auch beim hohen Verfassungspatriotismus ist das der Fall, wenngleich die Geschlechtsdifferenzen hier noch kleiner sind. Insgesamt zeigt sich also, daß die jungen Frauen in der Bundesrepublik sich zum einen etwas weniger mit der Nation identifizieren als die jungen Männer und zum zweiten weniger stark nationalistische Haltungen bzw. einen weniger entschiedenen Nationalstolz vertreten. Für eine Erklärung dieser Differenzen gelten wohl ähnliche Annahmen wie für die fremdenfreundlicheren Einstellungen junger Frauen (vgl. Kapitel 9). Die geschlechtsspezifische Sozialisation und die damit einhergehende Vermittlung unterschiedlicher Wertorientierungen könnte eine geringere Affinität vieler Frauen zu nationalistischen Orientierungen zur Folge haben. Zum zweiten ist auch zu bedenken, daß die Inhalte des Konstrukts der „Nation" stärker an Männern orientiert sind als an Frauen, ob es hierbei um territoriale Ansprüche nach außen und politischen Führungsanspruch geht oder um Macht auf ökonomischer Ebene – alles dies betrifft Bereiche, in denen Männer noch immer dominieren.

Der Bildungsgrad der Befragten hat wenig Einfluß darauf, wie stark sie sich mit Deutschland identifizieren. Insgesamt fühlt sich die Gruppe der jungen Erwachsenen, die nur über einen geringen Bildungsabschluß verfügt, etwas geringer mit der Nation verbunden als die anderen Gruppen. Die Anteile, die angeben, sich überhaupt nicht mit Deutschland verbunden zu fühlen, sind in dieser Gruppe am höchsten. Auch die sozio-ökonomisch besonders stark benachteiligte Gruppe der Arbeitslosen äußert eine etwas geringere Verbunden-

Tabelle 8.6:
Indikatoren kollektiver Identität nach soziodemographischen Faktoren (in %)*

		Verbundenheit m. Deutschl.	Verbundenheit mit EU	Stolz, Deutscher zu sein	hoher Nationalismus	hoher Patriotismus
West	gesamt	52	26	44	17	30
	Männer	54	27	49	19	32
	Frauen	49	25	38	14	29
	Hauptschule	48	19	55	26	30
	Mittlere Reife	55	21	47	20	28
	(Fach-)Abitur	52	32	37	12	32
	Studenten	54	35	31	9	29
	Arbeitslose	45	18	49	23	24
Ost	gesamt	55	19	58	25	21
	Männer	57	19	61	28	22
	Frauen	53	18	55	23	20
	Hauptschule	53	12	68	35	24
	Mittlere Reife	55	15	65	28	21
	(Fach-)Abitur	55	27	47	18	21
	Studenten	56	38	40	13	22
	Arbeitslose	51	12	62	29	19

Quelle: DJI-Jugendsurvey 1997

* Bei den drei Verbundenheitsfragen wurden die Anteile zusammengefaßt, die „ziemlich" oder „stark verbunden" mit dem jeweiligen Kollektiv angegeben haben, beim Stolz, Deutscher zu sein, die Anteile, die „ziemlich stolz" oder „sehr stolz" angegeben haben. Hoher Nationalismus/Patriotismus bezieht sich auf die trichotomisierten Indices, die in Tabelle 8.5 erläutert sind.

heit mit Deutschland als die übrigen Befragten – ein Ergebnis, daß sich schon für 1992 tendenziell bestätigen läßt. Diese Differenzen lassen sich, auch wenn sie nicht besonders groß sind, als Hinweise darauf deuten, daß die objektive soziale Lage einen zumindest geringen Einfluß auf das Gefühl der Zugehörigkeit zum Kollektiv Nation bzw. auf kollektive Bindungen insgesamt hat: Eine benachteiligte Lebenslage scheint sich in geringerer Bindung an Kollektive niederzuschlagen. Wenn man nun den Nationalstolz in den unterschiedlichen Bildungsgruppen betrachtet, ergibt sich jedoch ein entgegengesetztes Bild: Je niedriger der Bildungsgrad der Befragten ist, desto mehr Nationalstolz zeigen sie, ob in Ost oder West, 1997 wie 1992. Die insgesamt geringsten Anteile von Nationalstolzen finden sich bei den Studenten. Allerdings sind diese Bildungsdifferenzen 1997 gegenüber 1992 schwächer geworden, denn die Hauptschulabsolventen in Ost und West sind nun durchschnittlich weniger stolz darauf, Deutsche zu sein, die Abiturienten und Studenten jedoch stolzer. Auch für eine nationalistische Orientierung zeigt sich dieser Bildungseffekt deutlich. Umgekehrt könnte man annehmen, daß das Ausmaß an verfassungspatriotischer Identität mit wachsendem Bildungsgrad steigt. Dies ist jedoch nicht der Fall, vielmehr ist die Stärke verfassungspatriotischer Identität völlig unabhängig von der Schulbildung der Befragten – auch die Studenten heben sich hier nicht von den anderen Gruppen ab. Während also das allgemeine Gefühl der Zugehörigkeit zur Nation bei den niedrig Gebildeten und auf dem Arbeitsmarkt Benachteiligten eher geringer ist als bei höher Gebildeten, sind diese Gruppen deutlich stolzer darauf, Deutsche zu sein, und zeigen in stärkerem Ausmaß nationalistische Haltungen. Für diese Bildungsdifferenzen können ähnliche Erklärungen angenommen werden wie für die ebenfalls stärker ausgeprägte Fremdenfeindlichkeit in den niedrig gebildeten Gruppen: Einflüsse der unterschiedlichen Bildungseinrichtungen, unterschiedliche Milieus oder die Antizipation von Benachteiligung und die damit einhergehenden sozialpsychologischen Prozesse (vgl. Kapitel 9). Daneben scheint sich vor allem in den oberen Bildungsschichten, die ja einige Zeit allem „Nationalen" besonders kritisch gegenüberstanden, ein Trend zu einer positiveren Haltung gegenüber der Nation abzuzeichnen.

Insgesamt zeigen die unterschiedlichen Einflußgrößen auf die beiden Dimensionen nationaler Identität, daß es sich zumindest partiell wirklich um zwei verschiedene Qualitäten von Nationalbewußtsein handelt: Während der Nationalismus in den neuen Bundesländern, unter jungen Männern und bei niedrig Gebildeten stärker ausgeprägt ist als unter den jungen Menschen in den alten Ländern, unter jungen Frauen oder hoch Gebildeten, ist der Verfassungspatriotismus in den alten Bundesländern stärker verbreitet und außerdem geschlechts- und bildungsunabhängig verteilt. Diese Ergebnisse lassen vermuten, daß beide Dimensionen nationaler Identität auch unterschiedlich mit politischen Orientierungen einhergehen. Bevor diese Zusammenhänge näher analysiert werden, soll zunächst jedoch ein Blick auf die Struktur nationaler Identität geworfen werden. Wie sind also die verschiedenen Indikatoren und damit Dimensionen nationaler Identität miteinander verknüpft?

8.3 Strukturen kollektiver Identität

Neben den oben dargestellten Entwicklungen kollektiver Identität auf Aggregatebene gilt es nun, die Individualebene zu betrachten und damit die Zusammenhänge zwischen den affektiven Bindungen an die verschiedenen Kollektive, zwischen den affektiven Bindungen und den Typen von Nationalbewußtsein sowie zwischen den beiden Typen von Nationalbewußtsein zu analysieren.

Theoretisch können drei Arten von Zusammenhängen innerhalb der affektiven Bindungen[7] auftreten: Die Bindungen an die verschiedenen Kollektive können sich gegenseitig unterstützen und damit verstärken, sie können sich gegenseitig relativieren und damit abschwächen, oder sie können beziehungslos nebeneinander stehen. Aus der Sicht des politischen Systems dürfte – darauf weist Westle hin –, ein mittleres Ausmaß der gegenseitigen Stützung der Bindungen adäquat sein (vgl. Westle 1999: 167). Wie Tabelle 8.7 verdeutlicht, ist das, generell betrachtet, für die jungen Erwachsenen in Ost und West auch der Fall. Für die meisten jungen Erwachsenen in Ost und West stellen sich die Kollektive, nach deren Verbundenheiten gefragt wurde, also als zusammengehörig dar – tendenziell wird entweder allen gegenüber viel oder allen gegenüber wenig Verbundenheit gezeigt. Dies gilt sowohl für die alten und neuen Bundesländer und deren Beziehung zu Gesamtdeutschland (vgl. Kapitel 4) als auch für die Beziehung zwischen Europäischer Union und Deutschland. Auch die Europäische Union wird folglich nicht als alternative, sondern als ergänzende Bezugsebene gesehen. Die 1992 noch etwas schwächeren und instabileren Zusammenhänge der affektiven Bindungen in den neuen Bundesländern – eine Tatsache,

Tabelle 8.7:
Zusammenhänge der affektiven Bindungen 1992 und 1997 (Spearmans rho)

	Verbundenheit mit... (***West*** / ***Ost***)	*alte/neue Bl.*	*Deutschland*	*EU*
1997	*alte/neue Bl.*		.40	.25
	Deutschland	.55		.38
	EU	.27	.39	
1992	*alte/neue Bl.*		.33	.21
	Deutschland	.62		.28
	EU	.27	.33	

Quelle: DJI-Jugendsurvey 1992, 1997

die für die erste Hälfte der 90er Jahre auch für die Gesamtbevölkerung in den neuen Ländern nachgewiesen wurde (vgl. Westle 1999: 171 f.) – sind 1997 insgesamt stärker und haben sich dem Ausmaß in den alten Ländern angeglichen. Dies betrifft insbesondere den Zusammenhang zwischen der Bindung an den Nationalstaat und an die EU auf der einen, an die eigenen Bundesländer auf der anderen Seite.

Wenn die Zusammenhänge der Verbundenheiten mit der Art des Nationalbewußtseins untersucht werden, zeigt sich grundsätzlich, daß sich affektive Bindungen und das Nationalbewußtsein – unabhängig in welcher Form dies vorliegt – gegenseitig stützen (vgl. Tabelle 8.8). Wie nicht anders zu erwarten, finden sich die deutlichsten Bezüge zwischen beiden Typen von Nationalbewußtsein und der Verbundenheit mit Deutschland. Wie theoretisch angenommen, liegt die Identifikation mit der Nation auf einer allgemeineren Ebene als die beiden unterschiedlichen Formen von Nationalbewußtsein. Außerdem sind beide Typen annähernd gleich stark mit der Bindung an die Nation verknüpft. Daß die Zusammenhänge nicht deutlicher ausfallen, zeigt aber auch, daß die beiden Indikatoren jeweils einen anderen Aspekt von Identität messen – bei weitem nicht alle jungen Erwachsenen in West und Ost, die eine hohe Verbundenheit mit Deutschland und seinen Bürgern angeben, sind auch stolz auf die verschiedenen kollektiven Güter, die mit Deutschland verbunden sind, verknüpfen mit ihrem Gefühl der Zugehörigkeit also auch eine positive Wertung. Ein Unterschied zwischen den beiden Formen des Nationalbewußtseins wird deutlich, wenn man deren Zusammenhangsmaße mit der Bindung an die Europäische Union betrachtet: Diese wird ausschließlich vom Verfassungspatriotismus verstärkt, ist aber unabhängig vom Nationalismus. Damit wird das obige Ergebnis, daß die Bindungen an die Nation und an die EU sich gegenseitig stützen, maß-

Tabelle 8.8:
Zusammenhänge zwischen affektiven Bindungen und Nationalbewußtsein (Spearmans rho)

	Nationalismus		***Verfassungspatriotismus***	
Verbundenheit mit	*West*	*Ost*	*West*	*Ost*
alte/neue B.länder	.38	.14	.31	.17
Deutschland	.41	.34	.38	.33
EU	.12	.04	.27	.34

Quelle: DJI-Jugendsurvey 1997

geblich modifiziert, denn wieweit sie dies tun, hängt entscheidend von der Qualität der nationalen Identität ab. Scheinbar ist eine Bindung an das supranationale Kollektiv EU eher möglich, wenn das Nationalbewußtsein auf politische, demokratische Merkmale gegründet ist.[8] Wenn dagegen ethnische und kulturelle Gemeinsamkeiten die Grundlage einer stark ausgeprägten nationalen Identität bilden, scheint eine Identifikation mit der EU weit schwieriger zu sein.

Wenn man die Zusammenhänge der Indikatoren in den alten und neuen Bundesländern vergleicht, zeigt sich insgesamt, daß diese bei den jungen Erwachsenen im Osten schwächer ausgeprägt sind, sowohl was den Nationalismus, als auch was den Verfassungspatriotismus anbelangt. Der deutlichste West-Ost-Unterschied besteht zwischen der Verbundenheit mit dem eigenen Teil Deutschlands in Form der alten bzw. neuen Bundesländer und beiden Typen von Nationalbewußtsein: Bei den jungen Menschen in den alten Ländern bestehen hier moderate Bezüge, bei den jungen Menschen in den neuen dagegen nur schwache Zusammenhänge, und zwar für beide Typen des Nationalbewußtseins gleichermaßen. Dies ist ein weiterer Hinweis darauf, daß die Identität als Ostdeutsche stärker für sich und unverbundener neben der nationalen Identität steht als dies in den alten Bundesländern der Fall ist (vgl. hierzu auch Kapitel 4).

Welchen Bezug weisen schließlich die beiden Formen des Nationalbewußtseins untereinander auf? Wie oben schon angedeutet, korrelieren Nationalismus und Verfassungspatriotismus deutlich miteinander (Pearsons r West .60, Ost .52). Dies bedeutet, daß eine große Zahl junger Menschen in Ost und West auf ethnisch-kulturelle und politische Kollektivgüter gleichermaßen wenig oder gleichermaßen viel Stolz empfindet; ein Nationalbewußtsein, das sich entweder rein auf politische oder rein auf ethnisch-kulturelle Kollektivgüter bezieht, findet sich seltener. Um einen Überblick über die Ausprägung der möglichen Kombinationen der beiden Dimensionen von Nationalbewußtsein unter den jungen Menschen in Ost und West zu bekommen, bietet sich die Differenzierung in vier Typen an: Insgesamt wenig Nationalbewußte sind dabei diejenigen, bei denen sowohl nationalistische als auch verfassungspatriotische Einstellungen unterdurchschnittlich ausgeprägt sind. Bei den insgesamt hoch Nationalbewußten sind dagegen beide Formen nationaler Identität hoch ausgeprägt. Davon unterscheiden lassen sich die beiden Typen, die entweder vorrangig verfassungspatriotisch oder vorrangig nationalistisch orientiert sind. Hier ist jeweils eine Form von Nationalbewußtsein überdurchschnittlich, die andere dagegen unterdurchschnittlich ausgeprägt.[9] Die empirische Verteilung dieser vier Gruppen sieht bei den jungen Erwachsenen in den alten und neuen Ländern folgendermaßen aus: Während die Gruppen mit insgesamt niedrigem (34% West, 29% Ost) und insgesamt hohem Nationalbewußtsein (37% West, 36% Ost) in den alten und neuen Bundesländern ähnlich groß sind, gibt es deutliche Unterschiede in den Gruppengrößen mit vorrangig verfassungspatriotischer (20% West gegenüber 8% Ost) und vorrangig nationalistischer Identität (9% West gegenüber 27% Ost). Hier zeigt sich noch einmal deutlich, daß in den neuen Ländern eine nationale Identität, die sich auf demokratische Errungenschaften stützt, bei Jugendlichen und jungen Erwachsenen weniger weit verbreitet ist als in den alten Ländern. Allerdings dauerte es schließlich auch in der alten Bundesrepublik Jahrzehnte, bis sich ein stärkerer Bezug des Nationalbewußtseins auf demokratische Werte durchsetzen konnte – unter diesem Gesichtspunkt erscheinen die Anteile, zu denen junge Erwachsene in den neuen Ländern verfassungspatriotische Orientierungen zeigen, sogar relativ hoch.

8.4 Nationale Identität und politische Orientierungen

In diesem Abschnitt soll die Vermutung geprüft werden, daß das Ausmaß und die Art der nationalen Identität mit unterschiedlichen politischen Orientierungen einhergeht. Hintergrund dafür ist die wissenschaftliche und öffentliche Auseinandersetzung darüber, ob eine starke nationale Identifizierung positive oder negative Folgen für politisches Handeln und politische Strukturen hat. Da allerdings empirisch nicht belegt ist, ob die nationale Identität wirklich diese politischen Einstellungen beeinflußt, ob also hier eine eindeutige Ursache-Wirkungs-Beziehung vorliegt, werden hier nur wechselseitige Zusammenhänge angesprochen. Bezüge von nationaler Identität werden vor allem mit folgenden drei Bereichen thematisiert (vgl. Kapitel 8.1). Erstens geht es um die Bedeutung nationaler Identität für die Integration des Einzelnen in die Gesellschaft, zweitens um die Bedeutung für die Haltung zum Staat und zum politischen System und drittens um den Zusammenhang mit der Haltung gegenüber gesellschaftlicher Heterogenität und damit gegenüber Minderheiten innerhalb des eigenen Staates. Da in einigen dieser Theorien auf der Makroebene der gesamten Gesellschaft argumentiert wird, während sich unsere Untersuchung mit Mikrodaten individueller Einstellungen beschäftigt, ist eine Übertragung dieser Annahmen nur mit Einschränkungen möglich. Dennoch sollen anhand einzelner Indikatoren im Jugendsurvey mögliche Zusammenhänge nationaler Identität mit diesen Einstellungsbereichen ansatzweise überprüft werden. Dadurch, daß hier zwei verschiedene Modi von Nationalbewußtsein unterschieden werden, können diese Bezüge für beide getrennt analysiert werden (vgl. Tabelle 8.9).

Zunächst zum postulierten Zusammenhang von nationaler Identität und gesellschaftlicher Integration (vgl. Nassehi 1990, Hahn 1993): Im Jugendsurvey kann ein solcher Bezug zwar nicht direkt überprüft werden, mit dem Index zu Verunsicherung bzw. der Unsicherheit über gesellschaftliche Orientierung (vgl. Kapitel 3) gibt es jedoch einen indirekten Indikator dafür. Falls eine positive, stark ausgeprägte nationale Identität wirklich ein Modus gesamtgesellschaftlicher Integration ist, wie von einigen Autoren angenommen wird, dann müßten sich deutliche negative Zusammenhänge beider Formen des Nationalbewußtseins mit Verunsicherung und Orientierungslosigkeit ergeben. Wie Tabelle 8.9 zeigt, ist dies nicht der Fall: Insgesamt zeigen sich nur unbedeutende Zusammenhänge, die beim Nationalismus etwas höher sind als beim Verfassungspatriotismus

Tabelle 8.9:
*Zusammenhänge des Nationalbewußtseins mit politischen Orientierungen**
(Pearsons r)

	Nationalismus		***Verfassungs-patriotismus***	
	West	*Ost*	*West*	*Ost*
Orientierungsunsicherheit	.15	.09	.02	-.07
Zustimmung Idee der Demokratie	-.02	-.09	.19	.10
Demokratiezufriedenheit	.02	.24	.36	.52
politisches Vertrauen	-.03	-.03	.13	.21
konventionelle Partizipationsbereitschaft	-.05	-.08	.03	.00
unkonventionell-legale Part.bereit.sch.	-.20	-.16	-.02	-.08
unkonventionell-illlegale Part.bereit.sch.	-.15	-.12	-.14	-.19
Rechts-Orientierung	.33	.40	.12	.10
Wunsch nach „starker Hand" für den Staat	.39	.32	.14	.09
Fremdenfeindlichkeit	.32	.36	.03	-.03

Quelle: DJI-Jugendsurvey 1997

* Zum Index Orientierungsunsicherheit vgl. Kapitel 3.1. Zur Einstellung gegenüber der Idee der Demokratie vgl. Kapitel 6.3; zur Demokratiezufriedenheit und zum Index politisches Vertrauen vgl. Kapitel 6.4. Zur Rechts-Orientierung vgl. Kapitel 6.5. Zum Wunsch nach einer „starken Hand" vgl. Kapitel 6.3. Zum Index Fremdenfeindlichkeit vgl. Kapitel 9.1.

und zudem ein positives Vorzeichen aufweisen; eine hohe Verunsicherung ist also schwach mit einem hohen Nationalismus verknüpft. Für diesen Zusammenhang bietet sich eine alternative These an: Ein ausgeprägtes ethnisch-kulturell begründetes Nationalbewußtsein könnte der Aufwertung der eigenen Identität bei sozialer Verunsicherung dienen.

Weiterhin wird in der Diskussion um die Bewertung nationaler Identität – vor allem von Seiten der Politikwissenschaft – immer wieder auf positive Folgen für die Stabilität von Demokratie und politischem System verwiesen. Insbesondere wird eine solche Annahme beim Vorhandensein eines Nationalbewußtseins zugrundegelegt, das sich auf demokratische Errungenschaften stützt (vgl. z.B. Westle 1999), in unserem Fall also der Verfassungspatriotismus. Implizit steht dahinter die Annahme, daß ohne nationale Zugehörigkeitsgefühle die Bürger dem Staat die Unterstützung entziehen bzw. nicht mehr politisch partizipieren. Im Jugendsurvey läßt sich dies überprüfen, indem Zusammenhänge mit folgenden Bereichen analysiert werden: zum einen mit Indikatoren für die Einstellung zu demokratischen Systemen an sich wie der Haltung zur Idee der Demokratie (vgl. Kapitel 6.3), zum zweiten mit Indikatoren für die Haltung zum politischen System der Bundesrepublik wie der Demokratiezufriedenheit und dem politischen Vertrauen (vgl. Kapitel 6.4) und zum dritten mit Indikatoren für politische Beteiligung (vgl. Kapitel 7.1).

Nur schwach, aber in der erwarteten Richtung korreliert die Haltung zur Idee der Demokratie mit dem Verfassungspatriotismus; mit dem Nationalismus gibt es einen geringen, aber negativen Zusammenhang – tendenziell geht also ein nationalistisch geprägtes Nationalbewußtsein mit einer Ablehnung der Idee der Demokratie einher. Deutlicher sind die Zusammenhänge auf der Ebene des politischen Systems der Bundesrepublik: Je höher der Verfassungspatriotismus, desto zufriedener sind die Befragten mit der Demokratie in Deutschland. Dies gilt in stärkerem Maße für die jungen Menschen in den neuen Bundesländern als für die in den alten; bei ihnen zeigt sich ein solcher Zusammenhang auch für den Nationalismus. Ein schwacher positiver Zusammenhang besteht auch zwischen dem politischen Vertrauen der Befragten und ihrem Verfassungspatriotismus, nicht jedoch ihrem Nationalismus. Ein Zusammenhang von Einstellungen zum politischen System und einer politisch-demokratisch bestimmten nationalen Identität kann also nicht bestritten werden, allerdings ist nicht klar, in welche Richtung dieser läuft: Hat ein stark ausgeprägter Verfassungspatriotismus eine positive Einstellung zur Demokratie in Deutschland und ein hohes

Vertrauen in Politik und Politiker zur Folge oder bestimmen umgekehrt diese Einstellungen das Ausmaß, in dem Nationalbewußtsein, insbesondere solches mit demokratischen Bezügen geäußert wird? Die zweite Annahme, die implizieren würde, daß der Grad an Verfassungspatriotismus abhängig vom Output des politischen Systems und damit nicht besonders stabil ist, ist zumindest nicht auszuschließen. Eine nationalistische Orientierung ist in bezug auf die Stabilität des demokratischen Systems jedoch kaum eine Alternative, da sie sich vornehmlich am Gedanken einer ethnisch und kulturell definierten Nation festmacht und damit weitgehend unabhängig vom herrschenden politischen System besteht, wie auch die Zusammenhangsmaße zeigen.

Für unterschiedliche Möglichkeiten der Bereitschaft, sich politisch zu beteiligen, zeigen sich nicht die erwarteten positiven Zusammenhänge mit nationaler Identität: Das Ausmaß des verfassungspolitisch geprägten Nationalbewußtseins scheint keinen Einfluß auf die konventionellen Partizipationsbereitschaften auszuüben und sogar einen geringen negativen auf die unkonventionellen Formen von Beteiligungsbereitschaft. Eine nationalistisch geprägte nationale Identität geht ebenfalls mit geringen Partizipationsbereitschaften einher, vor allem was den unkonventionellen Bereich betrifft. Ein ausgeprägtes Nationalbewußtsein hängt also nicht mit der Bereitschaft zu besonders aktiver Beteiligung zusammen, vielmehr ist das Ausmaß des Verfassungspatriotismus unabhängig vom Ausmaß der politischen Beteiligung. Ein stark ausgeprägter Nationalismus geht sogar tendenziell mit einer geringeren Bereitschaft einher, sich politisch zu beteiligen. Die Haltung zum Staat und die nationale Identität scheinen sich also, wenn man die Einstellungen der Jugendlichen und jungen Erwachsenen in Deutschland betrachtet, weiter zu entkoppeln. Aber dies muß nicht heißen, daß eine solche Entkoppelung wirklich negative Folgen für die demokratische Legitimation eines Staates hat. Vielmehr bleibt es fraglich, ob die These wirklich begründet ist, daß eine positive nationale Identität unerläßlich ist, um die Stabilität der Demokratie in Deutschland auf Dauer zu gewährleisten.

Inwieweit ein ausgeprägtes Nationalbewußtsein, insbesondere ein nationalistisches, mit gesellschaftlich negativ gewerteten Einstellungen zusammenhängt, ist ein weiterer umstrittener Punkt in der öffentlichen Diskussion. Benannt werden hier immer wieder nationalistische Aggression nach außen, also gegenüber den Einwohnern anderer Nationalstaaten, sowie der Wunsch nach innerer Homogenität und die Ablehnung von gesellschaftlicher Heterogenität im eigenen Nationalstaat (vgl. Richter 1994); zudem werden Zusammenhänge mit autoritaristischen Orientierungen genannt (vgl. Adorno et al. 1950). Die erste Annahme kann mit den Daten des Jugendsurveys nicht geprüft werden, da hier keine Instrumente zu Einstellungen gegenüber anderen Nationen vorhanden sind. Zur zweiten und dritten These gibt es jedoch Indikatoren. Dies sind erstens der Grad an fremdenfeindlichen Orientierungen gegenüber Migranten in Deutschland (vgl. Kapitel 9.1) und zweitens ein einzelnes Item, das den Wunsch nach einer autoritären Staatsführung beinhaltet (vgl. Kapitel 6.3).

Hier zeigen sich für die jungen Erwachsenen in den neuen und den alten Bundesländern die erwarteten Zusammenhänge: Ein ausgeprägter Nationalismus geht sowohl mit einer fremdenfeindlichen Orientierung einher als auch mit dem Wunsch nach einer starken Hand, die Ordnung schafft. Die Ausprägung des Verfassungspatriotismus ist dagegen weitgehend unabhängig vom Grad der Fremdenfeindlichkeit und autoritären Neigungen[10]. Zumindest in bezug auf Einstellungen zu Minderheiten innerhalb der eigenen Nation bestätigt sich also die Annahme, daß ein nationalistisches Nationalbewußtsein negative Orientierungen mit sich trägt: Eine nationale Identität, die sich an sozialen Vergleichen mit anderen Gruppen und an Gemeinsamkeiten festmacht, die durch Herkunft, Geschichte und Kultur bestimmt werden, geht mit einer Abwertung von Gruppen einher, die als nicht zugehörig, als anders definiert werden, obwohl sie Einwohner und – wenigstens zum Teil – teilhabeberechtigt im selben Nationalstaat sind. Die Verknüpfung von Nationalismus mit Autoritarismus weist des weiteren darauf hin, daß hier in der Tat ein Stück Idealisierung und wenig Reflexion und Kritik gegenüber der Nation mitschwingt. Auch wenn das Instrument, das im Jugendsurvey zur Erfassung einer nationalistischen Orientierung verwendet wurde, beileibe nicht als Indikator für „klassischen" Nationalismus interpretiert werden darf, so zeigen sich doch Bezüge, die in diese Richtung weisen. Dies belegt auch der deutliche Zusammenhang zwischen Nationalismus und der politischen Selbstpositionierung der Befragten: Je weiter politisch rechts sich ein junger Mensch selbst einstuft, desto stärker ausgeprägt ist seine nationalistische Orientierung, je weiter er sich als links einstuft, desto geringer ist sie. Für die verfassungspatriotische nationale Identität besteht dagegen nur ein geringer Zusammenhang mit der politischen Selbstverortung.

Aus den Analysen zu den positiven und negativen Bezügen der Art und der Ausprägung des Nationalbewußtseins läßt sich folgendes Fazit ziehen: Eindeutige Zusammenhänge bestehen eher, was die negativen Bezüge einer ausgeprägten nationalen Identität betrifft. Jugendliche und junge Erwachsene mit einem Nationalbewußtsein, das sich vorrangig an ethnisch-kulturellen Merkmalen verankert oder das insgesamt stark ausgeprägt ist, neigen – so die Ergebnisse des Jugendsurveys 1997 – eher zu fremdenfeindlichen Orientierungen und äußern stärker den Wunsch nach einer autoritären Staatsführung. Auch bei den jungen Menschen in Deutschland zeigt sich also in einer nationalistischen Orientierung deutlich die Kehrseite nationaler Identität, nämlich die unreflektierte Überhöhung der Nation und die Exklusion von Minderheiten.

Anmerkungen

1 Einen empirischen Beitrag, der sich kritisch mit der gängigen Unterscheidung auseinandersetzt, liefern Mummendey/Simon 1997.

2 Für die Darstellung der Ergebnisse im Buch haben wir uns allerdings entschieden, die Verbundenheit mit den alten und neuen Bundesländern in Kapitel 4 darzustellen, da dort explizit das Ost-West-Verhältnis thematisiert wird.

3 In der ersten Welle des DJI-Jugendsurveys war nach der Frage zum allgemeinen Nationalstolz offen nach Gründen gefragt worden, warum die Befragten stolz oder nicht stolz darauf seien, Deutsche zu sein bzw. warum sie die Antwort verweigerten. Aus diesen Antworten waren dann drei Typen von Kollektivbewußtsein gebildet worden, traditionales, reflektiertes und postnational weites (vgl. Westle 1995b).

4 Nicht aufgenommen wurde der Stolz auf ökonomische Leistungen, obwohl dies in der BRD ein Hauptmerkmal für Nationalstolz darstellt. Da mit diesem Instrument verschiedene Typen nationaler Identität unterschieden werden sollten, wurden hier nur Kollektivgüter aufgenommen, die eindeutig dem ethnisch-kulturellem oder dem politisch-demokratischen Bereich zuzuordnen sind. Dies ist beim Stolz auf ökonomische Leistungen zwar theoretisch der Fall; das Item hat sich aber sowohl im Jugendsurvey-Pretest als auch in einer Analyse der entsprechenden Frage im ALLBUS 1996 empirisch als nicht trennscharf erwiesen. Insgesamt wurden die Itemformulierungen gegenüber dem Instrument von Blank/Schmidt etwas vereinfacht, um sie an die hier untersuchte Altersgruppe anzupassen.

5 Da die verschiedenen Items zum Stolz auf Kollektivgüter und der allgemeine Nationalstolz alle deutlich untereinander korrelieren und daher davon ausgegangen werden kann, daß die Faktoren ebenfalls nicht voneinander unabhängig sind, wurde eine Hauptkomponentenanalyse mit schiefwinkliger Rotation durchgeführt (vgl. hierzu Anhang A.2). Die beiden Faktoren korrelieren mit .47; beide Formen von Nationalbewußtsein stützen sich also gegenseitig.

6 Obwohl beide Faktoren relativ hoch miteinander korrelieren, haben wir uns dafür entschieden, zwei getrennte Summenindices zu bilden, um empirisch zu überprüfen,

wie beide Formen von Nationalbewußtsein in verschiedenen Subgruppen verteilt sind und ob sie unterschiedlich mit politischen Orientierungen zusammenhängen. Dafür wurden die Items, die jeweils hoch auf einem Faktor luden, zu jeweils einem Summenindex zusammengefaßt, indem die Skalenwerte für die einzelnen Items pro Befragtem addiert und durch die Zahl der Items geteilt wurden, so daß die zwei Indices einen Skalenbereich von 0 bis 5 hatten. Um den allgemeinen Nationalstolz, der mit einem anderen Antwortmodell erfaßt wurde als die Fragen zum Stolz auf Kollektivgüter, in den Summenindex „Nationalismus" zu integrieren, wurden die Wertebereiche der Items so transformiert, daß sie dieselben Anfangs- und Endpunkte besitzen. Reliabilitätstests ergaben für beide Indices ein Alpha von jeweils .81.

7 Zu den Zusammenhängen zwischen subnationaler und nationaler Bindung vgl. ausführlicher Kapitel 4. Während dort vor allem untersucht wurde, inwieweit die jungen Erwachsenen Ost eine „Abgrenzungsidentität" aufweisen, liegt hier der Schwerpunkt eher auf der nationalen und supranationalen Ebene der Bindungen.

8 Dabei stellt sich allerdings die Frage, ob diese Korrelation nur dadurch bedingt ist, daß in den Index „Verfassungspatriotismus" ein Item einging, das speziell den Stolz auf den deutschen Beitrag zur Schaffung der EU thematisierte. Um dies zu überprüfen, wurde der Index ohne dieses Item repliziert. Auch dann bleibt der Zusammenhang mit der EU-Verbundenheit bestehen; im Westen fällt er allerdings etwas niedriger aus (Spearmans rho West .19, Ost .27).

9 Die empirische Unterscheidung der vier Typen erfolgte anhand der arithmetischen Mittel der beiden Indices.

10 Auch für andere Populationen wurde der Zusammenhang von starker traditioneller nationaler Identität und fremdenfeindlichen Einstellungen empirisch in vielen Studien bestätigt, z.B. in letzter Zeit von Blank/Schmidt 1997.

9

Einstellungen gegenüber Migranten

Corinna Kleinert

Jugend und Fremdenfeindlichkeit in Deutschland – das ist ein Thema, das die Öffentlichkeit in den vergangenen Jahren stark beschäftigte. Ausgelöst wurde die Diskussion durch die Eskalation fremdenfeindlich motivierter Gewalt zu Beginn der 90er Jahre, an der überwiegend Jugendliche beteiligt waren, sowie durch die Wahlerfolge rechtspopulistischer Parteien, die im Gegensatz zu früheren Jahrzehnten ebenfalls überproportional junge Wähler gewinnen konnten. Die bis Ende der 80er Jahre gehegte Hoffnung, daß sich das Problem nationalistischer und fremdenfeindlicher Haltungen in der Bundesrepublik Deutschland mit den Jahren verringern werde, da es vor allem Bürger betreffe, die ihre Sozialisation in der Zeit des Nationalsozialismus erfahren haben, mußte mit dieser Entwicklung endgültig aufgegeben werden. Während die Jugend in der Bundesrepublik bis dahin eher als linksgerichtet und progressiv verstanden worden war, und Phänomene wie Rechtsextremismus und Fremdenfeindlichkeit bei jungen Menschen kaum thematisiert worden waren, hat sich dies im vergangenen Jahrzehnt gründlich geändert. Im Mittelpunkt der Diskussion standen dabei verständlicherweise rechtsextremistische Jugendliche und Gewalttäter mit fremdenfeindlichen Motivationen.

Im Jugendsurvey wurde nun ein etwas anderer Focus gewählt: Nicht die Ausdrucksformen und Handlungsweisen sollen hier untersucht werden, die aufgrund fremdenfeindlicher, rassistischer und rechtsextremer Ideologien entstehen, wie sie vor allem bei Randgruppen unter den Jugendlichen zu finden sind, sondern die eher „alltäglichen" fremdenfeindlichen *Einstellungen* gegenüber Migranten bei der breiten Masse von Jugendlichen und jungen Erwachsenen in Deutschland. Diese sind nicht zwangsläufig in rechtsextreme Ideologien eingebettet und äußern sich nicht unbedingt in manifester Gewalt. Dennoch haben sie gesellschaftliche Brisanz: Solche Orientierungen bilden die Grundlage für die Gestaltung des Zusammenlebens von Minderheiten und Mehrheit in der Bundesrepublik Deutschland. Die heutigen weltweiten Migrationsströme sind gleichzeitig ein Bestandteil und eine Folge von Globalisierungsprozessen; sie werden auch in Zukunft stattfinden. Angesichts dieser Entwicklung ist die Transformation der bundesdeutschen Gesellschaft in eine interkulturelle Einwanderungsgesellschaft wohl noch lange nicht abgeschlossen, zumal die allmähliche Akzeptanz von Einwanderung und Gleichbehandlung von Migranten hierzulande vergleichsweise spät und nur bei Teilen der politischen Parteien und der Bürger einsetzte. Politische Entscheidungen im Bereich von Immigration und Integration bilden bis heute Konfliktlinien im politischen Diskurs der Bundesrepublik, bei der die Orientierungen der Bürger – und immer stärker der nachwachsenden Generationen – gegenüber neuen und alten Einwanderungsgruppen eine große Rolle spielen. Durch Wahlentscheidungen, durch politischen Protest, aber auch durch die Instrumentalisierung fremdenfeindlicher Affekte durch politische Parteien und Gruppierungen können solche Haltungen zur Konstruktion sozialer Wirklichkeit beitragen und politische Relevanz erlangen.[1]

Uns ging es darum, Einstellungen gegenüber Migranten detaillierter zu erfassen, als dies in vielen anderen standardisierten Untersuchungen der Fall ist. Von daher wurde in der zweiten Welle des Jugendsurveys ein neuer Fragenschwerpunkt zu diesem Bereich entworfen. Grundlage für die Auswahl der neuen Instrumente war die Annahme, daß fremdenfeindliche Orientierungen mehrere Subdimensionen umfassen: eine kognitive Komponente, zu der beispielsweise Vorurteile oder die Unterstützung bestimmter Politiken zählen, eine affektive Komponente, also die rein gefühlsmäßige Sympathie oder Antipathie gegenüber Fremden, sowie eine konative Komponente, die den handlungsrelevanten Bereich von Einstellungen, also bestimmte Handlungspräferenzen, bestimmt (vgl. Alba 1994). Um den kognitiven Bereich fremdenfeindlicher Orientierungen abzudecken, wurde die Kurzskala aus der ersten Welle des Jugendsurveys um eine längere Statementliste mit fremdenfreundlichen und -feindlichen Äußerungen ergänzt. Zur Operationalisierung des emotionalen und konativen Bereichs von Einstellungen dienten zwei Fragen zur sozialen Distanz zu verschiedenen Migrantengruppen. Neben diesen Instrumenten zur Fremdenfeindlichkeit an sich legten wir großen Wert darauf zu ermitteln, welche Migrantengruppen als fremd wahrgenommen werden, wie der Begriff „Ausländer" von den Befragten gefüllt wird, kurz, wie von unterschiedlichen Gruppen junger Erwachsener „Fremde" konstruiert werden. Dazu wurden folgende Instrumente in den Fragebogen aufgenommen: eine geschlossene Frage, in der die Befragten die kulturelle Differenz verschiedener Migrantengruppen zu Deutschen einschätzen sollten, und eine offene Frage, in der es um die Assoziationen der Befragten zu „den" Ausländern in Deutschland ging. Alle Instrumente wurden größtenteils neu entwickelt bzw. die Grundgerüste aus anderen Studien übernommen, vor allem aus dem ALLBUS 1996, und die Formulierungen an unsere Befragtenpopulation angepaßt.

Im *ersten* Teil der hier vorgestellten empirischen Ergebnisse soll das Phänomen Fremdenfeindlichkeit beschrieben werden: Wie stark sind fremdenfeindliche Einstellungen und soziale Distanz bei den Jugendlichen und jungen Erwachsenen in Ost und West ausgeprägt? An welchen Themen machen sie sich fest? Wie sind sie strukturiert? Wie haben sich fremdenfeindliche Einstellungen bei der jungen Bevölkerung im Zeitvergleich 1992 und 1997 entwickelt? Wie stark sind fremdenfeindliche Orientierungen im Vergleich zu Erwachsenen verbreitet? In welchem Maß ist Fremdenfeindlichkeit also wirklich ein Jugendproblem?

Der Begriff „Fremdenfeindlichkeit" wird von uns verwendet, da er – auch wenn er relativ unscharf ist – vor allem einen analytischen Vorteil gegenüber anderen oft verwendeten Bezeichnungen aufweist. Denn er verweist auf einen grundlegenden Prozeß, der hinter dem Phänomen der Abwertung von Migranten steht: Feindliche Einstellungen, negative Emotionen und Abwehr gegenüber bestimmten Gruppen und Personen sind nicht auf objektive Kriterien oder Eigenschaften zurückzuführen, die diese innehaben, sondern darauf, daß diese Personen oder Gruppen subjektiv als fremd, als andersartig, als nicht zugehörig zur Wir-Gruppe wahrgenommen werden. Dieser Wahrnehmungs- und Zuschreibungsprozeß erklärt, warum manche Gruppen von Migranten stärker von fremdenfeindlichen Haltungen betroffen sind als andere und warum sich diese Abgrenzungstendenzen auch gegen andere gesellschaftliche Minderheiten wie beispielsweise Homosexuelle oder Obdachlose richten.[2] Der Begriff „Fremdenfeindlichkeit" hat also den Vorteil, daß er den Konstruktionsaspekt fremdenfeindlicher Einstellungen betont (vgl. Scherr 1996: 99 f.). Inwieweit sich die Zusammenhänge zwischen subjektiver Wahrnehmung und Einstellungen einer Gruppe gegenüber bei den 16- bis 29jährigen Deutschen auch empirisch belegen lassen, soll im *zweiten* Abschnitt überprüft werden: Zeigen sich Unterschiede darin, in welchem Maße verschiedene Gruppen als fremd wahrgenommen werden, wie stark sie mit dem Begriff „Ausländer" assoziiert werden, in welchem Maße persönliche Bezüge zu Migranten bestehen? Wie lassen sich diese Differenzen erklären? Lassen sich Feindlichkeit und Abgrenzungsbemühungen in stärkerem Maße gegenüber solchen Gruppen feststellen, die als besonders fremd empfunden werden und zu denen es keine Alltagskontakte gibt? Können für die Jugendlichen und jungen Erwachsenen in Deutschland also Zusammenhänge zwischen der Konstruktion des Fremden und den Objekten der Fremdenfeindlichkeit nachgewiesen werden?

In einem *dritten* Teil der Ergebnisse wird untersucht, welche Größen einen Einfluß auf fremdenfeindliche Orientierungen bei jungen Erwachsenen in Deutschland ausüben – hier geht es also um die Prüfung verschiedener Erklärungsansätze von Fremdenfeindlichkeit. Dabei wird in multivariaten Analysen der Einfluß der objektiven Lebenssituation und grundlegender subjektiver Orientierungen untersucht.

9.1 Fremdenfeindliche Orientierungen bei jungen Erwachsenen

Inhalte und Struktur fremdenfeindlicher Einstellungen

Die Einstellungen junger Erwachsener gegenüber Migranten im allgemeinen wurden im Jugendsurvey mit insgesamt elf Statements erhoben, zu denen die Befragten den Grad ihrer Zustimmung angeben konnten.[3] Sie zielen auf den *kognitiven* Aspekt fremdenfeindlicher Orientierungen, bei dem es nicht nur um Gefühle, Sympathie oder Antipathie zu Migrantengruppen geht, sondern vor allem um die Argumente, mit denen solche Gefühle rational begründet werden. So beziehen sich die Aussagen zum einen auf Forderungen nach einer restriktiven bzw. weniger restriktiven Ausländerpolitik, zum anderen enthalten sie vorurteilshafte Verallgemeinerungen über Eigenschaften und Verhaltensweisen „der Ausländer" in Deutschland (vgl. Tabelle 9.1).[4]

Die verschiedenen Statements fanden zwar einen ganz unterschiedlichen Grad an Zustimmung, insgesamt zeigen die Zustimmungsraten jedoch, daß die Mehrheit der befragten Jugendlichen und jungen Erwachsenen fremdenfeindlichen Haltungen eher ablehnend gegenübersteht. Bei denjenigen, die fremdenfeindliche Aussagen unterstützen, handelt es sich allerdings nicht nur um einen marginalen Anteil, sondern um eine beträchtliche Minderheit. Bei den jungen Menschen in den neuen Bundesländern ist diese Minorität durchgängig noch um einiges größer als bei denen in den alten.

Insgesamt am wenigsten Zustimmung fanden die Statements, die eindeutig rassistische Inhalte („Die Deutschen sind [keine] bessere[n] Menschen als die hier lebenden Ausländer") und einen völligen Ausschluß von Migranten aus der deutschen Gesellschaft („Es wäre am besten, wenn alle Ausländer Deutschland verlassen würden") thematisieren. Uneinheitlich rangieren die Aussagen, die ökonomische Bedrohung und Konkurrenz zum Inhalt haben: Das Thema „staatliche Sozialleistungen" steht weit vorne unter den Zustimmungsraten, während das Thema „günstiger Wohnraum" weit hinten steht. Unterschiedlich in Ost und West rangiert das Thema „Arbeitsplätze": Bei dieser Aussage besteht der

Tabelle 9.1:
*Einstellungen gegenüber Migranten (Zeilenprozent)**

	West		Ost	
	Nicht-Zustim.	*Zustimmung*	*Nicht-Zustim.*	*Zustimmung*
A. Wenn Arbeitsplätze knapp werden, sollte man die Ausländer wieder in ihre Heimat schicken	53	15	29	37
B. Ausländer sollten in allen Bereichen die gleichen Rechte haben wie die Deutschen	24	34	34	26
C. Ich bin für die Anwesenheit von Ausländern, weil sie unsere Kultur bereichern	16	39	30	27
D. Es wäre am besten, wenn alle Ausländer Deutschland verlassen würden	69	7	48	19
E. Die hier lebenden Ausländer sollten ihre Lebensweise der deutschen anpassen	21	36	21	41
F. Die Deutschen sind keine besseren Menschen als die hier lebenden Ausländer	9	64	15	55
G. Ausländer werden in Deutschland in fast allen Lebensbereichen benachteiligt	35	18	39	17
H. Die hier lebenden Ausländer nehmen den Deutschen preiswerte Wohnungen weg	47	15	39	22
I. Viele der hier lebenden Ausländer haben zum Wohlstand in Deutschland beigetragen	11	44	25	31
J. Viele Ausländer hier beziehen zu Unrecht staatliche Unterstützung	24	33	16	44
K. Die hier lebenden Ausländer neigen eher zu kriminellen Handlungen als die Deutschen	30	27	24	33

Quelle: DJI-Jugendsurvey 1997

* Antwortskala von 1 (stimme überhaupt nicht zu) bis 6 (stimme voll und ganz zu). Für die Kategorie „Nicht-Zustimmung" wurden die Werte 1 und 2 zusammengefaßt, für die Kategorie „Zustimmung" die Werte 5 und 6. Die Anteile von Befragten, die die beiden mittleren Werte 3 und 4 angegeben haben, sind in der Tabelle nicht ausgewiesen. Die grau unterlegten Statements sind positiv formuliert, die nicht unterlegten negativ gegen Migranten gerichtet.

größte Ost-West-Unterschied von allen Statements – in den neuen Bundesländern wird dieser Aussage weitaus häufiger zugestimmt als in den alten. Breite Zustimmung finden daneben die Forderung nach einer Anpassung der in Deutschland lebenden Ausländer an die Deutschen sowie die Ablehnung der

Aussage, Ausländer seien in Deutschland benachteiligt. Diese beiden Standpunkte sollten jedoch für sich genommen zunächst nicht als eindeutig fremdenfeindlich bewertet werden, da sie auch anders begründete Haltungen zum Ausdruck bringen können.

Sind die Aussagen nun einem fremdenfeindlichen Einstellungssyndrom zuzuordnen, korrespondiert ihre Beantwortung miteinander?[5] Die Ergebnisse einer Hauptkomponentenanalyse zeigen, daß dies der Fall ist: Neun der elf Aussagen weisen untereinander deutliche Zusammenhänge auf und liegen klar auf einer einzigen Dimension.[6] Nur zwei Statements fallen aus dieser Struktur heraus und stehen eher für sich allein: Dies ist zum einen die Forderung nach einer Anpassung der in Deutschland lebenden Ausländer an den Lebensstil der Deutschen, zum anderen die Beurteilung, inwieweit die in Deutschland lebenden Ausländer gegenüber Deutschen benachteiligt sind. Wie schon vermutet, können diese beiden Aussagen nicht einer fremdenfeindlichen Haltung zugerechnet werden, denn auch Befragte, die bei den übrigen Statements durchgängig fremdenfreundlich votierten, stimmten einer Anpassung der hier lebenden Ausländer an die Deutschen zu oder hielten sie für nicht benachteiligt. Diese beiden Aussagen liegen folglich auf einer anderen Dimension der Einstellungen zu Ausländern in Deutschland.

Insgesamt zeigen die Ergebnisse, daß wirklich von einem fremdenfeindlichen Einstellungssyndrom gesprochen werden kann, das unterschiedliche Vorurteile und Einstellungsbereiche umfaßt: Befragte, die ein solches aufweisen, stimmen Äußerungen über Ausländer in Deutschland zu, die eine Konkurrenz um knappe Ressourcen thematisieren, vertreten Vorurteile über diese Gruppe und unterstützen eine restriktive Migrationspolitik. Befragte, die nicht oder nur geringfügig fremdenfeindlich orientiert sind, lehnen tendenziell alle diese Äußerungen ab. Um ein Maß für diese allgemeine fremdenfeindliche Orientierung zu erhalten, wurde aus den neun Einzelaussagen, die sich in der Faktorenanalyse als zusammengehörig erwiesen, ein additiver Index gebildet, der für die folgenden Analysen verwendet wird.[7]

Wie schon durchgehend bei allen Einzelaussagen zeigen auch in der Verteilung dieses Gesamtindex mehr junge Menschen in den neuen Bundesländern eine fremdenfeindliche Haltung und weniger eine fremdenfreundliche oder indifferente Haltung als in den alten Bundesländern. Bei einer Trichotomisierung[8] des Index sehen die Anteile folgendermaßen aus: Eine niedrige Ausprägung fremdenfeindlicher (in diesem Sinne eine „fremdenfreundliche" Orientierung) findet sich in den alten Bundesländern bei 31% der Befragten, in den neuen jedoch nur bei 19%. Auch eine mittlere Ausprägung kommt im Westen häufiger vor, nämlich bei 51% der Befragten gegenüber 45% im Osten. Eine hohe Ausprägung von Fremdenfeindlichkeit (nach der vorgenommenen Aufteilung des Index Fremdenfeindlichkeit im eigentlichen Sinne) weisen im Westen 18% der Befragten auf, im Osten dagegen 36%.[9] Bei der Interpretation dieser Differenz sollte jedoch nicht übersehen werden, daß auch in den alten Bundesländern einige Statements deutliche Zustimmungsquoten bei den Jugendlichen und jungen Erwachsenen erhielten. Fremdenfeindlichkeit sollte also nicht als ein spezifisch ostdeutsches Phänomen bezeichnet werden, auch wenn dort derzeit – wie auch schon in den vergangenen Jahren (vgl. Schnabel 1993) – höhere Anteile von Jugendlichen und jungen Erwachsenen fremdenfeindliche Haltungen vertreten.

Soziale Distanz gegenüber einzelnen Migrantengruppen

Eine zweite Subdimension fremdenfeindlicher Einstellungen, die sich von den allgemeinen Aussagen etwas unterscheidet, liegt unserer Annahme nach in der sozialen Distanz gegenüber Fremden, hier gegenüber Angehörigen bestimmter Migrantengruppen. Diese wurden erfaßt, indem erfragt wurde, wie fiktive Situationen sozialer Kontakte mit Vertretern bestimmter Migrantengruppen von den Befragten erlebt werden, als angenehm oder unangenehm. Während die oben dargestellten Aussagen zu Ausländern in Deutschland die kognitive Ebene von Einstellungen messen, indem sie rationale Begründungen bzw. Argumentationsmuster für freundliche oder feindliche Haltungen formulieren, zielt dieses Instrument eher auf den *affektiven* Bereich von Einstellungen. Hier geht es also um Gefühle von Sympathie oder Antipathie und nicht um deren rationale Begründungen. Daneben wurde mit den Fragen nach der sozialen Distanz versucht, wenigstens auf indirektem Wege die *konative,* handlungsrelevante Subdimension fremdenfeindlicher Einstellungen zu erfassen. Die Umsetzung dieser Komponente gilt als besonders schwierig, da Fragen nach dem potentiellen eigenen Handeln gegenüber Ausländern sehr viel stärker sozialer Erwünschtheit unterliegen als Fragen nach allgemeinen Einstellungen. Die soziale Distanz zu Migranten, also die Vermeidung von Kontakten mit ihnen, ist allerdings eine passive negative Verhaltensmöglichkeit, die im Vergleich zu Handlungsformen wie Diskriminierung, politischen Aktivitäten oder gar gewalttätigem Verhalten erheblich weicher, unauffälliger und sozial weniger unerwünscht ist.

Außerdem wurde nicht direkt nach einer aktiven Distanzierung gefragt, sondern nur nach der emotionalen Einschätzung der Situationen. Im Unterschied zur Statementliste sollte hier nicht eine Gruppe von Personen im Ganzen beurteilt werden, sondern die fiktive Beziehung zu einer Einzelperson – auch dieser Stimulus zielt auf indirekte Weise auf die Vorstellung des eigenen Handelns. Erfaßt wurde die soziale Distanz in zwei Bereichen, dem der Nachbarschaft und dem der Einheirat in die Familie der Befragten. Des weiteren wurden die Fragen für Angehörige von fünf Migrantengruppen getrennt gestellt: für Italiener, Griechen, Türken, Asylsuchende und Aussiedler aus Osteuropa.[10] Die Befragten hatten die Wahl zwischen fünf Antwortvorgaben: „sehr unangenehm", „eher unangenehm", „eher angenehm", „sehr angenehm", „gleichgültig" und „hängt vom einzelnen Menschen ab".[11]

Tabelle 9.2:
Soziale Distanz gegenüber verschiedenen Migrantengruppen (Zeilenprozent)

	West				***Ost***			
	*unangen.**	*angenehm**	*gleichgültig*	*hängt ab*	*unangen.**	*angenehm**	*gleichgültig*	*hängt ab*
als direkte Nachbar/in								
ein/e Italiener/in	7	28	20	45	14	27	18	41
Grieche/in	7	26	22	45	15	23	19	43
Aussiedler/in	22	11	18	50	30	11	14	45
Türke/in	21	15	17	47	35	10	13	42
Asylsuchende/r	29	8	15	49	37	7	12	43
Einheirat in die Familie der Befragten								
ein/e Italiener/in	9	18	17	56	21	16	13	50
Grieche/in	11	15	18	57	21	14	14	52
Aussiedler/in	22	7	14	57	35	7	10	48
Türke/in	24	8	13	55	39	6	9	46
Asylsuchende/r	30	5	11	55	42	5	9	45

Quelle: DJI-Jugendsurvey 1997

* Für die Antwortkategorie „unangenehm" wurden die zwei Antwortvorgaben „sehr unangenehm" und „eher unangenehm" zusammengefaßt; für die Kategorie „angenehm" die beiden Vorgaben „sehr angenehm" und „eher angenehm". Die Frageformulierungen lauteten: „Wie unangenehm oder angenehm wären Ihnen Personen aus diesen Gruppen als direkte Nachbarn?" und „Wie unangenehm oder angenehm wäre es Ihnen, wenn eine Person aus diesen Gruppen in Ihre Familie einheiraten würde?"

In Tabelle 9.2 erkennt man, daß relativ geringe Anteile der jungen Deutschen eine eindeutige Wertung dieser Situationen und Gruppen vornehmen – der größere Teil wählt die unbestimmten Kategorien „hängt vom einzelnen Menschen ab“ oder „gleichgültig“. Sobald es also um die Abgrenzung, soziale Distanz und Nähe gegenüber Einzelnen geht, äußern weitaus weniger Befragte eine eindeutig fremdenfeindliche, abwehrende Haltung als bei der abstrakten Beurteilung von „den Ausländern“ in Deutschland. In den neuen Bundesländern sind diese Anteile auch hier durchgängig um einiges höher als in den alten. Ebenfalls relativ wenige Befragte äußern sich pauschal freundlich; diese Anteile sind in den neuen Bundesländern allerdings nicht umgekehrt niedriger als in den alten, sondern ähnlich hoch.

Die pauschale Beurteilung der Kontaktsituationen als „angenehm“ erscheint theoretisch zwiespältig, da damit nicht nur eine wirklich positive Haltung zu Migranten erfaßt sein könnte, sondern auch positive Vorurteile. Die Antwortvorgabe „hängt vom einzelnen Menschen ab“ erfaßt von ihrer Bedeutung her besser eine vorurteilsfreie Haltung gegenüber Migranten. Ob diese Annahme auch empirisch Bestand hat, wurde mit verschiedenen Verfahren geprüft.[12] Nur die Vorgaben „eher unangenehm“ und, noch stärker, „sehr unangenehm“ heben sich deutlich von den anderen vier Antwortvorgaben ab, die untereinander kaum unterschieden werden können. Diejenigen Befragten, die „sehr angenehm“, „eher angenehm“, „gleichgültig“ und „hängt von der einzelnen Person ab“ angegeben haben, zeigen sich empirisch folglich ähnlich fremdenfreundlich. Das bedeutet auch, daß die letztgenannte Antwortkategorie anscheinend nicht in großem Ausmaß als Ausweichkategorie genutzt wurde. Die Befragten, die „eher unangenehm“ gewählt haben, sind deutlich fremdenfeindlicher eingestellt als die anderen vier Gruppen, und die Befragten, die „sehr unangenehm“ angegeben haben, stellen die insgesamt fremdenfeindlichste Gruppe.

Zwischen der Beurteilung des Kontakts mit diesen Gruppen in der Nachbarschaft und in der eigenen Familie herrschen nur geringe Differenzen: Bei der Frage nach der Einheirat in die Familie sind es bei allen Gruppen geringfügig höhere Anteile, die eine Abneigung äußern, und geringere Anteile, die eine Zuneigung angeben oder sich ihnen gegenüber gleichgültig geben. Ebenfalls etwas höhere Anteile – insbesondere im Westen – wählen bei der Kontaktsituation im familiären Bereich die Antwortmöglichkeit „hängt vom einzelnen Menschen ab“. Dies ist verständlich, da für diesen Bereich die persönliche Sympathie zu einem Menschen bedeutsamer ist als für den Bereich der Nachbarschaft.

Insgesamt zeigen die Ergebnisse zur sozialen Distanz und Nähe, daß grundsätzlich eine große Bereitschaft zu sozialem Kontakt unter den Jugendlichen und jungen Erwachsenen vorherrscht. Es kann also ebenfalls eine gewisse Bereitschaft zur Integration von bestimmten Migrantengruppen unterstellt werden, zumindest in den alten Bundesländern. Das spiegelt sich vor allem in der geringen Ablehnungsquote bei der Frage zur Einheirat von Italienern und Griechen in die eigene Familie, also in die unmittelbare private Sphäre, wider. Hier ist im Antwortverhalten besonders auffällig, daß die Kontaktbereitschaft im Nachbarschaftsverhältnis eng mit der privaten Familiensphäre korrespondiert. Oder allgemeiner formuliert: Ist soziale Distanz oder soziale Nähe in der Nachbarschaft erkennbar, findet sich das gleiche Muster auch im familiären Feld. Finden also Migrantengruppen erst einmal Akzeptanz und Zugang zum Nahbereich, dann ist auch eine weitergehende Integrationsbereitschaft zu beobachten. In den neuen Bundesländern sehen die Ergebnisse etwas anders aus: Auch wenn hier ebenfalls eine deutliche Mehrheit Kontaktbereitschaft mit den abgefragten Gruppen zeigt, und Sympathie und Antipathie nach einem vergleichbaren Muster verteilt sind, so ist der Wunsch nach sozialer Distanz sehr viel stärker sichtbar als in den alten Ländern. Das ist insofern nicht verwunderlich, als für die allermeisten jungen Menschen in den neuen Bundesländern keine der genannten Gruppen zu ihrer Erfahrungswelt gehört. Dieser Mangel an Erfahrungen zeigt sich schon deutlich im Ausländeranteil von noch nicht einmal zwei Prozent – in den alten Ländern liegt er bei über zehn Prozent der Bevölkerung. Der in den neuen und den alten Ländern völlig unterschiedliche soziale Hintergrund des Zusammenlebens und der Kontaktmöglichkeiten mit Migranten scheint also auch große Unterschiede zu produzieren, was die Einstellungen ihnen gegenüber betrifft.

Fremdenfeindliche Einstellungen: ein Jugendproblem mit wachsender Brisanz?

An dieser Stelle sollen zwei Fragen beantwortet werden, die vor allem in der Öffentlichkeit ganz vorne rangieren, wenn es um das Thema „Fremdenfeindlichkeit“ geht: Kann tatsächlich von einem Anstieg fremdenfeindlicher Haltungen bei jungen Menschen in Deutschland gesprochen werden? Und: Ist Fremdenfeindlichkeit in den 90er Jahren wirklich zu einem Jugendproblem geworden?

Die erste Frage kann mit den Daten des Jugendsurveys beantwortet werden, indem für vier Statements, die auch schon in der ersten Welle abgefragt wurden, die Verteilungen für 1992 und 1997 verglichen werden (vgl. Tabelle 9.3). Im Ergebnis zeigt sich kein Anstieg, sondern vielmehr ein *Rückgang* fremdenfeindlicher Orientierungen bei jungen Menschen in der BRD – in den alten Bundesländern ist dieser Rückgang recht deutlich, in den neuen Bundesländern dagegen schwächer. Damit hat sich die Differenz in den Einstellungen zwischen jungen Erwachsenen in Ost und West im Zeitraum der letzten fünf

Tabelle 9.3:
*Einstellungen gegenüber Migranten 1992 und 1997 (in %)**

	Nicht-Zustimmung		***Zustimmung***	
	1992	*1997*	*1992*	*1997*
West				
A. *Wenn Arbeitsplätze knapp werden, sollte man die Ausländer wieder in ihre Heimat schicken*	46	53	26	15
B. *Ausländer sollten in allen Bereichen die gleichen Rechte haben wie die Deutschen*	42	24	22	34
C. *Ich bin für die Anwesenheit von Ausländern, weil sie unsere Kultur bereichern*	27	16	33	39
D. *Es wäre am besten, wenn alle Ausländer Deutschland verlassen würden*	63	69	14	7
Ost				
A. *Wenn Arbeitsplätze knapp werden, sollte man die Ausländer wieder in ihre Heimat schicken*	27	29	41	37
B. *Ausländer sollten in allen Bereichen die gleichen Rechte haben wie die Deutschen*	40	34	22	26
C. *Ich bin für die Anwesenheit von Ausländern, weil sie unsere Kultur bereichern*	39	30	22	27
D. *Es wäre am besten, wenn alle Ausländer Deutschland verlassen würden*	50	48	21	19

Quelle: DJI-Jugendsurvey 1992, 1997

* Antwortskala von 1 (stimme überhaupt nicht zu) bis 6 (stimme voll und ganz zu). Für die Kategorie „Nicht-Zustimmung" wurden die Werte 1 und 2 zusammengefaßt, für die Kategorie „Zustimmung" die Werte 5 und 6. Die Anteile von Befragten, die die beiden mittleren Werte 3 und 4 angegeben haben, sind in der Tabelle nicht ausgewiesen.

Jahre noch vergrößert. Dieser Befund kann zwar nicht mit anderen Jugenduntersuchungen überprüft werden; er stimmt jedoch tendenziell mit den Ergebnissen allgemeiner Bevölkerungsumfragen überein (vgl. auch Wiegand 1993, Hill 1993): Eine Analyse von ALLBUS-Befragungen ergibt auch für die gesamte westdeutsche Erwachsenenbevölkerung einen kontinuierlichen Rückgang fremdenfeindlicher Haltungen[13], und dies für einen weitaus längeren Zeitraum, nämlich von 1980 bis 1994. 1996 stiegen die Anteile mit fremdenfeindlichen Haltungen allerdings nach diesen Daten wieder leicht an. Für die Bevölkerung der neuen Bundesländer liegen nur ALLBUS-Daten von 1994 und 1996 vor; in diesem Zeitraum ist dort ebenfalls ein Anstieg fremdenfeindlicher Haltungen zu erkennen. Auch in diesen Daten sind fremdenfeindliche Haltungen zu beiden Zeitpunkten stärker in den neuen als in den alten Bundesländern ausgeprägt.

Wenn man die Entwicklung fremdenfeindlicher Einstellungen in den ALLBUS-Daten getrennt nach Befragten von 18 bis 29 Jahren und Älteren betrachtet (vgl. Abbildung 9.1), zeigt sich, daß in West und Ost in erster Linie die älteren Kohorten für den Anstieg der Fremdenfeindlichkeit im Jahr 1996 verantwortlich sind; bei den jungen Erwachsenen blieb die Rate fremdenfeindlicher Haltungen dagegen relativ konstant – ein weiterer Rückgang war bis Mitte der 90er Jahre auch in dieser Gruppe nicht mehr zu verzeichnen. Die Entwicklung fremdenfeindlicher Orientierungen stellt sich nach den ALLBUS-Daten also etwas anders dar als im Jugendsurvey; allerdings liegen hier auch andere Befragungszeitpunkte zugrunde. Ob der langfristige Rückgang fremdenfeindlicher Einstellungen – der im übrigen nicht nur in den alten Bundesländern der BRD, sondern auch in anderen postindustriellen Staaten zu verzeichnen ist (Zick 1997: 148 f.) – wirklich beendet ist oder ob er sich in den nächsten Jahren fortsetzt, bleibt abzuwarten, genau wie die Entwicklung dieser Einstellungen bei jungen Menschen in den neuen Bundesländern.

Nun zur zweiten Frage: Wurde Fremdenfeindlichkeit in den 90er Jahren wirklich zu einem Jugendproblem? Auch hier bieten sich ALLBUS-Daten an, mit denen zwar keine Jugendlichen, aber zumindest junge Erwachsene von 18 bis 29 Jahren mit älteren verglichen werden können. In beiden Landesteilen zeigt sich für 1996, daß die jüngeren Befragten im Schnitt Migranten weniger negative Einstellungen entgegenbrachten als ältere Altersgruppen (vgl. Abbildung 9.1). Für die alten Bundesländer stellt dies keine neue Entwicklung dar, wie die Zeitreihe anschaulich belegt: Zu allen Erhebungszeitpunkten waren fremdenfeindliche Einstellungen bei der Bevölkerung über 30 stärker ausgeprägt als bei den jungen Erwachsenen. Auch andere Untersuchungen kommen für die Bevölkerung der alten Bundesländer zu dem Ergebnis, daß ein deutlicher Zusammenhang zwischen Lebensalter und Fremdenfeindlichkeit besteht – je älter die Befragten, desto stärker die Tendenz zu fremdenfeindlichen Orientierungen. Für die neuen Länder gibt es dagegen in den Studien, die sich mit dieser Thematik befaßten, widersprüchliche Ergebnisse: Teilweise wird hier kein Einfluß des Lebensalters berichtet, nach anderen Untersuchungen gibt es unter den Jungen sogar höhere Anteile mit fremdenfeindlichen Haltungen (vgl. Wiegand 1993: 83, Schnabel 1993: 818). Die ALLBUS-Daten in Abbildung 9.1 deuten darauf hin, daß in Ostdeutschland 1994 tatsächlich keine Altersdifferenzen vorhanden waren. 1996 zeigte sich allerdings die gleiche Altersdifferenz im Ausmaß fremdenfeindlicher Orientierungen wie in Westdeutschland – auch dort votierten die über 30jährigen im Schnitt fremdenfeindlicher als die 18- bis 29jährigen. Etwas differenziert werden die Befunde für die Gesamtbe-

Abbildung 9.1:
Entwicklung fremdenfeindlicher Einstellungen in der deutschen Bevölkerung 1980 bis 1996 nach Altersgruppen (Mittelwerte)*

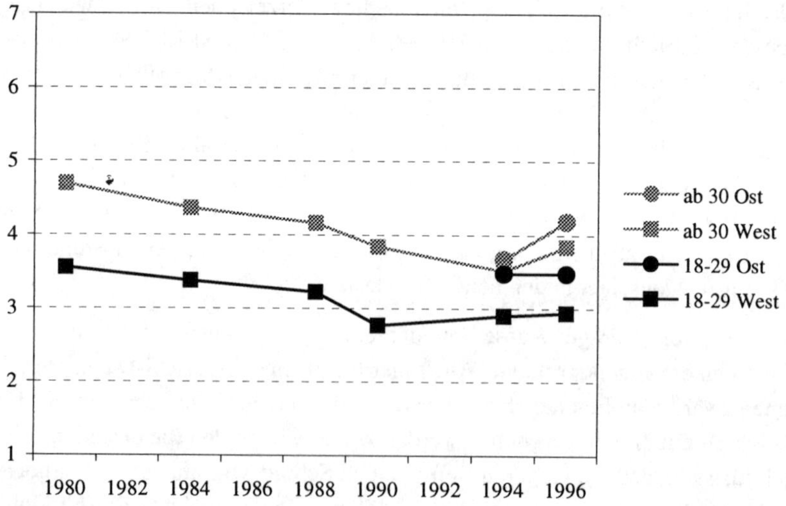

Quelle: ALLBUS 1980 bis 1996

* Gemessen nach einem Summenindex von 1 (nicht fremdenfeindlich) bis 7 (hoch fremdenfeindlich), der aus vier ALLBUS-Statements gebildet wurde (für nähere Angaben vgl. Anmerkung 12 im Text).

völkerung ab 18 Jahren, wenn man die fremdenfeindlichen Einstellungen im Jugendsurvey nach dem Alter der Befragten unterscheidet (vgl. Abbildung 9.2): Hier sind es die jüngeren Befragten, vor allem die 16- bis 19jährigen, die in geringfügig stärkerem Ausmaß fremdenfeindliche Orientierungen vertreten als die älteren Befragten. Dieser Alterseffekt ist, wie die Werte in der Abbildung verdeutlichen, in den neuen Bundesländern etwas stärker als in den alten. Bestätigt werden diese Ergebnisse – am wenigsten Fremdenfeindlichkeit bei den 20- bis 30jährigen, etwas höhere Ausmaße bei den unter 20jährigen, und ein Anstieg fremdenfeindlicher Einstellungen mit dem Lebensalter ab ca. 30 Jahren – durch eine Studie von Silbermann und Hüsers (1995: 46 ff.), die im Jahr 1993 fremdenfeindliche Einstellungen bei der deutschen Gesamtbevölkerung ab 14 Jahren untersuchten. Die Ergebnisse des Jugendsurveys und anderer repräsentativer Studien deuten also darauf hin, daß es falsch wäre, Fremdenfeindlichkeit auf der Ebene von Einstellungen als genuines Jugendproblem zu betrachten. Vielmehr handelt es sich um ein „quer durch alle Altersgruppen der Bevölkerung gestreutes Phänomen“ (Silbermann/Hüsers 1995: 48).

Abbildung 9.2:
Fremdenfeindlichkeit im Jugendsurvey 1997 nach Alter (Mittelwerte)*

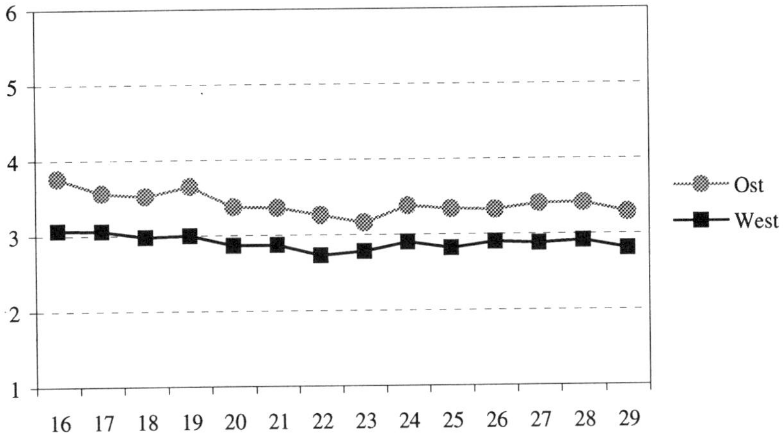

Quelle: DJI-Jugendsurvey 1997

* Verwendet wurde hier der Summenindex zu fremdenfeindlichen Einstellungen, der von 1 (nicht fremdenfeindlich) bis 6 (sehr fremdenfeindlich) reicht.

Insgesamt bestätigen sowohl die Jugendsurvey- wie die ALLBUS-Daten folgendes: Erstens ging der Anstieg fremdenfeindlicher Gewalttaten, der Anstieg der Mitgliederzahlen in rechtsextremistischen Organisationen und der Zuwachs an Stimmen, die rechtspopulistische Parteien für sich verbuchen konnten, in der ersten Hälfte der 90er Jahre nicht mit einem Anstieg fremdenfeindlicher Einstellungen bei der jungen Bevölkerung insgesamt einher. Zum zweiten belegen die Ergebnisse, daß Fremdenfeindlichkeit auf der Einstellungsebene kein genuines Jugendproblem darstellt – sie liegt bei den unter 20jährigen zwar etwas höher als bei den 20- bis 29jährigen, ist aber bei älteren Menschen noch stärker ausgeprägt. Daß sich manifeste Ausdrucksweisen fremdenfeindlicher Einstellungen wie beispielsweise Gewalttaten gegen Ausländer so viel stärker bei jungen Menschen, vor allem bei jungen Männern zeigen, ist wohl eher der Tatsache geschuldet, daß bestimmte deviante Handlungsformen in jungem Alter besonders häufig auftreten – Fremdenfeindlichkeit bei älteren Menschen äußert sich dagegen meist sozial unauffälliger.

9.2 Die Konstruktion des Fremden

In diesem Abschnitt geht es nun nicht mehr um fremdenfeindliche Einstellungen an sich, sondern um den dahinterliegenden Konstruktionsprozeß der Wahrnehmung und Zuschreibung einer Gruppe als fremd, als nicht dazugehörig sowie um den Zusammenhang zwischen der Wahrnehmung von Fremdheit und Fremdenfeindlichkeit.

Fremdheit und Fremdenfeindlichkeit

Schon in den Antwortverteilungen der sozialen Nähe und Distanz, die oben dargestellt wurden (vgl. Tabelle 9.2), läßt sich eine klare Abfolge der fünf abgefragten Migrantengruppen erkennen: Italienern und Griechen gegenüber äußern nur geringe Anteile der jungen Deutschen eine klare soziale Distanz, ein größerer Teil dagegen soziale Nähe. Gegenüber Aussiedlern, Türken und schließlich Asylsuchenden geben sich mehr junge Menschen distanziert und nur wenige zeigen eine pauschale Sympathie. Auch die Anteile, denen ein sozialer Kontakt mit Angehörigen der abgefragten Migrantengruppen gleichgültig ist, nehmen von Italienern zu Asylsuchenden leicht ab. Diese Ergebnisse geben schon einen ersten Hinweis auf die unterschiedliche Konnotation der einzelnen Gruppen in der bundesdeutschen Bevölkerung. Allein die Anteile, die angeben, ein sozialer Kontakt mit Angehörigen der Gruppen hänge von der einzelnen Person ab, zeigen kein klares Muster in bezug auf die Gruppenabfolge. Auch wenn die Antwortstruktur dieses Instrumentes überprüft wird[14], scheinen diese Gruppendifferenzen auf: Es ergeben sich zwei Dimensionen, von denen die erste die Nähe und Distanz gegenüber Italienern und Griechen umfaßt, die zweite die Nähe und Distanz gegenüber Aussiedlern, Türken und Asylsuchenden.

Die länger in Deutschland ansässigen Migrantengruppen der Italiener und Griechen werden folglich anders beurteilt als die übrigen Gruppen. Diese Unterscheidung könnte darin begründet sein, daß die Gruppen der Aussiedler und Asylsuchenden in der Wahrnehmung der Befragten erst vor kurzem eingewandert sind, daß beide Gruppen damit auch relativ stark in der öffentlichen und medialen Diskussion standen, oder darin, daß die Begriffe „Aussiedler" und „Asylsuchende" ähnlich wie das Wort „Ausländer" sehr abstrakt und zudem negativ konnotiert sind. Warum nun der Einwanderungsgruppe der Türken, die mittlerweile in der dritten Generation in Deutschland lebt, ebenfalls eine starke Ablehnung entgegengebracht wird, ist nicht abschließend zu klären. Ein Aspekt dabei kann deren (meist) islamische Religionszugehörigkeit sein, die als fremd empfunden wird und die von den Massenmedien oft als bedrohlich dargestellt wird. Es könnten jedoch auch äußere Merkmale sein, die zur Konstruktion von Andersartigkeit herangezogen werden, wie Kleidung oder das Tragen eines Kopftuches von Musliminnen. Denkbar ist darüber hinaus – zumindest für die jungen Menschen in den alten Bundesländern –, daß die ablehnende Haltung mit der Wahrnehmung zusammenhängt, daß sich türkische Jugendliche zunehmend in eher subkulturellen Cliquen und in ethnisch homogenen Peer-Groups in der Öffentlichkeit aufhalten. Sie sind oftmals im Alltag stärker von deutschen Jugendlichen separiert als Jugendliche der anderen beiden abgefragten Staatsangehörigkeiten. Mit Sicherheit spielt die mediale Vermittlung von Gruppenbildern, -eigenschaften und -stereotypen eine nicht zu unterschätzende Rolle bei dem Konstruktionsprozeß des Fremden, insbesondere dann, wenn kaum persönliche Erfahrungen mit Migranten bestehen. So ist insbesondere für die 16- bis 29jährigen in den neuen Ländern anzunehmen, daß ihre Einschätzung von Ausländern ingesamt und von einzelnen Migrantengruppen sehr stark auf medial vermittelten Einschätzungen beruht.

Inwieweit die fünf Migrantengruppen von den Befragten als fremd wahrgenommen werden, darüber gibt ein weiteres Instrument im Jugendsurvey Aufschluß: Hier sollten die Befragten einschätzen, wie hoch die kulturellen

Differenzen der fünf Gruppen im Vergleich zu den Deutschen sind. Umgesetzt wurde dieser Bereich, indem gefragt wurde, wie stark sich die Gruppen nach Einschätzung der Befragten in ihrem Lebensstil von dem der Deutschen unterscheiden (vgl. Tabelle 9.4).[15] Hinter dieser Umsetzung stand die Annahme, daß die Einschätzung des Lebensstilunterschieds einen recht guten Indikator dafür darstellt, als wie fremd ein Befragter eine Gruppe wahrnimmt.

Tabelle 9.4:
Einschätzung der Lebensstilunterschiede von Migrantengruppen im Vergleich zu Deutschen (Zeilenprozent)*

	West			**Ost**		
	gering	*mittel*	*groß*	*gering*	*mittel*	*groß*
Italiener	39	49	12	25	52	23
Griechen	27	53	20	21	49	30
Aussiedler	14	45	41	11	42	48
Türken	7	37	57	4	32	64
Asylsuchende	6	30	64	5	32	63

Quelle: DJI-Jugendsurvey 1997

* Die Frageformulierung lautete: „Würden Sie mir nun bitte sagen, wie stark sich Ihrer Meinung nach die folgenden in Deutschland lebenden Personengruppen in ihrem Lebensstil von den Deutschen unterscheiden. Wie ist das mit den…". Die Antwortskala reichte von 1 (unterscheiden sich überhaupt nicht) bis 6 (unterscheiden sich sehr stark). Für die Kategorie „gering" wurden die Werte 1 und 2, für die Kategorie „mittel" die Werte 3 und 4 und für die Kategorie „groß" die Werte 5 und 6 zusammengefaßt.

Tatsächlich zeigt sich in Ost und West die gleiche Gruppenabfolge wie bei den Antwortverteilungen der sozialen Distanz: Die Gruppe der Italiener wird von den wenigsten Befragten als stark verschieden vom Lebensstil der Deutschen eingeschätzt, dann folgt die Gruppe der Griechen, dann Aussiedler, dann Türken, und die höchste kulturelle Differenz wird schließlich Asylsuchenden zugeschrieben. Unter den Befragten aus den neuen Ländern sind die Anteile, die die Gruppe der Italiener als sehr verschieden von den Deutschen bewerten, zwar wieder deutlich höher als in den alten Bundesländern; aber mit allgemein zunehmender Einschätzung einer Gruppe als verschieden wird die Ost-West-Differenz allmählich immer geringer. Bei der Gruppe der Asylsuchenden sind die Anteile, die sie als kulturell sehr different einschätzen, in Ost und West schließlich gleich hoch. In den neuen Bundesländern, so der Schluß aus diesem

Ergebnis, wird etwas weniger als in den alten Bundesländern zwischen verschiedenen Migrantengruppen differenziert, was die Einschätzung ihrer Lebensstilunterschiede zu Deutschen anbelangt. Aufgrund der geringen persönlichen Erfahrungen mit allen fünf Migrantengruppen erstaunt dieses Ergebnis wenig. Die Anteile von Befragten, die diese Fragen mit „weiß nicht" beantworteten, sind bei dieser Frage, bei der es im Unterschied zu den Fragen zur sozialen Distanz keine Möglichkeit gab, um einer eindeutigen Gruppenbewertung zu entgehen, relativ hoch. Sie liegen zwischen fünf Prozent (Beurteilung von Türken West) und 17% (Beurteilung von Griechen Ost).[16] Daß die „weiß nicht"-Anteile in den neuen Ländern durchgängig höher sind als in den alten, deutet ebenfalls auf die geringere Erfahrung im Zusammenleben mit Einwanderern hin.

Insgesamt legen die Ergebnisse folgenden Schluß nahe: Wenn eine Migrantengruppe von vielen jungen Menschen als kulturell sehr verschieden von der Eigengruppe eingeschätzt, also als *fremd* wahrgenommen wird, dann empfinden auch viele junge Menschen den sozialen Kontakt zu ihr als unangenehm.[17] Der Grad der wahrgenommenen Fremdheit einer Gruppe scheint sich also in dem Grad der Nähe und Distanzierung, der Sympathie und Antipathie zu dieser Gruppe niederzuschlagen.

Ob dieser Zusammenhang auf der individuellen Ebene ebenfalls zutrifft, kann untersucht werden, indem die Zusammenhänge zwischen der wahrgenommenen kulturellen Differenz und fremdenfeindlicher Orientierung sowie sozialer Distanz analysiert werden. Zu diesem Zweck wurden die einzelnen Variablen zur Messung von kultureller Differenz[18] und sozialer Distanz[19] ebenfalls zu Indices zusammengefaßt. Tabelle 9.5 zeigt die Korrelationskoeffizienten zwischen den drei Indices, getrennt nach Ost und West. Wie die Maßzahlen zeigen, bestehen tatsächlich deutliche positive Zusammenhänge zwischen der Wahrnehmung der kulturellen Differenz von Migranten auf der einen Seite und fremdenfeindlichen Orientierungen sowie sozialer Distanz auf der anderen. Wenn jemand Migranten im allgemeinen als besonders fremd empfindet, dann wird sich das bei ihm auch in einer ausgeprägten fremdenfeindlichen Einstellung und einer großen sozialen Distanz zu Migranten äußern. Wenn dagegen jemand Migranten als nicht besonders anders als Deutsche einschätzt, ist er tendenziell auch fremdenfreundlich orientiert und zeigt Nähe und Sympathie zu Migranten.

Aus den Werten in Tabelle 9.5 ist weiterhin zu entnehmen, daß ebenfalls deutliche Zusammenhänge zwischen Fremdenfeindlichkeit und sozialer Distanz

Tabelle 9.5:
Zusammenhänge zwischen den unterschiedlichen Einstellungen gegenüber Migranten (Pearsons r)

	West			*Ost*		
	Fremden-feindlk.	*soziale Distanz*	*kultur. Differenz*	*Fremden-feindlk.*	*soziale Distanz*	*kultur. Differenz*
Fremdenfeindlichkeit	1.00			1.00		
soziale Distanz	.55	1.00		.61	1.00	
kulturelle Differenz	.36	.31	1.00	.52	.39	1.00

Quelle: DJI-Jugendsurvey 1997

bestehen. Eine negative Einstellung gegenüber Migranten im allgemeinen äußert sich tendenziell auch darin, daß die Vorstellung, Kontakte mit Migranten zu haben, als unangenehm empfunden wird. Es handelt sich hier folglich um zwei Korrelate von Fremdenfeindlichkeit, einem, das kognitive (Vor-)Urteile gegenüber Gruppen umfaßt, und einem, daß sich in affektiven Antipathien gegenüber Mitgliedern dieser Gruppen äußert.

Für die neuen Bundesländer sind alle drei Korrelationen noch höher als für die alten – eine Tendenz, die auch schon bei den Zusammenhängen aller Einzelfragen untereinander zu beobachten war. Insgesamt wird von den jungen Menschen in den neuen Ländern bei ihrer Beurteilung also weniger zwischen den Frageinhalten und den angesprochenen Gruppen von Migranten unterschieden. Fremdenfeindlichkeit und natürlich auch -freundlichkeit scheinen dort konsistentere Syndrome zu sein. Auch dieses Phänomen könnte darauf zurückzuführen sein, daß in den neuen Ländern aufgrund des durchgehend geringen Ausländeranteils nur wenig Chancen für persönliche Erfahrungen mit Migranten unterschiedlicher Herkunft bestehen. Solche Erfahrungen sind jedoch wichtig, um zwischen unterschiedlichen Gruppen und Einzelpersonen differenzieren zu können und Vorurteile durch das Messen an der Realität zu revidieren.

Wer ist „Ausländer"?

Um den Konstruktionscharakter fremdenfeindlicher Einstellungen näher zu beleuchten, wurde in den Fragebogen des Jugendsurvey 1997 zusätzlich eine offene Frage aufgenommen und an die beiden Statementlisten, die sich auf Ausländer in Deutschland im allgemeinen beziehen, angeschlossen. Die Frageformulierung lautete: „Ich habe Ihnen eben einige Fragen zu den in Deutschland lebenden Ausländern gestellt. An wen haben Sie bei der Beantwortung der Fragen gedacht?“[20] Die sehr heterogenen Antworten der jungen Befragten wurden in zwei Richtungen ausgewertet: Zum einen geben sie näheren Aufschluß darüber, welche Gruppen von Migranten im Zusammenhang mit den Statements assoziiert werden, die ja zumeist gängige Vorurteile und Inhalte des Mediendiskurses thematisieren. Zum zweiten scheint in den Antworten indirekt auf, inwieweit die Befragten persönliche Bezüge zu Migranten haben. Die Antwortbereitschaft auf diese Frage war im Vergleich zu den Erfahrungen mit der Verwendung offener Fragen in Surveys sehr gut: Zehn Prozent der Befragten in den alten sowie acht Prozent in den neuen Bundesländern beantworteten die Frage nicht, wußten keine Antwort oder verweigerten die Aussage.

Welche Gruppen werden nun besonders häufig mit „den in Deutschland lebenden Ausländern“ assoziiert? Aufschluß darüber gibt die Tabelle 9.6, in der ausgewählte Gruppen dargestellt sind. Da die Antworten hier als Mehrfachnennungen nachcodiert wurden (drei Gruppennennungen wurden zugelassen), addieren sich die Prozentanteile auf mehr als 100%. Insgesamt nannten 57% der Befragten in den alten und 63% in den neuen Bundesländern mindestens eine solche Gruppe. Zwei davon wurden mit Abstand am häufigsten genannt:

Tabelle 9.6:
Assoziationen zu den in Deutschland lebenden Ausländern (ausgewählte Gruppen, Mehrfachantworten, in % Befragte)

	West	*Ost*
keine bestimmte Gruppe genannt	43	37
Türken, Kurden	33	25
Osteuropäer (v.a. Rußland, Polen, Rumänien)	16	27
Südeuropäer (ehemalige Anwerbestaaten)	10	5
Asylsuchende	9	10
Südosteuropäer (Balkanstaaten)	10	5
Südostasiaten (v.a. Vietnam)	2	12
Aussiedler	4	4
Westeuropäer	1	2
keine Angabe	10	8

Quelle: DJI-Jugendsurvey 1997

In den alten Ländern waren das Türken, in den neuen verschiedene osteuropäische Nationalitäten. Daneben wurden von den jungen Erwachsenen Ost weit häufiger als im Westen Südostasiaten, meist Vietnamesen, genannt, von den jungen Erwachsenen West häufiger Menschen aus den ehemaligen Anwerbestaaten Italien, Spanien, Griechenland und Portugal. Der Einfluß der unterschiedlichen Migrantenpopulationen in den alten und neuen Bundesländern ist hier also deutlich zu erkennen. Auf der anderen Seite geben die Nennungen der Befragten jedoch ein verzerrtes Bild der Migranten wider, die tatsächlich in Deutschland leben: Denn Gruppen wie Aussiedler, südeuropäische oder westeuropäische Nationalitäten wurden nur relativ selten genannt, und das, obwohl sie große Anteile der eingewanderten Bevölkerung der BRD stellen. Es zeigt sich also, daß mit „Ausländern" nicht alle Menschen gleichermaßen assoziiert werden, die diesen Rechtsstatus tatsächlich innehaben und daß andererseits auch Gruppen genannt werden, die im rechtlichen Sinne keine Ausländer sind, z.B. Aussiedler. Hier zeigt sich noch einmal deutlich der Konstruktionscharakter von Fremdheit und Fremden – was darunter verstanden wird, unterliegt einem subjektiven Wahrnehmungs- und Zuschreibungsprozeß.

So ist auch zu vermuten, daß die Statements der geschlossenen Fragen, die ja größtenteils als negative Vorurteile formuliert waren, zur Nennung bestimmter Gruppen beigetragen haben, nämlich solchen, denen negative Eigenschaften und Verhaltensweisen in besonderem Maße unterstellt werden. Diese Zusammenhänge lassen sich genauer überprüfen, indem untersucht wird, wie hoch die Anteile von Befragten mit gering und mit hoch ausgeprägten fremdenfeindlichen Orientierungen bei den einzelnen Gruppennennungen sind (vgl. Tabelle 9.7). Migranten aus dem Gebiet des ehemaligen Jugoslawien und Albanien, aus osteuropäischen Staaten, aus der Türkei, Aussiedler und Asylsuchende, so der Schluß aus den Anteilen, werden von den jungen Menschen in Ost und West überdurchschnittlich stark im Zusammenhang mit fremdenfeindlichen Haltungen genannt. Diese Assoziationen zu in Deutschland lebenden Ausländern erfolgen also eher in fremdenfeindlichem Zusammenhang. Migranten aus den ehemaligen Anwerbestaaten Südeuropas und aus westeuropäischen Staaten werden dagegen unterdurchschnittlich stark im Zusammenhang mit fremdenfeindlichen Einstellungen genannt. Auch unter den Befragten, die keine bestimmte Gruppe von Migranten genannt haben, finden sich weniger Personen mit einer hohen Fremdenfeindlichkeit als im Durchschnitt aller Befragten. Diese Assoziationen zu Ausländern in Deutschland erfolgen also eher in fremdenfreundlichem Zusammenhang. Durchschnittlich hoch sind die Anteile mit

Tabelle 9.7:
Anteile hoch Fremdenfeindlicher nach der Nennung verschiedener Migrantengruppen (in %)*

	Hoch Fremdenfeindliche	
... von denen, die folgende Gruppen genannt haben	*West*	*Ost*
Osteuropäer	35	47
Aussiedler	31	45
Südosteuropäer	30	49
Türken, Kurden	24	42
Asylsuchende	23	49
Südostasiaten	14	36
keine bestimmte Gruppe genannt	12	33
Südeuropäer	9	14
Westeuropäer	3	10
... im Durchschnitt aller Befragten	18	37

Quelle: DJI-Jugendsurvey 1997

* Den Zahlen liegt die Kategorie „hoch fremdenfeindlich" des Index Fremdenfeindlichkeit zugrunde (vgl. Kapitel 9.1).

niedriger und hoher Fremdenfeindlichkeit unter denjenigen Befragten, die Südostasiaten nennen.

Es sind also tatsächlich bestimmte Gruppen unter den Migranten in Deutschland, die im Zusammenhang mit Vorurteilen und der Unterstützung einer restriktiven Ausländerpolitik assoziiert werden. Hier fällt wieder auf, daß dies vor allem Gruppen betrifft, die erst in den letzten Jahren zugewandert sind und/ oder in den Massenmedien starke Aufmerksamkeit erfahren haben. Auch an diesem Ergebnis zeigt sich die Bedeutung der subjektiv wahrgenommenen Fremdheit einer Gruppe für die Einstellungen ihr gegenüber. Auffallend an diesen Gruppenmustern ist, daß die jungen Erwachsenen in beiden Landesteilen eine sehr ähnliche Vorstellung davon haben, welche Gruppen sie in positivem und welche sie in negativem Zusammenhang nennen, und dies trotz der unterschiedlichen Anteile und Zusammensetzung der ausländischen Bevölkerung in den neuen und alten Bundesländern. Dies verweist darauf, daß die Kraft der medialen Vermittlung von Gruppenbildern und Eigenschaften „der" Ausländer, die ja in Ost und West gleich aussieht, sehr stark zu sein scheint.

Kontakte und persönliche Erfahrungen

Indirekt deutete sich ja schon mehrmals an, daß persönliche Erfahrungen eine Rolle für die Wahrnehmung von Fremdheit und die Fremdenfeindlichkeit spielen, insbesondere durch die deutlichen Ost-West-Differenzen. Beim zweiten Aspekt der Systematisierung der offenen Frage konnten die Antworten nun direkt danach geordnet werden, welcher *Bezug* der Befragten zu Migranten in Deutschland darin aufschien. Dabei können zwei große Gruppen unter den jungen Erwachsenen unterschieden werden: zum einen solche, die abstrakte Kategorien von Migranten genannt haben – diese reichen von Ausländern im allgemeinen über bestimmte ethnische Gruppen bis hin zu sonstigen abstrakten Gruppennennungen, z.B. nach dem Rechtsstatus wie „ausländische Arbeitnehmer" oder nach sozio-demographischen Kriterien wie „ausländische Jugendliche". Zum anderen sind das Befragte, die einzelne Personen genannt haben, aus dem persönlichen Umfeld wie beispielsweise dem Arbeitsplatz, Menschen, zu denen sie einen aktiven, positiven Bezug haben wie Freunde oder Bekannte, Familienangehörige oder schließlich sich selbst[21] (vgl. Tabelle 9.8).[22] Als Ergebnis dieser Analyse kann festgehalten werden: Persönliche Bezüge zu Migranten werden von weit weniger Befragten genannt (23% West, 9% Ost) als abstrakte Kategorien (77% West, 91% Ost). Insgesamt am häufigsten werden ethnische Gruppen angegeben, an zweiter Stelle folgen die völlig allgemeinen Antworten. Auch hier fallen deutliche Unterschiede zwischen den jungen Menschen in den neuen und den alten Ländern ins Auge: Die jungen Erwachsenen Ost äußern häufiger einen abstrakten Bezug zu „den Ausländern in Deutschland"; die jun-

Tabelle 9.8:
Bezüge zu Migranten (Mehrfachantworten, in % Befragte)

	West	*Ost*
Ausländer allgemein, niemand Bestimmtes	33	37
ethnische Gruppe	39	45
sonstige abstrakte Gruppe	18	23
persönliches Umfeld	14	5
Freunde, Bekannte	12	4
Familienangehörige	1	0
Befragte/r selbst	1	0

Quelle: DJI-Jugendsurvey 1997

gen Erwachsenen West nennen häufiger Einzelpersonen. Auch hier spiegeln sich also die unterschiedlichen Ausländeranteile in den beiden Landesteilen und damit die Chancenstrukturen für Kontakte mit Migranten deutlich wider.

Daß solche Chancenstrukturen und damit auch die bestehenden Bezüge zu Migranten auch einen Einfluß auf die Einstellungen gegenüber Migranten im allgemeinen besitzen, zeigen die unterschiedlichen Anteile mit einer niedrigen und hohen Fremdenfeindlichkeit in den verschiedenen Bezugsgruppen unter den jungen Erwachsenen: Von denjenigen Befragten, die abstrakte Gruppen[23] angeben, sind 21% in den alten und 39% in den neuen Ländern fremdenfeindlich orientiert, während es in der Gruppe mit persönlichen Bezügen zu Migranten nur 8% im Westen und 11% im Osten sind. Umgekehrt weisen von denjenigen mit abstraktem Gruppenbezug nur 25% im Westen sowie 14% im Osten eine fremdenfreundliche Haltung auf, während aus der Gruppe mit persönlichen Erfahrungen in den alten und den neuen Ländern jeweils 39% fremdenfreundlich eingestellt sind. Die bereits bekannten Ost-West-Differenzen sind also nur bei den Befragten mit abstrakten Bezügen zu finden – junge Erwachsene, die angaben, daß sie Migranten persönlich kennen, sind in den neuen Bundesländern genausowenig fremdenfeindlich eingestellt wie in den alten. Der Kontakt zu Migranten scheint also tatsächlich einen Einfluß darauf zu haben, wie stark fremdenfeindliche Orientierungen bei jungen Erwachsenen ausgeprägt sind.[24] Bei diesem Ergebnis sind allerdings die Ergebnisse aus Untersuchungen zu beachten, die sich vor allem mit dem Abbau von Vorurteilen beschäftigen: Damit der Kontakt zu Migranten wirklich einen positiven Effekt auf die Einstellung ihnen gegenüber zeitigt, sollte er bestimmte Qualitäten aufweisen. Vor allem sollte er nicht konflikthaft sein, und die Beteiligten sollten sich nicht in hierarchisch unterschiedlichen Positionen befinden (vgl. Zick 1997: 114 f.). Für die Beantwortung der offenen Frage im Jugendsurvey läßt sich – auch aufgrund der Kommentare der Befragten, die hier nicht dokumentiert werden konnten – annehmen, daß sie überwiegend positive persönliche Bezüge zu Migranten angegeben haben. Befragte, die negative Erfahrungen mit Migranten gemacht haben, äußerten diese eher in verallgemeinernden Vorurteilen und abstrakten Gruppennennungen.

Die Ergebnisse des Jugendsurveys liefern also Belege dafür, daß es in der Tat ein subjektiver Konstruktionsprozeß ist, der darüber entscheidet, welche Gruppe von Migranten und Minderheiten als fremd wahrgenommen wird, und welcher Nicht-Zugehörigkeit zugeschrieben wird. Wie dieser Wahrnehmungs- und

Zuschreibungsprozeß aussieht, ist in starkem Maße von den persönlichen Erfahrungen abhängig, die mit Migranten gemacht wurden, und den persönlichen Bezügen, die zu ihnen bestehen. Der Konstruktionsprozeß von Fremdheit entscheidet darüber, wie stark feindliche Einstellungen, soziale Distanz und Antipathie gegenüber bestimmten Gruppen ausgeprägt sind.

9.3 Bedingungen fremdenfeindlicher Einstellungen

Welche subjektiven und objektiven sozialen Faktoren beeinflussen das Ausmaß an fremdenfeindlichen Orientierungen bei jungen Erwachsenen in West und Ost? Gelten die gleichen Erklärungsmodelle für junge Menschen in den alten und neuen Ländern? Diese Fragen sollen mittels multipler Regressionsmodelle überprüft werden. Wie schon in der Fragestellung anklingt, liegt der Schwerpunkt der Modelle auf Einflußgrößen, die im Bereich sozialstruktureller Rahmenbedingungen, der subjektiven Wahrnehmung der sozialen Lage und grundlegender sozialer und politischer Einstellungen liegen. Ausgewählt wurden Erklärungsfaktoren von Fremdenfeindlichkeit, die theoretisch sinnvoll sind und von denen ein Einfluß schon in bivariaten Zusammenhangsanalysen der Jugendsurveydaten empirisch nachzuweisen war. Die zu prüfenden Einflußgrößen können zwei Bereichen zugeordnet werden: zum ersten sozio-demographischen Faktoren und Merkmalen der objektiven sozialen Lage der Befragten und zum zweiten grundlegenden Einstellungen und der subjektiven Wahrnehmung der eigenen sozialen Lage (zu den Variablen im einzelnen vgl. Tabelle 9.9).[25]

Um die Ost-West-Differenzen genauer zu untersuchen und mögliche Interaktionen bestimmen zu können, wurden insgesamt drei Regressionsmodelle berechnet, eines für die Gesamtstichprobe, wobei die Anzahl der Befragten Ost durch eine Gewichtung der Daten dem realen Bevölkerungsanteil der BRD in dieser Altersgruppe angepaßt wurde (vgl. Tabelle 9.9), und zwei weitere jeweils für die Befragten West und Ost getrennt (nicht in Tabellenform dargestellt). Die abhängige Variable aller Regressionsmodelle bildet der (nicht-gruppierte) Index Fremdenfeindlichkeit (vgl. Kapitel 9.1). Außerdem erfolgte die Modellierung in zwei Stufen: In der ersten Analyse wurde nur der Einfluß objektiver Faktoren berechnet, bei der zweiten kamen die subjektiven Einstellungen hinzu.

Tabelle 9.9:
*Einflußfaktoren fremdenfeindlicher Orientierungen (multiple lineare Regression)**

Einflußvariable	***bivariate Zush. (r)***	***Modell 1*** Beta	*t*	*Sig.*	***Modell 2*** Beta	*t*	*Sig.*
Herkunft: neue Länder	.22	.17	12,43	.000	.07	5,50	.000
Herkunft: Ortsgröße	-.19	-.10	-7,18	.000	-.06	-5,28	.000
Alter	-.08	-.08	-5,90	.000	-.06	-5,05	.000
Geschlecht: weiblich	-.05	-.05	-4,10	.000	-.03	-2,40	.016
Schulabschluß: ohne/Hauptschule	.19	-.06	3,73	.000	.03	2,14	.033
Schulabschluß: (Fach-)Abitur	-.37	-.29	-19,55	.000	-.19	-13,54	.000
Arbeitslosigkeit	.14	.05	3,91	.000	.03	2,09	.037
persönlicher Bezug zu Migranten	-.22				-.16	-13,72	.000
Zufriedenheit mit sozialer Lage	-.11				-.02	-1,21	.226
relative Deprivation	.24				.10	7,66	.000
Orientierungsunsicherheit	.31				.16	12,85	.000
konventionelle Wertorientierung	.21				.22	16,17	.000
prosoziale Wertorientierung	-.25				-.30	-22,97	.000
Konstante			42,97	.000		28,63	.000
Angepaßtes R^2			.19			.34	
Standardfehler			.98			.88	
F			161,79			197,14	
n			4892			4892	

Quelle: DJI-Jugendsurvey 1997

* Da das Modell auf der Grundlage der Gesamtstichprobe gerechnet wurde, wurde für diese Analyse ein kombiniertes Gewicht aus der realen Altersverteilung dieser Gruppe und dem realen Größenverhältnis der Bevölkerung aus den neuen und alten Ländern in dieser Altersgruppe verwendet (Datengrundlage: Bevölkerungsfortschreibung 1996). Zum Verfahren der Regressionsanalyse und zu den wichtigsten Maßzahlen vgl. Anhang A.2.

Wenn man nur die objektiven sozio-demographischen Variablen miteinbezieht, liegt die Erklärungskraft des Modells[26], die das Gütemaß R^2 angibt, bei 19% erklärter Varianz, also recht niedrig. Mit soziodemographischen Merkmalen der Befragten allein können fremdenfeindliche Orientierungen also nicht besonders gut erklärt werden. Wenn man Faktoren der subjektiven Wahrnehmung der sozialen Lage und grundlegende Einstellungen miteinbezieht, steigt die Erklärungskraft erheblich, nämlich auf 34% erklärter Varianz. Dieser Wert ist im Vergleich mit üblichen Ergebnissen multipler Regressionen aus Einstellungsdaten als gut anzusehen. Die hier aufgenommenen Einflußgrößen können das Ausmaß fremdenfeindlicher Orientierungen also insgesamt recht gut erklären. Welche Faktoren im einzelnen üben nun welchen Einfluß auf fremdenfeindliche Orientierungen aus?

Aspekte der Lebenslage

Die erste Einflußgröße, die im multivariaten Gesamtmodell überprüft wurde, ist die *Herkunft der Befragten aus den neuen Bundesländern.* In allen bivariaten Analysen der Fremdenfeindlichkeitsindikatoren zeigten sich ja deutliche Ost-West-Differenzen – Fremdenfeindlichkeit, soziale Distanz und die Wahrnehmung kultureller Differenz sind unter den jungen Menschen in den neuen Ländern höher ausgeprägt als unter denen in den alten. In einem multivariaten Modell kann nun genauer überprüft werden, worauf diese Differenz beruht: Kann sie darauf zurückgeführt werden, daß bestimmte objektive und subjektive Merkmale, die ihrerseits einen Einfluß auf fremdenfeindliche Einstellungen ausüben, in den neuen Bundesländern stärker ausgeprägt sind? Oder bleibt auch bei einer Kontrolle dieser Merkmale der Einfluß der Herkunft aus den neuen Ländern bestehen? Dies würde darauf hinweisen, daß andere, von uns nicht erfaßte Einflußgrößen für das höhere Ausmaß fremdenfeindlicher Einstellungen unter jungen Menschen in den neuen Bundesländern verantwortlich sind.

In der Literatur finden sich unterschiedliche Thesen zur Erklärung der höheren Fremdenfeindlichkeit im Osten: Einige Autoren betonen Gründe, die mit der gegenwärtigen Lebenssituation junger Erwachsener in den neuen Ländern zu tun haben, meist in Form von Deprivations- und Desintegrationsthesen (vgl. weiter unten). Einige Indikatoren für diese Thesen sind in unserem Regressionsmodell enthalten, nämlich Daten zur objektiven sozialen Lage, die Zufriedenheit mit der sozialen Lage, die relative Deprivation und die Orientierungsunsicherheit. Davon zu unterscheiden sind Thesen, die die Gründe für die höhere

Fremdenfeindlichkeit im Osten in der DDR-Vergangenheit suchen, also auf die Sozialisation der jungen Generation abstellen. Dabei werden entweder autoritäre Tendenzen des politischen Systems der DDR angeführt, die individuellen autoritären Orientierungen Vorschub leisteten, oder es wird spezifischer auf den Umgang mit der nationalsozialistischen Vergangenheit in der DDR hingewiesen (vgl. Schubarth u.a. 1991, Schubarth 1992). Von anderen Autoren wird das Erziehungssystem in der DDR und dadurch entstehende mangelnde Zuwendung und Uniformierung im Kindesalter für entsprechende autoritäre Einstellungen verantwortlich gemacht (vgl. Hopf u.a. 1999, Pfeiffer 1999). Indikatoren für solche Einflußfaktoren sind in den Jugendsurveydaten nicht enthalten oder scheinen nur indirekt auf, so beispielsweise in den Wertorientierungen oder dem Grad der Verunsicherung, die auch durch die Sozialisation im Kindesalter geprägt sind.

In den Regressionsmodellen in Tabelle 9.9 wird folgendes deutlich: Im ersten Modell, das nur objektive Merkmale umfaßt, ist der Einfluß der Herkunft aus den neuen Ländern noch relativ deutlich. Sobald jedoch subjektive Einstellungen der Befragten miteinbezogen werden, verliert der Einfluß der Herkunft aus den neuen Ländern an Bedeutung – vor allem, wenn man ihn mit der Höhe des bivariaten Zusammenhangs (r) vergleicht. Inhaltlich heißt das, die Herkunft aus den neuen Bundesländern erhöht die Wahrscheinlichkeit geringfügig, fremdenfeindlich eingestellt zu sein. Die großen Ost-West-Differenzen im Ausmaß fremdenfeindlicher Orientierungen scheinen also in erster Linie dadurch bestimmt zu sein, daß bestimmte andere Einflußgrößen in den neuen und alten Bundesländern unterschiedlich aussehen (vgl. dazu im einzelnen weiter unten).

Die zweite Erklärungsgröße betrifft die lokale Umgebung der Befragten, also deren *Herkunft aus großstädtischen, städtischen oder ländlichen Kontexten.*[27] Hinter der Aufnahme dieses Indikators steht die Annahme, daß fremdenfeindliche Orientierungen umso geringer ausfallen, je städtischer der Kontext ist, in dem sich die jungen Menschen bewegen. Städte, vor allem Großstädte, können per se als Ansammlung von einander Fremden betrachtet werden, während in dörflichen oder kleinstädtischen Sozialräumen viel mehr Menschen einander persönlich kennen. Zudem ändert sich die sozialräumliche Umgebung in Städten weitaus schneller als auf dem Land oder in der Kleinstadt. Das Leben in einer (groß-)städtischen Umgebung sollte daher ein besseres Zurechtkommen mit fremden Menschen, ungewohnten Situationen und sozialem Wandel ermöglichen. Die Bevölkerung von kleinstädtischen und insbesondere ländlichen

Gebieten gilt von daher auch als eher wertkonservativ. Zudem ist es in größeren Städten wahrscheinlicher, mit Migranten konfrontiert zu werden, da die meisten Migranten in der Bundesrepublik Deutschland in den größeren Städten leben. Allerdings gilt dies nur für die alten Bundesländer; in den neuen ist der Ausländeranteil auch in städtischen Gebieten sehr gering. Implizit kann die Ortsgröße also auch als Näherungsvariable für die positive Wirkung von direkten Kontakten und Erfahrungen mit Migranten betrachtet werden, zumindest in den alten Bundesländern.

Das Ergebnis der Regressionsanalysen zeigt, daß tatsächlich ein, wenn auch nur geringer, negativer Einfluß der Ortsgröße, in dem die Befragten leben, auf das Vorhandensein fremdenfeindlicher Orientierungen besteht: Je mehr Einwohner der Ort hat, in dem die Befragten leben, desto geringer ihre fremdenfeindlichen Orientierungen. Allerdings liefert die Ortsgröße der lokalen Umgebung der Befragten nur eine sehr grobe Kontextvariable: Denn auch innerhalb von Großstädten gibt es starke Unterschiede, was die Zusammensetzung von Wohnvierteln und Milieus, die Gelegenheitsstrukturen für Kontakte mit Migranten und das Ausmaß fremdenfeindlicher Orientierungen unter jungen Menschen angeht. Um den Einfluß der direkten lokalen Umgebung auf das Ausmaß fremdenfeindlicher Orientierungen genauer zu untersuchen, müßte das Aussehen und die Zusammensetzung der lokalen Umgebung personenbezogen für jeden Befragten erhoben werden; hier bildet die Ortsgröße jedoch nur eine Kontextvariable.

Das *Alter* der Befragten wurde zunächst als Kontrollvariable mit in die Regressionsmodelle aufgenommen. Untersuchungen der Gesamtbevölkerung der BRD zeigen immer wieder, daß fremdenfeindliche Orientierungen mit zunehmendem Lebensalter ansteigen, allerdings setzt dieser Effekt erst in höherem Alter als zwischen 16 und 29 Jahren an (vgl. auch Kapitel 9.1). In den bivariaten Analysen der Jugendsurvey-Stichprobe ergaben sich nur sehr geringe Altersdifferenzen, wie auch das Zusammenhangsmaß von -.08 in Tabelle 9.9 zeigt. In der Jugendsurvey-Stichprobe sind also die jüngeren Befragten, insbesondere die 16- bis 19jährigen, im Schnitt etwas fremdenfeindlicher orientiert als die älteren. In den Ergebnissen der multivariaten Analyse erkennt man, daß dieser Alterseffekt zwar auch dort relativ gering, aber signifikant ist: Je jünger die Befragten sind, desto stärker ist die Wahrscheinlichkeit, daß sie fremdenfeindliche Einstellungen aufweisen. Ob hier ein Effekt des Lebensalters vorliegt, jüngere Befragte also grundsätzlich fremdenfeindlicher sind, diese Haltung aber mit dem Älterwerden ändern, oder ob ein Kohorteneffekt vorliegt, also ein stabiler Hang zu fremdenfeindlichen Orientierungen in der heutigen jüngeren Generation, kann mit dem Index zu fremdenfeindlichen Einstellungen im Jugendsurvey, der ja nur für 1997 vorliegt, nicht geprüft werden. Wenn man die vier Statements zu fremdenfeindlichen Einstellungen betrachtet, die schon in der ersten Welle des Jugendsurveys erhoben wurden, zeigt sich für 1992 der gleiche leichte Alterseffekt, auch hier wieder stärker für die Befragten in den neuen Bundesländern als in den alten. Diese Daten sprechen also eher für einen Effekt des Lebensalters als für einen Kohorteneffekt, der allerdings mit weiteren Längsschnittdaten zu überprüfen wäre. Jedenfalls stimmt der Trend, daß zumindest in den 90er Jahren Fremdenfeindlichkeit unter Jugendlichen etwas stärker verbreitet ist als unter jungen Erwachsenen, mit den Ergebnissen von Studien zu fremdenfeindlicher Gewalt überein, die ebenfalls die unter 20jährigen als Problemgruppe ausmachen (vgl. Willems u.a. 1993, Wagner 1998).

Der Einbezug der Variable *Geschlecht* diente ebenfalls der Kontrolle, denn bivariate Analysen zeigen nur geringe Geschlechtsunterschiede im Ausmaß fremdenfeindlicher Orientierungen. Analysen der Wahl- und Straftäterforschung zeigen dagegen übereinstimmend, daß Männer deutlich öfter rechte Parteien wählen (vgl. Falter 1994) und weitaus häufiger an fremdenfeindlich und rechtsextrem motivierten Straftaten beteiligt sind (vgl. Willems u.a. 1993). Auf der Einstellungsebene wurden ebenfalls häufig Geschlechtsunterschiede konstatiert, allerdings sind diese auch in anderen Untersuchungen deutlich schwächer ausgeprägt als auf der Handlungsebene (vgl. Rippl u.a. 1998). Teilweise scheinen die Differenzen also weniger etwas damit zu tun zu haben, daß Frauen „immun“ gegen Fremdenfeindlichkeit sind, sondern vielmehr damit, daß sie andere Handlungsformen bevorzugen – Protestwahl und vor allem Delinquenz und Gewalt scheinen stark männlich dominierte Ausdrucksformen zu sein (vgl. Birsl 1996).[28] Wie die darüber hinaus vorhandenen Differenzen auf der Einstellungsebene zu erklären sind, darüber gibt es mehrere, teilweise widersprüchliche Thesen: Es wird das allgemein geringere politische Interesse von Frauen angeführt, eine Tendenz zur politischen Mitte, ein Nachzüglereffekt im Wahlverhalten, spezifisch männliche Äußerungsformen von Rechtsextremismus und Fremdenfeindlichkeit, Einflüsse der geschlechtsspezifischen Sozialisation und weniger individualistische Werthaltungen von Frauen (vgl. dazu Rippl u.a. 1998). In unseren Analysen zeigt sich, wenn man nur die sozio-demographischen Merkmale einbezieht, ein geringer negativer Einfluß des weiblichen Geschlechts

– danach führt das Merkmal, Frau zu sein, zu einer geringeren Wahrscheinlichkeit, fremdenfeindliche Orientierungen zu haben; bei Einbezug der übrigen Variablen – darunter auch die prosoziale Wertorientierung – ist dieser Effekt nicht mehr signifikant, also hat die Geschlechtszugehörigkeit keinen Einfluß mehr auf das Ausmaß fremdenfeindlicher Einstellungen. Meines Erachtens kann dieses Resultat vor allem darauf zurückgeführt werden, daß Frauen öfter als Männer prosoziale Werthaltungen aufweisen (vgl. Kapitel 5.1). Für die Differenzen zwischen Frauen und Männern, was fremdenfeindliche Einstellungen anbelangt, ist also weniger die Geschlechtszugehörigkeit an sich entscheidend als vielmehr das Ausmaß prosozialer Werte, die aufgrund der geschlechtsspezifischen Sozialisation allerdings stärker von Frauen vertreten werden als von Männern.

Das *Bildungsniveau* übt übereinstimmend in vielen Untersuchungen einen starken Einfluß auf fremdenfeindliche Einstellungen aus (vgl. Schnabel 1993: 818), so auch in unseren Analysen. Wie die Maßzahlen in Tabelle 9.9 zeigen, scheint dabei vor allem entscheidend zu sein, ob die jungen Menschen ihre Schulzeit im Gymnasium verbracht haben oder nicht:[29] Das Merkmal (Fach-)Abitur verringert die Wahrscheinlichkeit erheblich, fremdenfeindlich eingestellt zu sein, auch bei Kontrolle der übrigen Einflußfaktoren. Umstritten ist allerdings, welche mit der Bildung verknüpften oder erworbenen Merkmale hinter diesem Einfluß stehen. Mögliche direkt von den Bildungsinstitutionen vermittelte Faktoren wären eine größere kognitive Komplexität von Höhergebildeten, eine größere soziale Kompetenz, eine „modernere" Wertorientierung in höhergebildeten Gruppen oder aber eine größere Konformität Höhergebildeter gegenüber herrschenden Normen, hier also gegenüber der Norm einer offiziell freundlichen Haltung gegenüber „ausländischen Mitbürgern" (vgl. W. Hopf 1999). In eine ähnliche Richtung geht die Annahme, daß der Bildungseffekt eigentlich ein Artefakt darstelle, da er auf die größere soziale Erwünschtheit im Antwortverhalten Höhergebildeter zurückzuführen sei. Denkbar wäre jedoch auch, daß hinter dem Bildungseinfluß indirekt vermittelte Faktoren zu suchen sind wie beispielsweise der Einfluß des sozialen Status der Herkunftsfamilien der Befragten, die sich in bestimmten Milieus bewegen, in denen unterschiedliche Werthaltungen gegenüber Migranten präferiert werden. Und schließlich könnte gerade von jungen Menschen mit einem geringen Bildungsgrad soziale Benachteiligung im späteren Leben antizipiert werden; damit würde ein geringer Bildungsgrad auf Deprivationsängste hindeuten. An dieser Stelle kann nicht umfassend untersucht werden, welche der Thesen am zutreffendsten ist. Wahrscheinlich ist jedoch, daß nicht eine einzige der oben genannten Ursachen ausschlaggebend ist, sondern direkte und indirekte Wirkungen des dreigliedrigen Bildungssystems in der Bundesrepublik Deutschland zusammenkommen.

Als letztes sozio-demographisches Merkmal wurde schließlich in die Analyse aufgenommen, ob die Befragten von *Arbeitslosigkeit* betroffen sind oder nicht. Arbeitslosigkeit dient dabei als Indikator für eine objektiv vorhandene soziale Benachteiligung.[30] Vor allem im nicht-wissenschaftlichen Diskurs wird oft die Ansicht vertreten, daß es in erster Linie sozial benachteiligte und insbesondere arbeitslose junge Menschen sind, die fremdenfeindliche Orientierungen zeigen. In der Literatur postulieren vor allem Deprivationstheorien Benachteiligungen als Auslöser für Fremdenfeindlichkeit (vgl. Hennig 1982). Diese nehmen an, daß Benachteiligte insbesondere während ökonomischer Krisen Migranten als Bedrohung um begrenzte materielle Ressourcen wahrnehmen, entweder aus einer objektiven Wettbewerbssituation heraus oder aufgrund von Konstruktionsprozessen einer solchen, ohne daß diese real begründet wäre. Um diesen Konstruktionsprozess zu erklären, werden oftmals zusätzlich psychische Prozesse der Projektion oder der Suche nach einem Sündenbock unterstellt. Deprivationstheorien erfuhren unter dem Stichwort der „Fremdenfeindlichkeit der Modernisierungsverlierer“ vor allem in den Jahren nach der Wiedervereinigung eine Renaissance; der Übergang zu Desintegrationstheorien ist hier fließend (vgl. Heitmeyer 1989, Heitmeyer u.a. 1992).

Unsere Ergebnisse liefern keine Anhaltspunkte für einen Einfluß objektiv vorhandener Benachteiligung auf fremdenfeindliche Orientierungen: In bivariaten Analysen erweisen sich arbeitslose Jugendliche und junge Erwachsene zwar als fremdenfeindlicher als die übrigen, worauf auch das Zusammenhangsmaß (r) von .14 in Tabelle 9.9 verweist. Wenn jedoch die anderen objektiven Einflußfaktoren kontrolliert werden, zeigt sich nur noch ein sehr geringer signifikanter Effekt von Arbeitslosigkeit, und sobald subjektive Faktoren in das Modell miteinbezogen werden, ist der Einfluß von Arbeitslosigkeit nicht mehr signifikant. Auch in anderen empirischen Untersuchungen der letzten Jahre wurden keine oder nur geringe Zusammenhänge von Arbeitslosigkeit und Fremdenfeindlichkeit festgestellt (vgl. Schnabel 1993: 819). Daß in bivariaten Analysen Arbeitslose fremdenfeindlicher erscheinen als Nicht-Arbeitslose, dahinter verbirgt sich in erster Linie der Einfluß, den das Bildungsniveau auf Fremdenfeindlichkeit ausübt: Geringgebildete sind in weitaus höherem Maße als Hochgebildete von Arbeitslosigkeit im Jugend- und jungen Erwachsenenalter betroffen (vgl. Kapitel 2.2).

Einstellungsaspekte

Der Bereich der sozio-ökonomischen Benachteiligung wurde um einen Indikator ergänzt, der Aspekte der subjektiven Einschätzung der eigenen sozialen Lage erfasst: *die Zufriedenheit mit der eigenen sozialen Lage*[31]. Der Einfluß dieser Wahrnehmung auf fremdenfeindliche Einstellungen ist ebenfalls nicht signifikant. Insgesamt kann aus den Ergebnissen zur Arbeitslosigkeit und zur Zufriedenheit mit der sozialen Lage geschlossen werden, daß weder das objektive Vorhandensein einer gravierenden sozialen Benachteiligung noch eine subjektive Unzufriedenheit mit der eigenen sozialen Lage fremdenfeindliche Einstellungen erzeugen bzw. verstärken. Eine objektive vorhandene oder subjektiv empfundene Benachteiligung alleine scheint also nicht „automatisch" Gefühle der Bedrohung und Konkurrenz durch Migranten auszulösen.

Wir nahmen an, daß zusätzlich zu einer Benachteiligung soziale Vergleichsprozesse bei den jungen Menschen ins Spiel kommen müssen, um fremdenfeindliche Orientierungen zu entwickeln, denen ja ebenfalls Prozesse des Vergleichs von eigener Gruppe und wahrgenommener Fremdgruppe zugrundeliegen. Eine Variable, die Benachteiligungen in der Perspektive solcher Vergleichsprozesse erfaßt, ist die Frage danach, ob die Befragten im Vergleich zu anderen ihren gerechten Anteil zu bekommen glauben (vgl. Kapitel 3). Hier geht es also um das subjektive Gefühl, im Vergleich zu anderen, und zwar zu relevanten Vergleichsgruppen, benachteiligt zu sein: Damit wird die *relative Deprivation* angesprochen, und nicht, wie mit den beiden obigen Indikatoren, die absolute Deprivation – beide Formen der Benachteiligung können, müssen aber nicht übereinstimmen. Die relative Deprivation drückt im allgemeinen eine Diskrepanz zwischen dem objektiven sozio-ökonomischen Status und der subjektiven Erwartung aus, die sich in Unzufriedenheit äußert (vgl. Runciman 1966). Diese Diskrepanz entsteht jedoch erst durch den Vergleich mit anderen Personen oder Gruppen, die als relevant erachtet werden. In verschiedenen sozialpsychologischen Erklärungsansätzen wird angenommen, daß Fremdenfeindlichkeit von relativer Deprivation verursacht oder verstärkt wird (vgl. z.B. Gurr 1972, Zick/Wagner 1993).[32] Unsere Ergebnisse bestätigen tendenziell diese Annahme, denn die relative Deprivation übt einen, wenn auch nur moderaten, positiven Effekt auf fremdenfeindliche Orientierungen aus: Je mehr sich junge

Menschen im Vergleich zu anderen benachteiligt fühlen, desto eher neigen sie zu fremdenfeindlichen Haltungen, und zwar unabhängig davon, ob sie hoch oder niedrig gebildet sind und ob sie objektiv oder in ihrer subjektiven Wahrnehmung sozial benachteiligt sind.

Insgesamt zeigt sich also, daß weniger sozio-ökonomische Benachteiligungen an sich fremdenfeindliche Haltungen erzeugen, sondern eher Gefühle von Benachteiligung, die im Vergleich mit anderen entstehen. Diese Gefühle müssen jedoch nicht mit einer realen, objektiven Form von Benachteiligung einhergehen – je nachdem, welche Vergleichsgruppen herangezogen werden, kann eine relative Deprivation auch entstehen, wenn ein junger Menschen in einer objektiv guten sozio-ökonomischen Lage ist. Es ist zu vermuten, daß die relative Deprivation dann eine besonders starke Rolle für die Entwicklung fremdenfeindlicher Einstellungen spielt, wenn als Vergleichsgruppe eine Gruppe wie „die Ausländer in Deutschland" oder eine bestimmte Gruppe von Migranten wie z.B. „Asylsuchende" gewählt wird und diese als besser mit Ressourcen ausgestattet wahrgenommen wird als die Eigengruppe.

Daß der *Kontakt* zu Migranten vor fremdenfeindlichen Haltungen bewahrt, ist aus der Forschung zum Abbau von Vorurteilen bekannt (vgl. Zick 1997: 114 f.). Allerdings muß dieser Kontakt, wie schon erwähnt, bestimmte positive Qualitäten aufweisen, vor allem sollte er nicht konflikthaft sein. Im Jugendsurvey wurde nicht direkt nach bestehenden Kontakten zu Ausländern gefragt. Aus der Frage nach den Assoziationen der Befragten zu Ausländern in Deutschland war es allerdings möglich, indirekt auf die persönlichen Bezüge der Befragten zu Ausländern zu schließen (vgl. Anmerkung 20). Die bivariaten Analysen in Kapitel 9.2 zeigten, daß die Gruppe mit persönlichen Kontakten durchschnittlich deutlich weniger fremdenfeindlich eingestellt ist als die Gruppe mit abstrakten Bezügen. Der Kontakt zu Migranten bildet auch bei Kontrolle der übrigen Größen einen deutlichen Einflußfaktor fremdenfeindlicher Orientierungen. Die Angabe persönlicher Bezüge zu Migranten verringert also die Wahrscheinlichkeit erheblich, fremdenfeindlich eingestellt zu sein, und zwar unabhängig von den übrigen Merkmalen. Das Ergebnis der multivariaten Analyse bestätigt also, daß persönliche Erfahrungen mit und Bezüge zu Migranten eine große Rolle spielen, um fremdenfeindliche Einstellungen abzubauen oder gar nicht erst entstehen zu lassen.

Einen ebenfalls großen Einfluß auf fremdenfeindliche Haltungen haben unserer Annahme nach Gefühle der sozialen *Verunsicherung und Orientierungslosig-*

keit (zur Indexkonstruktion vgl. Kapitel 3). Auch in den Regressionsanalysen zeigt sich ein moderater positiver Einfluß von Gefühlen der Verunsicherung und Orientierungslosigkeit: Je stärker die Befragten solche Gefühle äußern, desto eher tendieren sie zu fremdenfeindlichen Orientierungen. Eine Erklärung für diesen Effekt liefert die Individualisierungstheorie (vgl. Beck 1986), deren Annahmen im Rahmen von Desintegrationstheorien auf Fremdenfeindlichkeit und Rechtsextremismus angewandt wurden (vgl. Heitmeyer 1989, Heitmeyer u.a. 1992): Wenn die persönlichen Ressourcen zu gering seien, um die eigene Identität an die sich ständig verändernde gesellschaftliche Realität anzupassen, komme es zu einer Identitätskrise, zu Verunsicherung und gesellschaftlicher Desintegration. Anomie und Orientierungslosigkeit bildeten somit die Schattenseite von Individualisierungsprozessen. Vorurteile und Rechtsextremismus können dann als Bewältigungsstrategie für diese individuellen Problemlagen dienen. Aber auch unabhängig von gesellschaftlichen Individualisierungsprozessen ist anzunehmen, daß die Sehnsucht nach Gemeinschaft und die Suche nach Halt – genau diese Phänomene werden in den Statements zur Verunsicherung artikuliert – Vorurteile und fremdenfeindliche Haltungen auslösen können. Solche oft rückwärts gewandten Vorstellungen implizieren schließlich zumeist gesellschaftliche Homogenität; die Anwesenheit von Migranten ist dagegen ein elementarer Bestandteil der heutigen Vielfältigkeit von Gesellschaft, die als verunsichernd erlebt wird.

Als letzter Bereich grundlegender Einstellungen und subjektiver Wahrnehmungsbereiche wurden zwei unterschiedliche Wertorientierungen mit in die Modelle aufgenommen: zum einen *konventionelle Werte,* zum anderen *prosoziale Werte* (zum Inhalt und zur Indexkonstruktion vgl. Kapitel 5.1). Daß eine konventionelle Wertorientierung – eine Orientierung an Leistung, Materialismus und Pflichtbewußtsein – die Wahrscheinlichkeit erhöht, fremdenfeindlich eingestellt zu sein, wird zum einen in Autoritarismustheorien angenommen: Hier gelten solche Werte als Bestandteil autoritärer Persönlichkeitsstrukturen (vgl. Adorno u.a. 1950) oder – moderner – als grundlegende ideologische Einstellungsmuster (Oesterreich 1993, Altemeyer 1988). In anderen Untersuchungen werden auch direkte Zusammenhänge von Leistungsorientierung und Materialismus mit Fremdenfeindlichkeit postuliert (vgl. Heitmeyer u.a. 1992, Held u.a. 1996, W. Hopf 1996, Rippl u.a. 1998). Ein umgekehrter Effekt kann für prosoziale Werthaltungen angenommen werden: Eine Wertorientierung, die auf Hilfsbereitschaft und Rücksichtnahme ausgerichtet ist, verringert die Wahrscheinlichkeit fremdenfeindlicher Orientierungen (vgl. Rippl u.a. 1998). Unsere

Analysen zeigen für beide Wertebereiche deutliche Effekte in der angenommenen Richtung, für den Bereich Prosozialität sogar den stärksten Effekt überhaupt: Je deutlicher die jungen Erwachsenen konventionelle Werthaltungen äußern, desto fremdenfeindlicher sind sie eingestellt; je deutlicher sie prosoziale Werthaltungen äußern, desto weniger fremdenfeindlich sind sie orientiert.[33] Insbesondere eine Werthaltung, die sich an anderen Menschen orientiert, an Hilfsbereitschaft und Rücksichtnahme, scheint also vor fremdenfeindlichen Haltungen zu bewahren. Hierzu gibt es kaum ausgearbeitete Erklärungsansätze und Theorien, von daher ist es schwierig, diesen Befund einzuordnen. Das Fehlen prosozialer Werte deutet allerdings auf eine Wertorientierung, die wenig an anderen Menschen ausgerichtet ist. Das könnte es nahelegen, die Beziehungen zu anderen Menschen zu instrumentalisieren: Der Andere wird sozial nicht anerkannt, abgewertet und verdinglicht; er erscheint als austauschbar und besonderer Rücksichten nicht bedürftig, so beschreibt Heitmeyer sein Konzept der „Instrumentalisierung“ (vgl. Heitmeyer 1992 u.a.: 595 f.). In einer solchen Instrumentalisierung könnte der Übergang zu fremdenfeindlichen Haltungen liegen.

Unsere Ergebnisse zum Einfluß von Wertorientierungen deuten auch darauf hin, daß die Geschlechtsdifferenzen im Bereich fremdenfeindlicher Einstellungen zum Teil dadurch begründet sind, daß Frauen prosoziale Haltungen als Teil weiblicher Rollenerwartungen stärker internalisieren als Männer (vgl. Rippl u.a. 1998: 763). Frauen sind in stärkerem Maße prosozial eingestellt als Männer (vgl. Kapitel 5.1). Dies könnte erklären, warum der Einfluß der Geschlechtszugehörigkeit im multivariaten Modell nicht mehr signifikant ist, wenn die Wertorientierungen der Befragten mit in das Modell einbezogen werden. Lohnenswert wäre es daher, den Zusammenhang von Geschlecht, Prosozialität und Fremdenfeindlichkeit in solchen Bereichen genauer zu untersuchen, in denen größere Geschlechtsunterschiede die Regel sind, wie bei der Wahl rechtsextremer Parteien oder bei fremdenfeindlicher Gewalt.

Fremdenfeindlichkeit in West und Ost

Fremdenfeindlichkeit hat – so das Ergebnis unserer Analysen – nicht eine einzige Ursache. Vielmehr muß ein ganzes Bündel von Bedingungen zusammenkommen, um fremdenfeindliche Orientierungen zu entwickeln: Gefühle von Verunsicherung und Orientierungslosigkeit, fehlende persönliche Kontakte zu Migranten, eine niedrige oder mittlere Schulbildung und vor allem eine konventionelle und das Fehlen einer prosozialen Wertorientierung. Keine Rolle spielt das Geschlecht der Befragten, ob sie arbeitslos sind und wie zufrieden sie mit ihrer sozialen Lage sind. Einen geringeren Einfluß haben die relative Deprivation, das Alter der Befragten, ihre geographische Herkunft aus städtischen oder ländlichen Gebieten sowie erstaunlicherweise auch die Herkunft aus den neuen Ländern. Wie ist zu erklären, daß die große bivariaten Ost-West-Differenz im Ausmaß fremdenfeindlicher Orientierungen sich im multivariaten Erklärungsmodell nicht im selben Maßstab wiederfindet? Die Antwort liegt darin, daß sie hauptsächlich durch andere Einflußgrößen erklärt werden kann. Diese Merkmale machen die eigentliche Differenz in den Lebensverhältnissen in den neuen und alten Bundesländern aus: So haben junge Erwachsene im Osten weitaus weniger Kontaktmöglichkeiten zu Migranten, mehr von ihnen fühlen sich im Vergleich zu anderen benachteiligt, höhere Anteile zeigen Gefühle der Verunsicherung und sie sind konventioneller orientiert. Die Gruppe junger Menschen, bei denen mehrere problematische Auslösefaktoren von Fremdenfeindlichkeit zusammenkommen, ist nach unseren Daten also in den neuen Bundesländern um einiges größer als in den alten. Wir können allerdings nicht abschließend klären, inwieweit diese problematischen Auslösefaktoren mit den gegenwärtigen Problemen in den neuen Bundesländern zusammenhängen und inwieweit sie auf Probleme hindeuten, die mit der Sozialisation der heute 16- bis 29jährigen in der DDR entstanden sind.

Im Anschluß an diese Ost-West-Differenz stellt sich die Frage, ob fremdenfeindliche Orientierungen in den neuen und alten Bundesländern auch unterschiedliche Ursachenkonstellationen besitzen. Da in der DDR im gesellschaftlichen, schulischen und familiären Bereich andere Sozialisationsbedingungen herrschten als in der BRD und die Lebenswirklichkeiten in beiden Teilen Deutschlands in einigen Aspekten auch heute noch grundlegend differieren, liegt eine solche Annahme ja nahe. Eine Überprüfung mit getrennten Regressionsanalysen für die alten und neuen Bundesländer (nicht tabellarisch ausgewiesen) erbrachte allerdings Erklärungsmodelle für die jungen Erwachsenen in beiden Teilen Deutschlands, die sich so gut wie überhaupt nicht voneinander unterscheiden.[34] Fremdenfeindliche Orientierungen bei Jugendlichen und jungen Erwachsenen scheinen in den alten und den neuen Bundesländern also grundsätzlich eine ähnliche Ursachenkonstellation zu haben – die Wahrscheinlichkeit, daß diese Konstellation einen jungen Menschen trifft, ist in den neuen Bundesländern allerdings höher.

Anmerkungen

1 Der Erfolg und die politischen Konsequenzen der Unterschriftenkampagne von CDU und CSU zu Beginn des Jahres 1999 gegen die Pläne der Bundesregierung, die doppelte Staatsbürgerschaft für Ausländer einzuführen, liefern ein Beispiel für diese Prozesse.

2 Inwiefern gegenüber letzteren Gruppen ähnliche Orientierungen bei jungen Erwachsenen in Deutschland vorhanden sind, können wir anhand unserer eingeschränkten Fragestellung nicht beantworten – hier bezieht sich der Begriff „Fremdenfeindlichkeit", obwohl er ein viel allgemeineres Phänomen bezeichnet, nur auf abwertende Einstellungen gegenüber Migranten.

3 Dieser Abschnitt orientiert sich in weiten Teilen an einem bereits im vorletzten Jahr publizierten Aufsatz zu den Ergebnissen des Jugendsurveys 1997 (Kleinert u.a. 1998: 16 ff.).

4 Vier dieser Aussagen (Item A bis D) sind Replikationen der ersten Welle des Jugendsurveys. Die übrigen sieben Statements wurden teilweise neu formuliert, teilweise lehnen sie sich an verschiedene andere Untersuchungen an.

5 Ursprünglich stand hinter der Konzeption des Instrumentes die Hypothese, daß fremdenfeindliche Einstellungen kein eindimensionales Konzept darstellen: Demzufolge wäre ein Typ von Fremdenfeindlichkeit, der sich an ökonomistischen und Konkurrenzvorstellungen festmacht, von einem kulturalistischen und einem rassistischen Typ zu unterscheiden.

6 Das Zusammenhangsmaß Pearsons r liegt im Durchschnitt aller neun Items bei .43 in den alten und .48 in den neuen Bundesländern. Die einfaktorielle Lösung der neun Statements erklärt 50% der Varianz in den alten und 53% in den neuen Bundesländern.

7 Der Summenindex wurde durch die Anzahl der Items geteilt, so daß er ebenfalls einen Wertebereich von 1 (nicht fremdenfeindlich) bis 6 (hoch fremdenfeindlich) aufweist. Für den Index ergibt sich ein Cronbachs Alpha von .87 in den alten und von .89 in den neuen Bundesländern.

8 Für diese und alle nachfolgenden Prozentangaben wurde der Index nach folgendem Vorgehen trichotomisiert: Die Gruppe mit niedriger Fremdenfeindlichkeit umfaßt die ersten 25% der Befragten der Gesamtstichprobe, die Gruppe mit mittlerer die mittleren 50% und die Gruppe mit hoher die letzten 25%. Niedrige Fremdenfeindlichkeit umfaßt damit den Wertebereich 1 bis 2,11, mittlere den Wertebereich 2,22 bis 3,78 und hohe den Wertebereich von 3,89 bis 6.

9 Bei diesen Prozentangaben ist zu beachten, daß sie nur dazu dienen, relative Vergleiche zwischen verschiedenen Subgruppen zu ermöglichen. Sie sind jedoch niemals als absolute Anteile „der Fremdenfeindlichen" in Deutschland zu verstehen, da die Gruppengrenzen auf künstliche Weise, nämlich nach rein statistischen Gesichtspunk-

ten, festgelegt wurden. Die Prozentanteile könnten folglich bei einer anderen Entscheidung der Forscher auch völlig anders aussehen; nur die Ost-West-Differenzen würden bestehen bleiben.

10 Bei dieser Frage „ein Ausländer/eine Ausländerin" anzugeben, erschien uns zu abstrakt und hätte wohl die Folge einer hohen Quote von fehlenden Angaben gehabt, daher die Vorgabe verschiedener Gruppen. Die Auswahl der Gruppen erfolgte nach zwei Kriterien: Erstens sollten die Gruppen in der BRD relativ stark vertreten sein und/oder starke Aufmerksamkeit in den Massenmedien und der öffentlichen Diskussion erfahren haben und zweitens sollten sich darunter alte und neue Migrantengruppen befinden. Die ersten drei Gruppen wurden zudem im Ausländersurvey des DJI selbst befragt, von daher sollte für spezielle Analysen ein gegenseitiger Bezug der beiden Surveys möglich sein.

11 Die letzteren beiden Antwortvorgaben wurden nach den Pretests mit in den Fragebogen aufgenommen, weil die Notwendigkeit zur Entscheidung zwischen „angenehm" und „unangenehm" hohe Anteile fehlender Werte produzierte. Dabei mußte in Kauf genommen werden, daß diese u.U. als Ausweichkategorien benutzt werden und daß die Antwortskala nur noch als nominalskaliert angesehen werden konnte. Das ursprünglich aus dem ALLBUS 1996 stammende Instrument gab eine Antwortskala von -3 (sehr unangenehm) über 0 bis +3 (sehr angenehm) vor.

12 Angewandt wurden nicht-lineare Hauptkomponentenanalysen der Antwortvorgaben (vgl. Anhang A.2) und Mittelwertvergleiche der fremdenfeindlichen Orientierungen in den einzelnen Distanzgruppen.

13 Den Trends sind folgende Berechnungen zugrundegelegt: Grundlage für die Aussagen bilden die sog. „Gastarbeiter-Items" (später: „Ausländer-Items") im ALLBUS. Sie lauten: „Die in Deutschland lebenden Ausländer sollten ihren Lebensstil ein bißchen besser an den der Deutschen anpassen", „Wenn Arbeitsplätze knapp werden, sollte man die in Deutschland lebenden Ausländer wieder in ihre Heimat zurückschicken", „Man sollte den in Deutschland lebenden Ausländern jede politische Betätigung in Deutschland untersagen" und „Die in Deutschland lebenden Ausländer sollten sich ihre Ehepartner unter ihren eigenen Landsleuten auswählen". Die Werte zu diesen vier Aussagen wurden zu einem Summenindex zusammengefaßt; die Mittelwerte dieses Index dann für den Zeitvergleich verwendet. Zur Vergleichbarkeit der unterschiedlichen Itemformulierungen und zur Gültigkeit und Zuverlässigkeit der Indexbildung vgl. Blank/Schwarzer 1994.

14 Aufgrund des Nominalskalenniveaus der Antwortvorgaben wurde eine nicht-lineare Hauptkomponentenanalyse durchgeführt (vgl. Anhang A.2).

15 Das Instrument wurde aus dem ALLBUS 1996 übernommen, die siebenstufige Antwortskala allerdings durch die im Jugendsurvey übliche sechsstufige Antwortskala ersetzt und die abgefragten Migrantengruppen etwas modifiziert.

16 Die „weiß-nicht“-Anteile wurden aus den Werten in Tabelle 9.4 ausgeschlossen.

17 Diese Aussage kann so allerdings nur für das Aggregat aller Befragten getroffen werden, nicht für die Individualebene.

18 Zur Erfassung der allgemeinen Wahrnehmung kultureller Differenz wurde ein einfacher additiver Index gebildet, in den die Einschätzung aller fünf Migrantengruppen einging. Eine Faktorenanalyse ergab eine eindimensionale Struktur der Einschätzungen der Lebensstilunterschiede der fünf Migrantengruppen; diese erklärt 57% der Varianz. Das Reliabilitätsmaß Cronbachs Alpha liegt für den Summenindex bei .79 in den alten und .84 in den neuen Ländern.

19 Komplizierter war die Indexbildung zur Erfassung der allgemeinen sozialen Distanz, da die Antwortvorgaben hier nur auf Nominalskalenniveau liegen. Nicht-lineare Hauptkomponentenanalysen ergaben eine zwei-dimensionale Struktur: Die soziale Distanz gegenüber Italienern und Griechen ergab einen Faktor, die gegenüber Aussiedlern, Türken und Asylsuchenden den zweiten. Des weiteren zeigten sie, daß die Antwortvorgaben „sehr angenehm“, „eher angenehm“, „gleichgültig“ und „hängt vom einzelnen Menschen ab“ sehr ähnlich untereinander sind. Nur die Antwortvorgabe „eher unangenehm“ hob sich im zweidimensionalen Raum von den anderen ab, noch deutlicher die Vorgabe „sehr unangenehm“. Von daher wurde hier ein Punktindex konstruiert, der nur die Anzahl der Antwortvorgaben „sehr“ und „eher unangenehm“ umfaßt, und dies nur für die Gruppen der Aussiedler, Türken und Asylsuchenden. Für jede Wahl der Antwortvorgabe „eher unangenehm“ wurde ein Punkt vergeben, für jede Wahl der Antwortvorgabe „sehr unangenehm“ zwei Punkte. Da der Index insgesamt auf sechs Items beruht, reicht seine Skala von 0 (überhaupt keine soziale Distanz) bis 12 (maximale soziale Distanz).

20 Die Idee zu dieser offenen Fragestellung kam aus dem Eurobarometer 30 von 1988, in dem die Assoziationen zu Personen einer anderen Nationalität, Rasse, Religion, Kultur und sozialen Schicht erhoben wurden, allerdings als einleitende Fragen zum Themenbereich Einstellungen gegenüber Migranten. Bei der Frage im Jugendsurvey wurden die Interviewer hier ausdrücklich gebeten, keinerlei Beispiele oder Hilfestellungen zu geben außer auf Nachfrage die Erläuterung, daß sowohl konkrete Personen als auch spezifische Gruppen genannt werden können.

21 Wie entsprechende Datenprüfungen ergaben, besteht die Gruppe, die sich selbst mit Ausländern in Deutschland assoziiert, obwohl sie die deutsche Staatsbürgerschaft besitzt, aus Personen mit einer doppelten Staatsbürgerschaft und Personen, die vor Annahme der deutschen Staatsbürgerschaft eine andere innehatten.

22 Mit dieser Codierung der offenen Frage konnte ein Ersatzmaß für persönliche Kontakte zu Migranten gewonnen werden, die im Jugendsurvey nicht direkt erfragt wurden. Mit dieser Frage werden bestehende Kontakte von jungen Menschen zu Migranten zwar sicherlich unterschätzt, dafür hat sie nicht den Nachteil der üblichen geschlos-

senen, recht allgemein gehaltenen Kontaktfragen, bei denen real bestehende Kontakte wohl überschätzt werden.

23 Für diese Berechnung wurden die unterschiedlichen Möglichkeiten von Bezügen zu Migranten in zwei Gruppen zusammengefaßt, abstrakte und persönliche Bezüge.

24 Ob diese Einflußgröße auch bei der Kontrolle weiterer Einflußvariablen eine Rolle in bezug auf fremdenfeindliche Orientierungen spielt, darüber geben die Analysen in Kapitel 9.3 Auskunft.

25 Einige weitere theoretisch relevante Einflußgrößen können hier nicht untersucht werden: Dies betrifft vor allem Persönlichkeitsmerkmale wie Autoritarismus und Effekte der Sozialisation der jungen Erwachsenen wie der Erziehungsstil der Eltern, das Meinungsklima im Elternhaus und peer-group-Einflüsse. Auch der Prozess der gesellschaftlichen Vermittlung von Einstellungen an das Individuum kann mit einer Studie wie dem Jugendsurvey nicht untersucht werden, Einflüsse von Massenmedien und gesellschaftlichen Ideologien bleiben also außen vor.

26 Die notwendigen Voraussetzungen multipler linearer Regressionsanalysen wurden überprüft und sind in unseren Modellen gegeben.

27 Gemessen wurde diese Einflußgröße mit dem BIK-Größenklassenindex, der die Größe der Orte angibt, in denen die Befragten leben, und dabei der Verflechtung von Kernstädten mit ihren Umlandgemeinden Rechnung trägt. Der Index umfaßt die Werte 1 (bis 1.999 Einwohner), 2 (2.000 bis 4.999 Einwohner), 3 (5.000 bis 19.999), 4 (20.000 bis 49.999), 5 (50.000 bis 99.999), 6 (100.000 bis 499.999) und 7 (500.000 Einwohner und mehr).

28 Ähnliches scheint für rechtsextremistische Einstellungen zu gelten: Analysen des Jugendsurveys zeigen deutliche Geschlechtsdifferenzen im Zusammenhang von Links-Rechts-Orientierung und Fremdenfeindlichkeit. Danach scheint Fremdenfeindlichkeit bei Männern stärker politisch kontextualisiert, also mit einer politisch rechten Haltung verbunden zu sein, bei Frauen stehen diese Einstellungen stärker für sich (vgl. Kleinert u.a. 1998: 26).

29 Die Variable allgemeiner Schulabschluß mit ihren drei Ausprägungen mußte hier in zwei Dummy-Variablen mit der Ausprägung 0 (trifft nicht zu) und 1 (trifft zu) umgewandelt werden, um die Anforderungen an lineare Regressionsanalysen (vgl. Anhang A.2) zu erfüllen. Die Referenzkategorie beider Variablen bildete das Bildungsniveau „Mittlere Reife". Daß das Merkmal „Hauptschulabschluß" keinen höheren Effekt auf Fremdenfeindlichkeit ausübt, ist zum Teil auch dieser Umformung geschuldet, da die beiden Bildungsvariablen erheblich miteinander korrelieren.

30 In Analysen der Erwachsenenbevölkerung können zusätzlich noch die Schichtzugehörigkeit und das Einkommen herangezogen werden, um mehr Informationen über die objektive soziale Lage und damit über Benachteiligungen zu erhalten. Dies ist

aufgrund der Alterszusammensetzung unserer Stichprobe hier nicht möglich (vgl. Kapitel 2.2).

31 Diese Variable ist ein Summenindex, der aus zwei Einzelfragen zusammengesetzt ist: aus der Zufriedenheit mit der finanziellen Situation sowie aus der Zufriedenheit mit der sozialen Sicherheit (zu den Items vgl. Kapitel 3).

32 Dabei wird in der Literatur zwischen der individuellen relativen Deprivation (einem Vergleich der eigenen Lage mit der Ingroup) und der fraternalen relativen Deprivation (einem Vergleich mit einer relevanten Outgroup) unterschieden. Während für die individuelle Deprivation kein oder nur ein geringer Einfluß auf fremdenfeindliche Einstellungen zu erwarten ist, führt das Gefühl der Benachteiligung gegenüber einer Outgroup zu deutlichen Abwertungen dieser Gruppe (vgl. Zick 1997: 99 ff.). Direkte Operationalisierungen der fraternalen Deprivation haben allerdings den Nachteil, daß die Vergleichsgruppe „Migranten" vom Forscher vorgegeben werden muß, also danach gefragt wird, ob sich die Befragten gegenüber Ausländern benachteiligt fühlen. Eine solche Aussage kann jedoch genausogut als Indikator für Fremdenfeindlichkeit aufgefaßt werden (vgl. Zick 1997: 101). Mit unserem Instrument wird offengelassen, mit wem sich die Befragten vergleichen; es kann also nicht entschieden werden, welche Form der relativen Deprivation hier angesprochen wird. Es ist allerdings wahrscheinlicher, daß damit die individuelle Deprivation, also der Vergleich mit der Ingroup angesprochen wird.

33 Interessanterweise stehen konventionelle Werthaltungen an sich nicht konträr zu prosozialen, wie vielfach angenommen wird (so z.B. bei Rippl u.a. 1998), vielmehr hängen beide Wertebereiche positiv miteinander zusammen, gehen also tendenziell miteinander einher (vgl. Kapitel 5.1).

34 Unterschiede zeigten sich nur graduell bei einigen wenigen Einflußgrößen: In den alten Bundesländern spielen Stadt-Land-Differenzen und soziale Verunsicherung eine größere Rolle als in den neuen; in den neuen Bundesländern hat das Alter der Befragten und die relative Deprivation einen größeren Einfluß als in den alten. Die standardisierten Regressionskoeffizienten (Beta) sehen für diese Einflußgrößen folgendermaßen aus: Ortsgröße: -.07 West, -.03 Ost (nicht signifikant); Alter: -.05 West, -.11 Ost; relative Deprivation: .09 West, .14 Ost; Verunsicherung: .17 West, .13 Ost. Insgesamt werden fremdenfeindliche Orientierungen mit dem Modell für die jungen Erwachsenen Ost etwas besser erklärt als für die im Westen. Unter Einschluß der sozio-demographischen Merkmale liegt die erklärte Varianz (angepaßtes R^2) für die alten Länder bei 14%, für die neuen bei 18%; beim zweiten Modell, in das alle Variablen eingingen, liegt die erklärte Varianz für die alten Länder bei 31%, für die neuen bei 34%.

10

Die Bedeutung des Politischen bei jungen Migranten und jungen Deutschen

Martina Gille, Winfried Krüger

In Deutschland leben 1997 insgesamt 7,4 Millionen Ausländer. Damit ist etwa jeder neunte Bürger der Bundesrepublik nicht-deutscher Nationalität. Der Anteil der Jugendlichen und jungen Erwachsenen an der ausländischen Bevölkerung ist deutlich größer als der bei der deutschen. Er liegt für die 16- bis 29jährigen bei knapp 30%, während die entsprechende Altersgruppe in der deutschen Bevölkerung einen Anteil von nur 16% aufweist. Jeder Siebte aller 16- bis 29jährigen, die in der BRD wohnen, ist also nicht-deutscher Nationalität.[1]

Auch wenn die Situation der jungen Migranten im einzelnen recht unterschiedlich ist, kann man dennoch davon ausgehen, daß sich ein großer Teil von ihnen – anders vielleicht als ihre Eltern – nicht als vorübergehende Gäste, Lernende oder Arbeitende in Deutschland versteht. Ihre Lebensplanung geschieht größtenteils nicht vor dem Hintergrund einer Rückkehrperspektive in die Herkunftsländer ihrer Eltern. Die Mehrheit von ihnen bezieht ihre Lebensplanung auf die BRD, in der sie groß geworden ist. Das bedeutet, daß sie in der Regel hier arbeiten und leben wollen und damit auch als Betroffene und Akteure teilhaben an den politischen Gegebenheiten der Bundesrepublik – dies allerdings zum Teil nur mit eingeschränkten Rechten. Die Stellung des Politischen in ihrem Leben ebenso wie ihr Verhältnis zum politischen und gesellschaftlichen System in Deutschland ist angesichts dessen und nicht zuletzt auch im Hinblick auf die 1999 vorgenommene Neuordnung des Staatsangehörigkeitsrechts eine wichtige Frage.

In diesem Exkurs wird deshalb zu dieser breiten Fragestellung, angelegt als Vergleich zwischen deutschen und ausländischen Jugendlichen und jungen Erwachsenen, ein Ausschnitt behandelt, zu dem im einzelnen folgende Aspekte gehören: das Interesse an Politik und ihre Wichtigkeit in Konkurrenz zu anderen Bereichen des Lebensalltags, die spezifischen Vorstellungen zur Rolle der Frau in der Politik, die Haltung zu Prinzipien der Demokratie sowie gegenüber dem institutionellen System in Deutschland, und schließlich die Zufriedenheit mit den politischen Einflußmöglichkeiten und die Bereitschaft zur politischen Partizipation.[2] Die Datengrundlage für dieses Kapitel liefert neben dem DJI-Jugendsurvey der DJI-Ausländersurvey, der als Ergänzung des Jugendsurveys konzipiert wurde, um einen Teil der Lücke in diesem Bereich der Migrantenforschung zu schließen und um den Jugendsurvey, dessen Stichprobe aus methodischen Gründen auf deutsche Jugendliche und junge Erwachsene begrenzt bleiben mußte, zu ergänzen.[3] Zu diesem Zweck wurden Teile des Erhebungsinstruments des Jugendsurveys in den Fragebogen des Ausländersurveys übernommen. Befragt wurden insgesamt rund 2.500 italienische, griechische und türkische Jugendliche und junge Erwachsene im Alter von 18 bis 25 Jahren aus den alten Bundesländern und Westberlin.[4] Der Vergleich, der in diesem Kapitel angestellt wird, berücksichtigt dementsprechend aus dem Jugendsurvey auch nur die Teilgruppe der 18- bis 25jährigen.

10.1 Die Lebenssituation der jungen Migranten

Die Lebenssituation von Ausländern ist so vielfältig, daß hier für die drei Ausländergruppen nur einige, allerdings für ihre gesellschaftliche Plazierung und ihre Lebensperspektiven in Deutschland wichtige Rahmenbedingungen beschrieben werden können: die Frage, ob sie in Deutschland bleiben wollen, ihre bisherige Aufenthaltsdauer, ihr rechtlicher Status, ihre Schulbildung, ihre Sprachkenntnisse und ihre Erwerbstätigkeit.

Etwa 60% der befragten Ausländer wollen auch in Zukunft in Deutschland bleiben, nur 15% bekunden Rückkehrabsichten, das restliche Viertel zeigt sich noch unentschieden. Nach ihrer Aufenthaltsdauer in Deutschland unterscheiden sich die ausländischen Jugendlichen und jungen Erwachsenen nur wenig und das auch dann nicht, wenn man sie getrennt nach Nationalität und Geschlechtszugehörigkeit betrachtet. Vier von zehn der befragten jungen Migranten sind in Deutschland geboren und aufgewachsen. 80% verbrachten bereits mindestens die Hälfte ihres Lebens hier. Als EU-Bürger besitzen die 18- bis 25jährigen Italiener und Griechen einen aufenthaltsrechtlichen Status, der ihnen eine vergleichsweise große Sicherheit garantiert. Anders bei den Türken, die dennoch zu über vier Fünfteln eine unbefristete Aufenthaltserlaubnis bzw. -berechtigung besitzen. Die Einbürgerung haben in allen drei Gruppen etwa 10% beantragt. Italiener und Griechen verfügen über gute Sprachkenntnisse, jedoch zeigt sich hier eine erste Differenzierung zuungunsten der türkischen Jugendlichen. Etwa einem Fünftel von ihnen werden nach Einschätzung der Interviewer nur ausreichende oder gar geringe Deutschkenntnisse bescheinigt.[5]

Die vergleichsweise schlechtere Ausgangssituation der türkischen Migranten zeigt sich vor allem bei der Schulbildung, gemessen am höheren und höchsten Schulabschluß.[6] Sie haben den größten Anteil an Hauptschulabgängern sowie Schulabgängern ohne Abschluß und auf der anderen Seite die niedrigste Quote bei der mittleren Reife und beim Abitur. Keinen Schulabschluß haben 9% bis

12% der jungen Migranten, bei den Deutschen sind dies nur 1% bis 2%. Einen Hauptschulabschluß haben 42% bis 53% der ausländischen Befragten, bei den Westdeutschen sind dies 18%, bei den Ostdeutschen 10%. Mittlere Schulabschlüsse spielen mit 19% bis 26% bei den Migrantenjugendlichen eine ähnliche Rolle wie bei den Westdeutschen (24%), die Ostdeutschen haben hier die höchsten Anteilswerte von 46%.[7] Insgesamt gilt für alle drei ausländischen Populationen, daß ihre schulische Bildung deutlich unterhalb der ihrer deutschen Altersgenossen liegt. Der Abiturientenanteil beträgt bei den Griechen etwa die Hälfte, bei Türken und Italienern etwa ein Drittel von dem der Westdeutschen bzw. Ostdeutschen, von denen 35% bzw. 31% das Abitur gemacht haben. Dieses Bildungsgefälle vergrößert sich noch einmal dadurch, daß besonders bei den westdeutschen und, wenn auch etwas weniger, bei den ostdeutschen Jugendlichen eine deutlich größere Zahl noch zur Schule geht und diese voraussichtlich mit dem Abitur abschließen wird (vgl. Kleinert 2000).[8]

Die Betrachtung der 18- bis 25jährigen nach Erwerbsstatusgruppen bestätigt dieses Bild ungleicher sozialer Chancen und Ressourcen zwischen Ausländern und Deutschen. Bereits 49% der Türken sowie 60% der Italiener und Griechen sind erwerbstätig, während dies bei den Deutschen in Ost und West nur für gut ein Viertel (28% bzw. 26%) zutrifft. Umgekehrt steht es bei Ausbildung und Studium: Über die Hälfte der West- und Ostdeutschen (60% bzw. 53%) sind in diesem Alter damit beschäftigt, während es bei den drei ausländischen Gruppen jeweils nur rund ein Viertel ist. Auch das Schicksal von Arbeitslosigkeit ist ungleich verteilt. Hier sind im besonderen die Türken mit 10% betroffen – abgesehen von den Ostdeutschen, deren hohe Arbeitslosenquote (12%) von den spezifischen Arbeitsmarktbedingungen in den neuen Bundesländern bestimmt ist; bei den übrigen Gruppen liegt der Anteil um 5%.

Die jungen Migranten wachsen nicht nur früher als ihre deutschen Altersgenossen in die Rolle des Erwerbstätigen hinein, sie übernehmen auch früher die Verantwortung für eine eigene Familie. 12% der befragten Italiener, 13% der Griechen und sogar 20% der Türken haben bereits Kinder, bei den Deutschen trifft dies auf 6% (West) bzw. 7% (Ost) zu. Dementsprechend sind auch die Anteilswerte für Verheiratete in den ausländischen Befragtengruppen wesentlich höher als bei den Deutschen.[9] Der stärker traditionelle Lebensentwurf ausländischer junger Frauen spiegelt sich deutlich in der relativ hohen Bedeutung der Hausfrauenrolle wider (vgl. auch Nauck 1993). 12% der Italienerinnen, 11% der Griechinnen und 27% der Türkinnen kümmern sich nach eigenen

Angaben in erster Linie um die Familie; dagegen sind dies bei den westdeutschen jungen Frauen 6%, bei den ostdeutschen nur 4%.

Erwartungsgemäß bestimmen die deutlich gewordenen Unterschiede in den sozialen Ressourcen und den Lebenssituationen die Sicht auf und das Urteil über die eigene soziale Lage (vgl. Kapitel 4). Positiver beurteilen diejenigen ihr Leben und auch ihre Möglichkeiten, dieses Leben nach eigenen Vorstellungen gestalten zu können, die nach ihrem Bildungsniveau günstigere Voraussetzungen haben (vgl. Weidacher 2000: 129 ff.). An zwei Punkten gilt dieser Zusammenhang jedoch nicht. Das sind zum einen die im Vergleich zu den Männern positiveren Urteile, die die ausländischen Mädchen und jungen Frauen unabhängig von ihrem Schulbildungsniveau über ihre persönliche Lage fällen. Ein solcher geschlechtsspezifischer Unterschied findet sich bei den deutschen Befragten praktisch nicht. Diese überraschende Beurteilung ihrer Lebenslage rührt möglicherweise daher, so vermutet Weidacher (2000: 129), „daß ausländische junge Frauen ihre Chancen aufgrund der geschlechtsspezifischen Gleichheitsbestrebungen im Vergleich zum Herkunftsland höher bewerten". Es könnte im Gegenteil allerdings auch so sein, daß sie traditionelle Lebensweisen stärker akzeptieren. Der zweite auffallende Befund betrifft die jungen Ostdeutschen und die Türken, die sich unabhängig von ihrem Bildungsniveau im Vergleich zu anderen eher benachteiligt sehen. Unter den jungen Erwachsenen türkischer Nationalität ist diese Sicht selbst bei denen zu finden, die mit der Hochschulreife über überdurchschnittlich gute Ressourcen in der sozialen Konkurrenz verfügen. Anzunehmen ist deshalb, daß ihre Einschätzung relativer Deprivation – trotz hoher Bildung – grundlegend von ethnischen Diskriminierungserfahrungen sowie von ihrem rechtlichen Minderstatus im Vergleich zur deutschen Bevölkerung und zu Migranten aus EU-Staaten herrührt.

10.2 Die Wichtigkeit von Lebensbereichen

Ein grober Indikator für die Nähe junger Erwachsener zur Politik und dem politischen Geschehen ist die Frage nach der Wichtigkeit von Lebensbereichen, die die persönlichen Wertschätzungen von Befragten bezüglich privater und öffentlicher Lebensbereiche erfaßt. Im Ausländersurvey wurde den jungen Migranten das gleiche Erhebungsinstrument wie den deutschen Befragten im Jugendsurvey vorgelegt (vgl. Kapitel 5.2). Für die deutschen und ausländischen Jugendlichen zeigen sich, wenn man die Wichtigkeiten verschiedener Lebens-

Tabelle 10.1:
*Wichtigkeit von Lebensbereichen der 18- bis 25jährigen nach Nationalität (in %)**

	Italiener	*Griechen*	*Türken*	*West-deutsche*	*Ost-deutsche*
Freunde und Bekannte	92	95	94	95	96
Freizeit und Erholung	87	88	82	89	92
Eltern und Geschwister	92	94	94	88	90
Beruf und Arbeit	82	85	85	85	92
Schul-/Berufsausbildung	74	80	76	86	86
Partnerschaft	79	82	81	84	82
eigene Familie und Kinder	71	78	81	68	71
Kunst und Kultur	43	49	44	41	47
Politik	30	36	32	42	38
Religion	42	50	61	25	14
n	848	826	830	2243	1257

Quelle: DJI-Ausländersurvey 1997, DJI-Jugendsurvey 1997 (ungewichteter Datensatz)

* Skala von 1 (überhaupt nicht wichtig) bis 7 (sehr wichtig). Hier sind die Prozentwerte derjenigen Befragten angegeben, die die Skalenpunkte 5 bis 7 gewählt haben. Die Reihenfolge der Items entspricht nicht dem Fragebogen.

bereiche im Überblick betrachtet, übereinstimmende Prioritätssetzungen (vgl. Tabelle 10.1). Die Strukturierung ihres Lebens verläuft – bezogen auf die Wichtigkeit, die die jungen Erwachsenen verschiedenen Lebensbereichen zumessen – für Deutsche und Nichtdeutsche offenbar in ganz ähnlicher Weise.

Freunde und die Herkunftsfamilie sind am wichtigsten, gefolgt vom Bereich Freizeit. Neben Partnerschaft und der eigenen Familie haben auch Ausbildung und Beruf einen hohen Stellenwert. Im Vergleich hierzu erfahren Politik und Kunst/Kultur deutlich weniger Wertschätzung. Während Religion für die deutschen Befragten nur eine geringe Bedeutung hat, bewegen sich die Nennungen der Befragten aus den drei Migrantengruppen hierzu auf deutlich höherem Niveau. Im folgenden sollen die Zusammenhangsstrukturen zwischen den verschiedenen Lebensbereichen sowie wichtige Differenzierungsmerkmale dargestellt werden.

In den Wertschätzungen aller fünf Befragtengruppen eng verknüpft werden die privaten Lebensbereiche „Partnerschaft" und „eigene Familie und Kinder" (vgl. für die deutschen Befragten Kapitel 5.2). Während Partnerschaft für deutsche und ausländische Befragte in gleicher Weise bedeutsam ist, zeigen sich für den Lebensbereich „eigene Familie und Kinder“ einige Unterschiede zwischen den Befragtengruppen. Die jungen Griechen und Türken weisen eine stärkere Familienorientierung auf als die Deutschen und die Italiener. Die italienischen Befragten bewegen sich in ihren Wertschätzungen auf etwa dem gleichen Niveau wie die deutschen Befragten und liegen somit um etwa sieben bis zehn Prozentpunkte unter den Voten von Griechen und Türken. Insgesamt zeichnet sich bezüglich der Wichtigkeit des Lebensbereichs „eigene Familie und Kinder“ ein Befund ab, der sich in den gelebten Partnerschaftsformen widerspiegelt. Die jungen Migranten gehen – biographisch gesehen – früher Partner- und Elternschaften ein (vgl. Pupeter 2000). Die Bedeutung von Familie und Partnerschaft variiert allerdings nach Geschlechtszugehörigkeit (vgl. Tabelle 10.2) und aktueller Lebensform. In allen Befragtengruppen geben die Mädchen und jungen Frauen der Familienorientierung stärkeres Gewicht. Bei den deutschen

Tabelle 10.2:
*Wichtigkeit von Lebensbereichen der 18- bis 25jährigen nach Geschlecht und Nationalität (in %)**

		Italiener	*Griechen*	*Türken*	*West-deutsche*	*Ost-deutsche*
Beruf und Arbeit	*männlich*	84	88	89	84	91
	weiblich	80	82	79	86	94
Schul-/Berufs-ausbildung	*männlich*	75	78	75	85	84
	weiblich	72	82	77	87	89
Partnerschaft	*männlich*	79	81	80	81	76
	weiblich	79	83	82	87	90
eigene Familie und Kinder	*männlich*	64	74	76	64	62
	weiblich	77	82	85	73	81
Kunst und Kultur	*männlich*	41	44	41	35	38
	weiblich	44	55	47	47	57
Politik	*männlich*	33	38	37	44	40
	weiblich	27	33	28	41	36
Religion	*männlich*	37	44	57	21	12
	weiblich	46	56	66	29	17

Quelle: DJI-Ausländersurvey 1997, DJI-Jugendsurvey 1997 (ungewichteter Datensatz)

* Prozentwerte der Befragten, die die Skalenpunkte 5 bis 7 auf einer Skala von 1 (überhaupt nicht wichtig) bis 7 (sehr wichtig) gewählt haben.

Befragten zeigt sich ebenfalls eine etwas höhere Partnerschaftsorientierung bei den jungen Frauen. Partnerschaft und eigene Familie erachten diejenigen Befragten als besonders wichtig, die selbst mit einem Partner zusammenleben; im Vergleich dazu messen die, die noch bei den Eltern oder alleine wohnen, diesem Bereich eine geringere Bedeutung zu. Hausfrauen bewerten Partnerschaft und eine eigene Familie am höchsten.

Die Voten zu Schul-/Berufsausbildung und zu Arbeit/Beruf zeigen, daß die Schul- und Berufsausbildung von den jungen Migranten etwas weniger wichtig genommen wird als von den jungen Deutschen; die Italiener sind hier am zurückhaltendsten. Allen Populationen ist gemeinsam, daß die Wichtigkeit dieses Lebensbereichs mit dem Bildungsniveau steigt. Je mehr Jugendliche in ihre Ausbildung investieren, desto höhere Wertschätzung erfährt dieser Lebensbereich. Für Befragte mit Abitur betragen die Zustimmungswerte mindestens 90%, gleichgültig, um welche ethnische Gruppe es sich handelt; bei Hauptschulabsolventen dagegen liegt sie zwischen 64% (Italiener) und 79% (Westdeutsche). Schul- und Berufsausbildung ist dabei für die Befragten, die noch Schüler sind oder sich in Ausbildung befinden, wichtiger als für diejenigen, die erwerbstätig, familientätig oder arbeitslos sind. Nur für den Lebensbereich Schul- und Berufsausbildung lassen sich deutliche Alterseffekte feststellen. Die jüngeren Befragten (18- bis 19jährigen) geben ihm mehr Gewicht als die älteren (24- bis 25jährigen; Differenzen zwischen 9 und 19 Prozentpunkten). Die Voten für den Lebensbereich Beruf und Arbeit sind in allen Populationen sehr hoch, wobei hier die ostdeutschen Jugendlichen durch ihre besonders hohe Arbeitsorientierung herausragen. Die geringere Arbeitsorientierung der ausländischen Frauen gegenüber ihren männlichen Altersgenossen resultiert aus dem höheren Anteil von Frauen, die sich ausschließlich der Familie widmen. Hier findet sich bei den ausländischen Hausfrauen in etwa die gleiche geringe Arbeitsorientierung wie bei den westdeutschen Hausfrauen (rund 54% bis 60% gegenüber etwa 85% bis 87% bei den erwerbstätigen Frauen).

Die beiden Lebensbereiche „Politik" und „Kunst und Kultur", die mit Prozentwerten von ca. 30% bis 60% eher den mittleren Wertebereich abdecken, charakterisieren ein Spektrum, in dem sich öffentliche und halböffentliche Aktivitäten mischen. Bemerkenswert ist das etwas stärkere Interesse der Griechen und der Ostdeutschen an dem Lebensbereich Kunst und Kultur. Die Migrantenpopulationen bewerten Politik im Vergleich zu den Westdeutschen niedriger. Während die jungen Frauen in allen Populationen diesem Lebensbereich geringeres

Gewicht geben als ihre männlichen Altersgenossen, verhält es sich mit dem Lebensbereich Kunst und Kultur genau umgekehrt (vgl. Tabelle 10.2). Für beide Bereiche kann man außerdem deutliche Bildungseffekte nachweisen: Mit steigender Bildung werden diese Lebensbereiche wichtiger genommen.

Für den Lebensbereich „Religion" – um auch den noch anzusprechen – ergeben sich die deutlichsten Differenzen zwischen den verschiedenen Befragtengruppen, insbesondere zwischen Deutschen und Migranten. Die Unterschiede in den Gewichtungen durch Ost- und Westdeutsche fallen relativ gering aus, verglichen mit den hohen Voten bei den Migrantengruppen, wobei hier die türkischen Befragten mit 61% die größte Distanz zu ihren deutschen Altersgenossen haben (vgl. Tabelle 10.1).

Die in der Bundesrepublik lebenden türkischen Jugendlichen und jungen Erwachsenen halten mit ihrer hohen Wertschätzung von Religion eine wichtige Tradition ihres Herkunftslandes aufrecht. Die Wichtigkeit von Religion wird bei den türkischen Befragten relativ eng mit der Wertschätzung von eigener Familie assoziiert. Den verheirateten Türken ist dabei Religion besonders wichtig. Die griechischen und italienischen Befragten weisen ebenfalls ein deutlich höheres Niveau in der Wertschätzung der Religion auf als die deutschen. Auch sie stellen damit der doch stark säkularisierten Lebensweise in Deutschland eine eigene entgegen, die noch mehr durch religiöse Tradition bestimmt wird. Allerdings zeigen in den ausländischen Populationen die Alleinlebenden schwächere religiöse Orientierungen als die Verheirateten oder jene Befragten, die noch bei den Eltern wohnen. Das Eingebundensein in die Herkunftsfamilie oder die eigene Familie scheint hier zu einer stärkeren Religiosität beizutragen. In allen Befragtenpopulationen durchgängig findet sich das bekannte Phänomen, daß Mädchen und Frauen Religion persönlich wichtiger nehmen als ihre männlichen Altersgenossen (vgl. Tabelle 10.2).

Faßt man die Ergebnisse zur Wichtigkeit von Lebensbereichen zusammen, so ist zunächst die hohe Übereinstimmung in den Antworten für alle fünf Befragtengruppen hervorzuheben. Es gibt nur zwei Differenzen, die sich als ethnisch-kulturelle verstehen lassen: Dies sind zum einen eine deutlich stärkere Bedeutung von Religion und zum anderen eine stärkere Familienorientierung bei den jungen Migranten – und hier insbesondere bei den Griechen und Türken – im Vergleich zur deutschen Population. Damit zeigen sich bei den Migrantengruppen Aspekte einer stärker traditionalen Lebensweise. Das Zusammenleben mit einem Partner und noch deutlicher das Verheiratetsein verstärken zudem die Wichtigkeit von Familie und Kindern. In allen fünf Untersuchungsgruppen finden sich die gleichen geschlechtsspezifischen Differenzen: Frauen sind stärker an Kultur, Religion und Familie (sowohl Herkunftsfamilie als auch eigene Familie) orientiert, aber etwas weniger an Politik. Die geschlechtsspezifischen Unterschiede, die in Richtung der traditionellen Geschlechtsrollenstereotype weisen, lassen sich in allen fünf Befragtengruppen also gleichermaßen feststellen. Auch andere soziodemographische Einflußfaktoren gelten in allen Befragtengruppen gleichermaßen. So hat das erreichte Bildungsniveau einen deutlichen Effekt auf die Wertschätzung von Schul-und Berufsausbildung, Kunst/Kultur und Politik. Dabei kann aber nicht übersehen werden, daß sich im Hinblick auf die Wichtigkeit von Politik die Unterschiede zwischen den männlichen Migranten insgesamt und den ost- und westdeutschen Frauen aufheben oder sogar umkehren.

10.3 Politisches Interesse und Einstellungen zur Rolle der Frauen in der Politik

Die Gewichtung einzelner Lebensbereiche zeigt sehr prägnant die randständige Bedeutung von Politik für die persönliche Lebensführung junger Erwachsener, wobei die jungen Frauen Politik noch etwas geringer bewerten als ihre männlichen Altersgenossen. Sehr eng verknüpft mit der Wertschätzung des Lebensbereichs Politik ist die Einschätzung des eigenen Politikinteresses. Die jungen Migranten wurden ebenso wie die Deutschen danach gefragt, wie sehr sie sich für Politik interessieren (vgl. auch Kapitel 6.2). Starkes politisches Interesse wird nur von einer Minderheit geäußert. Die jungen Erwachsenen aus Migrantenfamilien zeigen dabei ein noch geringeres Interesse an Politik als die jungen Deutschen. Starkes Interesse an Politik äußern 10% bis 14% der ausländischen Jugendlichen, aber 17% bis 24% der deutschen Befragten. Noch größer werden die Prozentsatzdifferenzen, wenn man die Kategorie „geringes Interesse" betrachtet. Während etwa ein Drittel der Deutschen geringes Interesse an Politik äußert, betragen bei den türkischen Befragten diese Anteilswerte 54%, bei den Griechen 51% und bei den Italienern sogar 60% (vgl. Tabelle 10.3).

Ähnliche Niveauunterschiede im politischen Interesse von Deutschen und Migranten fanden auch Diehl und Urbahn (1998) bei einer Auswertung der 10. Welle des Sozioökonomischen Panels für Befragte ab 16 Jahren. Diese Differenz könnte dahingehend interpretiert werden, daß junge Migranten eher bikulturell orientiert sind, so daß an der Politik in Deutschland ein geringeres

Tabelle 10.3:
*Politisches Interesse 18- bis 25jähriger nach Geschlecht und Nationalität (Spaltenprozent)**

	Politisches Interesse	Männer	Frauen	gesamt
Italiener	stark	11	10	10
	mittel	36	23	30
	gering	53	67	60
	n	425	423	848
Griechen	stark	15	12	14
	mittel	43	28	36
	gering	42	60	51
	n	429	397	826
Türken	stark	17	8	13
	mittel	40	27	34
	gering	42	65	54
	n	422	408	830
Westdeutsche	stark	30	17	24
	mittel	44	43	44
	gering	25	40	32
	n	1177	1066	2243
Ostdeutsche	stark	22	12	17
	mittel	44	46	45
	gering	34	43	38
	n	689	568	1257

Quelle: DJI-Ausländersurvey 1997, DJI-Jugendsurvey 1997 (ungewichteter Datensatz)

* Das politische Interesse wurde auf einer fünfstufigen Skala von 1 (sehr stark) bis 5 (überhaupt nicht) gemessen. Für die Tabelle wurden die Werte 1 (sehr stark) und 2 (stark) sowie 4 (gering) und 5 (überhaupt nicht) zusammengefaßt.

Interesse entsteht, weil Fragen der Kultur und Politik des Herkunftslandes ebenso eine Rolle spielen. Für diese Interpretation spricht auch die Tatsache, daß die Migranten, die die deutsche Staatsangehörigkeit erwerben und auf Dauer in Deutschland bleiben wollen, ein stärkeres politisches Interesse äußern als jene Migranten, die hinsichtlich der Staatsbürgerschaft oder der Bleibeabsicht unentschieden sind.

Während bei der Wichtigkeit des Lebensbereichs Politik eher geringe Geschlechterdifferenzen (von drei bis neun Prozentpunkten) auftreten, zeigen sich bei der Frage nach dem politischen Interesse deutliche Effekte durch die Geschlechtszugehörigkeit. Die Prozentsatzdifferenzen für die Kategorie „geringes Interesse“ zwischen den Geschlechtern betragen bei den Italienern 14 Prozentpunkte, bei den Griechen 18 und bei den Türken 23. Bei den deutschen Befragten liegen die Differenzen zwischen 15 (West) und neun (Ost) Prozentpunkten. Die jungen ausländischen Frauen zeigen damit eine sehr große Distanz zum politischen Bereich. Dies kann auch als Element einer eher traditionellen Frauenrolle aufgefaßt werden.[10]

Für das Ausmaß politischen Interesses spielen neben der Geschlechtszugehörigkeit noch andere soziale Strukturvariablen wie das Lebensalter und das Bildungsniveau eine Rolle. Hier gilt der Zusammenhang, daß das politische Interesse mit dem Lebensalter und dem Bildungsniveau der jungen Erwachsenen steigt; dies trifft gleichermaßen auf Frauen und Männer zu (vgl. Kapitel 6.2). Während sich für die in dieser Untersuchung erfaßte Altersspanne zwischen 18 und 25 Jahren noch keine großen Altersdifferenzen ergeben (zwischen 3% und 11%, wenn man die 18/19jährigen mit den 24/25jährigen vergleicht), zeigen sich doch deutliche Differenzen nach dem Bildungsniveau. Die Abiturienten bekunden mit Anteilswerten von 31% bis 38% ein deutlich höheres Politikinteresse als die Absolventen von Hauptschule oder Realschule, deren Anteilswerte 5% bis 17% betragen. Die deutschen und ausländischen Abiturienten unterscheiden sich dabei kaum im Niveau des politischen Interesses. Die Kluft zwischen den verschiedenen Bildungsgruppen, was das politische Interesse angeht, ist bei den ausländischen Befragten deutlich stärker. Hier vermag der längere Verbleib im deutschen Schulsystem mit dazu beizutragen, daß sich die ausländischen Befragten stärker für die politischen Belange Deutschlands interessieren. Differenziert man das untere Bildungsniveau „Hauptschule“ weiter aus in die Kategorien „Keinen Abschluß/Primarschule“ und „Haupt-/Mittelschule“, so erhält man hier für die ausländische Population noch einmal große Differenzen. In der niedrigsten Bildungskategorie betragen die Anteilswerte von Befragten, die nur ein geringes Interesse haben, rund 75%. Eine weitere Gruppe von Befragten, die der Politik besonders fern steht, ist die der verheirateten ausländischen Frauen.

Die größere Distanz von Frauen zur Politik hat auch etwas damit zu tun, daß Frauen in den verschiedenen politischen Institutionen und Willensbildungsprozessen unterrepräsentiert sind. Deshalb wurden ergänzend zur Frage nach dem politischen Interesse im Ausländersurvey jene zwei Statements des Jugendsurveys aufgenommen, die die Präsenz von Frauen in Öffentlichkeit und Politik ansprechen (vgl. auch Kapitel 5.3). Die Aussage „Es sollte viel mehr Frauen in politischen und öffentlichen Führungspositionen geben" befürwortet zwar ein Großteil der Befragten, aber die Zustimmung ist bei den Frauen deutlich höher als bei den Männern (um ca. 20 bis 30 Prozentpunkte). Deutsche und nicht-deutsche Frauen unterstützen die Forderung nach mehr Chancengleichheit für Frauen in diesem Bereich gleichermaßen (vgl. Tabelle 10.4).

Tabelle 10.4:
*Einstellungen 18- bis 25jähriger zur Rolle der Frau in der Politik nach Geschlecht und Nationalität (% und Mittelwerte)**

		mehr Frauen in Führungspositionen		***Frauen gehören nicht i. d. Politik*****		
		Prozent	*Mittelwert*	*Prozent*	*Mittelwert*	*n*
Italiener	*männlich*	60	3,8	31	2,7	425
	weiblich	87	4,9	14	1,9	423
Griechen	*männlich*	60	3,8	31	2,8	429
	weiblich	88	4,9	14	1,9	397
Türken	*männlich*	56	3,6	34	3,0	422
	weiblich	80	4,6	18	2,2	408
Westdeutsche	*männlich*	51	3,5	17	2,1	1177
	weiblich	80	4,6	8	1,6	1066
Ostdeutsche	*männlich*	57	3,8	18	2,1	689
	weiblich	84	4,8	9	1,6	568

Quelle: DJI-Ausländersurvey 1997, DJI-Jugendsurvey 1997 (ungewichteter Datensatz)

* Prozentwerte der Befragten, die die Skalenpunkte 4 bis 6 auf einer Skala von 1 (stimme überhaupt nicht zu) bis 6 (stimme voll und ganz zu) gewählt haben, und Mittelwerte.

** Die Frageformulierung im DJI-Ausländersurvey lautet „Frauen gehören nicht in die Politik" und im DJI-Jugendsurvey „Frauen gehören nicht in die Bundesregierung".

Die Erwartung, daß hier die Migrantenpopulationen traditioneller urteilen, bestätigt sich also nicht. Ganz im Gegenteil, die Nicht-Deutschen votieren stärker für egalitäre Vorstellungen. Die etwas traditionellere Haltung der jungen Migranten deutet sich bei dem zweiten Item an: „Frauen gehören nicht in die Politik". Hier stimmen die ausländischen Männer und Frauen stärker zu als die deutschen. Die entsprechende Frageformulierung bei den jungen Deutschen lautete allerdings etwas anders: „Frauen gehören nicht in die Bundesregierung", so daß ein unmittelbarer Vergleich nur eingeschränkt möglich ist. Ähnlich wie beim politischen Interesse variiert die Zustimmung zu den beiden Items zur Rolle der Frau in Öffentlichkeit und Politik mit dem Bildungsniveau. Je höher das Bildungsniveau der Befragten, desto eher wird die Präsenz von Frauen in der Politik befürwortet. Dieser Zusammenhang gilt für deutsche und ausländische junge Erwachsene gleichermaßen.

Insgesamt zeigt sich für die Lebensbereichswichtigkeiten, für das politische Interesse und für die Ansichten zur Frauenrolle eine große Übereinstimmung in den Einstellungen von jungen Deutschen und jungen Migranten. Wichtige differenzierende Einflußvariablen sind in erster Linie Geschlecht und Bildung. Während für diese beiden Einflußgrößen die gleichen Erklärungsmodelle gelten wie bei den deutschen Befragten, verlangt die Nationalität nach weiteren Interpretationen. Womit hängt diese größere Distanz der ausländischen Befragten zur Politik zusammen? Hat es etwas mit dem Grad der Integration zu tun? Hierfür könnte sprechen, daß jene ausländischen Befragten, die die deutsche Staatsangehörigkeit beantragen wollen bzw. sie bereits haben und die damit eine eindeutigere Verbleibsperspektive besitzen, politisch interessierter sind.[11] In diese Richtung weisende Zusammenhänge lassen sich auch bei der Beantwortung der beiden Items zur Rolle der Frau in Öffentlichkeit und Politik nachweisen: Die Forderung, daß es mehr Frauen in öffentlichen und politischen Führungspositionen geben sollte, unterstützen stärker jene Migranten, die die deutsche Staatsangehörigkeit auf jeden Fall beantragen wollen bzw. sie bereits haben, sie stimmen auch in geringerem Umfang dem Item zu „Frauen gehören nicht in die Politik". Sie erweisen sich somit als weniger traditionell.

10.4 Akzeptanz des institutionellen Systems und demokratischer Prinzipien

Die Institutionen und Organisationen, die wir von den jungen Migranten unter dem Aspekt des Vertrauens, das sie jeder einzelnen Institution entgegenbringen, beurteilen ließen, repräsentieren die Bereiche, die bereits in Kapitel 6 beschrieben worden sind, erweitert um Ausländerbehörden, das Fernsehen in der jeweiligen Muttersprache und die Konsulate als drei migrantenspezische Institutionen. Der Tabelle 10.5 sind die Institutionen im einzelnen zu entnehmen.[12]

Tabelle 10.5:
*Großes Vertrauen in Institutionen 18- bis 25jähriger nach Nationalität (in %)**

	Italiener	*Griechen*	*Türken*	*West-deutsche*	*Ost-deutsche*
Parteien	23	22	23	19	13
Bundeswehr	29	26	32	37	46
Bundesregierung	30	31	30	29	24
Großunternehmen	31	26	27	24	26
Bundestag	35	39	37	37	30
Europaparlament	41	44	33	35	31
TV Heimatland	42	43	45	-	-
Kirchen	44	44	40	26	18
Ausländerbehörden	46	42	42	-	-
Polizei	48	48	40	54	47
Gewerkschaften	50	47	52	40	39
Gerichte	51	53	47	53	48
BVerfG	54	59	51	62	57
Konsulate	56	51	54	-	-
TV Deutschland	57	53	59	31	32
Bürgerinitiativen	62	59	59	52	56
Greenpeace	75	70	69	63	56

Quelle: DJI-Ausländersurvey 1997, DJI-Jugendsurvey 1997 (ungewichteter Datensatz)

* Mit großem Vertrauen sind die Skalenpunkte 5 bis 7 auf einer Skala von 1 (überhaupt kein Vertrauen) bis 7 (sehr großes Vertrauen) zusammengefaßt. Prozentuierungsbasis sind alle Befragten, die ein Vertrauensurteil (von 1 bis 7) zur jeweiligen Institution abgegeben haben.

Bringt man die Institutionen nach den Anteilen der positiven Vertrauensvoten in eine Rangfolge, wie dies in Tabelle 10.5 getan worden ist, so zeigen sich zwischen allen fünf Untersuchungsgruppen einerseits bemerkenswerte Ähnlichkeiten, andererseits markante Unterschiede vor allem zwischen den westdeutschen Befragten und den drei Migrantenpopulationen. Zunächst einmal wird deutlich, wie nahe die Vertrauensurteile der drei Ausländergruppen beieinander liegen; einzig beim Europäischen Parlament, der Polizei und dem Bundesverfassungsgericht (BVerfG) zeigt sich eine ausgeprägtere Differenz. Und zwar sind es jeweils die türkischen Befragten, die hier mit knapp zehn Prozentpunkten ein etwas geringeres Vertrauen bekunden. Ansonsten finden sich zwischen den drei Immigrantengruppen lediglich Differenzen, die fast ausnahmslos unter fünf Prozentpunkten liegen, bei gleichzeitig allerdings durchaus deutlicher Abstufung des Vertrauens, das den einzelnen Institutionen von allen drei Migrantengruppen zugebilligt wird. Anders betrachtet, bedeutet dies: Die auf dieser Liste enthaltenen Institutionen werden – mit Ausnahme der genannten drei – von den ausländischen Befragten einerseits durchaus differenziert beurteilt, die einzelne Institution wird andererseits aber sehr übereinstimmend wahrgenommen, was das Maß des Vertrauens angeht, das man ihr entgegenbringt – gleichviel welche Nationalität man besitzt. Infolgedessen ergibt sich (wiederum ohne die drei genannten Institutionen) bei den drei ausländischen Befragtengruppen eine nahezu identische Rangfolge aller Institutionen.

Im oberen Bereich dieser Rangreihe, der ein besonders hohes Maß an Vertrauen zum Ausdruck bringt, befinden sich sieben Institutionen: Greenpeace, Bürgerinitiativen, die Konsulate, das deutsche Fernsehen, das Bundesverfassungsgericht im besonderen und die Gerichte im allgemeinen sowie die Gewerkschaften. Die Vertrauensquoten für sie liegen zwischen etwa der Hälfte bis knapp zwei Dritteln der befragten ausländischen jungen Erwachsenen. Im unteren Bereich des Vertrauens finden wir dagegen vier Institutionen, denen gegenüber jeweils weniger als ein Drittel aller ausländischen Befragten Vertrauen äußert: Es sind die Parteien, die Bundeswehr, die Bundesregierung und die Großunternehmen. In der Mitte mit Anteilen zwischen rund 35% und gut 45% rangieren schließlich folgende Institutionen: der Bundestag, das Europaparlament, das Fernsehen in der jeweiligen Landessprache, die Kirchen, die Ausländerbehörden und die Polizei.

Die ausländischen Befragten haben offensichtlich einen für sich relativ klaren Bezug zum institutionellen System der Bundesrepublik. Dieser klare Bezug setzt sie in die Lage, deutliche Positionen des Vertrauens und des Nicht-Vertrauens gegenüber den einzelnen Institutionen zu beziehen. Qualifiziert, eventuell auch relativiert werden muß dieses Resultat allerdings angesichts der Ergebnisse, die sich bei den Antwortvorgaben „kann ich nicht beurteilen“ und „kenne ich nicht“ finden. Dort zeigt sich nämlich, daß von diesen Antwortmöglichkeiten durchaus Gebrauch gemacht wird, aber nicht etwa in durchgängig gleichem, sondern in sehr unterschiedlichem Umfang. Das heißt, es gibt Institutionen, deren Beurteilung offensichtlich schwerer fällt bzw. nicht möglich ist, und solche, bei denen ein Vertrauensurteil für den allergrößten Teil der Befragten keine Schwierigkeiten enthält. Und auch hier ist wiederum festzustellen, daß die Differenzen zwischen den drei ausländischen Befragtengruppen fast durchgängig außerordentlich gering sind, d.h. bei den einzelnen Institutionen kaum mehr als fünf Prozentpunkte betragen. Die Abstufungen ordnen die Institutionen in grob vier Gruppen. Den höchsten Anteil an Befragten, die sich nicht in der Lage sehen, ein Urteil abzugeben, finden wir beim Europaparlament, bei der Bundeswehr und beim Bundesverfassungsgericht. Hier findet sich jeweils ein knappes Drittel von urteilslosen Befragten. Gegenüber der nächsten Gruppe – den Gewerkschaften, den Bürgerinitiativen, dem Bundestag und den Großunternehmen – sehen sich jeweils rund ein Fünftel bis ein Viertel der Befragten nicht zu einem Urteil in der Lage. Zu Greenpeace, den Parteien, den Gerichten, den Konsulaten und der Bundesregierung geben jeweils etwa 10% bis 15% kein Urteil ab, und das deutsche Fernsehen sowie die Polizei beurteilt schließlich lediglich ein Anteil von jeweils rund 6% nicht. Diese insbesondere bei der ersten Gruppe von Institutionen hohen Anteile von ausdrücklich urteilslosen Befragten überraschen nicht. Dies wäre im Gegenteil eher dann der Fall, wenn sich ein deutlich höherer Anteil der ausländischen Befragten ein Urteil abverlangt hätte, obwohl z.B. die Bundeswehr für die meisten von ihnen aufgrund ihres Ausländerstatus biographisch keine Rolle spielen kann. Und ebenso ist das Bundesverfassungsgericht vermutlich eine Institution, die hinsichtlich Erfahrbarkeit und Relevanz dieser Befragtenpopulation in besonderem Maße entzogen ist. Vermutlich gilt dies in ähnlichem Sinne auch für das Europaparlament, das – wie die europäischen Institutionen generell – für viele junge Erwachsene, aber offensichtlich auch für ältere Bürger noch nicht wirklich beurteilungsfähig ins Bewußtsein aufgenommen worden ist.[13]

Es sind die Merkmale Bildung und Geschlecht, die sich als generelle Differenzierungsmerkmale bezüglich der Urteilsenthaltung erweisen, nicht aber das Merkmal Alter. So zeigt sich, daß diejenigen Befragten, die das Abitur als Schulabschluß vorweisen, seltener zur Urteilslosigkeit neigen als die Befragten mit formal geringeren Abschlüssen. Dieser Zusammenhang ist fast ausnahmslos bei allen Institutionen gegeben und bei allen drei ausländischen Befragtengruppen zu beobachten. Bildung, so können wir vermuten, entscheidet in diesem Zusammenhang offensichtlich wohl über das Maß kognitiver Kompetenz und damit auch über das Maß kultureller Emanzipation bzw. Flexibilität, das der einzelne dem „fremden" gesellschaftlichen Kontext Deutschland entgegenzubringen vermag. Darüber hinaus wird deutlich, daß sich die weiblichen Befragten häufiger als die männlichen nicht zu Vertrauensurteilen in der Lage sehen. Die Zusammenhangsmaße weisen durchgängig in die gleiche Richtung, sind aber bei den Griechinnen weniger stark ausgeprägt als bei den Türkinnen und den Italienerinnen. Da wir insgesamt nur geringe Bildungsunterschiede zwischen den männlichen und den weiblichen Befragten feststellen können, stützt dieses Ergebnis die Annahme, daß die ausländischen jungen Frauen weniger auf Öffentlichkeit hin orientiert sind und deshalb einen etwas weniger ausgeprägten Bezug zum institutionellen System ihres zweiten Heimatlandes haben oder aber sich aus ihrem geschlechtsspezifischen Selbstverständnis heraus weniger als die männlichen Befragten abverlangen, in jedem Fall ein Urteil zu besitzen oder zu bekunden.

Wenn wir schlicßlich dic deutschen Referenzgruppen in die Betrachtung miteinbeziehen, dann werden auch hier im Vergleich zwischen ihnen und den ausländischen Befragten deutliche Strukturen beschreibbar. Zunächst einmal legen die deutschen jungen Erwachsenen bei etwa der Hälfte der gemeinsam beurteilten Institutionen weniger Vertrauen an den Tag als die Befragten aller drei Migrantengruppen (vgl. Tabelle 10.5). Mehr Vertrauen bringen sie allerdings im Osten der Bundeswehr, im Westen der Polizei und dem Bundesverfassungsgericht entgegen. In der Rangfolge der Vertrauenswerte gegenüber Institutionen rücken aufgrund dessen diese Institutionen mit in den oberen Bereich der Rangreihe. Das deutsche Fernsehen rangiert demgegenüber bei den deutschen Befragten deutlich tiefer. Im übrigen besteht aber durchaus eine Übereinstimmung zwischen den ausländischen und den deutschen Befragten, was das relative Maß des Vertrauens angeht, so daß die Übereinstimmungen in der Rangfolge zwischen ihnen und den drei Migrantengruppen die Unterschiede überwiegen. Die Enthaltung von einem Vertrauensurteil wird allemal von den westdeutschen Befragten bei allen Institutionen in sehr viel geringerem Umfang in Anspruch genommen. Für die Ostdeutschen gilt dies in der Tendenz auch, mit Ausnahme allerdings gegenüber den Kirchen, den Gewerkschaften und dem Europaparlament: hier übertreffen die ostdeutschen ohne Urteil deutlich alle ausländischen Befragten.

Zusammengefaßt erlauben alle Beobachtungen die Feststellung, daß die befragten ausländischen jungen Erwachsenen eine in ihren Konturen deutlich erkennbare Haltung gegenüber dem institutionellen System der Bundesrepublik entwickelt haben. Diese Haltung ist – mit Ausnahme einzelner Institutionen – im Vergleich der drei Nationalitätengruppen von bemerkenswerter Übereinstimmung gekennzeichnet. Dies bezieht sich auch auf die ausländerspezifischen Institutionen, die wir in dieser Untersuchung beurteilen ließen. Die Übereinstimmung gilt aber nicht nur für die ausländischen Befragten untereinander, sondern auch im Hinblick auf die westdeutsche Referenzgruppe. Hier zeigen sich, was die Hierarchie des Vertrauens angeht, bemerkenswerte Ähnlichkeiten, die auf eine strukturell grundsätzlich ähnliche Wahrnehmung und Akzeptanz der Institutionen schließen lassen. Mit Einschränkungen kann dies auch über die ostdeutsche Vergleichsgruppe gesagt werden. Allerdings ist bei ihnen unverkennbar, daß das erst jüngst „importierte“ westdeutsche institutionelle System noch keine selbstverständliche Akzeptanz gefunden hat. Bei ihnen liegt das Vertrauensniveau bei mehr als der Hälfte der Institutionen deutlich unter dem der westdeutschen Befragten. Der Niveauunterschied zwischen ostdeutschen einerseits und den westdeutschen sowie den ausländischen Befragten andererseits ist damit beträchtlich.

Festzustellen ist aber auch, daß auf der Seite der ausländischen Befragtenpopulationen zweierlei Haltungen gegenüber dem institutionellen System ihres zweiten Heimatlandes anzutreffen sind: Die ausländischen Jugendlichen und jungen Erwachsenen lassen im Vergleich zu den westdeutschen Befragten in vielen Fällen ein höheres Maß an Vertrauen erkennen, andererseits sind sie aber häufiger nicht in der Lage, Vertrauensurteile abzugeben. Hier machen sich neben „Fremdheit“ nachweislich auch Bildungseinflüsse bemerkbar, bei den Mädchen und jungen Frauen darüber hinaus eine spezifische, auf öffentliche Belange bezogene Zurückhaltung. Diese Ergebnisse können insgesamt als Beleg für einen bereits durchaus begonnenen, aber eben noch keinesfalls abgeschlossenen Weg in die gesellschaftliche Integration verstanden werden.

Die bereits erkennbare politische Integration der jungen Ausländer, oder anders ausgedrückt: Die Nähe ihrer Vorstellungswelt und ihrer Orientierungen zum institutionellen und ordnungspolitischen System der Bundesrepublik zeigt sich auch, wenn es um ihr Verständnis und ihre Akzeptanz von demokratischen Prinzipien geht. Das Recht auf Meinungsfreiheit, die konstitutive Notwendigkeit einer politischen Opposition sowie Kompromißbereitschaft in Konflikten finden mehrheitlich Zustimmung. Die Unterschiede zwischen den drei ausländischen Populationen sowie zwischen diesen und den deutschen Befragten sind gering (vgl. Kapitel 6.3 sowie Heß-Meining 2000a). Diese grundsätzlichen Einstellungen brechen sich aber an einer politischen Praxis und Realität, die insgesamt deutlich weniger positiv beurteilt wird. Zufrieden mit den Möglichkeiten, politisch Einfluß nehmen zu können, zeigt sich nur ein Fünftel der befragten Ausländer und sogar ein noch kleinerer Teil der deutschen Befragten. Bei den in dieser Hinsicht Unzufriedenen sind unter den Ausländern die jungen Türken die erwartungsgemäß größte Gruppe. Und deutlicher als die jungen Ausländer aus den EU-Staaten artikulieren sie auch die Forderung nach mehr politischen Rechten und Freiheiten.

10.5 Bereitschaft zur politischen Partizipation

Die im Ausländersurvey erfaßten jungen Migranten konzentrieren sich in ihrer Lebensplanung überwiegend auf Deutschland. Sie wollen in Deutschland bleiben, sich dort beruflich etablieren und eine Familie gründen. Nicht nur die guten Deutschkenntnisse zeugen von der hohen Integrationsbereitschaft der befragten Migranten, sondern auch die relativ große Bedeutung von Deutschen in ihren persönlichen Beziehungsnetzen (vgl. Weidacher 2000: 112 ff.). Wie sieht es aber nun mit der Integration von jungen Ausländern im Bereich der politischen Partizipation aus? Wie hoch ist die Bereitschaft zur politischen Beteiligung bei den jungen Migranten im Hinblick auf das Aufnahmeland, obwohl sie in ihren politischen Rechten gegenüber den Deutschen eingeschränkt sind?

Zur Beantwortung dieser Fragestellung wurde im DJI-Ausländersurvey dasselbe breite Spektrum von Möglichkeiten des politischen Engagements wie im Jugendsurvey erhoben (vgl. Kapitel 7). Nicht aufgenommen wurden allerdings jene drei Items, die sich auf Wahlbereitschaften beziehen („sich an Wahlen beteiligen“, „absichtlich nicht zur Wahl gehen“, „eine extreme Partei wählen“), da diese für einen Teil der Migranten gar nicht in Frage kommen. Weiterhin wurden auch jene Aktivitätsformen, die sich auf illegale bzw. gewaltakzeptierende Beteiligungsformen bezogen, nicht abgefragt, da – anders als im Jugendsurvey – keine weitergehende Thematisierung politischer Gewalt erfolgte (vgl. Heß-Meining 2000b).[14]

Betrachtet man in einem ersten Überblick die Bereitschaft aller fünf Befragtengruppen im Hinblick auf die fünfzehn Partizipationsformen insgesamt, so kommen für 28% der Griechen, 31% der Türken und 33% der Italiener keine der genannten Aktivitäten in Frage, bei den deutschen Populationen sind dies jeweils nur etwa 11%. Aber nicht nur auf der Ebene der Bereitschaften sind die jungen Migranten zurückhaltender, auch im Hinblick auf bisher ausgeübte politische Beteiligung stehen sie hinter den Deutschen zurück: 44% der griechischen, 53% der italienischen und 55% der türkischen Migranten haben noch keine der aufgeführten Aktivitäten ausgeübt, bei den Deutschen trifft dies auf ca. 27% zu.

Zunächst zeichnet sich also hier, ganz ähnlich wie beim politischen Interesse, eine größere Ferne der jungen Migranten zum politischen Bereich ab. Im folgenden wird überprüft, ob sich die ausländischen und deutschen Befragtengruppen im Hinblick auf ihre politischen Handlungspräferenzen unterscheiden, ob es hier zu unterschiedlichen Schwerpunktsetzungen bei den einzelnen Populationen kommt und ob hierbei das relativ geringe Bildungsniveau der jungen Ausländer eine Rolle spielt.

Konventionelle Beteiligungsbereitschaften, wie die Übernahme eines politischen Amtes, der Eintritt in eine Partei oder eine andere politische Gruppierung, um dort mitzuarbeiten, haben für die jungen Migranten eine noch geringere Bedeutung als bei den Deutschen. Jedoch heben sich diese Differenzen zwischen Deutschen und Migranten nahezu auf, wenn man deren Bildungsgrad berücksichtigt. Die Befragten mit gleichen Bildungsabschlüssen zeigen ungeachtet ihrer Nationalität ein gleich hohes Partizipationsniveau. Die Bereitschaft zu unkonventionell-legaler Partizipation, wie Mitarbeit in einer Bürgerinitiative, Beteiligung an Unterschriftensammlungen oder Teilnahme an genehmigten Demonstrationen, spielt zwar bei den jungen Migranten auch eine größere Rolle als die Befürwortung des konventionellen Engagements, sie liegt jedoch um zehn bis 20 Prozentpunkte unterhalb der Bereitschaft der Deutschen. Schließlich erfahren unkonventionell-illegale Aktivitätsformen, wie die Teilnahme an nicht-genehmigten Demonstrationen oder illegalen Streikaktionen, eine unterschiedliche Einschätzung bei Deutschen und Migranten. Während sich die jungen Migranten bei einer Teilnahme an nicht-genehmigten Demonstrationen zurückhaltender zeigen, übersteigt ihre Streikbereitschaft deutlich die der Deutschen. „Die häufigere Nennung von ‚sonstigen Streiks‘ kann mit der größeren Nähe der ausländischen Jugendlichen zur Arbeitswelt erklärt werden und damit, daß möglicherweise kein Unterschied zwischen legalen und illegalen Streiks gemacht wurde.“ (Heß-Meining 2000b: 197) Bei den unkonventionellen Aktivitätsformen, ob legalen oder illegalen, zeigen sich – wenn auch in abgeschwächter Form – die bei den konventionellen Partizipationsbereitschaften dargestellten Zusammenhänge mit Bildung. Junge Migranten mit höheren Schulabschlüssen sind eher bereit, in verschiedenster Weise ihre politischen Anliegen zu verfolgen. Wenn man den Bildungsgrad kontrolliert, verschwinden die Unterschiede zwischen Deutschen und Migranten im Hinblick auf das Partizipationsniveau zwar nicht völlig, sie werden aber deutlich kleiner.

Zusammenfassend kann also festgehalten werden, daß die jungen Griechen, Italiener und Türken eine ganz ähnliche Gewichtung der unterschiedlichen Formen des Engagements vornehmen wie die Deutschen, insgesamt erreicht aber die Bereitschaft der ausländischen Befragten nicht das Niveau der deutschen. Diese größere Zurückhaltung der jungen Migranten, politisch zu handeln, ist zu einem großen Teil ihren formal schlechteren schulischen Qualifikationen geschuldet. Die unterschiedlichen Partizipationsprofile von jungen Frauen und Männern, wie sie für die deutsche Population in Kapitel 7 beschrieben worden sind, zeigen sich auch bei den ausländischen Befragten. Hierbei fallen die jungen türkischen Frauen durch ihr besonderes Maß an Zurückhaltung auf.

10.6 Fazit

Der hier vorgenommene Vergleich zwischen jungen Deutschen und gleichaltrigen Migranten dreier Herkunftsländer bezieht sich nur auf einige ausgewählte Aspekte ihrer Einstellungen und ihres Engagements in Gesellschaft und Politik. Im Ergebnis stellt sich die Ausgangslage der jungen Migranten, was schulische und berufliche Qualifikation angeht, deutlich nachteiliger dar als die der Deutschen. Es ist aber gerade das relativ niedrige Bildungsniveau der jungen Ausländer, das ihre größere Distanz zum politischen Bereich ausmacht. Migranten und Deutsche mit höheren Schulabschlüssen unterscheiden sich kaum in ihrem politischen Interesse und ihrer Bereitschaft zum Engagement. Unabhängig davon erfahren die Grundprinzipien einer demokratischen Gesellschaftsordnung von ausländischen und deutschen Befragten gleichermaßen hohe Akzeptanz. Das Vertrauen in Institutionen fällt bei den drei Migrantengruppen etwas niedriger aus als bei den deutschen Vergleichsgruppen und korrespondiert mit ihrer etwas geringeren Neigung, die ihnen zugänglichen Möglichkeiten politischer Beteiligung wahrzunehmen. Die türkischen Migranten und insbesondere die türkischen jungen Frauen artikulieren im Vergleich zu Griechen und Italienern ihre politischen Interessen und Beteiligungswünsche häufig noch zurückhaltender. Dies steht auch damit in Zusammenhang, daß insbesondere junge Türken von Erfahrungen der Benachteiligung „als Ausländer" berichten und über ihre Herkunftsfamilien noch stärker in traditionale Werte- und Lebensmuster eingebunden sind, Faktoren, die eine eher ungünstige Bedingung für die Entwicklung politischer Kompetenzen darstellen. Insgesamt wird deutlich, daß die Bereitschaft junger Migranten zu politischer Beteiligung in institutionellen und organisatorischen Strukturen ihrer deutschen Heimat nicht unbeträchtlich ist. Das Engagement in eigenethnischen Organisationen (vgl. Weidacher 2000: 101 ff.) spielt für die hier betrachtete Altersgruppe eine nicht unwichtige Rolle und steht ihren eigenen Integrationsbestrebungen nicht im Wege, sondern ist damit offensichtlich vereinbar.

Anmerkungen

1 Die Zahlen geben den Stand zum 31.12.1997 wieder (vgl. Bevölkerungsfortschreibung 1997 aus der Regionaldatenbank des Deutschen Jugendinstituts, München).

2 Der hier notgedrungen knappe und nur zu Einzelaspekten mögliche Vergleich zwischen deutschen und ausländischen Jugendlichen und jungen Erwachsenen wurde auch deshalb gewählt, weil der DJI-Ausländersurvey seine Ergebnisse in ausreichender Breite getrennt publiziert (vgl. Weidacher 2000). Diese Untersuchung ist eine wesentliche Grundlage des Kapitels. Bezüge zu ihr bestehen generell und werden deshalb nicht in jedem Einzelaspekt ausdrücklich vermerkt.

3 Der DJI-Ausländersurvey wurde in Kooperation mit der Universität Chemnitz und der Kommission für den 6. Familienbericht durchgeführt. Die Feldarbeit im Winter 1996/1997 lag bei MARPLAN/Frankfurt a.M.

4 Die Stichprobe basiert auf Quoten anhand der Merkmale Nationalität, Geschlecht, Alter und Verstädterungsgrad. Die Auswahl der Nationalitäten richtete sich nach der Größe ihres Anteils an den Migranten in Deutschland insgesamt; nicht berücksichtigt wurde allerdings die zweitgrößte Migrantengruppe aus den Staaten des ehemaligen Jugoslawien, weil sie wegen der ethnisch-kulturellen Unterschiede nicht als einheitliche Gruppe angesehen werden kann. Interviews wurden mit 848 Italienern, 826 Griechen und 830 Türken geführt. Die aus dem Jugendsurvey für diesen Vergleich berücksichtigte Teilgruppe der 18- bis 25jährigen sind 2.243 Westdeutsche und 1.257 Ostdeutsche. In diesem Kapitel wurde der Datensatz des Jugendsurveys ungewichtet verwendet, so daß ein direkter Vergleich mit Zahlenangaben in den übrigen Kapiteln dieses Buches im Einzelfall nicht möglich ist.

5 Die Einschätzung der Interviewer wurde insgesamt weitgehend von der Selbsteinschätzung der Befragten bestätigt.

6 Vgl. hierzu ausführlich Pupeter 2000.

7 Die besondere Bedeutung dieser Schulabschlüsse in den neuen Bundesländern erklärt sich wohl aus den Strukturen des DDR-Bildungssystems, das insbesondere die

mittleren Schulabschlüsse (die sog. Polytechnische Oberschule) förderte (vgl. hierzu Kapitel 2).

8 In den dargestellten Anteilswerten zu den Schulabschlüssen der Migrantenjugendlichen sind nicht die Schüler enthalten, da im Ausländersurvey nicht wie im Jugendsurvey bei den Schülern nach dem angestrebten Schulabschluß gefragt worden ist. Bei den ausländischen Befragten sind noch 5% bis 7% Schüler, bei den westdeutschen 22%, bei den ostdeutschen 11%.

9 15% der Italiener, 16% der Griechen und 27% der Türken sind bereits verheiratet (aber nur 6% der Westdeutschen und 4% der Ostdeutschen).

10 Hoecker (1998a, b) kann im europäischen Vergleich zeigen, daß nach wie vor die politische Macht bei den Männern liegt und geschlechterhierarchische Strukturen im politischen Bereich wirksam sind; für Italien und Griechenland vgl. Guadagnini (1998) und Pantelidou Maloutas (1998).

11 Zu entsprechenden Ergebnissen kommen auch Diehl/Urbahn (1998).

12 Reduziert wurde die Jugendsurvey-Liste im Ausländersurvey in drei Fällen: Die Presse, das Bundesumweltministerium und die Europäische Kommission in Brüssel wurden u.a. aus forschungspraktischen Gründen von der Liste gestrichen. Das Antwortmodell wurde beibehalten, gerade auch mit seiner Besonderheit, daß neben der siebenstufigen Vertrauensskala ausdrücklich noch die Antwortmöglichkeiten „kenne ich nicht" und „kann ich nicht beurteilen" angeboten wurden. Der Aufnahme dieser beiden Antwortkategorien lag u.a. die Überlegung zugrunde, daß der Erfahrungshorizont von jungen Erwachsenen möglicherweise noch nicht alle institutionellen Bereiche der Gesellschaft gleichermaßen erfaßt und diese beiden Antwortvorgaben eine größere Interpretierbarkeit besitzen als andere Arten von fehlenden Werten.

13 Gestützt wird eine solche Annahme auch durch andere Erhebungen. Beispielsweise geben im ALLBUS, der 1994 die Vertrauensfrage u.a. auch für drei EU-Institutionen gestellt hat, gut ein Viertel der Befragten bei diesen kein Urteil ab.Vgl. ALLBUS 1994, Codebuch: 121 f.

14 Weggelassen wurden die Items: „Hausbesetzung, Besetzung von Fabriken, Ämtern", „Teilnahme an Aktionen, bei denen es schon mal zu Sachbeschädigungen kommt" und „Teilnahme an wichtigen Aktionen, auch wenn nicht völlig auszuschließen ist, daß dabei Personen zu Schaden kommen können".

11

Jugendliche und junge Erwachsene 1992 und 1997: Eine kritische Bilanz

Juliane Achatz, Wolfgang Gaiser, Martina Gille, Corinna Kleinert, Winfried Krüger, Johann de Rijke

Dieser abschließende Abschnitt resümiert noch einmal die vielfältigen Einzelergebnisse der vorangegangenen Kapitel. Damit wird der Versuch unternommen, die Detailanalyse, die das Darstellungsprinzip der Einzelkapitel war, durch eine synoptische Interpretation zu ergänzen. Unser Ziel ist dabei weniger, ein Gesamtbild der 16- bis 29jährigen Deutschen am Ende der 90er Jahre zu entwerfen. Vielmehr werden entlang zentraler, in Kapitel 1 dargestellter gesellschaftlicher Differenzierungs- und Konfliktlinien die Lebenssituationen Jugendlicher und junger Erwachsener mit daraus resultierenden Orientierungen, Handlungsoptionen und Verhaltensweisen in der seit zehn Jahren vereinten Bundesrepublik beschrieben. Diese Differenzierungslinien entscheiden wesentlich mit über die Chancen der Lebensgestaltung dieser Alterskohorten und markieren somit auch die gesellschaftlichen Schnittpunkte, an denen Interventionen staatlicher Politik ansetzen könnten.

Wie jugendspezifisch sind die Einstellungen der 16- bis 29jährigen?

Auch in dieser Studie stellt sich – wie in jeder Jugenduntersuchung – die Frage, wie jugendspezifisch die empirischen Ergebnisse eigentlich sind: Inwieweit unterscheiden sich die 16- bis 29jährigen in Ost und West von der älteren Bevölkerung, was ihre Einstellungen zu Gesellschaft und Politik, ihr politisches und soziales Engagement angeht? Inwieweit unterscheiden sich innerhalb der Jugendsurvey-Stichprobe die jugendlichen Befragten von den jungen Erwachsenen, die schon fast alle Merkmale des Erwachsenenstatus erfüllen?

Der Bereich der politischen Orientierungen und der politischen Beteiligung ist einer der wenigen, bei dem markante Alterseffekte innerhalb unserer Befragtenpopulation nachzuweisen sind. Dies gilt für das politische Interesse und die subjektive politische Kompetenz, für die Bereitschaft zu politischer Beteiligung, für die Mitgliedschaften in Organisationen und die Beteiligung an informellen Gruppierungen: Bei all diesen Punkten ist mit wachsendem Alter eine Zunahme zu beobachten. Umgekehrt ist die Tendenz zu Gewalt als politischem Einflußmittel und überhaupt die Bereitschaft, unkonventionelle oder gar illegale Wege politischer Einflußnahme einzuschlagen, bei den jüngeren Befragten höher als bei den älteren. Diese Altersunterschiede sind ein Ausdruck davon, daß junge Menschen in der Phase der späten Adoleszenz und der Post-Adoleszenz immer stärker in die typische Erwachsenenhaltung gegenüber Politik hineinwachsen.

Auch das Verständnis für und das Interesse an Politik ist das Ergebnis eines längeren Sozialisationsprozesses, in dessen Verlauf sich junge Menschen zunehmend Wissen aneignen, öffentliche Räume erschließen und Verantwortung in familiären, beruflichen und öffentlichen Rollen übernehmen. Mit dem allmählichen Hinüberwechseln in den Erwachsenenstatus kann somit auch der Bereich der Politik zunehmende Relevanz für ihr persönliches Leben gewinnen.

Wenn man die im Jugendsurvey befragte Gruppe der 16- bis 29jährigen *insgesamt* den Erwachsenen ab 30 Jahren gegenüberstellt, dann werden im Bereich politischer Orientierungen auch wesentliche Gemeinsamkeiten sichtbar: Ihre Einstellungen zur politischen Ordnung sind denen der ab 30jährigen sehr ähnlich, und der Lebensbereich Politik hat für Erwachsene ebenfalls kaum mehr Bedeutung als für die Jüngeren. Auch die Kritik am demokratischen System und das Vertrauen bzw. die Skepsis gegenüber Institutionen sind bei den Befragten unserer Stichprobe und den Älteren vergleichbar stark. Trotz des etwas geringeren Interesses der jungen Erwachsenen an Politik scheint, wie andere Erhebungen zeigen, in zentralen politischen Einstellungsbereichen in den letzten Jahren eine Angleichung zwischen den unter und den über 30jährigen stattgefunden zu haben. Zumindest läßt sich dies für die alten Bundesländer sagen. Gleiches gilt für die Mitgliedschaften in Vereinen und Organisationen. Unkonventionellen Mitteln und Wegen politischen Engagements stehen die unter 30jährigen allerdings offener gegenüber. Trotzdem weisen viele Belege in die Richtung, daß die vielbeschworene Distanz, Skepsis oder gar Verdrossenheit gegenüber der Politik kein Jugendphänomen darstellt, sondern ein Phänomen ist, das zunehmend altersunabhängig wird und größere Teile der deutschen Bevölkerung einschließt.

Dagegen können politische Einstellungsunterschiede zwischen den jungen Befragten der Survey-Stichprobe und der erwachsenen Bevölkerung keinesfalls übersehen werden: Die Jüngeren lassen sich generell als moderner, progressiver und politisch weiter links orientiert charakterisieren. Im Vergleich zu den ab 30jährigen zeichnen sich die 16- bis 29jährigen durch stärker postmaterielle und weniger konventionelle Werthaltungen aus; sie haben häufiger egalitäre Geschlechtsrollenauffassungen – und zwar insbesondere die jungen Ostdeutschen –, sie sind seltener fremdenfeindlich und nationalistisch eingestellt, finden die Partei der Grünen häufiger sympathisch und wählen sie auch zu höheren Anteilen. In dieser Hinsicht präsentiert sich die im Jugendsurvey befragte Altersgruppe sehr einheitlich gegenüber den Älteren. Nach wie vor scheint also die junge Generation in einigen Aspekten Trägerin progressiver Werte in der Bundesrepublik zu sein. Allerdings zeigt sich bei einigen Elementen des Werteprofils auch, daß diese Unterscheidung der 16- bis 29jährigen von den Älteren vor allem für die alten Bundesländer möglich ist. Es bleibt eine offene Frage im Ost-West-Verhältnis, inwieweit hier Anpassungs- und Nachholprozesse der jungen Menschen in den neuen Bundesländern stattfinden werden oder eigenständige Entwicklungen zum Ausdruck kommen.

Was die objektiven Lebensbedingungen betrifft, so bestätigen die Ergebnisse des Jugendsurveys die wesentlichen Besonderheiten der Jugendphase heute: ihre zeitliche Ausdehnung, die vor allem durch die verlängerten Bildungswege zustandekommt, und die Pluralisierung der Lebensformen und Lebensstile. Die jungen Menschen in den neuen Bundesländern gleichen sich diesen Trends des Westens an. Deutliche Belege für diese Entwicklungen finden sich auch auf der subjektiven Ebene, denn 1997 hält im Vergleich zu 1992 ein größerer Anteil der Befragten länger am selbstzuerkannten Status „Jugendlicher" fest. Allerdings ist für diejenigen von ihnen, die gar keinen oder lediglich einen Hauptschulabschluß haben oder die nach der Mittleren Reife eine Lehre begonnen haben, die Zeit der Jugend, zumindest was die jugendtypischen Freiräume betrifft, nach wie vor relativ früh zuende. Die Unterschiede in den Lebenslagen der 16- bis 29jährigen sind groß, vor allem wenn man nach Bildung und Geschlecht differenziert. Vorentscheidungen über politische und gesellschaftliche Orientierungen fallen bereits hier. Bestimmend wirken vor allen Dingen die ungleichen Bildungsverläufe: Die oben konstatierte jugendliche Progressivität wird somit auch nicht von allen Jugendlichen und jungen Erwachsenen gleichermaßen getragen, sondern vor allem von denen mit höheren Bildungsabschlüssen.

Auf unterschiedlichen Bildungswegen zu unterschiedlichen politischen Standorten

Kaum ein soziales Merkmal prägt sowohl die Lebenssituation wie auch die Herausbildung von politischen Haltungen und Beteiligungschancen so eindeutig und systematisch wie das Bildungsniveau der Befragten. Die Ergebnisse des Jugendsurveys, die die gesellschaftliche Ungleichstellung, die mit dem formalen Bildungsgrad einhergeht, und deren Bedeutung für den Zugang zum Politischen zum Ausdruck bringen, sollen im folgenden aus der Perspektive der „Schlechtergestellten" skizziert werden. Dabei ist zu berücksichtigen, daß die soziale Lage der Befragten nicht nur von vertikalen Zuweisungsmerkmalen wie dem Bildungsniveau abhängt, sondern auch von horizontalen Charakteristiken wie der Geschlechtszugehörigkeit, der Erwerbssituation oder dem Leben in den alten bzw. neuen Bundesländern. Zu den in diesem Sinne horizontalen Merkmalen gehört auch die ethnische Zugehörigkeit, der Umstand also, als Migrant oder als Kind einer Migrantenfamilie in Deutschland zu leben.

Zwischen Befragten mit niedrigen und hohen Bildungszertifikaten bestehen selbstverständlich gravierende Unterschiede hinsichtlich des zeitlichen Verbleibs im Bildungssystem. Dies hat weitreichende Konsequenzen für die Gestaltung der weiteren Biographie. Wichtige Passagen zum Erwachsenenstatus werden von Personen mit niedrigen formalen Bildungsabschlüssen früher und schneller durchlaufen. Nicht nur die Bildungs-, auch die Ausbildungszeiten sind kürzer; damit erfolgt der Übergang ins Erwerbssystem in der Regel ebenfalls zu einem früheren Zeitpunkt. Auch die Familiengründung findet früher statt. Bereits ab dem 21. Lebensjahr sind deutliche Differenzen festzustellen, was die Anteile von Verheirateten unter den formal weniger oder mehr Gebildeten betrifft. Bei Befragten mit geringeren Bildungsabschlüssen endet die Jugendphase und damit das Moratorium zum Rollenexperimentieren früher. Ihre Jugendzeit ist kürzer; sie müssen schneller erwachsen werden als z.B. Befragte mit Abitur. Der Übergang in den Erwachsenenstatus folgt bei formal geringer Gebildeten deshalb stärker dem „traditionellen" Muster. Hieraus erklärt sich vermutlich auch der Tatbestand, daß diese Gruppe in stärkerem Maße materialistische und konventionelle Wertorientierungen betont und deutlicher für traditionelle Geschlechtsrollen votiert als ihre formal höher gebildeten Altersgenossen. Gerade die traditionellen Lebensmuster junger Migranten lassen sich zu einem guten Teil durch ihr frühes „Erwachsenwerden" erklären. Sie verbleiben nur relativ kurz im Schul- und Ausbildungssystem, treten früh in das Erwerbsleben ein, entscheiden sich in jüngerem Alter für Ehe und Kinder. Dies unterscheidet ihren Biographieverlauf merklich von dem eines Großteils ihrer deutschen Altersgenossen. In stärkerem Maße noch werden die ausländischen Mädchen und jungen Frauen auf Tradition festgelegt, auf Haushalt und Familie, und dies nachhaltiger als die jungen Männer unter den Migranten und die jungen Deutschen.

Längere Bildungs- und Ausbildungszeiten gehen auch mit unterschiedlichen qualitativen Herausforderungen im Bildungssystem einher. Das strukturiert den weiteren Lebenslauf und nimmt Einfluß auf die Herausbildung von Wertorientierungen allgemein sowie von politischen Haltungen im besonderen. Weiterführende Bildungseinrichtungen fördern kognitive Kompetenzen und vermitteln komplexe Wissensbestände stärker. Dies kommt der Entwicklung von allgemeinen und politischen Analyse- und Orientierungsfähigkeiten und damit dem Erwerb „politischer“ Ressourcen zugute. Befragte mit geringerem formalen Bildungsniveau zeigen sich angesichts der Komplexität gesellschaftlicher Verhältnisse deshalb häufiger verunsichert. Geringe „politische Ressourcen“ manifestieren sich in dieser Teilgruppe z.B. auch in einer stärkeren apolitischen Grundhaltung: Die Lebensbereiche Politik und Kultur sind für diese Befragtengruppe besonders wenig wichtig, und sie vertreten etwas mehr privatistische Orientierungen. Nur wenige von ihnen bekunden politisches Interesse, und das Zutrauen in die eigene politische Kompetenz ist meist gering. Sie führen eher selten Gespräche über Politik und informieren sich nur wenig über politische Sachverhalte. Die oft beschriebene Distanz der jungen Generation zum Politischen ist bei den Befragten mit niedrigem Bildungsgrad am größten. Dies zeigt sich nicht nur in den subjektiven Präferenzen, sondern auch in der Art und Weise, wie von ihnen das politische System wahrgenommen wird. Aus der Perspektive ihrer minder privilegierten Lebenslage erscheint es Ansprüchen und Interessen gegenüber wenig offen und dementsprechend auch als wenig vertrauenswürdig. Eine indifferente Haltung gegenüber politischen Fragen wie z.B. hinsichtlich der Herabsetzung des Wahlalters geht nicht selten damit einher. Auch ihre geringere Zustimmung zu politischen Idealen – zur Idee der Demokratie wie zur Idee des Sozialismus – kann in diesem Sinne interpretiert werden. Die starke Distanz der formal weniger gebildeten Befragten zum Politischen setzt sich in einer deutlich geringeren Neigung fort, sich politisch zu engagieren. Dies gilt sowohl für konventionelle und unkonventionelle Formen der Partizipation wie auch für die Zugehörigkeit zu politischen Organisationen.

Die formalen Bildungsabschlüsse haben neben den genannten Aspekten der Persönlichkeits- und Kompetenzentwicklung auch weitreichende Auswirkungen auf spätere Berufs- und Lebenschancen und die dadurch objektiv oder subjektiv bedingten Möglichkeiten der gesellschaftlichen und politischen Teilhabe. Befragte mit geringerem Bildungs- und Ausbildungsniveau sind erheblichen sozioökonomischen Risiken ausgesetzt: Sowohl beim Übergang vom Schul- ins Ausbildungssystem als auch vom Ausbildungs- ins Erwerbssystem sind gerade sie von Arbeitslosigkeit bedroht. Im Zuge der Bildungsexpansion fand und findet auf dem Ausbildungs- und Arbeitsmarkt ein Verdrängungswettbewerb statt, der formal geringer Gebildete ins Abseits drängt und junge Menschen ohne Abschluß nahezu chancenlos werden läßt. Der über den Schul- und Berufsabschluß zugeschriebene Status weist sie als „Modernisierungsverlierer" aus; gesellschaftliche Anerkennung fällt für sie knapp aus oder bleibt ihnen ganz versagt. Dies spiegelt sich oft in der Wahrnehmung und Bewertung ihrer eigenen Lebenssituation wider. Sowohl ihr wie auch dem politischen System gegenüber bekundet diese Gruppe von Befragten ein besonderes Maß an Unzufriedenheit; sie klagt am häufigsten an, nicht den „gerechten Anteil" am gesellschaftlichen Wohlstand zu erhalten. Eine schlechte Ausstattung mit Bildungsressourcen und der damit tatsächlich verknüpfte oder zumindest antizipierte niedrige soziale Status fördern Denkmuster, die vereinfachende Deutungsschemata für gesellschaftspolitische Fragestellungen anbieten, die es ihnen andererseits jedoch ermöglichen, die eigene Position aufzuwerten. In den Ergebnistrends der zweiten Welle des Jugendsurveys dokumentiert sich dies in der stärkeren Selbsteinstufung der formal weniger Gebildeten als „rechts" und in einer gerade bei ihnen stärker verbreiteten autoritären Staatsvorstellung sowie in nationalistischen und fremdenfeindlichen Orientierungen. Eine kleine Gruppe vorwiegend männlicher Befragter mit niedrigen oder mittleren Bildungsabschlüssen billigt überdies Gewalthandlungen mit einem rechten Hintergrund.

Selbstverständlich – und das soll hier noch einmal grundsätzlich betont werden – dürfen auch extreme Einstellungen und Orientierungen von jungen Erwachsenen mit formal niedriger Bildung nicht als deren subjektives Defizit verstanden werden, ebenso wenig wie es als individuelles Verdienst angesehen werden kann, wenn Befragte mit formal höherer Bildung Standpunkte erkennen lassen, die im Bereich gesellschaftlich eher akzeptierter Normen liegen. Wenn also immer wieder auf Bildungsunterschiede Bezug genommen wird, dann deshalb, weil sie unterscheidbare Standpunkte und Verhaltensweisen erklären. Diese Standpunkte und Verhaltensweisen müssen als Resultat gesellschaftlicher Rahmenbedingungen begriffen werden, zu denen eben auch das Bildungssystem zählt, das in systematisch unterschiedlichem Maße kognitive und soziale Kompetenzen fördert und damit an der Herstellung von sozialer und politischer Ungleichheit beteiligt ist.

Schlechtere politische Chancen für Mädchen und junge Frauen

Mädchen und junge Frauen erreichen, biographisch gesehen, unabhängig von ihrem Bildungsniveau früher Lebensetappen, die eine Verselbständigung gegenüber dem Elternhaus bedeuten. Sie ziehen früher von zuhause aus, sie wohnen zu einem größeren Anteil bereits mit einem Partner zusammen und gründen auch früher eine Familie als ihre männlichen Altersgenossen. Die weiblichen Befragten äußern dementsprechend auch früher die Überzeugung, erwachsen zu sein, wohingegen die männlichen Altersgenossen sich noch länger als Jugendliche wahrnehmen. Bei jungen Frauen endet – ähnlich wie bei niedrig Gebildeten – die Jugendphase und damit die Möglichkeit, mit verschiedenen Rollen zu experimentieren, früher als bei jungen Männern. Sie müssen – so die nach innen übernommene gesellschaftliche Erwartung – früher erwachsen sein. Die Positionierung junger Frauen im Ausbildungs- und Berufsbereich weist geschlechtstypische Merkmale auf, die häufig eine gesellschaftliche Schlechterstellung im Sinne erschwerter Zugänge zu Erwerbsarbeit und zu attraktiven Berufskarrieren bedeuten. Das Einkommensniveau junger Frauen liegt generell unter dem der Männer. Mädchen und junge Frauen sind auch häufiger abhängig von staatlichen Transferleistungen. In den neuen Bundesländern ist diese Abhängigkeit in einer höheren Arbeitslosenquote begründet, die nichts mit dem Bildungsniveau der Betroffenen zu tun hat. Die Lebenssituation der weiblichen Befragten stellt sich somit insbesondere in den neuen Bundesländern als sozial ungünstiger dar als die der männlichen Befragten. Von daher ist es nicht verwunderlich, daß die Mädchen und jungen Frauen im Jugendsurvey 1997 die sozialen Unterschiede in der Bundesrepublik im Vergleich zum Urteil der männlichen Befragten häufiger als ungerecht bewerten. Die jungen Frauen in den neuen Bundesländern bilanzieren auch den bis dahin erlebten Vereinigungsprozeß tendenziell negativer als ihre männlichen Altersgenossen, vermutlich weil Frauen durch den Wegfall von speziellen sozialstaatlichen Regelungen in der ehemaligen DDR (beispielsweise die besondere Unterstützung von Müttern in Ausbildung und Beruf sowie die generell stärkere Integration von Frauen in den Erwerbsbereich) Einbußen im Hinblick auf ihre gesellschaftlichen Teilhabechancen hinnehmen mußten.

In den Wert- und Geschlechtsrollenorientierungen lassen sich geschlechtsspezifische Differenzierungen finden, die mit den traditionellen männlichen und weiblichen Geschlechtsrollenstereotypen übereinstimmen: So sind Mädchen und junge Frauen stärker prosozial eingestellt und auf Familie und Kinder hin orientiert, junge Männer hingegen sind hedonistischer und weisen Öffentlichkeit und Politik ein größeres Gewicht zu. Die stärkere Familienorientierung der Frauen bedeutet aber nicht die Aufgabe von Selbstverwirklichungsansprüchen im Berufsleben im Sinne eines traditionellen Frauenbildes. Vielmehr votieren die Frauen mehrheitlich für ein moderne Frauenrolle. Die jungen Männer bevorzugen dagegen nach wie vor eher die traditionelle Aufgabenteilung zwischen Frau und Mann. Die Erwerbsarbeit hat zwar in den Lebensentwürfen junger Frauen und Männer gleichermaßen eine hohe Priorität, aber es sind vor allem die Frauen, die eine Doppelorientierung auf Familie und Beruf hin entwickeln.

Obwohl insgesamt eine leichte Zunahme nicht-traditioneller Rollenorientierungen zu verzeichnen ist, darf nicht übersehen werden, daß für einzelne Aspekte, wie die Forderung nach einer Quotenregelung und nach einer stärkeren Präsenz von Frauen in Führungspositionen, auch gegenläufige Entwicklungen existieren: Hier nimmt die Zustimmung ab, zum Teil bei den Frauen sogar noch stärker als bei den Männern. Für diese widersprüchliche Entwicklung könnten zwei unterschiedliche Begründungszusammenhänge eine Rolle spielen: Zum einen könnte sie mit einem gestiegenen Selbstbewußtsein junger Frauen erklärt werden. Das heißt, die jungen Frauen halten sich für ausreichend kompetent und durchsetzungsfähig und lehnen aus diesem Grund die Quotenregelung ab – eine Sichtweise, die auch von jungen Männern zunehmend geteilt wird. Zum anderen könnte die wirtschaftliche Stagnation mit ihren Arbeitsmarktproblemen dazu führen, daß junge Menschen ihre Maßstäbe für die Verteilung knapper Ressourcen neu überdenken. Dabei reduzieren möglicherweise vor allem die jungen Frauen ihre Ansprüche auf spezielle Maßnahmen zur Frauenförderung. Bei jungen Männern könnte die Vorstellung, daß Frauen eine zusätzliche Konkurrenz um knappe Arbeitsplätze seien, die ablehnende Haltung zur Quotenregelung fördern.

Wenn man die unterschiedliche Repräsentanz von Frauen und Männern im politischen System betrachtet, liegt die Frage nahe, ob Frauen ein im Vergleich zu Männern spezifisches Verhältnis zur Politik haben. Es gibt offensichtlich starke gesellschaftliche und institutionelle Barrieren, die Frauen daran hindern, in die politische Arena, erst recht aber in die Machtzentren vorzudringen. Inwieweit spiegelt sich nun diese Ausgrenzung von Frauen aus der Politik in ihren politischen Orientierungen und Verhaltensbereitschaften wider? Eine größere Distanz der Frauen zum Bereich der Politik zeigt sich im Hinblick auf das politische Interesse und die subjektive politische Kompetenz. Dagegen spielen bei den Einstellungen zu politischen Ordnungsvorstellungen und auch bei der Bewertung verschiedener „Output-Aspekte" des politischen Systems Geschlechterdifferenzen keine Rolle. Eine Ausnahme stellt lediglich die Bewertung des DDR-Sozialismus dar, bei der die jungen Frauen zu etwas positiveren Urteilen kommen. Diese retrospektive Aufwertung des DDR-Sozialismus könnte bei den Mädchen und jungen Frauen in den neuen Bundesländern mit der positiven Bewertung von sozialstaatlichen Regelungen des DDR-Regimes begründet sein, die Frauen in mancher Hinsicht mehr Gleichstellungschancen eröffneten.

Im Hinblick auf politische Handlungsbereitschaften zeigen sich nur vereinzelt geschlechtsspezifische Differenzen: Parteiarbeit und die Übernahme eines politischen Amtes wird häufiger von den männlichen Befragten in Erwägung gezogen, ebenso wie die Teilnahme an einem gewerkschaftlich beschlossenen Streik. Dies korrespondiert auch damit, daß Frauen seltener Mitglieder in traditionellen Vereinen und Organisationen sind. Die gesellschaftlichen Hindernisse im institutionalisierten politischen Bereich sind für Frauen nach wie vor höher. Junge Männer sind auch öfter bei Aktivitäten vertreten, die die Grenzen der Legalität überschreiten: In erster Linie bei männlichen Jugendlichen finden sich eine rechtsorientierte Gewaltbilligung sowie Sympathien und Offenheit gegenüber rechten Gruppierungen, allerdings bei einer bezogen auf die Gesamtheit sehr kleinen Zahl. Junge Frauen erschließen sich eher öffentliche Räume, die geringer institutionalisiert sind und mehr Möglichkeiten für eine gleichberechtigte Ausgestaltung von Frauen- und Männerrollen eröffnen, etwa innerhalb der neuen sozialen Bewegungen. Die deutliche Unterrepräsentanz in den politischen Machtzentren, die Frauen seit Jahrzehnten sowohl in der BRD wie auch in der ehemaligen DDR erfahren haben, spiegelt sich zwar im Niveau ihres politischen Interesses und ihrer selbstzuerkannten politischen Kompetenz wider, steht aber nicht in Zusammenhang mit ihren politischen Grundorientierungen und ihrer generellen Haltung zum politischen System.

Jugend Ost – Jugend West: Auf dem Weg zu getrennten politischen Kulturen?

Bei der subjektiven Bewertung der sozioökonomischen Situation spielen in den neuen Bundesländern weitere Erwartungshorizonte eine Rolle, die wohl aus den spezifischen Bedingungen des Systemumbruchs resultieren: So ist die Zufriedenheit mit der materiellen Situation im Osten nach wie vor geringer als im Westen, allerdings hat die Zufriedenheit mit der sozialen Sicherheit im Osten etwas zugenommen. Abgenommen hat dort die Zufriedenheit mit dem politischen Einfluß und mit den politischen Rechten und Freiheiten; hier hat sich die Differenz zwischen West und Ost vergrößert. Auch hinsichtlich der relativen Deprivation, dem Gefühl, weniger als den „gerechten Anteil“ vom gesellschaftlichen Reichtum der Bundesrepublik zu erhalten, hat es keine Annäherung gegeben. Das bereits 1992 konstatierbare starke Ost-West-Gefälle ist damit erhalten geblieben.

Die gegenseitige Wahrnehmung von West- und Ostdeutschen und die Bilanzierung der Vereinigung kennzeichnet eine starke Asymmetrie: Man findet die „anderen“ Deutschen relativ fremd, hat Vorurteile über sie und beurteilt Verlauf und Ergebnis des Vereinigungsprozesses negativ und jeweils nachteilig für sich selbst. Allerdings konstatieren die ostdeutschen Jugendlichen und jungen Erwachsenen häufiger als noch kurz nach der Wende, daß die Vereinigung gleichermaßen Vor- und Nachteile erbracht habe. Insgesamt scheint im Osten mittlerweile eine an den Realitäten orientierte Bilanzierung stattzufinden. Die hohen Erwartungen, die mit der Wende verbunden waren, wurden aber dennoch nicht vergessen. Auch auf der westlichen Seite ist 1997 ein stärkeres Abwägen von Vor- und Nachteilen zu sehen als noch 1992. Damals ging der weitaus größte Teil der Befragten von keiner Veränderung für das eigene Leben durch die Vereinigung aus. Im Osten ist die Verbundenheit mit dem eigenen Teil Deutschlands nach wie vor größer als im Westen, wo die Bindung an den alten Teilstaat gegenüber 1992 deutlich zurückging und 1997 nur noch eine geringe Rolle spielt. In den neuen Bundesländern ist sie dagegen konstant geblieben. Eine „Abgrenzungsidentität“ im Osten ist jedoch höchstens bei einem Fünftel der Befragten zu finden. Die Mehrheit der Jugendlichen und jungen Erwachsenen in den neuen Bundesländern hat also durchaus das Gefühl und auch den Anspruch, zur deutschen Bevölkerung gleichberechtigt dazuzugehören; eine Tendenz zur Separierung wird nur bei einer Minderheit deutlich. Daß die jungen Ostdeutschen sowohl den Einigungsprozeß wie auch die Westdeutschen so kritisch beurteilen, ist deshalb vermutlich auf enttäuschte Erwartungen zurückzuführen. In den alten Bundesländern ist die ebenfalls negative Sicht auf die „anderen“ Deutschen und den Einigungsprozeß dagegen nach wie vor eher von fehlender Auseinandersetzung mit ihnen, von Nicht-Anerkennung und Konkurrenzdenken bestimmt.

Im Bereich der Einstellungen „Wir und die Anderen“ zeigt sich im Osten eine Tendenz zu geringerer Toleranz. So finden sich klare Unterschiede beim Nationalstolz und bei der Haltung gegenüber Migranten: Der Anteil mit hohem Nationalstolz, mit nationalistisch geprägtem, ethnisch-kulturellem Nationalbewußtsein und mit fremdenfeindlichen Orientierungen ist in den neuen Bundesländern deutlich höher als in den alten. Diese Ost-West-Differenzen fanden sich auch schon 1992, bis 1997 hat sich keine Veränderung ergeben. Was die

Einstellungen zu Migranten angeht, haben sich die 16- bis 29jährigen in Ost und West sogar noch weiter auseinanderentwickelt. Migranten sind in Deutschland – abhängig von den Ländern, aus denen sie kommen, und abhängig von der sozialen Nähe zu ihnen – sehr unterschiedlich von Fremdenfeindlichkeit, Vorurteilen und sozialer Distanz betroffen. Obwohl die Herkunft der ausländischen Bevölkerung und ihre Zahl in beiden Landesteilen sehr unterschiedlich ist, ähneln sich die Muster der Wahrnehmung in Ost und West durchaus. Auch wenn man die Determinanten fremdenfeindlicher Einstellungen analysiert, zeigen sich sehr ähnliche Erklärungsmodelle in West und Ost. Die wichtigsten Einflußfaktoren für fremdenfeindliche Standpunkte sind in Ost und West eine geringe formale Schulbildung, fehlende persönliche Kontakte zu Migranten, Gefühle eigener Verunsicherung und Orientierungslosigkeit sowie konventionelle Werthaltungen, die von einem Mangel an Prosozialität begleitet werden. Das gleichzeitige Zusammentreffen dieser Merkmale ist unter den Jugendlichen und jungen Erwachsenen in den neuen Bundesländern allerdings häufiger zu finden als unter denen in den alten. Dies ist die vorrangige Ursache dafür, daß fremdenfeindliche Einstellungen dort stärker verbreitet sind.

Die Wertorientierungen der Jugendlichen und jungen Erwachsenen zeigen relativ stabile Profile zu beiden Erhebungszeitpunkten. Es kann also insgesamt nicht von Tendenzen eines Wertewandels gesprochen werden. Im Spannungsfeld zwischen modernen, nicht-traditionellen Werten und konventionell-materialistischen ist eine Verbindung beider Pole, eine „Wertekoexistenz", eher in den neuen Bundesländern zu finden. In dieser Verknüpfung von Werten der Selbstentfaltung mit solchen des Konventionalismus, die nicht nur als Erbe der traditionelleren Vorstellungen in der ehemaligen DDR, sondern auch als Reaktion auf die immer noch relativ neue und unsichere materielle Situation begriffen werden kann, schlägt sich eine nachvollziehbare Haltung gegenüber dem materiell wie kulturell schwierigen Transformationsprozeß in den neuen Bundesländern nieder. Auch die Entwicklung beim sozialen und politischen Engagement ist in beiden Teilen der Bundesrepublik unterschiedlich: Die kurz nach der „Wende" bemerkenswerte Mobilisierung im Osten hat sich nicht weiter fortgesetzt. Die Entwicklung in den neuen Bundesländern läßt sich insgesamt am ehesten als Angleichung an die alten kennzeichnen: Nach der Euphorie der ersten Nachwendejahre hat sich das Engagement bis 1997 in Richtung einer offenbar distanzierteren Haltung verändert.

Während bei den allgemeinen Wertorientierungen kein Auseinanderdriften der jungen Erwachsenen in beiden Landesteilen zu erkennen ist, ist dies bei den politischen Einstellungen durchaus der Fall. Das politische Interesse als zentrale Voraussetzung für die Bereitschaft, sich zu informieren und zu engagieren, ist seit 1992 im Westen gestiegen und im Osten gesunken: Dies spricht für Mobilisierungseffekte im Westen und gewachsene Skepsis bis hin zur kritischen Distanzierung gegenüber dem übernommenen politischen System im Osten. Die subjektive Überzeugung, politische Vorgänge und Verhältnisse verstehen zu können, ist im Westen größer, die Idee der Demokratie wird positiver bewertet, die Idee des Sozialismus ebenso wie eine autoritäre Staatsvorstellung hingegen negativer. Die Befragten im Osten sind weniger zufrieden mit der Demokratie, ihr Vertrauen in die Reaktionsbereitschaft des politischen Systems ist geringer, die Bewertung des Sozialismus in der DDR fällt hingegen positiver aus als im Westen. Die Rangfolgen der Institutionen nach dem Maß des Vertrauens, das ihnen entgegengebracht wird, haben sich zwischen 1992 und 1997 kaum verschoben. Nach wie vor genießen die Institutionen etablierter Politik wenig, Institutionen und Organisationen alternativer Politik dagegen hohes Vertrauen. Allerdings haben sich die Vertrauensniveaus von Ost und West aufeinanderzubewegt, das Vertrauen in das institutionelle System ist im Osten aber immer noch geringer. Schließlich zeigen sich auch Differenzen in der Beurteilung der politischen Parteien: Die Verteilung der Präferenzen ist aufgrund der starken Sympathie für die PDS im Osten anders als im Westen, und die Bewertung der Parteien ist im Osten mit Ausnahme der PDS insgesamt negativer als im Westen. Die Sympathien für die Grünen sind in beiden Landesteilen nach wie vor sehr hoch.

Insgesamt haben zwar Annäherungen zwischen den Jugendlichen und jungen Erwachsenen der neuen und der alten Bundesländer in den objektiven Strukturen stattgefunden. Bei den politischen Orientierungen müssen jedoch wachsende Differenzen konstatiert werden. Aufgrund dessen kann kaum von *einer* politischen Kultur in Deutschland gesprochen werden. Berücksichtigt man zudem, daß die 1997 ermittelten West-Ost-Unterschiede häufig aus einem Anwachsen der Differenzen von 1992 resultieren, muß diese Entwicklung als ein Auseinanderdriften gekennzeichnet werden. Zumindest in Teilen können die Entwicklungen in den neuen Bundesländern als eigenständig begriffen werden, die nicht umstandslos nur als Übergangsphänomene anzusehen sind, wie es in den ersten Jahren nach der Vereinigung oftmals geschehen ist. Die These eines „generationellen Wandels", die davon ausgeht, daß Unterschiede in politischen oder sozialen Einstellungen sich durch das Nachrücken jüngerer Generationen egalisieren, die die „Wende" und die Vorwendezeit nicht oder nur wenig erlebt haben, läßt sich angesichts dessen kaum erhärten. Der Weg zu einer gemeinsamen politischen Kultur ist augenscheinlich noch weit. Als Gemeinsamkeit kann – pointiert ausgedrückt – allerdings das beiderseits hohe Maß an Skepsis, Distanz und Unzufriedenheit gegenüber dem politischen System und seinen Akteuren konstatiert werden, das die Jugendlichen und jungen Erwachsenen beider Landesteile in der Position unzufriedener Demokraten zusammenbringt. Ihre Unzufriedenheit hat nicht zuletzt deshalb Gewicht, weil nach wie vor die allermeisten von ihnen an der Idee der Demokratie festhalten.

Anhang

Johann de Rijke

A.1 Zur Stichprobe des Jugendsurveys[1]

Im folgenden werden Informationen zur Stichprobe des Jugendsurveys gegeben, insbesondere zur Durchführung der Erhebung, zu den Ausfällen, zum Problem der Gewichtung sowie zum Vergleich der Stichprobe mit den Daten des Mikrozensus 1997.

Grundgesamtheit

Die Grundgesamtheit des Jugendsurveys 1997 besteht wie bereits 1992 aus 16- bis 29jährigen Deutschen mit Wohnsitz in der Bundesrepublik Deutschland. Personen ausländischer Staatsangehörigkeit wurden nicht befragt. Bei dieser Entscheidung spielten Probleme bei der Erhebung, insbesondere angesichts der gewählten Stichprobenkonzeption nach dem Prinzip der ADM-Institute (vgl. unten)[2], wie auch inhaltliche Gründe eine Rolle (vgl. Kapitel 1.2 und für den Jugendsurvey 1992 Hoffmann-Lange 1995a). Ergebnisse aus der vom Deutschen Jugendinstitut als Ergänzung konzipierten Befragung unter jungen Erwachsenen mit nichtdeutscher Staatsangehörigkeit wurden im Kapitel 10 vorgestellt.

Dem Untersuchungskonzept entsprechend (vgl. Kapitel 1) wurden in den alten Bundesländern einschließlich Berlin-West und in den neuen Bundesländern einschließlich Berlin-Ost getrennte Stichproben gezogen. Die Konzeption sah dabei in den neuen Bundesländern eine größere Teilstichprobe vor, als es dem tatsächlichen Bevölkerungsanteil entspricht (disproportionaler Ansatz).[3] Insgesamt wurden 4.426 Jugendliche und junge Erwachsene in den alten Bundesländern, 2.493 in den neuen befragt. Die Befragung fand im Herbst 1997 statt und wurde von infas Sozialforschung durchgeführt.[4]

Stichprobe

Die Grundlage repräsentativer Stichproben ist eine Zufallsauswahl der Elemente, wobei jedes Element der Grundgesamtheit die gleiche oder eine definierte Chance hat, in die Stichprobe zu gelangen. Für persönlich-mündliche Bevölkerungsumfragen, auch für Umfragen von Teilmengen der Bevölkerung wie beim Jugendsurvey wird in der Bundesrepublik zumeist ein Random-Route-Verfahren auf der Basis des ADM-Stichprobensystems oder eine Einwohnermeldeamtsstichprobe verwendet. Entscheidend für die Repräsentativität der Stichprobe ist jedenfalls, daß sie über eine Zufallsauswahl zustande gekommen ist.[5]

Die Stichprobe des DJI-Jugendsurvey 1997 wurde als „Haushaltsstichprobe nach dem Prinzip der ADM-Institute“ (infas Sozialforschung 1998: 6) mit Random-Route-Verfahren konzipiert. Die Auswahl der zu befragenden Zielpersonen erfolgt dabei in drei Stufen: Auf der ersten Stufe erfolgt eine geschichtete Auswahl von Stimmbezirken (sogenannten „Sample-Points“), die den Wahlen in der Bundesrepublik zugrunde liegen.[6] Dabei wird die unterschiedliche Anzahl von Wahlberechtigten in den Stimmbezirken bei der Auswahl berücksichtigt, so daß nicht jede Einheit gleichgewichtig in das Auswahlverfahren mit eingeht, sondern proportional zur Anzahl der geschätzten Haushalte im Wahlbezirk. Für den Jugendsurvey 1997 wurden 1.050 Sample-Points ausgewählt, 630 im Westen und 420 im Osten.

Auf der zweiten Stufe kommen nun die Interviewer ins Spiel: Sie sollen innerhalb der Sample-Points, ausgehend von einer zufällig bestimmten Startadresse nach festgelegten Regeln, sogenannten Begehungsanweisungen,[7] Haushalte aufsuchen. Diese Random-Route-Regeln sollen die Zufälligkeit des Auswahlprozesses gewährleisten. Der Versuch einer Kontaktaufnahme bei einem Haushalt sollte dabei mindestens viermal erfolgen. Auf der dritten Stufe des Auswahlprozesses soll im Haushalt eine Person der Zielgruppe (16- bis 29-jährige) befragt werden. Wohnen mehrere Personen dieser Gruppe in dem betreffenden Haushalt, soll eine Person durch ein weiteres Zufallsverfahren (Schwedenschlüssel) ausgewählt werden. Der gesamte Auswahlprozeß wurde durch Kontaktprotokolle, die die Interviewer führen mußten, vom Institut kontrolliert. Vorgabe für die Interviewer war, im Durchschnitt sieben Interviews pro Point zu realisieren, „wobei als Zielvorgabe die volle Ausschöpfung des jeweiligen Sample-Points galt“ (infas Sozialforschung 1998: 12)[8].

Ausfälle und Ausschöpfung

Keine Umfrage, unabhängig von dem gewählten Auswahlverfahren, kann die geplante Stichprobe vollständig realisieren. Es gibt stets eine erhebliche Anzahl von Ausfällen, zumeist durch Verweigerung oder durch Nichterreichbarkeit der ausgewählten Befragungsperson. Tabelle A1 dokumentiert die Ausfälle und die Ausfallgründe, die von den Interviewern festgehalten wurden. Grundlage ist dabei eine definierte Bruttostichprobe, die nach Maßgabe der Stichprobenkonzeption und den (aufgrund der Erfahrungen des Instituts) zu erwartenden Ausfällen so errechnet wird, daß am Ende die gewünschte Anzahl an Interviews ungefähr erreicht wird. Von dieser Vorgabe werden zunächst die *stichproben-*

Tabelle A1:
Ausschöpfung des Jugendsurveys 1997

	West		*Ost*	
	n	*%*	*n*	*%*
Brutto	11167	100,0	5856	100,0
davon (stichprobenneutrale) Ausfälle:				
keine Kinder u. Jugendliche im HH	1207	10,8	582	9,9
keine Person zwischen 16-29 im HH	2045	18,3	1391	23,8
andere Gründe	87	0,8	54	0,9
bereinigte Stichprobe	7828	100,0	3829	100,0
davon (nichtneutrale) Ausfälle:				
im HH niemand angetroffen, Zielperson abwesend bzw. krank	1435	18,3	419	10,9
Zielperson verweigert	1026	13,1	570	14,9
andere Person im HH verweigert	780	10,0	270	7,1
nicht auswertbare durchgeführte Interviews	161	2,1	77	2,0
auswertbare Interviews	4426	56,5	2493	65,1

Quelle: DJI-Jugendsurvey 1997, Methodenbericht von infas Sozialforschung

neutralen Ausfälle abgezogen. Das sind zumeist solche Ausfälle, bei denen das Kriterium der Auswahlgesamtheit nicht erfüllt ist. Im Falle des für den Jugendsurvey vorgesehenen Auswahlverfahrens und angesichts der Zielgruppe der 16- bis 29jährigen ist der häufigste Grund der, daß in dem kontaktierten Haushalt keine Person dieser Altersgruppe wohnt (vgl. Tabelle A1). Die Differenz zwischen Bruttostichprobe und stichprobenneutralen Ausfällen ergibt den bereinigten Stichprobenansatz, der nunmehr die Anzahl an potentiell möglichen Interviews enthält. Diese lassen sich nicht vollständig realisieren, es ergeben sich daher nicht-neutrale Ausfälle („Non-Response"). Darunter fallen zu einem großen Anteil Nichterreichbare, insbesondere Personen, die bei keinem Kontaktversuch angetroffen werden konnten oder auch solche, die krank waren. Hierzu zählen auch Haushalte, in denen keine Person angetroffen wurde und in denen somit unklar blieb, ob überhaupt eine Zielperson im betreffenden Haushalt wohnte. Die Mehrzahl der Ausfälle in der Kategorie der Nichterreichbaren gehörte hierzu. Der zweite Hauptgrund für einen Ausfall ist die explizite Verweigerung eines Interviews, manchmal mit einer Begründung, häufig ohne eine solche. Nicht unbeträchtlich ist auch der Anteil, bei dem eine andere Person im gewählten Haushalt eine Auskunft oder den Kontakt zu einer möglichen Zielperson verweigerte. Ein geringer Teil der Ausfälle schließlich ergab sich aus zwar durchgeführten, aber nicht auswertbaren Interviews (Abbrüche, Fälschungen, Interviews mit Personen, die jünger als 16 oder älter als 29 Jahre waren). Die Ausschöpfungsquote wird als Anteil der durchgeführten Interviews an der bereinigten Stichprobe berechnet. Sie beträgt in den alten Bundesländern 56,5%, in den neuen 65,1%. Angesichts der „erwarteten“ Ausschöpfungsquote von 58% ist die Ausschöpfung in den neuen Bundesländern besser als erwartet, die in den alten hingegen nicht.[9]

Durchführung der Erhebung

Die Durchführung der Erhebung wurde ähnlich wie 1992 organisiert. Zur Vorbereitung wurden im Frühjahr 1997 zwei Pretests durchgeführt (der erste mit 156 Interviews, der zweite mit 65 Interviews), die der Erstellung und Überprüfung des Fragebogens dienten (Dauer der Interviews, Verständlichkeit der Fragen sowie der Antwortvorgaben und Listen). Die eigentliche Feldphase erstreckte sich vom 15. September bis 22. November 1997. Infas Sozialforschung setzte 403 Interviewer in den alten und 253 in den neuen Bundesländern ein. Die Interviewer verfügten über umfangreiche Erfahrungen in der Durchführung sozialwissenschaftlicher Studien, ihr Durchschnittsalter lag bei rund 39 Jahren; unter 30 Jahre alt waren im Westen 38%, im Osten 17%. Es waren etwas mehr männliche als weibliche Interviewer tätig (etwa 55% gegenüber 45%). Zur Vorbereitung und Schulung wurde ein schriftliches Interviewer-Handbuch eingesetzt. Während der Feldphase fanden routinemäßige Kontrollen bei etwa einem Fünftel der realisierten Interviews statt, während des gesamten Ablaufs der Befragung wurde der Rücklauf kontinuierlich kontrolliert. Im Durchschnitt wurden 10,9 Interviews erfolgreich durchgeführt (im Westen 11,3; im Osten 10,1), wobei die meisten Interviewer in zwei Sample-Points tätig waren. Die durchschnittliche Länge der Interviews betrug ca. 55 Minuten.

Gewichtung

Ein Vergleich der Altersverteilung in der Stichprobe mit der Verteilung in der Grundgesamtheit (der auch im Methodenbericht des Umfrageinstituts infas

Sozialforschung vorgenommen wurde) ließ systematische Differenzen erkennen: Die jüngeren Altersstufen waren deutlich überrepräsentiert, die älteren dagegen unterrepräsentiert.[10] Merkmale, die stark mit dem Alter zusammenhängen, sind dadurch verzerrt. So ist z.B. der Anteil der Schüler überhöht, wenn als Prozentuierungsbasis die Gesamtstichprobe benutzt wird. Dieses Problem ist auf zweierlei Weise handhabbar: Die Ergebnisse mit altersabhängigen Merkmalen werden nach dem Alter kontrolliert; dies wäre eine aufwendige und für die Darstellung komplizierte Vorgehensweise. Die andere Möglichkeit besteht in einer Gewichtung der Daten, d.h. durch den Einsatz eines Faktors werden bestimmte unterrepräsentierte Teilgruppen in der Stichprobe vergrößert, überrepräsentierte hingegen verkleinert. Die Gewichtungsfaktoren werden auf Basis einer adäquaten Verteilung, in unserem Falle des Alters, aus der Grundgesamtheit bestimmt. Diese Vorgehensweise ermöglicht eine Korrektur der ursprünglichen Verzerrung der Ergebnisse.[11] Mit der Gewichtung wird also versucht, die Diskrepanz zwischen Stichprobe und Grundgesamtheit bei einem oder mehreren Merkmalen auszugleichen. Dabei wird impliziert, daß sich durch die Gewichtung auch für andere Merkmale, insbesondere solche, die mit dem Alter stark korrelieren, eine bessere Repräsentanz der wirklichen Verteilungen und Zusammenhänge ergibt. Die Problematik eines solchen Vorgehens wird in der Wissenschaft ausführlich diskutiert, wobei eher kritische Stimmen überwiegen (vgl. Gabler/Hoffmeyer-Zlotnik/Krebs 1994, im Zusammenhang mit dem Jugendsurvey 1992 vgl. de Rijke 1995). Dennoch haben wir uns aufgrund der relativ starken Differenzen bei der Altersverteilung zwischen Stichprobe und Grundgesamtheit entschlossen, eine „schonende" Gewichtung vorzunehmen.[12] Der Gewinn dabei ist, daß bei allen Analysen eine einheitliche Vorgehensweise möglich ist und nicht von Fall zu Fall altersgruppenspezifische Darstellungen erforderlich sind.[13] Alle Ergebnisse sind mit dieser Gewichtung berechnet, sofern in Ausnahmefällen nichts anderes angemerkt wird.[14] Kontrollen nach Altersgruppen ergaben im Vergleich zu ungewichteten Analysen zumeist nur geringe Differenzen.

Vergleich der Stichprobe des Jugendsurveys mit dem Mikrozensus 1997

Um einen Hinweis auf die „Repräsentativität" der realisierten Stichprobe zu erhalten, werden häufig zentrale Verteilungen zur Beschreibung der Stichprobe mit entsprechenden Werten der Grundgesamtheit verglichen. Je geringere Differenzen dieser Vergleich erbringt, desto eher kann die Stichprobe als repräsentativ bewertet werden. Dieses Vorgehen ist zwar üblich und auch sinnvoll, kann aber nicht als „Beweis“ für die Repräsentativität hergenommen werden (ausführlicher zu der Problematik anhand des Jugendsurveys 1992 vgl. de Rijke 1995).

In der folgenden Tabelle A2 werden einige (gewichtete) Merkmalsverteilungen des Jugendsurveys 1997 mit den Referenzverteilungen des Mikrozensus 1997 (einer 1%-Stichprobe der Bevölkerung), der für die Grundgesamtheit steht, verglichen. Aus den Daten des Mikrozensus wurde eine Sonderauswertung durch das Statistische Bundesamt für die Altersgruppen des Jugendsurveys in den alten und neuen Bundesländern vorgenommen. Zu beachten ist jedoch, daß nicht alle Variablen in genau derselben Weise im Jugendsurvey wie im Mikrozensus erfragt wurden, so daß Differenzen auch mit diesen Unterschieden zusammenhängen können.

Beim Geschlecht ergeben sich im Westen nur geringfügige Differenzen, im Osten ist der Anteil der männlichen Befragten in der Stichprobe etwas geringer als im Mikrozensus. Beim Merkmal des Wohnens bei den Eltern hingegen sind die Differenzen nur sehr gering, allerdings sind die Fragen nicht direkt vergleichbar (im Jugendsurvey wurden die Interviewten direkt danach gefragt, ob sie noch überwiegend im Haushalt ihrer Eltern wohnen, im Mikrozensus wurden diese Personen über ihre Beziehung zu den Eltern im Haushalt bestimmt). Beim Familienstand sind wieder im Westen kaum Differenzen festzustellen, im Osten sind die Ledigen in der Stichprobe etwas geringer vertreten als beim Mikrozensus. Bei den Altersgruppen gibt es nur geringe Differenzen, die mit den Unterschieden zwischen den statistischen Daten des Mikrozensus (Erhebung April/Mai 1997) und der Bevölkerungsfortschreibung Ende 1996, auf deren Basis die Gewichtung berechnet wurde, zu tun haben. Der Vergleich der Merkmale des Ausbildungs- bzw. Erwerbsstatus ist mit einigen Unschärfen verbunden, da hier die Frageformulierungen besonders voneinander abwichen, dieser Vergleich ist daher nur mit Einschränkungen möglich. Insgesamt fällt auf, daß in der Stichprobe des Jugendsurveys Studenten überproportional vertreten sind, desgleichen im Westen Schüler, hingegen unterproportional Voll- oder Teilzeiterwerbstätige und im Westen auch sonstige Nichterwerbstätige. Die anderen Kategorien sind hingegen in ihren Anteil relativ ähnlich – sogar die der Arbeitslosen, obwohl dieses Merkmal unterschiedlich erfaßt wurde. Auch beim Jugendsurvey 1992 traten Differenzen zwischen Erwerbstätigen- und Schüler- bzw. Studentenzahlen auf (allerdings gab es dort kaum Differenzen

Tabelle A2:
Vergleich Mikrozensus 1997 und Jugendsurvey 1997 (gewichtet)

	MZ West	*JS West*	*MZ Ost*	*JS Ost*	*Diff. West*	*Diff. Ost*
Geschlecht						
männlich	51,0	51,8	53,4	51,8	0,8	-1,6
weiblich	49,0	48,2	46,6	48,2	-0,8	1,6
Wohnen b. Eltern						
ja	42,2	42,7	45,1	45,2	0,5	0,1
nein	57,8	57,3	54,9	54,8	-0,5	-0,1
Altersgruppen						
16 bis 17	12,8	12,0	16,8	16,7	-0,8	-0,1
18 bis 20	18,2	17,5	23,4	21,9	-0,7	-1,5
21 bis 23	18,3	17,8	17,3	17,2	-0,5	-0,1
24 bis 26	22,2	23,1	20,0	20,9	0,9	0,9
27 bis 29	28,5	29,6	22,5	23,3	1,1	0,8
Familienstand						
ledig	80,5	79,1	84,6	80,9	-1,4	-3,7
verh./getr.leb./ gesch./verwitw.	19,5	20,9	15,4	19,1	1,4	3,7
Status						
Schüler(in)	14,5	19,7	16,4	17,7	5,2	1,3
Student(in)	12,3	18,4	8,1	14,3	6,1	6,2
in Ausbildung	9,4	9,7	15,6	13,6	0,3	-2,0
erwerbst. voll/teilz.	44,5	38,0	41,0	34,9	-6,5	-6,1
arbeitslos	5,4	5,6	10,8	13,0	0,2	2,2
sonst. Nicht-erwerbstätige	13,9	8,6	8,1	6,4	-5,3	-1,7

Quelle: DJI-Jugendsurvey 1997, Mikrozensus 1997 (Sonderauswertung des Statistischen Bundesamtes)

bei den Studenten, vgl. de Rijke 1995: 405). Weitere Vergleiche bezüglich der Bundesländer ergaben nur geringe Abweichungen. Bei den Gemeindegrößenklassen ist die Kategorie der Großstädte in der Jugendsurvey-Stichprobe stärker besetzt, v.a. im Westen, die der Kleinstädte (5.000 bis 20.000 Einwohner) hingegen schwächer. Dies mag damit zu tun haben, daß das Random-Route-

Vorgehen in Kleinstädten schwieriger durchzuführen ist und die Befragten dort deshalb schwerer erreichbar sind.

Insgesamt kann die Annäherung an die Referenzstatistik bei den meisten Merkmalen als zufriedenstellend bezeichnet werden, größere Abweichungen sind zumindest teilweise auf unterschiedliche Erhebungsverfahren zurückzuführen. Allerdings würden die Differenzen ohne die verwendete Gewichtung größer ausfallen.

Jugendliche und junge Erwachsene 1992 und 1997

Eine Bemerkung erfordert noch der Vergleich zwischen 1992 und 1997, was die Grundgesamtheit selbst betrifft. Sie wurde ja definiert als 16- bis 29jährige deutsche Jugendliche und junge Erwachsene. Definitionsmerkmal ist somit das Alter. Ein Vergleich über die Zeit setzt voraus, daß die Verteilung der Altersstufen gleich bleibt. Das war jedoch für diesen Zeitraum insbesondere für diese Altersgruppe nicht der Fall. Die 16- bis 29jährigen entsprechen dem Ausschnitt aus der Bevölkerungspyramide. Darin sind die jüngeren Altersgruppen geringer vertreten als die älteren, wie sich auf der Basis der Mikrozensusdaten von 1992 und 1997 anhand der Altersproportionen feststellen läßt. Die Anteile der 16- bis 17jährigen und 18- bis 20jährigen sind 1997 noch etwas geringer als schon 1992, die anderen hingegen (mit Ausnahme der Altersgruppe der 27- bis 29jährigen im Westen) etwas stärker, und zwar in den alten wie den neuen Bundesländern (wenngleich nicht in genau denselben Proportionen). Auch aus diesem Grunde ist es insbesondere bei Merkmalen, die mit dem Alter zusammenhängen, wichtig, diese Variable zu kontrollieren – vor allem bei Aussagen über die gesamte Population. Veränderungen bei solchen Merkmalen können nämlich dadurch zustande kommen, daß in der Stichprobe 1997 der Anteil der jüngeren Altersgruppen höher ist als 1992. Aufgrund dessen und nicht (oder nicht nur) aus inhaltlich anderweitig interpretierbaren Motiven erscheint diese als „jugendlicher“.

Übersicht: soziodemographische Merkmale der Stichprobe des Jugendsurveys 1997

Einen Überblick über zentrale soziodemographische Merkmale der Stichprobe enthält Tabelle A3 (gewichtete Ergebnisse). Die Übersicht läßt einige Besonderheiten einer Stichprobe von 16- bis 29jährigen erkennen, die auch in

Tabelle A3:
Soziodemographische Merkmale der Befragten des DJI-Jugendsurvey 1997

		West		Ost	
		n	*%*	*n*	*%*
Geschlecht	*männlich*	2291	51,8	1292	51,8
	weiblich	2135	48,2	1201	48,2
Altersgruppen	*16 bis 17*	531	12,0	417	16,7
	18 bis 20	774	17,5	545	21,9
	21 bis 23	789	17,8	429	17,2
	24 bis 26	1021	23,1	522	20,9
	27 bis 29	1311	29,6	581	23,3
Urbanisierung	*bis 4.999 EW*	416	9,4	457	18,3
(BIK-Größen-	*5.000-19.999 EW*	555	12,5	280	11,2
klassen)	*20.000-99.999 EW*	596	13,5	446	17,9
	100.000-499.999 EW	742	16,8	515	20,7
	500.000 EW und mehr	2117	47,8	795	31,9
Familienstand	*ledig*	2949	67,1	1659	66,9
	ledig m. festem Partner	526	12,0	347	14,0
	verheiratet/getr.leb./ geschieden/verwitw.	918	20,9	475	19,1
Bildung	*Hauptschule*	874	20,1	290	11,9
	Mittlere Reife	1346	31,0	1272	52,1
	(Fach-)Abitur	2126	48,9	878	36,0
Status	*Schüler(in)*	850	19,7	431	17,7
	Student(in)	793	18,4	348	14,3
	in Berufsausbildung	416	9,7	330	13,6
	nicht mehr in Ausbildung	2250	52,2	1322	54,4
Religion	*evangelische Kirche*	1831	41,5	474	19,0
	römisch-katholische Kirche	1763	40,0	86	3,4
	andere	127	2,9	33	1,4
	keine Religion	692	15,7	1901	76,2
	gesamt	4426	100	2493	100

Quelle: DJI-Jugendsurvey 1997

der ersten Befragung von 1992 feststellbar waren. Mehr als die Hälfte der Befragten lebt in Städten mit 100.000 und mehr Einwohnern, dies ist im Westen (wie auch 1992) ausgeprägter als im Osten. Der Anteil der Ledigen ist in der betrachteten Altersspanne ebenfalls sehr hoch; bei der zusammengefaßten Bildungskategorie findet man noch den Überhang der mittleren Schulabschlüsse im Osten, der u.a. noch auf das Schulsystem der DDR verweist. Die Aufteilung nach dem Ausbildungs- bzw. Erwerbsstatus reflektiert die Altersspanne der Stichprobe: fast die Hälfte der Befragten sind noch in der Ausbildungsphase. Schließlich ist auch die Struktur der Mitgliedschaft in einer Religionsgemeinschaft ähnlich wie 1992: Hier findet man große Differenzen zwischen West und Ost bezüglich derjenigen, die konfessionslos sind. Zwar ist dies wohl eine der größten Ost-West-Differenzen in der Stichprobe (wie auch bei Umfragen in der Wahlbevölkerung festgestellt werden kann, vgl. Meulemann 1996a), jedoch ergeben sich daraus kaum Folgerungen für die politischen und gesellschaftlichen Orientierungen, die im Zentrum des Buches stehen (so auch Hoffmann-Lange 1995a).

Zwei Aspekte der Stichprobe sollen an dieser Stelle noch erwähnt werden. Zum einen geht es um die Frage der möglichen Mobilität in dieser Altersgruppe zwischen den Gebieten der alten und der neuen Bundesländer. In den ersten Jahren der Vereinigung gab es eine nicht unerhebliche Wanderung zwischen den beiden Landesteilen, zumeist von Ost nach West, die danach allerdings stark zurückging (vgl. Dorbritz/Gärtner 1998). Im Jugendsurvey 1992 gaben 91,1% der Befragten im Westen und 93,7% im Osten an, daß sie seit der Geburt in dem Bundesland wohnen, in dem sie befragt wurden. Im Jahre 1997 liegen die entsprechenden Zahlen bei 84,2% im Westen, 86,6% im Osten. Berücksichtigt man nur die Wanderungen zwischen neuen und alten Bundesländern, so reduziert sich die Zahl der Wanderungsbewegungen erheblich. Insgesamt hatten im Jugendsurvey 1997 knapp 3% der Befragten im Westen 1989 in der ehemaligen DDR gewohnt, von den Befragten im Osten hatten etwa 2% 1989 im Westen gewohnt.

Schließlich wurde auch die Frage gestellt, ob neben der deutschen noch eine weitere Staatsbürgerschaft existiert. Da nur deutsche Jugendliche und junge Erwachsene befragt wurden, waren hier nur geringe Fallzahlen zu erwarten. Im Westen gaben 2% der Befragten an, eine zusätzliche weitere Staatsbürgerschaft zu besitzen, 2,5% besaßen früher eine andere, aber zum Zeitpunkt der Befragung nurmehr die deutsche (diese sind somit eingebürgerte ehemalige Ausländer); in den neuen Bundesländern liegen die entsprechenden Anteilswerte unter 1%. Angesichts dieser geringen Fallzahlen ist eine gesonderte Betrachtung dieser Befragten, bei denen in einigen Bereichen andere Einstellungen vermutet werden könnten, wenig fruchtbar. Für spätere Umfragen könnte sich dies allerdings angesichts der 1999 geänderten gesetzlichen Regelungen zur Staatsbürgerschaft anders darstellen.

A.2 Erläuterungen zu Tabellen, verwendeten Datenanalyseverfahren und Datensätzen

Hinweise zum Verständnis der Tabellen und Abbildungen

Die Tabellen und Abbildungen werden – mit wenigen Ausnahmen, die gekennzeichnet sind – getrennt nach alten Bundesländern – neuen Bundesländern ausgewiesen. Beim Aufbau der Tabellen mit Prozentangaben wurde, soweit möglich, die übliche Form gewählt: Prozentuierung auf die Spalten, damit ergibt sich eine vergleichende Interpretation der Prozentwerte zeilenweise. In jedem Falle ist die Art der Prozentuierung (Spaltenprozent, Zeilenprozent) im Tabellentitel angegeben; sie kann zumeist auch aus der Endzeile bzw. Endspalte der Tabelle ersehen werden, in der die Anzahl der Fälle, die Basis der Prozentuierung, angegeben ist. Die Fallzahlen entsprechen in der Regel der tatsächlichen Basis der Prozentwerte, die nicht mit der gesamten Größe der entsprechenden Gruppe (z.B. „weibliche Befragte in den alten Bundesländern") übereinstimmen muß – die Differenz ergibt sich durch die Anzahl fehlender Werte bei der entsprechenden Variablen. Wenn diese Differenz erheblich und interpretationsbedürftig ist, wird im Text darauf Bezug genommen. Die Addition der Prozentwerte in Tabellen kann bei einer vollständigen Aufgliederung einer Variablen durch Rundungsfehler in Einzelfällen 99% oder 101% ergeben. Bei einigen Tabellen wird für eine Mehrzahl von Variablen jeweils nur ein Wert dargestellt (z.B. „großes Vertrauen" in eine Reihe von Institutionen). In einem solchen Fall entspricht die Angabe der n's der Gruppengröße der entsprechenden differenzierenden Variable (z.B. Geschlecht). Die n's sind nicht angegeben, wenn sie zu den häufig vorkommenden Vergleichsgruppen der Stichprobe gehören (männliche/weibliche Befragte in den alten/neuen Bundesländern u.a.). Die Tabellen enthalten in der Regel auch Erläuterungen, insbesondere wenn Ausprägungen zusammengefaßt werden.

Erläuterungen zu verwendeten Datenanalyseverfahren[15]

Korrelationskoeffizienten:
Für Variablen mit intervallskaliertem Meßniveau (hier werden Abstände zwischen Skalenwerten als gleich angenommen, wie es bei den Skalenvorgaben im Jugendsurvey zumeist unterstellt wird) wird der Koeffizient **Pearsons r** verwendet. Er ist ein Maß für den Zusammenhang zwischen zwei Variablen. Er hat einen Wertebereich von -1 bis +1. Ein Wert von 0 bedeutet, daß kein Zusammenhang existiert. Ein positiver Wert bedeutet, daß ein gleichsinniger, ein negativer, daß ein gegensinniger Zusammenhang besteht.
Ist das Skalenniveau nur ordinal, wird also nur die Rangordnung der Skalenwerte vorausgesetzt, können andere Koeffizienten einen solchen Zusammenhang ausdrücken: Es wurden die Rangkorrelationskoeffizienten **Spearmans rho** sowie **Kendalls tau-b** verwendet.

Cronbachs alpha:
Dieses Maß wird zur Bewertung der Zuverlässigkeit von Summenindices verwendet. Dieser Koeffizient bewertet gewissermaßen alle Korrelationen der Variablen untereinander, die in die Konstruktion des Summenindex eingehen. Der Wertebereich des Maßes reicht von 0 bis 1, je höher der Wert, desto besser ist die Zuverlässigkeit des Summenindex. Werte größer als .60 gelten als zufriedenstellend.

Hauptkomponentenanalyse/Faktorenanalyse:
Hauptkomponentenanalysen wie Faktorenanalysen sind statistische Verfahren, die es ermöglichen, eine größere Anzahl von Variablen, die miteinander zusammenhängen, auf wenige „Dimensionen" (Faktoren) zu reduzieren. Hauptkomponentenanalysen berücksichtigen dabei die gesamte Varianz der Variablen, Faktorenanalysen nur die gemeinsame Varianz. Sie setzen in der Regel Intervallskalenniveau voraus. Die Ladungen entsprechen dabei im Falle von unkorrelierten Faktoren den Korrelationen der Variablen mit den gefundenen Dimensionen. Die **erklärte Varianz** ist ein Maß dafür, wie viel an Variabilität der in die Analyse eingegangenen Variablen ein Faktor „repräsentiert". **Schiefwinklig** bedeutet im Kontext der Faktorenrotation, daß man davon ausgeht, daß die gefundenen Dimensionen nicht unabhängig voneinander sind, sondern miteinander korrelieren. Die Ladungen entsprechen dann nicht mehr Korrelationen, sondern sind mit Regressionskoeffizienten zu vergleichen.

In einer **nichtlinearen Hauptkomponentenanalyse** (mittels SPSS Categories) können auch Variablen mit ordinalem oder nominalem Meßniveau verwendet werden (hierbei gibt es auch keine Rangordnung der Werte). Deren Werte werden so transformiert, daß die Korrelationen der transformierten Variablen mit den gebildeten Faktoren maximiert werden.

Regression:
Die multiple lineare Regression dient der Analyse von Beziehungen zwischen einer abhängigen Variablen und mehreren unabhängigen Variablen, wobei die Werte der abhängigen Variable geschätzt bzw. prognostiziert werden. Voraussetzung für die Anwendung ist, daß alle Variablen metrisch (oder nominal) skaliert sind. Die Regressionsanalyse unterstellt eine lineare Kausalbeziehung zwischen unabhängigen Variablen und abhängiger Variable, die in der Regressionsgleichung $Y = b_0 + b_1 X_1 + b_2 X_2 + \ldots + b_j X_j$ ausgedrückt wird:, wobei Y den Wert der abhängigen Variablen, b_0 den Wert einer Konstanten und b_j, die sog. **Regressionskoeffizienten,** Gewichte für die unabhängigen Variablen X_j in der Gleichung darstellen. Die Regressionskoeffizienten b sind in ihrer unstandardisierten Form nicht direkt miteinander vergleichbar, wenn die unterschiedlichen unabhängigen Variablen mit unterschiedlichen Skalen gemessen werden (was in der Regel der Fall ist). Falls nicht die Regressionsgleichung an sich interessiert, sondern ein Vergleich der Einflußstärken, werden die **standardisierten Regressionskoeffizienten Beta** verwendet, die Werte zwischen -1 und 1 annehmen können und die die Wichtigkeit der einzelnen unabhängigen Variablen für die abhängige Variablen erkennen lassen.
Das **Bestimmtheitsmaß R^2** ist eine Maßzahl für die Güte einer multiplen linearen Regression. Es bezeichnet, wie gut die Regressionsgleichung die tatsächlichen Werte der abhängigen Variablen schätzen kann. R^2 kann auch verstanden werden als der Anteil an der Variabilität der abhängigen Variablen, den die Regression erklärt („erklärte Varianz"). R^2 kann Werte zwischen 0 (0% der Streuung durch das Regressionsmodell erklärt) und 1 annehmen (die gesamte Streuung, also 100%, wird durch das Regressionsmodell erklärt). In sozialwissenschaftlichen Analysen sind auch erklärte Varianzen von 20% nicht unüblich.

Zu den verwendeten Datensätzen

Der Datensatz des **DJI-Jugendsurveys 1992** ist beim Zentralarchiv für Empirische Sozialforschung unter der ZA-Nummer 2527 verfügbar, der des **DJI-Jugendsurveys 1997** wird im Laufe des Jahres 2000 dort erhältlich sein.

Neben den beiden Datensätzen des DJI-Jugendsurveys von 1992 und 1997 wurden im wesentlichen noch folgende Datensätze verwendet (sofern vorhanden ist die Studiennummer des Zentralarchivs für Empirische Sozialforschung an der Universität zu Köln (ZA) angegeben):

Einstellungen zu aktuellen Fragen der Innenpolitik, vom Institut für praxisorientierte Sozialforschung (IPOS), Mannheim.
Erhebungszeitraum: 1984 bis 1993 jährlich, sowie 1995. 1997 Umfrage von IPOS für den Bundesverband der deutschen Banken. Mehrstufig geschichtete Zufallsauswahl, mündliche Befragung. Grundgesamtheit: Wahlberechtigte Bevölkerung der Bundesrepublik Deutschland. Fallzahlen: bis 1990 rund 2.000, ab 1991 alte und neue Bundesländer zwischen 2.600 und 2.700, 1997 rund 2.100. ZA Nr. 2966 (kumulierter Datensatz der Erhebungen von 1984 bis 1995).

Allgemeine Bevölkerungsumfrage der Sozialwissenschaften (ALLBUS).
Der ALLBUS ist eine von Bund und Ländern über die GESIS (Gesellschaft sozialwissenschaftlicher Infrastruktureinrichtungen) finanzierte Umfrage, die vom Zentrum für Umfragen, Methoden und Analysen, Mannheim (ZUMA) und vom Zentralarchiv für Empirische Sozialforschung Köln (ZA) in Zusammenarbeit mit dem ALLBUS-Ausschuß realisiert wird. Die Dokumentationen und Daten sind beim ZA erhältlich. Die vorgenannten Institutionen und Personen tragen keine Verantwortung für die Verwendung der Daten in diesem Buch. Erhebungszeitraum: 1980 bis 1990 zweijährig, 1991, 1992, 1994, 1996 und 1998. Grundgesamtheit: Personen in der Bundesrepublik in Privathaushalten ab 18 Jahren, bis 1990 mit deutscher Staatsangehörigkeit. Zumeist mehrstufige Zufallsstichprobe nach dem ADM Stichprobensystem mit Random Route-Verfahren, 1994 und 1996 Einwohnermeldeamtsstichproben. Mündliche Befragung. Befragungsinstitute: GFM/GETAS (5 Erhebungen), Infratest (5 Erhebungen), infas (eine Erhebung). Ab 1991 auch in den neuen Bundesländern durchgeführt, für die ein oversampling der Teilstichprobe vorgenommen wurde. Fallzahlen: bis 1990 rund 3.000, 1991 jeweils rund 1.500 in West und Ost, danach zwischen 2.200 und 2.400 im Westen und rund 1.100 im Osten. ZA Nr. 1335 (kumulierter Datensatz der Erhebungen von 1980 bis 1996), ZA Nr. 3000 (1998).

KSPW (Kommission für die Erforschung des sozialen und politischen Wandels in den neuen Bundesländern e.V.) – Repräsentativumfrage 1993.
Durchführung: GFM-GETAS, Hamburg. Dreistufiges Zufallsauswahlverfahren im ADM-Mastersample-Design, mündliche Befragung. Grundgesamtheit: Personen deutscher Staatsangehörigkeit ab 18 Jahren in den neuen Bundesländern und Berlin-Ost. Fallzahl: 2.125.

KSPW (Kommission für die Erforschung des sozialen und politischen Wandels in den neuen Bundesländern e.V.) und Oscar W. Gabriel/Max Kaase: Studie Politische Resonanz 1996.
Durchführung: GFM-GETAS/ZUMA Mannheim. Mehrstufiges Zufallsauswahlverfahren, ADM-Mastersample, mündliche Befragung. Grundgesamtheit: Personen deutscher Staatsangehörigkeit ab 18 Jahren in der Bundesrepublik Deutschland. Fallzahl: 2.099. ZA Nr. 2965.

Anmerkungen

1 Die meisten Angaben zur Konzeption und Feldphase des Jugendsurveys 1997 beruhen auf dem Methodenbericht des Erhebungsinstituts infas Sozialforschung, vgl. infas Sozialforschung 1998.

2 Ausländer sind in Random-Route-Stichproben tendenziell unterrepräsentiert. Koch/Gabler/Braun (1994) berichteten, daß sich beim ALLBUS 1994 gegenüber 1992 der Anteil der ausländischen Personen in der Stichprobe verdoppelte – der ALLBUS als eine Stichprobe der Bevölkerung ab 18 umfaßt seit 1991 die gesamte, nicht nur die deutsche, Wohnbevölkerung. Die Verbesserung der Repräsentanz wird der 1994 gewählten Stichprobenziehung zugeschrieben: Dies war eine Einwohnermeldeamtsstichprobe, 1992 hingegen eine ADM-Stichprobe mit Random-Route.

3 Aussagen über die gesamte Bundesrepublik sind über einen geeigneten Proportionalitätsfaktor möglich, werden aber in dieser Publikation in der Regel nicht gemacht. Ein solcher Proportionalitätsfaktor ist im Datensatz enthalten.

4 Im Jugendsurvey 1992 wurden 4.526 Interviews in den alten Bundesländern, 2.564 in den neuen Bundesländern durchgeführt. Die Durchführung der Erhebung lag bei GFM-GETAS, Hamburg (vgl. de Rijke 1995).

5 In diesem Sinne ist eine Quotenstichprobe, bei der den Interviewern vorher definierte Merkmale bzw. Merkmalskombinationen (etwa Geschlecht, Altersgruppe, Erwerbsstatus) über die Zusammensetzung der Grundgesamtheit gegeben werden und sie diesen entsprechend Interviews durchführen, wobei die Auswahl hier nicht weiter geregelt ist, keine streng „repräsentative“ Stichprobe. Dennoch muß sie allein aus

diesem Grund nicht grundsätzlich verworfen werden, auch wenn Methoden der schließenden Statistik nicht angewendet werden können (vgl. Hoffmeyer-Zlotnik 1997, der einen Vergleich von Quoten- und Random-Route-Stichproben anhand der Shell-Studie 1991 und dem Jugendsurvey 1992 vornimmt).

6 Infas Sozialforschung greift dabei auf einen eigenen Datensatz zurück, aus dem in einem Schritt die erforderliche Anzahl an Sample-Points gezogen werden kann. Grundlage sind etwa 50.000 Stimmbezirke im Westen und 14.000 im Osten.

7 Bei infas Sozialforschung sind die Regeln in den Unterlagen zur Studie enthalten: „Random-Route – die Schnitzeljagd der Markt- und Meinungsforschung". Beispiel: „Von einem Starthaushalt ... zählen und gehen Sie so viele Haushalte weiter wie auf der Einsatzliste als Zahl unter Schrittweite angegeben ist ... Als Haushalt zählen Wohneinheiten und nicht etwa Hauseingänge. Bei Mehrfamilienhäusern zählen Sie von links nach rechts und von oben nach unten. Bei Vorder- und Hinterhäusern wird in Laufrichtung gezählt ... Als letztes fehlt Ihnen zum Random-Route-Läufer nur noch eine Anweisung – die Grundregel – sie lautet: links gehen, rechts abbiegen – rechts gehen, links abbiegen ..." (infas Sozialforschung 1998). Schrittweite bedeutet, für den Jugendsurvey: Jeder dritte Haushalt ist zu kontaktieren.

8 Pro Sample-Point wurden in den alten Bundesländern 25 und in den neuen Bundesländern 21 Kontaktprotokolle ausgegeben (vgl. infas Sozialforschung 1998: 12).

9 Beim Jugendsurvey 1992 waren die entsprechenden Ausschöpfungsquoten in beiden Landesteilen etwa 66%. Jedoch sind diese nicht direkt vergleichbar, denn die Ausfallberechnungen bei GFM-GETAS unterscheiden sich von denen bei infas Sozialforschung. So sind die nicht-neutralen Ausfälle bei infas sicher überhöht, da in der Kategorie „im Haushalt niemanden angetroffen" ja zum Teil auch Haushalte enthalten sind, in denen keine Person zwischen 16 und 29 wohnt – womit dieser Fall im Grunde zu den stichprobenneutralen Ausfällen gezählt werden müßte. Bei Berücksichtigung dieser Tatsache wären damit die Ausschöpfungsquoten höher als berichtet, insbesondere im Westen, wo diese Kategorie stärker besetzt ist.

10 Infas Sozialforschung führte dies auf die stärkere Teilnahmebereitschaft und die höhere Erreichbarkeit der Jüngeren zurück. Ebenso spiele das politische Interesse eine gewisse Rolle: ein geringeres politisches Interesse verringere die Wahrscheinlichkeit der Teilnahme an einer Befragung wie des Jugendsurveys (Ergebnis einer Sonderauswertung des Verweigererfragebogens von infas).

11 Faktisch wird dem Datensatz eine Variable hinzugefügt, die für jeden Fall eine Zahl definiert, je nachdem, wie stark die Abweichung bei der entsprechenden Kategorie der Vergleichsvariablen ist. Mit diesem Wert geht jeder Fall dann in die Berechnungen ein. Die Gewichtungsvariable ist so normiert, daß die Fallzahlen, beim Jugendsurvey getrennt nach West und Ost, dabei konstant bleiben.

12 Entsprechend dem Hinweis bei von der Heyde: „Gewichte nur dann, wenn du die Gewichtung zumindest plausibel begründen kannst; versuche so schonend wie mög-

lich zu gewichten, d.h. vermeide extreme Faktoren, minimiere die Faktorvarianz, kontrolliere die Gewichtungseffekte; lege deine Gewichtungsschritte offen dar..." (von der Heyde 1994: 146).

13 Zur Gewichtung wurden die Anteile der Altersgruppen 16 bis 17, 18 bis 20, 21 bis 23, 24 bis 26 und 27 bis 29 aus den Angaben des Statistischen Bundesamtes zur Bevölkerungsfortschreibung Ende 1996, getrennt für alte und neue Bundesländer, verwendet; die Daten stammen aus der Regionaldatenbank des Deutschen Jugendinstituts, München. Dieser Gewichtung entspricht eine Effektivität (vgl. von der Heyde 1994: 150) von .89, was einer Verringerung der effektiven Fallzahl um 11%, also auf 6.158, gleichkommt. Dies bedeutet also eine, allerdings sehr geringe, Vergrößerung des Stichprobenfehlers. Daß andere Jugendstudien mit diesem Problem in weitaus massiverem Umfang zu tun haben, zeigt die ipos-Jugendstudie von 1995. Hier wurde der Datensatz u.a. aufgrund extremer Disproportionalitäten bei der Altersverteilung mit einem Gewichtungsfaktor versehen, der eine Effektivität von .74 im Westen und sogar von .62 im Osten hatte, was also dort eine Reduzierung der effektiven Fallzahl auf weniger als zwei Drittel der tatsächlichen bedeutete.

14 Nur beim Vergleich der Jugendsurveydaten mit dem Ausländersurvey (vgl. Kapitel 10) wurde generell der Datensatz ungewichtet verwendet, da hier nur ein Teil der Altersgruppen des Jugendsurveys berücksichtigt wurde, insbesondere die jüngeren und älteren Jahrgangsstufen nicht.

15 Genaueres etwa bei Bortz 1999, Schnell/Hill/Esser 1999, SPSS 1998.

Literatur

Adorno, Theodor W. et al. 1950: The Authoritarian Personality. New York: Harper.

Alba, Richard D. 1994: Proposal for an ALLBUS Module on Attitudes Towards Ethnic Minorities in the Bundesrepublik. New York: Unveröffentlichter Bericht.

Allerbeck, Klaus/Hoag, Wendy 1985: Jugend ohne Zukunft? München: Piper.

Allmendinger, Jutta 1999: Bildungsarmut: Zur Verschränkung von Bildungs- und Sozialpolitik. In: Soziale Welt, 50. Jg., S. 35–50.

Allport, Gordon W. 1960: Personality and Social Encounter. Boston: Beacon Press.

Almond, Gabriel A./Verba, Sidney 1963: The Civic Culture. Political Attitudes and Democracy in Five Nations. Princeton: Princeton University Press.

Altemeyer, Bob 1988: Enemies of Freedom. Understanding Right-Wing Authoritarianism. San Francisco u.a.: Jossey-Bass Publications.

Anderson, Benedict 1988: Die Erfindung der Nation. Zur Karriere eines folgenreichen Konzepts. Frankfurt a.M., New York: Campus.

Apel, Helmut 1992: Intergenerative Bildungsmobilität in den alten und neuen Bundesländern. In: Jugendwerk der Deutschen Shell (Hrsg.), Lebenslagen, Orientierungen und Entwicklungsperspektiven im vereinigten Deutschland. Im Spiegel der Wissenschaften. Bd. 2. Opladen: Leske + Budrich.

Arts, Wil 1995: Prinzipien der Verteilungsgerechtigkeit. Die theoretische Rekonstruktion der soziologischen Zugangsweisen. In: Müller, Hans-Peter/Wegener, Bernd (Hrsg.), Soziale Ungleichheit und soziale Gerechtigkeit. Opladen: Leske + Budrich, S. 107–131.

Arzheimer, Kai/Falter, Jürgen W. 1998: „Annäherung durch Wandel?" Das Wahlverhalten bei der Bundestagswahl 1998 in Ost-West-Perspektive. In: Aus Politik und Zeitgeschichte, B 52/98, S. 33–43.

Barnes, Samuel. H./Kaase, Max et al. 1979: Political Action. Mass Participation in Five Western Democracies. Beverly Hills: Sage Publications.

Bauer-Kaase, Petra/Kaase, Max 1998: Werte und Wertewandel – ein altes Thema und eine neue Facette. In: Galler, Heinz P./Wagner, Gert, Empirische Forschung und wirtschaftspolitische Beratung. Frankfurt a.M.: Campus, S. 256–274.

Bauman, Zygmunt 1996: From Pilgrim to Tourist – or a Short History of Identity. In: Hall, Stuart/DuGay, Paul (Eds.), Questions of Cultural Identity. London: Sage.

Beck, Ulrich 1986: Risikogesellschaft. Auf dem Weg in eine andere Moderne. Frankfurt a.M.: Suhrkamp.

Beck, Ulrich (Hrsg.) 1997: Kinder der Freiheit. Frankfurt a.M.: Suhrkamp.

Behnken, Imbke u.a. 1991: Schülerstudie 90. Weinheim, München: Juventa.

Bellenberg, Gabriele/Klemm, Klaus 1995: Bildungsexpansion und Bildungsbeteiligung. In: Böttcher, Wolfgang/Klemm, Klaus (Hrsg.), Bildung in Zahlen. Statistisches Handbuch zu Daten und Trends im Bildungsbereich. München: Juventa, S. 217–226.

Below, Susanne von 1997: Bildung und soziale Ungleichheit in Ostdeutschland. In: Hauser, Richard/Olk, Thomas (Hrsg), Soziale Sicherheit für alle? Beiträge zu den Berichten zum sozialen und politischen Wandel in Ostdeutschland. Bd. 2.3. Opladen: Leske + Budrich, S. 135–171.

Berezin, Mabel 1999: Introduction. Democracy and Its Others in a Global Polity. In: International Sociology, Vol. 14, S. 227–243.

Berger, Peter A. 1998: Sozialstruktur und Lebenslauf. In: Mansel, Jürgen/Brinkhoff, Klaus-Peter (Hrsg.), Armut im Jugendalter. Soziale Ungleichheit, Ghettoisierung und die psychosozialen Folgen. Weinheim, München: Juventa, S. 17–28.

Bertram, Barbara/Schröpfer, Heike 1999: Bewältigung von Ausbildung und Berufseinstieg. In: Bien, Walter/Kuhnke, Ralf/Reißig, Monika (Hrsg.), Wendebiographien. Zur ökonomischen, sozialen und moralischen Verselbständigung junger Erwachsener. Ergebnisse der Leipziger Längsschnitt-Studie 3. München: DJI Verlag, S. 11–54.

Bertram, Hans 1991: Familie und soziale Ungleichheit. In: Bertram, Hans (Hrsg.), Die Familie in Westdeutschland. Opladen: Leske + Budrich, S. 235–273.

Bertram, Hans 1992: Soziale, regionale und geschlechtsspezifische Ungleichheiten. In: Bertram, Hans (Hrsg.), Die Familie in den neuen Bundesländern. Opladen: Leske + Budrich, S. 263–286.

Bertram, Hans/Borrmann-Müller, Renate 1988: Individualisierung und Pluralisierung familialer Lebensformen. In: Aus Politik und Zeitgeschichte, B 13/88, S. 14–23.

Berufsbildungsbericht 1998. Hrsg. vom Bundesministerium für Bildung, Wissenschaft, Forschung und Technologie. Bonn.

Betz, Hans-Georg 1996: Radikaler Rechtspopulismus in Westeuropa. In: Falter, Jürgen W./Jaschke, Hans-Gerd/Winkler, Jürgen R. (Hrsg.), Rechtsextremismus. Ergebnisse und Perspektiven der Forschung (Politische Vierteljahresschrift, Sonderheft 27). Opladen: Westdeutscher Verlag, S. 363–375.

Betz, Hans-Georg 1998: Rechtspopulismus: Ein internationaler Trend? In: Aus Politik und Zeitgeschichte, B 9-10/98, S. 3–12.

Bien, Walter (Hrsg.) 1996a: Familie an der Schwelle zum neuen Jahrtausend. DJI-Familiensurvey 6. Opladen: Leske + Budrich.

Bien, Walter 1996b: Einstellungen, Werte und familiale Ereignisse. In: Bien, Walter (Hrsg.), Familie an der Schwelle zum neuen Jahrtausend. DJI-Familien-Survey 6. Opladen: Leske + Budrich, S. 253–269.

Billig, Michael 1995: Banal Nationalism. London: Sage.

Birsl, Ursula 1996: Rechtsextremismus und Fremdenfeindlichkeit: Reagieren Frauen anders? Zur theoretischen Verortung der Kategorie Geschlecht in der feministischen Rechtsextremismus-Forschung. In: Falter, Jürgen W./Jaschke, Hans-Gerd/Winkler, Jürgen R. (Hrsg.), Rechtsextremismus. Ergebnisse und Perspektiven der Forschung (Politische Vierteljahresschrift, Sonderheft 27). Opladen: Westdeutscher Verlag, S. 49–65.

Birsl, Ursula 1999: Die veränderte Geschäftsgrundlage gewerkschaftlicher Politik: Von der Einheitsgewerkschaft zur Konkurrenzgewerkschaft. In: Dürr, Tobias/Walter, Franz (Hrsg.), Solidargemeinschaft und fragmentierte Gesellschaft: Parteien, Milieus und Verbände im Vergleich. Opladen: Leske + Budrich, S. 151–172.

Blank, Thomas/Schmidt, Peter 1994: Ethnizität, Nationalstolz und nationale Identifikation in Ost- und Westdeutschland. In: Kößler, Reinhart/Schiel, Tilman (Hrsg.), Nationalstaat und Ethnizität (Reihe Umbrüche der Moderne, Bd. 5). Frankfurt a.M.: IKO – Verlag für interkulturelle Kommunikation, S. 201–224.

Blank, Thomas/Schmidt, Peter 1997: Konstruktiver Patriotismus im vereinigten Deutschland? Ergebnisse einer repräsentativen Studie. In: Mummendey, Amélie/Simon, Bernd (Hrsg.), Identität und Verschiedenheit. Zur Sozialpsychologie der Identität in komplexen Gesellschaften. Bern: Hans Huber, S. 149–174.

Blank, Thomas/Schwarzer, Stefan 1994: Ist die Gastarbeiterskala noch zeitgemäß? Die Reformulierung einer ALLBUS-Skala. In: ZUMA-Nachrichten 34, 18. Jg., S. 97–115.

Bortz, Jürgen 1999: Statistik für Sozialwissenschaftler. Berlin u.a.: Springer Verlag.

Braun, Michael/Borg, Ingwer 1998: Die Rolle der Frau 1991–1996. In: Meulemann, Heiner (Hrsg.), Werte und nationale Identität im vereinten Deutschland. Erklärungsansätze in der Umfrageforschung. Opladen: Leske + Budrich, S. 213–226.

Braun, Michael/Mohler, Peter P. 1991: Die Allgemeine Bevölkerungsumfrage der Sozialwissenschaften (ALLBUS). Rückblick und Ausblick in die neunziger Jahre. In: ZUMA-Nachrichten 29, 15. Jg., S. 7–28.

Braun, Michael/Trometer, Reiner/Wiedenbeck, Michael 1989: Methodenbericht. Allgemeine Bevölkerungsumfrage der Sozialwissenschaften – ALLBUS 1988. Mannheim: ZUMA-Arbeitsbericht 89/02.

Brettschneider, Frank 1997: Mediennutzung und interpersonale Kommunikation in Deutschland. In: Gabriel, Oscar W. (Hrsg.), Politische Orientierungen und Verhaltensweisen im vereinten Deutschland. KSPW Bd. 3.3. Opladen: Leske + Budrich, S. 265–289.

Brickman, Philip et al. 1981: Microjustice and Macrojustice. In: Lerner, Melvin J./Lerner, Sally C. (Eds.): The Justice Motive in Social Behavior. Adapting to Times of Scarcity and Change. New York: Plenum Press, S. 173–202.

Brie, Michael 1999: Die ostdeutsche Teilgesellschaft. In: Kaase, Max/Schmid, Günther (Hrsg.), Eine lernende Demokratie. 50 Jahre Bundesrepublik Deutschland. WZB-Jahrbuch 1999. Berlin: Edition Sigma, S. 201–236.

Bulmahn, Thomas 1996: Determinanten subjektiven Wohlbefindens. In: Zapf, Wolfgang/Habich, Roland (Hrsg.), Wohlfahrtsentwicklung im vereinten Deutschland. Sozialstruktur, sozialer Wandel und Lebensqualität. Berlin: Edition Sigma, S.79–96.

Bulmahn, Thomas/Habich, Roland 1997: Subjektives Wohlbefinden und Einstellungen. Komponenten des Wohlbefindens. In: Statistisches Bundesamt (Hrsg.), Datenreport 1997. Zahlen und Fakten über die Bundesrepublik Deutschland. Bonn, S. 426–440.

Bulmahn, Thomas 2000: Freiheit, Sicherheit und Gerechtigkeit. Unterschiedliche Bewertungen in Ost- und Westdeutschland. In: ISI (Informationsdienst Soziale Indikatoren), Ausgabe 23, S. 5–8.

Bundesdrucksache 1997: Jahresbericht der Bundesregierung zum Stand der deutschen Einheit. Nr. 13/8450.

Bundeskriminalamt 1999: Sicherheitsgefühl, Polizeiakzeptanz und Kriminalitätsbewertung. Zweite erweiterte Replikationsstudie. Wiesbaden.

Bundesministerium für Familie, Senioren, Frauen und Jugend (Hrsg.) 1998: Frauen in der Bundesrepublik Deutschland. Bonn, März 1998.

Burchardt, Susann 1998: Proteststrukturen im Ost-West-Vergleich 1989–1992. FS III 98-101. Berlin: Wissenschaftszentrum Berlin für Sozialforschung (WZB).

Bürklin, Wilhelm/Klein, Markus/Ruß, Achim 1994: Dimensionen des Wertewandels. Eine empirische Längsschnittanalyse zur Dimensionalität und der Wandlungsdynamik gesellschaftlicher Wertorientierungen. In: Politische Vierteljahresschrift, 35. Jg., S. 579–606.

Bürklin, Wilhelm/Klein, Markus/Ruß, Achim 1996: Postmaterieller oder anthropozentrischer Wertewandel? Eine Erwiderung auf Ronald Inglehart und Hans-Dieter Klingemann. In: Politische Vierteljahresschrift, 37. Jg., S. 517–536.

Bürklin, Wilhelm/Dalton, Russell J. 1994: Das Ergrauen der Grünen. In: Klingemann, Hans-Dieter/Kaase, Max (Hrsg.), Wahlen und Wähler. Analysen aus Anlaß der Bundestagswahl 1990. Opladen: Westdeutscher Verlag, S. 264–302.

Bürklin, Wilhelm/Klein, Markus 1998: Wählerverhalten und Wertewandel. Opladen: Leske + Budrich.

Bütow, Birgit 1995: Jugend im politischen Umbruch. In: Hoffmann-Lange, Ursula (Hrsg.), Jugend und Demokratie in Deutschland. Opladen: Leske + Budrich, S. 85–107.

Cohen, Ronald L. 1986: Introduction. In: ders. (Ed.), Justice. Views from the Social Sciences, New York, London: Plenum Press, S. 1–9.

Converse, Philip E. 1972: Change in the American Electorate. In: Campbell, Angus/ Converse, Philip E. (Eds.), The Human Meaning of Social Change. New York: Russell Sage Foundation, S. 263–337.

Cornelißen, Waltraud 1993: Politische Partizipation von Frauen in der alten Bundesrepublik und im vereinten Deutschland. In: Helwig, Gisela/Nickel, Hildegard Maria (Hrsg.), Frauen in Deutschland 1945–1992. Bonn: Bundeszentrale für politische Bildung, S. 321–349.

Cusack, Thomas R 1999: Die Unzufriedenheit der deutschen Bevölkerung mit der Performanz der Regierung und des politischen Systems. In: Kaase, Max/Schmid, Günther (Hrsg.), Eine lernende Demokratie. 50 Jahre Bundesrepublik Deutschland. WZB-Jahrbuch 1999. Berlin: Edition Sigma, S. 237–261.

Dannenbeck, Clemens 1992: Einstellungen zur Vereinbarkeit von Familie und Beruf. In: Bertram, Hans (Hrsg.), Die Familie in den neuen Bundesländern. Opladen: Leske + Budrich, S. 239–260.

Decker, Frank 1998: Jenseits von rechts und links? Zum Bedeutungswandel der politischen Richtungsbegriffe. In: Backes, Uwe/Jesse, Eckhard (Hrsg.), Jahrbuch Extremismus und Demokratie. 10. Jg. Baden-Baden: Nomos.

Deth, Jan W. van 1997: Formen konventioneller politischer Partizipation. Ein neues Leben alter Dinosaurier? In: Gabriel, Oskar W. (Hrsg.), Politische Orientierungen und Verhaltensweisen im vereinigten Deutschland. Opladen: Leske + Budrich, S. 291–319.

Deutscher Bundestag (13. Wahlperiode) 1998: Zweiter Bericht der Bundesregierung über den Anteil von Frauen in wesentlichen Gremien im Einflußbereich des Bundes. Bundestagsdrucksache Nr. 13/1076.

DGB Bundesvorstand 2000: Mitgliederstatistik Abteilung Jugend. Berlin.

Diehl, Claudia/Urbahn, Julia 1998: Die soziale und politische Partizipation von Zuwanderern in der Bundesrepublik Deutschland. Bonn: Forschungsinstitut der Friedrich-Ebert-Stiftung.

Diekmann, Andreas 1993: Auswirkungen der Kohortenzugehörigkeit, der schulischen Bildung und der Bildungsexpansion auf das Heiratsverhalten. In: Diekmann, Andreas/ Weick, Stefan (Hrsg.), Der Familienzyklus als sozialer Prozeß. Bevölkerungssoziologische Untersuchungen mit den Methoden der Ereignisanalyse. Berlin: Duncker & Humblot, S. 136–164.

Diekmann, Andreas 1995: Empirische Sozialforschung. Reinbek: Rowohlt.

Diewald, Martin u.a. 1995: Umbrüche und Kontinuitäten – Lebensverläufe und die Veränderung von Lebensbedingungen seit 1989. In: Huinink, Johannes/Mayer, Karl Ulrich u.a. (Hrsg.), Kollektiv und Eigensinn. Lebensverläufe in der DDR und danach. Berlin: Akademie, S. 307–395.

Dorbritz, Jürgen/Gärtner, Karla 1998: Bericht 1998 über die demographische Lage in Deutschland. In: Zeitschrift für Bevölkerungswissenschaft, 23. Jg., S. 373–458.

Durkheim, Emile 1973: Der Selbstmord. Neuwied: Luchterhand.

Easton, David 1975: A Re-Assessment on the Concept of Political Support. In: British Journal of Political Science, Vol. 5, S. 435–457.

Eifler, Christine 1998: Die deutsche Einheit und die Differenz weiblicher Lebensentwürfe. In: Aus Politik und Zeitgeschichte, B 41-42/98, S. 37–42.

Eilinghoff, Carmen 1996: Die Relevanz der regionalen Dimension bei sozialwissenschaftlichen Fragestellungen am Beispiel der Allgemeinen Bevölkerungsumfrage der Sozialwissenschaften (ALLBUS). In: ZUMA-Arbeitsbericht Nr. 97/05. Mannheim: ZUMA.

Emmert, Thomas/Jung, Matthias/Roth, Dieter 1998: Zwischen Konstanz und Wandel – Die Bundestagswahl vom 16. Oktober 1994. In: Kaase, Max/Klingemann, Hans-Dieter (Hrsg.), Wahlen und Wähler. Analysen aus Anlaß der Bundestagswahl 1994. Opladen: Westdeutscher Verlag, S. 45–83.

Emnid 1997: Generation BRAVO. Gütersloh.

Engelbrech, Gerhard/Rauch, Angela/Reinberg, Alexander 1998: Bildungsbeteiligung der Jugendlichen hat in Ostdeutschland 1995 Westniveau erreicht. In: IAB Kurzbericht Nr. 14, Institut für Arbeitsmarkt- und Berufsforschung der Bundesanstalt für Arbeit.

Engstler, Heribert 1998: Die Familie im Spiegel der amtlichen Statistik. 3. aktualisierte und erweiterte Neuauflage. Hrsg. vom Bundesministerium für Familie, Senioren, Frauen und Jugend. Bonn.

Falter, Jürgen W. 1994: Wer wählt rechts? München: Beck.

Falter, Jürgen W./Klein, Markus/Schumann, Siegfried 1994: Politische Konflikte, Wählerverhalten und die Struktur des Parteienwettbewerbs. In: Gabriel, Oscar W./ Brettschneider, Frank (Hrsg.), Die EU-Staaten im Vergleich. Opladen: Westdeutscher Verlag, S. 194–220.

Featherman, David L./Hauser, Robert M. 1978: Opportunity and Change. New York: Academic Press.

Fend, Herbert 1991: Identitätsentwicklung in der Adoleszenz. Lebensentwürfe, Selbstfindung und Weltaneignung in beruflichen, familiären und politisch-weltanschaulichen Bereichen. Bern u.a.: Hans Huber.

Fickermann, Detlef 1996: Konsequenzen der demographischen Entwicklung Ostdeutschlands für das Gymnasium. In: Marotzki, Winfried/Meyer, Meinert/Wenzel, Hartmut (Hrsg.), Erziehungswissenschaft für Gymnasiallehrer. Weinheim: Deutscher Studien Verlag, S. 320–349.

Fischer, Arthur 1999: Sozialwissenschaft und Jugendforschung. In: Timmermann, Heiner/ Wessela, Eva (Hrsg.), Jugendforschung in Deutschland. Eine Zwischenbilanz. Opladen: Leske + Budrich, S. 11–22.

Fischer, Arthur/Kohr, Heinz-Ulrich 1980: Politisches Verhalten und empirische Sozialforschung: Leistung und Grenzen von Befragungsinstrumenten. Weinheim: Juventa.

Fobe, Karin 1997: Risiken, Optionen und Entscheidungen von ostdeutschen SchulabsolventInnen auf dem Ausbildungs- und Arbeitsmarkt. In: Heinz, Walter R./Hormuth, Stefan, Arbeit und Gerechtigkeit im ostdeutschen Transformationsprozeß. Opladen: Leske + Budrich, S. 13–71.

Förster, Peter u.a. 1993: Jugend Ost. Zwischen Hoffnung und Gewalt. Opladen: Leske + Budrich.

Francis, Emerich 1965: Ethnos und Demos. Berlin: Duncker & Humblot.

Friedrich, Walter/Förster, Peter 1994: Jugendliche in den neuen Bundesländern. In: Veen, Hans-Joachim u.a. (Hrsg.), Eine Jugend in Deutschland? Orientierungen und Verhaltensweisen der Jugend in Ost und West. Opladen: Leske + Budrich, S. 119–152.

Friedrich, Walter/Förster, Peter 1997: Politische Orientierungen ostdeutscher Jugendlicher und junger Erwachsener im Transformationsprozeß. In: Sydow, Hubert (Hrsg.), Entwicklung und Sozialisation von Jugendlichen vor und nach der Vereinigung Deutschlands. Opladen: Leske + Budrich, S. 17–73.

Fuchs, Dieter 1997: Welche Demokratie wollen die Deutschen? Einstellungen zur Demokratie im vereinten Deutschland. In: Gabriel, Oscar W. (Hrsg.), Politische Orientierungen und Verhaltensweisen im vereinten Deutschland. KSPW Bd. 3.3. Opladen: Leske + Budrich, S. 81–113.

Fuchs, Dieter/Gerhards, Jürgen/Roller, Edeltraud 1993: Wir und die anderen. Ethnozentrismus in den zwölf Ländern der europäischen Gemeinschaft. In: Kölner Zeitschrift für Soziologie und Sozialpsychologie, 45. Jg., S. 238–253.

Fuchs, Dieter/Roller, Edeltraud/Weßels, Bernhard 1997a: Die Akzeptanz der Demokratie des vereinigten Deutschlands. Oder: Wann ist ein Unterschied ein Unterschied? In: Aus Politik und Zeitgeschichte, B 51/97, S. 3–12.

Gabler, Siegfried/Hoffmeyer-Zlotnik, Jürgen H.P./Krebs, Dagmar (Hrsg.) 1994: Gewichtung in der Umfragepraxis. Opladen: Westdeutscher Verlag.

Gabriel, Oscar W. 1994a: Politische Kultur aus der Sicht der empirischen Sozialforschung. In: Niedermayer, Oskar/Beyme, Klaus von (Hrsg.), Politische Kultur in Ost- und Westdeutschland. Berlin: Akademie, S. 22–42.

Gabriel, Oscar W. 1994b: Politische Einstellungen und politische Kultur. In: Gabriel, Oscar W./Brettschneider, Frank (Hrsg.), Die EU-Staaten im Vergleich. Opladen: Leske + Budrich, S. 96–133.

Gabriel, Oscar W. 1996: Politische Orientierungen und Verhaltensweisen. In: Kaase, Max u.a. (Hrsg.), Politisches System. KSPW Berichte 3. Opladen: Leske + Budrich, S. 231–319.

Gabriel, Oscar W. 1999: Politische Einstellungen und politisches Verhalten. In: Gabriel, Oscar W./Holtmann, Everhard, Handbuch Politisches System der Bundesrepublik Deutschland. München: Oldenbourg, S. 381–495.

Geißler, Rainer 1994: Politische Ungleichheit. Soziale Schichtung und Teilnahme an Herrschaft. In: ders. (Hrsg), Soziale Schichtung und Lebenschancen in Deutschland. Stuttgart: Enke, S. 74–110.

Gellner, Ernest 1991: Nationalismus und Moderne. Berlin: Rotbuch.

Gensicke, Thomas 1994: Wertewandel und Familie. In: Aus Politik und Zeitgeschichte, B 29-30/94, S. 36–47.

Gensicke, Thomas 1996a: Deutschland im Wandel. Sozialer Wandel und Wertewandel in Deutschland vor und nach der Wiedervereinigung. 2. Auflage. Speyerer Forschungsberichte Nr. 154.

Gensicke, Thomas 1996b: Sozialer Wandel durch Modernisierung, Individualisierung und Wertewandel. In: Aus Politik und Zeitgeschehen, B 42/96, S. 3–17.

Gensicke, Thomas 1998a: Deutschland am Ausgang der neunziger Jahre. Lebensgefühl und Werte. In: Deutschland Archiv, Heft 1/98, S. 19–36.

Gensicke, Thomas 1998b: Die neuen Bundesbürger. Eine Transformation ohne Integration. Opladen, Wiesbaden: Westdeutscher Verlag.

Gensicke, Thomas 1998c: Sind die Deutschen reformscheu? Potentiale der Eigenverantwortung in Deutschland. In: Aus Politik und Zeitgeschichte, B 18/98, S. 19–30.

Georg, Walter/Mattern, Cornelia 1998: Der Berufsbildungsbericht 1998 der Bundesregierung. Studienskript Fernuniversität Hagen.

Gille, Martina 1992: Lebensziele und Politikvorstellungen von Jugendlichen in Ost und West. In: Deutsches Jugendinstitut (Hrsg.), Schüler an der Schwelle zur Deutschen Einheit. Opladen: Leske + Budrich, S. 18–41.

Gille, Martina 1995a: Wertorientierungen und Geschlechtsrollenorientierungen im Wandel. In: Hoffmann-Lange, Ursula (Hrsg.), Jugend und Demokratie in Deutschland. Opladen: Leske + Budrich, S. 109–158.

Gille, Martina 1995b: Die Wichtigkeit von Lebensbereichen. In: Hoffmann-Lange, Ursula (Hrsg.), Jugend und Demokratie in Deutschland. Opladen: Leske + Budrich, S. 45–59.

Gille, Martina/Kleinert, Corinna/Ott, Sybille 1995: Lebensverhältnisse. In: Hoffmann-Lange, Ursula (Hrsg.), Jugend und Demokratie in Deutschland. Opladen: Leske + Budrich, S. 23–83.

Gille, Martina u.a. 1996: Jugend und Politik. Politisches Interesse, Institutionenvertrauen, Wertorientierungen und Partizipationsbereitschaften. In: DISKURS, 1/96, S. 62–70.

Gille, Martina u.a. 1998: Politische Orientierungen, Werthaltungen und die Partizipation Jugendlicher. Veränderungen und Trends in den 90er Jahren. In: Palentien, Christian/Hurrelmann, Klaus (Hrsg.), Jugend und Politik. 2. Auflage. Neuwied u.a.: Luchterhand, S. 148–177.

Glatzer, Wolfgang 1984a: Zufriedenheitsunterschiede zwischen Lebensbereichen. In: Glatzer, Wolfgang/Zapf, Wolfgang (Hrsg.), Lebensqualität in der Bundesrepublik. Objektive Lebensbedingungen und subjektives Wohlbefinden. Frankfurt a.M., New York: Campus, S. 192–205.

Glatzer, Wolfgang 1984b: Unzufriedenheit und gesellschaftliche Konflikte. In: Glatzer, Wolfgang/Zapf, Wolfgang (Hrsg.), Lebensqualität in der Bundesrepublik. Objektive Lebensbedingungen und subjektives Wohlbefinden. Frankfurt a.M., New York: Campus, S. 206–220.

Glatzer, Wolfgang 1984c: Determinanten der Zufriedenheit. In: Glatzer, Wolfgang/Zapf, Wolfgang (Hrsg.), Lebensqualität in der Bundesrepublik. Objektive Lebensbedingungen und subjektives Wohlbefinden. Frankfurt a.M., New York: Campus, S. 234–245.

Glatzer, Wolfgang/Bös, Mathias 1997: Anomietendenzen im Transformationsprozeß – Analysen mit den Wohlfahrtssurveys. In: Heitmeyer, Wilhelm (Hrsg.), Was treibt die Gesellschaft auseinander? Frankfurt a.M.: Suhrkamp, S. 557–585.

Guadagnini, Marila 1998: Die politische Repräsentation von Frauen in Italien: eine noch immer unvollendete Demokratie. In: Hoecker, Beate (Hrsg.), Handbuch Politische Partizipation von Frauen in Europa. Opladen: Leske + Budrich, S. 211–232.

Guggenbühl, Allan 1998: Männer, Mythen, Mächte. Zürich: IKM Guggenbühl AG.

Gurr, Ted R. 1972: Rebellion. Eine Motivationsanalyse von Aufruhr, Konspiration und innerem Krieg. München, Wien: Econ.

Gysi, Jutta 1989: Familienleben in der DDR. Zum Alltag von Familien mit Kindern. Berlin: Akademie.

Gysi, Jutta/Meyer, Dagmar 1993: Leitbild: berufstätige Mutter – DDR-Frauen in Familie, Partnerschaft und Ehe. In: Helwig, Gisela/Nickel, Hildegard Maria (Hrsg.), Frauen in Deutschland 1945–1992. Bonn: Bundeszentrale für politische Bildung, S. 139–165.

Habermas, Jürgen 1987: Geschichtsbewußtsein und posttraditionale Identität. In: ders., Eine Art Schadensabwicklung. Frankfurt a.M.: Suhrkamp, S. 161–179.

Habich, Roland/Noll, Heinz-Herbert/Zapf, Wolfgang 1999: Subjektives Wohlbefinden in Ostdeutschland nähert sich dem westdeutschen Niveau. In: ISI (Informationsdienst soziale Indikatoren), Ausgabe 22, S. 1–6.

Hahn, Alois 1993: Identität und Nation in Europa. In: Berliner Journal für Soziologie, 1. Jg., S. 193–203.

Hall, Stuart 1994: Die Frage der kulturellen Identität. In: ders., Rassismus und kulturelle Identität. Hamburg: Argument.

Hampele, Anne 1993: „Arbeite mit, plane mit, regiere mit“ – Zur politischen Partizipation von Frauen in der DDR. In: Helwig, Gisela/Nickel, Hildegard Maria (Hrsg.), Frauen in Deutschland 1945–1992. Bonn: Bundeszentrale für politische Bildung, S. 281–320.

Hauser, Richard u.a. 1996: Ungleichheit und Sozialpolitik. Berichte zum sozialen und politischen Wandel in Ostdeutschland, B. 2. Opladen: Leske + Budrich.

Heady, Bruce/Veenhoven, Ruut/Wearing, Alex 1991: Top-Down Versus Bottom-Up-Theories of Subjective Well-Being. In: Social Indicators Research, Vol. 24, S. 81–100.

Heinz, Walter R. 1996: Berufsverläufe im Transformationsprozeß. In: Hormuth, Stefan E. u.a., Individuelle Entwicklung, Bildung und Berufsverläufe. Opladen: Leske + Budrich, S. 273–357.

Heinz, Walter R./Hübner-Funk, Sibylle 1997: Die Quadratur des Jugendbegriffs. Zur sozialen (Re-)Konstruktion einer Übergangsphase. In: DISKURS, 2/97, S. 4–11.

Heitmeyer, Wilhelm 1989: Rechtsextremistische Orientierungen bei Jugendlichen. Empirische Ergebnisse und Erklärungsmuster einer Untersuchung zur politischen Sozialisation. Weinheim, München: Juventa.

Heitmeyer, Wilhelm u.a. 1992: Die Bielefelder Rechtsextremismus-Studie. Erste Langzeituntersuchung zur politischen Sozialisation männlicher Jugendlicher. Weinheim, München: Juventa.

Held, Josef/Horn, Hans Werner/Marvakis, Athanasios 1996: Gespaltene Jugend. Politische Orientierungen jugendlicher ArbeitnehmerInnen. Opladen: Leske + Budrich.

Hennig, Eike 1982: Neonazistische Militanz und Rechtsextremismus unter Jugendlichen. In: Aus Politik und Zeitgeschichte, B 23/82, S. 23–37.

Hennis, Wilhelm 1998a: Auf dem Weg in den Parteienstaat. Stuttgart: Reclam.

Hennis, Wilhelm 1998b: Totenrede des Perikles auf ein blühendes Land. Ursachen der politischen Blockade (1997). In: ders., Auf dem Weg in den Parteienstaat. Stuttgart: Reclam, S. 155–167.

Henz, Ursula/Maas, Ineke 1995: Chancengleichheit durch die Bildungsexpansion. In: Kölner Zeitschrift für Soziologie und Sozialpsychologie, 47. Jg., S. 605–633.

Heß-Meining, Ulrike 2000a: Demokratieverständnis. In: Weidacher, Alois (Hrsg.), In Deutschland zu Hause. Politische Orientierungen griechischer, italienischer, türkischer und deutscher junger Erwachsener im Vergleich. Opladen: Leske + Budrich, S. 162–176.

Heß-Meining, Ulrike 2000b: Interesse am politischen Engagement und Formen politisch-gesellschaftlicher Beteiligung. In: Weidacher, Alois (Hrsg.), In Deutschland zu Hause. Politische Orientierungen griechischer, italienischer, türkischer und deutscher junger Erwachsener im Vergleich. Opladen: Leske + Budrich, S. 191–224.

Hill, Paul B. 1993: Die Entwicklung der Einstellungen zu unterschiedlichen Ausländergruppen zwischen 1980 und 1992. In: Willems, Helmut u.a., Fremdenfeindliche Gewalt. Einstellungen – Täter – Konflikteskalation. Opladen: Leske + Budrich, S. 25–67.

„Historikerstreit“ 1987: Die Dokumentation der Kontroverse um die Einzigartigkeit der nationalsozialistischen Judenvernichtung. München, Zürich: Piper.

Hoecker, Beate 1996: Politische Partizipation von Frauen im vereinigten Deutschland. In: Aus Politik und Zeitgeschichte, B 21-22/96, S. 23–33.

Hoecker, Beate 1998a: Zwischen Macht und Ohnmacht: Politische Partizipation von Frauen in Deutschland. In: dies. (Hrsg.), Handbuch Politische Partizipation von Frauen in Europa. Opladen: Leske + Budrich, S. 65–89.

Hoecker, Beate 1998b: Politische Partizipation von Frauen im europäischen Vergleich. In: dies. (Hrsg.), Handbuch Politische Partizipation von Frauen in Europa. Opladen: Leske + Budrich, S. 379–398.

Hoffmann-Lange, Ursula (Hrsg.) 1995a: Jugend und Demokratie in Deutschland. DJI-Jugendsurvey 1. Opladen: Leske + Budrich.

Hoffmann-Lange, Ursula 1995b: Politische Grundorientierungen. In: dies. (Hrsg.), Jugend und Demokratie in Deutschland. Opladen: Leske + Budrich, S.159–193.

Hoffmann-Lange, Ursula 1995c: Determinanten politischer Gewaltbereitschaft Jugendlicher in Deutschland. In: Lamnek, Siegfried (Hrsg.), Jugend und Gewalt. Devianz und Kriminalität in Ost und West. Opladen: Leske + Budrich, S. 57–74.

Hoffmann-Lange, Ursula 1997: Einstellungen zur Rolle der Bürger im politischen Prozeß. In: Gabriel, Oscar W. (Hrsg.), Politische Orientierungen und Verhaltensweisen im vereinigten Deutschland. KSPW Beiträge 3.3. Opladen: Leske + Budrich, S. 211–234.

Hoffmann-Lange, Ursula 1999: Trends in der politischen Kultur Deutschlands. Sind Organisationsmüdigkeit, Politikverdrossenheit und Rechtsextremismus typisch für die deutsche Jugend? In: Gegenwartskunde, 3/1999, S. 365–390.

Hoffmann-Lange, Ursula/de Rijke, Johann 1996: 16jährige Wähler – erwachsen genug? Die empirischen Befunde. In: Zeitschrift für Parlamentsfragen, 27. Jg., S. 572–585.

Hoffmann-Lange, Ursula/Krebs, Dagmar/de Rijke, Johann 1995: Kognitive politische Mobilisierung und politisches Vertrauen. In: Hoffmann-Lange, Ursula (Hrsg.), Jugend und Demokratie in Deutschland. Opladen: Leske + Budrich, S. 35[illegible]87.

Hoffmeyer-Zlotnik, Jürgen H.P. 1997: Quoten versus Random-Route. Vergleich Shell- und DJI-Jugend-Studie. In: Gabler, Siegfried/Hoffmeyer-Zlotnik, Jürgen H.P. (Hrsg.), Stichproben in der Umfragepraxis. Opladen: Westdeutscher Verlag, S. 68–80.

Hoffmeyer-Zlotnik, Jürgen H.P. 1998: Zur soziodemographischen Entwicklung in Ostdeutschland: Ein Vergleich 1990 mit 1996. In: Häder, Michael/Häder, Sabine (Hrsg.), Sozialer Wandel in Ostdeutschland. Opladen, Wiesbaden: Westdeutscher Verlag, S. 156–191.

Hoffmeyer-Zlotnik, Jürgen H.P./Warner, Uwe 1998: Die Messung von Einkommen im nationalen und internationalen Vergleich. In: ZUMA-Nachrichten 42, 22. Jg., S. 30–65.

Hollerbach, Kerstin 1998: Ranking oder Rating? Die Wahl der Skala in der Werteforschung. In: Häder, Michael/Häder, Sabine (Hrsg.), Sozialer Wandel in Ostdeutschland. Opladen, Wiesbaden: Westdeutscher Verlag, S. 221–255.

Hopf, Christl/Silzer, Marlene/Wernich, Jörg 1999: Ethnozentrismus und Sozialisation in der DDR. Überlegungen und Hypothesen zu den Bedingungen der Ausländerfeindlichkeit von Jugendlichen in den neuen Bundesländern. Unveröffentlichtes Manuskript, erscheint in: Petry, Christian/Kalb, Peter/Sitte, Karin (Hrsg.), Rechtsextremismus in Ost- und Westdeutschland. Weinheim, Basel: Beltz.

Hopf, Wulf 1996: Ethnozentrismus und Ökonomismus. Die „Leistungsgesellschaft" als Deutungsmuster für soziale Ausgrenzung. In: Prokla, 26. Jg., S. 107–130.

Hopf, Wulf 1999: Ungleichheit der Bildung und Ethnozentrismus. In: Zeitschrift für Pädagogik, 45. Jg., S. 847–865.

Hradil, Stefan 1999: Soziale Ungleichheit in Deutschland. 7. Auflage. [illegible] Leske + Budrich.

Huinink, Johannes/Wagner, Michael 1995: Partnerschaft, Ehe und [illegible]r DDR. In: Huinink, Johannes u.a. (Hrsg.), Kollektiv und Eigensinn. Lebensverläufe in der DDR und danach. Berlin: Akademie, S. 145–188.

Immerfall, Stefan 1999: Sozialkapital in der Bundesrepublik. Thesen zu Konzept und Größenordnung. In: Kistler, Ernst/Noll, Heinz-Herbert/Priller, Eckhard (Hrsg.), Perspektiven gesellschaftlichen Zusammenhalts. Empirische Befunde, Praxiserfahrungen, Meßkonzepte. Berlin: Rainer Bohn, S. 121–128.

infas Sozialforschung 1998: „DJI-Jugendsurvey 1997". Methodenbericht. Bonn-Bad Godesberg.

Inglehart, Ronald 1971: The Silent Revolution in Europe. Intergenerational Change in Post-industrial Societies. In: American Political Science Review, Vol. 65, S. 991–1017.

Inglehart, Ronald 1979: Value Priorities and Socioeconomic Change. In: Barnes, Samuel H./Kaase, Max et al., Political Action. Mass Participation in Five Western Democracies. Beverly Hills: Sage, S. 305–342.

Inglehart, Ronald 1989: Kultureller Umbruch. Frankfurt a.M., New York: Campus.

Inglehart, Ronald 1990: Political Value Orientations. In: Jennings, M. Kent/Deth, Jan van, Continuites in Political Action. A Longitudinal Study of Political Orientations in Three Western Democracies. Berlin: de Gruyter, S. 67–102.

Inglehart, Ronald/Abramson, Paul R. 1994: Economic Security and Value Change. In: American Political Science Review, Vol. 88, S. 336–354.

Inglehart, Ronald/Klingemann, Hans-Dieter 1996: Dimensionen des Wertewandels. Theoretische und methodische Reflexionen anläßlich einer neueren Kritik. In: Politische Vierteljahresschrift, 37. Jg., S. 319–340.

Inglehart, Ronald 1998: Modernisierung und Postmodernisierung. Kultureller, wirtschaftlicher und politischer Wandel in 43 Gesellschaften. Frankfurt a.M., New York: Campus.

Ipos (Institut für praxisorientierte Sozialforschung) 1999: Jugendliche und junge Erwachsene in Deutschland. Mannheim: ipos.

Jäger, Christiane 1995: Theorie und Messung von Ausländerfeindlichkeit. Eine sozialwissenschaftliche Kritik der Forschungspraxis. Marburg: Institut für Soziologie.

Jagodzinski, Wolfgang/Kühnel, Steffen M. 1997: Werte, Ideologien und Wahlverhalten. In: Gabriel, Oscar W. (Hrsg.), Politische Orientierungen und Verhaltensweisen im vereinigten Deutschland. Opladen: Leske + Budrich, S. 449–471.

Jennings, Kent M et al. 1990: Continuities in Political Action. Berlin, New York: de Gruyter.

Jugendwerk der Deutschen Shell (Hrsg.) 1997: Jugend '97. Zukunftsperspektiven, gesellschaftliches Engagement, politische Orientierungen. Opladen: Leske + Budrich.

Jung, Matthias/Roth, Dieter 1998: Wer zu spät geht, den bestraft der Wähler. Eine Analyse der Bundestagswahl 1998. In: Aus Politik und Zeitgeschichte, B 52/98, S. 3–18.

Junge, Matthias 1995: Forever young? Junge Erwachsene in Ost- und Westdeutschland. Opladen: Leske + Budrich.

Kaase, Max 1990: Jugend und Jugendpolitik unter den Aspekten: politische Partizipation in verfaßten Formen; Jugend und Gewalt und Jugendprotest. In: Materialien zum 8. Jugendbericht. Bd. 2. München: Deutsches Jugendinstitut, S. 149–192.

Kaase, Max 1996: Partizipation. In: Nohlen, Dieter (Hrsg.), Wörterbuch Staat und Politik. Neuausgabe 1995. Bonn, S. 521–527.

Kaase, Max 1997: Consensus, Conflict and Democracy in Germany. In: German Politics, Vol. 6, S. 1–28.

Kaase, Max/Marsh, Alan 1979: Political Action. A Theoretical Perspective. In: Barnes, Samuel H./Kaase, Max et al. (Eds.), Political Action. Mass Participation in Five Western Democracies. Beverly Hills: Sage Publications, S. 27–56.

Kaase, Max/Bauer-Kaase, Petra 1998: Deutsche Vereinigung und innere Einheit 1990–1997. In: Meulemann, Heiner (Hrsg.), Werte und nationale Identität im vereinten Deutschland. Erklärungsansätze der Umfrageforschung. Opladen: Leske + Budrich, S. 251–267.

Kaase, Max/Neidhardt, Friedhelm 1990: Politische Gewalt und Repression. In: Schwind, Hans-Dieter u.a. (Hrsg.), Ursachen, Prävention und Kontrolle von Gewalt. Bd. IV. Berlin.

Kersten, Joachim 1999: Risiken und Nebenwirkungen. Zur gesellschaftlichen Konstruktion von Männlichkeiten. In: Scarbath, Horst u.a. (Hrsg.), Geschlechter. Zur Kritik und Neubestimmung geschlechterbezogener Sozialisation und Bildung. Opladen: Leske + Budrich, S.77–86.

Keupp, Heiner 1998: Chancen des Umbruchs – das soziale Kapital Deutschlands. In: Röhrle, Bernd/Somer, Gert/Nestmann, Frank (Hrsg.), Netzwerkintervention. Tübingen: DGVT-Verlag, S. 279–296.

Kim, Jae-On/Mueller, Charles W. 1978: Factor Analysis. Statistical Methods and Practical Issues. Beverly Hills/London.

Klages, Helmut 1985: Wertorientierungen im Wandel. 2. Auflage. Frankfurt a.M.: Campus.

Klages, Helmut 1988: Wertedynamik. Über die Wandelbarkeit des Selbstverständlichen. Zürich: Edition Interform.

Klages, Helmut 1993: Traditionsbruch als Herausforderung. Perspektiven der Wertewandelsgesellschaft. Frankfurt a.M., New York: Campus.

Klages, Helmut 1999: Zerfällt das Volk? Von den Schwierigkeiten der modernen Gesellschaft mit Gemeinschaft und Demokratie. In: Klages, Helmut/Gensicke, Thomas, Wertewandel und bürgerschaftliches Engagement an der Schwelle zum 21. Jahrhundert. Speyerer Forschungsberichte 193. Speyer: Forschungsinstitut für öffentliche Verwaltung, S. 1–20.

Klages, Helmut/Gensicke, Thomas 1993: Wertewandel in den neuen Bundesländern. Fakten und Deutungsmodelle. In: Klages, Helmut, Traditionsbruch als Herausforderung. Frankfurt a.M., New York: Campus, S. 215–238.

Klages, Helmut/Gensicke, Thomas 1998: Bürgerschaftliches Engagement 1997. In: Meulemann, Heiner (Hrsg), Werte und nationale Identität im vereinten Deutschland. Erklärungsansätze der Umfrageforschung. Opladen: Leske + Budrich, S. 177–193.

Klages, Helmut/Gensicke, Thomas 1999: Wertewandel und bürgerschaftliches Engagement an der Schwelle zum 21. Jahrhundert. Speyerer Forschungsberichte 193. Speyer: Forschungsinstitut für öffentliche Verwaltung.

Klein, Ansgar/Legrand, Hans-Josef/Leif, Thomas (Hrsg.) 1999: Neue soziale Bewegungen. Impulse, Bilanzen und Perspektiven. Opladen: Westdeutscher Verlag.

Klein, Markus 1995: Wieviel Platz bleibt im Prokrustesbett? Wertewandel in der Bundesrepublik Deutschland zwischen 1973 und 1992 gemessen anhand des Inglehart-Indexes. In: Kölner Zeitschrift für Soziologie und Sozialpsychologie, 47. Jg., S. 207–230.

Klein, Markus/Arzheimer, Kai 1999: Ranking- und Rating-Verfahren zur Messung von Wertorientierungen, untersucht am Beispiel des Inglehart-Index. In: Kölner Zeitschrift für Soziologie und Sozialpsychologie, 51. Jg., S. 550–564.

Kleinert, Corinna 1995: Wohn- und Lebensformen in Ablösung vom Elternhaus. In: Hoffmann-Lange, Ursula (Hrsg.), Jugend und Demokratie in Deutschland. Opladen: Leske + Budrich, S. 24–45.

Kleinert, Corinna 2000: Migration. In: Allmendinger, Jutta/Ludwig-Mayerhofer, Wolfgang (Hrsg.), Soziologie des Sozialstaats. Weinheim, München: Juventa, S. 351–381.

Kleinert, Corinna/Krüger, Winfried/Willems, Helmut 1998: Einstellungen junger Deutscher gegenüber ausländischen Mitbürgern und ihre Bedeutung hinsichtlich politischer Orientierungen. Ausgewählte Ergebnisse des DJI-Jugendsurvey 1997. In: Aus Politik und Zeitgeschichte, B 31/98, S. 14–27.

Kleinhenz, Thomas 1995: Die Nichtwähler. Opladen: Westdeutscher Verlag.

Klingemann, Hans-Dieter/Taylor, Charles Lewis 1977: Affektive Parteiorientierung, Kanzlerkandidaten und Issues. In: Politische Vierteljahresschrift, 18. Jg., S. 301–347.

Kluckhohn, Clyde 1951: Values and Value Orientation in the Theory of Action. An Exploration in Definition and Classification. In: Parsons, Talcott/Shils, Edward (Eds.), Toward a General Theory of Action. Cambridge: Harvard University Press, S. 388–433.

Knödler, Christoph 1996: Wahlrecht für Minderjährige – eine gute Wahl? In: Zeitschrift für Parlamentsfragen, 4/96, S. 553–571.

Koch, Achim/Gabler, Siegfried/Braun, Michael 1994: Konzeption und Durchführung der „Allgemeinen Bevölkerungsumfrage der Sozialwissenschaften" (ALLBUS) 1994. ZUMA-Arbeitsbericht 94/11. Mannheim: ZUMA.

Konietzka, Dirk 1998: Langfristige Wandlungstendenzen im Übergang von der Schule in den Beruf. In: Soziale Welt, 49. Jg., S. 107–134.

Kornadt, Hans-Joachim 1996: Erziehung und Bildung im Transformationsprozeß. In: Hormuth, Stefan E. u.a., Individuelle Entwicklung, Bildung und Berufsverläufe. Opladen: Leske + Budrich, S. 203–272.

Krais, Beate 1996: Bildungsexpansion und soziale Ungleichheit in der Bundesrepublik Deutschland. In: Bolder, Axel u.a. (Hrsg.), Die Wiederentdeckung der Ungleichheit. Opladen: Leske + Budrich, S. 118–146.

Kraus, Vered/Müller, Walter 1990: Legitimation sozialer Ungleichheit bleibt prekär. Ein Zeitvergleich mit Umfragedaten. In: ISI (Informationsdienst soziale Indikatoren), Ausgabe 3, S. 10–14.

Krebs, Dagmar 1995: Soziale Desorientierung und Devianzbereitschaft. In: Hoffmann-Lange, Ursula (Hrsg.), Jugend und Demokratie in Deutschland. Opladen: Leske + Budrich, S. 337–357.

Kreckel, Reinhard 1992: Politische Soziologie sozialer Ungleichheit. Frankfurt a.M., New York: Campus.

Kreckel, Reinhard 1993: Geteilte Ungleichheit im vereinten Deutschland. In: Geißler, Rainer (Hrsg.), Sozialer Umbruch in Ostdeutschland, Opladen: Leske + Budrich, S. 41–62.

Krettenauer, Tobias u.a. 1994: Die Entwicklung und der Wandel sozio-moralischer Orientierungen von Berliner Jugendlichen im Ost-West-Vergleich. In: Trommsdorf, Gisela (Hrsg.), Psychologische Aspekte des sozio-politischen Wandels in Ostdeutschland. Berlin, New York: de Gruyter, S. 65–76.

Krüger, Winfried 1995: Vertrauen in Institutionen. In: Hoffmann-Lange (Hrsg.), Jugend und Demokratie in Deutschland. Opladen: Leske + Budrich, S. 245–274.

Küchler, Manfred 1996: Xenophobie im internationalen Vergleich. In: Falter, Jürgen W./ Jaschke, Hans-Gerd/Winkler, Jürgen R. (Hrsg.), Rechtsextremismus. Ergebnisse und Perspektiven der Forschung (PVS, Sonderheft 27). Opladen: Westdeutscher Verlag, S. 248–262.

Küchler, Manfred 1998: Vereint und doch getrennt? In: Meulemann, Heiner (Hrsg.), Werte und nationale Identität im vereinten Deutschland. Erklärungsansätze der Umfrageforschung. Opladen: Leske + Budrich, S. 291–299.

Kühnel, Wolfgang 1992: Orientierungen im politischen Handlungsraum. In: Jugendwerk der Deutschen Shell (Hrsg.), Jugend '92. Band 2. Opladen: Leske + Budrich, S. 59–71.

Kuhnke, Ralf 1999: Zur Entwicklung eines individuellen Wertesystems. In: Bien, Walter/Kuhnke, Ralf/Reißig, Monika (Hrsg.), Wendebiographien. Zur ökonomischen, sozialen und moralischen Verselbständigung junger Erwachsener. Ergebnisse der Leipziger Längsschnitt-Studie 3. München: DJI Verlag, S. 73–110.

Kurz, Karin 1997: Einstellungen zur Rolle der Frau. In: Statistisches Bundesamt (Hrsg.), Datenreport 1997. Bonn, S. 450–456.

Lang, Sabine 1995: Öffentlichkeit und Geschlechterverhältnis. Überlegungen zu einer Politologie der öffentlichen Sphäre. In: Kreisky, Eva/Sauer, Birgit (Hrsg.), Feministische Standpunkte in der Politikwissenschaft. Eine Einführung. Frankfurt a.M., New York: Campus, S. 83–121.

Lemke, Christiane 1991: Die Ursachen des Umbruchs 1989. Politische Sozialisation in der ehemaligen DDR. Opladen: Westdeutscher Verlag.

Lepsius, M. Rainer 1982: Nation und Nationalismus in Deutschland. In: Winkler, Heinrich A. (Hrsg.), Nationalismus in der Welt von heute. Göttingen: Vandenhoeck & Ruprecht, S. 12–27.

Lenz, Karl 1995: Die „zweite Generation" der DDR auf dem Weg in eine andere Gesellschaft. Jugendliche nach der Wende. In: Hettlage, Robert/Lenz, Karl (Hrsg.), Deutschland nach der Wende. Eine Zwischenbilanz. München: Beck, S. 194–221.

Liebig, Stefan/Wegener, Bernd 1999: Protest und Verweigerung – Die Folgen sozialer Ungerechtigkeit in Deutschland. In: Schmitt, Manfred/Montada, Leo (Hrsg.), Gerechtigkeitserleben im wiedervereinigten Deutschland. Opladen: Leske + Budrich, S. 263–298.

Liesering, Sabine 1996: Berufswahlmotivation und Berufswahlverhalten von Jugendlichen im Geschlechtervergleich. In: Liesering, Sabine/Rauch, Angela (Hrsg.), Hürden im Erwerbsleben. Aspekte beruflicher Segregation nach Geschlecht. Beiträge zur Arbeitsmarkt- und Berufsforschung 1998. Nürnberg: Institut für Arbeitsmarkt- und Berufsforschung, S. 3–16.

Listhaug, Ola/Wiberg, Matti 1995: Confidence in Political and Private Institutions. In: Klingemann, Hans-Dieter/Fuchs, Dieter (Eds.): Citizens and the State. New York: Oxford University Press, S. 298–322.

Luhmann, Niklas 1996: Protest, Systemtheorie und soziale Bewegungen. Frankfurt a.M.: Suhrkamp.

Mansel, Jürgen 1992: Reaktionen Jugendlicher auf gesellschaftliche Bedrohung. Untersuchungen zu ökologischen Krisen, internationalen Konflikten und politischen Umbrüchen als Stressoren. Weinheim: Juventa.

Marbach, Jan/Bien, Walter/Bender, Donald 1996: Vergleich der Lebensformen in den alten und neuen Bundesländern zwischen 1988 und 1994. In: Bien, Walter (Hrsg.), Familie an der Schwelle zum neuen Jahrtausend. Opladen: Leske + Budrich, S. 28–37.

Mau, Steffen 1996: Objektive Lebensbedingungen und subjektives Wohlbefinden. In: Zapf, Wolfgang/Habich, Roland (Hrsg.), Wohlfahrtsentwicklung im vereinten Deutschland. Sozialstruktur, sozialer Wandel und Lebensqualität. Berlin: Edition Sigma, S. 51–77.

McCrone, David 1998: The Sociology of Nationalism. Tomorrow's Ancestors. London, New York: Routledge.

Melzer, Wolfgang 1992: Jugend und Politik in Deutschland. Opladen: Leske + Budrich.

Meulemann, Heiner 1992: Älter werden und sich erwachsen fühlen. Über die Möglichkeiten, das Ziel der Jugend zu verstehen. In: Jugendwerk der Deutschen Shell (Hrsg.), Jugend '92. Bd. 2. Opladen: Leske + Budrich, S. 107–125.

Meulemann, Heiner 1996: Werte und Wertewandel. Zur Identität einer geteilten und vereinten Nation. Weinheim, München: Juventa.

Meulemann, Heiner (Hrsg.) 1998a: Werte und nationale Identität im vereinten Deutschland. Erklärungsansätze der Umfrageforschung. Opladen: Leske + Budrich.

Meulemann, Heiner 1998b: Einleitung: Wertunterschiede zwischen West- und Ostdeutschland – Fakten und Erklärungsmöglichkeiten. In: ders. (Hrsg.), Werte und nationale Identität im vereinten Deutschland. Erklärungsansätze der Umfrageforschung. Opladen: Leske + Budrich, S. 7–21.

Meulemann, Heiner 1998c: Die Implosion einer staatlich verordneten Moral. Moralität in West- und Ostdeutschland 1990–1994. In: Kölner Zeitschrift für Soziologie und Sozialpsychologie, 50. Jg., S. 411–441.

Meyer, Thomas 1992: Modernisierung der Privatheit. Differenzierungs- und Individualisierungsprozesse des familialen Zusammenlebens. Opladen: Westdeutscher Verlag.

Meyer, Thomas 1996: Familienformen im Wandel. In: Geißler, Rainer, Die Sozialstruktur Deutschlands. 2. Auflage. Opladen: Westdeutscher Verlag, S. 306–332.

Möhle, Marion 1997: Frauen in den neuen Bundesländern. In: Hauser, Richard/Olk, Thomas (Hrsg.), Soziale Sicherheit für alle? Opladen: Leske + Budrich, S. 265–309.

Molitor, Ute 1992: Wählen Frauen anders? Baden-Baden: Nomos.

Montada, Leo 1995: Gerechtigkeitsprobleme bei Umverteilungen im vereinigten Deutschland. In: Müller, Hans-Peter/Wegener, Bernd (Hrsg.), Soziale Ungleichheit und soziale Gerechtigkeit. Opladen: Leske + Budrich, S. 313–333.

Montada, Leo/Dieter, Anne 1999: Gewinn- und Verlusterfahrungen in den neuen Bundesländern: Nicht die Kaufkraft der Einkommen, sondern politische Bewertungen sind entscheidend. In: Schmitt, Manfred/Montada, Leo (Hrsg.), Gerechtigkeitserleben im wiedervereinigten Deutschland. Opladen: Leske + Budrich, S. 19–44.

Moore, Barrington 1984: Ungerechtigkeit. Die sozialen Ursachen von Unterordnung und Widerstand. Frankfurt a.M.: Suhrkamp.

Mummendey, Amélie/Simon, Bernd 1997: Nationale Identifikation und die Abwertung von Fremdgruppen. In: dies. (Hrsg.), Identität und Verschiedenheit. Zur Sozialpsychologie der Identität in komplexen Gesellschaften. Bern u.a.: Hans Huber, S. 175–193.

Münchmeier, Richard 1998: „Entstrukturierung" der Jugendphase. Zum Strukturwandel des Aufwachsens und zu den Konsequenzen für Jugendforschung und Jugendtheorie. In: Aus Politik und Zeitgeschichte, B 31/98, S. 3–13.

Nassehi, Armin 1990: Zum Funktionswandel von Ethnizität im Prozeß gesellschaftlicher Modernisierung. In: Soziale Welt, 41. Jg., S. 261–282.

Nauck, Bernhard 1993: Dreifach diskriminiert? Ausländerinnen in Westdeutschland. In: Helwig, Gisela/Nickel, Hildegard Maria (Hrsg.), Frauen in Deutschland 1945–1992. Bonn: Bundeszentrale für politische Bildung, S. 364–396.

Neidhart, Friedhelm (Hrsg.) 1994: Öffentlichkeit, öffentliche Meinung, soziale Bewegung (Kölner Zeitschrift für Soziologie und Sozialpsychologie, Sonderheft 34). Opladen: Westdeutscher Verlag.

Nickel, Hildegard Maria 1997: Der Transformationsprozeß in Ost- und Westdeutschland und seine Folgen für das Geschlechterverhältnis. In: Aus Politik und Zeitgeschichte, B 51/97, S. 20–29.

Nie, Norman H. et al. 1975: SPSS – Statistical Package für the Social Sciences. New York: Mc-Graw-Hill.

Noelle-Neumann, Elisabeth 1985: Politik und Wertewandel. In: Geschichte und Gegenwart, Heft 1, S. 3–15.

Noelle-Neumann, Elisabeth 1987: Nationalgefühl und Glück. In: dies./Köcher, Renate (Hrsg.), Die verletzte Nation. Stuttgart: Deutsche Verlagsanstalt, S. 17–71.

Noll, Heinz-Herbert 1998: Wahrnehmung und Rechtfertigung sozialer Ungleichheit 1991–1996. In: Meulemann, Heiner (Hrsg.), Werte und nationale Identität im vereinten Deutschland. Erklärungsansätze der Umfrageforschung. Opladen: Leske + Budrich, S. 61–84.

Oerter, Rolf 1998: Psychologische Aspekte: Können Jugendliche politisch mitentscheiden? In: Palentien, Christian/Hurrelmann, Klaus (Hrsg.), Jugend und Politik. Ein Handbuch für Forschung, Lehre und Praxis. 2. Auflage. Neuwied u.a.: Luchterhand, S. 32–46.

Oesterreich, Detlef 1993: Autoritäre Persönlichkeit und Gesellschaftsordnung. Der Stellenwert psychischer Faktoren für politische Einstellungen – eine empirische Untersuchung von Jugendlichen in Ost und West. Weinheim, München: Juventa.

Opp, Karl-Dieter 1997: Die enttäuschten Revolutionäre. Politisches Engagement vor und nach der Wende. Opladen: Leske + Budrich.

Opp, Karl-Dieter/Sievers, Helga 1998: Politische Partizipation in Ostdeutschland. In: Häder, Michael/Häder, Sabine (Hrsg.), Sozialer Wandel in Ostdeutschland. Opladen, Wiesbaden: Westdeutscher Verlag, S. 64–97.

Ottens, Svenja 1998: Geschlechtsrollenorientierungen türkischer MigrantInnen im Spannungsfeld zwischen Herkunftsbindungen und kulturellen Neudefinitionen. In: Zeitschrift für Frauenforschung, 1+2/98, S. 106–123.

Palentien, Christian/Hurrelmann, Klaus (Hrsg.), Jugend und Politik. Ein Handbuch für Forschung, Lehre und Praxis. 2. Auflage. Neuwied u.a.: Luchterhand.

Pantelidou Maloutas, Maria 1998: Frauen als Akteurinnen in der politischen Kultur Griechenlands. In: Hoecker, Beate (Hrsg.), Handbuch Politische Partizipation von Frauen in Europa. Opladen: Leske + Budrich, S. 145–165.

Pfeiffer, Christian 1999: Anleitung zum Hass. In: Der Spiegel, Ausgabe 12/1999, S. 60–66.

Pickel, Gert 1996: Politisch verdrossen oder nur nicht richtig aktiviert? In: Silbereisen, Rainer K./Vaskovics, Laszlo A./Zinnecker, Jürgen (Hrsg.), Jungsein in Deutschland. Jugendliche und junge Erwachsene 1991 und 1996. Opladen: Leske + Budrich, S. 85–98.

Pollack, Detlef 1998: Ostdeutsche Identität – ein multidimensionales Phänomen. In: Meulemann, Heiner (Hrsg.), Werte und nationale Identität im vereinten Deutschland. Erklärungsansätze der Umfrageforschung. Opladen: Leske + Budrich, S. 297–318.

Pollack, Detlef 2000: Politischer Protest. Politisch alternative Gruppen in der DDR. Opladen: Leske + Budrich.

Pollack, Detlef/Pickel, Gert 1998: Die ostdeutsche Identität – Erbe des DDR-Sozialismus oder Produkt der Wiedervereinigung? Die Einstellungen der Ostdeutschen zu sozialer Ungleichheit und Demokratie. In: Aus Politik und Zeitgeschichte, B 41-42/98, S. 9–23.

Pollmer, Käte 1992: Zur Reflexion des gesellschaftlichen Wandels und politische Orientierungen ostdeutscher Jugendlicher unter streßtheoretischem Aspekt. In: Mansel, Jürgen (Hrsg.), Reaktion Jugendlicher auf gesellschaftliche Bedrohung. Untersuchungen zu ökologischen Krisen, internationalen Konflikten und politischen Umbrüchen als Stressoren. Weinheim, München: Juventa, S. 144–162.

Priller, Eckhard 1997a: Veränderungen in der politischen und sozialen Beteiligung in Deutschland. In: Zapf, Wolfgang/Habich, Roland (Hrsg.), Die Wohlfahrtsentwicklung im vereinten Deutschland. 2. Auflage. Berlin: Edition Sigma, S. 283–305.

Priller, Eckhard 1997b: Ein Suchen und Sichfinden im Gestern und Heute. Verändern die Ostdeutschen ihre Einstellungen und Haltungen zur Demokratie und gesellschaftlichen Mitwirkung? FS III 97-411. Berlin: Wissenschaftszentrum Berlin für Sozialforschung (WZB).

Pupeter, Monika 2000: Soziodemographische und soziostrukturelle Aspekte der Lebenssituation deutscher und ausländischer junger Erwachsener. In: Weidacher, Alois (Hrsg.), In Deutschland zu Hause. Politische Orientierungen griechischer, italienischer, türkischer und deutscher junger Erwachsener im Vergleich. Opladen: Leske + Budrich, S. 49–65.

Putnam, Robert 1993: Bowling Alone. America's Declining Social Capital. In: Journal of Democracy, Vol. 6, S. 65–78.

Raschke, Joachim 1993: Die Grünen. Köln: Bund-Verlag.

Reinberg, Alexander 1997: Bildung zahlt sich immer noch aus. Eine Analyse qualifikationsspezifischer Arbeitsmarktentwicklungen in der ersten Hälfte der 90er Jahre für West- und Ostdeutschland. IAB Werkstattbericht Nr. 15, Institut für Arbeitsmarkt- und Berufsforschung der Bundesanstalt für Arbeit.

Reitzle/Silbereisen, Rainer K. 1996: Werte in den alten und neuen Bundesländern. In: Silbereisen, Rainer K./Vaskovics, Laszlo A./Zinnecker, Jürgen (Hrsg.), Jungsein in Deutschland. Jugendliche und junge Erwachsene 1991 und 1996. Opladen: Leske + Budrich, S. 41–56.

Richter, Dirk 1994: Der Mythos der „guten" Nation. In: Soziale Welt, 45. Jg., S. 304–321.

Rijke, Johann de 1995: Zur Stichprobe des Jugendsurveys. In: Hoffmann-Lange, Ursula (Hrsg.), Jugend und Demokratie in Deutschland. Opladen: Leske + Budrich, S. 398–414.

Rippl, Susanne u.a. 1998: Sind Männer eher rechtsextrem und wenn ja, warum? Individualistische Werthaltungen und rechtsextreme Einstellungen. In: Politische Vierteljahresschrift, 39. Jg., S. 758–774.

Ritter, Claudia 1996: Politische Identitäten in den neuen Bundesländern. Distinktionsbedarf und kulturelle Differenzen nach der Vereinigung. In: Wiesenthal, Helmut (Hrsg.), Einheit als Privileg. Frankfurt a.M., New York: Campus, S. 141–187.

Ritter, Gerhard A./Niehuss, Merith 1991: Wahlen in Deutschland 1946–1991. München: Beck.

Ritter, Gerhard A./Niehuss, Merith 1995: Wahlen in Deutschland 1990–1994. München: Beck.

Roller, Edeltraud 1999: Sozialpolitik und demokratische Konsolidierung: Eine empirische Analyse für die Neuen Bundesländer. In: Plasser, Fritz u.a. (Hrsg.), Wahlen und politische Einstellungen in Deutschland und Österreich. Frankfurt a.M.: Lang, S. 313–346.

Rosendorfer, Tatjana u.a. 1996: Lebensbedingungen von Familien – Chancen und Risiken von Phasen der Familienentwicklung. In: Bien, Walter (Hrsg.), Familie an der Schwelle zum neuen Jahrtausend. DJI-Familiensurvey 6. Opladen: Leske + Budrich, S. 113–190.

Roth, Dieter 1998: Empirische Wahlforschung. Opladen: Leske + Budrich.

Rudolph, Hermann 1983: Wie sieht das Selbstverständnis der DDR-Gesellschaft aus? In: Weidenfeld, Werner (Hrsg.), Die Identität der Deutschen. Bonn: Bundeszentrale für politische Bildung, S. 193–209.

Runciman, Walter G. 1966: Relative Deprivation and Social Justice. Berkeley: University of California Press.

Rytina, Steve 1986: Sociology and Justice. In: Cohen, Ronald L. (Hrsg.), Justice. Views from the Social Sciences. New York, London: Plenum Press, S. 117–151.

Sauer, Birgit 1995: Geschlecht als Variable oder Strukturkategorie? „Political Culture Revisited". In: Kreisky, Eva/Sauer, Birgit (Hrsg.), Feministische Standpunkte in der Politikwissenschaft: Eine Einführung. Frankfurt a.M., New York: Campus, S. 161–199.

Scherr, Albert 1995: Soziale Identitäten Jugendlicher. Politische und berufsbiographische Orientierungen von Auszubildenden und Studenten. Opladen: Leske + Budrich.

Scherr, Albert 1996: Zum Stand der Debatte über Jugend und Rechtsextremismus. In: Falter, Jürgen W./Jaschke, Hans-Gerd/Winkler, Jürgen R. (Hrsg.), Rechtsextremismus. Ergebnisse und Perspektiven der Forschung (Politische Vierteljahresschrift, Sonderheft 27). Opladen: Westdeutscher Verlag, S. 97–120.

Schimpl-Neimanns, Bernhard/Lüttinger, Paul 1993: Die Entwicklung bildungsspezifischer Ungleichheit: Bildungsforschung mit Daten der amtlichen Statistik. In: ZUMA-Nachrichten 32, 17. Jg., S. 76–115.

Schlegel, Uta/Förster, Peter (Hrsg.) 1997: Ostdeutsche Jugendliche. Vom DDR-Bürger zum Bundesbürger. Opladen: Leske + Budrich.

Schmidt, Peter 1998: Nationale Identität, Nationalismus und Patriotismus in einer Panelstudie 1993, 1995 und 1996. In: Meulemann, Heiner (Hrsg.), Werte und nationale Identität im vereinten Deutschland. Erklärungsansätze der Umfrageforschung. Opladen: Leske + Budrich, S. 269–281.

Schmidtchen, Gerhard 1997: Wie weit ist der Weg nach Deutschland? Sozialpsychologie der Jugend in der postsozialistischen Welt. Opladen: Leske + Budrich.

Schmitt, Manfred/Montada, Leo (Hrsg.) 1999: Gerechtigkeitserleben im wiedervereinigten Deutschland. Opladen: Leske + Budrich.

Schnabel, Kai Uwe 1993: Ausländerfeindlichkeit bei Jugendlichen in Deutschland. Eine Synopse empirischer Befunde seit 1990. In: Zeitschrift für Pädagogik, 39. Jg., S. 799–822.

Schneider, Helmut 1995: Politische Partizipation – zwischen Krise und Wandel. In: Hoffmann-Lange, Ursula (Hrsg.), Jugend und Demokratie in Deutschland. Opladen: Leske + Budrich, S. 275–335.

Schnell, Rainer/Hill, Paul B./Esser, Elke 1999: Methoden der empirischen Sozialforschung. München: Oldenbourg.

Schöb, Anke 1999: Verminderung gesellschaftlichen Zusammenhalts oder stabile Integration? Empirische Analysen zur sozialen und politischen Beteiligung in Deutschland. In: ISI (Informationsdienst Soziale Indikatoren), Ausgabe 22, S. 8–11.

Schober, Karen 1996: Berufsausbildung junger Frauen in den neuen Ländern. In: Liesering, Sabine/Rauch, Angela (Hrsg.), Hürden im Erwerbsleben. Aspekte beruflicher Segregation nach Geschlecht. Nürnberg: Beiträge zur Arbeitsmarkt- und Berufsforschung des Instituts für Arbeitsmarkt- und Berufsforschung der Bundesanstalt für Arbeit, Nr. 198, S. 47–63.

Schober, Karen 1997: Die Zusatzerhebung Ausbildung – Auswirkungen des Transformationsprozesses auf Bildungs- und Berufsverläufe Jugendlicher. In: Bielenski, Harald u.a. (Hrsg.), Der Arbeitsmarkt Ostdeutschlands im Umbruch. Nürnberg: Beiträge zur Arbeitsmarkt- und Berufsforschung der Bundesanstalt für Arbeit, Nr. 210, S. 232–243.

Schubarth, Wilfried 1992: Zusammenfassung der Bedingungen für Rechtsextremismus in Ostdeutschland. In: Melzer, Wolfgang, Jugend und Politik in Deutschland. Opladen: Leske + Budrich, S. 141–150.

Schubarth, Wilfried/Pschierer, Ronald/Schmidt, Thomas 1991: Verordneter Antifaschismus und die Folgen. Das Dilemma antifaschistischer Erziehung am Ende der DDR. In: Aus Politik und Zeitgeschichte, B 9/91, S. 3–16.

Schulze-Buschoff, Karin/Weller, Inge/Rückert, Jana 1998: Das Erwerbsverhalten von Frauen im europäischen Vergleich. Welche Faktoren beeinflussen Arbeitszeiten und Arbeitszeitwünsche? FS III 98-405. Berlin: Wissenschaftszentrum Berlin für Sozialforschung (WZB).

Seidenspinner, Gerlinde u.a. 1996: Junge Frauen heute – Wie sie leben, was sie anders machen. Ergebnisse einer Längsschnittstudie über familiale und berufliche Lebenszusammenhänge junger Frauen in Ost- und Westdeutschland. Opladen: Leske + Budrich.

Seiring, Kerstin 1994: Jugendliche im Transformationsprozeß. Vorbedingungen, Probleme und Chancen zur Integration ostdeutscher Jugendlicher im vereinten Deutschland. P 94-103. Berlin: Wissenschaftszentrum Berlin für Sozialforschung (WZB).

Silbereisen, Rainer K./Vaskovics, Laszlo A./Zinnecker, Jürgen (Hrsg.) 1996: Jungsein in Deutschland. Jugendliche und junge Erwachsene 1991 und 1996. Opladen: Leske + Budrich.

Silbermann, Alphons/Hüsers, Francis 1995: Der „normale" Haß auf die Fremden. Eine sozialwissenschaftliche Studie zu Ausmaß und Hintergründen von Fremdenfeindlichkeit in Deutschland. München: Quintessenz, MMV Medizin-Verlag.

Solga, Heike 1995: Auf dem Weg in eine klassenlose Gesellschaft? Klassenlagen und Mobilität zwischen Generationen in der DDR. Berlin: Akademie.

Soysal, Yasemin 1994: Limits of Citizenship. Migrants and Postnational Membership in Europe. Chicago: University of Chicago Press.

Spellerberg, Annette 1997: Frauen zwischen Familie und Beruf. In: Zapf, Wolfgang/Habich, Roland, Die Wohlfahrtsentwicklung im vereinten Deutschland. 2. Auflage. Berlin: Edition Sigma, S. 99–120.

SPSS 1998: SPSS Categories 8.0. Chicago: SPSS.

Statistisches Bundesamt (Hrsg.) 1997: Datenreport 1997. Zahlen und Fakten über die Bundesrepublik Deutschland. Bonn: Bundeszentrale für politische Bildung.

Statistisches Bundesamt 1999: Wahl der Abgeordneten des Europäischen Parlaments aus der Bundesrepublik Deutschland am 13. Juni 1999. Erste Ergebnisse aus der Repräsentativen Wahlstatistik. Wiesbaden: Statistisches Bundesamt.

Stecher 1997: Biographische Selbstwahrnehmung und Lebensübergänge. In: Silbereisen, Rainer K./Vaskovics, Laszlo A./Zinnecker, Jürgen (Hrsg.), Jungsein in Deutschland. Opladen: Leske + Budrich, S. 145–163.

Sternberger, Dolf 1990: Verfassungspatriotismus. Frankfurt a.M.: Insel.

Streeck, Wolfgang 1987: Vielfalt und Interdependenz. Überlegungen zur Rolle von intermediären Organisationen in sich verändernden Umwelten. In: Kölner Zeitschrift für Soziologie und Sozialpsychologie, 30. Jg., S. 471–495.

Tajfel, Henri/Turner, John C. 1986: The Social Identity Theory of Intergroup Behaviour. In: Worchel, Stephen/Austin, William G. (Eds.), Psychology of Intergroup Relations. Chicago: Nelson-Hall, S. 7–24.

Topf, Richard u.a. 1990: Nationalstolz in Großbritannien und der Bundesrepublik Deutschland. In: Müller, Walter u.a. (Hrsg.), Blickpunkt Gesellschaft 1 – Einstellungen und Verhalten der Bundesbürger. Opladen: Westdeutscher Verlag, S. 172–190.

Törnblom, Kjell 1992: The Social Psychology of Distributive Justice. In: Scherer, Klaus R. (Ed.), Justice: Interdisciplinary Perspectives. Cambridge: University Press, S. 177–236.

Uehlinger, Hans-Martin 1988: Politische Partizipation in der Bundesrepublik. Opladen: Westdeutscher Verlag.

Vaskovics, Laszlo A. 1996: Innerfamiliäre Transferbeziehungen zwischen den Generationen. In: Silbereisen, Rainer K./Vaskovics, Laszlo A./Zinnecker, Jürgen (Hrsg.), Jungsein in Deutschland. Opladen: Leske + Budrich, S. 317–329.

Vaskovics, Laszlo A./Buba, Hanspeter/Früchtel, Frank 1992: Postadoleszenz und intergenerative Beziehungen in der Familie. In: Jugendwerk der Deutschen Shell (Hrsg.), Jugend '92. Band 2. Opladen: Leske + Budrich, S. 395–408.

Veen, Hans-Joachim 1997: Innere Einheit – aber wo liegt sie? Eine Bestandsaufnahme im siebten Jahr nach der Wiedervereinigung Deutschlands. In: Aus Politik und Zeitgeschichte, B 40-41/97, S. 19–28.

Veen, Hans-Joachim/Zelle, Carsten 1995: National Identity and Political Priorities in Eastern and Western Germany. In: German Politics, Vol. 4, S. 1–26.

Veenhoven, Ruut 1995: Developments in Satisfaction Research. Arbeitspapier FS III 95-406. Berlin: Wissenschaftszentrum Berlin für Sozialforschung (WZB).

Verba, Sidney/Kim, Jae-on/Nie, Norman H. 1978: Participation and Political Equality. A Seven-Nation Comparison. Cambridge: Cambridge University.

Vester, Michael u.a. 1993: Soziale Milieus im gesellschaftlichen Strukturwandel. Zwischen Integration und Ausgrenzung. Köln: Bund.

Von der Heyde, Christian 1994: Gewichtung am Beispiel: Einwohnermeldeamt versus Random-Route. In: Gabler, Siegfried/Hoffmeyer-Zlotnik, Jürgen H.P./Krebs, Dagmar (Hrsg.), Gewichtung in der Umfragepraxis. Opladen: Westdeutscher Verlag, S. 141–151.

Wagner, Bernd 1998: Rechtsextremismus und kulturelle Subversion in den neuen Ländern. Berlin.

Wallace, Claire 1997: Wie alt ist „jung" und wie jung ist „alt"? Die Restrukturierung des Alters und Lebenslaufs in Europa. In: DISKURS, 2/97, S. 46–53.

Walz, Dieter 1997: Einstellungen zu den politischen Institutionen. In: Gabriel, Oscar W. (Hrsg.), Politische Orientierungen und Verhaltensweisen im vereinten Deutschland. KSPW Bd. 3.3. Opladen: Leske + Budrich, S. 147–165.

Walz, Dieter/Brunner, Wolfram 1997: Das Sein bestimmt das Bewußtsein. Oder: Warum sich die Ostdeutschen als Bürger 2. Klasse fühlen. In: Aus Politik und Zeitgeschichte, B 51/97, S. 13–19.

Watts, Meredith 1996: Politische Beteiligung außerhalb der Institutionen. In: Silbereisen, Rainer K./Vaskovics, Laszlo A./Zinnecker, Jürgen (Hrsg.), Jungsein in Deutschland. Opladen: Leske + Budrich, S. 99–112.

Wegener, Bernd 1994: Die Vorstellungen von sozialer Gerechtigkeit in den neuen und alten Bundesländern. Normative und rationale Tendenzen in der Phase des Übergangs. In: Wegener, Bernd u.a., Die Wahrnehmung sozialer Gerechtigkeit in Deutschland im internationalen Vergleich. Abschlußbericht für den deutschen Teil des International Social Justice Project. Berlin: Unveröffentlichtes Manuskript der Humboldt Universität zu Berlin, Institut für Soziologie.

Wegener, Bernd 1999: Belohnungs- und Prinzipiengerechtigkeit. Die zwei Welten der empirischen Gerechtigkeitsforschung. In: Druwe, Ulrich/Kunz, Volker (Hrsg), Politische Gerechtigkeit. Opladen: Leske + Budrich, S. 167–214.

Wegener, Bernd/Liebig, Stefan 1993: Eine Grid-Group-Analyse sozialer Gerechtigkeit. Die neuen und alten Bundesländer im Vergleich. In: Kölner Zeitschrift für Soziologie und Sozialpsychologie, 45. Jg., S. 668–690.

Wegener, Bernd/Steinmann, Susanne 1995: Justice Psychophysics in the Real World. Comparing Income Justice and Income Satisfation in East and West Germany. In: Kluegel, James R. et al. (Eds.), Social Justice and Political Change. Public Opinion and Post-Communist States. New York: de Gruyter, S. 151–175.

Weick, Stefan 1999: Steigende Bedeutung der Familie nicht nur in der Politik. In: ISI (Informationsdienst Soziale Indikatoren), Ausgabe 22, S. 12–15.

Weidacher, Alois (Hrsg.) 2000: In Deutschland zu Hause. Politische Orientierungen griechischer, italienischer, türkischer und deutscher junger Erwachsener im Vergleich. Opladen: Leske + Budrich.

Weidenfeld, Werner 1984: Ratlose Normalität. Die Deutschen auf der Suche nach sich selbst. Osnabrück: Fromm.

Westle, Bettina 1990: Legitimität der Parteien und des Parteiensystems in der Bundesrepublik Deutschland. In: Kölner Zeitschrift für Soziologie und Sozialpsychologie, 42. Jg., S. 401–427.

Westle, Bettina 1994: Demokratie und Sozialismus. Politische Ordnungsvorstellungen im vereinten Deutschland zwischen Ideologie, Protest und Nostalgie. In: Kölner Zeitschrift für Soziologie und Sozialpsychologie, 46. Jg., S. 571–596.

Westle, Bettina 1995a: Einstellungen zur Nation und zu den Mitbürgern. Manuskript für das Projekt der KSPW „Wandel politischer Orientierungen und Verhaltensmuster in Deutschland seit dem Beitritt der fünf neuen Länder".

Westle, Bettina 1995b: Nationale Identität und Nationalismus. In: Hoffmann-Lange, Ursula (Hrsg.), Jugend und Demokratie in Deutschland. Opladen: Leske + Budrich, S. 195–243.

Westle, Bettina 1998: Konsens und Konflikt als Elemente der pluralistischen Demokratie. Zum Demokratieverständnis von West- und Ostdeutschen. In: ZUMA-Nachrichten 43, 22. Jg., S. 116–133.

Westle, Bettina 1999: Kollektive Identität im vereinten Deutschland. Nation und Demokratie in der Wahrnehmung der Deutschen. Opladen: Leske + Budrich.

Wiegand, Erich 1993: Zum Umfang und zur Entwicklung der Fremdenfeindlichkeit in Deutschland und Europa. In: Murck, Manfred/Schmalzl, Hans-Peter/Zimmermann, Hans-Martin (Hrsg.), Immer dazwischen. Fremdenfeindliche Gewalt und die Rolle der Polizei. Hilden: Verlag deutscher Polizeiliteratur, S. 11–50.

Wiesenthal, Helmut 2000: Profilkrise und Funktionswandel. Bündnis 90/Die Grünen auf dem Weg zu einem neuen Selbstverständnis. In: Aus Politik und Zeitgeschichte, B 5/2000, S. 22–29.

Willems, Helmut 1995: Kollektive Gewalt gegen Fremde. Entwickelt sich eine soziale Bewegung von rechts? In: Heiland, Hans-Günther/Lüdemann, Christian (Hrsg.), Soziologische Dimensionen des Rechtsextremismus. Opladen: Westdeutscher Verlag, S. 27–56.

Willems, Helmut u.a. 1993: Fremdenfeindliche Gewalt. Einstellungen – Täter – Konflikteskalation. Opladen: Leske + Budrich.

Winkler, Jürgen 1995: Rechtsextremismus als Objekt der neueren sozialwissenschaftlichen Forschung. Sammelbesprechung. In: Politische Vierteljahresschrift, 36. Jg., S. 300–319.

Zapf, Wolfgang 1984: Individuelle Wohlfahrt. Lebensbedingungen und wahrgenommene Lebensqualität. In: Glatzer, Wolfgang/Zapf, Wolfgang (Hrsg.), Lebensqualität in der Bundesrepublik Deutschland. Objektive Lebensbedingungen und subjektives Wohlbefinden. Frankfurt a.M.: Campus, S. 13–26.

Zapf, Wolfgang 1996: Zwei Geschwindigkeiten in Ost- und Westdeutschland. In: Diewald, Martin/Mayer, Karl-Ulrich (Hrsg.), Zwischenbilanz der Wiedervereinigung. Opladen: Leske + Budrich, S. 317–328.

Zapf, Wolfgang/Habich, Roland 1996: Die Wohlfahrtsentwicklung im vereinten Deutschland. Einführung in diesem Band. In: dies. (Hrsg.), Wohlfahrtsentwicklung im vereinten Deutschland. Sozialstruktur, sozialer Wandel und Lebensqualität. Berlin: Edition Sigma, S. 11–21.

Zick, Andreas 1997: Vorurteile und Rassismus. Eine sozialpsychologische Analyse. Münster: Waxmann.

Zick, Andreas/Wagner, Ulrich 1993: Den Türken geht es besser als uns. Wie Fremde zu Feinden werden. In: Psychologie Heute, 7/93, S. 48–53.

Zinnecker, Jürgen 1987: Jugendkultur 1940–1985. Opladen: Leske + Budrich.

Zinnecker, Jürgen 1991: Jugend als Bildungsmoratorium. Zur Theorie des Wandels der Jugendphase in west- und osteuropäischen Gesellschaften. In: Melzer, Wolfgang u.a., Osteuropäische Jugend im Wandel. Weinheim, München: Juventa, S. 9–24.

Zu den Autoren

Juliane Achatz, geb. 1959, Dipl.-Soz., bis 1999 wissenschaftliche Referentin am DJI München, seitdem wissenschaftliche Angestellte am Institut für Soziologie der Ludwig-Maximilians-Universität München

Wolfgang Gaiser, geb. 1946, Dr. rer. soc., wissenschaftlicher Referent am DJI München

Martina Gille, geb. 1954, Dipl.-Soz., wissenschaftliche Referentin am DJI München

Corinna Kleinert, geb. 1968, M.A. (Kommunikations- und Politikwissenschaft), wissenschaftliche Referentin am DJI München

Winfried Krüger, geb. 1939, M.A. (Kommunikationswissenschaft, Soziologie, Germanistik), wissenschaftlicher Referent am DJI München

Manfred Rainer, geb. 1975, studentische Hilfskraft am DJI München

Johann de Rijke, geb. 1946, Dipl.-Soz., wissenschaftlicher Referent am DJI München